Interdisziplinäre Diskursforschung

Herausgegeben von
Reiner Keller
Achim Landwehr
Wolf-Andreas Liebert
Martin Nonhoff

Seit Mitte der 1990er Jahre hat sich im deutschsprachigen Raum in den Geschichts-, Sprach- und Politikwissenschaften, in der Soziologie und in angrenzenden Disziplinen eine lebendige und vielfach vernetzte Szene der diskurstheoretisch begründeten empirischen Diskurs- und Dispositivforschung entwickelt. Die Reihe trägt dieser neuen interdisziplinären Aufmerksamkeit Rechnung. Sie bietet ein disziplinenübergreifendes Forum für die Entwicklung der Diskurstheorien sowie der empirischen Diskurs- und Dispositivforschung und stärkt dadurch deren Institutionalisierung. Veröffentlicht werden

- thematisch zusammenhängende inter- und transdisziplinäre Bände, die sich mit ausgewählten Theorien, Methodologien und Themen der Diskurstheorie sowie der empirischen Diskurs- und Dispositivforschung beschäftigen;
- disziplinspezifische Monographien und Diskussionsbeiträge, die theoretische, methodologische und methodische Reflexionen sowie Forschungsergebnisse aus einzelnen Disziplinen bündeln; und
- herausragende Theorie- und Forschungsmonographien. Aufnahmen in die Reihe erfolgen nach einem wissenschaftlichen Begutachtungsverfahren (Peer Review) durch die Herausgeber und weitere Expertinnen bzw. Experten.

Herausgegeben von

Reiner Keller
Universität Augsburg
Augsburg, Deutschland

Achim Landwehr
Universität Düsseldorf
Düsseldorf, Deutschland

Wolf-Andreas Liebert
Universität Koblenz-Landau
Campus Koblenz
Koblenz, Deutschland

Martin Nonhoff
Universität Bremen
Bremen, Deutschland

Weitere Bände in dieser Reihe http://www.springer.com/series/12292

Rainer Diaz-Bone · Ronald Hartz
(Hrsg.)

Dispositiv und Ökonomie

Diskurs- und dispositivanalytische
Perspektiven auf Märkte
und Organisationen

Herausgeber
Rainer Diaz-Bone
Luzern, Schweiz

Ronald Hartz
Chemnitz, Deutschland

Interdisziplinäre Diskursforschung
ISBN 978-3-658-15841-5   ISBN 978-3-658-15842-2 (eBook)
DOI 10.1007/978-3-658-15842-2

Die Deutsche Nationalbibliothek verzeichnet diese Publikation in der Deutschen National-bibliografie; detaillierte bibliografische Daten sind im Internet über http://dnb.d-nb.de abrufbar.

Springer VS
© Springer Fachmedien Wiesbaden GmbH 2017
Das Werk einschließlich aller seiner Teile ist urheberrechtlich geschützt. Jede Verwertung, die nicht ausdrücklich vom Urheberrechtsgesetz zugelassen ist, bedarf der vorherigen Zustimmung des Verlags. Das gilt insbesondere für Vervielfältigungen, Bearbeitungen, Übersetzungen, Mikroverfilmungen und die Einspeicherung und Verarbeitung in elektronischen Systemen.
Die Wiedergabe von Gebrauchsnamen, Handelsnamen, Warenbezeichnungen usw. in diesem Werk berechtigt auch ohne besondere Kennzeichnung nicht zu der Annahme, dass solche Namen im Sinne der Warenzeichen- und Markenschutz-Gesetzgebung als frei zu betrachten wären und daher von jedermann benutzt werden dürften.
Der Verlag, die Autoren und die Herausgeber gehen davon aus, dass die Angaben und Informa-tionen in diesem Werk zum Zeitpunkt der Veröffentlichung vollständig und korrekt sind. Weder der Verlag noch die Autoren oder die Herausgeber übernehmen, ausdrücklich oder implizit, Gewähr für den Inhalt des Werkes, etwaige Fehler oder Äußerungen. Der Verlag bleibt im Hinblick auf geografische Zuordnungen und Gebietsbezeichnungen in veröffentlichten Karten und Institutionsadressen neutral.

Lektorat: Katrin Emmerich

Gedruckt auf säurefreiem und chlorfrei gebleichtem Papier

Springer VS ist Teil von Springer Nature
Die eingetragene Gesellschaft ist Springer Fachmedien Wiesbaden GmbH
Die Anschrift der Gesellschaft ist: Abraham-Lincoln-Str. 46, 65189 Wiesbaden, Germany

Vorwort

Seit einigen Jahren intensiviert sich die Forschung zur Ausstattung „der Ökonomie" mit Objekten, Materialitäten und anderen Dispositiven. Bislang erfolgt dies noch in den verschiedenen Teildisziplinen der Sozialwissenschaften, ohne dass eine entsprechende Intensivierung des wechselseitigen Austausches entstanden ist. Der vorliegende Band präsentiert einen aktuellen Überblick über die Vielzahl neuerer sozialwissenschaftlicher Forschungen zur Bedeutung, Funktion und Theorie von Dispositiven in und für die Ökonomie. Dabei wird „Ökonomie" notwendig transdisziplinär gefasst, gerade um die bisherige weitgehende Ausblendung der Dispositive durch neuartige theoretische aber auch vielfältige methodologische Zugänge zu überwinden.

Dieser Band setzt die transdisziplinären Perspektiven fort, die mit dem Band „Diskurs und Ökonomie" (Diaz-Bone/Krell, 2. Aufl. Springer VS 2015) eröffnet wurden. Jener Band führte Studien aus Bereichen wie Sozioökonomie, Wirtschaftswissenschaften, Organisationsforschung, Wirtschaftssoziologie – hierin auch Marktsoziologie und Finanzsoziologie –, Wirtschaftsgeographie, Wirtschaftsethnographie zusammen, welche diskursanalytische Ansätze aufgegriffen und angewendet haben. Auch in dem vorliegenden Band spielen diskursanalytische Perspektiven als eine Grundlage für Dispositivanalysen eine zentrale Rolle. Erneut wird eine internationale Auswahl an Beiträgen präsentiert, die eindrucksvoll belegt, wie breit mittlerweile die Anwendungsperspektiven für eine Anwendung von Dispositivkonzepten in der Analyse der Ökonomie sind. Die Einleitung versucht in diesen Bereich der Dispositivforschung sowie die verschiedenen Dispositivkonzepte und ihre Anwendungen in der Ökonomie einzuführen.

Monika Sy (Universität Luzern) hat die aufwändige und fachkundige Übersetzung des klassischen Beitrags von Marie-France Garcia-Parpet „Die soziale Konstruktion eines perfekten Marktes. Der Auktionsmarkt für Erdbeeren in Fontaines-en-Sologne" (mit einer aktuellen Erweiterung) aus dem Französischen durchgeführt. Andreas Beierwaltes und Katrin Emmerich von Springer VS haben das Buchprojekt von Beginn an unterstützt. Frau Emmerich hat das Lektorat von Verlagsseite ausgeführt. Den Herausgebern der Reihe „Interdisziplinäre Diskursforschung" danken wir für die Aufnahme in diese.

Luzern und Dresden im Frühjahr 2017
Rainer Diaz-Bone und Ronald Hartz

Inhaltsüberblick

Vorwort V

Einleitung. 1
Dispositivanalyse und Ökonomie
Rainer Diaz-Bone und Ronald Hartz

Die soziale Konstruktion eines perfekten Marktes 39
Der Auktionsmarkt für Erdbeeren in Fontaines-en-Sologne
Marie-France Garcia-Parpet

Dispositive der Ökonomie 83
Konventionentheoretische Perspektiven auf Institutionen
und Instrumentierungen der ökonomischen Koordination
Rainer Diaz-Bone

Intermediäre, Konventionen und die Diskurse des Arbeitsmarktes 113
Christian Bessy

Die Macht des Dispositivs 133
Eine Reflexion des Verhältnisses von Diskurs und Organisation
am Beispiel des Kompetenzdispositivs
Inga Truschkat

Die kognitive Soziologie toxischer Vermögenswerte 157
Taylor Spears und Donald MacKenzie

Die Bewertung der Investition 179
Ein theorie-empirischer Blick auf das Kreditgeschäft
Herbert Kalthoff

Über die Kunst, sich anders zu organisieren 203
Organisation als „Gegen-Dispositiv" am Fallbeispiel
einer Genossenschaftsbank
Ronald Hartz

Die ökonomische Kritik des Rechts 233
Der Fall der Chicagoer „Kartell-Revolution"
William Davies

Die Gouvernementalität des Unternehmens im Wandel 259
Wie Managementberatung zur prominenten diskursiven Praxis wurde
Christian Schmidt-Wellenburg

Das Dispositiv der Exzellenz 283
Zur Gouvernementalität ökonomischer Arrangements an Hochschulen
Ulrich Bröckling und Tobias Peter

**Die wissensbasierte Wirtschaft und die Entrepreneurialisierung
der Gesellschaft** 305
Wie schwedische Schulen Schüler zu Unternehmern formen
Tomas Marttila

Das Wettbewerbsdispositiv im flexibilisierten Kapitalismus 327
Eine vergleichende Analyse
Dietmar J. Wetzel

Märkte in Entwicklung 349
Zur Ökonomisierung des Globalen Südens
Christian Berndt und Marc Boeckler

**Ökonomie, das Bewegungsproblem und der Wandel
von Mobilitätsdispositiven** 371
Eine Integration von regulations- und dispositivtheoretischen Annahmen
Katharina Manderscheid

Verzeichnis der Autorinnen und Autoren 393

Inhaltsverzeichnis

Vorwort V

Einleitung... 1
Dispositivanalyse und Ökonomie
Rainer Diaz-Bone und Ronald Hartz
1 Foucault – ein moderner Klassiker
  (nicht nur) der Dispositivanalyse 1
2 Dispositive und Ökonomie: Dispositivanalytische Positionen –
  ein systematischer Umriss 3
  2.1 Dispositivkonzept und epistemologischer Bruch 5
  2.2 Kontextualisierungen 7
  2.3 Methodologische Eigenheiten von Dispositivanalysen 8
3 Die Vielfalt der Dispositivkonzepte............................ 10
4 Anwendungsperspektiven einer Dispositivanalyse in der Ökonomie 20
5 Schlussbemerkungen 29
Literatur 30

Die soziale Konstruktion eines perfekten Marktes 39
Der Auktionsmarkt für Erdbeeren in Fontaines-en-Sologne
Marie-France Garcia-Parpet
1 Einleitung... 39
2 Der tägliche Betrieb auf dem Markt in Fontaines-en-Sologne 41
3 Ein perfekter Markt?....................................... 46
4 Die Kommerzialisierungsnetzwerke vor 1979.................... 49
5 Die sozialen Eigenschaften der Förderer des Auktionsmarktes 54
6 Die Arbeit an der Konstruktion des Auktionsmarktes 58
7 „Unsichtbare Hand" oder „kontinuierliche Konstruktion"? 62
8 Die sozialen und wirtschaftlichen Effekte des Auktionsmarktes 64
9 Die Evolution des neuen Marktes 67
10 Ein maßgeschneiderter Markt für maßgeschneiderte Landwirte 69
11 Die Qualität im Herzen des wirtschaftlichen Wettbewerbs:
  der Wein, ein exemplarischer Fall (2017) 72
  11.1 Eine sozial konstruierte Knappheit 74
  11.2 Akteure mit Einschränkungen........................... 76
  11.2 Klassifizierungskämpfe 77
  11.3 Dispositive des Marktes und die Soziologie der Akteure 78
  11.4 Die Geschichtlichkeit der Produktökonomie................ 79
Literatur 81

Dispositive der Ökonomie 83
Konventionentheoretische Perspektiven auf Institutionen
und Instrumentierungen der ökonomischen Koordination
Rainer Diaz-Bone
1 Einleitung... 83
2 Grundpositionen der EC 84
3 Das Dispositivkonzept in der EC.............................. 87
  3.1 Institutionen und Instrumente als Dispositive 88
  3.2 Dispositive der Valorisierung 90
  3.3 Macht 91
  3.4 Klassifikationen und Quantifizierungen.................... 92
4 Recht, Geld und Diskurse 93
  4.1 Recht.. 94
  4.2 Geld 95
  4.3 Diskurse 97
5 Märkte und Unternehmen 98
Literatur 105

Intermediäre, Konventionen und die Diskurse des Arbeitsmarktes 113
Christian Bessy
1 Einleitung. 113
2 Die Valorisierung der Beschäftigung durch die Stellenanzeigen:
 die Diskurse des Marktes 116
  2.1 Die institutionellen Kontexte für den Austausch der Arbeit 117
  2.2 Die Kodierung der Stellenanzeigen 119
  2.3 Ein vergleichender Ansatz 122
3 Für einen erneuerten empirischen Ansatz der Analyse
 des Arbeitsmarktes 123
  3.1 Die Transformation des Arbeitsmarktes für junge Rechtsanwälte. . . 124
  3.2 Die Vertraglichung der Arbeitsbeziehung 126
4 Fazit 129
Literatur 131

Die Macht des Dispositivs 133
Eine Reflexion des Verhältnisses von Diskurs und Organisation
am Beispiel des Kompetenzdispositivs
Inga Truschkat
1 Einleitung. 133
2 Organisationale Praktiken als wirkungsvolle Effekte diskursiven
 Wissens? – Theoretische Überlegungen 135
  2.1 Regulative, konstitutive und sanktionierende Macht 135
  2.2 Wirkungsvolle diskursive Effekte in organisationalen Praktiken . . . 137
3 Einblicke in eine empirische Spurensuche –
 das Kompetenzdispositiv. 141
  3.1 Regulative und konstitutive Elemente der Macht –
   die Rationalitäten des Diskurses 141
  3.2 Sanktionierende Macht – die Rationalitäten der organisationalen
   Praktiken 145
  3.3 Die Spurensuche nach den Übersetzungen:
   Die „legitimen" Modelle des Deutens und Handelns 149
4 Fazit 152
Literatur 153

Die kognitive Soziologie toxischer Vermögenswerte 157
Taylor Spears und Donald MacKenzie
1 Einleitung... 157
2 Die Bewertung von Mortgage-Backed Securities (MBSs) 161
3 Die Bewertung von CDOs................................... 168
4 Die Bewertung von ABS CDOs und die dadurch geschaffenen
  Arbitrage-Möglichkeiten..................................... 171
5 Fazit... 174
Literatur 177

Die Bewertung der Investition................................... 179
Ein theorie-empirischer Blick auf das Kreditgeschäft
Herbert Kalthoff
1 Einleitung... 179
2 Die Darstellung der Ökonomie 184
3 Ökonomische Deutung 188
4 Verfahren und Praxis der ökonomischen Beurteilung 190
    4.1 Kreditprüfung erster Ordnung 193
    4.2 Die Kreditprüfung zweiter Ordnung 195
5 Schluss... 198
Literatur 200

Über die Kunst, sich anders zu organisieren 203
Organisation als „Gegen-Dispositiv" am Fallbeispiel
einer Genossenschaftsbank
Ronald Hartz
1 Dispositivanalyse und kritische Organisationsforschung 203
2 Genossenschaftsidee und die Genossenschaft
  als „unmögliches Objekt" 208
3 Organisationen als „Gegen-Dispositiv"? – der Fall der GeNo-Bank 212
    3.1 Zwischen Alternative und Marktlogik –
        Zur Kontextualisierung der GeNo-Bank 213
    3.2 Transparenz und Demokratie – zur Spezifität
        des Wissen-Macht Nexus 218
    3.3 Strategie 223
4 Die „Kunst, sich anders zu organisieren", oder:
  Ist die GeNo-Bank ein „Gegen-Dispositiv"?..................... 225
Literatur 228

Die ökonomische Kritik des Rechts 233
Der Fall der Chicagoer „Kartell-Revolution"
William Davies
1 Einleitung... 233
2 Die Entstehung von Law and Economics 235
  2.1 Von Rechtmäßigkeit zur Effizienz 243
  2.2 Die Chicago-Revolution 249
3 Fazit: Neoliberalismus als „gesunder Menschenverstand" 253
Literatur 256

Die Gouvernementalität des Unternehmens im Wandel 259
Wie Managementberatung zur prominenten diskursiven Praxis wurde
Christian Schmidt-Wellenburg
1 Einleitung... 259
2 Das Feld des Managements 260
3 Der Wandel der Gouvernementalität als diskursive Praxis........... 263
4 Wissenschaftliche Methoden und Beratungserfahrung als Basis
  symbolischer Macht... 265
5 Beratungsforschung und Executive Education als Basis
  symbolischer Macht... 271
6 Managementberatung als gouvernementale
  Technik, Konsekrationsinstanz und Dispositiv des Organisierens 276
Literatur 279

Das Dispositiv der Exzellenz 283
Zur Gouvernementalität ökonomischer Arrangements an Hochschulen
Ulrich Bröckling und Tobias Peter
1 Das Versprechen 283
2 Dispositive der Gouvernementalität 285
3 Rationalitäten: Die Ökonomie der Exzellenz 290
4 Technologien: Entdeckungsverfahren der Exzellenz 292
5 Subjektbilder 296
6 Ausblick.. 299
Literatur 301

Die wissensbasierte Wirtschaft und die Entrepreneurialisierung der Gesellschaft 305
Wie schwedische Schulen Schüler zu Unternehmern formen
Tomas Marttila
1 Einleitung.. 305
2 Die diskursive Konstruktion des Unternehmers 307
3 Postmarxistische Diskurstheorie............................... 309
　3.1 Diskurse und Diskursregime 309
　3.2 Diskursive Hegemonialisierung............................ 312
4 Von Schülern zu Unternehmern 314
　4.1 Der Diskurs von einer wissensbasierten Wirtschaft 314
　4.2 Institutionen und Regierungspraktiken 318
　4.3 Die Sublimität des Unternehmers 320
5 Fazit.. 322
Literatur 323

Das Wettbewerbsdispositiv im flexibilisierten Kapitalismus 327
Eine vergleichende Analyse
Dietmar J. Wetzel
1 Einleitung – Zur „Verwettbewerblichung" der Gegenwartsgesellschaft... 327
2 Methodische Herangehensweise: Dispositive und Diskurse 328
3 Drei Dimensionen zur Analyse von Wettbewerbskulturen 331
　3.1 Modi der Subjektivierung................................. 331
　3.2 Modi der Leistung, des Erfolgs und der Anerkennung 332
　3.3 Modi der (De-)Stabilisierung.............................. 333
4 Wettbewerbskulturen in vier Feldern der Gegenwartsgesellschaft...... 334
　4.1 Bildung/Universitäten.................................... 335
　4.2 Ökonomie/Finanzmärkte 337
5 Fazit und Ausblick: vom Nutzen einer dispositivanalytischen Betrachtung 342
Literatur 345

Märkte in Entwicklung **349**
Zur Ökonomisierung des Globalen Südens
Christian Berndt und Marc Boeckler
1 Einleitung.. 349
2 Märkte in Entwicklung, Ökonomik und Laboratisierung............ 351
3 Agencement, Dispositiv und Märkte............................ 354
4 Markets for the poor: Entwicklung durch die Integration
 afrikanischer Kleinbauern in globale Märkte 357
    4.1 Kalkulierende Subjekte 359
    4.2 Kalkulative Apparaturen und verteilte Handlungsfähigkeit 363
5 Geographies of marketization: Frames und Patterns marktbasierter
 Entwicklung... 365
Literatur 368

**Ökonomie, das Bewegungsproblem und der Wandel
von Mobilitätsdispositiven** **371**
Eine Integration von regulations- und dispositivtheoretischen Annahmen
Katharina Manderscheid
1 Einleitung.. 371
2 Mobilität als Dispositiv 373
3 Das Bewegungsproblem der Moderne........................... 376
4 Regulationstheorie, Raum und Bewegung........................ 379
5 Regulation und Dispositive 383
6 Automobile und vernetzte Mobilität – Wandlungsprozesse 385
Literatur 388

Verzeichnis der Autorinnen und Autoren **393**

Einleitung

Dispositivanalyse und Ökonomie

Rainer Diaz-Bone und Ronald Hartz

> *„Eben das ist das Dispositiv: Strategien von Kräfteverhältnissen, die Typen von Wissen stützen und von diesen gestützt werden." (Foucault 2005a, S. 395)*

1 Foucault – ein moderner Klassiker (nicht nur) der Dispositivanalyse

Michel Foucault zählt zu den einflussreichsten Theoretikern in den Sozial-, Kultur- und Geisteswissenschaften und gilt heute als ein moderner Klassiker der Soziologie.[1] Längst kann er als „Diskursivitätsbegründer" (Foucault 2005b, S. 1021;

---

1 Siehe hierzu auch Angermüller (2004), Power (2011) und Seyfert (2016). Der Status Foucaults als Klassiker in den Sozialwissenschaften und in der Soziologie zeigt sich auch in der Aufnahme in Handbücher und Überblicksdarstellungen (vgl. etwa Rosa et al. 2013; Endreß 2013 oder Lamla et. al. Hrsg. 2014). Dieser Klassikerstatus verliert jedoch im Rückblick seine Selbstverständlichkeit. Wie Seyfert (2016) eindrücklich beschreibt, war die deutschsprachige Rezeption Foucaults auch durch die Errichtung von langlebigen Rezeptionssperren geprägt, welche am prominentesten von Vertretern der kritischen Theorie (Jürgen Habermas, Axel Honneth) errichtet wurden. So konnte vor einigen Jahren noch Axel Honneth konstatieren, dass Foucault wohl das Schicksal Walter Benjamins teile, insofern die „Voraussetzung einer auch nur halbwegs homogenen Interpretationsgemeinschaft" fehle und somit „Foucault daher auf absehbare Zeit wohl kaum zu einem Klassiker im traditionellen Sinn" werden könne (Honneth 2003, S. 15). Foucault zählte für Honneth damals zu den „dunkleren Autoren", eine „Quelle ständiger Verunsicherung" (2003, S. 15). Gleichwohl muss Honneth am Ende seiner „Zwischenbilanz einer Rezeption" feststellen: „Sein Werk hat, weniger im Wortlaut als wie im Geist der einzelnen Schriften, ein Umdenken innerhalb der Humanwissenschaften angestoßen, das sich auf weite Teile unserer herkömmlichen Vorstellungen des Sozialen bezieht" (2003, S. 26). Weder der Macht-, noch der Wissens- und Subjektbegriff seien nach der Intervention Foucaults dieselben geblieben. Was sich durch Foucault in

vgl. auch Kammler et al. 2008) verstanden werden, als jemand, welcher nicht nur Autor eines bestimmten Werkes ist, sondern selbst „unbegrenzte Diskursmöglichkeiten" (Foucault 2005b, S. 1021) geschaffen hat. Der andere Blick auf vermeintlich Bekanntes (Wahnsinn, Sexualität, Disziplin, Ökonomie, Organisation, Macht), die Innovativität der begrifflichen und methodischen Werkzeuge (Episteme, Diskurs- und Diskursanalyse, Dispositiv) und der immer auch ethisch-politische Anspruch einer „permanenten Kritik unseres geschichtlichen Seins" (Foucault 2005c, S. 699), irritiert und regt zugleich an und zeichnet einen Klassiker im Sinne eines „Diskursivitätsbegründers" aus. In dieser Hinsicht steht Foucault inzwischen neben Karl Marx, Sigmund Freud, Emile Durkheim, Georg Simmel sowie auch Max Weber in Europa oder William James und John Dewey in den USA. Im Unterschied zu den Genannten hat Michel Foucault die Sozialwissenschaften erst in der zweiten Hälfte des 20. Jahrhunderts geprägt und hier viele der sozialwissenschaftlichen Evidenzen und Grundkonzepte in Frage gestellt und eine neuartige diskurstheoretische und sozialhistorische Deutung der sozialen Praktiken und Institutionen initiiert. Was die Bedeutung und Wirkung, aber auch was die Breite der Arbeiten von Foucault angeht, so kann man ihm heute die Position in den Sozialwissenschaften zusprechen, die vor hundert Jahren Max Weber innehatte. Denn wie Weber hat Foucault Beiträge zur Geschichte, zur Staatswissenschaft, zum Recht, zur Ökonomie, zur Soziologie geleistet und hier eben zu Grundkonzepten wie „Macht", „Institution", „Rationalität" oder „Kultur" gearbeitet. Wenn man sagen kann, dass bereits Weber und nicht erst Foucault die Agenda für eine umfassende Sozialwissenschaft wesentlich gesetzt hat, so kann man ebenso formulieren, dass die Arbeiten Foucaults und nicht mehr diejenigen von Weber den modernen Stand der Sozialwissenschaften repräsentieren. Wenn man Weber als einen Klassiker bezeichnet, so kann man heute Foucault als einen „modernen Klassiker" auffassen.[2]

Der im deutschsprachigen Kontext in den 1990er Jahren einsetzende Rezeptionsschub in den Sozialwissenschaften, später weiter vorangetrieben durch die systematische Veröffentlichung der kleineren Schriften und Interviews sowie der

---

    den Humanwissenschaften geändert habe, „ist die Vorstellung von der Tiefengrammatik, nach der sich unser aller Leben in der Gesellschaft vollzieht" (Honneth 2003, S. 26). Das Unbehagen gegenüber Foucault aber bleibt auch hier deutlich und wird mit dem Entzug des „Klassikerstatus" neu artikuliert, obwohl beispielsweise Autoren wie Georg Simmel oder Theodor W. Adorno kaum als „helle Autoren" gelten dürften und natürlich auch „Quellen der Verunsicherung" sind.

2   In den Sozialwissenschaften haben als „moderne" Klassiker nach den bereits Genannten sonst wohl nur noch Pierre Bourdieu und vielleicht auch Norbert Elias eine vergleichbare weltweite Beachtung gefunden wie Michel Foucault.

Vorlesungen am Collège de France, geht hierbei weg von einer eher philosophisch bestimmten Diskussion hin zu dem konkreten Aufgreifen von Themen und Konzepten des Foucaultschen Werkes in den einzelnen Disziplinen und wissenschaftlichen Feldern (Parr 2008).[3]

Dabei hat die Rezeption in den ersten Jahrzehnten vor allem die diskurs- und machttheoretischen Beiträge der Foucaultschen Arbeiten ins Zentrum der Diskussion gestellt. Zu den Foucaultschen Konzepten, welche nun in den letzten Jahren eine produktive Rezeption und Wirkung entfaltet haben, zählt zweifelsohne jenes des Dispositivs.[4] So sprechen Andrea Bührmann und Werner Schneider, wenn auch mit einem Fragezeichen versehen, von einem „dispositive turn" (Bührmann/Schneider 2013). Die Auseinandersetzung mit dem Dispositivkonzept, analog zu jenes des Diskurses, zeigt deutlich dessen Fähigkeit an, disziplinäre Grenzen zu unterlaufen und vielfältige Anschlüsse zu generieren. Mit der basalen Idee der Verflechtung heterogener Elemente des Sozialen, dem Interesse an der Verschränkung von Wissen, Macht und Subjektivität, dem Disziplinen übergreifend erneuerten Blick auf Materialität, Körper, Technologien, Instrumente und Artefakte generiert der Dispositivbegriff diese Offenheit und oszilliert dabei zwischen einem eher metaphorischen Einsatz und der Einladung zu methodischer und analytischer Präzisierung sowie empirischer Konkretisierung. Damit offeriert das Dispositivkonzept auch Angebote sowohl für die Ökonomie als auch für die Organisationsforschung, einmal mehr die „herkömmlichen Vorstellungen des Sozialen" einer kritischen Reflexion zu unterziehen. Die Beiträge dieses Bandes laden dazu ein.

2 Dispositive und Ökonomie: Dispositivanalytische Positionen – ein systematischer Umriss

Die Ökonomie ist instrumentiert: ohne eine materielle und immaterielle Ausstattung mit Technologien, Objekten, Materialien, welche für die Herstellung und den Tausch, für die Messung und die Wertermittlung, für die Organisation und die Kontrolle, für die Repräsentation und die ökonomische Wissenskonstruktion, welche also insgesamt für Produktion, Distribution und Konsumption fungieren, ist keine Ökonomie möglich. Allgemeine Themenbereiche der Wirtschafts- und Or-

---

3   Siehe zur Rezeptionsgeschichte Seyfert (2016) sowie zur Rezeption in den Einzeldisziplinen u.a. Kammler und Parr (Hrsg.) (2007) und die Beiträge in Kammler et al. (Hrsg.) (2008).

4   Vgl. u.a. Bührmann und Schneider (2008, 2016), Caborn Wengler et al. (Hrsg.) (2013), Dreesen et al. (Hrsg.) (2012).

ganisationsforschung wie Innovation, Investition, Qualifikation sowie auch aktuelle spezifische Themenbereiche wie Globalisierung, Internetökonomie, „Industrie 4.0", „Arbeiten 4.0", „Digitalisierung", das „Internet der Dinge" und „Big Data" sind nicht nur auf je zugehörige Konstellationen von Instrumentierungen bezogen, sie werden auch durch diese Instrumentierungen initiiert und in ihrer Dynamik geprägt.[5] Und die verschiedenen Bereiche der Ökonomie, wie Industrie, Dienstleistung oder gerade auch die Finanzbranche sind ebenso durch ihre je anderen Instrumentierungen strukturiert und ermöglicht. Zugleich gibt es Technologien, Objekte und Materialien, die für die Ökonomie insgesamt fundierende sind, wie etwa das Geld und die Techniken der Quantifizierung von ökonomischen Werten in Geldeinheiten. Und man kann sich fragen, ob nicht auch die Institutionen der Ökonomie wie das Recht oder die Unternehmen als Teil ihrer Instrumentierung aufgefasst werden können, die die Ökonomie möglich machen.[6] Die weit gefasste Perspektive nach dem Bestand, den Wirkungsweisen der Instrumentierung(en) *in* der Ökonomie kann ergänzt werden um die Perspektive, welche danach fragt, wie die Wirtschaft mit Hilfe von Instrumenten *auf andere soziale Bereiche* zugreift sowie in diese hineinwirkt und umgekehrt, wie das weit verstandene Soziale mit der Wirtschaft durch Instrumentierungen *vernetzt* ist. So wird die Wirtschaft nicht als abgetrennte soziale Sphäre verstanden, sondern als integraler Bestandteil des Sozialen. Ein Konzept, das in den letzten Jahren in den deutschsprachigen Sozialwissenschaften prominenter geworden ist und welches geeignet erscheint, diese Instrumentierung sozialwissenschaftlich zu fassen, ist eben dasjenige des „Dispositivs". Insbesondere in den neuen französischen Sozialwissenschaften wird dieser Begriff häufig verwendet und ist ein Grundbegriff vieler Analysen und Theorien (was nun auch in den deutschen Sozialwissenschaften eingetreten ist).[7] Der Begriff kommt in Frankreich aber auch in den Alltagsdiskursen vor. Ein Dis-

---

5 Siehe zur „Industrie 4.0" und zum „Internet der Dinge" die Beiträge in Sprenger und Engemann (Hrsg.) (2015); zu „Big Data" siehe den Band von Mayer-Schöneberger und Cukier (2013) sowie Reichert (Hrsg.) (2014) und Süssenguth (Hrsg.) (2015), zur Digitalisierung in der Arbeitswelt Hirsch-Kreinsen/ten Hompel (2016).

6 Ohne rechtliche Absicherung von Eigentum (darunter beispielsweise das Eigentum an Patenten) oder von Verträgen wäre keine moderne Ökonomie denkbar.

7 Siehe für Frankreich beispielsweise die Beiträge in Boussard und Maugeri (Hrsg.) (2003), dann die Artikel von Dumez und Jeunemaître (2010), Favereau (2012), Thévenot (2004, 2015), Dodier und Barbot (2016) sowie die Bücher von Corcuff (2011), Karpik (2011) sowie Favereau (2014). In dem französischen Ansatz der Economie des conventions findet sich das Konzept der „kollektiven kognitiven Dispositive" (Diaz-Bone 2015a). Für die deutsche Soziologie siehe das Konzept des „Dispositivs der Vorbeugung" bei Bröckling (2012), das Konzept der „Dispositive des Wettbewerbs" bei Wetzel (2013; siehe auch Wetzel in diesem Band) sowie das Konzept des „Kreativi-

positiv ist ein Sachverhalt, der für spezifische Zwecke eingesetzt werden kann, der zur Verfügung steht. Ein Dispositiv ist hier allgemein ein Instrument, ein Werkzeug oder ein Apparat.[8]

Es sind insbesondere die Arbeiten von Michel Foucault, die zur bedeutenden Stellung des Dispositivbegriffs in den Sozialwissenschaften beigetragen haben (Foucault 1976, 1977, 1978).[9] Foucaults Machtanalyse hat Dispositiven eine zentrale Rolle für die strategische Formierung, Ausübung und Steigerung von Machtbeziehungen zuerkannt.[10] Dispositive werden hier gedacht als durch Machtbeziehungen konstituiert und in diese eingebettet. Damit sind Dispositive solche Instrumentierungen, deren Analyse einen epistemologischen Bruch und eine Kontextualisierung erfordert und Dispositivanalysen haben notwendig ihre eigenen Spezifika.

2.1 Dispositivkonzept und epistemologischer Bruch

Zunächst erfolgt der Bruch. Verwendet man den Begriff der Instrumentierung, so ist vermeintlich schnell evident, was Gegenstand der Dispositivanalysen sein könnte. Allerdings legen der Begriff Instrumentierung sowie der Begriff Instrument nahe, dass diese in vielerlei Hinsicht neutral und einfach gegeben seien. Wie die französische Epistemologie – in deren Tradition Foucault steht – aufgezeigt hat, sind (wissenschaftliche) Instrumente nicht epistemologisch neutral (Bachelard 1978, 1988; Tiles 1986; Diaz-Bone 2008). Sie sind vielmehr Materialisierungen der Vortheorie und werden durch ein Kollektiv genutzt, das seine Handhabung

---

tätsdispositivs" bei Reckwitz (2016). Für die französischen Sozialwissenschaften siehe auch die Beiträge von Christian Bessy sowie von Rainer Diaz-Bone in diesem Band.

8   Tatsächlich ist die Bedeutung im Französischen noch reichhaltiger, da das französische Wort „dispositif" auch die „Maßnahme", das „System" oder die „Mittel" bezeichnen kann. Alle diese weiteren Bezeichnungen haben gemeinsam, dass sie auch auf eine der Formierung und Anwendung unterliegende Absicht, Intentionalität, Planung oder Strategie verweisen.

9   Und die Tatsache, dass im Deutschen oder im Englischen das Wort „Dispositiv" im Grunde ungebräuchlich ist, hat in den deutschsprachigen und englischsprachigen Sozialwissenschaften dazu beigetragen, dass das Konzept „Dispositiv" vorrangig als Bestandteil französischer Theorien und Theorietraditionen wahrgenommen wurde mit der Folge, dass nun das Konzept „Dispositiv" nicht als Alltagswort, sondern gleich als mit je spezifischer und theorieabhängiger Bedeutung anerkannt worden ist.

10 Siehe auch die Versuche einer Systematisierung einer Dispositivanalyse im Anschluss an Foucault durch Jäger (2001a, 2001b, 2015), durch Jäger und Jäger (2007) sowie durch Bührmann und Schneider (2007, 2008).

sowie die Interpretation seiner Effekte durch implizites Wissen ergänzt und so vervollständigt. In dieser Tradition sind Instrumente damit Werkzeuge der Generierung von Phänomenen, nicht einfach ihrer vermeintlich objektiven Erfassung oder Beschreibung. Die Epistemologie bricht damit mit dem Alltagsdenken, das unterstellt, es gäbe eine wissenschaftliche Relevanz und einen wissenschaftlichen Gegenstand vor dem systematischen Einsatz von Instrumenten und wissenschaftlicher Theorie. Damit liegt auch ein Bruch mit einer positivistischen Wissenschaftsauffassung vor, die mit dem Begriff der Instrumentierung noch verbunden werden kann, mit der durch die Verwendung des Foucaultschen Dispositivbegriffs aber konzeptuell gebrochen wird. Denn Dispositive sind formierende, beeinflussende, gestaltende und so konstruierende Formationen, die daher ihre Wirkmächtigkeit in der materiellen und immateriellen Mitkonstruktion der Sachverhalte haben, auf die sie „zugreifen".[11]

---

11 Die neuen französischen Sozialwissenschaften etablieren sich nach den epochalen Theorien von Foucault und Bourdieu (Dosse 1999; Corcuff 2011) und sie setzen sich von deren wissenschaftstheoretischer Position ab, die die französische Epistemologie von Bachelard repräsentiert. Insbesondere Latour (1998) hat sich klar gegen die „Bereinigung" der Erkenntnispraktiken gewendet, wie sie durch Bachelard und dessen Konzept des (epistemologischen) Bruchs formuliert worden ist (Bachelard 1978, 1988). Mary Tiles (2011) hat allerdings eine hilfreiche Argumentation zur erneuten Positionierung der Bachelardschen Epistemologie gegenüber der Latourschen Kritik vorgelegt. Mit Bezug auf Bourdieu (2004) argumentiert sie, dass die Symmetrie-Position von Latour (1998), die keine Trennung von Natur und Gesellschaft akzeptabel finden will, das Problem aufweist, die eigene wissenschaftliche Position nicht als Realisierung einbringen zu können, diesen Akt nicht reflektieren und daher auch nicht begründen zu können. Bourdieu setzt dagegen in der Tradition von Bachelard die Realisierung des Objektes als zentralen wissenschaftlichen Akt ein, der mit zwei Schritten zu realisieren ist. Hier ist (1) das Konzept des Bruchs mit dem Alltagswissen (epistemologischer Bruch) zentral, der eben absichtsvoll und reflektiert erfolgen muss, durch das Einbringen von wissenschaftlichen Instrumenten, die die Theorieposition in sich wiederholen und so zur reflexiven wissenschaftlichen Konstruktion des Objekts beitragen. Begleitet wird dies (2) durch die Selbstpositionierung und Selbstreflexion der eigenen wissenschaftlichen Position und des eigenen wissenschaftlichen Unbewussten. Diese beiden Schritte erst ermöglichen, dass die Wissenschaft sich zu ihrem (selbst konstruierten) Objekt reflexiv ins Verhältnis setzen kann. So entgeht sie auch dem Vorwurf von Latour, dass die Moderne und ihre Wissenschaft durch unbewusste Akte der Bereinigung entstehen, also der Trennung der wissenschaftlichen Objekte (Dinge und Natur) von den menschlichen und letztere zurichtenden Praktiken (mitsamt ihrer normativen Politiken). Auf diese Weise bleibt der epistemologische Bruch ein aktuelles Dispositiv der modernen französischen Epistemologie.

2.2 Kontextualisierungen

Erforderlich sind aber auch Kontextualisierungen. Denn Dispositivanalysen sind insgesamt Bestandteil umfassenderer Perspektiven. Verschiedene etablierte sozialwissenschaftliche Felder bieten sich an, um eine solche Dispositivanalyse zu integrieren. Nimmt man die Foucaultschen Arbeiten als Ausgangspunkt, so können Dispositivanalysen die *Diskursanalysen* (nicht nur) in der Ökonomie, der Wirtschaftssoziologie und der Organisationsforschung systematisch erweitern.[12] Hier sind es dann insbesondere die Materialisierungen von diskursiven Praktiken, die Steigerungen von Diskurseffekten – wie die diskursive Anrufung von Subjekten und die Subjektivierungen – oder die Wechselwirkungen von diskursiven Praktiken und Dispositiven, die systematisch in der Ökonomie analysiert werden können. Dispositivanalysen bieten sich dann als ergänzender Bestandteil vieler *Institutionalismen* an. Dies insbesondere dort, wo die materielle und immaterielle Instrumentierung wesentlich ist und dort, wo die Materialitäten und Objekte mit in Analysen einbezogen werden müssen, wo aber die jeweilgen institutionentheoretischen Ansätze noch keine Konzepte dafür aufweisen (wie etwa der soziologische Neoinstitutionalismus oder der wirtschaftswissenschaftliche Neoinstitutionalismus). Man kann argumentieren, dass somit die Aufnahme von Dispositivanalysen ein Korrektiv darstellen kann für die „Objektvergessenheit" und fehlende Berücksichtigung von „Materialitäten" nicht nur vieler Institutionalismen, sondern der meisten Bereiche der Sozialwissenschaften insgesamt.[13] Und es sind insbesondere die Organisationsforschung und die Marktanalyse, die vielversprechende Erweiterungen durch die Aufnahme des Dispositivkonzeptes und von Dispositivanalysen zu erwarten haben – wie die Beiträge in diesem Band verdeutlichen.[14] Eine so erweiterte Dispositivanalyse wäre somit nicht nur für die

---

12   Siehe insbesondere die Beiträge in Diaz-Bone und Krell (Hrsg.) (2015) sowie die Referenzen in der dort enthaltenen Bibliographie. Siehe dann auch die Beiträge in Diaz-Bone (Hrsg.) (2013).

13   Siehe hier die frühe Kritik und Korrektur mit den Beiträgen in Appardurai (Hrsg.) (1986) und auch in Pinch und Swedberg (Hrsg.) (2008) sowie insgesamt die neuen französischen Sozialwissenschaften mit den Beiträgen der Actor-network-theory (Latour 2007; siehe auch die Beiträge in Callon Hrsg. 1998, in Callon et al. Hrsg. 2007 sowie in Belliger und Krieger Hrsg. 2006a) und der Economie des conventions („Konventionentheorie"; siehe die Beiträge in Diaz-Bone Hrsg. 2011 und Knoll Hrsg. 2015 sowie Diaz-Bone 2015a).

14   Siehe für die Organisationsforschung auch die Beiträge in Hatchuel et al. (Hrsg.) (2005), in Hartz und Rätzer (Hrsg.) (2013a) sowie Raffnsøe et al. (2016); siehe für die Marktsoziologie die Beiträge in Beckert et al. (Hrsg.) (2007).

Diskursforschung, die Organisationssoziologie oder die Marktsoziologie, sondern auch für weitere wissenschaftliche Teildisziplinen und Felder wie die Wirtschaftssoziologie, die Arbeits- und Industriesoziologie, die Managementforschung sowie die Sozioökonomik vielversprechend.[15] Die Verkopplung von Dispositivanalysen mit Diskursanalysen eröffnet andere Verständnisse vom und Zugänge zum Feld der *politischen Ökonomie*. Die Ökonomie kann hier in einem anderen Sinne als „politisch" verstanden werden. Dies nicht in dem Sinn, dass die Ökonomie durch soziale Interessensgruppen oder Institutionen schon vorentschieden und vororganisiert sei (wie dies in marxistischen und neomarxistischen Ansätzen angenommen wird); dies aber auch nicht in dem Sinn, dass die Politik in der Ökonomie nur nach „rein" ökonomischen Prinzipien zu gestalten sei und dass diese Prinzipien auch auf andere soziale Bereiche zu übertragen seien (wie in den liberalen und neoliberalen Ansätzen). Denn es sind insbesondere die Arbeiten Foucaults zu den verschiedenen epochalen Formen der Gouvernementalität, die zu belegen versuchen, dass Ökonomie, Staats- und Regierungsdenken sowie die weitere „Gesellschaft" weder voneinander differenziert sind, noch in hierarchischen Verhältnissen der Über- oder Unterordnung stehen. Vielmehr hat Foucault die wechselseitigen Ermöglichungszusammenhänge, die Übertragungen und die Koevolutionen zwischen Ökonomie(n) und Gouvernementalität(en) analysiert (Foucault 2004a, 2004b) – und hierbei beispielhaft gezeigt, wie Märkte zu Dispositiven für die politische Ökonomie wurden (Foucault 2004b).[16]

2.3 Methodologische Eigenheiten von Dispositivanalysen

Mit den Kontextualisierungen hängt ein weiterer wichtiger Aspekt zusammen. Dispositive sind abgeleitete Realitäten oder Realitäten zweiter Art. Sie sind einmal selbst Formationen, also mit aus vorgängigen Elementen organisierte, neue Realitäten, dann sind sie mit Absicht, Intention und unter strategischen Gesichtspunkten formiert worden und zuletzt sind sie wandelbar und für andere Zwecke nutzbar, „umnutzbar" und anders verwendbar (und eventuell aus Sicht ihrer ursprünglichen Formierenden gar „missbrauchbar"). Damit sind Dispositivanalysen aus methodologischer Warte eigentlich nie als alleinige und selbständige Analysen denkbar. Dies dann nicht, wenn man meint, von vermeintlich gegebenen Dis-

---

15 Siehe für eine integrierende Perspektive auf diese Teildisziplinen und Felder den Band von Hedtke (2014) und die Beiträge in Hedtke (Hrsg.) (2015).
16 Siehe für eine Systematisierung der Foucaultschen Archäologie der politischen Ökonomie Vigo de Lima (2010).

positiven ausgehen zu können. Stattdessen muss man vielmehr zusammen mit der Kontextualisierung auf die Dispositive schließen und diese anhand ihrer Prozesse der Formierung und (insbesondere) anhand ihrer (beabsichtigten oder unbeabsichtigten) Wirkungen identifizieren. Dispositive können überhaupt erst identifiziert werden, wenn man die Prozesse ihrer Formierung und ihre strategischen Effekte als Phänomene für ihre Identifizierung heranzieht und man so das fungieren *als* Dispositiv für eine Macht ausübende Instanz erschließen kann. Zu den Spezifika von Dispositivanalysen gehört also ihre methodologische Unvollständigkeit, anders ausgedrückt, (a) das Erfordernis, diese einzubetten in umfassendere Designs und Untersuchungsanlagen sowie (b) das Erfordernis, ihre Erklärungsleistung im Rahmen einer nicht allein dispositivanalytischen Erklärung zu entwickeln, sondern regelmäßig in einer diskursanalytischen *und* (!) dispositivanalytischen Untersuchungsanlage (Jäger/Jäger 2007; Jäger 2015). Dass Dispositivanalysen gerade mit Diskursanalysen eng verzahnt sein sollten, wird auch deutlich, wenn man auf das eingangs angeführte Zitat verweist, in dem Diskurse als mögliche Elemente von Dispositiven aufgeführt werden.[17]

Erst in einer solchen, weiteren – über eine alleinige Dispositivanalyse hinausgehenden – Einbettung wird nicht nur die Genealogie von Dispositiven sichtbar, sondern werden auch Wandlungen, Misserfolge (in ihrer Anwendung) sowie ihre Effektivität deutlich, die sich erst in den zeitlich entfaltenden Wirkungen erweisen. Zu den Spezifika dispositivanalytischer Untersuchungen sollte daher auch die Einbeziehung verschiedener involvierter Positionen, Akteursgruppen und involvierter Situationen gehören, so dass methodologisch eine Multiperspektivität eingerichtet wird, die systematisch erfassen kann, (a) wie und ob strategische Intentionen tatsächlich Wirkungen erzielen, (b) wie und ob Widerständigkeiten gegenüber Dispositiven mobilisiert werden sowie auch (c) wie und ob Dispositive von anderen (als ihren ursprünglich Formierenden) für andere (als die ursprünglich intendierten) Zwecke eingesetzt werden.[18] Letztlich kann man dann argumentieren, dass die Analyse von Dispositiven methodologisch einer Analyse von sozialen Mechanismen entsprechen kann (Moebius/Reckwitz 2008, S. 15).

---

17 Und Foucault hat weiter argumentiert, dass auch diskursive, sozio-kognitive Tiefenstrukturen, die er Episteme genannt hat, wie Dispositive in Diskursen fungieren können: „Was ich […] machen möchte, ist zu zeigen, dass […] die Episteme ein spezifisch diskursives Dispositiv sind." (Foucault 2009, S. 165) Siehe für diese Argumentation Diaz-Bone (2013, 2015b).

18 Zum Aspekt des Widerstandes im Sinne eines „Gegen-Dispositivs" vgl. auch den Beitrag von Hartz in diesem Band.

3 Die Vielfalt der Dispositivkonzepte

In der Auseinandersetzung mit der Kategorie und dem Konzept des Dispositivs ist, wie bereits angedeutet, zunächst zu berücksichtigen, dass das Wort „*dispositif*" im Französischen sowohl im alltäglichen Sprachgebrauch als auch im wissenschaftlichen Diskurs vielfach und vielfältig verwendet wird. Technisch und umgangssprachlich bezeichnet ein *Dispositiv* die Art und Weise der Anordnung der Bauteile eines Apparates oder einer Maschine sowie den Mechanismus selbst. Im militärischen Kontext bezeichnet das Dispositiv das Ensemble von Einsatzmitteln, welche entsprechend einem Plan aufgestellt werden (Angriffs-Dispositiv, Verteidigungs-Dispositiv). Im rechtlichen Zusammenhang meint Dispositiv die Ausführungen zur Umsetzung eines Gesetzestextes. Disposition bezeichnet schließlich die Fähigkeit, über jemanden und etwas verfügen zu können; eine Verfügungs-Macht über Dinge und Personen zu haben (vgl. Link 2008, S. 238; Raffnsøe et al. 2016, S. 6-7). Diese auch alltagssprachliche Verwendung erklärt erstens das eher unvermittelt wirkende Auftauchen und Verwendung des Begriffes, etwa an verstreuten Stellen in den kleineren Schriften Foucaults. Zweitens verweist dies auf die Problematik einer entsprechenden Übersetzung für ein englisch- oder etwa deutschsprachiges Publikum. So merkt Jürgen Link (2008, S. 238) beispielhaft an, dass in der ersten englischsprachigen Übersetzung des ersten Bandes von *Sexualität und Wahrheit* (Foucault 1977) dispositif abwechselnd mit „deployment", „apparatus", „device", „organization", „mechanism" oder „construct" übersetzt wurde. Aus der Unüblichkeit der Verwendung im englisch- und deutschsprachigen Kontext als auch aus den Vagheiten der Verwendung erklärt sich ein Stück weit das Bedürfnis einer konzeptionellen Schärfung – ein Schicksal, welches die Kategorie Dispositiv in nachholender Weise mit dem Begriff des Diskurses teilt. Gleichwohl ist es nicht allein die Offenheit des Begriffs und das korrespondierende Bedürfnis der Arbeit am Begriff, sondern vielmehr das analytische Potential, welches Rabinow und Rose (2003, xv) feststellen lässt, dass „one of the most powerful conceptual tools introduced by Foucault is that of ‚apparatus' or dispositif." Dieser analytische Einsatz und das Potential des Dispositivkonzeptes soll im Folgenden zunächst anhand der Foucaultschen Arbeiten und an weiteren Lesarten skizziert werden.[19]

---

19 Hier wird im Folgenden auf eine umfassende Darstellung der breitgestreuten Dispositiv-Rezeption in den verschiedenen Teildisziplinen der Sozial- und Kulturwissenschaften verzichtet. Für einen knappen Überblick über verschiedene Rezeptionslinien vgl. Bührmann und Schneider (2008). Zu Baudry's kinobezogenem Dispositivbegriff und der Rezeption in den Medienwissenschaften vgl. insbesondere Parr und Thiele (2007).

Das erste explizite Aufgreifen des Dispositivbegriffes findet sich im Kontext des Erscheinens von *Überwachen und Strafen* (Foucault 1976). Foucault, zur Methode von *Überwachen und Strafen* befragt, spricht davon, dass man jenseits der „geheiligten Texte": „[...] offen lesbar auf eine absolut bewusste, organisierte und reflektierte Strategie in einer Masse unbekannter Dokumente [stößt], die den wirklichen Diskurs einer politischen Aktion bilden. Die Logik des Unbewussten muss daher durch eine Logik der Strategie ersetzt werden. Das gegenwärtig den Signifikanten und seinen Ketten gewährte Vorrecht muss durch die Taktiken mit ihren Dispositiven ersetzt werden." (Foucault 2005d, S. 887) Die detaillierteste Auseinandersetzung mit dem Dispositivkonzept findet sich, kurz nach Erscheinen von *Der Wille zum Wissen*, in einem Interview aus dem Jahr 1976. Nach dem Sinn und der methodologischen Funktion des Ausdrucks Dispositiv befragt, antwortet Foucault:

> „Das, was ich mit diesem Begriff zu bestimmen versuche, ist *erstens* eine entschieden heterogene Gesamtheit, bestehend aus Diskursen, Institutionen, architektonischen Einrichtungen, reglementierenden Entscheidungen, Gesetzen, administrativen Maßnahmen, wissenschaftlichen Aussagen, philosophischen, moralischen und philanthropischen Lehrsätzen, kurz, Gesagtes ebenso wie Ungesagtes, das sind die Elemente des Dispositivs. Das Dispositiv selbst ist das Netz, das man zwischen diesen Elementen herstellen kann. *Zweitens* ist das, was ich im Dispositiv festhalten möchte, gerade die Natur der Verbindung, die zwischen diesen heterogenen Elementen bestehen kann. So kann irgendein Diskurs mal als Programm einer Institution, mal im Gegenteil als ein Element erscheinen, das es erlaubt, eine Praktik zu rechtfertigen oder zu verschleiern, die selbst stumm bleibt [...]. [Z]wischen diesen diskursiven oder nicht-diskursiven Elementen gibt es gleichsam ein Spiel, gibt es Positionswechsel und Veränderungen in den Funktionen [...]. *Drittens* verstehe ich unter Dispositiv eine Art [...] Gebilde, das zu einem historisch gegebenen Zeitpunkt vor allem die Funktion hat, einer dringenden Aufforderung nachzukommen. Das Dispositiv hat also eine dominant strategische Funktion." (Foucault 2005a, S. 392f.; Herv. RDB/ RH)

Dies zusammengefasst ist für Foucault ein Dispositiv gekennzeichnet durch eine durch Vernetzung hervorgebrachte heterogene Gesamtheit von Elementen (Diskursen, Institutionen etc. pp.), deren spezifische und veränderbare Verknüpfung eine strategische Funktion besitzt, welche im Zusammenhang mit einem „dringenden Handlungsbedarf",[20] d.h. mit einer spezifischen historischen und gesellschaftlichen Problemlage steht. Dispositivanalyse zielt nun auf die Art und Wei-

---

20 In dem erstmals im Band *Dispositive der Macht* (Foucault 1978) veröffentlichten Gespräch wird das französische „urgence" noch plastischer mit *Notstand* übersetzt.

se dieser Verknüpfung und deren Transformationen ab. Verdeutlicht wird diese Bestimmung des Dispositivs anhand des von Foucault angeführten Beispiels des Merkantilismus. Die dominant strategische Funktion war hier „die Aufnahme einer unsteten Bevölkerungsmasse [...], die eine Gesellschaft mit einer Ökonomie von im Wesentlichen merkantilistischer Art lästig fand: Es hat damit einen strategischen Imperativ gegeben, der als Matrix für ein Dispositiv fungierte, das nach und nach zum Dispositiv für die Kontrolle und Unterwerfung des Wahnsinns, der Geisteskrankheit und der Neurose wurde" (Foucault 2005a, S. 393). Weiter bedeutsam an den Ausführungen Foucaults ist das Verständnis von Dispositiven als zugleich funktional überdeterminiert (es entstehen positive, negative, gewollte und ungewollte Effekte) und als Ort strategischer Auffüllung (die negativen Effekte werden etwa im Rahmen einer neuen Strategie aufgegriffen – einfacher gesagt findet sich hier die Figur der „Reform der Reform"). Auch hier ist das gegebene Beispiel der Einsperrung erhellend: Die Haft erschien als vernünftige Maßnahme zur Bekämpfung der Kriminalität, die nicht induzierte Hervorbringung eines Milieus der Delinquenz führte zu einer neuen Strategie der politischen und ökonomischen Abschöpfung dieses Milieus (etwa durch die Organisation der Prostitution) (vgl. Foucault 2005a, S. 393f.).

Die Ausführungen Foucaults lassen sich als Beschreibung eines analytisch-deskriptiven Vorgehens begreifen, welches über den Kontext von *Überwachen und Strafen* (Foucault 1976) und *Der Wille zum Wissen* (Foucault 1977) hinausgreift und die geläufige Trennung in eine Werkphase der Archäologie und der Genealogie fragwürdig erscheinen lässt.[21] So weisen die ersten großen Monographien der 1960er Jahre, *Wahnsinn und Gesellschaft* (Foucault 1973) und *Die Geburt der Klinik* (Foucault 1988) mit ihren Analysen der spezifischen historischen Verschränkungen und Hervorbringungen von Diskursen, Institutionen, Praktiken, Materialität(en) analytische Bezüge zum Konzept des Dispositivs auf, welche in den 1970er Jahren wieder prominent(er) durch Foucault aufgegriffen wurden. Exemplarisch ist das Dispositiv der „Disziplin" oder der „Sexualität" ein diskursives Phänomen, jedoch zugleich mehr als ein Diskurs im Sinne eines „quer durch Wirklichkeitsebenen hindurch in Stellung gebrachten Zugriffsarrangement[s]" (Gehring 2004, S. 85).

Neben dieser analytischen Perspektive des Dispositivkonzeptes ist der genealogische Einsatz des Dispositivkonzeptes bedeutsam, wie er sich deutlich in den beiden Vorlesungszyklen zur *Geschichte der Gouvernementalität* in den Jahren 1978-79 anzeigt (Foucault 2004a, 2004b). In der ersten Vorlesung des Jahres 1978 adressiert Foucault zunächst eine „Geschichte der Techniken" (Foucault 2004a, S. 23), ins-

---

21 Man findet diese unzutreffende Trennung etwa bei Dreyfus und Rabinow (1987).

besondere eine „Geschichte der Sicherheitstechnologien" (Foucault 2004a, S. 26) zur Lenkung der Bevölkerung, welche im Verlauf der Vorlesung dann vom Leitbegriff der „Regierung" abgelöst wird. Bedeutsam wird dabei die Unterscheidung von drei historischen, miteinander verwobenen, aber jeweils durch einen dominanten Mechanismus gekennzeichnete Modalitäten des Regierens und damit verbundene Technologien, welche als juridisch-rechtliche Mechanismen, Disziplinarmechanismen und drittens als Sicherheitsdispositiv diskutiert werden (Foucault 2004a, S. 19f.). Alle drei Modalitäten lassen sich als Dispositive interpretieren, welche ihre Funktion (des Strafens, der Disziplinierung, der Kalkulation) und ihre konkrete strategische Auffüllung innerhalb einer spezifischen historischen Anordnung und „dringenden Aufforderung" erhalten (Raffnsøe et al. 2016). Insofern gewinnt das Dispositivkonzept eine spezifische genealogische Rahmung, welche sich erstens als enorm einflussreich für die Analysen im Kontext der Studien zur Gouvernementalität erwiesen hat sowie zweitens das Dispositivkonzept wieder an die Foucaultsche Programmatik einer „kritische[n] Ontologie der Gegenwart" rückbindet (Foucault 1992, S. 48). In Anlehnung an Raffnsøe et al. (2016) lassen sich diese prototypischen Dispositive als Techniken des Regierens tabellarisch zusammenfassen.

Tabelle 1 Prototypische Dispositive, in Anlehnung an Raffnsøe et al. (2016, S. 14)

	Recht	Disziplin	Biopolitik, Sicherheit, Gouvernementalität
Normative Ordnung (Was?)	• ausschließend • verbietend • kodifizierend	• vorschreibend • erwünscht / nicht erwünscht • normierend	• anleitend / führend • nützlich / unnütz • normalisierend
Ausübung von Macht (Wie?)	• unterdrückend, beschränkend	• produktiv, formierend	• befördernd, ermöglichend
Räumlicher Bezug (Wo?)	• Territorium • Rechtsstaat	• Lokal • Institutionen	• natürliche Umgebung • Zivilgesellschaft
Subjektposition (Wer?)	• Rechtssubjekte	• individualisierte Körper	• Bevölkerung
Ausgewählte Untersuchungsgegenstände in Foucaults Arbeiten	• Rechtsprechung • politische Philosophie • öffentliche Bestrafung • Souveränität • Einschließung	• Gefängnisse • Irrenanstalten • Schulen • Verwaltung • Überwachung • Prüfung • Psychiatrie • Pädagogik • Kriminologie	• liberale Regierungskunst • Neoliberalismus • politische Ökonomie • Statistik • Pastoralmacht • Staatsräson • Humankapital

Die Ausführungen Foucaults zum Dispositiv lassen nun unterschiedliche Lesarten zu bzw. führten in der Rezeption zu unterschiedlichen Anschlüssen. Lässt sich für die hier gegebene Bestimmung festhalten, dass für Foucault das Dispositiv sich in einer strategischen Beziehung zu einer bestimmten gesellschaftlichen (politischen, ökonomischen, sozialen) Problematisierung befindet – welches insofern die von uns angesprochene Kontextualisierung von Dispositiven nötig macht – so tritt dieser Bezug in der prominenten Interpretation des Dispositivkonzeptes durch Gilles Deleuze (1991) als auch später bei Giorgio Agamben (2008) ein Stück weit in den Hintergrund.

Gilles Deleuze stellt zunächst fest, dass „[d]ie Philosophie Foucaults [...] häufig den Eindruck [erweckt], als wäre sie eine Analyse konkreter ‚Dispositive' [...]" (Deleuze 1991, S. 153). Im Anschluss an Foucault ist für Deleuze ein Dispositiv „zunächst ein Durcheinander, ein multilineares Ensemble [...] zusammengesetzt aus Linien verschiedener Natur" (ebd.). Gemäß der von Deleuze (1997) pointiert herausgearbeiteten drei großen „Instanzen" bei Foucault – Wissen, Macht und Subjektivität, verschränken sich in einem Dispositiv Kurven der Sichtbarkeit, der Sagbarkeit sowie Kräfte- und Subjektivierungslinien. Diese Linien gelte es zu entwirren und im Sinne einer „Arbeit im Gelände" zu kartographieren. Deleuze betont die Bedeutung der Kräftelinien als die dem Dispositiv innerliche Dimension der Macht, welche „sehen lässt" und „sagen lässt" und mehr oder weniger rigide Dispositive hervorbringt. Die „Subjektivierungslinien" verhindern hingegen die Schließung des Dispositivs, Subjekte werden zugleich in Dispositiven produziert und markieren dessen Bruchlinien. Deleuze zieht schließlich zwei Schlussfolgerungen für eine „Philosophie der Dispositive", welche wiederum die Foucaultsche Auseinandersetzung mit dem Dispositivkonzept weiter erhellen. Zunächst zielt eine solche Philosophie auf eine Zurückweisung der Universalien (Subjekt, Objekt, weitergedacht: der „Staat", der „Markt", die „Organisation"). Deren Emergenz müsse – als Subjektivierung, Totalisierung, Objektivierung – selbst Gegenstand der Dispositivanalyse sein. Zweitens sollen Dispositive hinsichtlich ihres Anteils an Geschichte (Archiv) und ihres Anteils an Aktuellem betrachtet werden, mit einem (auch politischen Fokus) auf das kreative Moment von und in Dispositiven. Stärker noch als bei Foucault wird der politische Einsatz einer Betrachtung von Dispositiven deutlich, mit dem – im Vergleich zu Foucault vielleicht allzu emphatischen – Blick auf Subjekte als „Fluchtlinien" von Dispositiven.

Auch *Giorgio Agamben* greift das hier diskutierte Interview Foucaults auf und entwickelt hieraus ein allgemeines Verständnis von Dispositiv, welches die Nähe zur Problematik der Regierung anzeigt: „Als Dispositiv bezeichne ich alles, was irgendwie dazu imstande ist, die Gesten, das Betragen, die Meinungen und die Reden der Lebewesen zu ergreifen, zu lenken, zu bestimmen, zu hemmen, zu formen, zu kontrollieren und zu sichern." (Agamben 2008, S. 28) In dieser Verallgemeinerung sind für Agamben nicht nur die Gefängnisse, Fabriken, Schulen etc. als Dispositive lesbar, sondern auch der Federhalter, die Schrift, das Mobiltelefon und zuletzt die Sprache selbst (Agamben 2008, S. 28). In einer quasi-ontologischen, vitalistisch anmutenden Schichtung unterscheidet Agamben zwei Klassen des Vorhandenen: die Lebewesen und die Dispositive. Zwischen beiden, als Drittes, findet sich das Subjekt, welches „[...] aus der Beziehung, sozusagen dem Nahkampf zwischen den Lebewesen und den Dispositiven hervorgeht" (Agamben 2008, S. 29). Für Agamben ist das gegenwärtige Stadium des Kapitalismus durch eine gigantische Anhäufung und Wucherung von Dispositiven gekennzeichnet, so dass es „keinen einzigen Augenblick im Leben eines Individuums [...] zu geben [scheint], der nicht von irgendeinem Dispositiv geformt [...] wäre." (Agamben 2008, S. 29). Dispositive – wie das Mobiltelefon – sind nicht „nur" als Technik zu verstehen, auf deren richtigen Gebrauch es ankäme, vielmehr sind diese notwendig verzahnt mit Prozessen der (De-)Subjektivierung (Agamben 2008, S. 37f.).

Die Texte von Deleuze, aber auch Agambens Weiterführung des Dispositivkonzeptes sind inspirierend, interessieren sich jedoch nicht für die konkrete Analyse von Dispositiven. In diese Richtung weisen nun die Arbeiten von Andrea Bührmann und Werner Schneider (2007, 2008, 2010, 2016; Bührmann 2013), die langjährige Auseinandersetzung mit dem Dispositivkonzept bei Siegfried Jäger (2015; vgl. auch Jäger/Jäger 2007) sowie das Aufgreifen des Dispositivkonzeptes durch Reiner Keller (2007, 2013).

Für *Bührmann* und *Schneider* ist die Dispositivanalyse keine isolierbare Methode, sondern Forschungsperspektive und Forschungsstil, welche sich unterschiedlicher Methoden der Datenerhebung und -auswertung bedienen können, wenngleich immer unter Reflexion der erkenntnistheoretischen Grundannahmen (Bührmann/Schneider 2008, S. 16f.). Das Dispositivkonzept als Forschungsperspektive adressiert dabei die begrifflich-theoretische wie empirische „Bestimmung des je über Wissen vermittelten Verhältnisses von *Diskurs*, *Macht* und dem *gesellschaftlichen Sein*" (Bührmann/Schneider 2008, S. 32, Herv. i.O.). Dispositivanalyse zielt dann erstens auf die Verschränkung von Diskursen als institutionalisierte Aussagepraktiken mit Machttechniken, welche Wahrheit – im Sinne eines geltenden Wissens über die Wirklichkeit – hervorbringen und zweitens auf die Einbettung und Orientierung sinnlich-materialer Praktiken (Umgang mit den „Dingen", soziale Beziehungen, (Selbst-)Erfahrung, Konstitution von Subjektivität) in diesen Wissensordnungen. Übergreifend ist das konkrete Dispositiv und dessen Auftauchen dann wieder an gesellschaftliche Umbruchsituationen, sozialen Wandel etc. zurückzubinden.[22]

---

22 Exemplarisch diskutieren Bührmann und Schneider ihren Entwurf einer Dispositivanalyse anhand des „Geschlechterdispositivs" und des „Sterbe-/Todesdispositivs"

Für *Siegfried Jäger* stellt ein Dispositiv „einen prozessierenden Zusammenhang von Wissen dar, der sich in Sprechen/Denken – Tun – und Gegenständlichkeiten materialisiert" (Jäger 2015, S. 73). Anders formuliert geht es um ein „Zusammenspiel sprachlich-gedanklich performierter diskursiver Praxen (= Sprechen und Denken auf der Grundlage von Wissen), nicht-sprachlich-performierter diskursiver Praxen (= Handeln auf der Grundlage von Wissen) und Sichtbarkeiten bzw. Gegenständlichkeiten (als Folge von Handeln/Arbeit)" (ebd.). Eine Dispositivanalyse sollte dann folgende Schritte beinhalten (Jäger 2015, S. 74):

- Ermittlung des Wissens, das mit sprachlich/gedanklich performierten diskursiven Praktiken einhergeht;
- Ermittlung des Wissens, das den nicht-sprachlich-performierten diskursiven Praktiken zugrunde liegt;
- Ermittlung der nicht-diskursiven Praktiken und des damit verbundenen Wissens, welches zu den Vergegenständlichungen geführt hat;
- Bestimmung des „Notstands", auf den das Dispositiv reagiert;
- Versuchsweise Bestimmung der nicht beabsichtigten Folgen des Dispositivs.

Noch knapper formuliert geht es um die Analyse der Verschränkung der sprachlich-diskursiven Ebene, der handlungs-diskursiven Ebene und der sichtbarkeitsdiskursiven Ebene (Jäger 2015, S. 117). Aus dieser Betonung des Diskursiven und des „prozessierenden Zusammenhangs von Wissen" folgt dann auch, dass für Siegfried Jäger die Diskursanalyse das „Herzstück der Dispositivanalyse" ist (2015, S. 74).[23]

Auch *Reiner Keller* greift die Diskussionen um das Dispositivkonzept im Rahmen seiner Konzeption einer Wissenssoziologischen Diskursanalyse auf.[24] Für Keller bezeichnet das Dispositiv bei Foucault „das Maßnahmenbündel, das Gefüge institutioneller Materialisierungen, das einen Diskurs trägt und in weltliche Konsequenzen umsetzt" (Keller 2011, S. 138). Insofern Diskursanalyse bei Foucault schon immer mehr als Textanalyse ist, steht für Keller die Emergenz des Dispositivbegriffes als erneuerte Akzentuierung dieses „mehr als Text" denn als neues

---

(Bührmann/Schneider 2008), sowie später Bührmann anhand des Diversity-Managements (Bührmann 2013).

23 In dieser Fassung des Dispositivkonzepts liegt auch eine Korrektur früherer Konzeptualisierungen des Dispositivs bei Siegfried Jäger vor (2015), in welcher Handeln und Vergegenständlichungen als nicht-diskursive Elemente aufgefasst wurden (vgl. etwa Jäger 2001a, 2001b).

24 Siehe zur wissenssoziologischen Diskursanalyse Keller (2007, 2010) sowie Keller und Truschkat (2013).

Programm: „An die Stelle der reinen Konzentration auf Aussagesysteme tritt die Untersuchung der Praktiken, mittels derer Diskurse Subjekte formen, aber auch die Betrachtung von Praktiken als einer relativ eigensinnigen Wirklichkeitsebene mit eigenen Dynamiken; es geht also um das Wechselspiel von Sichtbarem (Materialitäten) und Diskursen." (Keller 2011, S. 138) Dispositive sind dann die tatsächlichen Mittel der Machtwirkungen eines Diskurses und vermitteln als „Instanz" des Diskurses zwischen Diskursen und Praxisfeldern. Dispositive bezeichnen für Keller den „institutionellen Unterbau", die Infrastruktur der Diskursproduktion und Problembearbeitung (Keller 2007, S. 45).[25] Zu dieser Infrastruktur zählen dann beispielhaft formalisierte Vorgehensweisen, spezifische Objekte, Technologien, Sanktionsinstanzen, Ausbildungswege u.a. Weiter präzisierend sind Dispositive „zum einen die Infrastrukturen der Diskursproduktion, d. h. das Gewebe von diskursiven und nicht-diskursiven Praktiken, Dingen, Personen, Regelungen, welche die Erzeugung von Aussagen ermöglichen und begleiten, die einen Diskurs bilden. Dispositive sind aber auch die Apparaturen oder Infrastrukturen der Weltintervention" (Keller 2013, S. 31). Insofern die Berücksichtigung der Materialität der Diskurse genuin Bestandteil einer sich auf Foucault berufenden Diskursanalyse sein sollte, ist diese immer schon Diskurs- *und* Dispositivanalyse (Keller 2013, S. 46). Keller bleibt insofern skeptisch hinsichtlich des „Mehrwertes" einer sich als eigenständig generierenden Dispositivanalyse, welcher sich (möglicherweise) nur behaupten lässt, wenn man den Diskursbegriff auf den Textbegriff reduziert (Keller 2007, S. 43).

Neben diesem Rekurs auf die direkten konzeptionellen und analytischen Lesarten und Anschlüsse an die Ausführungen zum Dispositivkonzept bei Foucault ist es schließlich wichtig, die Foucaultschen Überlegungen in einen breiteren sozial- und kulturwissenschaftlichen Kontext zu stellen. Das Foucaultsche Dispositivkonzept ist nicht ein „singuläres Ereignis", sondern adressiert mit den Themen der Verknüpfung, der Verschränkung von Macht/Wissen, der Problematisierung und der Zurückweisung von Universalisierungen Felder, welche auch in anderen Theoriezusammenhängen von eminenter Bedeutung sind. Im Folgenden sollen deshalb mit der Akteur-Netzwerk-Theorie und dem „new materialism" zwei Diskussionsfelder herausgehoben werden, mit denen das Dispositivkonzept in pro-

---

25 Ähnlich spricht Angermüller (2010, S. 90) bei seiner Diskussion von Universitäten als „Sinnverknappungsdispositiv" von Dispositiven als „institutionellen Arrangements von Prozessen der Sinnverknappung". Die Idee der Infrastruktur und der Sinnverknappung weist eine Nähe zu den von Foucault in *Die Ordnung des Diskurses* diskutierten Mechanismen der Kontrolle und Einschränkung des Diskurses auf, welche dessen „bedrohliche Materialität" bändigen soll (Foucault 1991, S. 11).

duktiver Weise in einen Dialog gebracht werden kann.[26] Mit Bezug auf die ANT hebt van Dyk (2010, 2013) am Dispositivkonzept den Aspekt der Verknüpfung heterogener Elemente hervor. Für die Analyse jener „Vermischungen, die es zu entmischen gilt" (Deleuze 1991, S. 157) biete sich die ANT als Soziologie der Verknüpfungen und Assoziationen an.[27] Insofern diskursanalytische Arbeiten – trotz eines oftmals weiten Diskursverständnisses – überwiegend auf einer textlichen Ebene verbleiben, liefert die ANT mit ihrer Betonung und „Rehabilitierung" der gegenständlichen, nicht-menschlichen Welt einen entsprechenden Vorschlag, wie bisher vernachlässigte Elemente (Artefakte, Körper, Organismen) in ihren Verknüpfungen mit den Diskurs- und Wissensordnungen analysiert werden können. Mit der Ausweitung des zeichentheoretischen Modells der Semiotik auf die gegenständliche Welt wird dabei zunächst die ontologische Unterscheidung von Diskursivem und Nicht-Diskursivem unterlaufen: „Niemals lässt sich ein scharfer Bruch zwischen den Dingen und den Zeichen feststellen. Und niemals stoßen wir auf eine Situation, in der willkürliche und diskrete Zeichen einer gestaltlosen und kontinuierlichen Materie aufgezwungen würden. Immer sehen wir nur eine kontinuierliche Reihe von ineinander geschachtelten Elementen, deren jedes die Rolle eines Zeichens für das vorangehende und die eines Dings für das nachfolgende Element spielt." (Latour 2002, S. 70) Betont wird dabei der ko-konstruierende Charakter der sozialen Welt, insofern die „Dinge" oder Artefakte nicht einfach soziale Konstruktionen sind, sondern eine Eigenlogik, einen „Aufforderungscharakter" (Latour 2006, S. 485) besitzen, wie Latour es exemplarisch am Beispiel der Schusswaffe erläutert (Latour 2006, S. 485-489; vgl. auch Belliger/Krieger 2006b, S. 42f.). Auch hier sieht man eine „Lockerung der Diskurs-Kategorie" (Link 2008, S. 238), welche das Dispositivkonzept bei Foucault kennzeichnet. Analog findet man in der ANT und im Dispositivkonzept die Zurückweisung von Universalien. Das Soziale, die Gesellschaft und die Natur erweisen sich als dynamische Prozesse der Netzwerkbildung, welche stabilisiert – etwa durch die Fixierung von Rollen von Akteuren – aber auch destabilisiert werden können. Schließlich findet sich in der ANT auch die an Foucault gemahnende Idee der Krise und Problematisierung, welche Netzwerke und Verknüpfungen womöglich als dysfunktional erscheinen lassen, deren Selbstverständnis gefährden und einen Prozess der Diskursivierung auslösen (Belliger/Krieger 2006b, S. 44f.). Dies zusammengenommen kann sich

---

26 Vgl. angrenzend auch die unter der Perspektive der Science and Technology Studies versammelten Beiträge in Bauer et al. (Hrsg.) (2017).
27 Latours Buch „*Eine neue Soziologie für eine neue Gesellschaft*" (2007) trägt im Englischen den Titel „*Reassembling the social*" (Latour 2005), welcher im Sinne von Assemblage den gleichen Bedeutungshorizont wie der Dispositivbegriff aufspannt.

eine Auseinandersetzung mit der ANT und den dort vorliegenden Studien als ein methodisch und analytisch gewinnbringender Weg erweisen, die bei Foucault offene Frage, wie „eine verknüpfungssensible Arbeit im Gelände" (van Dyk 2010, S. 190) aussehen könnte, weiter zu bearbeiten.

Mit dem Dispositivkonzept lassen sich auch Anschlüsse an die in den letzten Jahren geführte Debatte um einen „new materialism" vornehmen.[28] Auch im „new materialism" geht es analog zur ANT und zum Dispositivkonzept darum, „das komplexe und dynamische Zusammenspiel von Bedeutungsprozessen und materiellen Anordnungen" zu erfassen (Lemke 2014, S. 251). Ausgangspunkt ist hierbei die Kritik am „linguistic" oder „cultural turn", dessen Fokus auf Diskurs und Kultur eben dies nicht zu leisten vermag. Der ausgerufene „material turn" (Bennett/Joyce 2010) und mit ihm der „new materialism" begreift nun die Materie selbst als aktiv und wirkmächtig. Die von Karen Barad, eine der Hauptvertreterinnen des „new materialism", formulierte Programmatik lässt dabei die Nähe zum Dispositivkonzept (als auch zur ANT) sichtbar werden. So gehe es um ein „epistemological-ontological-ethical framework that provides an understanding of the role of human and non-human, material and discursive, and natural and cultural factors in scientific and other socio-material practices" (Barad 2007, S. 26, zit. nach Lemke 2014, S. 253). Barad würdigt die Foucaultsche Machtanalytik mit ihrer Hinwendung zur Produktivität und Performativität von Macht, sieht jedoch auch bei Foucault eine Trennung von Kultur und Natur, welche in der Konsequenz das Verhältnis von diskursiven Praktiken und nicht-diskursiven Phänomenen – hier bezogen auf den Körper – nur unzureichend erfassen kann (Barad 2003, S. 809). Lemke (2014) weist nun auf die von Foucault im Zusammenhang der Vorlesungen zur Gouvernementalität diskutierte Idee einer „Regierung der Dinge" und dem Konzept des Milieus, welche wiederum unmittelbar mit dem weiter oben diskutierten Sicherheitsdispositiv im Zusammenhang stehen: „Die Sicherheitsdispositive bearbeiten, erzeugen, organisieren, gestalten ein Milieu, noch bevor der Begriff überhaupt gebildet und isoliert ist. [...] Das Milieu ist ein Ensemble von natürlichen Gegebenheiten, Flüssen, Sümpfen, Hügeln, und ein Ensemble von künstlichen Gegebenheiten, Ansammlung von Individuen, Ansammlung von Häusern usw. [...] Es ist ein Element, in dessen Innerem eine zirkuläre Umstellung von Wirkungen und Ursachen zustande kommt [...]." (Foucault 2004a, S. 40f.) Die Verknüpfung der Elemente, das Dispositiv soll im Sinne einer „Regierung der Dinge" eine bestimmte Zirkulation befördern. Folgt man dem Foucaultschen Dispositivkonzept, erhalten die Elemente erst in ihrer

---

28 Siehe zum Folgenden insbesondere Lemke (2014), zum „new materialism" Coole und Frost (2010), Dolphijn und Tuin (2012), Hird (2004) sowie Ahmed (2008).

Verknüpfung und in ihrem Zirkulieren einen (quasi-)ontologischen Status, welcher sie etwa als menschlich oder nicht-menschlich ausweist oder diesen jeweils Wirkungs- und Handlungsmächtigkeit zu- oder abspricht. Auch hier zeigt sich der Einsatz und das mögliche Potential des Dispositivkonzeptes in der Auseinandersetzung mit dem „material turn", insofern die Idee einer „Materialität an sich", die Trennung zwischen dem Natürlichen und dem Sozialen selbst als Formen einer „ontologischen Politik" rekonstruierbar werden.

4 Anwendungsperspektiven einer Dispositivanalyse in der Ökonomie

Man kann nun versuchen, mögliche Anwendungsperspektiven für das Konzept des Dispositivs in der Analyse der Ökonomie zu skizzieren.

Dabei muss man als eine erste Gefahr im Blick behalten, dass alles Mögliche als „Dispositiv" erscheinen kann, solange man das Dispositivkonzept nicht in eine umfassendere theoretische Perspektive sowie in ein angemessenes Forschungsdesign einbettet, die zusammen erst klären, warum etwas überhaupt als Dispositiv (in welcher Konstellation, für was, für wen und wozu) fungiert bzw. fungieren kann. Eine weitere Gefahr besteht darin, einfach von vermeintlich gegebenen Dispositiven auszugehen, so als ob man sie einfach „vorfinden" könne und als ob sie dauerhaft beständig, für alle sichtbar und so auch vorab identifizierbar seien. Wenn man Dispositive von ihrer (strategischen) Wirkung her denkt, dann sind unbeständige Prozesse oder flüchtige Konstellationen genauso als Dispositive denkbar. Zudem ist es möglich, dass man überhaupt erst vom Effekt oder der Wirkung auf das Vorhandensein eines Dispositivs schließen kann, welches vorab nicht erkennbar war.

Aus dispositivtheoretischer Perspektive ist ein Ausgangspunkt für die Frage nach dem Anwendungsspektrum des Dispositivkonzepts in der Analyse der Ökonomie bereits die Frage danach, wie man "Ökonomie" auffasst, abgrenzt und wie Dispositive in der Neuzeit dazu beigetragen haben, das ökonomische Denken gesellschaftlich zu etablieren. Gerade die Arbeiten von Michel Foucault (2004a, 2004b) und Pierre Bourdieu (2005) haben diese sozialhistorische und reflexive Position an den Anfang ihrer Analysen der Ökonomie und des ökonomischen Denkens gesetzt. Sozialpolitische, wirtschaftspolitische, wissenschaftliche u.a. Konflikte beginnen bereits mit der Auseinandersetzung, was denn „Ökonomie" ist und was nicht sowie insbesondere, was „gute Ökonomie" ist und was „Ökonomie soll" usw. Damit untrennbar verbunden ist die Auseinandersetzung um die „richtige Ökonomie" als „Wirtschaftswissenschaft", die ein grundlegendes Dispositiv für die Konstitution „der Ökonomie", nun als Wirtschaft, ist – eben das ist die performativitätstheoretische Perspektive.[29]

Geht man von der politischen Ökonomie aus, kann man Institutionen, die die Wirtschaft möglich machen, als erste und fundamentale Dispositive auffassen. Christian Bessy und Olivier Favereau (2003) haben das Geld, das Recht und die Diskurse in diesem Sinne als grundlegende Institutionen identifiziert.[30] Ältere Ansätze der politischen Ökonomie gingen noch von „Klassen" und „Klasseninteressen" aus. Foucault hat aber gezeigt, dass beispielsweise das Bürgertum sich erst als Klassenkörper formieren musste, sich zunächst selbst „diszipliniert" hat, um danach andere beherrschen zu können (Foucault 1977). „Klassen" und „Klasseninteressen" sind damit kein sicherer Ausgangspunkt (und kein „explanans") für eine Dispositivanalyse (und auch nicht länger für eine zeitgemäße politische Ökonomie), sondern wären vielmehr in ihrer Genealogie und Wirkung zu untersuchende Sachverhalte (und ein „explanandum").

Die Wirtschaftswissenschaften differenzieren Produktion, Distribution und Konsumption als relevante Formen der ökonomischen Koordination und setzen dabei Bedürfnisse und Produkteigenschaften voraus. Dispositivanalytisch wäre aber zu fragen, welche Instrumentierungen materieller und immaterieller (kognitiver) Art diese Formen der Koordination möglich machen. Dispositivanalytisch wäre hier der Zugang zur Untersuchung der Formierung von Bedürfnissen zu eröffnen, als Teil der Subjektivierung ökonomischer Subjekte. Insbesondere die Zuschreibung von Produkteigenschaften, ihren Qualitäten und ihren Preisen ist aber ohne die vielfache Verwendung von Dispositiven undenkbar. Preise müssen ermittelt werden, sie müssen angezeigt und kommuniziert werden. Die Dispositive dafür sind keine neutralen Instrumente, sondern sind Mechanismen in der Preis(fest)setzung. Die Accounting-Forschung hat eindrucksvoll rekonstruiert, wie verschiedene Formen der Wertzuschreibung und der darauf basierenden Rechnungslegung in je nach verwendetem Standard und daher in kontingenter Weise „Werte" ermitteln und repräsentieren (Chiapello 2007, 2015, 2017).

Es sind dann in erster Linie Dispositive, die die „Qualität" und die „Wertigkeit" von Produkten, Dienstleistungen und Personen in der Ökonomie „feststellbar" ma-

---

29 Siehe dazu den Beitrag von Davies in diesem Band.
30 Bessy und Favereau sprechen zunächst von „Sprache", es wird aber deutlich, dass die kollektive Sprach- und Wissenspraxis gemeint ist, so dass hier „Diskurse" verwendet wird. Siehe dazu die Beiträge von Bessy und Diaz-Bone in diesem Band sowie den Beitrag von John Searle (2015) zur sprechakttheoretischen Interpretation von Institutionen.

chen und so an der Zuschreibung und Konstruktion eben dieser mitwirken.[31] Die Ökonomie ist angewiesen auf Praktiken und Instrumentierungen, die die Quantifizierung und Standardisierung von ökonomisch relevanten Sachverhalten ermöglichen, so dass diese auch mit Preisen in Beziehung gesetzt werden können (Bruno et al. Hrsg. 2016; Diaz-Bone/Didier Hrsg. 2016). Einheitliche Maße und geteilte Standards (wie hinsichtlich „Qualitäten", „Produktkategorien", „Garantien" etc.) sind basale Dispositive, die die Möglichkeit moderner Ökonomien darstellen, so dass Kalkulationen, Preisermittlungen und ökonomische Kommunikationen damit möglich werden (Busch 2011; Ponte et al. Hrsg. 2011). Eine moderne, arbeitsteilige und geldvermittelte Ökonomie ist insgesamt undenkbar ohne eine umfassende Ausstattung mit Technologien, die nicht nur Produktion, Distribution und Formen des Konsums organisieren, sondern die auch die dafür erforderlichen Informationen prozessieren. Beobachtbar ist dabei die fortschreitende Durchdringung der Ökonomie mit Informations- und Kommunikationstechnologien, allen voran das Internet, im alltäglichen Konsum, exemplarisch sichtbar an Vergleichsportalen oder Unternehmen wie Amazon oder Google, deren Geschäftsgrundlage die Prozessierung von Informationen darstellt. Ebenso ist eine dispositivanalytische Perspektive diejenige nach der Rolle von Dispositiven für die räumliche, geographische Ausweitung von Ökonomien, ökonomischer Institutionen und ökonomischer Denkweisen. Das ökonomische Wissen und ökonomische Denkordnungen sowie „Theorien" sind einflussreiche Dispositive bei der Einrichtung von ökonomischen Institutionen sowie für die Transformation vieler sozialer Bereiche – man denke beispielhaft an den Bildungs- und Gesundheitssektor – in marktförmige organisierte Sphären (Davies 2014), in denen nun Wettbewerb als Koordinationslogik gilt.[32] Managementtheorien und Praktiken des Managements sind dafür wichtige „Scharniere" – also Dispositive. Aber es ist insbesondere auch die Prägung eines ökonomischen Habitus und damit die Formierung von körperlich verankerten Schemata für das Denken, Wahrnehmen und Handeln, die Ökonomien ermöglichen, hier haben insbesondere die Habitustheorie von Pierre Bourdieu (Bourdieu 2005; Diaz-Bone 2007) und die Theorie der Disziplinierung und die Gouvernementalitätstheorie von Michel Foucault (Foucault 1976, 2004a, 2004b) die dafür wichtigen Mechanismen und Dimensionen untersucht. Für Bourdieu (2005) ist die Rationalität des homo oeconomicus Resultat einer Jahrhunderte dauernden Ha-

---

31 Siehe für die Prozesse der Wertzuschreibungen, der Valuation/Valorisierung und Qualitätskonstruktionen auch die Beiträge in Beckert und Aspers (Hrsg.) (2010), Beckert und Musselin (Hrsg.) (2013) sowie Vatin (Hrsg.) (2013).

32 Siehe dafür die Beiträge von Schmidt-Wellenburg, Wetzel sowie Bröckling und Peter in diesem Band.

bitusformierung und keine anthropologische Grundausstattung. Ökonomie, Bildungsinstitutionen, Märkte und insgesamt eine Kultur, die Eigennutz sowie Kalkulation sowie Planung vorgeben und einüben sind dafür die Voraussetzung.[33] In der Studie zur den Bedingungen und Dispositionen des privaten Hausbaus und Hauserwerbs hat Bourdieu (mit Mitarbeitenden) gezeigt, dass die Anschaffung teurer Güter – wie Häuser – erfordert, dass die gesamte Lebensführung (Sparen, Arbeitsort, Familienplanung) für viele Jahre auf die Anschaffung des Eigenheims ausgerichtet wird (Bourdieu 2002). Die Ausbildung eines Habitus, der auf die Anschaffung ausgerichtet ist, wird damit zu einem ökonomischen Dispositiv. Heutzutage ist die Selbstquantifizierung („Quantified Self", „Self Tracking", „Lifelogging") eine neue Form der Ausbildung eines Habitus, die die Lebensführung mit Hilfe von Gadgets, Apps und Wearables zur Erfassung von Körperdaten (Gesundheitsindikatoren), emotionalen Zuständen, sportlichen Aktivitäten, Ernährungsgewohnheiten etc. ausrichtet (vgl. Duttweiler et. al. 2016; Lupton 2016; Selke 2016). Die Selbstquantifizierung wird dann ein auch ökonomisches Dispositiv, wenn sich beispielsweise die Ermittlung von Krankenversicherungstarifen darauf stützt (und damit das Solidarprinzip von Versicherung aushebelt).

Betrachtet man die Zeit und den geographischen Raum, dann wird die Rolle von Dispositiven auch für die zeitliche und räumliche Stabilisierung von Ökonomien, die Handhabung von ökonomischer Unsicherheit sowie für die Formierung kollektiver Zukunftshorizonte deutlich (Beckert 2016). Prozesse wie die „Globalisierung", die Vermarktlichung vormals nicht marktförmiger Sphären, die Transformation von Sachverhalten in handelbare Güter, die Einrichtung neuer Märkte, die Veränderungen gesellschaftlicher Mobilität oder die Einführung von Innovationen sind geeignete Anwendungen, um darin die Rolle und das Fungieren von Dispositiven zu untersuchen.[34] Letztlich ist eine dispositivanalytische Forschung aber angewiesen auf eine Verknüpfung all dieser erwähnten Formen von Dispositiven mit Formen der Agency, Instanzen der Macht, Prozessen der Regierung usw., die dann in Prozessen Dispositive zu mobilisieren versuchen, um eine strategische Absicht umzusetzen und einen (Macht)Effekt zu erzielen. Damit sind Dispositivanalysen (nicht nur) in der Ökonomie nicht beschränkbar auf die alleinige Identifikation und die reine Deskription von Dispositiven.

---

33 Siehe bezogen auf die Herausbildung eines „Unternehmergeistes" im schulischen Kontext den Beitrag von Martilla in diesem Band. Zur „Universität als Dispositiv" vgl. Maeße und Hamann (2016).

34 Vgl. hierzu auch die Beiträge von Manderscheid sowie Boeckler und Bernd in diesem Band. Zur gesellschaftlichen Mobilität als Diskurs und Ideologie vgl. Endres et al. (Hrsg.) (2016).

Eine beispielhafte wirtschaftssoziologische Studie, die einen Prozess der Etablierung eines Auktionsmarktes zum Ausgangspunkt für eine ethnographische Rekonstruktion der Einführung einer ganzen Konstellation von Dispositiven genommen hat, ist von Marie-France Garcia-Parpet vorgelegt worden (Garcia-Parpet 1986).[35] Sie diskutiert in ihrer Studie, wie in einer Region mit lang etablierten Beziehungen zwischen Erdbeerproduzenten und Abnehmern, ein Ökonom eingestellt wurde, um vor Ort einen Auktionsmarkt für Erdbeeren einzuführen. Garcia-Parpet zeigt *en detail*, wie die neoklassische Wirtschaftstheorie eingesetzt wurde, um die Produzenten zu überzeugen, dass sie von einem „richtigen Markt" profitieren würden. In der Region ist ein eigenes neues Gebäude errichtet worden, das getrennte Bereiche für Käufer und Verkäufer vorsah und in dem eine (rückwärtslaufende) Preistafel den Auktionspreis für alle sichtbar machte. Die Erdbeeren wurden vor der Auktion in neu eingerichtete Qualitätskategorien eingestuft und das Auktionsgebäude war ausgestattet mit Telefonen, die allen Auktionsteilnehmern ermöglichen sollten, sich über die aktuellen Erdbeerpreise zu informieren, die auf anderem Märkten bzw. Auktionen erzielt wurden. Für die Teilnahme an Auktionen wurden neue Verhaltensregeln eingeführt, wie die, dass Verkäufer und Käufer sich nicht unterhalten und absprechen sollten. Die Akteure mussten in der Region den Umgang mit den Qualitätskategorien, den Regeln und Denkweisen sowie mit den technischen Dispositiven im Gebäude erst erlernen. Die Errichtung des Gebäudes für die Erdbeerauktion und die vorlaufende Mobilisierung der relevanten Akteure dafür hat ermöglicht, die sonst kaum wahrgenommenen Dispositive der Ökonomie im Zuge ihrer Implementierung für alle sichtbar werden zu lassen. Die Studie von Garcia-Parpet verdeutlich zudem, dass eine ganze Konstellation von verschiedenartigen Dispositiven (ökonomische Theorie, Regeln, Gebäude, Informationstechnologien) erforderlich war, um letztlich die Erdbeerauktion erfolgreich etablieren zu können und die traditionellen ökonomischen Strukturen und Denkweisen zu verdrängen.

Donald MacKenzie hat (mit Mitarbeitenden) untersucht, wie die Einrichtung von Börsen für den Handel mit Optionen möglich wurde (MacKenzie/Millo 2003; MacKenzie et al. 2007). Diese waren zunächst in den USA verboten, denn die Frage, wie man den Wert von Optionen ermittelt,[36] galt als nicht lösbar – daher galt der Handel lange als Glücksspiel. Drei Wirtschaftswissenschaftler haben in den 1970er Jahren dann eine Formel für die Berechnung von Preisen für Optionen

---

35 Eine erweiterte deutsche Übersetzung des mittlerweile für die Marktsoziologie klassischen Beitrages von Marie-France Garcia-Parpet findet sich in diesem Band.

36 Optionen sind ein Recht, bestimmte Aktien zu einem festgelegten Zeitpunkt und zu einem festgelegten Preis zu kaufen oder zu verkaufen.

vorgeschlagen und anschließend sich für die Zulassung des börslichen Optionshandels engagiert. Aber auch nachdem dies rechtlich ermöglicht wurde und eine Börse gegründet war, kam der Handel mit Optionen nicht recht in Gang, da es den relevanten Akteuren nicht nur gar nicht möglich war, die Formel „auf dem Parkett" einzusetzen, sie haben ihr schlicht weg gar nicht erst vertraut. Die Ökonomen haben dann Tabellen erstellt, die die Händler auf dem Parkett einfach benutzen konnten und sie haben versucht, den Händlern das Vertrauen in die Richtigkeit der Formel und die damit eröffnete Möglichkeit zu vermitteln, Optionen zu handeln und Gewinne zu erzielen. Die Finanzkrise 2008/2009 hat deutlich gemacht, wie weit Finanzinstrumente wie Optionen verbreitet sind und dass selbst die Regulierungsbehörden (wie in den USA) komplexe „Finanzderivate" weder effektiv reguliert noch in ihrer Gefährlichkeit für die Destabilisierung der Finanzmärkte verstanden hatten.[37] Die Studien von Garcia-Parpet und von MacKenzie demonstrieren die Tragweite von Dispositiven: sie erst machen Märkte und ökonomische Institutionen möglich. Die Arbeiten zu Finanzmärkten haben allerdings darauf aufmerksam gemacht, dass zunehmend ökonomische Werte nicht mehr substantiell als durch materielle Güter repräsentiert gedacht werden können, sondern als durch kollektive Erwartungen auf den Börsen. Die Computerisierung sowie Vernetzung der alltäglichen Vorgänge in Produktion, Distribution und Konsum wird seit Jahren so gedeutet, dass eine neue Art von Ökonomie entsteht, die wesentlich durch die fortschreitende Hardwareentwicklung und das Internet ermöglicht wird und die mittels der massenhaften Sammlung von Daten sowie der Suche nach ökonomisch verwertbaren Mustern darin in Geschäftsmodelle überführt wird. Ein Schlagwort dafür ist „Big data", ohne die Dispositive wie Computer und Speichermedien, das Internet (und „Social media") und Mobiltelefonie (und „Apps"), Datenanalyseprogramme und Algorithmen wäre eine solche Ökonomie nicht möglich.[38] Die so genannte „Digitalisierung" der Ökonomie ist im Grunde nichts anderes als eine radikale Umstellung auf eine neue Konstellation von Dispositiven.

Eine weitere Anwendungsperspektive des Dispositivkonzeptes stellt die Untersuchung von Organisationen und die Ko-Evolution von Organisation, Markt und Gesellschaft dar. Das Dispositivkonzept erweist sich dabei als grundsätzlich anschlussfähig an postmoderne und poststrukturalistische Perspektiven der Orga-

---

37 Siehe auch den Beitrag von Spears und MacKenzie in diesem Band.
38 Das Wort „Big data" ist heute eher eine Kategorie für die massenmediale Öffentlichkeit (Mayer-Schönberger/Cukier 2013), denn das Phänomen der Sammlung und Auswertung von großen Datenmengen ist älter und wurde bereits mit weniger öffentlichkeitswirksamen Begriffen wie „Data mining" bezeichnet. Spezialdisziplinen wie die Wirtschaftsinformatik oder nun die „Data sciences" bilden hier seit langem Spezialisten aus.

nisationsforschung.³⁹ Aus poststrukturalistischer Perspektive sind Kategorien wie „Organisation", „Individuum" oder „Gesellschaft" als vorgestellte Entitäten nicht „Ausgangspunkte der Analyse und Reflexion, sondern sie sind selbst (historische) Effekte von organisierenden Praktiken und Diskursen." (Weiskopf 2003, S. 15) Unter Bezug auf Foucault wird damit das Projekt einer „kritischen Ontologie der modernen Organisation" (Hartz/Rätzer 2013b, S. 10; Hartz 2013) sichtbar. Damit richtet sich der Blick auf das „Wie" der Organisation, auf den Prozess des Organisierens. Organisationen werden dabei verstanden als grundlegend „paradoxe Ordnungen, deren Bemühen um die Herstellung um Eindeutigkeit, Stabilität und Berechenbarkeit prekär bleibt." (Kneer 2008, S. 125) Die prozesstheoretische Betrachtung fragt danach, wie Institutionen und Organisationen als mit Sinn versehene Entitäten hervorgebracht, stabilisiert und/oder destabilisiert werden (Helin et al. 2014).⁴⁰ So sprechen Cooper und Law (1995, S. 239) hinsichtlich dieser Prozessperspektive von einem „proximal thinking", welches Organisationen als „mediating networks, as circuits of continuous contact and motion – more like assemblages of organizings" konzeptualisiert.⁴¹ Insofern Organisation in dieser Perspektive als relationales und dynamisches Gefüge verstanden wird, bietet sich auch hier das Dispositivkonzept als analytische Perspektive an, welches in produktiver Weise an die etablierten diskursanalytischen Perspektiven der Organisationsforschung anschließen kann und diese erweitern hilft (Hartz/Fassauer 2016).

Weiskopf und Loacker (2006) diskutieren in dieser poststrukturalistischen Perspektive die Entwicklung eines sogenannten „post-disziplinären Arbeitsregimes" (vgl. unter Bezug auf die Entwicklung des Human Resource Managements auch Weiskopf/Munro 2012), welches wesentlich die Anrufung des individualisierten, autonomen Subjekts – über zunehmende Flexibilisierung, Kontraktualisierung, Verantwortlichkeitsdiskurse, Employability und Wettbewerb – in den Blick nimmt. Im Konzept des „Arbeitsregimes" wird dabei die Nähe zum Dispositivkonzept deutlich, insofern dieses eine "more or less coherent assemblage that encompasses various discourses (e.g. scientific as well as prescriptive discourses in management

---

39   Siehe zur Diskussion der Postmoderne und des Poststrukturalismus im Kontext der Organisationsforschung die breit rezipierte Artikelserie in *Organization Studies*, beginnend mit Cooper und Burrell (1988) sowie weiterführend Chia (1995), Alvesson und Deetz (1996) und Weiskopf (2003).

40   Siehe hierzu auch den Beitrag von Kalthoff zur Prozessierung von Dokumenten in diesem Band.

41   Cooper und Law (1995) unterscheiden das „proximal thinking" von einem „distal thinking", welches auf die Resultate, die „fertigen" Dinge oder Objekte schaut. In etymologischer Hinsicht handelt es sich beim „proximalen Denken" um ein Denken der Nähe, während „distal thinking" mit Abstand operiert.

that create normative models of action and conduct), practices and technologies" bezeichnet (Weiskopf/Loacker 2006, S. 398). Das Konzept des „Arbeitsregimes" wird dabei nicht mechanisch oder deterministisch verstanden, insofern ziehen Weiskopf und Loacker den Regimebegriff dem aus ihrer Sicht eher technisch konnotierten Apparatus-Begriff vor. Die Transformation von Arbeitsverhältnissen erweist sich auch hier gestützt durch Dispositive, welche etwa die diskursive Anrufung des „unternehmerischen Selbst" mit entsprechenden Praktiken (Vertrauensarbeitsort, „smart office", „algorithmic management") und Technologien – auch hier spielen „Digitalisierung" und Verdatung eine wachsende Rolle – verschränkt.[42] Neben der Untersuchung des Wandels von organisationalen Arbeitsverhältnissen erscheint auch eine dispositivanalytische Perspektive auf das Verhältnis von Organisation und Geschlecht als eine weitere, produktive Einsichten bringende Perspektive. Dies ist augenfällig in den Arbeiten von Gertraude Krell über „die Ordnung der ‚Humanressourcen' als Ordnung der Geschlechter" (Krell 2003; vgl. bereits Krell 1984). In der historischen Rekonstruktion der Konstruktion von Geschlechterunterschieden und Geschlechterhierarchien bis hin zu aktuellen Diskursen über „männliche" und „weibliche" Führung verschränken sich Diskurse, Techniken des Vermessens (etwa von körperlichen Merkmalen) und Praktiken der Ein- und Ausschließung, stützen und bringen sich wechselseitig hervor.

Raffnsøe et al. (2016) nehmen schließlich konzeptionell diese hier skizzierte grundlegende Orientierung auf und plädieren vor dem Hintergrund der bisherigen Foucault-Rezeption in der Organisationsforschung für eine stärkere Auseinandersetzung mit dem Dispositivkonzept (vgl. auch Mennicken/Miller 2016). Mit der Perspektive des Dispositivs lassen sich, so die Autoren, gängige Dualismen und Leitunterscheidungen der Organisationsforschung überwinden. Dies betrifft die Unterscheidung des Diskursiven und Nicht-Diskursiven, Struktur und Handeln, von Konformität und Widerstand sowie die historischen Periodisierungsversuche organisationaler Formen.

Neben dieser grundlegenden Verortung des Dispositivkonzeptes im Zusammenhang poststrukturalistischer Organisationsforschung kann die Dispositivperspektive auch neue Impulse für die Analyse der Ko-Evolution von Organisation und Gesellschaft und spezifisch für eine stärkere Verschränkung von Organisationsforschung und den Studien zur Gouvernementalität liefern.[43] So verstehen,

---

42 Siehe unter Bezug auf die sich wandelnde Praktik des Einstellungsgespräches auch den Beitrag von Truschkat in diesem Band. Siehe zum „algorithmic management" auch Lee et al. (2015).

43 Siehe zur Verhältnisbestimmung von Gouvernementalitätsforschung und Organisationsforschung Gertenbach (2013). Eine machttheoretische Einordnung unter Bezug-

ausgehend von den Arbeiten zu einer „Kritik der politischen Ökonomie der Organisation",[44] Michael Bruch und Klaus Türk (2005) Organisation als Regierungsdispositiv der Moderne und sehen dieses neben dem „Markt", dem „Staat" und dem positiven Recht als wesentlichen Bestandteil der modernen Gouvernementalität an (vgl. auch Türk et al. 2002). Die Genese der modernen Organisation erweist sich in dieser Perspektive als „allgemeines gesellschaftliches Dispositiv der Orientierung, Motivierung und Evaluation von Praktiken" (Bruch/Türk 2005, S. 90), als spezifische, hegemoniale Form annehmende Verknüpfung von Wissensbeständen, Deutungen, Strategien, Scripts etc., welche der Regierung und Regulation menschlicher Kooperationsverhältnisse dient. In Organisationen „manifestieren und übersetzen sich die verschiedenen gesellschaftlichen Anforderungen und Verhaltenserfordernisse sowie die Fluchtlinien und Logiken bestimmter Rationalitäten des Regierens, so dass Organisationen letztlich als eine Art Relaisstation von Machtwirkungen begriffen werden müssen" (Gertenbach 2013, S. 162). Organisation als Regierungsform verschränkt die in der Moderne dabei neu aufkommende Frage nach der Ordnung des Sozialen mit der produktiven Regulation von Individuen. Als Regierungsform operiert die moderne Organisation sowohl nach innen (etwa im Sinne der Führung und Kontrolle von Beschäftigten) als auch, als extroverse Herrschaftsdimension verstanden, nach außen (etwa durch Einfluss auf lebensweltliche Belange, den Zugriff auf Arbeits- und Bildungssubjekte, den Einfluss auf die Problematisierung und Diskursivierung gesellschaftlicher Themen). Nach innen zeigt sich dabei die spezifische Verschränkung von diskursiven und nicht-diskursiven Praktiken, etwa im Bereich des Managements oder des Accountings oder spezifisch hinsichtlich der Praktiken des Personalmanagements. Organisation als Regierungsdispositiv hat dann auch zentrale Auswirkungen auf gesellschaftliche Stratifikation, soziale Ungleichheit und In- und Exklusionsphänomene. Organisation als Regierungsform der Moderne betont insbesondere die durch Dispositive gestützte hegemoniale Qualität moderner Organisationen, welches auch bedeutet, dass „andere Formen der Formierung von Kooperation zunehmend ausgeschlossen, entmutigt, delegitimiert werden." (Bruch/Türk 2005, S. 90f.) An diesem Punkt kann das Dispositivkonzept in poststrukturalistischer Rahmung wiederum in kritischer Absicht anknüpfen und die Frage nach den „anderen Räumen", nach der „Umnutzung" und Transformation von Organisation stellen.[45]

---

nahme auf das Dispositivkonzept nimmt Nienhüser (2017) vor.

44 Für den Entwurf einer „politischen Ökonomie der Organisation" siehe insbesondere die Aufsätze in Türk (1995) sowie Türk (1999). Für eine historische Rekonstruktion der Genese der modernen Organisation vgl. Türk et al. (2002).

45 Siehe auch den Beitrag von Hartz in diesem Band.

5 Schlussbemerkungen

Diese Einleitung und die in diesem Band versammelten Beiträge zentrieren vielfältige Forschungsstränge und Wissenschaftsbewegungen auf das Konzept des Dispositivs hin, um danach zu fragen, wie sich die transdisziplinäre und sozialwissenschaftliche Analyse der Ökonomie in solchen Bereichen angehen lässt, die bislang nicht gut vernetzt sind oder in denen die Instrumentierungen der Ökonomie mitsamt ihrer Voraussetzungen sowie Effekte noch gar nicht systematisch erfolgt sind. Die Beiträge schließen an die vorlaufende Publikation „Diskurs und Ökonomie" (Diaz-Bone/Krell Hrsg. 2015) an und „verlängern" die dort diskutierten Anwendungen insbesondere Foucaultscher Diskursanalysen um das hier eingeführte Konzept des Dispositivs. Erneut ist das hier eingenommene Verständnis vom gegenwärtigen Stand der (deutschsprachigen) Sozialwissenschaften, dass es nicht länger um die Fortführung der Arbeit an Großtheorien mitsamt dem Vergleich der Großtheorien untereinander geht. Diese eher deutsche Wissenschaftskultur hat sich nicht als weiterführend erwiesen und wird international kaum rezipiert. Vielmehr sind es insbesondere Bereiche wie die Organisationsforschung oder die Wirtschaftssoziologie, in denen Theorieentwicklungen entwickelt und empirisch probiert werden, und die zu den Anwendungsbereichen neuerer Entwicklungen wie derjenigen der Diskurskursforschung und der Dispositivanalyse zählen. Und diese Anwendungsbereiche sind eher durch eine internationale Wissenschaftskultur geprägt und hier sind immer noch die US-amerikanischen und auch die britischen Sozialwissenschaften einflussreich. Aber es ist die seit Jahrzehnten kontinuierliche Innovativität der französischen Sozialwissenschaften, die hier bis heute Impulse für die deutsche Forschung im Bereich der Dispositiv- und Diskursforschung gibt. Das wird nicht nur durch die weltweite Bedeutung der Arbeiten Michel Foucaults (sowie in Frankreich auch der Arbeiten von Pierre Bourdieu, Bruno Latour, Michel Callon, Luc Boltanski, Laurent Thévenot und anderer) deutlich, sondern auch durch die Bezüge auf die sozialwissenschaftlichen Ansätze dieser drei Wissenschaftsnationen, wie die Beiträge in diesem Band veranschaulichen.

Literatur

Agamben, Giorgio (2008): Was ist ein Dispositiv? Zürich: Diaphanes.
Ahmed, Sara (2008): Open forum imaginary prohibitions. Some preliminary remarks on the founding gestures of the "new materialism". In: European Journal of Women's Studies 15(1), S. 23-39.
Alvesson, Mats/Deetz, Stanley (1996): Critical theory and postmodern approaches in organization studies. In: Clegg, Stewart R./Hardy, Cynthia/Nord, Walter R. (Hrsg.), Handbook of organization studies. London: Sage, S. 191-217.
Angermüller, Johannes (2004): Michel Foucault – auf dem Weg zum soziologischen Klassiker? In: Soziologische Revue 27(4), S. 385-394.
Angermüller, Johannes (2010): Widerspenstiger Sinn. Skizze eines diskursanalytischen Forschungsprogramms nach dem Strukturalismus. In: Angermüller, Johannes/van Dyk Silke (Hrsg.), Diskursanalyse meets Gouvernementalitätsforschung. Perspektiven auf das Verhältnis von Subjekt, Sprache, Macht und Wissen. Frankfurt: Campus, S. 71-100.
Appardurai, Arjun (Hrsg.)(1986): The social life of things. Commodities in cultural perspective. Cambridge: Cambridge University Press.
Armand Hatchuel/Pezet, Éric/Starrkey, Ken/Lenay, Olivier (Hrsg.)(2005): Gouvernement, organisation et gestion: l'héritage de Michel Foucault. Quebec: Presses de l'Université Laval.
Bachelard, Gaston (1978): Die Bildung des wissenschaftlichen Geistes. Beitrag zu einer Psychoanalyse der objektiven Erkenntnis. Frankfurt: Suhrkamp.
Bachelard, Gaston (1988): Der neue wissenschaftliche Geist. Frankfurt: Suhrkamp.
Barad, Karen (2003): Posthumanist performativity. Toward an understanding of how matter comes to matter. In: Signs. Journal of Women in Culture and Society 28(3), S. 801-831.
Barad, Karen Michelle (2008): Meeting the universe halfway. Quantum physics and the entanglement of matter and meaning. Durham: Duke University Press.
Bauer, Susanne/Heinemann, Torsten/Lemke, Thomas (Hrsg.)(2017): Science and Technology Studies: Klassische Positionen und aktuelle Perspektiven. Berlin: Suhrkamp.
Beckert, Jens (2016): Imagined futures. Fictional expectations and capitalist dynamics. Cambridge: Harvard University Press.
Beckert, Jens/Aspers, Patrick (Hrsg.)(2010): The worth of goods. Valuation and pricing in the economy. Oxford: Oxford University Press.
Beckert, Jens/Diaz-Bone, Rainer/Ganßmann, Heiner (Hrsg.)(2007): Märkte als soziale Strukturen. Frankfurt: Campus.
Beckert, Jens/Musselin, Christine (Hrsg.)(2013): Constructing quality. The classification of goods in markets. Oxford: Oxford University Press.
Belliger, Andréa/Krieger, David J. (2006b): Einführung in die Akteur-Netzwerk-Theorie. In: Belliger Andréa/Krieger, David J. (Hrsg.), ANThology. Ein einführendes Handbuch zur Akteur-Netzwerk-Theorie. Bielefeld: Transcript, S. 13-50.
Belliger, Andréa/Krieger, David J. (Hrsg.)(2006a): ANThology: Ein einführendes Handbuch zur Akteur-Netzwerk-Theorie. Bielefeld: Transcript.
Bennett, Tony/Joyce, Patrick (2010): Material powers. Cultural studies, history and the material turn. London: Routledge.
Bessy, Christian/Favereau, Olivier (2003): Institutions et économie des conventions. In: Cahiers d'économie politique 44, S. 119-164.

Bourdieu, Pierre (2002): Der Einzige und sein Eigenheim. Erweiterte Neuaufl. Hamburg: VSA.
Bourdieu, Pierre (2004): Science of science and reflexivity. Chicago: University of Chicago Press.
Bourdieu, Pierre (2005): The social structures of the economy. London: Polity Press.
Boussard, Valérie/Maugeri, Salvatore (Hrsg.)(2003): Du politique dans les organisations. Sociologie des dispositifs de gestion. Paris: L'Harmattan.
Bröckling, Ulrich (2012): Dispositive der Vorbeugung: Gefahrenabwehr, Resilienz, Precaution. In: Daase, Christopher/Offermann, Philipp/Rauer, Valentin (Hrsg.), Sicherheitskultur. Soziale und politische Praktiken der Gefahrenabwehr. Frankfurt: Campus, S. 93-108.
Bruch, Michael/Türk, Klaus (2005): Organisation als Regierungsdispositiv der modernen Gesellschaft. In: Jäger, Wieland/Schimank, Uwe (Hrsg.), Organisationsgesellschaft. Facetten und Perspektiven. Wiesbaden: Westdeutscher Verlag, S. 89-123.
Bruno, Isabelle/Jany-Catrice, Florence/Touchelay, Béatrice (Hrsg.)(2016): The social sciences of quantification. Cham: Springer.
Bührmann, Andrea (2013): Die Dispositivanalyse als Forschungsperspektive in der (kritischen) Organisationsforschung – Einige grundlegende Überlegungen am Beispiel des Diversity Managements. In: Hartz, Ronald/Rätzer, Matthias (Hrsg.), Organisationsforschung nach Foucault. Macht – Diskurs – Widerstand. Bielefeld: Transcript, S. 39-60.
Bührmann, Andrea/Schneider, Werner (2007): Mehr als nur diskursive Praxis? – Konzeptionelle Grundlagen und methodische Aspekte der Dispositivanalyse. In: Forum Qualitative Sozialforschung 8(2). Verfügbar über: http://www.qualitative-research.net/fqs-texte/2-07/07-2-28-d.htm
Bührmann, Andrea/Schneider, Werner (2008): Vom Diskurs zum Dispositiv. Eine Einführung in die Dispositivanalyse. Bielefeld: Transcript.
Bührmann, Andrea/Schneider, Werner (2010): Die Dispositivanalyse als Forschungsperspektive. Begrifflich-konzeptionelle Überlegungen zur Analyse gouvernementaler Taktiken und Technologien. In: Angermüller, Johannes/van Dyk Silke (Hrsg.), Diskursanalyse meets Gouvernementalitätsforschung. Perspektiven auf das Verhältnis von Subjekt, Sprache, Macht und Wissen. Frankfurt: Campus, S. 261-288.
Bührmann, Andrea/Schneider, Werner (2013): Vom „discursive turn" zum „dispositive turn"? Folgerungen, Herausforderungen und Perspektiven für die Forschungspraxis. In: Caborn Wengler, Joannah/Hoffarth, Britta/Kumiega, Lukasz (Hrsg.), Verortungen des Dispositiv-Begriffs. Analytische Einsätze zu Raum, Bildung, Politik. Dordrecht: Springer, S. 21-35.
Bührmann, Andrea/Schneider, Werner (2016): Das Dispositiv als analytisches Konzept: Mehr als nur Praxis. Überlegungen zum Verhältnis zwischen Praxis- und Dispositivforschung. In: Zeitschrift für Diskursforschung 4(1), S. 5-28.
Busch, Lawrence (2011): Standards. Recipes for reality. Cambridge: MIT Press.
Caborn Wengler, Joannah/Hoffarth, Britta/Kumiega, Lukasz (Hrsg.)(2013): Verortungen des Dispositiv-Begriffs. Analytische Einsätze zu Raum, Bildung, Politik. Dordrecht: Springer.
Callon, Michel (Hrsg.)(1998): The laws of the markets. Oxford: Blackwell.
Callon, Michel/Millo, Yuval/Muniesa, Fabian (2007): Market devices. London: Blackwell Publishing.

Chia, Robert (1995): From modern to postmodern organizational analysis. In: Organization Studies 16(4), S. 579-604.

Chiapello, Eve (2007): Accounting and the birth of the notion of capitalism. In: Critical Perspectives on Accounting 18(3), S. 263-296.

Chiapello, Eve (2015): Die Konstruktion der Wirtschaft durch das Rechnungswesen. In: Diaz-Bone, Rainer/Krell, Gertraude (Hrsg.), Diskurs und Ökonomie. Diskursanalytische Perspektiven auf Märkte und Organisationen. 2. Aufl. Wiesbaden: Springer VS, S. 149-176.

Chiapello, Eve (2017): Critical accounting research and neoliberalism. In: Critical Perspectives on Accounting, im Druck.

Coole, Diana H./Frost, Samantha (2010): New materialism. Ontology, agency, and politics. Durham: Duke University Press.

Cooper, Robert/Burrell, Gibson (1988): Modernism, postmodernism and organizational analysis. An introduction. In: Organization Studies 9(1), S. 91-112.

Cooper, Robert/Law, John (1995): Organization. Distal and proximal views. In: Research in the Sociology of Organizations 13, S. 237-274.

Corcuff, Philippe (2011): Les nouvelles sociologies: entre le collectif et l'individuel. 3. Aufl. Paris: Armand Colin.

Deleuze, Gilles (1991): Was ist ein Dispositiv? In: Ewald, François/Waldenfels, Bernhard (Hrsg.), Spiele der Wahrheit. Michel Foucaults Denken. Frankfurt: Suhrkamp, S. 153-162.

Deleuze, Gilles (1997): Foucault. 3. Aufl. Frankfurt: Suhrkamp.

Diaz-Bone, Rainer (2007): Habitusformierung und Theorieeffekt. Zur sozialen Konstruktion von Märkten. In: Beckert, Jens/Diaz-Bone, Rainer/Ganßmann, Heiner (Hrsg.), Märkte als soziale Strukturen. Frankfurt: Campus, S. 253-266.

Diaz-Bone, Rainer (2008): Die französische Epistemologie und ihre Revisionen. Zur Rekonstruktion des methodologischen Standortes der Foucaultschen Diskursanalyse. In: Historical Social Research 33(1), S. 29-72.

Diaz-Bone, Rainer (2013): Sozio-Episteme und Sozio-Kognition. Epistemologische Zugänge zum Verhältnis von Diskurs und Wissen. In: Viehöver, Willy/Keller, Reiner/Schneider, Werner (Hrsg.), Diskurs – Sprache – Wissen. Interdisziplinäre Beiträge zum Verhältnis von Sprache und Wissen in der Diskursforschung. Wiesbaden: Springer VS, S. 79-96.

Diaz-Bone, Rainer (2015a): Die „Economie des conventions". Grundlagen und Entwicklungen der neuen französischen Wirtschaftssoziologie. Wiesbaden: Springer VS.

Diaz-Bone, Rainer (2015b): Die Sozio-Epistemologie als methodologische Position Foucaultscher Diskursanalysen. In: Zeitschrift für Diskursforschung, 1. Beiheft „Diskurs – Interpretation – Hermeneutik", S. 43-61.

Diaz-Bone, Rainer (Hrsg.)(2011): Soziologie der Konventionen. Grundlagen einer pragmatischen Anthropologie. Frankfurt: Campus.

Diaz-Bone, Rainer (Hrsg.)(2013): Economic discourses and economic dispositives. Economic Sociology – European Electronic Newsletter 14(2). Köln: MPIfG. Verfügbar über: http://econsoc.mpifg.de/archive/econ_soc_14-2.pdf

Diaz-Bone, Rainer/Krell, Gertraude (Hrsg.)(2015): Diskurs und Ökonomie. Diskursanalytische Perspektiven auf Märkte und Organisationen. 2. Aufl. Wiesbaden: Springer VS.

Diaz-Bone, Rainer/Didier, Emmanuel (Hrsg.)(2016): Conventions and quantification. Historical Social Research 41(2). Verfügbar über: http://www.gesis.org/en/hsr/current-issues/2016/412-conventions-and-quantification/

Dodier, Nicolas/Barbot, Janine (2016): La force des dispositifs. In: Annales 71(2), S. 421-450.

Dolphijn, Rick/Tuin, Iris van der (2012): New materialism. Interviews and cartographies. Ann Arbor: Open Humanities Press.

Dosse, François (1999): The empire of meaning. The humanization of the social sciences. Minneapolis: University of Minnesota Press.

Dreesen, Philipp/Kumiega, Lukasz/Spieß, Constanze (Hrsg.)(2012): Mediendiskursanalyse. Diskurse – Dispositive – Medien – Macht. Wiesbaden: VS Verlag.

Dreyfus, Hubert/Rabinow, Paul (1987): Michel Foucault. Jenseits von Strukturalismus und Hermeneutik. Frankfurt: Athenäum.

Dumez, Hervé/Jeunemaître, Alain (2010): Michel Callon, Michel Foucault and the "dispositif". When economics fails to be performative: A case study. In: Le Libellio d' Aegis 6(4), S. 27-37.

Duttweiler, Stefanie/Gugutzer, Robert/Passoth, Jan-Hendrik/Strübing, Jörg (Hrsg.)(2016): Leben nach Zahlen. Self-Tracking als Optimierungsprojekt? Bielefeld: Transcript.

Endres, Marcel/Manderscheid, Katharina/Mincke, Christoph (Hrsg.)(2016): The mobilities paradigm. Discourses and ideologies. London: Routledge.

Endreß, Martin (2013): Soziologische Theorien kompakt. München: Oldenbourg.

Favereau, Olivier (2012): Investigations et implications: synthèse des travaux. In: Roger, Baudoin (Hrsg.), L'entreprise, forms de la propriété et responsabilités sociales. Paris: Editions Lethielleux, S. 17-103.

Favereau, Olivier (2014): Entreprises. La grande déformation. Paris: Collège des Bernardins.

Foucault, Michel (1973): Wahnsinn und Gesellschaft. Eine Geschichte des Wahns im Zeitalter der Vernunft. Frankfurt: Suhrkamp.

Foucault, Michel (1976): Überwachen und Strafen. Die Geburt des Gefängnisses. Frankfurt: Suhrkamp.

Foucault, Michel (1977): Sexualität und Wahrheit. Bd. 1: Der Wille zum Wissen. Frankfurt: Suhrkamp.

Foucault, Michel (1978): Dispositive der Macht. Über Sexualität, Wissen und Wahrheit. Berlin: Merve.

Foucault, Michel (1988): Die Geburt der Klinik. Eine Archäologie des ärztlichen Blicks. Frankfurt: Fischer.

Foucault, Michel (1991): Die Ordnung des Diskurses. Frankfurt: Fischer.

Foucault, Michel (1992): Was ist Kritik? Berlin: Merve.

Foucault, Michel (2004a): Geschichte der Gouvernementalität I. Sicherheit, Territorium, Bevölkerung. Vorlesung am Collège de France 1977/1978. Frankfurt: Suhrkamp.

Foucault, Michel (2004b): Geschichte der Gouvernementalität II. Die Geburt der Biopolitik. Vorlesung am Collège de France 1978-1979. Frankfurt: Suhrkamp.

Foucault, Michel (2005a): Das Spiel des Michel Foucault. In: Michel Foucault: Schriften in vier Bänden. Dits et Ecrits, Bd. III. Frankfurt: Suhrkamp, S. 391-429.

Foucault, Michel (2005b) Was ist ein Autor? In Michel Foucault: Schriften in vier Bänden. Dits et Ecrits, Bd. I. Frankfurt: Suhrkamp, S. 1003-1041.

Foucault, Michel (2005c): Was ist Aufklärung? In: Michel Foucault: Schriften in vier Bänden. Dits et Ecrits, Bd.IV. Frankfurt: Suhrkamp, S. 687-707.

Foucault, Michel (2005d): Von den Martern zu den Zellen. In: Michel Foucault: Schriften in vier Bänden. Dits et Ecrits, Bd. II. Frankfurt: Suhrkamp, S. 882-888.

Garcia, Marie-France (1986): La construction sociale d'un marché parfait. Le marché au cadran de Fontaines-en-Sologne. In: Actes de la recherche en sciences sociales 65, S. 2-13.

Gehring, Petra (2004): Foucault – die Philosophie im Archiv. Frankfurt: Campus.

Gertenbach, Lars (2013): Die Organisation(en) der Gesellschaft. Foucault und die Governmentality Studies im Feld der Organisationsforschung. In: Hartz, Ronald/Rätzer, Matthias (Hrsg.), Organisationsforschung nach Foucault. Macht – Diskurs – Widerstand. Bielefeld: Transcript, S. 151-168.

Hartz, Ronald (2013): Vom Ethos zum Verfahren. Diskursanalyse als Element einer kritischen Ontologie der Gegenwart. In: Hartz, Ronald/Rätzer, Matthias (Hrsg.), Organisationsforschung nach Foucault. Macht – Diskurs – Widerstand. Bielefeld: Transcript, S. 17-38.

Hartz, Ronald/Rätzer, Matthias (Hrsg.)(2013a): Organisationsforschung nach Foucault. Macht – Diskurs – Widerstand. Bielefeld: Transkript.

Hartz, Ronald/Rätzer, Matthias (2013b): Einleitung. In: Hartz, Ronald/Rätzer, Matthias (Hrsg.), Organisationsforschung nach Foucault. Macht – Diskurs – Widerstand. Bielefeld: Transcript, S. 7-15.

Hartz, Ronald/Fassauer, Gabriele (2016): Diskursanalyse in der Organisationsforschung. In: Liebig, Stefan/Matiaske, Wenzel/Rosenbohm, Sophie (Hrsg.), Handbuch Empirische Organisationsforschung. Wiesbaden: Springer Gabler, S. 1-23.

Hedtke, Reinhold (2014): Wirtschaftssoziologie. Eine Einführung. Konstanz: UVK.

Hedtke, Reinhold (Hrsg.)(2015): Was ist und wozu Sozioökonomie? Wiesbaden: Springer VS.

Helin, Jenny/Hernes, Tor/Hjorth, Daniel/Holt, Robin (Hrsg.)(2014): The Oxford handbook of process philosophy and organization studies. Oxford: Oxford University Press.

Hird, Mira J. (2004): Feminist matters. New materialist considerations of sexual difference. In: Feminist Theory 5(2), S. 223-232.

Hirsch-Kreinsen, Hartmut/Hompel, Michael ten (2016): Digitalisierung industrieller Arbeit. In: Vogel-Heuser, Birgit/Bauernhansl, Thomas/ten Hompel, Michael (Hrsg.), Handbuch Industrie 4.0: Produktion, Automatisierung und Logistik. Berlin: Springer, S. 1-20.

Honneth, Axel (2003): Foucault und die Humanwissenschaften. Zwischenbilanz einer Rezeption. In: Honneth, Axel/Saar, Martin (Hrsg.), Michel Foucault. Zwischenbilanz einer Rezeption. Frankfurter Foucault-Konferenz 2001. Frankfurt: Suhrkamp, S. 15-26.

Jäger, Margarete/Jäger, Siegfried (2007): Deutungskämpfe. Theorie und Praxis Kritischer Diskursanalyse. Wiesbaden: VS Verlag.

Jäger, Siegfried (2001a): Diskurs und Wissen. Theoretische und methodische Aspekte einer kritischen Diskurs- und Dispositivanalyse. In: Keller, Reiner/Hirseland, Andreas/Schneider, Werner/Viehöver, Willy (Hrsg.), Handbuch sozialwissenschaftliche Diskursanalyse. Bd. 1. Opladen: Leske und Budrich, S. 81-112.

Jäger, Siegfried (2001b): Dispositiv. In: Kleiner, Marcus (Hrsg.), Michel Foucault. Eine Einführung in sein Denken. Frankfurt: Campus, S. 72-89.

Jäger, Siegfried (2015): Kritische Diskursanalyse. Eine Einführung. 7. Aufl. Duisburg: DISS.

Kammler, Clemens/Parr, Rolf (Hrsg.)(2007): Foucault in den Kulturwissenschaften. Eine Bestandsaufnahme. Heidelberg: Synchron.
Kammler, Clemens/Parr, Rolf/Schneider, Ulrich Johannes (Hrsg.)(2008): Foucault Handbuch Leben – Werk – Wirkung: Stuttgart: J.B. Metzler.
Karpik, Lucien (2011): Mehrwert. Die Ökonomie des Einzigartigen. Frankfurt: Campus.
Keller, Reiner (2007): Diskurse und Dispositive analysieren. Die Wissenssoziologische Diskursanalyse als Beitrag zu einer wissensanalytischen Profilierung der Diskursforschung. In: Forum Qualitative Sozialforschung / Forum: Qualitative Social Research 8(2). Online verfügbar über: http://www.qualitative-research.net/index.php/fqs/article/view/243.
Keller, Reiner (2011): Wissenssoziologische Diskursanalyse. Grundlegung eines Forschungsprogramms. 3. Aufl. Wiesbaden: VS Verlag.
Keller, Reiner (2013): Zur Praxis der Wissenssoziologischen Diskursanalyse. In: Keller, Reiner/Truschkat, Inga (Hrsg.), Methodologie und Praxis der Wissenssoziologischen Diskursanalyse. Wiesbaden: VS Verlag, S. 27-68.
Kneer, Georg (2008): Institution/Organisation: Über die Paradoxie des Organisierens. In: Moebius, Stephan/Reckwitz, Andreas (Hrsg.), Poststrukturalistische Sozialwissenschaften. Frankfurt: Suhrkamp, S. 124-140.
Knoll, Lisa (Hrsg.)(2015): Organisationen und Konventionen. Die Soziologie der Konventionen in der Organisationsforschung. Wiesbaden: Springer VS.
Krell, Gertraude (1984): Das Bild der Frau in der Arbeitswissenschaft. Frankfurt: Campus.
Krell, Gertraude (2003): Die Ordnung der „Humanressourcen" als Ordnung der Geschlechter. In: Weiskopf, Richard (Hrsg.), Menschenregierungskünste. Anwendungen poststrukturalistischer Analyse auf Management und Organisation. Wiesbaden: Westdeutscher Verlag, S. 65-90.
Lamla, Jörn/Laux, Henning/Rosa, Hartmut/Strecker, David (Hrsg.)(2014): Handbuch der Soziologie. Konstanz: UVK.
Latour, Bruno (1998): Wir sind nie modern gewesen. Versuch einer symmetrischen Anthropologie. Frankfurt: Fischer.
Latour, Bruno (2002): Die Hoffnung der Pandora. Untersuchungen zur Wirklichkeit der Wissenschaft. Frankfurt: Suhrkamp.
Latour, Bruno (2005): Reassembling the social. An introduction to actor-network-theory. Oxford: Oxford University Press.
Latour, Bruno (2006): Über technische Vermittlung: Philosophie, Soziologie und Genealogie. In: Belliger, Andréa/Krieger, David J. (Hrsg.), ANThology. Ein einführendes Handbuch zur Akteur-Netzwerk-Theorie. Bielefeld: Transcript, S. 483-528.
Latour, Bruno (2007): Eine neue Soziologie für eine neue Gesellschaft. Einführung in die Akteur-Netzwerk-Theorie. Frankfurt: Suhrkamp.
Lee, Min Kyung/Kusbit, Daniel/Metsky, Evan/Dabbish, Laura (2015): Working with machines: The impact of algorithmic and data-driven management on human workers: Proceedings of the 33rd Annual ACM Conference on Human Factors in Computing Systems. ACM, 2015.
Lemke, Thomas (2014): Die Regierung der Dinge. Politik, Diskurs und Materialität. In: Zeitschrift für Diskursforschung 2(3), S. 250-267.
Link, Jürgen (2008): Dispositiv. In: Kammler, Clemens/Parr, Rolf/Schneider, Ulrich Johannes/Reinhardt-Becker, Elke (Hrsg.), Foucault Handbuch. Leben, Werk, Wirkung. Stuttgart: J.B. Metzler, S. 237-242.

Lupton, Deborah (2016): The quantified self. A sociology of self-tracking. Cambridge: Polity Press.

MacKenzie, Donald/Millo, Yuval (2003): Constructing a market, performing theory. The historical sociology of financial derivatives exchange. In: American Journal of Sociology 109(1), S. 107-145.

MacKenzie, Donald/Muniesa, Fabian/Siu, Lucia (Hrsg.)(2007): Do economists make markets? On the performativity of economics. Princeton: Princeton University Press.

Maeße, Jens/Hamann, Julian (2016): Die Universität als Dispositiv. Die gesellschaftliche Einbettung von Bildung und Wissenschaft aus diskurstheoretischer Perspektive. In: Zeitschrift für Diskursforschung 4(1), S. 29-50.

Mayer-Schönberger, Viktor/Cukier, Kenneth (2013): Big Data. Die Revolution, die unser Leben verändern wird. München: Redline Verlag.

Mennicken, Andrea/Miller, Peter (2016): Michel Foucault and the administering of lives. In: Adler, Paul/du Gay, Paul/Morgan, Glenn/Reed, Michael (Hrsg.), The Oxford handbook of sociology, social theory, and organization studies. Contemporary currents. Oxford: Oxford University Press, S. 11-38.

Moebius, Stephan/Reckwitz, Andreas (2008): Poststrukturalismus und Sozialwissenschaften. Eine Standortbestimmung. In: Moebius, Stephan/Reckwitz, Andreas (Hrsg.), Poststrukturalistische Sozialwissenschaften. Frankfurt: Suhrkamp, S. 7-23.

Nienhüser, Werner (2017): Macht. In: Martin, Albert (Hrsg.), Organizational Behaviour – Verhalten in Organisationen, 2. aktualisierte und erweiterte Aufl. Stuttgart: Kohlhammer, S. 43-78.

Parr, Rolf (2008): Einleitung: Einige Fluchtlinien der Foucault-Rezeption. In: Kammler, Clemens/Parr, Rolf/Schneider, Ulrich Johannes/Reinhardt-Becker, Elke (Hrsg.), Foucault Handbuch. Leben, Werk, Wirkung. Stuttgart: J.B. Metzler, S. 307-310.

Parr, Rolf/Thiele, Matthias (2007): Foucault in den Medienwissenschaften. In: Kammler, Clemens/Parr, Rolf (Hrsg.), Foucault in den Kulturwissenschaften. Eine Bestandsaufnahme. Heidelberg: Synchron, S. 83-112.

Pinch, Trevor/Swedberg, Richard (Hrsg.)(2008): Living in a material world. Economic sociology meets science and technology studies. Cambridge: MIT Press.

Ponte, Stefano/Gibbon, Peter/Vestergaard, Jakob (Hrsg.)(2011): Governing through standards. Basingstoke: Palgrave Macmillan.

Power, Michael (2011): Foucault and sociology. In: Annual Review of Sociology 37, S. 35-56.

Rabinow, Paul/Rose, Nikolas S. (2003): Foucault Today. In: Rabinow Paul/Rose, Nikolas S. (Hrsg.), Michel Foucault. The essential Foucault. Selections from essential works of Foucault. New York: New Press, S. vii-xxxv.

Raffnsøe, Sverre/Gudmund-Hoyer, Marius/Thaning, Morten (2016): Foucault's dispositive: The perspicacity of dispositive analytics in organizational research. In: Organization 23(2), S. 272-298.

Reckwitz, Andreas (2016): Kreativität und soziale Praxis. Studien zur Sozial- und Gesellschaftstheorie. Bielefeld: Transcript.

Reichert, Ramón (Hrsg.)(2014): Big Data. Analysen zum digitalen Wandel von Wissen, Macht und Ökonomie. Bielefeld: Transcript.

Rosa, Hartmut/Strecker, David/Kottmann, Andrea (2013): Soziologische Theorien, 2. Aufl. Konstanz: UVK.

Searle, John (2015): Was ist eine Institution? In: Diaz-Bone, Rainer/Krell, Gertraude (Hrsg.), Diskurs und Ökonomie. Diskursanalytische Perspektiven auf Märkte und Organisationen. 2. Aufl. Wiesbaden: Springer VS, S. 105-129.

Selke, Stefan (Hrsg.)(2016): Lifelogging. Digitale Selbstvermessung und Lebensprotokollierung zwischen disruptiver Technologie und kulturellem Wandel. Wiesbaden: Springer VS.

Seyfert, Robert (2016): Foucault-Rezeption in der deutschsprachigen Soziologie. In: Moebius, Stephan/Ploder, Andrea (Hrsg.), Handbuch Geschichte der deutschsprachigen Soziologie, Springer Reference Sozialwissenschaften, online first, DOI 10.1007/978-3-658-07998-7_33-1

Sprenger, Florian/Engemann, Christoph (Hrsg.)(2015): Internet der Dinge. Über smarte Objekte, intelligente Umgebungen und die technische Durchdringung der Welt. Bielefeld. Transcript.

Süssenguth, Florian (Hrsg.)(2015): Die Gesellschaft der Daten. Über die digitale Transformation der sozialen Ordnung. Bielefeld: Transcript.

Thévenot, Laurent (2004): The French convention school and the coordination of economic action. Laurent Thévenot interviewed by Søren Jagd at the EHESS Paris. In: Economic Sociology – European Electronic Newsletter 5(3), S. 10-16. Verfügbar über: http://econsoc.mpifg.de/archive/esjune04.pdf

Thévenot, Laurent (2015): Certifying the world. In: Aspers, Patrik/Dodd, Nigel (Hrsg.), Re-imagining economic sociology. Oxford: Oxford University Press, S. 195-223.

Tiles, Mary (1986): Bachelard: Science and objectivity. Cambridge: Cambridge University Press.

Tiles, Mary (2011): Is historical epistemology part of the "modernist settlement"? In: Erkenntnis 75(3), S. 525-543.

Türk, Klaus (1995): „Die Organisation der Welt". Herrschaft durch Organisation in der modernen Gesellschaft. Opladen: Westdeutscher Verlag.

Türk, Klaus (1999): The critique of the political economy of organization. A contribution to the analysis of the organizational social formation. In: International Journal of Political Economy 29(3), S. 6-32.

Türk, Klaus/Lemke, Thomas/Bruch, Michael (2002): Organisation in der modernen Gesellschaft. Eine historische Einführung. Wiesbaden: Westdeutscher Verlag.

van Dyk, Silke (2010): Verknüpfte Welt oder Foucault meets Latour. Zum Dispositiv als Assoziation. In: Feustel, Robert/Schochow, Maximilian (Hrsg.), Zwischen Sprachspiel und Methode. Perspektiven der Diskursanalyse. Bielefeld: Transcript, S. 169-196.

van Dyk, Silke (2013): Was die Welt zusammenhält. Das Dispositiv als Assoziation und performative Handlungsmacht. In: Zeitschrift für Diskursforschung 1(1), S. 46-66.

Vatin François (Hrsg.)(2013): Evaluer et mesurer: une sociologie économique de la mesure. 2. Aufl. Toulouse: Presses Universitaires Mirail-Toulouse.

Vigo de Lima, Iara (2010): Foucault's archaeology of political economy. Basingstoke: Palgrave Macmillan.

Weiskopf, Richard (2003): Management, Organisation, Poststrukturalismus. In: Weiskopf, Richard (Hrsg.), Menschenregierungskünste. Anwendungen poststrukturalistischer Analyse auf Management und Organisation. Wiesbaden: Westdeutscher Verlag, S. 9-33.

Weiskopf, Richard/Loacker, Bernadette (2006): "A snake's coils are even more intricate than a mole's burrow." Individualisation and subjectification in post-disciplinary regimes of work. In: Management Revue 17(4), S. 395-419.

Weiskopf, Richard/Munro, Iain (2012): Management of human capital: Discipline, security and controlled circulation in HRM. In: Organization 19(6), S. 685-702.
Wetzel, Dietmar (2013): Soziologie des Wettbewerbs. Eine kultur- und wirtschaftssoziologische Analyse der Marktgesellschaft. Wiesbaden: Springer VS.

Die soziale Konstruktion eines perfekten Marktes

Der Auktionsmarkt für Erdbeeren in Fontaines-en-Sologne[1]

Marie-France Garcia-Parpet

1 Einleitung

1981 wurde ein Marktplatz für den Handel von Erdbeeren in Fontaines-en-Sologne[2] geschaffen – ein Markt, auf dem ein großer Teil der Erdbeeren[3] gehandelt wird, die in der Region von Sologne und Grande Sologne in Frankreich angebaut werden.[4] Der Erdbeerhandel zieht Erdbeerproduzenten, aber auch Großhändler und Spediteure aus der Region an. Diese leiten die Erdbeeren nach Rungis (dem zentralen landwirtschaftlichen Großhandelsmarkt nahe Paris), zu großen Verkaufszentren oder zu ausländischen Märkten.

---

1 Übersetzung aus dem Französischen von Monika Sy. Diesem Artikel lag die französische Originalausgabe des Aufsatzes „La construction social d'un marché parfait" zugrunde, der 1986 in den *Actes de la recherche en sciences sociales* 65 (S. 2-13) erschienen ist. Die Übersetzung erfolgt mit freundlicher Genehmigung des Verlages. Für die deutsche Übersetzung ist der ursprüngliche Artikel um einen neuen Abschnitt („Die Qualität im Herzen des wirtschaftlichen Wettbewerbs: der Wein, ein exemplarischer Fall (2017)") ergänzt worden.

2 Fontaines-en-Sologne ist eine Gemeinde im französischen Departement Loir-et-Cher. Es liegt südwestlich der Loire-Stadt Blois in der Region Sologne.

3 Es handelt sich dabei um Erdbeeren für den direkten Konsum, die nicht industriell weiterverarbeitet werden. Im Folgenden wird dies durch den Zusatz „Tafelerdbeeren" mehrfach hervorgehoben.

4 Der Markt besteht bis heute, er ist deutlich vergrößert worden und ist unter dem Namen *Cadran de Sologne* bekannt; die Organisationsform ist heute diejenige einer Société coopérative agricole [Anm. d. Hrsg.].

Der Marktplatz ist durch die Art und Weise gekennzeichnet, wie er die neueste Technologie verwendet. Denn die Transaktionen werden mittels einer elektronischen Anzeigetafel durchgeführt und haben die Form einer Rückwärtsauktion oder „holländischen" Auktion wobei der Auktionator mit einem hohen Preis beginnt und ihn dann nach und nach senkt, so lange bis die entsprechenden Waren verkauft sind. Informationen über die angebotenen Waren und über die für sie erfolgten Angebote sind sofort für jeden Beteiligten auf der numerischen Anzeigetafel [cadran][5] ablesbar, ohne direktes Verhandeln oder direkte Interaktion zwischen Käufern und Verkäufern.[6] Dieser Markt ist soziologisch gesehen interessant: denn unsere Daten legen nahe, dass dieser Markt gewissermaßen eine konkrete Realisierung des reinen Modells des perfekten Wettbewerbs ist, ein Modell, das in der wirtschaftswissenschaftlichen Theorie einen großen Raum einnimmt.[7] Das Modell des perfekten Wettbewerbs bleibt eher ein Ideal, etwas, das es zu erreichen gilt, als eine Realität. Nichtsdestotrotz wird das Konzept des reinen Wettbewerbs vielfältig aufgrund seiner großen Erklärungskraft genutzt (z.B. Ferguson/Gould 1975; Samuelson/Nordhaus 1973). In diesem Modell erscheint das „Soziale" immer als Residualvariable, als ein Hindernis auf dem Weg, den reinen Wettbewerb zu erschaffen.

In diesem Beitrag gehe ich davon aus, dass der Auktionsmarkt, der in Fontaines-en-Sologne errichtet wurde, der *marché au cadran*, als praktische Umsetzung des Modells des reinen Wettbewerbs betrachtet werden kann, und ich werde unter-

---

5   Das Wort cadran kann im Französischen für Zifferblatt, Wählscheibe oder Skala stehen.

6   Auf die Konstruktion einer Marktform dieser Art bezog sich der Mansholt-Bericht Ende der 1960er Jahre. Es handelt sich um ein Dokument, das vom Club of Rome herausgegeben wurde, welches darauf abzielte, die Grundlagen für die europäische landwirtschaftliche Integration zu legen. Dieser Bericht vertrat die dominante Sichtweise, nach der Regionen, die natürlicherweise nicht für hochproduktive Landwirtschaft geeignet waren (wie die Region Sologne), sich intensiver Aufzucht, Forstwirtschaft oder Tourismus widmen sollten.

7   In John Hicks' *Value and Capital* (1946), eine der wichtigsten Referenzen für viele zeitgenössische Ökonomen, wird der perfekte Wettbewerb als ein Konzept betrachtet, ohne das die Wirtschaftstheorie auseinanderfallen würde. „It hast to be recognized that a general abandonment of the assumption of perfect competition, a universal adoption of the assumption of monopoly, must have very destructive consequences for economic theory. Under monopoly, the stability conditions become indeterminate and the basis on which economic laws can be constructed is therefore shorn away." (Hicks 1946, S. 83f.) In einem Vorwort einer spanischen Ausgabe seines Buches, mildert Hicks seine Aussage ab und schreibt, dass nicht die gesamte Wirtschaftstheorie in sich zusammenfallen würde wird, sondern nur das „allgemeine Gleichgewicht" (Hicks 1954, S. 10).

suchen, ob „soziale Faktoren" in der Tat als Residualvariable betrachtet werden sollten, die erst nach der Analyse dazu verwendet werden können, die Unterschiede zwischen den beobachtbaren Fakten und denen, die vom Modell vorausgesagt sind zu erklären, oder aber ob sie eher so betrachtet werden sollten, dass sie überall in den Prozess der Herstellung des reinen „ökonomischen" Marktes einwirken. Kurz gesagt werde ich versuchen, die sozialen Bedingungen für die Konstruktion und den Betrieb dieses Marktes zu bestimmen.

2   Der tägliche Betrieb auf dem Markt in Fontaines-en-Sologne

Der Auktionsort der Erdbeer-Auktion in Fontaines-en-Sologne befindet sich mitten auf dem Land, nicht weit entfernt von einer Hauptstraße. Der Auktionsort besteht aus einem zweistöckigen Auktionshaus und aus einem überdachten Ausstellungsplatz, dessen Überdachung direkt an das Auktionshaus angebaut ist (siehe Abb. 1). Auf diesem Ausstellungsplatz stellen die Produzenten (d.h. die Verkäufer) ihre Erdbeeren aus, ordentlich verpackt und beschriftet.

Das Auktionshaus ist wiederum in drei Teile unterteilt. Erstens gibt es im oberen Stockwerk eine Kabine mit einem Computer, einem Telex und einem Mikrophon (siehe Abb. 2). Hier hält der „Auktionator" die Auktion ab.[8] Zweitens befindet sich an der Außenseite der Kabine eine elektronische Tafel, die Informationen anzeigt über die „Chargen", die verkauft werden sollen. Hierdurch kann man bestimmen, welche davon versteigert wird sowie auch den aktuellen Preis. Die Tafel zeigt ebenfalls die Preise an, zu denen die vorhergehenden Chargen verkauft wurden, zusammen mit der Identifikation des Käufers. Drittens sind auf der gegenüberliegenden Seite der Kabine zwei offene, aber untereinander liegende Räume, einer für die Käufer (im oberen Stockwerk, siehe Abb. 3) und einer für die Verkäufer (im unteren Stockwerk, siehe Abb. 4). Der Raum der Verkäufer hat Bänke und rechteckige Tische, Waagen, eine Wandtafel mit verschiedenen Nachrichten, und eine Reihe von Fachpublikationen mit den täglichen Preisangaben für Erdbeeren in verschiedenen nationalen und internationalen Märkten. Der Raum der Käufer, der über dem der Verkäufer liegt, verfügt über eine Reihe von erhöhten Stufen, die eine gute Sicht auf die elektronische Anzeigetafel erlauben. Jeder Käufer hat ein Pult mit einem elektronischen Schalter, der dazu benutzt werden kann, das Rückwärtslaufen des

---

8   Dieser „Auktionator" ist ein Techniker, der von Produzenten rekrutiert wurde, um die elektronische Auktionstafel zu bedienen. Es wird auch von ihm erwartet, dass er die Verantwortung für die Auktionssitzungen trägt.

Preises zu stoppen und so die Bereitschaft zu signalisieren, die betreffende Charge zu dem aktuellen Preis zu kaufen. Sowohl die Käufer als auch die Verkäufer haben eine perfekte Sicht auf die Kabine des Auktionators und auf die elektronische Anzeigetafel, auf der die Preise angezeigt werden. Jedoch können sich Käufer und Verkäufer gegenseitig nicht sehen. (siehe für den Querschnitt des zweistöckigen Auktionshauses Abb. 5)

Abbildung 1 Das Auktionshaus und der überdachte Ausstellungsplatz in Fontaines-en-Sologne

Abbildung 2 Die Kabine des Auktionators

Die soziale Konstruktion eines perfekten Marktes

Abbildung 3 Der Raum der Käufer

Der Auktionator trägt diese Daten zu den Chargen in einen Computer ein und erstellt einen Katalog, der an die Käufer verteilt wird, die ab 13.00 Uhr eintreffen und damit beginnen, auf dem Ausstellungsplatz herumzugehen, um die Produkte zu begutachten. Nach einer halben Stunde kündigt der Auktionator den Beginn des Geschäfts an, indem er eine Glocke ertönen lässt und jeder nimmt im Auktionshaus für die Auktion seinen Platz ein. Der Auktionator beginnt damit, die Kategorie der Erdbeeren anzukündigen, die verkauft werden sollen, und trägt Angaben zum Maximal- und Minimalpreis in den Computer ein.[9]

---

9 Maximal- und Minimalpreise werden auf der Basis von Preisen festgesetzt, die am Vortag in Fontaines-en-Sologne oder auf anderen Märkten erzielt wurden (hier werden die Preise per Telex übermittelt). Einige andere Kriterien können berücksichtigt werden, wie etwa der Wochentag oder die Jahreszeit (zum Beispiel sind sich Käufer und Verkäufer einig über die Tatsache, dass sich Erdbeeren nicht gut verkaufen lassen, wenn es ein langes Wochenende gibt).

Abbildung 4 Der Raum der Verkäufer

Wie erwähnt erfolgt der eigentliche Verkauf jeder Charge entsprechend einer Rückwärtsauktion. Es beginnt mit dem höchsten Preis, und der Computer ist daraufhin programmiert, den Preis pro Kilo stufenweise zu reduzieren bis ein Käufer gefunden ist. Der Produzent oder Verkäufer der Charge zeigt mit Handzeichen an, ob er oder sie den Verkauf zum gegebenen Preis akzeptiert oder ablehnt.

Wenn er oder sie mit dem Preis, der auf der elektronischen Anzeigetafel angegeben ist, nicht einverstanden ist, wird diese Charge am Ende der Auktion erneut zum Verkauf angeboten. Wenn er oder sie dann immer noch der Ansicht ist, dass der Preis nicht zufriedenstellend ist, dann kann der Markt, in der Person des Präsidenten, die Erlaubnis verweigern, dass diese Charge zum dritten Mal zum Verkauf angeboten wird.

Auf diese Weise wird eine Charge nach der anderen verkauft. Die Transaktionen werden ohne Worte abgeschlossen – mit Ausnahme der Ankündigungen, die der Auktionator macht.

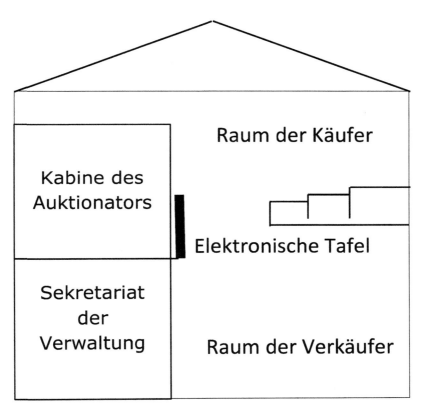

Abbildung 5 Vertikaler Querschnitt des Auktionshauses

Wenn die Käufe und Verkäufe abgeschlossen sind, verlassen die Käufer und Verkäufer das Auktionshaus und daraufhin erfolgen Diskussionen und Konversationen. Die Produzenten neigen dazu, sich zu beschweren, wenn die Preise für sie als zu niedrig erscheinen. Normalerweise antworten die Käufer nicht auf solche Beschwerden, doch manchmal rechtfertigen sie sich mit dem Argument, dass es wenige Abnehmer gibt, die bereit sind, Erdbeeren zu einem höheren Preis zu nehmen, oder indem sie behaupten, dass die angebotenen Früchte von minderwertiger Qualität sind. Schließlich fahren die Produzenten ab, die Käufer bleiben zurück und laden ihre Einkäufe in ihre Autos oder Lastwagen.

3 Ein perfekter Markt?

Das Modell des perfekten Wettbewerbs, das von Ökonomen definiert wurde, geht von vier Bedingungen aus:[10]

1. Jeder ökonomische Akteur handelt so, als ob die Preise gegeben seien. Mit anderen Worten sollte keiner der Käufer einen merklichen Einfluss auf Preise ausüben können. Dies wird als die Bedingung der Teilbarkeit bezeichnet.
2. Das Produkt ist homogen. Das bedeutet, dass es für alle Beteiligten die gleiche Bedeutung haben sollte und dass es ohne Berücksichtigung des Verkäufers identifizierbar sein sollte.
3. Der Markt ist in Bewegung. Das bedeutet, dass die austauschenden Gegenparteien die Freiheit haben, in den Markt einzutreten oder aus ihm auszutreten.
4. Der Markt ist transparent. Mit anderen Worten sollten die ökonomischen Akteure über genaue Kenntnisse bezüglich der Menge, der Qualität und des Preises der angebotenen Produkte verfügen.

Bis zu welchem Grad sind diese Bedingungen durch den oben beschriebenen Erdbeermarkt erfüllt? Jeden Tag führt der Markt ungefähr 35 Produzenten und 10 Käufer zusammen. Natürlich sind diese Zahlen nicht groß genug, um die Teilbarkeit von Angebot und Nachfrage zu garantieren. Es gibt so wenig Teilnehmer und Teilnehmerinnen, dass manche mehr Einfluss haben als andere und Einzelne können das Preisniveau beeinflussen. Nichtsdestotrotz bewirkt die Praxis, den Auktionsprozess in Chargen zu unterteilen, dass Angebot und Nachfrage fragmentiert werden und somit ermöglicht es den Produzenten zu vermeiden, dass ein einzelner niedriger Preis sich auf die Gesamtheit ihrer Tagesproduktion auswirkt. Außerdem bewirkt dies, dass die Käufer so oft gegenseitig in Wettstreit treten wie es angebotene Chargen gibt. Auf diese Weise stellt der Verkauf einer Charge dann einen relativ kleinen Teil des Angebots und der Nachfrage dar und die Teilnehmer

---

10 Gemäß des Handbuchs von Gould und Ferguson, das zum ersten Mal 1966 veröffentlicht wurde, dann 1969, 1972, 1975 und 1980 in den Vereinigten Staaten neu aufgelegt wurde, ins Französische übersetzt und 1980 und 1984 gedruckt wurde, geht der perfekte Wettbewerb von folgenden Annahmen aus: jeder Wirtschaftsakteur handelt so, als ob die Preise gegeben wären, als ob die Waren homogen wären, als ob Ressourcen in perfekter Weise mobil wären, als ob Firmen frei in den Markt eintreten oder aus ihm austreten könnten, und als ob Wirtschaftsakteure über ein vollständiges und perfektes Wissen verfügen würden (Ferguson/Gould 1975, S. 222-225).

dieses Handelsgeschäfts haben wenig Macht, um über grundsätzliche Preise zu bestimmen.[11]

Das Produkt, das auf dem Markt gehandelt wird, scheint die zweite Bedingung, die der Homogenität, zu erfüllen. Erdbeeren entsprechen einer einzigen und sozial etablierten Verwendung. Die Kriterien der Frische, des Aussehens und der Qualität, denen sie entsprechen müssen, sind festgelegter als solche der Lebensmittel herstellenden Industrie. Darüber hinaus sind diese Kriterien unabhängig von der Identität der Produzenten, und sie nehmen die Form eines Labels über die Herkunft, die Sorte und die Qualität an, das vom *Comité économique du Val de Loire* anerkannt wird.

In Bezug auf die Bewegung, wie zuvor beschrieben, kann der Produzent, wenn ihm der vom Käufer vorgeschlagene Preis unangemessen erscheint, ablehnen, die Charge am Ende des Markttages ein zweites oder sogar drittes Mal anzubieten und zu verkaufen. Wenn die Erdbeeren am Ende des Tages zurückgezogen werden, kann der Produzent oder Marktverwalter diese bis zum nächsten Tag in dem Kühlraum des Auktionshauses aufbewahren in der Hoffnung auf eine günstige Preisbewegung. Solche Änderungen resultieren aus Saison- und Wochenschwankungen auf dem Markt und sie zeigen sich in den Statistiken, die von Marktverwaltungen berechnet werden, und auch in den wöchentlichen Veröffentlichungen über Erdbeeren, die von der *Association française des coopératives de fruits et légumes* herausgegeben werden. Aber Produzenten können die Erdbeeren auch aufbereiten, um sie der Nahrungsmittelindustrie zu verkaufen[12] oder einfach den Verkauf stoppen, indem sie aufhören, diese zu pflücken – eine Lösung, die obwohl scheinbar irrational in der Tat laut den Produzenten Sinn macht, weil das Pflücken der Erdbeeren für ein Drittel der Produktionskosten verantwortlich ist, und Verluste auftreten können, wenn der Preis zu niedrig ist. Wenn die Preise fallen, kann es also sein, dass die Produzenten zu Hause anrufen und anordnen, dass die Erdbeerernte unverzüglich gestoppt wird. Das ist möglich, weil die Mehrheit der Arbeitskräfte

---

11 An den drei Verkaufstagen, die wir während der Hauptsaison der Erdbeerzeit (7., 17. und 18. Juli 1985) beobachteten, zählten wir jeweils 62, 59 und 61 Chargen mit jeweils einem Durchschnittsgewicht zwischen 100 kg und 500 kg.

12 Der Preis, der für Erdbeeren im verarbeitenden oder konservierenden Nahrungsmittelbereich gezahlt wird, ist eher gering. 1985 wurden diese „Industrieerdbeeren" zu einem durchschnittlichen Preis von 4,50 Francs verkauft, wohingegen der Minimalpreis für Erdbeeren (Tafelerdbeeren) auf 6 Francs festgelegt wurde. Vom Erdbeermarkt auf den Industrienahrungsmittelmarkt zu wechseln, machte nur Sinn, wenn bereits geerntete Erdbeeren unverkauft auf dem Auktionsmarkt von Fontaine-en-Sologne zurückblieben. In jenem Fall wurden die Erdbeeren aus den 500g-Schalen in größere Kisten umgefüllt und zu einer Konservenfabrik gefahren.

tageweise angestellt ist. Auf der Nachfrageseite trifft man ebenfalls auf die gleiche Freiheit, in den Markt einzutreten oder aus ihm auszutreten. Die Käufer sind nicht dazu verpflichtet, zu kaufen und die Entscheidung, eine bestimmte Charge zu erwerben, ist unabhängig davon, ob man andere Chargen erwirbt. Darüber hinaus kommen Käufer oft mit dem privaten Auto zum Markt und rufen, falls nötig, daheim an, um einen kleinen Transporter oder Lastwagen zu ordern (je nach der gekauften Menge). Sie verfahren in dieser Weise, obwohl sie ungefähr wissen, wie viele Erdbeeren im Angebot sein werden, bevor sie am Morgen aufbrechen.[13]

Schließlich bewirkt die Einheit von Zeit und Ort der Transaktionen, dass der Markt transparent ist. Das Ausstellen der Erdbeeren auf dem überdachten Ausstellungsplatz und der Katalog ermöglichen eine genaue Kenntnis der Menge und der Qualität, die angeboten werden. Wenn die Auktion fortschreitet, zeigt sich allen, wie die Nachfrage ausgeprägt ist: die Käufer und die Verkäufer kennen sowohl alle Transaktionen, auf die sich geeinigt wurde, als auch die entsprechenden Preise und Mengen.

Hier können wir also feststellen, dass die vier Bedingungen für einen perfekten Markt erfüllt sind. Somit können wir den Markt von Fontaines-en-Sologne als eine Art der konkreten Umsetzung des ökonomischen Modells des perfekten Wettbewerbs betrachten. Wenn wir jedoch etwas näher schauen, sehen wir, dass nicht alle dieser Bedingungen völlig erfüllt sind.

Obwohl es dort in der Hauptsaison viele Produzenten und Chargen gibt, und sowohl eine beträchtliche Tagesproduktion als auch Wettbewerb zwischen den Käufern besteht, nimmt die Produktion zu Saisonende ab, oft erscheinen dann nur wenige Verkäufer auf dem Markt und die gesamte Tagesproduktion beträgt dann nur ein paar Tonnen. Unter diesen Umständen gibt es dann nur wenig Käufer und diejenigen, die am aktivsten sind, bestimmen den Markt. Dies hat sich mir so bestätigt, als einmal der Beginn der Auktion von dreizehn Uhr auf siebzehn Uhr verlegt wurde, weil dies für einen der Käufer gut passte, der am Ende der Saison ungefähr die Hälfte der Tagesproduktion kaufte.

Wir haben gesehen, wie Produzenten ihr Produkt eventuell vom Markt nehmen, wenn sie der Meinung sind, dass die angebotenen Preise ihre Produktionskosten nicht decken. Unter solchen Umständen können die verschiedenen Strategien der Produzenten (nicht abernten, Früchte im Kühlraum lagern, die Früchte für die industrielle Herstellung von Marmelade verwenden), die vielleicht in einem größeren Maße angewendet werden, eine momentan stimulierende Auswirkung auf die Höhe der Preise haben, wenn es auch eine entsprechende Nachfrage gibt. In der

---

13   Die Verwaltung des Marktes ruft die Produzenten jeden Morgen an, um die Menge abzuschätzen, die an dem Tag zum Verkauf angeboten wird.

Tat bedeuten diese Techniken nicht unbedingt das Eingeständnis einer Niederlage, sondern man kann sie eher als Strategien betrachten, Verluste zu minimieren.

Solche Unterschiede zwischen dem abstrakten Modell des Marktes und seiner konkreten Umsetzung sind Ökonomen bekannt und sollten nicht dafür verwendet werden, die Wirksamkeit des Modells zu untergraben. Selbst in den Augen jener, die es verfechten, ist das Modell des perfekten Wettbewerbs nicht völlig realistisch. Aber dies bedeutet nicht, dass das Modell nicht dafür verwendet werden kann, um plausible Erklärungen oder genaue Vorhersagen über Phänomene in der wirklichen Welt zu machen.

Jedoch gibt es zwischen der Theorie und der Realität nicht so große Unterschiede, dass sie soziologisch erklärungswürdig wären. Diese können schließlich dadurch erklärt werden, indem man zwischen dem Markt als Prinzip (Festlegung des Preises durch Angebot und Nachfrage) und seiner konkreten Realisierung auf einem spezifischen Marktplatz unterscheidet (Polanyi 1957, S. 243-269). Mein Interesse gilt eher der Existenz von „sozialen Faktoren", die bei der Erschaffung eines Marktplatzes mit den Charakteristika, die im Modell des perfekten Wettbewerbs beschrieben sind, eine Rolle spielen. Entsprechend werde ich die sozialen Bedingungen für den Aufbau und die Durchführung dieses Marktes analysieren: Welches Kapital wurde benötigt – insbesondere für den Kauf von Computern und des Gebäudes? Welche Vermittler trugen zur Konstruktion dieses Marktes und auch zu den Regeln seines praktischen Operierens in der Praxis bei? Welches sind die wirtschaftlichen und sozialen Charakteristika seiner Nutzer, der Käufer und der Verkäufer? Wie ist der Charakter des kommerziellen Netzwerks, das auf diese Weise geschaffen wurde? Inwieweit spiegelt seine Existenz den Anschluss an vorher bestehende Netzwerke wider und inwieweit stellt es einen Bruch mit der Vergangenheit dar?

4 Die Kommerzialisierungsnetzwerke vor 1979

Obwohl in Sologne Erdbeeren für den persönlichen Verbrauch schon seit langer Zeit angebaut wurden, wurden die ersten kommerziellen Erdbeerfelder erst in den 1920er und 1930er Jahren gepflanzt. Gemäß Lucien Perroux waren es „die Spediteure, lokale Genossenschaften [coopératives] und Verkäufer von *Les Halles* in Paris (dem zentralen Großhandelsmarkt bis zu seiner Umsiedlung in den späten 1960er Jahren nach Rungis), die zwischen 1900 und 1930 nach Sologne kamen und die Produktion ankurbelten. Dies erfolgte nach der Zunahme der kommerziellen Produktion von Spargel in Sologne. Der Anbau von Erdbeeren ermöglichte ihnen, das Volumen der Erzeugnisse, mit denen sie handelten, zu erhöhen und somit besseren Gebrauch von den Kommerzialisierungsnetzwerken zu machen. Dementsprechend ermutigten die Spediteure ihre Spargelanbauer mit Erdbeeren zu experimentieren." (Perroux 1967, S. 38)

In manchen Gemeinden der Region (vor allem in Fontaines-en-Sologne) werden Erdbeeren nun großräumig angepflanzt. Sie werden auf offenen Feldern angebaut, sind oft für die Industrie bestimmt und die Methoden, die im Zusammenhang mit ihrer Produktion verwendet werden, haben sich seit den frühen 1960er Jahren kaum weiterentwickelt. In solchen Fällen stellen sie nur eine zusätzliche Einkommensquelle für den Produzenten dar. Für eine relativ kleine Anzahl von Produzenten ist der Erdbeeranbau jedoch eine wichtige, wenn nicht die wichtigste Einkommensquelle. Diese Produzenten konzentrieren sich auf Erdbeeren (Tafelerdbeeren), die einen relativ hohen Preis erbringen und nutzen moderne Techniken – Gewächshäuser aus Plastik, auf dem Boden ausgelegte Plastikplanen, um die Früchte sauber zu halten, den Einsatz von ausgewählten Pflanzen und deren schnellen Austausch, um die Produktivität zu erhöhen und die Qualität aufrechtzuerhalten sowie ein (Frucht-)Wechsel alle vier oder fünf Jahre.

Erdbeeren werden auch in anderen Regionen in Frankreich angebaut. Auf diese Weise wurden in den 1970er Jahren im Südwesten und in der Rhône-Alpes Region Erdbeeren angebaut, wobei man Methoden anwendete, die modern waren und gut geeignet für den Bedarf der Konsumenten. Im Gegensatz dazu wurden ab dem Beginn der 1970er Jahre die Erdbeeren aus dem Departement Loir-et-Cher (in welchem Fontaines-en-Sologne liegt), die in den 1950er Jahren in *Les Halles* hoch geschätzt waren, auf den nationalen und internationalen Märkten nicht länger als Erdbeeren von besonders guter Qualität eingeschätzt.

1980 wurden ungefähr 75 Prozent der Produktion von Erdbeeren (Tafelerdbeeren) von den Produzenten direkt an Zwischenhändler, Spediteure oder Agenten verkauft.[14] Zwischenhändler, kleine lokale Händler, die auf Kommissionsbasis arbeiteten, leiteten die Produktion an den wichtigsten Großhandelsmarkt in Rungis

---

14 Ungefähr 31 Prozent der Erdbeerproduktion wurde direkt an diese Intermediäre verkauft, 44 Prozent wurde über die Auktion in Fontaines-en-Sologne verkauft und 25 Prozent wurde über Genossenschaften abgewickelt. Nur ein Mitglied der Genossenschaft wechselte zum Auktionsmarkt, somit kann man ungefähr daraus schließen, dass 75 Prozent der Produktion bilateral an Zwischenhändler verkauft wurde. Es ist schwierig, den Anteil festzustellen, der jeweils von Zwischenhändlern, Spediteuren oder Agenten abgewickelt wurde. Was die letztgenannten betrifft, so verkauften 22 Produzenten von den 122 Mitgliedern der Vereinigung der Erdbeerproduzenten (die ungefähr 60 Prozent der regionalen Produktion kontrollierte) direkt an Agenten. Die Beziehungen zwischen Produzenten und Agenten wurden in der letzten Generation aufgebaut, diese waren oft Nachkommen von Migranten aus Sologne, die sich in Paris nach dem zweiten Weltkrieg niedergelassen hatten.

weiter, aber sie produzierten auch selbst, ernteten Gemüse oder führten ein Café oder ein Lebensmittelgeschäft. Die Spediteure waren lokale Händler mit einem größeren Angebotsvolumen, die zum Teil im Auftrag von Händlern in Rungis arbeiteten, aber zum größten Teil auf eigene Rechnung. Die Agenten waren Händler, die ihren Sitz in Rungis hatten.

Bevor der Auktionsmarkt eingeführt wurde, sammelten die Zwischenhändler und die Spediteure die Erzeugnisse selbst ein, wohingegen diese für die Agenten direkt von den Produzenten nach Rungis geschickt wurden. Von einem soziologischen Gesichtspunkt aus gesehen waren die Transaktionen, die damit im Zusammenhang standen, jedoch ähnlich. Zu dem Zeitpunkt, an dem der Verkauf getätigt wurde, war dem Produzenten der Preis, zu dem seine Erzeugnisse in Rungis verkauft würden, nicht bekannt und er würde dies erst eine Woche oder zwei Wochen später erfahren. Die Bezahlung würde noch weiter aufgeschoben werden – gemäß den Produzenten für mehrere Monate. Im Gegenzug tätigten die Großhändler gegenüber den Produzenten oft Vorauszahlungen und kauften nicht nur die Erdbeeren, sondern auch alle anderen angebauten Erzeugnisse. Die Produzenten vertrauten darauf, dass der Großhändler alles abnehmen würde, was sie anbauten. Genossenschaften handelten mit ungefähr 25 Prozent der angebauten Erdbeeren. Obwohl sie bis zu den 1960er Jahren ein wichtiges Handelsnetzwerk blieben, nimmt ihr Marktanteil jetzt ab.[15] Ihre Handelspolicen erlauben es ihnen nicht, mit Zwischenhändlern oder Spediteuren in einen Wettbewerb zu treten, und sie sind manchmal von letzteren abhängig, um Zugang zu gewissen Märkten, besonders internationalen Märkten, zu erhalten.

Obwohl es kein Handelsnetzwerk im eigentlichen Sinne ist, sollte die lokale Erdbeerproduzenten-Vereinigung ebenfalls erwähnt werden: das *Syndicat des producteurs de fraises du Loir-et-Cher* (diese wiederum war Mitglied der nationalen französischen Vereinigung der Erdbeerproduzenten, dem *Syndicat des producteurs des fraises*). Es wurde 1973 auf Initiative eines Ratsmitglieds der Landwirtschaftskammer gegründet, der lokalen Vertretung der in der Landwirtschaft gewerbsmäßig Tätigen. Diese Vereinigung bot ihren Mitgliedern nicht viele direkte Handelsdienste an (abgesehen von Möglichkeiten des Kaufs durch eine Gruppe). Jedoch diente es als Anlaufstelle zur Konfliktlösung zwischen Spediteuren und Produzenten und ermöglichte den Einsatz eines Markenimages für die Erdbeeren, die in der Region angebaut wurden.

---

15 Mitte der 1980er Jahre, nach der Schließung der Genossenschaft von Noyers und Vineuil, waren nur noch wenige Genossenschaften in Contres, Soings-en-Sologne und Les Montils aktiv.

Die Mitarbeiter aus dem technischen Bereich und die Mitglieder der Landwirtschaftskammer, die mit diesem Projekt verbunden waren, hatten Interesse daran, die Produktion anzukurbeln und die Produzenten in die Lage zu versetzen, die Qualität und das Erscheinungsbild der Erdbeeren zu erreichen, die in den Hauptanbaugebieten in Frankreich angebaut wurden. Um dies zu schaffen, initiierten einige Produzenten und technische Mitarbeiter eine Kommunikationskampagne und gaben Broschüren heraus, die die „13 Regeln" (siehe Abb. 6) beschrieben, um gute Erdbeeren anzubauen.

LA MARQUE DE QUALITE " FRAISE DE SOLOGNE "

Pour mieux rentabiliser les fraises de qualité, une marque de qualité « Fraise de Sologne » a été créée par le Comité Interprofessionnel de la Fraise du Loir-et-Cher, récemment constitué.

Cette marque, utilisée dès la campagne 1973, permettra de rendre plus homogènes les lots de fraises du Loir-et-Cher, d'entreprendre des actions de publicité. Elle facilitera le choix des acheteurs recherchant la qualité.

Un macaron normalisé appliqué sur les plateaux par le producteur, permettra de distinguer ces lots.

Caractéristiques des lots vendus avec la marque de qualité :

— provenir de cultures paillées (paille ou plastique),
— variétés : GORELLA, RED GAUNTLET, BELRUBI,
— stade de récolte : 2 jours avant maturité optimum,
— catégorie EXTRA (étiquette rouge) et 1 (étiquette verte),
— emploi d'emballages neufs :
- barquettes : le bois est conseillé ; les autres sont tolérés pour 1973, contenance : 250 et 500 g uniquement.
- plateaux : préférer le format 57 x 34, mais le 50 x 30 est accepté. Hauteur : 8-12 cm.

Les personnes qui voudront utiliser cette marque devront respecter les conditions ci-dessus et accepter les visites effectuées par le Comité Interprofessionnel, avec le concours des techniciens du C.T.I.F.L.

Document diffusé
par la Chambre d'agriculture de Loir-et-Cher

LES 13 COMMANDEMENTS DU PRODUCTEUR DESIREUX D'OBTENIR DES FRAISES DE QUALITE

*

1 - Choisir un sol sain, frais ou irrigable, pas trop calcaire.
2 - Choisir 2 ou 3 variétés ayant fait leurs preuves dans la région : actuellement GORELLA et RED GAUNTLET.
3 - S'approvisionner en plants sains et sélectionnés chez un pépiniériste agréé.
4 - Prévoir des durées de plantation inférieures à 3 ans.
5 - Maintenir la culture propre.
6 - Protéger la culture des parasites par des traitements appropriés.
7 - Pailler le sol obligatoirement avec du film plastique ou de la paille.
8 - Alimenter la plante en eau et en engrais.
9 - Récolter à un stade de maturité permettant le transport et la commercialisation dans de bonnes conditions.
10 - Former, encadrer, intéresser le personnel à récolter des fruits de qualité.
11 - Prévoir un tri conforme aux normes et surtout sans fardage .
12 - Dès la récolte, entreposer les lots dans un local frais ou si possible réfrigéré.
13 - Utiliser des emballages de qualité suffisante.

Abbildung 6 „Qualitätserdbeeren sagen woher sie kommen" (Werbeanzeige)

Diese waren dazu bestimmt, die Anzahl der angebauten Sorten zu reduzieren, die Praxis des Mischens verschiedener Sorten in der gleichen Schale zu stoppen, und eine gewisse Einheitlichkeit bei den Verpackungsmethoden einzuführen. 1976 wurde dieser Versuch belohnt. Ein Qualitätslabel für „Erdbeeren aus Sologne" wurde von der Loir-et-Cher Abteilung des *Syndicat des producteurs de fraises* eingeführt mit der Zustimmung des nationalen Komitees (siehe Abb. 7).

Abbildung 7 Das Qualitätslabel „Erdbeeren aus Sologne"

Dies brachte wirtschaftliche Vorteile für die Produzenten (sie erhielten eine Subvention von etwa fünf Prozent des Verkaufspreises, wenn ihre Erzeugnisse den Kriterien des Qualitätslabels entsprachen) und zudem einen symbolischen Profit: die Erdbeeren, die jetzt das Label „Erdbeeren aus Sologne" trugen, wurden auf ein gleiches Niveau angehoben wie jene aus anderen Regionen mit Qualitätsproduktion wie der Südwesten, Rhône-Alpes und Lorraine.

Das Syndikat der Produzenten war auch bereit zu helfen, indem es Beziehungen schaffte zwischen Produzenten aus verschiedenen Regionen auf der Basis ihrer gemeinsamen Interessen. Dies sollte sich für die Errichtung des Auktionsmarktes als bedeutend erweisen und bildet die Grundlage der „Homogenität" der Erzeugnisse, die auf dem Markt in Fontaines-en-Sologne gekauft und verkauft werden. Wie wir gesehen haben, stellt letztere eine der Bedingungen dar, die im Modell des perfekten Wettbewerbs vorausgesetzt werden. Homogenität ist kein Charakteristikum, das an sich und durch sich selbst existiert. Eher ist es das Endprodukt eines Bestrebens, die Produktion zu organisieren und anzukurbeln. Letzteres hing in diesem Falle von Subventionen ab sowie von Sanktionen gegenüber minderwertiger Produktion. So sagte ein Ratsmitglied, das in den Prozess eingebunden war: „wir zogen in den Krieg für das Label 'Erdbeeren aus Sologne'."

Zusammenfassend kann man feststellen, dass dies die ökonomische Ausgangssituation war, in der der Auktionsmarkt in Fontaine-en-Sologne geschaffen wurde: Transaktionen, die über die persönlichen Beziehungen zwischen Zwischenhändlern, Spediteuren und Agenten abgewickelt wurden; und Genossenschaften, die schlecht angepasste Handelsnetzwerke für Produzenten waren in Regionen, die sie abdeckten. Die Produzenten waren seit einer langen Zeit unzufrieden gewesen mit den kommerziellen Netzwerken der Region und manche von ihnen hegten die Hoffnung, eines Tages ein „kleines Rungis in Fontaines-en-Sologne" erschaffen zu können – ein primitives Modell für den Markt, der tatsächlich 1981 geschaffen wurde. Wir werden jetzt die Faktoren betrachten, die zu der sich entwickelnden Unzufriedenheit mit den traditionellen Handelsnetzwerken beigetragen haben; Faktoren, die zu deren schnellen Zerstörung führen sollten.

5   Die sozialen Eigenschaften der Förderer des Auktionsmarktes

Die Schaffung der computerunterstützten Rückwärtsauktion scheint das Resultat eines Treffens zwischen einem Wirtschaftsberater der Landwirtschaftskammer und einer Reihe von lokalen Produzenten gewesen zu sein, die ein gemeinsames Interesse hatten, diese neue Methode des Kaufens und Verkaufens zu fördern.[16]

Im Jahre 1979 wurde ein junger Wirtschaftsberater in das Departement Loir-et-Cher bestellt mit der Aufgabe, die Früchte- und Gemüseproduktion in Sologne und in Val de Loire zu reorganisieren. Dieser Berater hatte ein umfangreicheres Bildungskapital als andere Mitglieder der Landwirtschaftskammer, einschließlich des Direktors. Er hatte an der *Ecole supérieure d'agronomie* in Nancy studiert und hatte zwei Abschlüsse, in Biologie und in Rechtswissenschaften. Es war ohne Zweifel ein Ergebnis seiner Kenntnisse im Bereich Wirtschaftswissenschaften, die er als Student der Rechtswissenschaften erworben hatte, dass er vertraut war mit der neoklassischen Theorie, die seine Handlungen leiten sollte. So war es seine Auffassung, dass Strategien, die Produzenten zusammenbrachten, gerechtfertigt waren, „um Wettbewerbsmechanismen wieder in Gang zu bringen".

---

16   Die Rückwärtsauktion (*marché au cadran*) ist durchaus keine kürzlich entstandene Erfindung. Rückwärtsauktionen wurden in Holland im neunzehnten Jahrhundert eingesetzt und zum ersten Mal in Frankreich in Saint-Pol-de-Lyon im Jahre 1961 eingeführt (Elegoët 1984), und dann nach und nach in der Bretagne, im Norden (Vaudois 1980) und im Südwesten von Frankreich.

Die Wirtschaftsorganisationen, die mit der Kommerzialisierung von Früchten und Gemüse beauftragt waren, unterschieden sich nicht sehr von jenen, die speziell für Erdbeeren zuständig waren. Es gab eine regionale Abteilung der Nationalen Föderation landwirtschaftlicher Vereinigungen für Früchte und Gemüse FNSEA (*Fédération nationale des syndicats d'exploitants agricoles*), obwohl diese nur dem Namen nach existierte. Genossenschaften waren in einer prekären Position. Der Berater versuchte zuerst, zu einer Reorganisierung des gesamten Früchte- und Gemüsemarktes durch die regionale Sektion der FNSEA für Früchte und Gemüse und durch die Genossenschaften aufzufordern. Dies war erfolglos. Er erklärte dies und den fehlenden Zuspruch dieser Idee, indem er sich auf die Trägheit und den Konservatismus der Verwaltungsräte und Mitglieder berief. Im Gegensatz dazu bewertete eine kleine Gruppe von Produzenten (insgesamt sechs, wovon fünf aus Fontaines-en-Sologne waren) seinen Vorschlag als attraktiv und zeigte Interesse daran, einen zentralisierten Auktionsmarkt zu organisieren.

Die Produzenten, die an der Schaffung des Auktionsortes in Fontaines-en-Sologne beteiligt waren, gehörten zu den größten Produzenten in der Region. Sie bewirtschafteten Flächen mit je einer Größe zwischen 30 und 80 Hektar, wohingegen insgesamt 77 Prozent der Vollzeitproduzenten unter 35 Hektar besaßen. Fünf der besagten Produzenten hatten einen Angestellten oder mehr, in einer Region, in der nur 25 Prozent der Produzenten Arbeitgeber waren. Sie waren Fachleute, die auf dem neuesten Stand waren, und waren unter den ersten in der Region bei der Nutzung von neuesten Techniken für die Produktion von Erdbeeren, wovon der größte Anteil ihres Einkommens abhing. Sie pflanzten auch Erdbeerpflanzen an, Saatgut und Tabakpflanzen, oder sie zogen Vieh auf. Alle diese Aktivitäten verlangten ein beträchtliches technisches Wissen und waren relativ lukrativ. Obwohl sie repräsentativ für die Landwirtschaft betreibende Bevölkerung hinsichtlich des Lebensalters waren, zwischen 45 und 55, unterschieden sie sich dadurch, dass sie besser ausgebildet waren (in einem Fall ein technisches Diplom, und in den anderen Fällen ein zurückliegender Besuch einer Schule für Landwirtschaft).[17] Außerdem war die Schaffung eines Auktionsmarktes für mindestens fünf dieser modernen Produzenten noch aus einem weiteren Grund wichtig: sie hatten Kinder, die vielleicht einmal das Geschäft übernehmen würden, und die einzige Art und Weise, wie dies abgesichert werden konnte, bestand darin, das Geschäft rentabel

---

17 Die sozialen Eigenschaften dieser Akteure unterscheiden sich nicht von jenen der führenden Personen professioneller Landwirtschaftsorganisationen, die von Sylvain Maresca in den französischen Departementen Meurthe-et-Moselle und Charente untersucht wurden: „Those who have to enact the dominant representation of peasantry poorly match peasantry's dominant reality." (Maresca 1983, S. 49)

zu machen. Dies beinhaltete die Produktion von größeren Erträgen von besserer Qualität, aber vor allem, ein effektiveres Handelsnetzwerk. Neue Märkte zu erobern und zu produzieren, um besser zu verkaufen – dies zu tun, bedeutete für sie, eine ähnliche Operation durchzuführen wie ihre Väter, welche die Mechanisierung eingeführt hatten, als sie noch jung waren, die ihre Produktion modernisierten, um ihre Kinder auf dem Land zu halten. Aber das Merkmal, das sie am meisten von anderen Produzenten unterschied, war die Tatsache, dass sie mehr und häufigere Beziehungen außerhalb ihrer Region hatten durch berufliche Organisationen, Beziehungen zu Samenproduzenten und zu anderen Erdbeerproduzenten an anderen Orten in Frankreich. Außerdem hatten sie auf lokaler Ebene oft eine Führungsrolle inne, zum Teil aufgrund ihrer beruflichen Kompetenz. Unter diesen Produzenten befand sich ein Mitglied des Vorstands einer nationalen Organisation von Samenproduzenten, ein Mitglied des Vorstands der regionalen Sektion der nationalen Vereinigung der Erdbeerproduzenten und der Präsident der regionalen Vereinigung (*Syndicat des producteurs de fraises du Loir-et-Cher*). Zwei von ihnen nahmen an den „nationalen Erdbeerseminaren" teil, den jährlichen Treffen, bei denen die nationale Strategie und Subventionen diskutiert werden. Manche von ihnen waren auch in der lokalen Politik engagiert. Zwei von ihnen waren Vizebürgermeister im Gemeinderat von Fontaines-en-Sologne. Die meisten von ihnen waren auch Mitglieder des Vorstands von lokalen Verbänden und Wohltätigkeitsvereinen.

Eine Reihe dieser Akteure (drei Brüder in Fontaines-en-Sologne und der Präsident der regionalen Vereinigung der Erdbeerproduzenten) waren aktiv im Geschäft mit Erdbeersetzlingen. Dies war entscheidend in Bezug auf den Wissenserwerb über die Produktion von Erdbeeren und ihrer möglichen Intensivierung. Diese Produzenten bauten ausgewählte Pflanzen an, die sie in verschiedenen Regionen verkauften, besonders im Südwesten, der dominantesten Region des Erdbeeranbaus in Frankreich. Auf diese Weise lernten sie im Laufe des vielen Reisens alles über die Landwirtschaft in dieser Region. Vor allem lernten sie, dass der Erdbeeranbau keine traditionelle Form der Landwirtschaft in dieser Region war, einer Region, deren Böden hierfür weniger geeignet waren als jene von Sologne. Trotz dieser Tatsache verfügte die Mehrheit der Produzenten im Südwesten über höhere oder gleich hohe Einkommen wie jene der erfolgreichsten Produzenten in Sologne. Diese Entdeckung veränderte die Perspektive der Produzenten von Erdbeersetzlingen in Sologne, die kurze Zeit zuvor durch deren Nähe zu den Produzenten von Beauce eingeschränkt worden waren. Letztere waren ihre unmittelbaren Partner in den beruflichen und politischen Organisationen und waren ihr einziger Bezugspunkt gewesen: sie bewirtschafteten fruchtbare Böden, die sich gut für den Anbau von Getreide eigneten. Im Vergleich dazu erschien Sologne, das als „benachteiligte Region" eingestuft wurde, als eine arme Region.

In der Tat wurde die Region Sologne, die seit dem 19. Jahrhundert als eine der ärmsten Regionen in Frankreich betrachtet wurde,[18] im Jahre 1976 vom Europäischen Ministerrat als „benachteiligte Region" kategorisiert – eine Kategorisierung, die dieser Region einen ähnlichen Status wie jenem von Bergregionen gab. Dieser Status beruht auf Kriterien wie eine niedrige demografische Dichte, eine Produktion pro Hektar, die 80 Prozent unterhalb des nationalen Durchschnitts liegt, und ein Pro-Kopf-Einkommen der berufstätigen Bevölkerung, das 80 Prozent unterhalb des nationalen Durchschnitts liegt.

Im 19. Jahrhundert wurde die Region von großen Anwesen mit bis zu 1000 Hektar dominiert. Die Bauern waren nur selten Eigentümer des Landes, das sie bewirtschafteten. Sie waren „Pächter", Landarbeiter, denen ein Fleckchen Land zugewiesen wurde, während sie an ein Anwesen angebunden waren. Im 20. Jahrhundert wurden die meisten dieser Anwesen zerstückelt und die Pächter oder deren Kinder waren in der Lage, kleine Bereiche zu kaufen oder zu mieten. Die alten Landbesitzer behielten nur ihre Häuser und den Jagdwald. Im Jahre 1979, als der Auktionsmarkt in Fontaignes-en-Sologne erst noch ein Projekt war, verfügten 70 Prozent der Anwesen, die in dem Bereich lagen, der später zum Umkreis des Marktes Fontaines-en-Sologne gehörte, über weniger als 50 Hektar. Die Hälfte dieses Gebietes war direkter Besitz und die andere Hälfte gemietet. Entsprechend der allgemeinen Landwirtschaftszählung spezialisierten sich in den 1980er Jahren etwa 10 Prozent dieser Landwirtschaftsbetriebe im Getreideanbau, 30 Prozent erzielten mehr als 80 Prozent ihrer Einkünfte durch Viehzucht (Milch- oder Fleischproduktion), und der Rest übte Mischformen der Landwirtschaft aus (Getreideanbau, Viehzucht und Gemüseanbau). Der Boden war karg und die Kombination von Sand und Lehm verschärfte die Auswirkungen der Trocken- oder Regenperioden, so dass die Ernte oft bedroht war. Der Markt für Land war heterogen und Grundstücke wurden sowohl für die Jagd, den Fischfang, Zweitwohnsitze als auch für die Landwirtschaft erworben. Die FNSEA, die die größte professionelle Landwirtschaftsorganisation in der Region ist, hatte Schwierigkeiten, neue Delegierte aus den Kommunen zu wählen, weil das Durchschnittsalter von Landwirten besonders hoch war (67 Prozent waren älter als 45 Jahre).

Der Kontakt mit anderen Regionen und besonders mit dem Südwesten ermutigte somit die Produzenten, über ihre Situation auf eine neue Weise nachzudenken. Es wurde ihnen bewusst, dass sie geeignetere Böden für den Erdbeeranbau hatten als zum Beispiel die Produzenten aus dem Departement Lot-et-Garonne und es wurde ihnen bewusst, dass sie selbst die Erdbeerpflanzen produzierten, die die

---

18 Poitou (1985) beinhaltet interessantes historisches Material, das die Armut dieser Region belegt.

Basis des Vermögens jener Region waren. Mit anderen Worten realisierten sie, dass sie Erdbeeren auf eine ebenso profitable Weise produzieren konnten, wenn sie sich dafür entschieden.

6   Die Arbeit an der Konstruktion des Auktionsmarktes

Im Jahre 1979 wurde in Verg, im Departement Lot-et-Garonne, ein Auktionsmarkt geschaffen, der sowohl die Preise als auch die Qualität der Produktion anhob.[19] Die Erdbeeren aus dem Departement Loir-et-Cher, die bereits als minderwertiger als jene aus dem Süden betrachtet wurden, wiesen somit einen doppelten Nachteil auf. Vor diesem Hintergrund begannen nun regionale Leiter und die Wirtschaftsberater, die überzeugt waren, dass die Errichtung eines Auktionsmarktes wünschenswert war, zu versuchen, sowohl die Produzenten als auch die Spediteure zu überzeugen, dass dies getan werden sollte. Ihr elementares Ziel war nicht, die Spediteure, die bereits in der Region arbeiteten, zu ersetzen. Sie wollten eher einen neuen Kontext schaffen, in dem Wettbewerb freier erfolgen konnte. Dies würde dann – so hoffte man – künftig die Funktionsweise von Angebot und Nachfrage eher widerspiegeln als wenn dies vom Spediteur oder vom Zwischenhändler auferlegt würde.

Zuerst kontaktierten sie einige Spediteure in der Region, die wahrscheinlich auf dem Auktionsmarkt kaufen würden, anstatt die Erzeugnisse vor Ort einzusammeln. Die meisten Spediteure reagierten heftig auf die Errichtung eines neuen Marktes und verweigerten kollektiv dieses neue Handelssystem. Sie strebten auch danach, die Produzenten davon abzubringen, indem sie „Gegeninformationen" verbreiteten. Für gewisse Käufer machte die Errichtung eines elektronischen Marktes jedoch das Vordringen in neue Märkte möglich. So waren die Spediteure in der Gegend von Saint-Romain, die knapp an heimisch produzierten Erdbeeren waren, daran interessiert, ein Produkt zu vermarkten, das die Kluft zwischen der Spargelproduktion im Frühling und der Gemüsesaison, die im Juli begann, überbrücken würde. Andere Spediteure kamen zu dem Schluss, dass dies ihnen erlauben würde, die Kontrolle über einen Großteil der Produktion zu erlangen, die momentan direkt an die Agenten verkauft wurde. Auf diese Weise triumphierte die Idee des Wettbewerbs, indem eine Handvoll Spediteure zustimmte, das Spiel mitzuspielen, welches von den Produzenten vorgeschlagen wurde und auf diese Weise das System durcheinanderzubringen, in dem die Spediteure tätig waren.

---

19   Wir werden später wieder auf den Einfluss des Auktionsmechanismus auf die Preisbildung zurückkommen.

Um die Produzenten zu überzeugen, wurden Touren vom *Syndicat des producteurs de fraises* organisiert, um sich ein Bild davon zu machen, wie andere auktionsbasierte Handelssysteme funktionierten. Es wurden Fortbildungstreffen in der Region organisiert. Als die Produzenten, die für den elektronischen Markt waren, befanden, dass ihre Zahl ausreichend groß war, wurde bei einem großen Treffen des *Syndicat des producteurs de fraises* entschieden, den Markt innerhalb dieser Vereinigung zu erschaffen. Die Erstellung von Regeln und die Anträge an die Regierung um Unterstützung und Subventionen wurden durch den Wirtschaftsberater erleichtert, der auch dabei behilflich war, den Auktionscomputer zu kaufen und den Auktionator zu rekrutieren.

Im Mai 1982 nahm der neue Markt seinen Betrieb in einem ehemaligen Schulgebäude in Fontaines-en-Sologne auf. Im folgenden Jahr erhielt der Markt vom *Syndicat des producteurs de fraises* administrative und finanzielle Autonomie und zog in ein maßgeschneidertes Lagerhaus um. Hier wurden einundzwanzig Produzenten zusammengebracht (elf aus Fontaines-en-Sologne traten der neuen Handelsorganisation bei).[20] Im Durchschnitt bewirtschafteten diese meistens ungefähr 50 Hektar und produzierten einen Großteil der Erdbeeren (Tafelerdbeeren). In der Tat konnten nur jene Produzenten mit vielen Erdbeeren und einem Lieferwagen umherfahren, um ihre Erzeugnisse zu verkaufen – und auch sie benötigten freie Zeit, was wiederum von der Unterstützung von Familienmitgliedern abhing, die zum Beispiel für die Aufsicht bei der Erdbeerernte verantwortlich waren während der Chef weg war.

---

20 Es ist schwierig, die Gesamtzahl der Erdbeerproduzenten in der Region genau zu bestimmen, da die meisten verfügbaren Quellen nur die Gesamtheit der Daten für „frisches Obst und Gemüse" liefern. Wir wissen, dass die örtliche Vereinigung der Erdbeerproduzenten *(Syndicat des producteurs de fraises)* im Jahre 1980 122 Mitglieder zählte. Die meisten von ihnen waren Großproduzenten. Da wir wissen, dass die Erdbeerproduktion in der Region weit verbreitet war, können wir schätzen, dass die Gesamtzahl der Produzenten höher als 300 war.

Die Ziele der Wirtschaftsorganisation: Auszüge aus dem Bericht des Wirtschaftsberaters

Das Ziel einer Wirtschaftsorganisation ist es, den Markt zu organisieren, d.h. den Produzenten eine echte Wirtschaftsmacht in Bezug auf die Käufer zu geben [...] Die Wirksamkeit des Handels erfordert, dass sie sich wie Unternehmer mit Verhandlungsmacht verhalten. Um eine solche Macht zu erlangen, müssen sie wieder Wettbewerbsbedingungen zwischen den Käufern herstellen [...]

a) Sich mit dichten Netzwerken befassen
   Um der Anforderung einer hoch konzentrierten Branche zu entsprechen, müssen die Produzenten die Machtbalance modifizieren und ein Angebot bereitstellen, das stark genug ist, um zu einer Wirtschaftsmacht zu werden [...]
b) Markttransparenz wieder herstellen
   Die Klarheit von Transaktionen, die Kontrolle von Qualität und Mengen und die Einschätzung der Finanz- und Produktionsflüsse erfordern für die Produzenten einen organisierten Informationskreislauf [...]
c) Referenzen auf homogene Produkte erlangen
   Um die Qualität anzubieten, die von Handelskreisläufen erfordert wird, um Zugang zu internationalen Märkten zu erlangen und bessere Verkaufsbedingungen zu erhalten, müssen die Produzenten die gleiche Sprache sprechen und Standards implementieren. Sie müssen auch auf die Homogenität ihrer Produktion achten und standardisierte Verpackungen benutzen. Auf diese Weise erschließen sich neue Märkte. [...] Wenn einmal der Wettbewerb verbessert ist und die Verkaufsbedingungen gefördert sind, muss der Erwerb von Handelsmacht auf der Basis des Einkommensschutzes der Produzenten aufgebaut werden.
d) Freier Handel entstanden aus freier Diskussion
   Die schlechteste Konsequenz der Deformationen, die den Wettbewerb behindern, ist der Verlust an Freiheit bei Handelstransaktionen. Wenn der Produzent zu wenig Informationen hat, kann es nicht zu einem fairen und ausgeglichenen Austausch mit dem Käufer kommen. Letzterer, der die Gegenpartei auf Handelsebene darstellt, ist derjenige, der schließlich den Preis festlegt.

Unter den Teilnehmern des Auktionsmarktes waren drei, die mit ihren Söhnen arbeiteten und zwölf hatten Kinder, die über ein BA Diplom als Landwirtschaftstechniker verfügten und die ihren Vätern vielleicht einmal in die Landwirtschaft folgen würden. Siebzehn bauten außer Erdbeeren auch noch andere Kulturen an (Tabak, Mais, oder züchteten Erdbeerpflanzen, und manche züchteten Vieh) und verkauften dies innerhalb von Handelsnetzwerken, wobei sie auf Zwischenhändler verzichteten. Sie waren dementsprechend unabhängiger von Zwischenhändlern als andere. Es ist bezeichnend, dass der einzige Produzent, der die Regel brach, dass die gesamte Ernte zum Auktionsmarkt gebracht werden musste (und stattdessen einen Teil davon an Zwischenhändler verkaufte), die Erdbeerproduktion mit der Gemüseproduktion verband.

Auf der Käuferseite lassen die mir momentan vorliegenden Daten nur wenige vorsichtige Hypothesen zu. Die Zwischenhändler, die nicht über genügend ökonomisches Kapital verfügten, um ihre eigenen Unternehmen zu managen, wurden von einem System ausgeschlossen, in dem es notwendig war, direkt an Ort und Stelle zu bezahlen. Somit waren es die Spediteure – und insbesondere jene, die wirtschaftlich am stärksten waren – die in den Markt eintraten. Sie hatten die notwendigen Mittel, um die Bankgarantien zu hinterlegen, die von den Produzenten-Organisatoren auf dem Markt gefordert wurden.

Die Errichtung des neuen auktionsbasierten Handelsmechanismus in Fontaines-en-Sologne sollte somit als eine soziale Innovation gesehen werden, die aus der Arbeit von vielen Einzelnen resultierte, die aus verschiedenen Gründen daran interessiert waren, die Machtbalance zwischen den Produzenten und den Käufern zu verändern. Im Gegensatz dazu sollte dies nicht als das spontane Auftreten eines Mechanismus gesehen werden, um wirtschaftliche Potentiale freizusetzen, die durch die Rationalität und Effizienz der Verfahren entstanden sind. Da dieser Markt einen Bruch mit den existierenden Praktiken impliziert, stellt seine Konstruktion einen Kostenpunkt in Bezug auf materielle und psychologische Investitionen dar. Es bedeutet auch politische Arbeit, die unternommen wird, um die ökonomischen Akteure zu überzeugen, sich anzuschließen, und es bedeutet ebenso Konfrontation mit den Spediteuren, um diese zu überzeugen, dass sie partizipieren sollten. Es ist deshalb nicht eine einfache Entwicklung von bereits bestehenden Handelsbeziehungen – etwa das Ergebnis eines Mechanismus, der sich selbst perfektioniert hätte, in dem Zuge wie sich die Interaktionen zwischen jenen, die am Austausch beteiligt sind, entwickeln und entfalten. Die Praktiken, die den Markt konstituieren, sind keine Marktpraktiken.

7 „Unsichtbare Hand" oder „kontinuierliche Konstruktion"?

Im Jahre 1985 war der neue Markt in Betrieb, obwohl seine Konstruktion an bereits lange bestehenden Freundschaften zwischen Zwischenhändlern und Produzenten gerüttelt hatte und zu heftigen Auseinandersetzungen in Familien geführt hatte, in denen manche Mitglieder dem neuen Markt beitraten, während andere fortfuhren, die traditionellen Netzwerke energisch zu verteidigen.

Kam es jetzt, da der neue Markt in Betrieb war, durch den Eingriff einer „unsichtbaren Hand" zur Etablierung von Gleichgewichtspreisen, wie von Adam Smith vorhergesagt (1776/1999)? Eine unsichtbare Hand, die das Erreichen eines Gleichgewichts zwischen Angebot und Nachfrage sichert, da jede Person seine oder ihre eigenen Interessen verfolgt? Eine unsichtbare Hand, die nur dann zu einem Gleichgewicht führt, wenn die Bedingungen eines perfekten Wettbewerbs eingehalten werden, wie Samuelson und Nordhaus (1973, S. 43) annehmen würden? Eher muss das Funktionieren des Marktes als Gegenstand ständiger Wachsamkeit auf Seiten seiner Organisatoren betrachtet werden, die gegen jegliche Art von Praktiken ankämpfen müssen, die Marktteilnehmer anwenden, um in den Marktprozess einzugreifen. Obwohl die Errichtung dieses Marktes die Spediteure in Konkurrenz zueinander setzte, versuchten die Spediteure seit 1980, sich selbst zu reorganisieren und Allianzen zu schließen, um ihre frühere Macht wieder zu erlangen. Ihre Vorstöße in dieser Richtung beinhalteten den täglichen Informationsaustausch per Telefon über Entwicklungen auf dem Markt und geheime Vereinbarungen, deren Auswirkungen vielleicht bemerkt werden, wenn z.B. eine Charge zum zweiten Mal zum Verkauf angeboten wurde, weil der Produzent den Eindruck hatte, dass der Preis, zu dem die Ware angeboten wurde, zu niedrig war und die Käufer die Auktion auf dem gleichen Preisniveau stoppen wie in der ersten Auktionsrunde.

Der Verwaltungsrat des Marktes in Fontaines-en-Sologne unternahm konkrete Maßnahmen, um die Zunahme solcher Absprachepraktiken zu hemmen. So wird die Erneuerung der Mitgliedschaften der Käufer – die entsprechend der 1981er Regeln automatisch erfolgen sollte – tatsächlich jedes Jahr geprüft. Dies eröffnet den Weg, um wieder zu definieren, was von den Käufern gewünscht wird. Außerdem ist der Ausschluss gemäß den Regeln theoretisch möglich, und obwohl er erst bei einer Gelegenheit aufgetreten ist (als Resultat mangelnder Zahlungsfähigkeit), wird er sicherlich häufig als Drohung benutzt.

Die Rolle des Wirtschaftsberaters: Auszüge aus einem Interview mit Bernard Foucher, dem verantwortlichen Wirtschaftsberater für das Marktprojekt in Fontaines-en-Sologne

„Ich war derjenige, der zuerst alle potenziellen Partner, die Vereinigungen, das Ministerium kontaktierte. Aber es waren sie, die die Entscheidungen trafen. [...] Zwischen April und Mai mussten wir die Regeln und Vorschriften aufschreiben, damit die Telefonleitungen angeschlossen wurden und wir den Computer erhielten, etc. Die Spediteure wollten nicht kommen. Es gab einige Verhandlungen.

Ich habe ihnen viel geholfen, aber sie trafen die Entscheidungen selbst. Es hätte ohne jenen Funken an Bereitschaft nicht funktioniert, selbst nicht mit starken Überredungskünsten. Ich kam nicht mit „der Idee" bezüglich der Auktion. Ich hatte diese im Kopf, ja, aber dies war nicht die einzige Idee. Diese Methode hat sich einfach um diese Gruppe von Leuten herauskristallisiert [...] Ich dachte zuerst, dass sie das System der Genossenschaften unterstützen müssten, aber sie wollten das nicht [...]

Ich war zwölf Stunden am Tag mit dieser Sache beschäftigt. Sobald ich ein positives Feedback spürte und einige dynamische Leute wahrnahm, gab es keinen Grund, ihnen nicht zu helfen. Und ich tue das nach wie vor. Der Stärkere gewinnt immer, deshalb müssen sie stark bleiben. Sonst werden sie verschwinden. Manche Leute wären darüber sehr erfreut, vor allem die Spediteure. Oder die Genossenschaften, die durch all dies ein wenig erschüttert wurden und sich selbst in Frage stellen mussten. Oder einige Familien, die keine führende Rolle inne hatten. Auch auf nationaler Ebene könnte der eine oder andere erfreut sein. Sie wissen, es gibt eine Landwirtschaft „mit zwei Geschwindigkeiten". Jemand könnte fragen: wie kommt es, dass diese Burschen diesen Markt in einer Region aufbauten, die nicht wirklich für intensive Landwirtschaft geeignet ist? Warum haben sie es gewagt, dieses höchstausgeklügelte Ding in Sologne zu entwickeln? [...]

Ich war in all das sehr eingebunden. Es war eine spannende Erfahrung [...] Aber, im Gegensatz zu den Produzenten, stand für mich nicht viel auf dem Spiel. Ich meine damit, dass da ein Unterschied ist zwischen einem Produzenten, der sein Geschäft aufs Spiel setzt und einem Berater, der nur gegenüber der Qualität seines Jobs verpflichtet ist. Aber gut, dies hat vielleicht später noch andere Auswirkungen."

(1986 wurde Bernard Foucher Präsident der Landwirtschaftskammer von Loir-et-Cher)

Auch die Produzenten müssen sorgfältig im Auge behalten werden. Nicht alle halten sich an die Regeln, entweder weil sie nicht denken, dass dies in ihrem Interesse liegt oder weil sie nicht umfassend verstehen, um was es hier geht. Manche versuchen, von den zwei Systemen zu profitieren, indem sie an dem einen Tag auf dem Auktionsmarkt und am nächsten Tag direkt an die Spediteure verkaufen. Sie halten sich nicht an die Regel, dass alle Früchte auf den Markt gebracht werden müssen, und dadurch schwächen sie die neuen Machtverhältnisse und reduzieren die Transparenz des Marktes. Andere handeln ungeschickt, weil sie nicht genug über die Nachfrage in anderen Märkten wissen. Obwohl auf Ruhe geachtet wird, während die Transaktionen in Fontaines-en-Sologne stattfinden, entstehen später, wenn die Produzenten und Käufer das Auktionshaus verlassen, doch immer wieder mehr oder weniger hitzige Diskussionen untereinander. Zum Beispiel werfen die Produzenten den Käufern vor, ihre Macht zu missbrauchen und das Niveau ihrer Kaufangebote zu senken und drohen ihnen mit dem Ausschluss aus dem Markt oder damit, die Ernte zu stoppen. Diese feindseligen Äußerungen, die an die Spediteure gerichtet werden, wenn die Preise fallen (selbst wenn dies nur das Resultat einer Überproduktion ist), bergen das Risiko, das freundliche Klima zu schwächen, das notwendig ist, um Transaktionen abzuschließen und das Spiel richtig zu spielen. Als Konsequenz daraus wird von denjenigen Produzenten erwartet, die am meisten vertraut sind mit dem allgemeinen nationalen Markt, die Einzelheiten bezüglich vorherrschender Preise anderen zu erklären und somit deren Proteste zu begrenzen. Der Präsident und der Kassenwart der Verwaltung des Marktes sind jeden Tag anwesend, um zu beobachten, zu beraten und dafür zu sorgen, dass die Regeln eingehalten werden, um die gewünschten guten Beziehungen und den „familiären Geist" aufrecht zu erhalten. Nach jeder Auktion kommen der Auktionator, der Sekretär und der Präsident der Verwaltung des Marktes (oder sein Delegierter) zu einem informellen Treffen zusammen, um zu besprechen, wie die Transkationen des Tages verlaufen sind.

8 Die sozialen und wirtschaftlichen Effekte des Auktionsmarktes

Die Konstruktion des neuen Marktes hatte einen positiven Effekt auf das Niveau der Erdbeerpreise in der Region. Gemäß den Zahlen von der Vereinigung der Erdbeerproduzenten waren diese vor 1981 immer beträchtlich unter den nationalen Niveaus. Seit 1981 kehrte sich diese Tendenz um. Im Durchschnitt sind die Preise in dieser Region typischerweise gleich oder sogar höher als diejenigen auf nationaler Ebene, und die Differenz kann hier bis zu 40 Prozent ausmachen. Dieser deutliche

Preisanstieg fand nicht nur in dem neuen Markt statt, sondern auch innerhalb der traditionellen Netzwerke, da die Konstruktion des Marktes ältere Netzwerke verändert hat. Insbesondere wurde dadurch ein Standard für die Produzenten erschaffen, ein Bezugspunkt. Die Letztgenannten sind nun in der Lage, die Marktpreise zu erfahren, indem sie an der Auktion teilnehmen oder indem sie die lokale Presse lesen, in der die Preise regelmäßig veröffentlicht werden. Auf diese Weise befanden die Spediteure und Zwischenhändler, dass sie keine andere Wahl hatten als diejenige, ihre Preise an jene des Marktes in Fontaines-en-Sologne anzugleichen. Tatsächlich waren sie oft gezwungen, ihre Preise über jene des Marktes anzuheben, um die Produzenten davon abzuhalten, in großer Zahl in den Markt einzutreten und somit die Position der Käufer weiter zu schwächen. Insgesamt stieg der Export von Erdbeeren aus der Region von 9 495 Tonnen im Jahre 1980 auf 89 758 Tonnen im Jahre 1981.

Die Preiserhöhung ist nicht einfach nur eine Funktion der Handelsmethode. Sie ist auch eine Konsequenz der ankurbelnden Wirkung, wenn verschiedene Arten von Erdbeeren nebeneinander ausgestellt werden. Die Homogenität des Produkts und die Transparenz des Marktes zeigen Unterschiede in der Qualität und in der Quantität zwischen den Erzeugnissen, die nicht sichtbar waren als die Abholungen noch lokal getätigt wurden. „Im ersten Jahr," sagten die Produzenten, „waren wir entsetzt. Der neue Markt lehrte uns, wie gearbeitet werden musste. Wir schauten auf die Erdbeeren unserer Nachbarn und dachten, wir möchten nicht für jemand gehalten werden, der Erdbeeren anbaut, die zu Marmelade verarbeitet werden." Während sich jedoch der Wettbewerb hinsichtlich Qualität zwischen den Produzenten intensivierte, war der Auktionsmarkt auch eine Informationsquelle – und bot Informationen bezüglich der besten Techniken. Informationen darüber, wie und wieviel man Pflanzen und Früchte besprüht, werden eher geheim gehalten, aber viele Informationen zirkulieren dennoch über Krankheiten von Pflanzen und Früchten und über mögliche Gegenmittel.

Da die Erdbeerproduktion profitabler wurde, führte dies dazu, dass mehr Land für den Anbau genutzt wurde. Insbesondere verdreifachte sich in der Gemeinde von Fontaines-en-Sologne das Anbaugebiet zwischen 1981 und 1985. Außerdem erweiterte der Markt die Produktpalette, die zum Verkauf gebracht wurde. So wurde auf diese Weise seit 1982 Spargel verkauft und seit 1984 Lauch.

Diese Art, den Erdbeerverkauf zu institutionalisieren, modifizierte sowohl den Status der Produkte als auch jenen der Produzenten. Im Departement Loir-et-Cher stellten Erdbeeren in den 1970er Jahren für die meisten Produzenten nichts weiter als eine Möglichkeit dar, ihr Einkommen aufzubessern. Aufgrund des neuen Marktes erwarben die Erdbeeren aus Sologne sowohl ein Qualitätslabel als auch eine regionale Anerkennung. Die lokale Presse, und besonders die *Nouvelle République* und der *Petit Sologont*, veröffentlichten eine Reihe von Artikeln, die

die Qualität der Erdbeeren aus Sologne hervorhoben. Der Anbau von Erdbeeren wurde somit zu einem Symbol für Dynamik, was sich zum Beispiel anhand der Durchführung einer „Erdbeermesse" zeigte. In den Jahren 1984 und 1985 organisierte ein Freizeitverein für Jugendliche in Sologne eine solche Messe mit Spielen, Sonderausstellungen sowie Informationstafeln über den Markt und den Verkauf von Erdbeeren. Laut Presse besuchten 15 000 Menschen diese Messe in Fontaines-en-Sologne – eine Gemeinde mit nur 848 Einwohnern. Das Festival brachte ein Ausmaß an Begeisterung mit sich, die – wie verlautet wurde – so niemals zuvor in Fontaines-en-Sologne erlebt worden war und die gleichzeitig zur Erschaffung des regionalen Images der Erdbeeren von Sologne beitrug.

Es ist das Ausstellen der Erzeugnisse am Auktionsort, das für die unterschiedlichen Preise verantwortlich ist, das aber auch symbolische Gewinne zuerkennt.[21] Die Präsentation von Produkten zur gleichen Zeit und am gleichen Ort macht Unterschiede in der Qualität und in der Quantität offensichtlich. Diese sind eine Funktion der Unterschiede zwischen den Anbaugebieten und (der Unterschiede) hinsichtlich der Techniken, die wiederum eine Differenzierungsfunktion hinsichtlich des wirtschaftlichen und des kulturellen Kapitals der Produzenten darstellen. Der öffentliche Charakter der Informationen bezüglich Preisen und Mengen macht es möglich, die wirtschaftliche Position der einzelnen Mitglieder zu kennen.

Die Konstruktion des neuen Marktes hat auch bestehende Beziehungen intensiviert und neue Beziehungen zwischen den Produzenten geschaffen. Hierzu haben z.B. die langen gemeinsam verbrachten Abende beigetragen, oder das Reisen in der Gruppe, die Arbeit, die nötig war, um das Lagerhaus zu bauen, oder die kollektive Akzeptanz der damit verbundenen Risiken – solche gemeinsamen Anstrengungen innerhalb der Gruppe haben eine „Auktionsmarkt-Identität" geschaffen, und dies wird mit jedem Mal, da der Markt abgehalten wird, noch verstärkt. Auf diese Weise werden die Produzenten an jedem Arbeitstag an einem Ort zusammengebracht, der von dem der Spediteure getrennt ist. Sie murren gemeinsam über die Käufer, helfen sich gegenseitig beim Ausladen, tauschen Informationen über die Landwirtschaft aus – aber zur selben Zeit beteiligen sie sich an sozialen Kontakten. Der neue Markt wurde zu einem besonders dynamischen Kommunikationsnetzwerk in einer Region, in der die Produzenten räumlich voneinander entfernt sind, und wo die Sonntagsmesse und der Marktplatz in der Gemeinde ihre wöchentliche soziale Rolle verloren haben. Be-

---

21 Die öffentliche Erdbeerausstellung ist auch eine Sache der Ehre für die Produzenten. Die Qualität der Erdbeeren zu sehen, fördert auch die öffentliche Anerkennung der Produzenten, die die Techniken der Erdbeerproduktion beherrschen. Dieser Prozess unterscheidet sich nicht so sehr von der Darbietung von Yams auf den Trobriand-Inseln, die von Malinowski beschrieben wurde (1922/2001).

ziehungen reichen über den Auktionsmarkt hinaus und wenn die Kinder eines Produzenten heiraten, laden sie oft andere Marktmitglieder zu einem Apéro (Umtrunk) im Auktionshaus ein. Auf diese Weise wird die Unterscheidung offensichtlich zwischen den Produzenten, die Mitglieder des Marktes sind, und jenen, die es nicht sind.

Mit der Konstruktion des Marktes entstanden neue Quellen für Macht und Prestige. Der Markt wird von einem Verwaltungsrat geleitet, der durch die Mitglieder gewählt wird. Die Verwaltung des Marktes baute neue Beziehungen zu den Banken auf und verfügte über die neueste Technologie. Gemäß dem Wirtschaftsberater, der sie bei der Errichtung des Marktes unterstützte, wird diese Veränderung durch ihr geändertes Auftreten innerhalb der regionalen Zweigniederlassung der Bank (die *Crédit Agricole*) symbolisiert. „Kennen Sie die Crédit Agricole? Sie erstreckt sich über einen Büroblock mit fünf Stockwerken. Der Schalter befindet sich im Erdgeschoss. Das Büro des Managers ist im fünften Stock. Bevor der Markt entstand, gingen die Produzenten nur in das Erdgeschoss des Gebäudes. Jetzt fühlen sie sich nicht unwohl dabei, fünf Stockwerke höher zu steigen."

Der neue Markt, der die rechtliche Form einer Dienstleistungsgenossenschaft hat, steigerte sein Ansehen so sehr, dass das jährliche Erdbeermeeting, das von der nationalen Vereinigung der Erdbeerproduzenten organisiert wurde, im Jahre 1982 in Cour-Cheverny in der Region Sologne abgehalten wurde. Gleichzeitig hat die regionale Vereinigung (das *Syndicat des producteurs de fraises du Loir-et-Cher*, das den Markt initiiert hat) seine aktivsten Mitglieder verloren, die jetzt vollkommen mit der Arbeit für den Markt beschäftigt sind. Tatsächlich glauben manche jener Mitglieder, dass es nur noch eine Frage der Zeit ist, bis sich ihre Vereinigung ganz auflöst.

9 Die Evolution des neuen Marktes

Zwischen 1981, als der Markt startete, und 1984 nahmen laut den eigenen Statistiken des Marktes die Zahl der Marktmitglieder um 65 Prozent, das Volumen der verkauften Erdbeeren um 55 Prozent und die Fläche, die mit Erdbeeren bepflanzt wurde, um 66 Prozent zu. Auf den ersten Blick hat es den Anschein, dass die Produzenten auf eine gestiegene Nachfrage reagierten, indem sie zu ihrem Vorteil entweder Marktmitglieder wurden oder (im Falle jener, die bereits Mitglieder waren) indem sie die Erdbeeranbaufläche vergrößerten. Aber es erscheint unwahrscheinlich, dass die Zunahme des erwarteten Einkommens diese Veränderungen vollständig erklärt.[22]

---

22 Pierre Bourdieu (1982) zeigt, dass Einkommen allein wirtschaftliche Orientierungen nicht erklären kann (siehe zur Wirtschaftssoziologie Bourdieus auch Garcia-Parpet

So legt eine detaillierte Untersuchung der Verteilung der Mitgliedschaften die Vermutung nahe, dass andere Faktoren auch einen Teil zu der Entscheidung beitrugen, ob man Mitglied werden wollte.

Zum Beispiel traten Mitglieder von Genossenschaften im Allgemeinen nicht dem neuen Markt bei, selbst dann wenn die Mitgliedschaft für sie höchst profitabel gewesen wäre. Genossenschaften legen ihren Mitgliedern feste Regeln auf. Sie sind am stärksten in Kommunen etabliert, in denen Gemüse und Trauben (die beide hauptsächlich durch Genossenschaften verkauft werden) zu den wichtigsten Erzeugnissen gehören. Jene, die Gemüse und Trauben anbauen, sind abhängig von den Genossenschaften, die für diese Art von Erzeugnissen als mehr oder weniger exklusive Zwischenhändler agieren. Außerdem sind die Genossenschaften rechtlich in der Lage, von ihren Mitgliedern zu verlangen, dass diese alle ihre Erzeugnisse (einschließlich Erdbeeren) durch das Genossenschaftssystem verkaufen. Der Leiter der Genossenschaft von Contres (in der Nähe von Fontaines-en-Sologne) war bis 1981 ebenfalls der Bürgermeister der Kommune. Wenn er sich dazu entschieden hätte, in den neuen Markt einzutreten, dann hätte dies eine viel größere Bedeutung gehabt als nur eine einfache Änderung der ökonomischen Gewohnheiten.

Außerdem schien es so, dass eine gewisse Anzahl von Gemeinderäten und Technikern aus der Landwirtschaftskammer (*Chambre d'agriculture*) den Markt nicht befürworteten. Zweifelsohne lag dies daran, dass sie die Entwicklung der Genossenschaften unterstützt hatten, und sie waren misstrauisch gegenüber einer effizienteren Form einer wirtschaftlichen Organisation, die ihre Unterstützung gegenüber Genossenschaften – und sogar die Genossenschaften selbst – in Frage stellte. In anderen Fällen schien die Entscheidung, dem neuen Markt nicht beizutreten, mit lokalen Kontexten verbunden zu sein, zum Beispiel familiäre oder persönliche Beziehungen, lokaler Wettbewerb und Uneinigkeit.

Wiederum war in einigen Kommunen (Montrieux, Romorantin) die Anzahl der Mitgliedschaften hoch, wohingegen andere (Courmemin, Fresnes) mit beträchtlichem Erdbeeranbau, die näher am Marktplatz lagen, unterrepräsentiert waren. Die mir vorliegenden Daten legen hierfür einige Hypothesen nahe. Es scheint zum Beispiel, dass in Fresnes ein besonders gut etablierter Zwischenhändler war, der verwandtschaftliche Beziehungen mit vielen der Produzenten hatte, und dies veranlasste die Produzenten, die traditionelle Verkaufsform beizubehalten.

In Courmemin trat ein führender Züchter, der Vizebürgermeister und einer der größten Produzenten in ganz Frankreich sowie auch ein bedeutender Erdbeer-

---

2014a). Albert Hirschmann (1970) weist auf die Tatsache hin, dass Firmen nicht notwendigerweise danach streben, Gewinn zu maximieren.

pflanzenzüchter war, nicht in den Markt ein. Warum? Es gibt verschiedene Erklärungen, die mit dem Konkurrenzdenken gegenüber dem Präsidenten der Verwaltung des Auktionsmarktes zu tun haben. Beide waren bedeutende Produzenten von Erdbeerpflanzen. Und beide hofften, Leiter der Vereinigung der Produzenten von Erdbeerpflanzen zu werden. So ist sein Nicht-Beitritt zum Markt vielleicht eine Strategie, den Erfolg des Marktes und das Prestige seines Präsidenten zu begrenzen – und dies umso mehr, da, wenn er beigetreten wäre, seinem Beispiel wahrscheinlich eine große Anzahl von anderen Erdbeerproduzenten gefolgt wäre, und besonders Pflanzenzüchter, die einen Untervertrag mit ihm hatten.

10 Ein maßgeschneiderter Markt für maßgeschneiderte Landwirte

In einer Fallstudie wie dieser, die scheinbar den Wettbewerbsbedingungen entspricht, die von Samuelson und Nordhaus definiert wurden (1973), ist es möglich, solche Bedingungen auf eine Art und Weise zu untersuchen, die sich von derjenigen der Ökonomen unterscheidet und vor allem ist es möglich, die sozialen Bedingungen zu betrachten, die einen solchen Markt überhaupt möglich machen. Wenn wir den Markt auf diese Weise betrachten, dann sind die sozialen Variablen keine Restmenge, die benutzt wird, um zu erklären, warum der Markt nur in unvollkommener Weise den Bedingungen entspricht, die im Modell definiert sind. Stattdessen ermöglichen sie uns, zu erklären, wie der Markt geschaffen wurde und wie er aufrechterhalten wird.

Der Markt in Fontaines-en-Sologne wurde nicht in einem sozialen Vakuum errichtet. Eher wurde er entgegen der bestehenden sozialen Beziehungen geschaffen – ein Netzwerk, in dem einige Personen ihren Platz nicht gefunden hatten. Somit wird die Errichtung des Marktes nur dann vollständig erklärbar, wenn wir sowohl die wichtigen sozialen Beziehungen zwischen Zwischenhändlern, Spediteuren und Landwirten berücksichtigen als auch die Schwierigkeiten, vor die die Genossenschaften in der Region gestellt waren. Die Handelspraktiken, die diesen Markt charakterisieren waren nicht im Voraus gegeben. Sie waren eher das Produkt, das aus der Arbeit, aus der Investition, in doppeltem Wortsinne, hervorging. Zuerst gab es eine finanzielle Investition in einen Standort, ein Gebäude und in das Personal.[23] Eine solche Investition wäre von vollständig isolierten Einzelpersonen (Produzenten oder Spediteure) nicht möglich gewesen. Dann gab es zwei-

---

23 Ich habe keine präzisen Daten über diese finanziellen Kosten. Ein Informant erwähnte Zahlen von ungefähr 200 000 Francs, ohne das Auktionslagerhaus zu berücksichtigen.

tens noch eine weitere Form der psychologischen Investition: die Arbeit, die in die Erschaffung einer Organisation und einer kollektiven Identität für seine Mitglieder investiert wurde. Diese psychologische Investition war genauso wichtig: das Unternehmen erforderte das Erschaffen eines gemeinsamen Glaubens an die Erfolgsmöglichkeit – einen Konsens und gegenseitiges Vertrauen seitens aller Teilnehmer.

Darüber hinaus, wenn (also) der Handel auf Preisvariationen reduziert ist, die ermöglichen, dass die Beziehung zwischen Angebot und Nachfrage reguliert wird, erfolgt dies genau aus dem Grund, weil die gesamte Organisation des Marktes mit diesem Gedanken im Geiste konzipiert wurde. Die räumliche Struktur des Gebäudes, der tägliche Ablauf der Aktivitäten – das gesamte Arrangement wurde entworfen, um sicherzustellen, dass Käufer und Verkäufer die Preise nur so sehen können wie sie auf der computergesteuerten Auktionstafel während der Rückwärtsauktion erscheinen. Der Diskurs und sogar die Begriffe, die von den Teilnehmenden verwendet werden, sind in höchstem Maße kodiert. Alles, was mit der Qualität und der Menge der Erdbeeren zusammenhängt, muss geklärt sein bevor der eigentliche Verkauf beginnt. Während des Verkaufs dient bei jeder Transaktion der Katalog als konkreter Bezugspunkt. Die Architektur des Auktionshauses ahmt die Darstellung der Angebots- und Nachfragekurven nach, die unabhängig voneinander erzeugt werden. Das Gebäude trennt die Käufer von den Verkäufern, die so platziert sind, dass keine direkte Kommunikation – kein Nicken oder Winken, keine Zeichen oder Gesten, die Zustimmung oder Ablehnung anzeigen – während der Auktion zwischen ihnen erfolgen kann. Alles wurde so entworfen, dass „soziale Faktoren" nicht eindringen können, um die freie Abstimmung zwischen Angebot und Nachfrage und ihre gegenseitige Anpassung in Form des Preises zu stören.

Wenn jedoch die täglichen Praktiken des Marktes die strikte Übereinstimmung mit jenen Praktiken sicherstellten, die von der wirtschaftswissenschaftlichen Theorie postuliert wurden, dann deshalb, weil letztere als Bezugsrahmen für den Entwurf jedes Details des Marktes dienten,[24] besonders hinsichtlich der Regeln, die definieren, was zugelassen ist und was nicht.[25] Somit ist der "perfekte" Markt in Fontaines-en-Sologne das Endprodukt eines Prozesses der sozialen und ökonomischen Konstruktion. Und der gesamte Prozess ist vielleicht darin begründet, dass eine gewisse Anzahl von sozialen Akteuren (besonders Produzenten, deren Kinder auf lange Sicht vielleicht davon profitieren konnten) ein besonderes Inte-

---

24 Pierre Bourdieu (1985) nennt den Beitrag von wissenschaftlichen Formulierungen für die Konstruktion der sozialen Welt den „Theorieeffekt".
25 Max Webers (1980) allgemeine Betrachtungen der Rolle von Marktregeln für die Etablierung von Wettbewerb auf dem Markt sind hier besonders relevant.

resse daran hatten, das Kräftegleichgewicht zwischen Zwischenhändlern, Spediteuren und Landwirten umzukehren, und auch darin, dass sie in der Lage waren, dies zu tun, und dabei von einem Wirtschaftsberater mit konvergenten Interessen unterstützt wurden,[26] der es dem Unternehmen ermöglichte, von dessen juristischem und sozialem Kapital zu profitieren.

Es ist wichtig, zu beachten, dass die besondere Form und Struktur dieses Marktes nicht überall für alle Produktionsformen und alle Produkttypen reproduziert werden kann. So sind momentan die Preise für die meisten landwirtschaftlichen Produkte, einschließlich jener für Getreide und Milch, politisch festgelegt. Jene Produkte, deren Preise so etwas wie einem Gesetz von Angebot und Nachfrage folgen, sind ziemlich ungewöhnlich. Wieder ist dieser Markt auf lokaler Ebene nur indirekt mit den Produzenten als Ganzes verbunden und jene Landwirte, die dem Markt angehören, unterscheiden sich in sozialer und ökonomischer Hinsicht doch von der Mehrheit jener, die Erdbeeren anbauen.

Durch eine räumliche Trennung, die der neue Auktionsmarkt zwischen den Tauschparteien schuf, tendierte er dazu, die soziale Identität von Käufern und Verkäufern zu verstärken. Obwohl die Produzenten untereinander im Wettbewerb stehen, so teilen sie trotzdem ein gewisses Maß an gemeinsamen Erfahrungen (das gespannte Warten auf die tägliche Öffnung des Marktes, die Feststellung der Tagespreise, der gemeinsame Aufbruch am Ende des Verkaufsprozesses, kollektive Beschwerden über die Höhe der Preise). Und mit den Spediteuren verhält es sich ebenso. So kann man sich leicht vorstellen, dass der Auktionsmarkt die Wettbewerbsintensität zwischen den Spediteuren erhöhte (denn bevor dies begann, hatte jeder Spediteur mehr oder weniger ein Monopol in einer bestimmten geographischen Region). Andererseits verhalf die Art, wie sie sich trafen und der gemeinsame Charakter ihrer täglichen Runde auf dem Markt, ihnen dazu, Beziehungen zu knüpfen, die wirkungsvoller waren als jene, die sie davor durch ihre Gewerkschaft hatten. Entsprechend formalisierte der Markt Gruppen, die gleichzeitig entgegengesetzte sowie sich ergänzende Interessen vertraten (und noch vertreten), und die Erschaffung des Marktes neben den Zwischenhändlern und den Genossenschaften definierte den Charakter von möglichen Allianzen und Konflikten neu. Aber es sind nicht nur objektive soziale Positionen, die sich auf diese Weise veränderten; die damit zusammenhängenden Repräsentationen veränderten sich ebenfalls. Mit der Entstehung des Marktes erhielt der Erdbeerproduzent somit eine legitime Identität, eine Identität, die das Symbol für die Landwirtschaft der Zukunft in einer Region ist, die früher als rückständig galt und nur zum Jagen geeignet schien.

---

26 Die berufliche Karriere (und letztendlich auch die politische Laufbahn) des Wirtschaftsberaters hing vom Erfolg des Projekts in Fontaines-en-Sologne ab.

Das „perfekte" Funktionieren des Marktes ist nicht auf Marktmechanismen oder auf eine „unsichtbare" Hand zurückzuführen, die durch die Anwendung von nicht-interventionistischen Prinzipien des Laissez-faire wiederhergestellt wurden. Stattdessen ist es das Ergebnis der Arbeit einer Reihe von Einzelpersonen, die ein Interesse am Markt haben, und der Akzeptanz durch andere, die auch für sich einen Vorteil darin sahen, sich an die Spielregeln zu halten. Somit könnte der Markt eher als ein Feld des Kampfes bezeichnet werden und nicht als das Produkt von mechanischen und notwendigen Gesetzen, die der Natur der sozialen Realität auferlegt wurden – Gesetzen, die gelegentlich durch „soziale Faktoren" verzerrt werden. Die Erschaffung des Auktionsmarktes erschütterte die verschiedenen Verkaufsnetzwerke und formte die Muster der sozialen Distinktion neu. Zum Teil wurde er von einer begrenzten Gruppe von Akteuren mit bestimmten Charakteristika und Interessen geschaffen (und diente auch deren Interessen). Aber er ist auch in dem weiteren Umfeld von Handelsnetzwerken als Ganzes angesiedelt. Tatsächlich steht er hierzu in einem Abhängigkeitsverhältnis. Das Gleichgewicht dieses Feldes könnte jederzeit unterminiert werden, da sich die Machtbeziehungen zwischen den Produzenten, den Spediteuren, den Genossenschaften und der Regierung entwickeln und verändern.

11 Die Qualität im Herzen des wirtschaftlichen Wettbewerbs: der Wein, ein exemplarischer Fall (2017)[27]

Die Studie über die Rückwärtsauktion (*marché au cadran*) gab die Gelegenheit, einen Fall zu untersuchen, wo der Warenaustausch gemäß des Konzepts eines Marktes mit reinem und perfektem Wettbewerb organisiert worden war; ein Markt, der von den neoklassischen Ökonomen hervorgehoben wurde. Durch die Ethnografie der Funktionsmodi dieses Marktes, die Untersuchung der Dispositive bei der Arbeit, aber auch der sozialen Konfigurationen der Akteure, die auf die Vorteile der Errichtung des Marktes setzten, konnte aufgezeigt werden, dass neue Kommerzialisierungsnetzwerke institutionalisiert werden konnten durch eine Konvergenz von Handelnden, die über verschiedene wirtschaftliche und soziale Ressourcen verfügten und die daran interessiert waren, das Kräfteverhältnis umzustürzen, das im vorherigen Kommerzialisierungsnetzwerk bestanden hatte. Der Auktionsmarkt konnte nur in Form einer sozialen Konstruktion in Erscheinung treten.

---

27 Dieser letzte Teil des Aufsatzes ist für die deutsche Übersetzung neu geschrieben worden.

Im Anschluss an die Analyse des Auktionsmarktes führte mich mein Interesse an der Frage der sozialen Konstruktion der Märkte dazu, andere Fälle zu analysieren. Im Fall des Marktes in Fontaines-en-Sologne sowie auch im Laufe von Recherchen, die ich vorher im Nordosten von Brasilien durchgeführt hatte, hatte ich mein Hauptaugenmerk auf spezifische Handelsplätze gelegt und hatte folglich sehr lokale Situationen analysiert, obwohl eine der wiederkehrenden Fragen in meinen Augen in der Tatsache begründet lag, dass diese in Verbindung mit einem besonderen sozialen, wirtschaftlichen und politischen Kontext standen, und dass dieser nicht neutral war in dem Sinne wie es notwendig gewesen wäre, um zur besonderen Institutionalisierung dieser Handelsbeziehungen beizutragen und auch zu deren sozialen Effekten. Ausgehend von einer im Nordosten von Brasilien geführten Recherche, hatte ich die Gelegenheit, aufzuzeigen, dass die Errichtung von Handelsbeziehungen im Kontext von personalisierten Dominanzbeziehungen nicht immer einen Gewinn an Freiheit darstellt. Ganz im Gegenteil konnte diese Errichtung von Handelsbeziehungen ein Mittel darstellen, um die Dominanz gegenüber den Bauern zu verstärken, die auf den Zuckerplantagen wohnten, welche auf der Basis von Sklaverei geschaffen worden waren. Ebenso konnte durch die Analyse der Institutionalisierung von Handelskreisläufen in der gleichen Region der Einfluss aufgezeigt werden, den jene auf die wirtschaftliche und soziale Reproduktion von Bauern haben konnten, die durch die Erweiterung der großen Besitztümer bedroht waren. Diese konnten gleichzeitig die Landwirtschaft ausüben und als reisende Händler arbeiten. In anderen Artikeln hatte ich Gelegenheit, die Wirkungen von wissenschaftlichen Darstellungen auf die Handelsbeziehungen in Frankreich und in Brasilien zu vergleichen, ihre Rückwirkungen auf die angewandten Formen der Institutionalisierung und ihre Auswirkungen auf die betreffenden sozialen Gruppen (Garcia-Parpet 1991, 1994, 1996). Ich wollte künftig die Funktionsweise der deterritorialisierten Märkte analysieren, in dem Sinne, den ihnen die Ökonomen seit Ende des 18. Jahrhunderts geben und die Frage der Qualität und der Valorisierung der Produkte vertiefen. Den Weinmarkt zu analysieren, ein Markt für ein Produkt das sehr unterschiedliche Wertigkeiten [valeurs] annehmen konnte (ein Massenkonsumgut, ein Luxusgut oder ein Objekt eines Terminmarktes), erschien mir sehr relevant. Die Frage des Wertes [valeur], die traditionellerweise von den neoklassischen und marxistischen Ökonomen behandelt wurde und die abhängig war von den Produktionskosten – besonders im Zusammenhang mit den Arbeitskosten – erschien mir hier nach anderen Prinzipien abzulaufen und dies war somit eine Gelegenheit, diese Theorien unter Beweis zu stellen.

Der Weinmarkt legt tatsächlich nahe, Formen der wirtschaftlichen Koordination zu betrachten sowie Formen der wettbewerbsbezogenen Fragestellungen, die nicht auf Konkurrenzformen reduzierbar sind, die durch Preisvariationen geregelt werden. Wenn diese letztgenannten und die Kostendeckung für die Produktion und die damit zusammenhängenden Transaktionskosten sicherlich eine fundamentale Rolle im ökonomischen Handel spielen, so bringen diese Transaktionen ebenfalls Evaluationsmodalitäten mit sich in Bezug auf die gehandelten Objekte oder auch Debatten über die Valorisierungsmodi der Güter, ohne die diese Märkte nicht bestehen könnten. Die Felduntersuchung beschäftigte sich mit der Valorisierung von zwei Regionen, die beide keine dominanten Positionen in der Weinhierarchie einnehmen (wie jene von Bordeaux und des Burgunds). Die eine war die Herkunftsbezeichnung [appellation] *Chinon* als Idealtypus der Art der Weinbewertung, die in Frankreich im Jahre 1935 eingeführt wurde, die andere war eine Region, die durch die Institutionalisierung der Herkunftsbezeichnungen benachteiligt wurde und oft als „Neu-Kalifornien" bezeichnet wurde, und die einen großen Aufschwung im Anschluss an die Transformation der Bewertungsarten für Weine entsprechend der Globalisierung der Märkte erlebte. Die Kämpfe bei der Klassifizierung bewiesen, dass sich die Weinhierarchie mit einer relativen Unabhängigkeit gegenüber den Produktionskosten etablierte und dass die Begehrtheit und Rarität von Weinen eng mit der symbolischen Valorisierungsarbeit zusammenhing.[28]

11.1 Eine sozial konstruierte Knappheit

Mit Wein verbindet man das Teilen und die Geselligkeit. Welcher Wein gewählt wird, ist abhängig von der Identität der Personen, die empfangen werden und von der Ehrerbietung, die man ihnen gegenüber zeigt, von der Absicht, besondere Ereignisse oder Momente hervorzuheben. Die Person, die einlädt, wird durch ihre Klassifizierung selbst klassifiziert, ebenso wie derjenige, der eingeladen ist, durch seine Weise des Trinkens und durch seine Bemerkungen klassifiziert wird. Wenn aber der Wein einen sozialen Marker par excellence darstellt, so kommt das nicht nur durch die Komplexität der Anbaugebiete und der Traubenmischung [assemblage], sondern vor allem durch die Tatsache, dass die Zeit ein wesentliches Element für seinen unverwechselbaren Wert ist. Und wie bei jedem anderen Produkt definieren sich seine Eigenschaften insgesamt nur in der Verbindung zwischen seinen objektiven, natürlichen sowie technischen Eigenschaften und dem jeweiligen Habitus, der die Wahrnehmung und die Beurteilung diesbezüglich strukturiert und somit die reale Nachfrage definiert, mit der die Produzenten rechnen müssen. Die Valorisierung der Eigenschaft des Weins, Zeit zu überdauern, im Gegensatz zu den

---

28 Die Resultate dieser Arbeiten wurden in Garcia-Parpet (2009) veröffentlicht. Siehe für eine deutschsprachige Kurzdarstellung Diaz-Bone (2017).

Nahrungsmittelprodukten, die für ihre Frische geschätzt werden, ist das Ergebnis von besonderen historischen Umständen. Im 17. und 18. Jahrhundert fand die Weinproduktion in der Region um Bordeaux, die von einem Amtsadel ausging und der sowohl über technische als auch über finanzielle Mittel verfügte, im englischen Adel eine Kundschaft. Für diesen wurde der Jahrgangswein zu einem Element der sozialen Distinktion, eine Lebensart und eine Art, das Leben zu genießen, die die Aristokratie dazu bringt, damit zu prahlen, um sich von der Bourgeoisie abzuheben. Die Valorisierung eines technischen Charakteristikums des Produkts erbrachte somit einen distinktiven Sinn durch den Einsatz dieser spezifischen sozialen Gebrauchsweisen.

Eine völlig andere Vision des Produkts setzte sich im 19. Jahrhundert im Südosten Frankreichs durch, wo die Standardisierung als eine notwendige Bedingung für die Eroberungen der Märkte betrachtet wurde. Aber diese Konzeption des Weins wurde durch die III. Republik als widerlegt angesehen, die als Antwort auf die Bestrebungen der Gewerkschaften der Winzer zu Beginn des 20. Jahrhunderts eine Qualitätskonzeption privilegierte, die eine handwerkliche Produktionsweise bevorzugte, eine natürliche Konzeption des Weins, die sich dem Kapitalismus und den industriellen Standards entgegenstellte (und somit die Konzeption wieder bekräftigte, die vor allem im Raum um Bordeaux entstanden war und die die Unterschiede zwischen den jeweiligen Ernten hervorhob). Um den starken Unsicherheiten auf dem Weinmarkt zu begegnen, beschloss das Parlament im Jahre 1935 die Einführung von geschützten Herkunftsbezeichnungen, den AOCs (AOC steht für *appellation d'origine contrôlée*), eine historische Konstruktion eines Modus der Legitimierung durch den Staat, der als eine Körperschaft funktionierte, indem er in einem Gebiet einen *Numerus Clausus* von Bezeichnungen und Flächen verankerte, der auf dem bestehenden Ruf aufbaute: ein Wirtschaftsmodell, das zeigt, dass der Staat weit über seine Funktion der Schiedsgerichtsbarkeit hinausgehend, mit der er für die Aufrechterhaltung der Ordnung und die Vertrauensgarantie zuständig war, auch noch eine Rolle in der Konstruktion von Angebot und Nachfrage spielte. Er bevorzugte die Produzenten zum Schaden der Händler und regte einen distinktiven Konsum an. Über eine juristische Definition hinausgehend sieht man hier die Herstellung einer Weltkonzeption, wobei die Politiken einen Regulationsstil definieren, der sich auf diffuse Konzeptionen innerhalb der Gesellschaft stützt, die wiederum aus einer bestimmten Geschichte hervorgegangen sind.

Diese geschichtliche Konstruktion führte zu einem System der Wirtschaftsorganisation, das zwei spezifischen Logiksystemen unterworfen ist. Einerseits eine Organisation durch den Staat in Bezug auf den Markt des Massenweins. Andererseits die Erschaffung der AOCs, die in den berühmten Weinbaugebieten eine Form des Korporatismus induzierte, in dem es die Fachleute schaffen, die

Zugangsbedingungen zu einem Label zu beherrschen. Daraus resultiert eine reine Opposition zwischen einem Bereich, der dazu geeignet ist, Exzellenzweine zu produzieren und einem Bereich, der als geeignet für die Massenproduktion betrachtet wird. Unabhängig von der tatsächlichen Qualität des Weins, neigen die Weinfachleute und die Konsumenten dazu, den AOCs eine viel größere Bedeutung zuzumessen.

11.2 Akteure mit Einschränkungen

Der Weinmarkt, der entsprechend dieses Ansatzes untersucht wurde, ist weit davon entfernt, das atomistische Modell der Neoklassiker darzustellen, wo die Akteure untereinander austauschbar sind und auch weit davon entfernt, den interaktionistischen Visionen zu entsprechen, die vorgeben, dass sie sich über die Aktion der Akteure im Klaren sind, die wiederum keiner sozialen Begrenzung ausgesetzt wären. Die Dispositionen der Produzenten sind nicht durch die einzelnen unmittelbaren Notwendigkeiten definiert, sondern sind historisch geprägt durch die Position im winzerischen Feld sowie durch die Familien, aus denen sie stammen. Somit kommt als Gegensatz zwischen einfachen Weinen und Weinen mit Herkunftsbezeichnung noch die Tatsache hinzu, dass die Geschichte Weinbauregionen in der Weise geradezu geheiligt hat, so dass wirtschaftliche und symbolische Gewinne von einer zur anderen Region variieren, obwohl es keine Klassifizierung gibt, die diese Hierarchie offiziell bestätigt. Die Weine aus Bordeaux, aus dem Burgund, aus der Champagne werden zum Beispiel höher bewertet als jene aus dem Rhonetal oder aus dem Loiretal, besonders hinsichtlich ihrer Fähigkeit zu altern. Die Produzenten sind infolgedessen abhängig vom symbolischen Kapital ihres Stammbaums (die Anzahl der Generationen von Produzenten wird als Garantie für die Qualität der Produktion zelebriert) und von der Herkunftsbezeichnung, die selbst wiederum abhängig ist von derjenigen der Region, in der sie ansässig ist. Je nach ihrer Position im winzerischen Feld, das heißt der Trümpfe, über die sie verfügen, müssen die Produzenten eine Arbeit der Erhaltung betreiben oder eine Arbeit der Transformation der sozialen Hierarchie, die entsprechend der Positionen in diesem Feld etabliert ist. Diese Arbeit kann an zwei Maßstäben gemessen werden. Sie erfordert zunächst ein individuelles Management der Bewirtschaftung (gemäß Produktionsregeln, die ihrer Qualitätsstufe entsprechen, hinsichtlich Anbaupraktiken und Praktiken der Weinherstellung, stehen die Produzenten mit ihrem Weingut im Wettbewerb). Aber sie erfordert auch ein kollektives Management: die Produzenten müssen sich auch zusammen mit den anderen Produzenten mit dem Bekanntheitsgrad ihrer Herkunftsbezeichnung beschäftigen. Sie existieren genauso innerhalb der Gruppe, die durch die Herkunftsbezeichnung entstanden ist als auch durch die Gruppe, die versucht, Prinzipien seiner Identität durchzusetzen.

11.2 Klassifizierungskämpfe

Die zahlreichen Arbeiten, die den Reflektionen über die Qualität Nahrung gaben, und die vor allem auf die paradoxen Auswirkungen ausgerichtet waren (die durch opportunistische Akteure verursacht werden) und auf die Asymmetrie der Information, oder die Frage der Normen und die Forminvestition (Eymard-Duvernay/Thévenot 1983; Thévenot 1984), die für das gute Funktionieren des Marktes notwendig ist, setzten zu oft einen Konsens über den Sinn voraus, der der Qualität beigemessen wird. Diese Art der Annäherung hat die Analyse in Hinsicht auf das kognitive Defizit der Einzelnen begünstigt hinsichtlich der Güter, die der Opazität unterworfen sind, wobei hier die Frage der Klassifizierungskämpfe meistens im Dunklen bleibt. Wenn aber nun die Unsicherheit in Bezug auf den Wert der Weine (und im Zusammenhang mit einer Marktexpansion – wie wir später sehen werden) die Begründung war für einen spezifischen Markt der Regulation, so ermöglichte die Analyse des sehr besonderen Moments der Globalisierung des Weinmarkts, mit der entsprechenden Auswirkung der relativen Erosion der AOCs als Exzellenzlabel für die Weinqualität, den Wettbewerb im Hinblick auf die Klassifizierungen ans Licht zu bringen, die auf verschiedenen Prinzipien der Exzellenzevaluation des Produkts gegründet sind.

Die Transformationen der Weinmärkte zwangen uns, über die Natur des internationalen Marktes und die Transitivität der Präferenzen der Konsumenten nachzudenken und uns hier nochmals von den Analysen der neoklassischen Ökonomen zu entfernen, für die der Markt sowie die Akteure weder historisch noch kulturell eingebettet sind, und die komplexen Zusammenhänge zwischen den Präferenzen der Einzelnen in nationaler und internationaler Ebene zu analysieren. Die legitimen Wahrnehmungskategorien in einem Universum verlieren tatsächlich in einem anderen sozialen Kontext komplett ihren Sinn und es stehen sich konkurrierende Hierarchien gegenüber, die ihre Autorität nicht aus den gleichen Quellen beziehen und ihren Einfluss nicht in den gleichen Öffentlichkeiten ausüben. Die Sozialisierungsmodi der Konsumenten, die auf nationaler Ebene zustande kommen, haben eine primäre Auswirkung auf das, was die Ökonomen als „effektive Nachfrage" bezeichnen. Die Transformation der sozialen Zusammensetzung der Nachfrage auf globaler Ebene, mit dem Rückgang des französischen Verbrauchs und der Steigerung der Anzahl der Weinliebhaber im Ausland ist ein wichtiger Faktor für die Veränderungen bei den historischen Weinklassifizierungen, besonders der Grands Crus-Weine.

11.3 Dispositive des Marktes und die Soziologie der Akteure

Der Machtzuwachs der Produktion in den Ländern der „neuen Welt" – insbesondere Regionen in den Vereinigten Staaten (von denen die Länder der südlichen Hemisphäre inspiriert wurden) – und die Transformationen der gesellschaftlich bedingten Struktur der Nachfrage hatten eine Auswirkung auf die Bewertungsmodi für die Exzellenz von Weinen und auf die Art, wie die Konsumenten ihre Auswahl treffen. Der Konsum von „Neuankömmlingen",[29] die in der französischen Gastronomie und Kultur wenig bekannt sind, und die einer Produktionskultur entsprechen, die animiert ist von der Sorge, die Natur zu beherrschen und homogene Weine herzustellen, war der Ausgangspunkt zur Errichtung eines Marktes mit önologisch geprägter Regulierung, die bei der Verringerung der Intransparenz des Marktes auch die Errichtung eines anderen Blickwinkels ermögliche. Der Qualität, die durch das geographische Anbaugebiet, das „terroir" definiert wird[30] und welche von Sachverständigen evaluiert wird, die die AOC als Bezug haben, stellte sich eine Definition der Qualität entgegen, die durch die verwendeten Traubensorten bestimmt ist und die von Sachverständigen aus verschiedenen Ländern der ganzen Welt evaluiert werden.

Das Feld der Weinkritik, das mit einer eigenen Logik ausgestattet ist und sich gleichermaßen von den Sichtweisen der Produzenten als auch von jenen der Konsumenten unterscheidet, war der Ursprung einer anderen symbolischen Konstruktion. Im Gegensatz zur zeitgenössischen Kunst und zur Literatur, für die die Globalisierung kaum an der Hegemonie der dominanten Länder zu rütteln scheint, hatte in Bezug auf die Weine die Machtzunahme der Weinbeurteilungen, die vom Ausland (von Weinoutsidern) kamen, eine performative Wirkung auf die Darstellungen der Bedeutungen der Weine, indem Vergleiche durchgesetzt wurden, die bis zu diesem Zeitpunkt undenkbar gewesen wären, da sie die dominierenden Darstellungen in Frage stellten.[31] Es ging dabei um das Hervorheben von verschiedenen Sinnwelten, die die dominierenden Strömungen beschrieben, den Outsidern wurden hierbei skandalöse Praktiken vorgeworfen, und es ging auch darum, he-

---

29 Gemeint sind Weine aus der „neuen Welt" – insbesondere kalifornische oder neuseeländische, später auch südafrikanische Weine, die seit den 1970er Jahren in der gehobenen französischen Gastronomie eingeführt wurden [Anm. d. Hrsg.].

30 Der französische Begriff „terroir" bezeichnet die spezifische Konstellation aus Bodenbeschaffenheit, Mikroklima und Lage eines winzerischen Anbaugebietes [Anm. d. Hrsg.].

31 Gemeint ist die Einführung von Punktesystemen (insbesondere durch den amerikanischen Weinkritiker Robert Parker), um auch hochklassifizierte französische Weine nun für einen internationalen Markt vergleichend beurteilbar zu machen [Anm. d. Hrsg.].

rauszufinden, wer die sozialen Akteure waren, die in der Lage und dazu bereit waren, das, was zu den verschiedenen Welten gehörte, in Äquivalenz (Thévenot 1984) zu setzen. Dieser einzigartige Moment der Neudefinition der Art der Weinvalorisierung ermöglichte es uns somit, alles aufzuzeigen, was notwendig ist für das Funktionieren des Marktes für ein Produkt mit einer starken symbolischen Komponente und folglich alle jene Herausforderungen zu identifizieren, denen man trotzen muss, damit sich der Wettbewerb ausschließlich auf der Preisebene abspielen kann. Im untersuchten Fall hat eines der wichtigen Marktanpassungselemente seinen Ursprung in der Homologie der Position im sozialen Raum zwischen Produzenten und Kunden, was dafür sorgt, dass diese sich über die Arten und die Qualität der Produkte einigen. Die Fragen, die die Konkurrenten bewegen, beschränken sich nicht auf die Produktionskosten, auf die Variationen der verwendeten Weintechniken, auf die rechtliche Organisation der Unternehmen oder aber auf die Investitionsmodalitäten. Jene zeigen nur ihre vollständige Bedeutung, wenn man gleichzeitig die Klassifizierungskämpfe der Weine untersucht, und den kulturellen Kampf um die Kriterien der Exzellenzbewertungen und um die Zusammensetzung von Expertenjuries. Die Hinterfragung der dominanten Normen durch die Herausforderer kann nicht ihrer alleinigen distinktiven Eigenschaften zugerechnet werden, und um sich der Erosion der Legitimität der Qualitätslabels (wie den AOCs) bewusst zu werden, muss man auch andere Transformationen berücksichtigen, die vor einem viel breiteren sozialen Hintergrund relevant sind.

11.4 Die Geschichtlichkeit der Produktökonomie

Wir hatten Gelegenheit, auch zu zeigen, wie Transformationen auf internationaler Ebene der Ursprung sind für eine Neuorganisation auf nationaler Ebene. Produzenten aus einer Region, die durch eine Geschichte des Weinbaus benachteiligt war und die die Produzenten in eine Situation starker Deklassierung brachte, ergriffen diese Transformationen auf internationaler Ebene und verwandelten diese deklassierte Region in eine Pionierregion. Dabei trugen sie entschieden dazu bei, die Exzellenzkriterien im nationalen Rahmen wieder in Frage zu stellen (Garcia-Parpet 2009).

Die Analyse des Weinmarkts ist auch ein Beispiel, um die Entwicklung aufzuzeigen, um nicht zu sagen den Umschwung in Bezug auf die Produktkonzeption. Während zahlreiche Autoren die Aufmerksamkeit auf die Tatsache lenken, dass die logischen Eigenheiten der symbolischen Güter die Tendenz hätten, zugunsten von ökonomischen Logiken zu verblassen, die mit dem Aufkommen des Neoliberalismus von unabhängigen Finanzbeziehungen dominiert wurden, die unabhängig von allen sozialen, moralischen oder ästhetischen Werten sind,[32] hatten wir Gelegenheit zu sehen, wie zu Beginn des 21. Jahrhunderts die Sorge um die dauerhafte Entwicklung einen Teil der Weinproduzenten und Weinkonsumenten mobilisiert. Die Ethik kommt zur Ästhetik noch hinzu, indem sie die Qualitätskriterien neu konfiguriert (Garcia-Parpet 2014b). Wir sahen in der Tat, wie die spezifische Besonderheit der Marktfunktion in Bezug auf die Standardgüter mehrmals bedroht war (im 19. Jahrhundert in Frankreich, im 20. Jahrhundert in den Ländern der Neuen Welt mit dem Machtzuwachs eines Qualitätskonzepts, das die homogene Qualität aufwertete) und wie sie fortbestand, auch wenn sich die Valorisierungsarten änderten: das „terroir" ist nicht mehr eine französische Spezifität, bei der die Art der Bewertung nur vom Staat legitimiert wird. Sie entsteht innerhalb von jedem Unternehmen selbst, das auf allen Kontinenten angesiedelt sein kann, mit Hilfe von Experten, den Önologen.

Die Frage der Bewertungen und der Kategorisierungen, die vor allem die Aufmerksamkeit von Soziologen auf sich zog, mehr als die der Ökonomen, besonders im Hinblick auf die symbolischen Güter, erscheint zentral zu sein, um das Funktionieren der Märkte zu verstehen. Allerdings muss man über die Frage der Spezifität der Dispositive hinausgehen und eine scharfsinnige Soziologie in Bezug auf die verschiedenen Verbrauchergruppen und die Sachverständigen ins Werk setzen, die die Produkte evaluieren. Das Verstehen der Dynamik der Märkte setzt eine historische Soziologie der sozialen, professionellen und territorialen Identität der Akteure voraus, die Ansichten äußern, die Dispositive für eine Qualitätsevaluation erstellen sowie auch eine historische Soziologie der Umstände, in denen sie dazu gebracht werden, dies zu tun.

Wenn mir im Falle des Auktionsmarktes für Erdbeeren die Recherche erlaubte, die gesamte soziale Arbeit zu objektivieren, die notwendig ist, damit der reine und perfekte Markt der Konkurrenz, so bedeutsam für die neoklassischen Ökonomen, im Prinzip ein marktförmiger Tausch sein kann, so musste ich mich im Falle des Weines mit der Herausforderung konfrontieren, die Faktoren zu objektivieren, die bei der Neustrukturierung von Angebot und Nachfrage und in der Erstellung von neuen Dispositiven der Weinbeschreibung eine Rolle spielen. Die Internationalisierung ist weit mehr als eine Intensivierung des marktförmigen Tausches, weil sie ein Neuordnung der betroffenen Netzwerke und der errichteten Dispositive impliziert, um den Tausch möglich zu machen, wie dies zum Beispiel der Fall ist mit den Modalitäten der Weinbeschreibung und dem Ranking, das Exzellenz attestiert.

---

32 Eine Tendenz, die relativiert werden muss, denn, wenn gewisse Produkte dazu tendieren, sich zu standardisieren, geraten andere im Gegenzug in eine Spur der Vereinzelung wie die biologischen Produkte. Siehe Duval und Garcia-Parpet (2012).

Literatur

Bourdieu, Pierre (1982): Die feinen Unterschiede. Kritik der gesellschaftlichen Urteilskraft. Frankfurt: Suhrkamp.

Bourdieu, Pierre (1985): Sozialer Raum und „Klassen". In: Bourdieu, Pierre: Sozialer Raum und „Klassen". Leçon sur la leçon. Zwei Vorlesungen. Frankfurt: Suhrkamp, S. 7-46.

Diaz-Bone, Rainer (2017): Marie-France Garcia-Parpet: La construction sociale d'un marché parfait & Le marché de l'excellence. In: Kraemer, Klaus/Brugger, Florian (Hrsg.), Schlüsselwerke der Wirtschaftssoziologie. Wiesbaden: Springer VS, S. 265-269.

Duval, Julien/Garcia-Parpet, Marie-France (2012): Les enjeux symboliques des échanges économiques. In: Revue française de socio-économie 10, S. 13-28.

Elegoët, Fanch (1984): Les révoltes paysannes en Bretagne. Saint-Pol-de-Leon: Editions du Leon.

Eymard-Duvernay, François/Thévenot, Laurent (1983): Les investissements de forme. Leur usage pour la main d'œuvre. Paris: INSEE.

Ferguson, Charles E/Gould, John P. (1975): Micro economic theory. Homewood: Richard D. Irwin.

Garcia-Parpet, Marie-France (1991): Espace public et participation féminine: paysannes et commerce dans le Nord-Est du Brésil. In: Information sur les sciences sociales 30, S. 523-554.

Garcia-Parpet, Marie-France (1994): Espace de marché et mode de domination. In: Etudes Rurales 131-132, S. 57-72.

Garcia-Parpet, Marie-France (1996): Représentations savantes et pratiques marchandes". In: *Genèses* 25, S. 50-71.

Garcia-Parpet, Marie-France (2009): Le marché de l'excellence. Les grands crus à l'épreuve de la mondialisation, Paris, Seuil.

Garcia-Parpet, Marie-France (2014a): Marché, rationalité et faits sociaux totaux: Pierre Bourdieu et l'économie. In: Revue française de socio-économie 13(1), S. 107-127.

Garcia-Parpet, Marie-France (2014b): French biodynamic viticulture: Militancy or market niche? In: Counihan, Carole/Siniscalchi, Valeria (Hrsg.), Food activism: Agency, democracy, and economy. London: Bloomsbury, S. 97-112.

Hicks, John R. (1946): Value and capital. An inquiry into some fundamental principles of economic theory. Oxford: Clarendon.

Hicks, John R. (1954): Valor y capital. Investigacion sobre algunos principios fundamentales de teoria economica. Mexico City: Fondo de Cultura Economica.

Hirschman, Albert O. (1970): Exit, voice, and loyalty. Responses to decline in firms, organizations, and States. Cambridge: Harvard University Press.

Malinowski, Bronislaw (2001): Argonauten des westlichen Pazifik. Ein Bericht über Unternehmungen und Abenteuer der Eingeborenen in den Inselwelten von Melanesisch-Neuguinea. Magdeburg: Klotz.

Maresca, Sylvain (1983): Les dirigeants paysans. Paris: Editions de Minuit.

Perroux, Lucien (1967): La culture du fraisier en Loir-et-Cher. Blois: Chambre d'Agriculture de Loir-et-Cher.

Poitou, Christian (1985): Paysans de Sologne dans la France ancienne: La vie des campagnes solognotes. Le Coteau: Horvath.

Polanyi, Karl (1957): The economy as instituted process. In: Polanyi, Karl/Arensberg, Conrad/Pearson, Harry (Hrsg.), Trade and market in the early empires. Economies in history and theory. Glencoe: Free Press, S. 243-270.

Samuelson, Paul. A./Nordhaus, William D. (1973): Economics. New York: McGrawHill.

Smith, Adam (1999): Der Wohlstand der Nationen. Eine Untersuchung seiner Natur und seiner Ursachen. München: dtv.

Thévenot, Laurent (1984): Rules and implements: Investment in forms. In: Social Science Information 23(1), S. 1-45.

Vaudois, Jean (1980): Les développements des marches au cadran clans la région du Nord. In: Etudes rurales 78-79-80, S. 113-134.

Weber, Max (1980): Wirtschaft und Gesellschaft. Grundriß der verstehenden Soziologie. 5. rev. Aufl. Tübingen: J.C.B. Mohr.

Dispositive der Ökonomie

Konventionentheoretische Perspektiven
auf Institutionen und Instrumentierungen
der ökonomischen Koordination

Rainer Diaz-Bone

1 Einleitung

Die französische „Economie des conventions" (Englisch: economics of convention, kurz EC) – auch Konventionentheorie genannt – hat sich seit den 1980er Jahren im Raum Paris formiert und sich in den letzten zehn Jahren international etabliert.[1] Die EC ist ein transdisziplinärer institutionentheoretischer Ansatz, der mit dem Konzept der „Konvention" Koordinations- und Bewertungslogiken bezeichnet, die die Koordination, Interpretation und (E)Valuation im Rahmen ökonomischer Situationen der Produktion, Distribution und Rezeption strukturieren. Die EC vermittelt insgesamt in spezifischer Weise die beiden sozialwissenschaftlichen Megaparadigmen Strukturalismus und Pragmatismus in neuer Weise miteinander. Dabei versammelt sie wirtschaftswissenschaftliche, historische, soziologische, rechtswissenschaftliche und statistische Theorieströmungen in der Analyse nicht nur der ökonomischen In-

---

1 Die wichtigen Monografien liegen mittlerweile in deutscher oder englischer Übersetzung vor. Das sind Storper und Salais (1997) sowie Boltanski und Thévenot (2007). Danach sind als Monografie wichtig Boltanski und Chiapello (2003) sowie Orléan (2014). Die EC ist aber wesentlich durch Herausgeberschaften repräsentiert und rezipiert worden. Als Gründungsdokumente gelten der Sammelband von Salais und Thévenot (Hrsg.) (1986) sowie das special issue „Economie des conventions" der Zeitschrift Revue économique 40(2) aus dem Jahr 1989. Einflussreich sind dann die Sammelbände von Batifoulier (Hrsg.) (2001), von Eymard-Duvernay (2006a, 2006b, 2012) sowie von Favereau und Lazega (Hrsg.) (2002). Siehe neuerdings das „Dictionnaire des conventions" von Batifoulier et al. (Hrsg.) (2016).

stitutionen, sondern insbesondere auch in der Einbeziehung der immateriellen und materiellen Dispositive, die als Instrumentierung für die ökonomische Koordination fungieren wie Objekte, Intermediäre oder kognitive Formen. Die EC wendet sich sowohl gegen die soziologische Großtheorie Pierre Bourdieus als auch gegen den wirtschaftswissenschaftlichen Mainstream der Neoklassik. Es ist aber insbesondere die Version des wirtschaftswissenschaftlichen Neoinstitutionalismus, die als Transaktionskostenökonomie bezeichnet wird, gegen deren Evidenzen sich viele der Argumentationen der EC richten. Die EC kritisiert deren Konzepte von Rationalität, Produkteigenschaften und insbesondere von Markt und Unternehmen (sowie von Organisation). Die EC war von Beginn an Bestandteil der heterodoxen Wirtschaftswissenschaften in Frankreich (siehe die Beiträge in Eymard-Duvernay Hrsg. 2006a, 2006b sowie in Batifoulier et al. Hrsg. 2016), sie stellt mittlerweile einen der wichtigsten Bestandteile der neuen französischen Wirtschaftssoziologie dar (Diaz-Bone 2015a) und sie wird auch als Teil der transdisziplinären Soziökonomik aufgefasst (Hedtke Hrsg. 2015). Die EC ist kein eng definiertes Paradigma und erst recht keine „Schule", vielmehr kann man sie als eine Wissenschaftsbewegung charakterisieren, die mittlerweile die dritte Generation hervorbringt und im Raum Paris an verschiedenen Wissenschaftsinstitutionen angesiedelt ist. Seit ungefähr einem Jahrzehnt wird sie nun auch international und insbesondere in den deutschsprachigen Sozialwissenschaften rezipiert und als ein pragmatischer Institutionalismus angewandt.[2]

2 Grundpositionen der EC

Die EC hat sich von der Bourdieuschen Großtheorie abgesetzt, indem sie Konzepte wie Habitus und Feld zurückwies (Boltanski/Thévenot 2007) sowie den methodologischen Holismus (des Strukturalismus) durch einen methodologischen Situationismus ersetzt hat, der die Koordination von Situationen ausgehend zu analysieren versucht (Diaz-Bone 2015a).[3] Dabei wird angenommen, dass Akteure über die praktische Kompetenz verfügen, in Situationen mit einer Pluralität an Konventionen als

---

[2] Siehe dafür die Beiträge in Diaz-Bone (Hrsg.) (2011) und Knoll (Hrsg.) (2015) sowie die Monografie Diaz-Bone (2015a). Weiter die internationalen Beiträge in Diaz-Bone und Salais (Hrsg.) (2012, 2012), Diaz-Bone et al. (Hrsg.) (2015) sowie in Diaz-Bone und Didier (Hrsg.) (2016). Die EC wird seit einigen Jahren nun in den deutschsprachigen Handbüchern (Beckert/Deutschmann Hrsg. 2009) oder einführenden Gesamtdarstellungen zur Wirtschaftssoziologie integriert (Hedtke 2014).

[3] Aus diesem Grund gilt die EC auch als zentraler Bestandteil der sogenannten „neuen französischen Sozialwissenschaften" (Dosse 1999; Corcuff 2011) sowie auch der „pragmatischen Soziologie" (Nachi 2006).

Koordinationslogiken umgehen zu können, ihre Angemessenheit zu kritisieren und Konflikte sowie Kompromisse zwischen verschiedenen Konventionen situativ einzurichten und auch mit zeitlicher und räumlicher Reichweite ausstatten zu können. Das Akteurskonzept lässt sich auf den Einfluss des Pragmatismus zurückführen, während das Konzept der Konvention sich letztlich als ein strukturalistisches Element in Situationen deuten lässt. Die Situation ist die Analyseeinheit der EC, wobei Situationen durchaus sozio-historische Konstellationen mit relativer Dauer und Reichweite sein können, so dass man hier Situationen nicht auf Interaktionssituationen mit kurzer Dauer reduzieren kann, in denen Akteure füreinander wechselseitig präsent sein müssen. Mit diesem methodologischen Situationismus einher geht das Fehlen von Mehrebenenmodellen, wie diese sonst für Institutionalismen typisch sind. Laurent Thévenot formuliert, „[...] our framework [...] challenges the classical macro-micro distinction since judgements of worth are precisely ways of enlarging the scope of an evaluation from a local context and of crafting generalized statements." (Thévenot 2001, S. 418) Für die EC sind daher Analysen zu den Reichweiten sowie den Dispositiven, die ermöglichen, dass situative Koordinationen vernetzt und wiederholt werden, von zentraler Bedeutung, um eine starke Differenzierung von Ebenen zu vermeiden, die jeweils einhergehen mit unterschiedlichen Ontologien (auf den betreffenden Ebenen wie Mikro-, Meso- und Makroebene) und die zudem Annahmen treffen müssen, wie diese differenzierten Ebenen zueinander in Verhältnis gesetzt werden können und anhand welcher Mechanismen sie sich wechselseitig beeinflussen. In der EC sind Strukturen wie die Konventionen als Koordinationslogiken nicht deterministisch gedacht, da die Situationen jeweils eine Konstellation von Akteuren, Objekten, Konventionen und kognitiven Formen erfordern, in der erst Handlungsmächtigkeit („agency") emergiert. Laurent Thévenot und François Eymard-Duvernay haben in der EC das Konzept der Forminvestition eingeführt. So wie Unternehmen in eine materielle Instrumentierung für die Produktion investieren müssen, muss in die immateriellen Formen investiert werden, die die relevanten Informationen für jede ökonomische Koordination in angemessener Weise repräsentieren (Eymard-Duvernay/Thévenot 1983a, 1983b; Thévenot 1984). Diese Forminvestition muss kohärent sein zu den einflussreichen Qualitätskonventionen. Es sind aus Sicht der EC also nicht einfach einzelne Akteure, die ohne Instrumentierung über Macht in Situationen verfügen, vielmehr ist die Macht situativ „distribuiert". Damit geht eine Methodologie einher, die nicht vorab Kausalstrukturen und die a priori keine Zuschreibung von Ursache und Wirkung annimmt, sondern die in der empirischen Analyse von (verketteten) Situationen rekonstruiert, wie Wirkmächtigkeit mobilisiert wird.[4] Diese metho-

---

4 Hier tritt eine Verwandtschaft der EC mit der Actor-network-theory zutage (Latour 2007; Callon et al. 2007; Callon et al. 2009; siehe auch die Beiträge in Belliger/Krieger

dologische Grundposition ist aus verschiedenen Gründen erforderlich. Einmal, weil das Soziale so als prozesshaft gedacht wird, dass aufgrund der Akteurskompetenzen grundsätzlich neuartige Koordinationsformen, Dispositive sowie auch Kritiken und Kompromisse entstehen können, welche sich nicht (kausal) zurückführen lassen auf Vorgängiges. Dann ist ein Grund für diese Methodologie darin zu sehen, dass die Bedeutung und der handlungsbezogene Sinn von Sachverhalten nicht festgelegt sind. Dasselbe trifft auf die Wertigkeiten von Personen, Objekten, Prozessen zu, die ihnen in der Situation zuerkannt werden. Wie sich der Sinn und wie sich die Qualität all dieser Sachverhalte in Situationen erweist, hängt aus Sicht der EC von der Bezugnahme auf Konventionen ab; hier spielen insbesondere Qualitätskonventionen eine wichtige Rolle. Sie sind als Koordinationslogiken kulturell etablierte Rahmen (und damit kognitive Tiefenstrukturen), auf die Akteure sich in der Koordinationssituation stützen, um zu beurteilen, wie es in der Situation angemessen zugeht, was die Rolle von Personen und Objekten dabei ist, welche „Größe" (Boltanski/Thévenot 2007) ihnen dabei zukommt. In einer viel beachteten Studie zur Camembertbranche haben Pierre Boisard und Marie-Thérèse Letablier zwei grundlegend verschiedene Logiken identifiziert, wie Camembert hergestellt und vermarktet wird (Boisard/Letablier 1987, 1991; Boisard 1991, 2003; Eymard-Duvernay 2004; Diaz-Bone 2015a). Die *handwerkliche* Logik findet sich in der traditionellen, bäuerlichen Produktionsweise, in der Überlieferung und Handarbeit, die Qualität fundieren. Die so produzierten Camemberts werden als regionale Spezialitäten in Feinkostgeschäften verkauft. Die *industrielle* Logik findet sich in der Massenproduktion von Camemberts. Die Qualität wird hier auf die lebensmitteltechnisch und wissenschaftlich kontrollierte Herstellung zurückgeführt, mit der Camemberts hergestellt werden. Diese Camemberts werden über die großen Supermarktketten vertrieben. Die Qualität der Camemberts hängt ab von den Qualitätskonventionen, die die durch sie verketteten Situationen der Herstellung und Vermarktung mit einer kohärenten Koordinationslogik ausstatten. Neben der industriellen und der handwerklichen Qualitätskonvention finden sich in der Ökonomie weitere einflussreiche Konventionen wie die *marktliche*, die *staatsbürgerliche* oder die *ökologische* Qualitätskonvention (Boltanski/Thévenot 2007; Diaz-Bone 2015a). Als Rechtfertigungsordnungen bringen alle diese Qualitätskonventionen zugleich eine empirische Normativität in die ökonomische Koordination ein. Denn Akteure, die sich an Rechtfertigungsordnungen in ihrer Koordination mit anderen orientieren, streben damit auch ein Gemeinwohl an, also ein Gut für ein Kollektiv. Das heißt jeweils, dass eine Konzeption mit der konventionenbasierten Koordination verbunden ist, was „das Richtige" und das „Gerechte" ist. Die EC geht davon aus, dass soziale

---

Hrsg. 2006). Beide Wissenschaftsbewegungen sind zusammen und in Wechselwirkung seit den 1980er Jahren im Raum Paris entstanden (Dosse 1999).

Sphären nicht durch je eigene Koordinationslogiken voneinander differenziert sind, sondern dass die Koordinationslogiken radikal koexistieren und in realen Situationen eine Pluralität von Koordinationslogiken anzutreffen ist. „Koexistenz" bedeutet dabei nicht, dass die Situationen frei von Spannungen sind. Akteure üben aneinander Kritik und stützen sich dabei auf einzelne Koordinationslogiken nun als Rechtfertigungsordnungen, um andere Akteure, Objekte und Handlungen zu kritisieren. Dabei werden die fraglichen Sachverhalte Tests unterzogen, die sich ihrerseits insbesondere auf Objekte stützen oder auf Objekten (Instrumenten) basieren. Zugleich sind Akteure kompetent darin, Kritiken und Konflikte in Kompromisse zu überführen und kritische Situationen zu stabilisieren.

3   Das Dispositivkonzept in der EC

Auch wenn es eine ganze Reihe von Konzepten in der EC gibt, die dem Dispositivkonzept (im Sinne von Michel Foucault) durchaus äquivalent sind, so besteht doch ein Grundproblem darin, dass das Wort „dispositif" in Frankreich vielfältig verwendet wird (so wie das Wort „discours"), wo es zur Alltagssprache zählt. Ein Dispositiv kann vieles bedeuten, so etwa ein Instrument, aber auch eine Maßnahme, ein System. Konzeptionell weiter ausgearbeitet hat Michel Foucault diesen Begriff, aber auch hier gilt, dass das Konzept weitgehend offen verwendet wird und in seiner Bedeutung abhängig ist, da ein Dispositiv im Rahmen der Machttheorie im Grunde ein Dispositiv für etwas anderes ist. Das spezifische Foucaultsche Konzept ist durch verschiedene Theoretiker weiter ausgearbeitet worden und damit die Bedeutung erweitert, d. h. auch das Ausmaß an Unschärfe erhöht worden.[5]

In der EC gibt es zunächst viele Verwendungen dieses für die Analyse der Ökonomie nützlichen Begriffs – ohne dass ein Bezug auf die Foucaultsche Theorie erfolgt.[6] Es finden sich dann aber auch explizite Bezugnahmen in der EC auf das Dispositivkonzept von Michel Foucault – so etwa bei François Eymard-Duvernay (2012), Olivier Favereau (2012, 2014a) oder Laurent Thévenot (2004, 2015).[7] Thé-

---

5   Siehe dazu auch die Darlegung in der Einleitung zu diesem Band.
6   Siehe beispielsweise Eymard-Duvernay (1997), Eymard-Duvernay und Marchal (1997), Bessy und Favereau (2003), Bessy und Chateauraynaud (2014) sowie einige der Beiträge in Batifoulier et al. (Hrsg.) (2016). Boltanski und Thévenot (2007) betrachten die Welten, die durch Rechtfertigungsordnungen bzw. Qualitätskonventionen strukturiert sind, als mit Dispositiven ausgestattet.
7   Siehe insbesondere den Appendix zum Dispositiv-Konzept bei Favereau (2012).

venot hat auf die Vielschichtigkeit des Konzeptes und auf die Schwierigkeit hingewiesen, dieses Konzept zu übersetzen.

> "One of the problems we have in translating French terms [...] is with the concept *dispositifs*. It is very difficult to translate. Of course, it was already used by Foucault. For us it is a very central category. *Dispositifs* are very interesting in French because it contains *disposé* that has the same root as *disposition*. Disposition is the main category for Bourdieu because disposition is the *habitus*. So, in French you are *disposé à faire quelque chose* (disposed to do something). Let us begin with that. Bourdieu worked from the assumption that the disposition is rooted within the person, incorporated and rooted for all his life. This means that the disposition is the same in all situations, which is not very dynamical. It is a very good assumption to have for a theory of reproduction of course, but otherwise you have a rather poor idea of human beings because they are just developing the same schema all their life in all situations. Actually, we considered the antagonistic assumption, which is that many dispositions are within the *dispositifs*, which means within the arrangement of the situation." (Thévenot 2004, S. 10f; Herv.i.Orig.)

Das Zitat von Thévenot verdeutlicht, dass die EC sich an einer wichtigen Stelle von der Soziologie Bourdieus distanziert, denn die Koordination wird aus Sicht der EC nicht durch den Habitus von Personen strukturiert, sondern durch die Ausstattung von Situationen mit Objekten, Qualitätskonventionen und Praxisformen – also im Wesentlichen durch nicht inkorporierte Dispositive strukturiert wird. Allerdings ist die Bandbreite von Konzepten groß, welche sich als Dispositiv auffassen lassen, die die EC eingeführt und in empirischer sozio-ökonomischer sowie wirtschaftssoziologischer Forschung genutzt und entwickelt hat. Aber in den beiden, durchaus miteinander verbundenen disziplinären Feldern der Sozioökonomie (Hedtke Hrsg. 2015) und der Wirtschaftssoziologie (Hedtke 2014) finden sich zuerst andere Begrifflichkeiten, die dispositivanalytisch relevante Eigenschaften, Effekte und Realitäten abbilden und die zumeist nicht mit dem Konzept des Dispositivs in Verbindung gebracht werden. Es sind im Wesentlichen die konzeptionellen Bereiche der Institutionen einerseits sowie der Instrumente und Materialitäten andererseits.

3.1 Institutionen und Instrumente als Dispositive

Das Zustandekommen von Institutionen, ihr „Design" und ihre strategische Verwendung sind Gegenstand der politischen Ökonomie. Aber in der Wirtschaftswissenschaft werden Institutionen für die ökonomische Koordination als externe (als dem Handeln äußerliche) Bedingungen aufgefasst, das heißt in der praktischen wirtschaftswissenschaftlichen Institutionenanalyse sind sie für die ökonomische

Koordination Gegebenheiten, die auf das individuelle Handeln zwar extern einwirken, deren strategische Realität aber reduziert wird auf die Dimension der Effizienz. Der international einflussreichste Institutionalismus in den Wirtschaftswissenschaften ist die Transaktionskostenökonomie, die das Kriterium der Effizienz anhand der Höhe der Transaktionskosten operationalisiert und – dabei von gegebenen Produktqualitäten ausgehend – auf dieser Grundlage das „optimale" Design von Institutionen ableitet (Williamson 1985, 2000). Damit ist nicht nur die Frage nach den Produktqualitäten vorab beantwortet, auch die empirische Normativität, das Politische (in) der ökonomischen Koordination wird als vorab gelöst bzw. als vorab zu lösen betrachtet. Es bleiben für die transaktionskostentheoretische Analyse gegebene Güter, für das Handeln externe ökonomische Institutionen (Unternehmen und Märkte) und gegebene individuelle Präferenzen als Ausgangssituation – die materielle Ausstattung wird nicht einbezogen.[8] Im Gegensatz dazu sind für die EC Sachverhalte wie Institutionen und Instrumente nicht einfach als externe Sachverhalte mit ihren Qualitäten gegeben, sondern werden aus pragmatischer Sicht als Resultate von Koordinationsprozessen aufgefasst, die von Akteuren in Situationen gestützt auf eine Instrumentierung erst generiert werden. Dispositive werden so endogenisiert (also als in das Handeln eingelagert gedacht), ihre Eigenschaften, Effekte und ihre Realität sind aus pragmatischer Sicht Resultat und Teil der kollektiven Koordination. Institutionen und die Instrumentierung sind damit Dispositive, die die kollektive Intentionalität erst mobilisiert, die das kollektive Verfolgen eines Gemeinwohls in der ökonomischen Koordination ist.[9] Damit ist auch die Normativität in der Situation präsent, die involvierten Akteure müssen hierin praktisch ein geteiltes Verständnis davon erreichen, was „das Richtige" und was „das Legitime" ist. Diese praktisch herzustellende Kohärenz einer situativen Normativität ist zugleich die Basis für die Evaluation, was in der Situation vorgeht und was die Wertigkeiten sowie Qualitäten der involvierten Sachverhalte sind. Damit Institutionen und Instrumente als Dispositive fungieren können, kommt aus Sicht der EC ihre Eigenschaft ins Spiel, dass ihr pragmatischer Sinn unvollständig ist, also die Art und Weise, was sie Akteuren in Situationen bedeuten und wie sie zu handhaben sind (Salais 1998; Favereau et al. 2002).[10] Damit stehen sie eben

---

8 Dazu zählen für Douglass C. North auch Kultur, kollektive Schemata, Regeln und Normen (North 1990, 1991).

9 Siehe für die internalistische institutionentheoretische Position der EC Bessy (2011).

10 So findet man die auf Regeln (als Institutionen) bezogene Erläuterung „[…] the meaning of a rule can never be part of the rule. […] rules are never complete in their way of controlling actions, and their completion cannot proceed from interpretive meta rules (which would fall into an infinite regression […]), but from collective interpretive schemes […]." (Favereau et al. 2002, S. 225/226)

nicht einfach „zur Verfügung" (und in diesem Sinne „zur Disposition"), sondern bringen Unsicherheit in die ökonomische Koordination ein, da sie auch anders interpretiert und gehandhabt werden könnten.[11] Dispositive gehören keiner sozialen Gruppe oder Instanz auf Dauer, sie können durchaus unterschiedlich verwendet werden und sind wandelbar, wie die pluralistische Konstellation der Strategien, die sie mobilisieren. Die pragmatische Auffassung von der koexistierenden radikalen Pluralität der verschiedenen Qualitätskonventionen ist selbst eine Quelle möglicher Unsicherheiten, was den pragmatischen Sinn von Institutionen angeht. Damit werden letztere zu Dispositiven, die mobilisiert werden müssen, eben um mit der Unsicherheit über Wertigkeiten und Qualitäten in der Koordination umgehen zu können. Zudem stützt sich die situative Koordination auf solche Dispositive, um die Koordination über einzelne Situationen hinaus mit räumlicher und zeitlicher Reichweite auszustatten. Und erst mit Hilfe solcher Dispositive wird eine komplexe Arbeitsteilung räumlich und zeitlich koordinierbar und stabilisierbar.

3.2 Dispositive der Valorisierung

Wenn Dispositive aus Sicht der EC in die Koordination durch Akteure situativ eingebettet und mobilisiert werden, dann sind Dispositive nicht zuerst gedacht als „Dispositive der Macht" (Foucault 1978), die auf die Disziplinierung und Formierung der Sexualität (Foucault 1977), die Formierung von Klassenkörpern (Foucault 1977) oder die Bildung und Vermachtung institutioneller Felder (Foucault 1969, 1973a, 1976, 1980) abzielen. Wenn Dispositionen (wie der Habitus) in der EC nicht als körpergebunden gedacht sind, so sind auch Dispositive nur nachrangig als körperbezogen konzipiert. Stattdessen hat François Eymard-Duvernay Dispositive auf Prozesse der Evaluation und der Valuation bezogen. Die EC hat die Praxis der Evaluation und Valuation auch mit dem Begriff der „Valorisierung" beschrieben (Favereau 2012; Eymard-Duvernay 2012, Hrsg. 2012; Bessy/Chauvin 2013). Eymard-Duvernay hat statt von „Dispositiven der Macht" von „Dispositiven der Valorisierung" gesprochen.[12]

---

11 Es besteht konventionentheoretisch eine Differenz zwischen Institution und Konvention. Denn Konventionen sind hier keine Institutionen (Salais 1998). Das Erfordernis, dass Institutionen durch das Heranziehen von Konventionen als Koordinationslogiken vervollständigt werden müssen, macht ein Set verschiedener Situationen denkbar – so beispielsweise solche, in denen kohärente und als „funktionierende" beurteilte Konstellationen vorliegen, und solche, in denen das nicht der Fall ist; siehe für eine Systematisierung Diaz-Bone (2012).

12 Siehe auch das Konzept der „Dispositive der Evaluation" von Jean De Munck (2006).

"Es gibt ‚Dispositive der Valorisierung' [...] oder vielmehr Instrumentierungen [équipements] des Messens, der Evaluation, der Valorisierung. Diese Instrumentierungen erfolgen durch Objekte: Messinstrumente [...], Managementwerkzeuge, welche ‚unsichtbare Technologien' sind [...], in erster Linie das Rechnungswesen, dann Klassifikationen jeglicher Art. Diese Instrumentierungen bestehen auch aus Worten (die die Produkte und die Personen qualifizieren), insbesondere die juristischen Grammatiken, die den Worten die Macht des Rechts verleihen. Alle diese Instrumentierungen (oder ‚Forminvestitionen') [...] stabilisieren und regulieren die Messungen, Evaluationen und Valorisierungen. Die Frage, wem diese Instrumentierungen gehören, ist wesentlich für die Verteilung der Macht. Nimmt man die vielfältige Instrumentierung in Betracht, dann kann man sich von einer desillusionierenden Machtkonzeption distanzieren: denn die Instrumentierung hat ihre eigene Kohärenz und sie begrenzt die Macht genauso wie sie ihr dient: die Macht ist ‚distribuiert'." (Eymard-Duvernay 2012, S. 182)[13]

Eymard-Duvernay begreift die „Wirtschaft als eine Architektur der Machtformen der Valorisierung" (Eymard-Duvernay 2012, S. 184). So wird deutlich, dass die EC die Konstruktion, Zuschreibung und Kontrolle von Wertigkeiten und Qualitäten als die sozialen Prozesse auffasst, auf welche die Macht sich ausrichtet, um die die Machtpolitiken ringen und an denen die Machteffekte zutage treten, sich also hierin artikulieren. Eymard-Duvernay geht davon aus, „[...] dass die Prozesse der Evaluation durch politische Formen der Macht strukturiert sind: sagen zu können, was am Ende zählt und die Konzeption der Produkte und des Gerechten festlegen zu können." (Eymard-Duvernay 2012, S. 158)[14] Die EC teilt eine Grundposition der Machttheorie von Foucault (1976, 1980), indem sie Macht nicht als eine substantielle Ressource auffasst, sondern als einen Prozess der Einflussnahme, der in einem Effekt resultiert.

3.3 Macht

Zwar ist auch der *Begriff* der Macht in der EC lange nachrangig gewesen, dennoch sind die *Mechanismen* der Macht sowie die Mechanismen der Generierung und Reproduktion von sozialer Ungleichheit in der EC von Beginn an wesentlich, auch deshalb, weil sie fundamental auf die Grundkonzepte der Kritik und der Legitimität (negativ) bezogen sind. Laurent Thévenot hat drei Weisen identifiziert, wie die EC Macht analysiert hat (vgl. Thévenot 2016, S. 205f.; Diaz-Bone 2017). (1) Zunächst sind Konventionen machtvolle Formen der Regierung von Koordi-

---
13 Übersetzung RDB.
14 Übersetzung RDB.

nation. Wer einflussreich ist darin, (Qualitäts)Konventionen durchzusetzen, die in Situationen die Koordination sowie die Interpretation und Evaluation strukturieren, übt praktisch Macht aus. (2) Dann sind die für die EC wesentlichen kognitiven Formen mächtig, insofern sie die relevanten Informationen in einer anerkannten und so einflussreichen Weise für die Koordination repräsentieren. Das wird anhand der numerisch repräsentierten Informationen deutlich, insbesondere für die industrielle Qualitätskonvention und die marktliche Qualitätskonvention. Die Quantifizierung ist eine vielfach durch die EC untersuchte Praxis der Regierung. (3) Dann kommt ein dritter und bereits eingeführter Aspekt hinzu, wie die Machtausübung durch die EC gedacht wird: mit Dispositiven ausgestattete Akteure (wie Manager, Shareholder, Konsumenten, Mitarbeitende) können Macht ausüben, indem sie Menschen, Objekte, Prozesse, Handlungen und andere (e)valuieren. Macht hat daher kein Zentrum, von dem die Macht „natürlich" ausgeht – das ist gemeint mit der Formulierung „Macht ist distribuiert". Koordinationsprozesse können allerdings so stabilisiert und zentralisiert werden, dass es Akteuren so erscheint, als ob die Macht dort „natürlich" residierte. Es sind eben die von der EC als Dispositive identifizierten Intermediäre, kognitiven Formen und Konventionen, die die Reichweite solcher Machteffekte (zeitlich und räumlich) ausdehnen, stabilisieren sowie auch intensivieren können.

3.4 Klassifikationen und Quantifizierungen

Für die EC sind Klassifikationen und Quantifizierungen ein von Beginn an wichtiger Untersuchungsgegenstand (Desrosières 2008a, 2008b, 2011, 2014; Thévenot 1992a, 2011; Salais 2012; Diaz-Bone 2015a). Konventionentheoretisch gesehen muss eine Konvention als Grundlage für die Art und Weise der Klassifizierung sowie der Quantifizierung vorlaufen. Luc Boltanski und Laurent Thévenot haben in der Analyse von Klassifizierungspraktiken identifiziert, wie klassifizierende Akteure ihre Klassifizierungspraxis auf Rechtfertigungsordnungen, also Konventionen basieren (Boltanski/Thévenot 1983). Alain Desrosières hat für die Quantifizierung ebenfalls Konventionen als Grundlage identifiziert.[15] „Quantifizieren bedeutet, eine Konvention einzuführen und dann zu messen." (Desrosières 2008a, S. 10) Klassifikationen und Quantifizierungen liegt mit diesen Konventionen ein Äquivalenzprinzip zugrunde (Desrosières 2005), das ermöglicht, klassifizierte und mit einer Messung versehene Personen, Objekte oder Ereignisse in Relation zu

---

15 Siehe für die Bedeutung der Arbeiten von Alain Desrosières auch die Beiträge in Bruno et al. (Hrsg.) (2016) sowie in Diaz-Bone und Didier (Hrsg.) (2016).

setzen, zu bewerten und vergleichbar zu machen. Konzepte wie Rankings, Benchmarking, Scoring u.a. verweisen darauf, dass anhand von Klassifikationen und Quantifizierungen hierarchische Unterschiede eingerichtet werden. Die Praktiken der Klassifikationen und Quantifizierungen sowie ihre Resultate fungieren damit als Dispositive in der ökonomischen Koordination. Für moderne Ökonomien sind Klassifikationen und Quantifizierungen einerseits unersetzlich, da sie kollektiv anerkannte Wertigkeiten ermöglichen, die räumlich und zeitlich große Reichweite haben können.[16] Insbesondere die Einführung des metrischen Systems und dessen Internationalisierung ist ein fundamentales Dispositiv für überregionale und globale ökonomische Koordination geworden. Andererseits können diese Dispositive soziale Ungleichheit und Ungerechtigkeiten einrichten und auf Dauer stellen. Die konventionentheoretisch relevanten Fragen sind daher, wer über die Einführung der fundierenden Konventionen entscheidet und ob diese geeignet sind, solche Klassifikationen und Quantifizierungen zu generieren, die ein Gemeinwohl verfolgen und helfen, dieses zu realisieren. Für die EC steht hier deshalb die Frage nach dem Staatskonzept direkt an. Es sind insbesondere die Arbeiten von Alain Desrosières und Robert Salais, die die Verbindung aufgezeigt haben zwischen Konventionen des Staates – also des „Staatsdenkens" und in diesem Sinne der Gouvernementalitätstheorie Foucaults (2004a, 2004b) nahe stehend – und unterschiedlichen Konventionen für Klassifikation und Quantifizierung, die die amtliche Statistik in verschiedenen Epochen bzw. Wirtschaftsformen unterschiedlich ermöglicht haben (Desrosières 2008a, 2008b, 2014; Salais 2007, 2012, 2015).

4 Recht, Geld und Diskurse

Als wichtige Institutionen für die ökonomische Koordination gelten Vertretern der EC nicht zuerst Märkte und Unternehmen, sondern das Geld, das Recht und die Diskurse (Bessy/Favereau 2003; Salais 2007; Orléan 2014).[17] Wenn Institutionen unvollständig sind, was ihren Handlungssinn sowie die Art und Weise ihrer Interpretation angeht, dann können Institutionen für Akteure in Situationen ökonomischer Produktion, Distribution und Konsumption wie Dispositive fungieren,

---

16 Theodore Porter hat argumentiert, dass die Kommunikation dann höhere Akzeptanz und Reichweite erzielt, wenn sie in numerischer Form erfolgt (Porter 1995).

17 Bessy und Favereau sprechen zunächst von „Sprache", es zeigt sich aber, dass nicht die Sprachstruktur, sondern die kollektive Sprach- und Wissenspraxis gemeint ist, weshalb hier „Diskurs" verwendet wird. Die beiden sprechen weiter von verschiedenen Arten von Dispositiven, darunter auch von „institutionellen Dispositiven" (Bessy/Favereau 2003, S. 148).

die Akteure heranziehen, um geteilte Interpretationen und Evaluationen davon zu erzielen, was die Qualitäten der involvierten Personen, Objekte und Sachverhalte sind sowie auch davon, was das kollektiv angestrebte Gemeinwohl ist, um dass es in der Koordination geht.

4.1 Recht

Keine moderne Ökonomie ist denkbar ohne die fundamentalen juristischen Grundlagen wie Eigentumsrecht oder Vertragsrecht. Insbesondere die sinnhafte Unvollständigkeit des Rechts ist ein Ausgangspunkt einer Vielzahl konventionentheoretischer Analysen geworden (Didry 2002, 2012; Thévenot 1992b, 2012; Bessy 2007, 2012, 2015; Diaz-Bone 2015a, 2015b).[18] Bekanntlich muss das Recht ausgelegt werden und es müssen die Voraussetzungen für die Rechtsanwendung identifiziert werden. Rechtstexte können – wie Verträge – nicht alle Anwendungsfälle vorab spezifizieren, weshalb sie grundsätzlich und allgemein gehalten sind. Ihr Bezug zu Situationen und konkreten Fällen erzwingt daher eine kollektive Interpretation. Rechtstexte werden ergänzt durch auslegende und interpretierende weitere Texte wie Rechtskommentare. Recht muss dann durch Richter „gesprochen" werden, die befinden, was „gerecht" im Sinne von dem Recht angemessen ist. Die Rechtsanwendung muss sich also erst einmal auf Dispositive stützen, um selbst als Dispositiv fungieren zu können.

Claude Didry hat untersucht, welche verschiedenen Rechtskulturen sich systematisch differenzieren lassen. Er hat zudem gezeigt, dass Akteure die Rechtsproduktion initiieren, wenn das existierende Recht als Institution für die Koordination von den Akteuren in neuen Situationen als nicht mehr angemessen, nicht mehr zeitgemäß, nicht mehr „passend" beurteilt wird. Didry rekonstruiert, wie in der entstehenden Industrie im Raum Paris zu Anfang des 20. Jahrhunderts andere rechtliche Grundlagen für Arbeitsverträge von den Arbeitenden eingefordert wurden, als sie der Code Civil bis dahin vorgesehen hatte. Denn letzterer fundierte individuelle Arbeitsverträge auf einer liberalen Rechtsauffassung, wohingegen ein Bedarf nach Kollektivvereinbarungen erwuchs. Nach und nach ergaben lokale Streiks sowie innovative richterliche Entscheidungen einen wachsenden Druck auf das französische Parlament, welches dann eine Änderung des Vertragsrechts ermöglichte (Didry 2002; Diaz-Bone 2015a). Die Arbeiten von Didry zeigen, dass das Recht nicht einfach als Dispositiv zur Verfügung steht, sondern dass Akteure

---

18 Siehe auch die Beiträge in Favereau (Hrsg.) (2010), Diaz-Bone (Hrsg.) (2012) und Diaz-Bone et al. (Hrsg.) (2015).

Dispositive bewerten, ihre Veränderung initiieren. Christian Bessy hat untersucht, dass es unterschiedliche dominierende Qualitätskonventionen der juristischen Beratung und Vertretung gibt, die auch mit verschiedenen Organisationsformen von Kanzleien einhergehen (Bessy 2012, 2015; Diaz-Bone 2015a). Die Arbeiten von Bessy zeigen, dass Recht in unterschiedlicher Weise eingehen kann in die juristische Beratung und damit als Dispositiv nicht einheitlich verwendet wird.

Das Recht als Dispositiv richtet seinerseits Vorgaben und Beschränkungen für andere Dispositive ein (Eymard-Duvernay 2012, S. 181). Am Beispiel der Einstellungspraktiken sowie auch der Entlassungspraktiken lässt sich veranschaulichen, welche weiteren Dispositive hier gesetzlich berücksichtigt werden dürfen bzw. müssen und welche nicht (Eymard-Duvernay/Marchal 1997; Bessy 1997).[19] Denkt man das Recht als „Fundamentalinstitution" für die Ökonomie, so muss man auch das Staatsdenken und das darin enthaltene Konzept vom Staat einbeziehen.[20] Denn der Staat fundiert durch das Recht andere Institutionen: „Institutionen, welcher Art auch immer, erhalten ihre Stabilität, ihre Legitimität und ihre Effektivität durch ihre Anlehnung an den Staat, speziell an das Recht in seinen verschiedenen Zweigen." (Salais 2007, S. 111)[21]

4.2 Geld

Geld ist nicht nur ein Dispositiv, weil damit effizient getauscht werden kann sowie Einfluss weitreichender und anonymer ausgeübt werden kann als dies beim Warentausch möglich wäre. Geld kann – wie das Recht – eingesetzt werden, um sich andere Sachverhalte als Dispositiv verfügbar zu machen. Zudem übt die Geldwirtschaft einen Zwang zur Quantifizierung aus. Geld eröffnet die Möglichkeit der Normierung und Standardisierung von Sachverhalten, deren „Wert" nun in Geldeinheiten

---

19 Siehe für die Dispositive der Valorisierung in verschiedenen Segmenten des Arbeitsmarktes die Beiträge in Eymard-Duvernay (Hrsg.) (2012). Für die pragmatische Soziologie haben Dodier und Barbot (2016) das Konzept des Dispositivs diskutiert und auf Praktiken der Evaluation bezogen.

20 Bereits Foucault hat im Kontext der Entwicklung seines Konzepts der Gouvernementalität das Recht (die juristischen Mechanismen) als Teil des Sicherheitsdispositivs interpretiert (Foucault 2004a, S. 13f.). Siehe auch die Darstellung der „legal dispositives" von Foucault bei Raffnsøe et al. (2016).

21 Olivier Favereau (2012, S. 81f.) hat die Unterscheidung von Mikrodispositiven und Makrodispositiven verwendet, um den Nationalstaat als Dispositiv zu unterscheiden von weiteren Dispositiven, die eingesetzt werden, um staatliche Anliegen umzusetzen und diese als legitim auch bei Unternehmen durchzusetzen.

gemessen wird. Ohne Geld sind moderne Märkte undenkbar, Geld ermöglicht den anonymen Tausch (Bessy/Favereau 2003). Das Messbarmachen von ökonomisch relevanten Werten ist Voraussetzung für Handel auf Märkten, für unternehmerische Planung sowie staatliche Verwaltung (Besteuerung) und natürlich für die Wirtschaftsform des Kapitalismus insgesamt, die den Einsatz von Kapital zur weiteren Akkumulation von Kapital befördert. Geld ermöglicht die zeitlich und räumlich übertragbare Speicherung und Akkumulation von „Werten". Geld ist daher ein Dispositiv der Macht im Foucaultschen Sinne. Foucault beschreibt, wie bereits in den griechischen Stadtstaaten nach einer Geldeinheit gesucht wurde, die als Maß für das ökonomische Messen herangezogen werden konnte.

> „Ob nun Tyrann oder Gesetzgeber, wer die Macht hat, der hat auch die Macht über das Messen: des Grund und Bodens, der Dinge, des Vermögens, der Rechte, der Macht und der Menschen. [...] Bevor das griechische Maß [Geldeinheit] als Prinzip der Quantifizierung, der Harmonie, des klassischen Nicht-Übermaßes Eingang ins abendländische Bewusstsein fand, war es – und das dürfen wir nicht vergessen – eine umfangreiche soziale und polymorphe Praxis des Abschätzens, der Quantifizierung, der Äquivalenzbildung, der Suche nach adäquaten Proportionen und Verteilungen. [...] Und man sieht deutlich, in welcher Weise dieses Ins-Maß-Setzen mit dem Problem der bäuerlichen Verschuldung, der Übertragung landwirtschaftlichen Grundbesitzes, des Ausgleichs von Schuldforderungen, der Äquivalenz zwischen landwirtschaftlichen und handwerklichen Erzeugnissen, der Verstädterung und der Schaffung einer Staatsform zusammenhängt. Im Kern dieser Messpraxis erscheint die Institution des Geldes." (Foucault 2012, S. 174)

Betrachtet man nur den geldvermittelten Tausch als inter-individuellen Vorgang, so übersieht man aus Sicht der EC, dass hinter der Institution des Geldes letztlich das Kollektiv der Gesellschaft insgesamt steht, das die Akzeptanz des Geldes ermöglicht (Orléan 2014). Die Gesellschaft vermittelt sich durch das Geld als Dispositiv an das individuelle und inter-individuelle Verhalten. Für Orléan erklärt sich auf diese Weise, warum der Besitz von Geld einfach nicht deshalb attraktiv ist, weil man damit Waren kaufen kann, sondern weil Geld selbst die Gesellschaft repräsentiert und – solange die Gesellschaft den Geldwert garantiert – man damit über die kontinuierliche Fähigkeit verfügt, Geld in Güter eintauschen zu können. Ohne diese soziale Garantie ist Geld bekanntlich wertlos. Die permanente Konvertabilität von Geld in Güter sowie von Gütern in Geld macht den Effekt der Liquidität aus und den Besitz von Geld attraktiv (Orléan 2014).

4.3 Diskurse

Wohl die wichtigste Voraussetzung für die Ökonomie ist die Sprache, genauer Diskurse. Denn es ist nicht die grammatische Struktur, sondern es sind die in Gesellschaften etablierten Sprachpraktiken und ihre Tiefenstrukturen, auf die sich die EC als relevante Grundlage für die Ökonomie bezieht. Damit kann man die Diskurse als eine fundamentale Institution sowie auch als Dispositiv in der Ökonomie ansehen.[22] Ein Ausgangpunkt, um die Bedeutung der Diskurse zu begründen, ist für die EC die Kritik am homo oeconomicus-Konzept, denn dieses unterstellt eine gegebene Rationalität bei den Individuen, die diese zum Einsatz bringen können sollen, ohne dass sie in der Situation deswegen eine Interpretation einbringen müssen, weil vermeintlich der Sinn (von Institutionen) in der Situation gegeben sei (so die Annahme in der neoklassischen Wirtschaftstheorie). Aus Sicht der EC ist eben die Unvollständigkeit der Bedeutungen und des Sinns von Institutionen ein Ausgangspunkt. Für Favereau ist das nicht ein Problem, sondern die Lösung, denn so ist organisationales Lernen möglich und so sind die Akteure angewiesen auf die Heranziehung von Konventionen zur Komplettierung des situativen Sinns der Koordination (Favereau 1997). Das organisationale Lernen manifestiert sich in Organisationen in Form von Regeln, die Favereau (1989a) als kollektive kognitive Dispositive bezeichnet hat. Diese dienen als Instrumentierung für die Koordination in der Organisation, einmal in der Weise, dass Akteure sich an ihnen orientieren, dann in der Weise, dass Akteure sich verständigen, wie die Regeln zu handhaben und zu interpretieren sind. Die für Interpretation heranzuziehenden Konventionen haben eben wesentlich eine diskursive Realität und Struktur: denn ohne Diskurs ist keine Rechtfertigung, Kritik und Legitimation möglich (Bessy/Favereau 2003). Aber auch für die Art und Weise des Kalkulierens ist eine Basierung auf Diskursen erforderlich, die eben die Kriterien für das Kalkulieren artikulieren (Eymard-Duvernay 2009). Man kann letztlich Qualitätskonventionen als diskursive Tiefenstrukturen in ökonomischen Diskursen auffassen, die so die kognitive Struktur für die ökonomischen Wertigkeitsordnungen darstellen (Diaz-Bone 2015c).[23] Dass Recht und Geld insofern als Dispositive fungieren können, da

---

22 Siehe dafür auch die Beiträge in Hartz und Rätzer (Hrsg.) (2013), in Diaz-Bone (Hrsg.) (2013) sowie in Diaz-Bone und Krell (Hrsg.) (2015).

23 Favereau et al. (2002, S. 226) sprechen von dieser Tiefenstruktur auch als von „deep meaning". Siehe auch die Studie von Bessy und Chateauraynaud (2014), die Konventionen als Tiefenstruktur für die Kognition deuten und damit die Funktion beschreiben, die Foucault (1971) mit dem Konzept der „Episteme" verbunden hat. Man kann mit Bessy und Chateauraynaud (2014) also solche Konventionen identifizieren, die kognitive Dispositive sind und die in einem Kollektiv die Wahrnehmung strukturieren

sie Instrumente der Macht sein können, ist evident. Dies gilt auch für die Diskurse. Rechtfertigungsordnungen üben Macht aus als diskursive Ordnungen, indem sie den „Imperativ zur Rechtfertigung" einbringen (Boltanski/Thévenot 2007). Eine Machtposition kann sich dann allerdings auch darin zeigen, dass Akteure sich der Rechtfertigung verweigern können. Das kann erfolgen, wenn Akteure die „Arena des Diskurses" verlassen und Gewalt einsetzen oder ihre Machtposition nicht auf Legitimität beruht und kein Interesse besteht, Legitimität zu erzielen. Eine andere Form, sich dem Imperativ zur Rechtfertigung zu stellen wäre der Widerstand gegen eine dominierende Rechtfertigungsordnung, weil dies als nicht angemessen angesehen wird. Hier hat die EC eine Nähe zu Foucaults Definition der Kritik, die er auffasste als „Kunst nicht regiert zu werden bzw. die Kunst nicht auf diese Weise und um diesen Preis regiert zu werden." (Foucault 1992, S. 12). Die Voraussetzung für die Möglichkeit von Kritik als Widerständigkeit liegt in der ko-existierenden Pluralität der verschiedenen Rechtfertigungsordnungen, die untereinander in einem Spannungsverhältnis stehen. Wie Recht und Geld, so sind Diskurse auch ein Medium, um weitere Effekte als Dispositiv wirksam werden zu lassen. So dienen Diskurse schlichtweg auch der Verbreitung von Informationen und Ideen, von Normen und Werten. Diskurse formieren kollektive Denkordnungen und Zukunftserwartungen. Und es sind letztlich diskursive Praktiken, die wesentlich sind für die Effekte der Klassifizierung und Valorisierung. Insgesamt kann man Diskurse sowie auch Recht (Staat) und Geld als *Metadispositive* bezeichnen, weil sie die Mobilisierung und den strategischen Einsatz anderer Dispositive ermöglichen.

5   Märkte und Unternehmen

Foucault hat die Wirtschaft als wichtige Sphäre und die Wirtschaftstheorie – hier insbesondere Liberalismus und Neoliberalismus – als wichtige Diskursordnung ausgemacht, an denen sich in der Moderne das Regierungsdenken, die Staatsorganisation und die Formierung und Regierung der Bevölkerungen ausrichten (Foucault 2004b). Diese Form der politischen Ökonomie wird interpretierbar als der Versuch, das Regierungshandeln sowie das Recht der Ökonomie und ihren Dispositiven unterzuordnen.

(Diaz-Bone 2013). Und Foucault hat diese Funktion der Episteme ebenso gesehen: „Was ich […] machen möchte, ist zu zeigen, dass […] die Episteme ein spezifisch diskursives Dispositiv sind." (Foucault 2003, S. 395)

„Die politische Ökonomie denkt über Regierungspraktiken nach, und sie befragt diese Praktiken nicht auf ihr Recht, um festzustellen, ob sie legitim sind oder nicht. Sie betrachtet sie nicht vom Gesichtspunkt ihres Ursprungs aus, sondern vom Gesichtspunkt ihrer Wirkungen, indem sie sich beispielsweise nicht fragt: Was berechtigt einen Souverän dazu, die Steuern zu erhöhen?, sondern ganz einfach: Was wird geschehen, wenn man eine Steuer erhöht, wenn man diese Steuer zu diesem bestimmten Augenblick, von dieser Kategorie von Personen oder auf diese Kategorie von Waren erhebt? Es ist gleichgültig, ob dieses Recht im rechtlichen Sinne legitim ist oder nicht, das Problem besteht darin, welche Wirkungen es hat und ob diese Wirkungen negativ sind." (Foucault 2004b, S. 32)

Der „Ort", an dem bzw. die Institution, in der die Wirkungen evaluiert werden, ist nun der Markt.[24] Der Markt wird für diese Denkweise in der politischen Ökonomie zum neuen Dispositiv, das nicht nur die Unternehmen durch den Wettbewerb prüft, sondern das das Regierungshandeln bewertbar macht und damit auf das Regierungshandeln Machteffekte ausübt.

„Die Bedeutung der ökonomischen Theorie [...] ergibt sich aus der Tatsache, [...] auf etwas hinzuweisen, das nun grundlegend sein wird, nämlich daß der Markt so etwas wie eine Wahrheit enthüllen soll. Natürlich nicht, daß die Preise im strengen Sinne wahr sind, daß es wahre und falsche Preise gibt, das nicht. Sondern was man in diesem Moment entdeckt, und zwar sowohl in der Regierungspraxis als auch in der Reflexion auf diese Praxis, ist, daß die Preise, insofern sie den natürlichen Mechanismen des Marktes entsprechen, einen Wahrheitsstandard bilden werden, der es ermöglicht, bei den Regierungspraktiken die richtigen von den falschen zu unterscheiden. [...] Der Markt wird bestimmen, daß die gute Regierung nicht einfach mehr nur eine gerechte Regierung ist. Der Markt wird bestimmen, daß die Regierung sich jetzt nach der Wahrheit richten muß, um eine gute Regierung sein zu können." (Foucault 2004b, S. 55f.)[25]

Märkte gelten als „Zentralinstitutionen" moderner Ökonomien und sie gelten der neoklassischen Wirtschaftstheorie als die einzig akzeptablen Mechanismen, die für optimale gesamtwirtschaftliche Information und Distribution von Ressourcen

---

24 Foucault (2004b) selbst bezeichnet den Markt mehrfach als „Ort", er schreibt also selbst nicht vom „Markt als Dispositiv" oder vom „Marktdispositiv".

25 Ronald Hartz (2013) hat diskursanalytisch untersucht, wie die Semantik des Scheiterns auf das Diskurskonzept vom Markt als „Ort der Wahrheit" bezogen wird. Er schließt an Foucaults Formulierung vom Markt als „eine[r] Art von ständigem ökonomischen Tribunal" an (Foucault 2004b, S. 342). Er kann dabei zeigen, dass neoliberale Diskursstrategien selbst ökonomische Krisen als Zeichen der Bewahrheitung des Marktes und als Grundlage für eine Kritik des Staates (um)deuten.

fungieren sollen. Das Modell des neoklassischen Marktes (angesichts der realexistierenden empirischen Märkte) ist kontrafaktisch, da keine perfekten Märkte als selbstregulierende und spontan entstehende Institutionen möglich sind (Beckert et al. Hrsg. 2007). Bekanntlich führt der perfekte Wettbewerb dazu, dass Produzenten gleicher Güter bald keine Gewinne mehr erzielen, da der Wettbewerb nur über den Preis ausgetragen werden kann. Die EC sieht die Differenzierung anhand von Qualitätskonventionen daher als einen Mechanismus, der Märkte erst stabilisiert.[26] Dies hat die neoklassischen Wirtschaftswissenschaften sowie ihre institutionentheoretische Erweiterung nicht davon abgehalten, das Marktmodell insbesondere als normatives Modell – wie von Foucault beschrieben – in die Sphäre der politischen Ökonomie und mit dem Aufkommen des Neoliberalismus dann auch in alle anderen sozialen Sphären einzubringen.

Die Studien zur „Performativität" der wirtschaftswissenschaftlichen Theorie haben versucht zu zeigen, wie letztere eingesetzt werden, um die Ökonomie nach ihrem Vorbild zu gestalten anstatt die Ökonomie als empirischen Sachverhalt zu beschreiben und ihre Mechanismen zu identifizieren (Callon 1998; MacKenzie 2007; MacKenzie et al. 2007; Diaz-Bone 2007; Garcia-Parpet in diesem Band).[27]

Die Kritik am Neoliberalismus hat sich im Wesentlichen gegen die Ökonomisierung in Form der Vermarktlichung vormals nicht marktförmig organisierter sozialer Bereiche gewandt. Dabei wird aber übersehen, dass der reale „Neoliberalismus" vielfach zuerst die Privatisierung und Monopolisierung vormals öffentlich betriebener Institutionen fördert. Dabei wird der Gewinn reduzierende Wettbewerbsmechanismus gerade umgangen – entgegen der neoliberalen Ideologie. Der Neoliberalismus hat insofern anti-liberale Züge (Davies 2014; Diaz-Bone 2016).[28]

---

26 Das ist auch das Argument von Harrison White, der die Qualitätsdifferenzierung als Grundmechanismus von Märkten modelliert hat (White 2002).

27 Die Studien zur Performativität formulieren, dass die Wirtschaftswissenschaften die Wirtschaft „performen" oder dass die Wirtschaft in die Wissenschaft „eingebettet" ist (Callon 1998; MacKenzie 2007).

28 Die Techniken der Quantifizierung wie Rankings, Benchmarking und Scoring werden heutzutage verstanden als Elemente des Neoliberalismus (Bruno/Didier 2013). William Davies (2014) hat aus konventionentheoretischer Perspektive den Neoliberalismus zu kritisieren versucht und argumentiert, dass der neoliberale Einfluss sich wesentlich auch durch die Übertragung ökonomischer Methoden und Modelle sowie die Einführung von quantitativen Indikatoren auf das Soziale auswirkt. Eve Chiapello (2016) hat systematisch untersucht, wie die Accounting-Forschung Neoliberalismus kritisch analysiert. Dabei zeigt sie die Bedeutung der Foucaultschen Analysen für die Kritik am Neoliberalismus auf und sie schlägt ebenfalls eine konventionentheoretische Perspektive für die kritische Analyse des Neoliberalismus in der Accounting-Forschung vor.

Aus Sicht der EC ist die Vereinfachung des Marktdenkens (die durch den Performativitätseffekt gefördert wird), empirisch nicht zutreffend, wenn damit eine Gleichsetzung von realer Marktorganisation mit dem neoklassischen Modell erfolgt. Wenn man reale Märkte analysiert, zeigt sich, dass hier eine Pluralität koexistierender Qualitätskonventionen Märkte stabilisiert und intern differenziert (Favereau et al. 2002). Grundsätzlich sind aus Sicht der EC alle von ihr identifizierten Qualitätskonventionen in empirischen Märkten mögliche und koexistierende Koordinationslogiken. Und eine Vielzahl an Qualitätskonventionen ist in der Regel – in Abhängigkeit des jeweiligen Marktes – auch in unterschiedlichen Konstellationen vorfindbar.

Dies steht im Gegensatz zur wirtschaftswissenschaftlichen Institutionentheorie: Die Transaktionskostenökonomie hat Märkte als effizientes institutionelles Design angesehen, wenn für die Produktion und Distribution keine oder nur geringe Transaktionskosten anfallen. Ansonsten legt die Transaktionskostentheorie für die Produktion und Distribution von Produkten das Prinzip der Hierarchie und entsprechend das institutionelle Arrangement des Unternehmens (und allgemein der Organisation) als effizienteste Lösung nahe (Coase 1937; Williamson 1985). Die EC kritisiert, dass in der Transaktionskostenökonomie aber auch bei dem Konzept des Unternehmens der vertragsförmige Tausch (Arbeit und hierarchische Unterordnung gegen Gehalt) zugrunde liegt und damit das Marktmodell einfach (in das Unternehmen) verlängert wird, ohne dem Unternehmen eine spezifische Koordinationslogik und Realität zuzuerkennen, die nicht reduziert wird auf ein System von Verträgen (Eymard-Duvernay 2004, 2012; Favereau 2012; Diaz-Bone 2015a).

Vertreter der EC distanzieren sich von diesen vereinfachten Konzeptionen von Markt und Unternehmen, wie sie durch die Transaktionskostenökonomie vorgelegt wurden. Olivier Favereau hat argumentiert, dass die Grenzen des Unternehmens letztlich auf einer Konvention beruhen müssen und dass die Grenzen als kontingent aufzufassen sind (Favereau 2014b, S. 50). Wenn man nur die mitarbeitenden Gehaltsempfänger dazu zählt, dann bezieht man nicht alle Akteure mit ein, die an der Koordination beteiligt sind. Denn auch „Externe" wie Zulieferer sind hieran beteiligt. Und weiter: Aktionäre haben zwar ein Anrecht auf die Dividende, die für die Aktien gezahlt werden sowie Stimmrecht in der Aktionärsversammlung, sie sind aber nicht Eigentümer oder Mitarbeitende des Unternehmens und haben kein Verfügungsrecht über die Güter des Unternehmens. Dennoch haben sie seit Jahrzehnten zunehmenden direkten Einfluss, wenn Manager sich immer mehr als Vertreter der Aktionäre sehen, ihre Unternehmensführung an der Erhöhung des shareholder value ausrichten, anstatt sich dem Unternehmen verpflichtet zu fühlen. So haben die Aktionäre und die Finanzmärkte mittelbar und wachsenden Einfluss auf die Unternehmensführung (Favereau 2012, 2014a). Wie sind also die Grenzen des Unternehmens zu ziehen? Favereau stellt das vorherrschende Konzept vom Unternehmen in Frage und argumentiert, dass Unternehmen keine angemessene rechtliche Existenz haben. Das Unternehmensrecht definiert zwar den Status der Unternehmensleitung und das Arbeitsrecht reglementiert Angestelltenverhältnisse, aber beide verkennen das ganze Unternehmen als Kollektiv. Das Unternehmen, das Kollektiv der Menschen, die das Unternehmen „sind", hat selbst keine „angemessene Existenz im Recht" (Favereau 2012, S. 20/61). Auch François Eymard-Duvernay hat die gängigen Konzepte hinterfragt. „Man muss die Begriffe ‚Märkte' und ‚Unternehmen' mit Vorsicht behandeln. Die Märkte, wie die Unternehmen, sind vielfältige Ensembles an Dispositiven der Valorisierung." (Eymard-Duvernay 2012, S. 187).[29] Märkte benötigen eine vielfältige Instrumentierung wie spezifische Architekturen für den Handel, Medien für den Informationsaustausch, Messinstrumente für die Quantifizierung von Größen, Gewichten, Zeiten usw. Diese Instrumentierung ist dabei nicht einfach nur unterstützend oder vereinfachend, sie ist konstitutiv für das Markthandeln und die Konstruktion der ökonomischen Sachverhalte und Werte (Thévenot 1984; Eymard-Duvernay/Thévenot 1983a, 1983b; Callon et al. 2007; Pinch/Swedberg Hrsg. 2008; Garcia-Parpet in diesem Band).

Eymard-Duvernay hat – wie Favereau – argumentiert, dass die Grenzziehung bei Unternehmen dann problematisch wird, wenn man die interaktiven Prozesse der Qualitätszuschreibung und Valorisierung analysiert, denn diese überschreiten notwendig die Unternehmensgrenzen und entgrenzen somit Unternehmen und Märkte (Eymard-Duvernay 1994). "In der Version des [neo]klassischen Marktmodells stellen die Produkte die Schnittstelle zwischen der Organisation [dem Unternehmen] und dem Markt dar. Wenn man nicht länger annimmt, dass die Produkte eine festgelegte und für beide Institutionen erkennbare Qualität haben, dann nimmt der Tausch notwendigerweise eine komplexere Form an als nur eine punktuelle Transaktion zu sein. Die Interaktionsformen, die wir untersuchen, sind eine geeignete Analyseperspektive." (Eymard-Duvernay 1997, S. 83)[30] Eymard-Duvernay hat hierbei die Interaktionen „an den Grenzen" und in den „peripheren Zonen" der Unternehmen im Sinn, inspiriert durch die Arbeiten von Mark Granovetter (1985). Eine empirische Umsetzung dieser Analyseperspektive stellt die einflussreiche Studie von Eymard-Duvernay und Marchal dar, die zeigt, wie Praktiken und Dispositive in Arbeitsmärkten und in Unternehmen gekoppelt werden, um die „Qualifikation" von Bewerberinnen und Bewerbern aus Unternehmens-

---

29 Übersetzung RDB.
30 Übersetzung RDB.

sicht zu „ermitteln" (Eymard-Duvernay/Marchal 1997).[31] Dabei zeigt sich, dass es je nach unterliegender Qualitätskonvention verschiedene zugehörige Dispositive gibt – beginnend bei der Konzipierung von Stellendefinitionen und Stellenausschreibungen bis hin zur Formulierung und Aushandlung von Arbeitsverträgen (Eymard-Duvernay/Marchal 1997; Marchal/Rieucau 2010). Und dabei zeigt sich eben auch, dass Arbeitsmärkte und Unternehmen im Zuge der Rekrutierung die oben skizzierte Entgrenzung der vermeintlich unterschiedlichen Koordinationslogiken von Markt und Unternehmen und eine Intensivierung der Interaktionen „an den Grenzen" praktizieren. Das Konzept der Intermediäre schließt hier direkt an. Diese sind Personen oder Objekte, die die Koordination über Situationen hinaus zeitlich und räumlich weitervermitteln und so Situationen miteinander verbinden, dies zumeist Marktgrenzen und Unternehmensgrenzen übergreifend, aber eben auch innerhalb von Märkten und Unternehmen (Eymard-Duvernay 1997; Bessy/Eymard-Duvernay Hrsg. 1997). Intermediäre sind dabei keine „neutralen" Überbringer oder Vermittler von Koordination, sie sind beteiligt an der Zuschreibung von Wertigkeiten und Qualitäten. Intermediäre können die Reichweite von Qualitätskonventionen ermöglichen. Das Konzept der Intermediäre macht deutlich, dass Märkte und Unternehmen selbst eingebettet sind in Verkettungen (von Koordinationsprozessen) durch Personen und Objekte, ohne die sie gar nicht wirksam als Settings für ökonomische Koordination fungieren könnten.[32]

Favereau insistiert – gegen die Transaktionskostentheorie gerichtet –, dass Märkte organisiert sind und Unternehmen keine Märkte im Sinne von vertraglichen Tauschsystemen sind, so dass in Frage gestellt wird, ob man reale Märkte und Unternehmen klar voneinander abgrenzen kann und ob man hier fundamental entgegengesetzte Koordinationslogiken vorfindet (Favereau 1989a, 1989b). Aus Sicht der EC ist das Unternehmen auch keine Problemlösung für hohe Transaktionskosten, sondern ein erforderlicher Mechanismus, der Märkte aneinander vermittelt. Denn die Vernetzung von Arbeitsmärkten, Finanzmärkten und Produktmärkten erfolgt durch Unternehmen als Dispositive – was Märkte untereinander nicht leisten können, wird in Unternehmen geleistet. Praktisch heißt dies auch, dass Unter-

---

31 Siehe für eine Darstellung Diaz-Bone (2015a).
32 Christian Bessy (1997) hat in einer Studie untersucht, wie Absolvierende einer Hochschule für Fotografie mit Hilfe verschiedener Intermediäre (Vermittler wie Agenturen oder Professoren, Dispositive wie Stellenanzeigen, CVs oder Arbeitsmappen) den Eintritt in den Arbeitsmarkt geschafft haben. Dabei hat sich gezeigt, dass eine Pluralität von solchen Berufseinstiegen vorliegt, die mit der Pluralität von Qualitätskonventionen korrespondiert, die den Arbeitsmarkt differenziert in verschiedene Segmente. Siehe auch die Systematisierung in Marchal und Rieucau (2010) sowie in Diaz-Bone (2015a). Siehe weiter auch den Beitrag von Bessy in diesem Band.

nehmen zu einem Dispositiv werden und die verschiedenen Einflüsse und Formen der Valorisierung aneinander vermitteln (Eymard-Duvernay 2012; Favereau 2012, 2014a, 2014b; Larquier 2012). Bezogen auf Unternehmen hat Favereau (2012, 2014a) argumentiert, dass man hier in vierfacher Weise vom Unternehmen selbst als von einem Dispositiv sprechen kann. (1) Einmal – hier an das Konzept der Dispositive der Valorisierung von Eymard-Duvernay anschließend – kann das ganze Unternehmen als ein Dispositiv der Valorisierung angesehen werden. Denn Unternehmen liegen (entsprechend der Vernetzung der drei Märkte) an der Schnittstelle von drei Formen der Valorisierung: sie werden (zumindest als Aktiengesellschaften) durch Finanzmärkte bewertet, ihre Produkte werden durch Konsumenten bewertet und es wird die in ihnen geleistete Arbeit bewertet. Die Mitarbeitenden im Unternehmen unterliegen mittelbar oder unmittelbar allen drei Valorisierungsformen. (2) Dann sind Unternehmen ein Dispositiv für die Schaffung und Mobilisierung eines Kollektivs. Und zwar des Kollektivs derjenigen, die das Unternehmen „sind" und hier in der ökonomischen Koordination involviert sind. (3) Für diese Mitarbeitenden ist das Unternehmen weiter ein Dispositiv für das Austarieren des Verhältnisses von Personalisierung der Arbeit und Standardisierung der Arbeit. (4) Zuletzt ist das Unternehmen ein Dispositiv für die Entfaltung privatisierter Macht, worunter eine Macht zu verstehen ist, die Unternehmen jenseits des nationalen Rechts entfalten, etwa indem sie interne Regeln einführen oder indem sie für sich die Vorteile der Globalisierung nutzen und unterschiedliche nationale Rechtsstandards gegeneinander ausspielen.

Bei allen diesen Formen von Dispositiven, als die das Unternehmen fungieren kann, ist dann jeweils die Frage, wie die damit verbundene Macht von wem wie eingesetzt werden kann. Sowohl für Favereau (2012, 2014a) als auch für Eymard-Duvernay (2004, 2012) sind insbesondere hiermit normative Aspekte von wesentlicher Bedeutung, nämlich die Frage nach der politischen Ökonomie *im* Unternehmen selbst. Diese ist darin zu sehen, dass die Politiken im Unternehmen nicht nur daraufhin zu bewerten sind, wie effizient Unternehmen sind, sondern auch wie diese mit der Pluralität der von den Akteuren eingebrachten Gerechtigkeitserwartungen umgehen können, wie Unternehmen soziale Ungleichheit vermeiden bzw. abbauen und Demokratisierung fördern. „Unsere Hypothese ist, dass die ökonomischen Institutionen sich entfalten oder verschwinden aus Gründen der Legitimität und nicht nur der Effizienz." (Eymard-Duvernay 2012, S. 164)[33]

---

33 Übersetzung RDB.

Literatur

Batifoulier, Philippe (Hrsg.)(2001): Théorie des conventions. Paris: Economica.
Batifoulier, Philippe/Bessis, Franck/Ghirardello, Ariane/Larquier, Guillemette de/ Remillon, Delphine (Hrsg.)(2016): Dictionnaire des conventions. Autour des travaux d'Olivier Favereau. Villeneuve d'Ascq: Presses Universitaires du Septentrion.
Beckert, Jens/Deutschmann, Christoph (Hrsg.)(2009): Wirtschaftssoziologie. Kölner Zeitschrift für Soziologie und Sozialpsychologie. Sonderheft 49. Wiesbaden: VS Verlag.
Beckert, Jens/Diaz-Bone, Rainer/Ganßmann, Heiner (Hrsg.)(2007): Märkte als soziale Strukturen. Frankfurt: Campus.
Belliger, Andrea/Krieger, David J. (Hrsg.)(2006): ANThology. Ein einführendes Handbuch zur Akteur-Netzwerk-Theorie. Bielefeld: Transkript.
Bessy, Christian (1997): Cabinets de recrutement et formes d'intermédiation sur le marché du travail. In: Bessy, Christian/Eymard-Duvernay, François (Hrsg.), Les intermédiaires du marché du travail. Paris: Presses Universitaires de France, S. 103-141.
Bessy, Christian (2007): La contractualisation de la relation de travail. Paris: LGDJ.
Bessy, Christian (2011): Repräsentation, Konvention und Institution. Orientierungspunkte für die Économie des conventions. In: Diaz-Bone, Rainer (Hrsg.), Soziologie der Konventionen. Grundlagen einer pragmatischen Anthropologie. Frankfurt: Campus, S. 167-202.
Bessy, Christian (2012): Law, forms of organization and the market for legal services. In: Economic Sociology – European Electronic Newsletter 14(1), S. 20-30. Verfügbar über: http://econsoc.mpifg.de/archive/econ_soc_14-1.pdf
Bessy, Christian (2015): L'organisation des activités des avocats: entre monopole et marché. Paris: Editions Lextenso.
Bessy, Christian/Chateauraynaud, Francis (2014): Experts et faussaires. Pour une sociologie de la perception. 2. Aufl. Paris: Editions Pétra.
Bessy, Christian/Chauvin, Pierre-Marie (2013): The power of market intermediaries: From information to valuation processes. In: Valuation Studies 1(1), S. 83-117.
Bessy, Christian/Eymard-Duvernay, François (Hrsg.)(1997): Les intermédiaires du marché du travail. Paris: Presses Universitaires de France.
Bessy, Christian/Favereau, Olivier (2003): Institutions et économie des conventions. In: Cahiers d'économie politique 44, S. 119-164.
Boisard, Pierre (1991): The future of a tradition: Two ways of making camembert, the foremost cheese of France. In: Food and Foodways 4(3/4), S. 173-207.
Boisard, Pierre (2003): Le camembert. A national myth. Berkeley: University of California Press.
Boisard, Pierre/Letablier, Marie-Thérèse (1987): Le camembert: normand ou normé. Deux modèles de production dans l'industrie fromagère. In: Eymard-Duvernay, François (Hrsg.), Entreprises et produits. Cahiers du Centre d'études de l'emploi 30. Paris: Presses Universitaires de France, S. 1-29.
Boisard, Pierre/Letablier, Marie-Thérèse (1989): Un compromis d'innovation entre tradition et standardisation dans l'industrie laitière. In: Boltanski, Luc/Thévenot, Laurent (Hrsg.) (1989): Justesse et justice dans le travail. Cahiers du Centre d'études de l'emploi 33. Paris: Presses Universitaires de France, S. 209-218.
Boltanski, Luc/Chiapello, Eve (2003): Der neue Geist des Kapitalismus. Konstanz: UVK.

Boltanski, Luc/Thévenot, Laurent (1983): Finding one's way in social space: A study based on games. In: Social Science Information 22(4/5), S. 631-680.
Boltanski, Luc/Thévenot, Laurent (2007): Über die Rechtfertigung. Eine Soziologie der kritischen Urteilskraft. Hamburg: Hamburger Edition.
Bruno, Isabelle/Didier, Emmanuel (2013): Benchmarking. L'Etat sous pression statistique. Paris: La Découverte.
Bruno, Isabelle/Jany-Catrice, Florence/Touchelay, Béatrice (Hrsg.)(2016): The social sciences of quantification. Cham: Springer.
Callon, Michel (1998): Introduction: The embeddedness of economic markets in economics. In: Callon, Michel (Hrsg.), The laws of the markets. Oxford: Blackwell, S. 1-57.
Callon, Michel/Lascoumes, Pierre/Barthe, Yannick (2009): Acting in an uncertain world. Cambridge: MIT Press.
Callon, Michel/Millo, Yuval/Muniesa, Fabian (2007): Market devices. London: Blackwell Publishing.
Chiapello, Eve (2017, im Druck): Critical accounting research and neoliberalism. In: Critical Perspectives on Accounting.
Coase, Ronald (1937): The nature of the firm. In: Economica 16(4), S. 386-405.
Corcuff, Philippe (2011): Les nouvelles sociologies: entre le collectif et l'individuel. 3. Aufl. Paris: Armand Colin.
Davies, William (2014): The limits of neoliberalism. Authority, sovereignty, and the logic of competition. London: Sage.
De Munck, Jean (2006): Vers un nouveau paradigme du droit. In: Eymard-Duvernay, François (Hrsg.), L'économie des conventions. Méthodes et résultats. Bd. 1: Débats. Paris: La Découverte, S. 249-262.
Desrosières, Alain (2005): Die Politik der großen Zahlen. Eine Geschichte der statistischen Denkweise. Berlin: Springer.
Desrosières, Alain (2008a): Pour une sociologie historique de la quantification. L'argument statistique I. Paris: Mines ParisTech.
Desrosières, Alain (2008b): Gouverner par les nombres. L'argument statistique II. Paris: Mines ParisTech.
Desrosières, Alain (2011): The economics of convention and statistics: The paradox of origins. In: Historical Social Research 36(4), S. 64-81.
Desrosières, Alain (2014): Prouver et gouverner. Une analyse politique des statistiques publiques. Paris: La Découverte.
Diaz-Bone, Rainer (2007): Habitusformierung und Theorieeffekt. Zur sozialen Konstruktion von Märkten. In: Beckert, Jens/Diaz-Bone, Rainer/Ganßmann, Heiner (Hrsg.), Märkte als soziale Strukturen. Frankfurt: Campus, S. 253-266.
Diaz-Bone, Rainer (2012): Elaborating the conceptual difference between conventions and institutions. In: Historical Social Research 37(4), S. 64-75.
Diaz-Bone, Rainer (2013): Sozio-Episteme und Sozio-Kognition. Epistemologische Zugänge zum Verhältnis von Diskurs und Wissen. In: Viehöver, Willy/Keller, Reiner/Schneider, Werner (Hrsg.), Diskurs – Sprache – Wissen. Interdisziplinäre Beiträge zum Verhältnis von Sprache und Wissen in der Diskursforschung. Wiesbaden: Springer VS, S. 79-96.
Diaz-Bone, Rainer (2015a): Die „Economie des conventions". Grundlagen und Entwicklungen der neuen französischen Wirtschaftssoziologie. Wiesbaden: Springer VS.

Diaz-Bone, Rainer (2015b): Recht aus konventionentheoretischer Perspektive. In: Knoll, Lisa (Hrsg.)(2015): Organisationen und Konventionen. Wiesbaden: Springer VS, S. 115-133.

Diaz-Bone, Rainer (2015c): Qualitätskonventionen als Diskursordnungen in Märkten. In: Diaz-Bone, Rainer/Krell, Gertraude (Hrsg.), Diskurs und Ökonomie. Diskursanalytische Perspektiven auf Märkte und Organisationen. 2. Aufl. Wiesbaden: Springer VS, S. 309-337.

Diaz-Bone, Rainer (2016): Convention theory and neoliberalism. Review Essay zu: William Davies (2014): The limits of neoliberalism. Authority, sovereignty, and the logic of competition. London: Sage. In: Journal of Cultural Economy 9(2), S. 214-220.

Diaz-Bone, Rainer (2017): Discourses, conventions and critique – Perspectives of the institutionalist approach of the economics of convention. In: Historical Social Research 42(1), S. 238-262.

Diaz-Bone, Rainer/Krell, Gertraude (2015): Einleitung: Diskursforschung und Ökonomie. In: Diaz-Bone, Rainer/Krell, Gertraude (Hrsg.), Diskurs und Ökonomie. Diskursanalytische Perspektiven auf Märkte und Organisationen. 2. Aufl. Wiesbaden: Springer VS, S. 11-40.

Diaz-Bone, Rainer (Hrsg.)(2011): Soziologie der Konventionen. Grundlagen einer pragmatischen Anthropologie. Frankfurt: Campus.

Diaz-Bone, Rainer (Hrsg.)(2012): Conventions, law and economy. Economic Sociology 14(1). Verfügbar über: http://econsoc.mpifg.de/archive/econ_soc_14-1.pdf

Diaz-Bone, Rainer (Hrsg.)(2013): Economic discourses and economic dispositives. Economic Sociology 14(1). Verfügbar über: http://econsoc.mpifg.de/archive/econ_soc_14-2.pdf

Diaz-Bone, Rainer/Salais, Robert (Hrsg.)(2011): Conventions and institutions from a historical perspective (special issue). Historical Social Research 36(4). Verfügbar über: http://www.gesis.org/en/hsr/archive/2011/364-conventions-institutions/

Diaz-Bone, Rainer/Salais, Robert (Hrsg.)(2012): The Économie des Conventions – Transdisciplinary discussions and perspectives (HSR-focus). Historical Social Research 37(4). Verfügbar über: http://www.gesis.org/en/hsr/archive/2012/374-the-economie-des-conventions/

Diaz-Bone, Rainer/Didry, Claude/Salais, Robert (Hrsg.)(2015): Law and conventions from a historical perspective (Special issue). Historical Social Research 40(1). Verfügbar über: http://www.gesis.org/en/hsr/archive/2015/401-law-and-conventions/

Diaz-Bone, Rainer/Didier, Emmanuel (Hrsg.)(2016): Conventions and quantification (Special issue). Historical Social Research 41(2). Verfügbar über: http://www.gesis.org/en/hsr/current-issues/2016/412-conventions-and-quantification/

Didry, Claude (2002): Naissance de la convention collective. Débats juridiques et luttes sociales en France au début du XXe siècle. EHESS.

Didry, Claude (2012): Labour law as social questioning: The contribution of the "labour conventions approach" to a different history of socio-economic institutions. Economic Sociology – European Electronic Newsletter 14(1), S 11-19. Verfügbar über: http://econsoc.mpifg.de/archive/econ_soc_14-1.pdf

Dodier, Nicolas/Barbot, Janine (2016): La force des dispositifs. In: Annales 71(2), S. 421-450.

Dosse, François (1999): The empire of meaning. The humanization of the social sciences. Minneapolis: University of Minnesota Press.

Eymard-Duvernay, François (1994): Les frontières de l'entreprise. In: Ecole Normale Supérieure (Hrsg.), Variations autour de la régulation sociale. Hommage à Jean-Daniel Reynaud. Paris: Presses de l'Ecole Normale Supérieure, S. 161-171.

Eymard-Duvernay, François (1997): Les interactions aux frontières des organisations. L'économie des relations en proximité. In: Garrouste, Pierre (Hrsg.), Les frontières de la firme. Paris: Economica, S. 81-94.

Eymard-Duvernay, François (2004): Economie politique de l'entreprise. Paris: La Découverte.

Eymard-Duvernay, François (2009): L'économie des conventions entre économie et sociologie: l'homo conventionalis calcule et parle. In: Steiner, Philippe/Vatin, François (Hrsg.), Traité de sociologie économique. Paris: Presses Universitaires de France, S. 131-164.

Eymard-Duvernay, François (2012): Le travail dans l'entreprise: pour une democratization de valorization. In: Roger, Baudoin (Hrsg.), L'entreprise, formes de la propriété et responsabilités sociales. Paris: Editions Lethielleux, S. 155-218.

Eymard-Duvernay, François/Marchal, Emmanuelle (1997): Façons de recruter. Le jugement des compétences sur le marché du travail. Paris: Métailié.

Eymard-Duvernay, François/Thévenot, Laurent (1983a): Investissements spécifiques et concurrence sur le marché. Paris: INSEE.

Eymard-Duvernay, François/Thévenot, Laurent (1983b): Les investissements de forme. Leur usage pour la main d'oeuvre. Paris: INSEE.

Eymard-Duvernay, François (Hrsg.)(2006a): L'économie des conventions. Méthodes et résultats. Bd. 1: Débats. Paris: La Découverte.

Eymard-Duvernay, François (Hrsg.)(2006b): L'économie des conventions. Méthodes et résultats. Bd. 2: Développements. Paris: La Découverte.

Eymard-Duvernay, François (Hrsg.)(2012): Epreuves d'évaluation et chômage. Toulouse: Octarès Editions.

Favereau, Olivier (1989a): Marchés internes, marchés externes. In: Revue économique 40(2), S. 273-328.

Favereau, Olivier (1989b): Organisation et le marché. In: Revue française d'économie 4(1), S. 65-96.

Favereau, Olivier (1997): L'incomplétude n'est pas le problème, c'est la solution. In: Reynaud, Bénédicte (Hrsg.), Les limites de la rationalité. Bd. 2: Les figures du collectif. Paris: La Découverte, S. 219-233.

Favereau, Olivier (2012): Investigations et implications: synthèse des travaux. In: Roger, Baudoin (Hrsg.), L'entreprise, formes de la propriété et responsabilités sociales. Paris: Editions Lethielleux, S. 17-103.

Favereau, Olivier (2014a): Entreprises. La grande déformation. Paris: Collège des Bernardins.

Favereau, Olivier (2014b): "Société" par nécessité, "entreprise" par convention. In: Segrestin, Blanche/Roger, Baudoin/Vernac, Stéphane (Hrsg.), L'entreprise. Point aveugle du savoir. Auxerre: Sciences Humaines Editions, S. 48-64.

Favereau, Olivier/Biencourt, Olivier/Eymard-Duvernay, François (2002): Where do markets come from? From (quality) conventions! In: Favereau, Olivier/Lazega, Emmanuel (Hrsg.), Conventions and structures in economic organization. Markets, networks, hierarchies. Cheltenham: Edward Elgar, S. 213-252.

Favereau, Olivier (Hrsg.)(2010): Les avocats, entre ordre professionnel et ordre marchand. Paris: Lextenso Editions/Gazette du Paris.

Favereau, Olivier/Lazega, Emmanuel (Hrsg.)(2002): Conventions and structures in economic organization. Markets, networks, hierarchies. Cheltenham: Edward Elgar.

Foucault, Michel (1969): Wahnsinn und Gesellschaft. Eine Geschichte des Wahns im Zeitalter der Vernunft. Frankfurt: Suhrkamp.

Foucault, Michel (1971): Die Ordnung der Dinge. Eine Archäologie der Humanwissenschaften. Frankfurt: Suhrkamp.

Foucault, Michel (1973a): Die Geburt der Klinik. Eine Archäologie des ärztlichen Blicks. München: Hanser.

Foucault, Michel (1973b): Archäologie des Wissens. Frankfurt: Suhrkamp.

Foucault, Michel (1976): Überwachen und Strafen. Die Geburt des Gefängnisses. Frankfurt: Suhrkamp.

Foucault, Michel (1977): Sexualität und Wahrheit. Bd. 1: Der Wille zum Wissen. Frankfurt: Suhrkamp.

Foucault, Michel (1978): Dispositive der Macht. Berlin: Merve.

Foucault, Michel (1980): Power/Knowledge. New York: Pantheon Books.

Foucault, Michel (1992): Was ist Kritik? Berlin: Merve.

Foucault, Michel (2003): Das Spiel des Michel Foucault. In: Michel Foucault, Schriften in vier Bänden. Dits et Ecrits. Bd. III. Frankfurt: Suhrkamp, S. 391-429.

Foucault, Michel (2004a): Geschichte der Gouvernementalität I. Sicherheit, Territorium, Bevölkerung. Vorlesung am Collège de France 1977-1978. Frankfurt: Suhrkamp.

Foucault, Michel (2004b): Geschichte der Gouvernementalität II. Die Geburt der Biopolitik. Vorlesung am Collège de France 1978-1979. Frankfurt: Suhrkamp.

Foucault, Michel (2012): Über den Willen zum Wissen. Vorlesung am Collège de France 1970/1971. Berlin: Suhrkamp.

Granovetter, Mark S. (1985): Economic action and social structure: The problem of embeddedness. In: American Journal of Sociology 91(3), S. 481-510.

Hartz, Ronald (2013): „Eine Art von ständigem ökonomischen Tribunal" – Qualitative Befunde zur Semantik des Scheiterns in der diskursiven Bearbeitung der globalen Finanzkrise. In: Bergmann, Jens/Hahn, Matthias/Langhof, Antonia/Wagner, Gabriele (Hrsg.), Scheitern – Organisations- und wirtschaftssoziologische Analysen. Wiesbaden: Springer VS, S. 301-321.

Hartz, Ronald/Rätzer, Matthias (Hrsg.)(2013): Organisationsforschung nach Foucault: Macht – Diskurs – Widerstand. Bielefeld: Transcript.

Hedtke, Reinhold (2014): Wirtschaftssoziologie. Eine Einführung. Konstanz: UVK.

Hedtke, Reinhold (Hrsg.)(2015): Was ist und wozu Sozioökonomie? Wiesbaden: Springer VS.

Knoll, Lisa (Hrsg.)(2015): Organisationen und Konventionen. Die Soziologie der Konventionen in der Organisationsforschung. Wiesbaden: Springer VS.

Larquier, Guillemette de (2012): L'entreprise: espace de valorizations entre trois marchés. In: Roger, Baudoin (Hrsg.), L'entreprise, formes de la propriété et responsabilités sociales. Paris: Editions Lethielleux, S. 469-515.

Latour, Bruno (2007): Eine neue Soziologie für eine neue Gesellschaft. Frankfurt: Suhrkamp.

MacKenzie, Donald (2007): An engine, not a camera: How financial models shape markets. Cambridge: MIT Press.

MacKenzie, Donald/Beunza, Daniel/Hardie, Iain (2007): Die materiale Soziologie der Arbitrage. In: Beckert, Jens/Diaz-Bone, Rainer/Ganßmann Heiner (Hrsg.), Märkte als soziale Strukturen. Frankfurt: Campus, S. 135-150.

Marchal, Emmanuelle/Rieucau, Géraldine (2010): Le recrutement. Paris: La Découverte.

Nachi, Mohamed (2006): Introduction à la sociologie pragmatique. Paris: Armand Colin.

North, Douglass C. (1990): Institutions, institutional change and economic performance. Cambridge: Cambridge University Press.

North, Douglass C. (1991): Institutions. In: Journal of Economic Perspectives 5(1), S. 97-112.

Orléan, André (2014): The empire of value. A new foundation for economics. Cambridge: MIT Press.

Pinch, Trevor/Swedberg, Richard (Hrsg.)(2008): Living in a material world. Economic sociology meets science and technology studies. Cambridge: MIT Press.

Porter, Theodore M. (1995): Trust in numbers. The pursuit of objectivity in science and public life. Princeton: Princeton University Press.

Raffnsøe, Sverre/Gudmund-Hoyer, Marius/Thaning, Morten (2016): Foucault's dispositive: The perspicacity of dispositive analytics in organizational research. In: Organization 23(2), S. 272-298.

Salais, Robert (1998): A la recherche du fondement conventionnel des institutions. In: Salais, Robert/Chatel, Elisabeth/Rivaud-Danset, Dorothée (Hrsg.), Institutions et conventions. La réflexivité de l'action économique (Raisons pratiques 9). Paris: EHESS, S. 255-291.

Salais, Robert (2007): Die „Ökonomie der Konventionen" – mit einer Anwendung auf die Arbeitswelt. In: Beckert, Jens/Diaz-Bone, Rainer/Ganßmann, Heiner (Hrsg.), Märkte als soziale Strukturen. Campus, Frankfurt, S. 95-112.

Salais, Robert (2012): Quantification and the économics of convention. In: Historical Social Research 37(4), S. 55-63.

Salais, Robert (2015): Revisiter la question de l'Etat à la lumière de la crise de l'Europe. Etat extérieur, situé ou absent. In: Revue française de socio-économie 2 (hors-série), S. 245-262.

Salais, Robert/Thévenot, Laurent (Hrsg.)(1986): Le travail. Marchés, règles, conventions. Paris: Economica.

Storper, Michael/Salais, Robert (1997): Worlds of production. The action frameworks of the economy. Cambridge: Harvard University Press.

Thévenot, Laurent (1984): Rules and implements: Investments in forms. In: Social Science Information 23(1), S. 1-45.

Thévenot, Laurent (1992a): Des chiffres parlants: mesure statistique et jugement ordinaire. In: Besson, Jean-Louis (Hrsg.), La cité des chiffres. Ou l'illusion des statistiques. Paris: Editions Autrement, S. 130-142.

Thévenot, Laurent (1992b): Jugements ordinaires et jugement du droit. In: Annales 47(6), S. 1279-1299.

Thévenot, Laurent (2001): Organized complexity. Conventions of coordination and the composition of economic arrangement. In: European Journal of Social Theory 4(4), S. 405-425.
Thévenot, Laurent (2004): The French convention school and the coordination of economic action. Laurent Thévenot interviewed by Søren Jagd at the EHESS Paris. In: Economic Sociology – European Electronic Newsletter 5(3), S. 10-16. Verfügbar über: http://econsoc.mpifg.de/archive/esjune04.pdf
Thévenot, Laurent (2011): Conventions for measuring and questioning politics. The case of 50 years of policy evaluations through a statistical survey. In: Historical Social Research 36(4), S. 192-217.
Thévenot, Laurent (2012): Law, economies and economics. New critical perspectives on normative and evaluative devices in action. In: Economic Sociology – European Electronic Newsletter 14(1), S. 4-10. Verfügrbar über: http://econsoc.mpifg.de/archive/econ_soc_14-1.pdf
Thévenot, Laurent (2014): Voicing concern and difference: From public spaces to commonplaces. In: European Journal of Cultural and Political Sociology 1(1), S. 7-34.
Thévenot, Laurent (2015): Certifying the world. Power infrastructures and practices in economies of conventional forms. In: Aspers, Patrik/Dodd, Nigel (Hrsg.), Re-imagining economic sociology. Oxford: Oxford University Press, S. 195- 223.
Thévenot, Laurent (2016): Le pouvoir des conventions. In: Batifoulier, Philippe/Bessis, Franck/Ghirardello, Ariane/Larquier, Guillemette de/Remillon, Delphine (Hrsg.), Dictionnaire des conventions. Lille: Septendrion, S. 203-207.
White, Harrison C. (2002): Markets from networks. Socioeconomic models of production. Princeton: Princeton University Press.
Williamson, Oliver E. (1985): The economic institutions of capitalism. New York: Free Press.
Williamson Oliver E. (2000): The new institutional economics. Taking stock, looking ahead. In: Journal of Economic Literature 38(3), S. 595-613.

Intermediäre, Konventionen und die Diskurse des Arbeitsmarktes

Christian Bessy[1]

1 Einleitung

In diesem Text soll an eine Pionierarbeit zu den Diskursen des Arbeitsmarktes angeknüpft werden, die die empirische Analyse von Stellenanzeigen und des Systems der Berufsbezeichnungen unternommen hat (Bessy et al. 1999). Diese Analyse setzte bei den Informationsdispositiven an, die durch die involvierten Akteure mobilisiert wurden. Das Ausgangsinteresse war, die verschiedenen Register der Qualifizierung[2] der Arbeit und der sich bewerbenden Personen sowie die Pluralität der Konventionen („Grammatiken") für die Evaluation der Kompetenzen herauszustellen.[3] Diese Arbeit zu den Stellenanzeigen und den Berufsbezeichnungen steht im Kontext des Forschungsansatz der „Economie des conventions" (englisch economics of convention, im Folgenden kurz EC), welche in Frankreich seit den 1980er Jahren entwickelt worden ist, um die Analyse von Institutionen zu erneu-

---

[1] Aus dem Französischen übersetzt von Rainer Diaz-Bone.
[2] Im Französischen wird mit dem Begriff „qualification" nicht einfach die Qualifizierung im Sinne einer Ausbildung oder Befähigung bezeichnet. Stattdessen bezeichnet der Begriff allgemeiner die Bestimmung und Zuschreibung von wichtigen Eigenschaften („Qualitäten") [Anmerkung RDB].
[3] Diese methodologischen Elemente sind dann in der Buchpublikation Bessy et al. (Hrsg.) (2001) nicht dargestellt worden, welche sich auf den vergleichenden Aspekt konzentriert hat.

ern – insbesondere solcher Institutionen, die den Arbeitsmarkt strukturieren.[4] Diese Erneuerung hängt zusammen mit dem Interesse der EC an der auf Regeln bezogenen Koordination und betont die damit verbundene zugleich kognitive und normative Dimension, die sich angesichts des Problems der Interpretation und der Anwendung von Regeln in praktischen Handlungskontexten stellt.[5] Die Fokussierung auf diese Probleme der Koordination, die Fragen der Antizipation und der Repräsentation haben die EC dazu gebracht, die Analyse der Regeln der Koordination zu privilegieren. Insbesondere das von François Eymard-Duvernay und Laurent Thévenot ausgearbeitet Konzept der „Forminvestition" war dafür wichtig. Mit „Forminvestition" bezeichnen die beiden jede Praxis der Erschaffung von Regeln, der Produktion kognitiver Artefakte (wie Kategorisierungen, Kodierungen etc.) sowie auch von materieller Instrumentierung, welche zusammen zur Herstellung von Regelmäßigkeiten in den wirtschaftlichen Aktivitäten beitragen, um so die Unsicherheit über das Handeln und das Spektrum der möglichen Handlungen zu reduzieren (Eymard-Duvernay/Thévenot 1983). Das Konzept ist hervorgegangen aus qualitativen Studien zur Funktionsweise von Unternehmen[6] sowie auch aus einer kollektiven Arbeit zu den sozioprofessionellen Kategorien und der Praxis der Kodierungen am französischen Institut für die amtliche Statistik und Wirtschaftsanalyse INSEE (Desrosières/Thévenot 2002).[7]

Die Konstruktion eines Korpus von Stellenanzeigen verdankt viel François Eymard-Duvernay, der die Untersuchung über die „Intermediäre des Arbeitsmarktes" am Pariser Zentrum für die Analyse der Beschäftigung CEE[8] (Paris) in den 1990er Jahren geleitet hat (Bessy/Eymard-Duvernay Hrsg. 1997).[9] Das Hauptinteresse bestand darin, die aktive Rolle der Intermediäre in der Definition der ausgeschriebenen Beschäftigung und der Profile der erforderlichen Kompetenzen auf-

---

4   Siehe für eine einführende Darstellung zur EC den Beitrag von Rainer Diaz-Bone in diesem Band [Anm. d. Hrsg.].

5   Praktisch werden Regeln dann in Situationen mit Bezug auf Konventionen als Koordinationslogiken interpretiert [Anmerkung RDB].

6   Siehe für eine Präsentation dieser kollektiven Arbeit im Rahmen der entstehenden EC Desrosières (2011).

7   INSEE steht für das „Institut national de la statistique et des études économiques" (siehe www.insee.fr).

8   CEE steht für das „Centre d'études de l'emploi" (siehe http://www.cee-recherche.fr).

9   Das Korpus wurde dabei zusammengestellt, indem verschiedene Publikationen aus einer Branche und innerhalb einer zeitlichen Periode ausgewählt wurden. Wir verwenden hier bewusst den Begriff des Korpus anstelle des Begriffs der Stichprobe, da wir vorrangig an einer Verschiedenheit der Materialien interessiert waren und nicht an einem statistischen Konzept von Repräsentativität.

zuzeigen, die in die Erstellung und Redaktion der Anzeigen eingegangen sind. Das Insistieren auf der Analyse des Vokabulars des Arbeitsmarktes verweist auf die wichtige Rolle der Diskurse in der Konstruktion gemeinsamer Welten, aber auch auf die Bedeutung der kritischen Diskurse, die sich in ihr artikulieren. Das Konzept der interpretativen Rationalität ist ebenfalls zentral für den Ansatz der EC, hier insbesondere in dem Modell der Rechtfertigungsordnungen von Luc Boltanski und Laurent Thévenot (2007). Das Modell hat zwei prinzipielle Anwendungen ermöglicht. Einerseits hat es die Untersuchung der Interaktionen zwischen Akteuren im Rahmen von Tests der Rechtfertigung ermöglicht, wobei hier die Analyse der in den Disputen über die Gerechtigkeit angeführten Argumente nachgegangen wurde. Andererseits wurden die „Objekte" oder die Dispositive in diesen Disputen analysiert, auf die sich die Tests stützen. Das heißt in der Datenerhebung wird die Aufmerksamkeit auf diese Dispositive gelenkt, da man davon ausgeht, dass ihre Eigenschaften in besonderem Maße die Tests der Rechtfertigung strukturieren. Daher wird besonderes Gewicht auf die Geschichte, wenn nicht gar die Genese und Evolution dieser Dispositive gelegt, die den Akteuren äußerlich sind und die die Rechtfertigungsordnungen konkretisieren, die Hierarchien mit einer gewissen Stabilität und Sichtbarkeit zwischen den Individuen konstruieren. Die Forschung zu den Stellenanzeigen steht in der Tradition der zweiten Anwendung des Modells, wobei der Pluralität der Formen der Qualifizierungen – sowohl der Beschäftigungen als auch der Bewerber – Rechnung getragen wurde. Ein solch empirischer Ansatz (der eher selten zur Anwendung gekommen ist) geht von der Annahme aus, dass die Beziehungen auf dem Arbeitsmarkt im Wesentlichen durch die diskursive Beschreibung ermöglicht werden. Weiter geht man hier davon aus, dass das verwendete Vokabular keineswegs neutral ist und auf die verschiedenen Formen der Evaluation der Kompetenzen verweist. Von den Stellenanzeigen ausgehend interessiert man sich also für eine andere Form der Institution oder der Konvention: nämlich für den beschreibenden Diskurs.

Im ersten Teil dieses Beitrages sollen die methodologischen Aspekte dieses Ansatzes vorgestellt werden. In einem zweiten Teil sollen die Entwicklungen und Fortführungen vorgestellt werden, insbesondere die Konstruktion einer Sammlung von Arbeitsverträgen, die betrachtet werden können als soziale Artefakte, welche in der Form eines Diskurses an den Beziehungen auf dem Arbeitsmarkt teilhaben.

2 Die Valorisierung der Beschäftigung durch die Stellenanzeigen: die Diskurse des Marktes[10]

Unsere Forschungsperspektive über die Funktionsweise des Arbeitsmarktes setzt bei der Frage nach der Unsicherheit über die Qualität der Arbeit an. Man kann keine Arbeit direkt evaluieren, ohne das Risiko von Fehlern einzugehen. Die Valorisierung der Arbeit ist daher durch eine Unsicherheit beeinträchtigt, die Dysfunktionen in den Transaktionen zur Folge haben kann. Die Situationen der Einstellung bieten besondere geeignete Beobachtungsmöglichkeiten, um die interpretative Aktivität zu studieren, die die Akteure entwickeln, um ihr Urteil zu fundieren. Diese Wahl des Forschungsbereiches ist gleichermaßen gerechtfertigt durch die Annahme einer Asymmetrie in den Arbeitsbeziehungen zwischen Angestellten oder Stellenbewerbern und den Unternehmen. Es wird davon ausgegangen, dass die Urteile der Arbeitgeber größere Auswirkungen auf die Funktionsweise des Arbeitsmarktes haben, während dies für das Verhalten der Bewerber und Bewerberinnen für eine Stelle nicht gilt. Man kann folgern, dass die Arbeitslosigkeit daher zu einem großen Teil aus den Auswahlprozessen resultiert, die durch die Arbeitsgeber gesteuert werden. Die Qualität der Beurteilungen von Bewerbern und Bewerberinnen hängt ihrerseits wesentlich von den Informationen ab, die diese zu fundieren ermöglichen. Von diesem Standpunkt aus muss die herkömmliche wirtschaftswissenschaftliche Analyse ernsthaft verändert werden (Favereau 1998). Denn sie überschätzt praktisch die Kapazitäten des Kalkulierens durch die Akteure und sie vernachlässigt so die Analyse der Informationsdispositive, welche die Beurteilung bedingen.

Das Anliegen ist, das wieder einzuführen, was die wirtschaftswissenschaftliche Analyse vernachlässigt (die immer noch zu vereinnahmt ist von der Fiktion des Marktteilnehmers als eine Art Auktionär): nämlich die Frage der Konstruktion der Formen der Evaluation der Qualitäten von Produkten und Personen, ebenso mit welchen Unterstützungen die Evaluationen gespeichert und übertragen werden.

In dem wirtschaftswissenschaftlichen Ansatz, der von unvollständigen Informationen ausgeht, wird das kollektive Wissen für ein gutes Funktionieren des Marktes als ein öffentliches Gut aufgefasst, das nicht durch die ökonomischen Akteure vereinnahmt wird – bis auf die Ausnahme der Intermediären, die es zum Teil vereinnahmen, da sie so einen Profit zu erzielen beabsichtigen (Autor 2008). Es gibt nur wenige Ökonomen, die den endogenen Charakter der Präferenzen oder

---

10 Dieser Abschnitt basiert in Teilen auf der Einleitung des gemeinsam verfassten Forschungsberichtes „Les institutions du recrutement" (Bessy et al. 1999).

auch die Konstruktion der kollektiven Kriterien für die Evaluation einbeziehen (wie dies für die Einbeziehung der Diplome in der Theorie des Signalisierens von Spence gilt; siehe Spence 1973). Es sind vielmehr die soziologischen Ansätze, welche die Bedeutung der Definitionsprozesse von Evaluationsrahmen unterstreichen, die durch verschiedene Intermediäre durchgeführt werden und dann zur Konstruktion der Märkte und zur Zuschreibung von Werten oder Qualitäten zu präsenten Sachverhalten führen. Wenn man dieser Perspektive folgt, dann lassen sich die Qualitätsurteile nicht auf Probleme asymmetrischer Information reduzieren, sondern sie stellt die Frage nach der Definition der Qualitäten, die angemessen sind für das urteilen oder einschätzen. Die Perspektive stellt auch die Frage nach den Auswirkungen der Evaluationen, die insbesondere durch die in Märkten oder Berufen einflussreichen Intermediären übermittelt werden.

Um ihre Fähigkeit für Antizipationen zu verbessern, können die Akteure sich auf Dispositive stützen, die es ihnen ermöglichen Zugang zu nützlichen Informationen zu erhalten, ob es sich um Unternehmen oder Intermediäre des Arbeitsmarktes handelt. Daher wird hier der Fokus auf das Ensemble der Informationsdispositive gelegt, die das Prozessieren des Urteilens über die Qualität der Arbeit ermöglichen. Der wichtige Aspekt hierbei ist, dass Informationen nicht nur Informationen sind. Damit wird verständlich, dass sie das Urteilen ermöglichen, indem sie implizit eine Form oder Konvention der Valorisierung integrieren. Die Dispositive selektionieren die angemessene Information, wobei sie bestimmten „Formaten" entsprechen, sie „rahmen" die Information (Thévenot 1997). Die Bewerber für eine Stelle werden nicht nur evaluiert entsprechend der Dispositive. Die Qualität der Arbeit ist nicht einfach nur ein „gegebener Sachverhalt", da die Einschätzung schrittweise verfeinert wird durch eine Akkumulation der Informationen. Die Informationsdispositive tragen zur Qualifizierung der Arbeit bei, indem sie die Informationen selektieren, die sie prozessieren. Diese Instrumente der Messung der Qualität von Arbeit erfassen nicht lediglich eine präexistente Qualität, sie sind vielmehr integraler Bestandteil des Prozesses einer Qualifizierung der Arbeit. Und darüber hinaus mobilisiert die Evaluation der Qualität der Arbeit sehr häufig heterogene Informationen, die sich nicht einfach kumulieren lassen, weil sie in verschiedenen Formaten vorliegen.

2.1 Die institutionellen Kontexte für den Austausch der Arbeit

Die Repräsentation der Transaktionen nach dem Konzept des Arbeitsmarktes, wie er von den vorherrschenden ökonomischen Ansätzen entwickelt worden ist, wird seit langem vom wirtschaftswissenschaftlichen Institutionalismus und der Soziologie kritisiert. Diese gegenüber dem wirtschaftswissenschaftlichen Konzept des „Marktes" (sei es des Arbeitsmarktes oder eines anderen Marktes) kritischen Strömungen gehen grundlegend davon aus, dass ein Markt institutionell „eingebettet" ist, wobei die Funktionsweise der einbettenden Institutionen vorrangig durch die Machtbeziehungen zwischen sozialen Gruppen, durch Kämpfe im politischen Feld oder durch Machtmechanismen, welche auf sozialen Netzwerken basieren, bestimmt ist. Für die Vertreter dieser Strömungen ist der Markt nur eine Institution unter anderen und das wesentliche der Regulation wird jenseits dieser Arena abgesichert. Die Vertreter kritisieren den Universalismus der Wirtschaftswissenschaften und legen den Akzent auf die kulturellen Unterschiede im Verhalten von einer Gesellschaft zur anderen (Friedland/Robertson 1990).

Konkreter führen diese Strömungen zur Exploration der institutionellen Kontexte der Markttransaktionen, insbesondere der „Gehaltsbeziehung" [rapport salarial], der „Bildungsbeziehung" [rapport éducatif], der „Arbeitsteilung zwischen den Geschlechtern" [division sexuelle du travail], die eine gegebene Gesellschaft charakterisieren. Die Formierung von Angebot und Nachfrage nach Arbeit kann nicht verstanden werden, wenn man von diesen Institutionen absieht.

Wir haben die Institutionen analysiert, die die Beziehungen aus dem Arbeitsmarkt einbetten, insbesondere die öffentlichen (staatlichen) Stellenvermittlungen, aber auch die Privatagenturen, Ausbildungseinrichtungen sowie Berufe, von denen einige als Experten für Märkte auftreten (wie Arbeitspsychologen).

Wir haben diesen „Makro-Ansatz" fortgeführt durch die Analyse, wie diese Institutionen auf der Mikro-Ebene die Urteile der Akteure einbetten. Die Analyse der Informationsdispositive – wie Stellenanzeigen – erlauben die Verbindung zwischen „Makroebene" und „Mikroebene". Auf diese Weise kann man die Spuren der Institutionen beobachten. Die Redaktion einer Stellenanzeige ist eng bedingt durch die „Bildungsbeziehung" (sichtbar an der Art und Weise, wie Diplome angeführt werden, um die von den Bewerbern erwarteten Kompetenzen zu charakterisieren); weiter ist sie durch die „Gehaltsbeziehung" bedingt (erkennbar an der Art und Weise, wie der Redakteur die Beschäftigung sowie seine Einschreibung in die Organisation präsentiert und valorisiert); zuletzt ist sie bedingt durch die „Geschlechterrelation" (von der man die Spur an der Art und Weise erkennen kann, wie der Redakteur der Stellenanzeige das Geschlecht heranzieht). Die Redakteure der Stellenanzeigen haben evidentermaßen einen aktiven Anteil an der Art und Weise, wie sie diese institutionellen Orientierungspunkte arrangieren. Sie tragen durch ihre Handlungen dazu bei, die Bewerberinnen bzw. die Bewerber und die Unternehmen sowie die Beziehung zwischen beiden zu qualifizieren. Unser institutionentheoretischer Ansatz berücksichtigt die Spannung zwischen der Annahme, dass die individuelle Rationalität durch die Institutionen geprägt ist und der Annahme, dass die individuellen Handlungen zur Forminvestition (in die Institutionen und ihre kognitiven Dispositive) beitragen. Eine erste Anwendung dieses Ansatzes bestand in der Analyse der Identifizierung des Systems der Berufsbezeichnungen, die im Arbeitsmarkt zirkulieren, und die die Diskurse dieses Marktes mit strukturiert.[11] Die Analyse war nicht beschränkt auf Stellenanzeigen, obwohl diese ein besonderes Material darstellen, das gut geeignet war für diesen methodischen Zugang. Ausgehend von der Nomenklatur der Beschäftigungen und der Berufe, wie sie in Frankreich verwendet wurden, war die Zielsetzung herauszufinden, wie die Stellenanzeigen voneinander differenziert waren sowie herauszufinden, welche Kompetenzen sie adressierten. Weiter ermöglichte eine Analyse der Ideologien für die Unternehmensorganisation Rechtfertigungen für solche Differenzen sowie für deren Repräsentationen zu finden (wie „spezialisierte Tätigkeiten" bei Frederick Taylor oder „hierarchische Positionen" bei Henri Fayol). Mit Hilfe solcher Strategien war es letztlich möglich, die Konventionen der Evaluation von Kompetenzen zu unterscheiden, die auf dem französischen Arbeitsmarkt gebräuchlich sind sowie auch ihre Gemeinsamkeiten und Unterschiede herauszustellen.

2.2 Die Kodierung der Stellenanzeigen

Die Analyse und die Kodierung der Texte aus den herangezogenen, publizierten Stellenanzeigen aus der Presse sind einer Reflexion vorausgegangen, die dieses Dispositiv unter den anderen Kanälen für die Rekrutierung sowie den anderen Dispositiven der Bekanntmachung von offenen Stellen verortet. Tatsächlich stellt die Publikation einer Stellenanzeige ein Extrem in einem Spektrum von Formen dar, wie über eine freie Stelle informiert werden kann. Die Stellenanzeige ist geeignet für einen gut etablierten sowie intensiv funktionierenden Arbeitsmarkt. Das andere Extrem stellt die mündliche Information dar, die in einem kleinen und informellen Netzwerk zirkuliert. Die Publikation einer Stellenanzeige in der Presse ist ein spezifisches Dispositiv, anhand dessen das einstellende Unternehmen sich auch zu valorisieren und Werbung für seine eigenen Aktivitäten zu machen sucht. Im Übrigen erfolgen die meisten veröffentlichten Stellenanzeigen unter Einschaltung von Werbeagenturen als Intermediäre. Von daher erscheint es wichtig zu sein, die Träger der Annoncen sowie ihre Reichweite gut zu spezifizieren. Beide konditionieren zu einem großen Teil die Art und Weise wie die Stellen und die mög-

---

11 Siehe insbesondere den Text von Emmanuelle Marchal in unserem Bericht (Bessy et al. 1999).

lichen Kandidaten bzw. Kandidatinnen qualifiziert werden. Eine andere Quelle der Variation stellen die aufkommenden Internetseiten für Stellenanzeigen dar, die zugleich die Art und Weise modifizieren, wie man Stellenanzeigen auffasst und wie man nach Stellen sucht.

Diese vorlaufende Analyse hat auch Probleme der Interpretation aufgegriffen, die im Rahmen der Analyse der Stellenanzeigen aufgekommen waren.[12] Die zentrale Annahme ist dabei, dass die Kodierung von Stellenanzeigen es ermöglicht, die Strukturen der Arbeitsbeziehungen, die Eigenheiten des Arbeitsvertrages, die Konventionen hinsichtlich der Gehälter sowie die Logik der Unternehmensführung zu identifizieren. Die Stellenanzeige kann als eine Repräsentation des Arbeitsvertrages aufgefasst werden, die sich von der rechtlichen Form unterscheidet. Sie zieht ein Vokabular heran für die Bezeichnung des Arbeitgebers, für die Arbeitsstelle, für die Kandidaten, für deren Kompetenzen sowie für die verschiedenen Aktionen der verschiedenen Einheiten in der Arbeitsumgebung mitsamt ihren Beziehungen. Dieses Vokabular ist keineswegs neutral und es ist das Resultat eines kollektiven Lernprozesses, in dem die Intermediären des Arbeitsmarktes eine bestimmende Rolle spielen. Es offenbart die Weise der Qualifizierung des Unternehmens, der Position, der Kandidaten und allgemeiner der durch das Vokabular mobilisierten Konventionen der Evaluation. Unsere Resultate stammen aus der Auswertung von zwei Korpora von Stellenanzeigen, erhoben im Jahr 1998. Verwendet wurde ein Kodierschema, das im Wesentlichen die Anwesenheit oder Abwesenheit von Informationen in den Anzeigentexten erfassen half (das waren u.a. Empfänger des Bewerbungsdossiers, Art des Arbeitsvertrages, Höhe des Gehalts, Arbeitsort, Arbeitsinhalt, vorausgesetzte Diplome, Anforderung an bisherige Berufserfahrung, persönliche Qualifikationen, Modalitäten der Kontaktaufnahme mit Intermediären). Damit war es möglich, sich von einer eher qualitativen Kodierung abzusetzen und strikter das System von Qualifikationen der Beschäftigungen und der Kandidaten zu identifizieren. Die Daten aus dieser Kodierung von Stellenzeigen wurden dann mit Hilfe von Korrespondenzanalysen ausgewertet.[13]

---

12 Solche Probleme kommen noch nachdrücklicher auf, wenn man in der Phase der Kodierung zu den Ausdrucksformen oder den Rhetoriken kommt, die in den Annoncen enthalten sind. Wir haben im Anhang unseres Berichtes (Bessy et al. 1999) einen Versuch präsentiert, wie man die Analyse auf diese Vielfalt von Repräsentationen oder Grammatiken der Arbeitsbeziehung anwenden kann. Diese Art der Analyse von Stellenanzeigen ist durch die semiologische Tradition beeinflusst, die die Ebene der Form von der Ebene des Inhalts unterscheidet (Barthes 2010).

13 Diese multivariate und mehrdimensionale statistische Analyseform ermöglicht, die Korrelationen zwischen Variablen sichtbar zu machen und die grundlegenden Oppositionen zwischen den verschiedenen Typen von Annoncen zu erkennen. In Frankreich

Eine erste explorative Auswertung war Stellenanzeigen gewidmet, die von französischen Arbeitsvermittlungsagenturen als Arbeitgebern aufgegeben worden waren. Dieses Korpus, das aus Stellenanzeigen für die Rekrutierung von Beratern bestand, ermöglicht die Grenze zwischen Angestellten und Selbständigen herauszuarbeiten. Die Korrespondenzanalyse ergab hier, dass zwei Achsen die wichtigen Oppositionen des Korpus aus Hundert Stellenanzeigen (aus verschiedenen, im Jahr 1998 gesampelten Publikationen) strukturieren:

- Die Regeln der Arbeit sind geplant oder emergieren im Rahmen der Arbeitsbeziehung. Angesichts einer unsicheren Umgebung, ist der Vertrag in höherem Ausmaß „unvollständig" und die Annoncen valorisieren mehr die „Potentiale", die die Arbeit in variierenden Umgebungen ermöglichen – auf Kosten von Erfahrungen, die bei gut umrissenen Aufgaben erworben werden.
- Die Beschäftigung ist definiert wie eine Beschäftigung eines Angestellten oder Selbständigen. Der Begriff „unabhängig" ist nicht im präzisen juristischen Sinne zu verstehen, sondern auch Indikator für eine spezielle Arbeitsbeziehung, die darauf beruht, dass der Angestellte größtenteils selbst verantwortlich ist für die Arbeitsorganisation und für das Resultat seiner Aktivität.

Die Elaboration einer Typologie zeigt die Diversität der Stellenzeigen und der Konventionen sowie der damit verbundenen Arbeit, ohne dass diese Diversität reduziert werden könnte auf einzelne Beiträge der Publikation. Die vorgeschlagene Arbeitsplanung setzt den Schwerpunkt auf die Bedeutung technischer Dispositive als Stützen für die Arbeitsbeziehung. In dem Ausmaß, wie ihre Bedeutung schwindet, wie die erforderliche Erfahrung mehr und mehr allgemein ist, wie die Anforderungen an die Ausbildung oder ein Diplom niedriger sind, sind die valorisierten Kompetenzen in den Stellenanzeigen ausgerichtet auf die Übernahme von Verantwortlichkeiten und auf die relationalen Qualitäten der Kandidaten, das sind Kompetenzen, die als Indikatoren für die Unvollständigkeit der Regelung der Arbeitsbeziehung aufgefasst werden können.

---

wurde diese statistische Analysetechnik insbesondere von Pierre Bourdieu in die Sozialwissenschaften eingeführt, um die Hierarchie von Positionen im sozialen Raum oder in einem Feld zu repräsentieren (Bourdieu 1982).

2.3 Ein vergleichender Ansatz

Die zweite Auswertung hat die Informationen in den Stellenanzeigen in vergleichender Perspektive analysiert. Ausgangspunkt war ein Teilkorpus von Stellenanzeigen, der aus äquivalenten französischen und britischen Medien gesampelt wurde.[14] Tatsächlich bringt der vergleichende Ansatz die Bedeutung von Institutionen zum Vorschein, die sonst unbemerkt blieben, wenn der Beobachter nur in einen einzelnen Kontext eingetaucht wäre. Das haben wir auf der „Makroebene" unternommen, indem wir die Institutionen in den beiden Ländern untersucht haben. Aber wir haben dies auch auf der „Mikroebene" unternommen, eben indem wir die Stellenanzeigen zwischen den beiden Ländern miteinander verglichen haben. Unsere Forschung hat damit dazu geführt, die unterschiedlichen Weisen zu ordnen, wie die Kandidaten und die Beschäftigungen in dem einen und dem anderen Land qualifiziert werden. Die aus dem Korpus durch Kodierung erhobenen Daten können nicht sinnvoll interpretiert werden, ohne das Verständnis der Institutionen hinzuzuziehen, und so kann man ihre Spuren in den Stellenanzeigen erkennen.

Eine wichtige Achse der Strukturierung der Stellenanzeigen lässt das unterschiedliche Funktionieren des Marktes für Informatiker in den beiden Ländern deutlich werden. Hier artikuliert sich die Opposition zwischen einem professionellen Markt (Großbritannien) und internen Arbeitsmärkten in den Unternehmen (Frankreich).

In Großbritannien ist der ausgeprägteste Hinweis auf einen professionellen Markt, dass man sich hier in Verbindung zu einer auf Informatiker spezialisierten Vermittlungsagentur setzt, die zur Transparenz der Information beiträgt durch den Modus, wie hier die Redaktion der Stellenanzeigen erfolgt (systematische Bekanntmachung des Gehalts und des Arbeitsortes) und dadurch wie die Agentur in kontinuierlicher Weise den Stellensuchenden informiert. *Im Gegensatz* dazu ist die Asymmetrie der Information (zum Nachteil des Stellensuchenden) viel stärker im Falle des französischen Stellenangebotes, obwohl die Stellenbeschreibung dort zumeist expliziert ist. Wir haben gefolgert, dass die Explizierung des Inhalts der

---

14 Die Gesamtstichprobe setzte sich zusammen aus 600 Annoncen, die zwischen 1998 und 1999 in der Presse der beiden Länder erschienen sind. Die Annoncen stammten je zur Hälfte aus einem Land, wobei jede Teilstichprobe sich zu gleichen Teilen zusammensetzte aus Publikationen für die Allgemeinheit (*general interest*-Publikationen, wie Tageszeitungen und Zeitschriften für das breite Publikum), *special interest*-Publikationen und unternehmenseigenen Publikationen. Da die Art der Publikation auch die Art der Stellendefinition und der Qualifizierungen beeinflusst, war begründbar, dass mit der Gesamtstichprobe eine gute Vergleichsbasis gegeben war und die länderspezifischen Eigenheiten darin abgebildet waren.

Stelle von einer höheren Spezifik der Beschäftigung zeugt, obwohl die Nichtexplizierung ein Hinweis auf eine besser standardisierte Definition wäre, die dann durch die Spezialisten dieses Bereichs auf ihre Angemessenheit geprüft werden könnte. Die Vollständigkeit des Vertrages wäre eine implizite Eigenschaft, die auf der Erfahrung und der Referenz auf die Berufsbezeichnung sowie auf die Techniken der Informatik begründet wären, die den Stellensuchenden bekannt wären.

3 Für einen erneuerten empirischen Ansatz der Analyse des Arbeitsmarktes

Der Kontrast zwischen verschiedenen Formaten der Information in Stellenanzeigen verweist auf die verschiedene Funktionsweise der nationalen Arbeitsmärkte. Dies war ein wichtiges Resultat dieser vergleichenden Analyse eines Teilkorpus der Stellenanzeigen. Zu Beginn der Forschung war es alles andere als erwartbar, dass mit diesem Material Indikatoren und quantitative Daten zu gewinnen wären, wie man sie mit einem traditionellen Survey sonst erhebt. Aber es hat den Ausgangspunkt ermöglicht für weiterreichende Entwicklungen. Faktisch war es nicht möglich, eine Analyse von Stellenanzeigen durchzuführen ohne vorgängig die Kenntnis der Institutionen auszuweiten, die ihre Erstellung bedingen. Letztlich hat diese Vorbedingung (mit Bezug auf Survey-Daten) Alain Desrosières (2008) gut aufgezeigt. Der Nachteil des von uns gewählten Ausgangspunktes ist aber, dass die für die empirische Analyse eingesetzten Methoden notwendig begrenzt sind, und zudem ist auch nachteilig, dass man die neue Methodologie für die Datenproduktion erst komplett entwickeln und vorstellen muss. Die Methoden weichen von denjenigen Informationsdispositiven ab, die es den Akteuren ermöglicht, das Spiel zu verstehen, das zwischen den vielen Institutionen, die die Transaktionen auf dem Arbeitsmarkt einrahmen, gespielt wird

Es sind dann weitere Anwendungen erfolgt, wie im Fall Frankreichs anhand einer diachronen Analyse eines Korpus von Stellenanzeigen durch Marchal und Torny (2003), das den Zeitraum 1960 bis 2000 abbildet – wobei verschiedene Publikationen aus verschiedenen Branchen herangezogen wurden. Das Hauptresultat dieser neuen Studie ist, dass die Veränderungen des Vokabulars eine Umdefinition der Beschäftigung offenlegt, was durch eine Modifizierung der Formen der Arbeitsorganisation und der Konventionen der Evaluation der Arbeit angezeigt wird. Man findet hier auch die wachsende Bedeutung der Diplome sowie ein Ansteigen der industriellen Logik im Sinne von Boltanski und Thévenot (2007), welche die Akquirierung von spezialisiertem Wissen valorisiert und welches durch Bildungsinstitutionen kontrolliert wird. Im Übrigen hat der Einsatz einer Textanalysesoftware ermöglicht, systematischer die verschiedenen Formen der Qualifizierung der Beschäftigungen und der Bewerberinnen bzw. Bewerber zu identifizieren.[15]

Bevor die weiteren Anwendungen dieser Art der Analyse ausgehend von einem Korpus von Arbeitsverträgen vorgestellt werden, werden die Befunde der jüngeren Untersuchung zu Einstellung von Mitarbeitern von Rechtsanwälten präsentiert. Wir zeigen, wie die Intervention von spezialisierten Vermittlungsagenturen und der Stellenanzeigen, die sie veröffentlichen, es erlauben, die Transformation des Arbeitsmarktes für junge Anwälte sowie insbesondere die Transformation der Konventionen der Evaluation ihrer Kompetenzen zu erklären.[16]

3.1 Die Transformation des Arbeitsmarktes für junge Rechtsanwälte

Für lange Zeit basierte die Rekrutierung junger Rechtsanwälte oder die Assoziierung von bereits zugelassenen Anwälten einzig auf der Mobilisierung eines Netzwerks aus persönlichen Beziehungen. Das Veröffentlichen von Stellenanzeigen war nachrangig, es sei denn sie war für eine Rechtsanwaltsschule oder Verbandszeitschrift zu verfassen, also für Vermittler der Rekrutierung, die in berufsbezogenen Organisationen integriert waren und die die Schritte von der Ausbildung bis zum Eintritt in die Berufstätigkeit mit kontrollieren. Wenn die Mobilisierung von Dispositiven des persönlichen Urteils – oder der „persönlichen Instanzen" um die Formulierung von Lucien Karpik (2011) zu verwenden –, immer noch einen überwiegenden Anteil in der Rekrutierung dieser Hilfskräfte der Justiz inne hat, so verlieren sie doch allmählich an Boden gegenüber den unpersönlichen Formen der Evaluation, was der zunehmende Bezug auf Diplome von prestigeträchtigen Ausbildungsinstitutionen bezeugt, was wiederum zur Ausbreitung dieses Arbeitsmarktes beiträgt und die Konkurrenz zwischen diesen Ausbildungsinstitutionen steigert.

Die Transformation hängt insbesondere mit der Entwicklung einer Unternehmenslogik in den Kanzleien zusammen, die ihre Praxis anteilig mehr und mehr von der klassischen Vertretung vor Gericht auf Beratungsaktivitäten umstellen.

---

15 Das ist die Software PROSPERO, siehe dafür Chateauraynaud (2003) sowie http://prosperologie.org/.

16 Wir stützen uns hier auch die Untersuchung der Organisation der Anwaltskanzleien, hier insbesondere auf Abschnitt 4 über die neuen Praktiken der Einstellung von Mitarbeitenden (Bessy 2015).

Eben das ist ein Wandel des „beruflichen Regimes" und der Normen für die Evaluation der Arbeitsqualität der Rechtsanwälte.

Deren Evaluation stützt sich prinzipiell auf unpersönliche Dispositive des Urteilens, wie Handbüchern über oder Rankings von Rechtsanwaltskanzleien sowie Ausbildungsinstitutionen. Weiter bieten einige Internetseiten, die auf die Rekrutierung von Rechtsanwälten spezialisiert sind, Stellenzeigen an. Zudem tragen einige Entwicklungen im Internet zu einer Vergrößerung der Informationsbasis über rechtsanwaltliche Dienstleistungen und zur Umdefinition des Rechtswesens durch die Bedürfnisse der Kunden bei, und so werden diese nicht mehr allein nur durch juristische Organisationen, die Rechtsprechung und die Verwaltung definiert. Die Bereiche der Spezialisierung oder die Spezialisten, wie sie durch den Conseil National des Barreaux (ein Gremium, das den Berufstand der Rechtsanwälte auf nationaler Ebene repräsentiert) definiert werden, verlieren die Relevanz für die Realität der rechtsanwaltlichen Aktivitäten und sind wenig bekannt unter der Klientel der Unternehmen, welche das Image der Kanzlei als Marke präferieren, das auch ein effizienteres Werbemittel ist.

Die Untersuchung einer Reihe von Stellenanzeigen für Mitarbeiter zeigt, dass die alltägliche Rede vom Finanzrecht, vom Sozialrecht, vom Familienrecht oder vom Handelsrecht dazu führt, dass neue Zulassungen aufkommen, die zentriert sind um wirtschaftliche Tätigkeitsbereiche (wie M&A, also „Mergers and acquisitions") oder um die „Finanzaktivität", die „Immobilientätigkeit", „die Versicherungen".

Die Entwicklung dieser Intermediäre der Rekrutierung trägt zur Konstruktion eines Arbeitsmarktes juristischer Dienstleistungen bei und verändert die Rekrutierungsformen und die Ausbildung junger Rechtsanwälte sowie auch die Perspektiven für ihre berufliche Laufbahn. Insbesondere trägt ihre Existenz dazu bei, die Kriterien für die Evaluation der Qualität der Rechtsanwälte zu etablieren, die die höchste Allgemeinheit aufweisen, wie die Reputation der Ausbildungsinstitutionen oder der Kanzleien, in denen die jungen Rechtsanwälte ihre ersten Berufserfahrungen sammeln. Hinzu kommt zunehmend als Kriterium das Doppelstudium. Die Analyse des Korpus der Stellenzeigen zeigt klar, dass es die Kanzleien für das Handelsrecht sind, die eher ein solches Doppelstudium erwarten.[17]

---

17 Der Anteil der Rechtsanwälte, die an unserer Umfrage bei mehr als 200 Kanzleien teilgenommen haben, die in Frankreich tätig waren liegt bei ungefähr 20%, was allerdings deutliche Unterschiede zunächst verdeckt. Denn es sind nur 14% der Rechtsanwälte, die alleine arbeiten, während es 64% der Rechtsanwälte sind, die in einer Pariser Gruppe von Rechtsanwälten beschäftigt sind (Bessy 2015).

Bei der klassischen juristischen Ausbildung, muss der Bewerber für eine Stelle eine Ausbildung im Bereich Management, Finanzwesen oder Versicherungswesen ergänzen, um im Bereich Handelsrecht tätig zu sein; entsprechend ist eine Zusatzausbildung im Bereich Human Resources erforderlich, für diejenigen, die im Sozialrecht tätig sein wollen. Im Gegensatz dazu sind es die Absolventen der Elitehochschulen des Handels, welche ihre Ausbildung im Bereich Handel mit einem juristischen Anteil ergänzen und die sich so – seit 2007 – die Türen zu den rechtswissenschaftlichen Ausbildungsinstitutionen öffnen. Sicher müsste man ein umfangreicheres Korpus von Stellenanzeigen erstellen, um eine ausreichende Varianz an Anzeigentexten zu erhalten, die ermöglicht, verschiedene Modelle der Zusammenarbeit und die Konventionen der Evaluation der damit verbundenen Kompetenzen kontrastieren zu können. In den letzten Jahren erfolgt eine Vervielfachung der Stellenzeigen, was mit der Entwicklung der Vermittlungsagenturen und der auf Vermittlungen spezialisierten Internetseiten zusammenhängt. Mit Hilfe dieser Intermediäre der Rekrutierung ist ein Arbeitsmarkt mit großen Umfang entstanden, an dessen Entstehung diese Intermediäre ihren Anteil haben. Dies einmal, weil diese die Kriterien für die Evaluation von Kompetenzen über Interaktionsketten anhand der oben angeführten Kriterien mit etablieren, dies zum anderen weil sie die Berufskategorien und die Kategorien der Kanzleien mit definieren. Diese Operation der Definition des evaluativen Rahmens und der Kategorien stellt aber das traditionelle Funktionieren des Marktes für Rechtsanwälte, seines Systems der Ausbildungen, seiner Zulassungen und der bisherigen Intermediäre der Rekrutierung (wie Verbänden) in Frage.

3.2 Die Vertraglichung der Arbeitsbeziehung

Nach unserer Arbeit an dem Korpus der Stellenanzeigen, haben wir eine weitere Untersuchung, ausgehend von der Konstruktion eines Korpus von Arbeitsverträgen, begonnen. Die Ausgangsüberlegung war, den möglichen Unterschied zwischen der Repräsentation der Stelle, wie sie durch die redaktionelle Bearbeitung der Stellenanzeige erfolgt und der Repräsentation der Stelle, wie sie im Moment der faktischen Rekrutierung erfolgt, besser zu erfassen. Die methodische Schwierigkeit, einen doppelten Korpus von Stellenanzeigen und von Arbeitsverträgen zu erstellen, hat uns zur Frage der Individualisierung der Arbeitsbeziehung geführt. Die Hypothese, die wir haben ist, dass die erweiterten Anhänge im Arbeitsvertrag, die die Arbeitsbeziehung weiter spezifizieren, mit einem Rückgang der Arbeitsformen zusammenhängen, die auf kollektiven, langfristigen Vereinbarungen bestehen, und die auf der Existenz von Arbeitskollektiven beruhen. Es ist insbesondere der Rückgang des Unternehmens als angemessenes Dispositiv, um die notwendigen informellen Garantien für die ökonomische Koordination zu sichern (Bessy/Eymard-Duvernay 1995). Die Schwächung der „kollektiven Rahmungen" verlagert so auf die interindividuelle Einigung die Aufgabe, die Arbeitsbeziehung zu stützen. Daher ist es erforderlich, auf die Ebene der vertraglichen Klauseln zurückzukommen, um die Anlage der Arbeitsbeziehung zu erkennen. Daher begründet sich das Projekt, eine Datenbasis zu verschriftlichen interindividuellen Vereinbarungen sowie zugehöriger Informationen zu erstellen und auszuwerten (Bernardi et al. 2003). Insgesamt umfasst unsere Datenbasis 403 Verträge, wobei die Mehrheit (86%) zwischen 1992 und 2004 unterzeichnet wurde. Fast 300 Unternehmen wurden hierin versammelt, die verschiedenen Branchen zugehören und die verschiedene Arten von Beschäftigung beinhalten, um eine gewisse Repräsentativität der Angestellten zu sichern. Wir haben diese Vertragstexte um Informationen zu den Unternehmen und ihren Arbeitsstellen erweitert. Es wurde ein Kodierschema entwickelt, welche das Vorhandensein von Indikatoren (wie vom Arbeitgeber erwartete Garantien, zur Flexibilität von Arbeitsbedingungen, zur Kontrolle der Arbeit, zum Schutz immaterieller Güter des Unternehmens, zur Individualisierung der Leistung) erfasste, so dass eine quantitative Analyse möglich wurde. Diese quantitativen Indikatoren dienten dann der Erarbeitung einer Typologie von Arbeitsverträgen.[18] Die Form der Analyse, die ausgehend von dieser Datenbasis entwickelt wurde, basiert auf der Position einer Pluralität normativer Ordnungen, die die Arbeitsbeziehung regieren. Diese Position stärkt den interdisziplinären Zugang zwischen den Wirtschaftswissenschaften, der Rechtswissenschaft und der Soziologie, zu dem die EC seit den 1980er Jahren beigetragen hat (Bessy/Favereau 2003). Diese Interdisziplinarität hat die Sensibilität erhöht für das Risiko der Instrumentalisierung des Rechts, die sich in der Analyse erwiesen hat in der Weise, wie das Recht strategisch zur Formalisierung der Arbeitsbeziehung eingesetzt wird – sei es während der Formulierung des Arbeitsvertrages oder in Gerichtsprozessen. Entsprechend erweist sich, dass die Formulierung von Arbeitsverträgen bereits so erfolgt, dass hierin eventuelle Gerichtsverfahren antizipiert werden.[19] Im Fortgang der Analyse hat sich gezeigt, dass diese Ausrichtung in der

---

18 Für weitere Einblicke in die Methodologie siehe Bessy (2007) zur Vertraglichung der Arbeitsbeziehungen, hier insbesondere Abschnitt 2, in dem wir die Konstruktion unserer Stichprobe detailliert beschreiben, ausgehend von verschiedenen Quellen. Beschrieben werden auch die Schwierigkeiten, die dabei aufgetreten sind. Eines dieser Probleme resultierte aus der Unterschiedlichkeit der gesammelten Schriftdokumente, welche durch die Unterschiedlichkeit der Verfasser und ihrer Motive erklärlich wurde.

19 Die Analyse dieser Ausrichtung der Vertragsformulierung stützt sich auf qualitative Interviews mit Verantwortlichen für Vertragsentwürfe sowie mit Personalverantwort-

Formulierung von Arbeitsverträgen und deren strategische Verwendungen nicht unabhängig sind von den Praktiken des Managements von Arbeitsbeziehungen, sondern dass sie vielmehr ein wichtiger Bestandteil davon sind (Bessy 2007). Im Text des „Vertrags" kristallisiert sich – sicher mit unterschiedlicher Intensität –, ein Lernprozess heraus, basierend auf vorangehenden Gerichtsverfahren, die man als eine Informationsquelle für die Regeln betrachtet, welche die Arbeitsbeziehungen einbetten. Hierin suchen die verschiedenen Partien Sicherheiten, die unterschiedlicher Art sein können.

Daher kann der Grad des Verhandelbaren und der Bedeutung formeller oder informeller Verbindlichkeiten variabel sein, entsprechend der Auffassung der Arbeitsbeziehung, und entsprechend der Einflüsse von Kollektiven und Verbänden, die als Stützen für die Kooperation zwischen den Akteuren dienen, solange erstere nicht durch reine Machtbeziehungen geprägt sind. Die strategische Verwendung der Vertragstexte zeigt sich beispielhaft an den Klauseln zur Flexibilität, die selbst eine Reaktion auf die Rechtsprechung zur Unantastbarkeit des Vertrags sind.[20] Die Rechtsstreitigkeiten, in denen es um die Begrenzungen der Flexibilität der Arbeit in den Unternehmen geht, haben in dem Maß die rechtlichen Kriterien allmählich verwässert, wie diese letztere in rechtliche Definitionen gezwängt wurden, um eine gewisse rechtliche Sicherheit zu gewährleisten. Eine solche Dynamik anhand solcher „Mikroverschiebungen" zeigt, dass die Komplexität des Rechts das Resultat seines strategischen Gebrauchs sein kann und dass das Recht auf diese Weise seine regulatorische Macht verliert.[21] Diese Sicht auf Verträge lässt eine Reihe von Interessen evident werden, die die traditionelle Sichtweise im Dunklen lässt. Eine solche Sicht steht den Arbeiten von Mark Suchman (2003) nahe, der den Vertrag als ein soziales Artefakt auffasst, als ein Resultat der Arbeit von „Rechtsprofes-

---

lichen und auch mit Anwälten aus dem Bereich Arbeitsrecht. Die Analyse ist zudem ergänzt worden um Auswertungen von Rechtsstreitigkeiten, von richterlichen Anordnungen sowie damit zusammenhängenden rechtswissenschaftlichen Publikationen.

20 Ende der 1980er Jahre/Anfang der 1990er Jahre lässt sich eine deutliche Zunahme solcher Flexibilitätsklauseln nachweisen. Diese Zunahme hängt nicht nur mit den Verhandlungen der Arbeitgeber- und Arbeitnehmerverbände hinsichtlich der Arbeitszeit und der Tätigkeit zusammen. Sie hängt auch mit dem Interesse der Arbeitgeber zusammen eine größere Macht in der Kontrolle der Arbeit auszuüben, insbesondere hinsichtlich der räumlichen und beruflichen Mobilität.

21 Diese Art der Analyse kann auch auf das Recht an intellektuellem Eigentum angewendet werden, insbesondere auf die Vereinbarungen zu technischen Patenten, ein Bereich, in dem der strategische Gebrauch des Rechts viel stärker erfolgt, da hier die finanziellen Einsätze bedeutender sind (Bessy/Brousseau 1998). Und es war im Übrigen auch eine Erstellung eines Korpus von Patentvereinbarungen, die uns inspiriert hat, die Analyse auf Arbeitsverträge erneut anzuwenden.

sionellen" sowie auch ein Resultat der weiteren sozialen Einbettung, die hierin ihre Spuren hinterlässt.[22] Wie die meisten Produkte, so hat auch der Vertrag einen materiellen Gebrauch, und die Vertragsklauseln wirken häufig wie technische Praktiken. Allerdings haben Verträge kulturelle Bedeutungen und die Anordnungen, die sie zum Inhalt haben, spielen manchmal weniger eine technische als vielmehr eine symbolische Rolle. Infolgedessen ist der Vertrag sowohl ein Instrument des Marktes als auch ein Zeichenträger. Entsprechend sind die Vertragsregime zugleich technische Systeme als auch Diskursgemeinschaften. Um den Sinn einer vertraglichen Beziehung zu erfassen, ist es daher unumgänglich, den sozialen und ökonomischen Kontext mit zu erfassen, der sich in den Vertrag mit einschreibt. So wie die diachrone Analyse der Stellenanzeigen, so ermöglicht die historische Untersuchung der Transformationen der Vertragsstrukturen ein Verständnis der Evolution der Arbeitskonventionen – im Falle Frankreichs hin in Richtung einer zunehmenden Individualisierung der Arbeitsbeziehungen. In dieser Hinsicht ist die Arbeit von Suchman (2003) einschlägig, indem sie die Wissenschaftssoziologie, die Techniksoziologie, die Sprachsoziologie, die Wirtschaftssoziologie mit der Rechtssoziologie verbindet.

4 Fazit

Die Analyse der Veränderung sozio-kognitiver Artefakte wie der Stellenanzeigen oder der Verträge – genauso wie der durch sie mobilisierten Berufskategorisierungen, Klassifikationen und juristischen Kategorien –, ermöglicht die Analyse der institutionellen Dynamiken und der Konventionen, die den Tausch auf den Arbeitsmärkten organisieren und regulieren. Man kann diese Analyse auch auf andere Marktformen ausdehnen, in denen sich die Intermediäre auf solche Artefakte stützen. Die Konventionen der Evaluation werden auch durch die Tätigkeit der Intermediäre kristallisiert und verbreitet. Hier ist gezeigt worden, wie man auf der Grundlage von Korpora (von Stellenanzeigen und Verträgen) diachron und synchron vergleichende Analysen durchführen kann, die die Variation der Konvention der Evaluation von Qualitäten empirisch anzeigen. Diese Form der Analyse, die die Entstehung und Transformation von Kategorien im Laufe der Zeit sowie

---

22 Ein Verständnis von Verträgen kann verbessert werden, indem man die Praxis der Intermediäre analysiert, die an ihrer Formulierung und Redigierung beteiligt sind sowie anhand der professionellen Zwänge, denen sie unterliegen, was Suchman (2003) mit Bezug auf Rechtsanwälte in Kalifornien gezeigt hat. Das erklärt auch unser Interesse an der Analyse der Veränderung des Rechtsanwaltsberufes, insbesondere im Bereich des Sozialrechts (Bessy 2012).

auch ihrer Variation im Raum untersucht, erfolgt nicht nur in der EC. Aber die EC hat diesen Ansatz auf einer besonderen Reflexion der Praxis des statistischen Kodierens und statistischen Kategorisierens entwickelt. Dabei hat die Analyse der Operationen des „Vergleichbarmachens" ermöglicht, die Schritte der Überführung von Qualitäten in Quantitäten oder der Überführung des Besonderen in Allgemeines zu rekonstruieren. Eine solche Position ermöglicht eine Hybridisierung empirischer Methoden, die sich in der Analyse von Arbeitsmärkten als sehr fruchtbar erwiesen hat. Indem man sich hierbei auf die Informationsdispositive der Akteure gestützt hat, wird die statistische Analyse näher an diejenigen Operationen der Forminvestition herangeführt, die die Akteure selbst verwenden. Grundsätzlich ist das Interesse der EC, dass die Forschenden sensibel sind für die verwendeten Kategorien und dass sie diese in der Interpretation kontrolliert handhaben können. Es geht einerseits darum, diese als Institutionen in Rechnung zu stellen, wenn es sich bei den Kategorien um Repräsentationen von Kollektiven handelt. Andererseits geht es darum, Untersuchungen statistischer Art zu realisieren, die nicht einfach die vorgegebenen Kategorien der amtlichen Statistik als Ausgangspunkt nehmen. Diese Vorgehensweise steht im Einklang mit einer pragmatischen Auffassung von Institutionen.

Literatur

Autor, David H. (2008): The economics of labor market intermediation: An analytic framework. IZA Discussion Paper 3705. Bonn: Institut zur Erforschung der Zukunft der Arbeit.
Barthes, Roland (2010): Die Sprache der Mode. Frankfurt: Suhrkamp.
Bernardi, Myriam/Bessy, Christian/Chaserant, Camille/Eymard-Duvernay, François/Marchal, Emmanuelle (2002): Stratégies contractuelles et gestion de la relation de travail. Pré-enquête sur la constitution d'une base de données de contrats de travail. Rapport de recherche du CEE 11. Paris: CEE.
Bessy, Christian (2007): La contractualisation de la relation de travail. Paris: Editions LGDJ.
Bessy, Christian (2012): Law, forms of organizations and the market for legal services. In: Economic Sociology – European Electronic Newsletter 14(1), S. 19-29.
Bessy, Christian (2015): L'organisation des cabinets d'avocats. Entre monopole et marché. Paris: Lextenso Editions.
Bessy, Christian/Brousseau, Eric (1998): Licensing of technology: Various contracts for diverse transactions. In: International Review of Law and Economics 18, S. 451-489.
Bessy, Christian/Favereau, Olivier (2003): Institutions et économie des conventions. In: Cahiers d'economie politique 44, S. 119-164.
Bessy, Christian/Eymard-Duvernay, François (1995): Les économistes et les juristes face à la relation de travail dans l'entreprise. In: Revue d'economie politique 105(6), S. 937-964.
Bessy, Christian/Eymard-Duvernay, François (Hrsg.)(1997): Les intermédiaires du marché du travail. Cahiers du CEE 36. Paris: Presses Universitaires de France.
Bessy, Christian/Eymard-Duvernay, François/Larquier, Guillemette de/Marchal, Emmanuelle/Vennat, Marie-Madeleine (1999): Les institutions du recrutement. Approche comparative France-Grande-Bretagne. Rapport final pour le CGP. Document de travail CEE 99/52. Paris: CEE.
Bessy, Christian/Eymard-Duvernay, François/de Larquier, Guillemette/Marchal, Emmanuelle (Hrsg.)(2001): Des marchés du travail équitables? Une approche comparative France/Royaume-Uni. Brüssel: Peter Lang.
Boltanski, Luc/Thévenot, Laurent (2007): Über die Rechtfertigung. Eine Soziologie der kritischen Urteilskraft. Hamburg: Hamburger Edition.
Bourdieu, Pierre (1982): Die feinen Unterschiede. Kritik der gesellschaftlichen Urteilskraft. Frankfurt: Suhrkamp.
Chateauraynaud, Francis (2003): Prospéro. Une technologie littéraire pour les sciences humaines. Paris: CRNS Editions.
Desrosières, Alain (2008): Gouverner par les nombres. L'argument statistique. Bd. II. Paris: Les Presses des Mines ParisTech.
Desrosières, Alain (2011): The economics of convention and statistics. The paradoxs of origins. In: Historical Social Research 36(4), S. 64-81.
Desrosières, Alain/Thévenot, Laurent (2002): Les catégories socio-professionnelles. 5. Aufl. Paris: La Découverte.
Eymard-Duvernay, François/Thévenot, Laurent (1983): Les investissements de forme: leurs usages pour la main-d'oeuvre. Working Paper. Paris: INSEE.

Favereau, Olivier (1998): Notes sur la théorie de l'information à laquelle pourrait conduire l'économie des conventions. In: Petit, Pascal (Hrsg.), L'économie de l'information. Les enseignements des théories économiques. Paris: La Découverte, S. 195-252.

Friedland, Robert/Robertson, A. F. (1990): Beyond the marketplace. Rethinking economy and society. New York: de Gruyter.

Karpik, Lucien (2011): Mehr Wert. Die Ökonomie des Einzigartigen. Frankfurt: Campus.

Marchal, Emmanuelle/Torny, Didier (2003): Des petites aux grandes annonces. Evolution du marché des offres d'emploi (1960-2000). Travail et emploi 95, S. 78-93.

Spence, Michael A. (1973): Job market signaling. In: Quarterly Journal of Economics 87(3), S. 355-374.

Suchman, Mark (2003): The contract as social artifact. In: Law and Society Review 37(1), S. 91-142.

Thévenot, Laurent (1997): Un gouvernement par les normes. Pratiques et politiques des formats d'information. In: Conein, Bernard/Thévenot, Laurent (Hrsg.), Cognition et information en société (Raisons pratiques 8). Paris: EHESS, S. 205-241.

Die Macht des Dispositivs

Eine Reflexion des Verhältnisses von
Diskurs und Organisation am Beispiel
des Kompetenzdispositivs

Inga Truschkat

1 Einleitung

Der vorliegende Beitrag geht von einem Verständnis des Dispositivbegriffs aus, wie er im Anschluss an die Überlegungen Michel Foucaults (1978) die aktuelle Diskussion in der deutschsprachigen sozialwissenschaftlichen Diskursforschung prägt. Dabei soll natürlich nicht suggeriert werden, es gäbe in diesem Zusammenhang eine letztgültige Definition des Begriffes, welche den hier angestellten Überlegungen zugrunde gelegt werden könnte. Und doch gibt es eine grundlegende Schnittmenge in den mit dem Dispositivbegriff operierenden Ansätzen. Alle diese Ansätze interessieren sich in spezifischer Weise für die machtvollen und in der sozialen Praxis wirkungsvollen Effekte diskursiven Wissens (Bührmann/Schneider 2008; Jäger 2001; Keller 2008; Truschkat 2011). Es geht darum, die diskursiven Macht-Wissen-Relationen auch in ihrer sozialen Wirkung zu untersuchen, wobei sich aus dieser Perspektive auch die bisher offene und in je spezifischer Weise empirisch zu klärende Frage nach dem Verhältnis von diskursiven und nicht-diskursiven Praktiken bzw. deren Materialisierungen anbindet. Ohne an dieser Stelle diese Diskussion aufgreifen zu können, wird deutlich, dass der Bezug auf den Dispositivbegriff eine wie auch immer geartete Unterscheidung nahelegt.[1] Dispositive

---

[1] An dieser Stelle sei darauf verwiesen, dass die Differenzierung dieser unterschiedlichen konstitutiven Elemente des Dispositivs im Grunde immer nur empirisch erfolgen kann. Die Abgrenzung vom Diskursiven und dem, was über den Diskurs hinausreicht, ist oftmals mit einer logischen Unschärfe verbunden.

sind eben nicht gleichzusetzen mit Diskursen. Sie sind keine Entitäten, sondern in ihrer Eigenart Verhältnisse, Relationen und Abhängigkeiten unterschiedlicher Weisen der Wirklichkeitskonstruktion (Truschkat 2008).

Reflektiert man nun das Verhältnis von Dispositiv und Ökonomie, dann muss man sich also zunächst die Frage stellen, welche Verhältnisse, welche Relationen und Abhängigkeiten hier adressiert werden (sollen). Eine Vielzahl diskursanalytisch ausgerichteter Arbeiten machen deutlich, dass das Ökonomische in spezifischer Weise durch diskursive Wissensbestände geprägt ist (u.a. Krell 2015; Diaz-Bone 2015; Schmidt-Wellenburg 2012; Truschkat 2012, 2010a, 2010b). Wenn aber Dispositive als wie auch immer geartete Materialisierungen solcher und anderer Diskurse verstanden werden können, dann stellt sich die Frage, wo sich diese Materialisierungen abzeichnen und wo sie sich finden lassen. Hier fällt schnell ins Auge, dass in der Ökonomie – sowohl im Sinne anwendungspraktischer als auch wissenschaftlicher Auseinandersetzungen – den Organisationen, vor allem natürlich den Wirtschaftsorganisationen, ein zentraler Stellenwert beigemessen wird. Interessanter Weise spiegelt sich dies in den diskurs- bzw. dispositivanalytischen Arbeiten, die sich im Kontext der Ökonomie bewegen, jedoch nicht in dem Maße wieder, wie es zu vermuten wäre. So fokussieren viele Ansätze entweder auf technokratische Anwendungsperspektiven und/oder auf theoretisierende intraorganisationale Analyseperspektiven. Gemein ist einer Vielzahl der Ansätze, dass sie einen rationalisierenden Blick auf Organisationen richten. Wichtige aktuelle Zugänge zum Aufbrechen dieses Rationalitätsmythos in der Organisationsforschung finden sich im Kontext der theoretischen Nutzung der Soziologie der Konventionen (vgl. Knoll Hrsg. 2015). Ebenso lassen sich zur Verschränkung einer expliziten diskurs- bzw. dispositivanalytischen mit einer organisationsanalytischen Perspektive derzeit vereinzelte Überlegungen und Ansätze finden (vgl. Hartz/Rätzer 2013a).

In dem vorliegenden Beitrag soll deshalb dem komplexen Zusammenhang zwischen Macht, Dispositiv, Organisation und Ökonomie nachgespürt werden. Ziel des Beitrags soll es nicht sein, dieses Verhältnis abschließend zu definieren, sondern vielmehr einige theoretische Überlegungen und empirische Beispiele vorzustellen, die die weitere Reflexion dieses Verhältnisses anregen sollen. Dazu werden in einem ersten Schritt einige konzeptionelle Überlegungen zu Dispositiven als machtvolle und in der organisationalen Praxis wirkungsvolle Effekte diskursiven Wissens angestellt (2). Hierzu wird zum einen auf eine Differenzierung der machtvollen Effekte (2.1) und zum anderen auf Erklärungsansätze für das Erscheinen von diskursiven Effekten in der organisationalen Praxis eingegangen (2.2). Ein weiterer Abschnitt des Beitrags wird sich einer empirischen Näherung dieses Zusammenhangs widmen (3). Hierzu werden empirische Teilergebnisse einer Studie zum Kompetenzdispositiv vorgestellt (Truschkat 2008). Die Studie befasste sich mit der Frage, inwiefern das diskursiv erzeugte Wissen, das mit dem Aufkeimen und der massiven Präsenz des Kompetenzbegriffs verbunden ist, sich in organisationalen Selektionspraktiken, genauer den Einstellungspraktiken von Unternehmen, widerspiegelt. Dieser Frage liegt die Beobachtung zugrunde, dass auf diskursiver Ebene scheinbar eine Verschiebung zu einer höheren Bedeutung individueller, subjektgebundener Fähigkeiten und Fertigkeiten zu beobachten ist. In der Studie konnten grundsätzlich zwei unterschiedliche Kompetenzdispositive identifiziert werden, die hier in Ausschnitten vorgestellt werden. Dazu wird in einem ersten Schritt auf die Ebene des Diskurses eingegangen (3.1), um im Weiteren die organisationalen Praktiken der Einstellung zu diskutieren (3.2). Schließlich werden die beiden Dispositive hergeleitet (3.3). Der Beitrag schließt mit einer resümierenden Reflexion des Verhältnisses von Macht, Dispositiv, Organisation und Ökonomie (4).

2 Organisationale Praktiken als wirkungsvolle Effekte diskursiven Wissens? – Theoretische Überlegungen

Ausgehend von den oben angestellten Überlegungen, dass die Erforschung von Dispositiven in spezifischer Weise an den machtvollen und in der sozialen Praxis wirkungsvollen Effekten diskursiven Wissens interessiert ist, sollte man sich grundlegend zwei zentrale Fragen zur Reflexion des Zusammenhangs von Macht, Dispositiv, Organisation und Ökonomie stellen: a) Was bedeutet Macht in diesem Zusammenhang? und b) Wie kann das Erscheinen dieser wirkungsvollen Effekte in der organisationalen Praxis erklärt werden?

2.1 Regulative, konstitutive und sanktionierende Macht

Verortet man – wie hier geschehen – das Dispositivkonzept in der diskurstheoretischen Tradition Foucaults, so kommt man bei der Reflexion der Frage, was Macht in diesem Zusammenhang bedeutet, nicht umhin, sich mit dem Foucaultschen Machtbegriff auseinanderzusetzen.

Das Diskurskonzept von Foucault weist zu unterschiedlichen Zeitpunkten seines Wirkens durchaus verschiedene Machtperspektiven auf. In der Ordnung des Diskurses (Foucault 2003), seiner Antrittsvorlesung am Pariser Collège de France, entwickelt Foucault erstmals seine genealogische Perspektive. Zu dieser Zeit beschäftigt er sich mit dem Thema der Macht als Verknappung der Diskurse in dem Sinne, dass zu einem bestimmten Zeitpunkt unter bestimmten (gesellschaftlichen)

Bedingungen eben nicht alles gesagt wird, was prinzipiell sagbar wäre. Foucault weist darauf hin,

> „daß in jeder Gesellschaft die Produktion des Diskurses zugleich kontrolliert, selektiert, organisiert und kanalisiert wird – und zwar durch gewisse Prozeduren, deren Aufgabe es ist, die Kräfte und die Gefahren des Diskurses zu bändigen, sein unberechenbar Ereignishaftes zu bannen, seine schwere und bedrohliche Materialität zu umgehen" (Foucault 2003, S. 11).

Die Macht des Diskurses begründet sich also in seiner Regelhaftigkeit, in seiner Verknappung und dabei im besonderen Maße in seiner Produktion von Wahrheit.

In dem Verknappungsmechanismus, den Foucault als Wille zur Wahrheit beschreibt, ebnet sich der Weg zu einer anderen Genealogie, die sich auf die Macht der Diskurse selbst bezieht, auf die Macht des diskursiven Wissens. Mit Verweis auf die Ausdifferenzierung des Regelbegriffs bei Giddens (1997) soll – zur Klärung, von welchem Machtverständnis im Weiteren jeweils die Rede sein wird – zwischen der regulativen und der konstitutiven Macht unterschieden werden. Regulative Regeln besitzen nach Giddens die Eigenschaft, dass sie als eine Art Formel für verallgemeinerbare Verfahren, als eine methodische Fortschreibung wirken. Bezogen auf die foucaultsche Diskurstheorie lassen sich die Verknappungsmechanismen eben als solche regulative Regeln beschreiben, als Regeln des Erscheinens einer bestimmten Aussage. Regulative Macht ist dann die Macht, die das Erscheinen der Aussagen regelt. Konstitutive Regeln hingegen bestimmen eher, was die Dinge ihrem Wesen nach ausmachen. Während regulative Regeln also eher auf das „Wie" der Strukturen oder anders gesagt der diskursiven Formation abzielen, beziehen sich die konstitutiven Regeln auf das „Was" des Diskurses. Die konstitutive Macht bezieht sich also auf die Wahrheitspolitiken des Diskurses, auf die machtvolle Wirkung der Wirklichkeitskonstruktionen. Konstitutive Macht ist dabei jedoch nicht zu verwechseln mit repressiver Macht, die eine bestimmte Gruppe von Menschen auf eine andere ausübt. Sie ist keine Macht, gegen die die Rebellion und Auflehnung der Unterdrückten gerichtet ist (Foucault 1994). Indem sie mit der Produktion von Wissen und somit der Herstellung von Wahrheiten einhergeht, erzeugt die konstitutive Macht der Diskurse bestimmte Vorstellungen von wahrem Wissen und abweichendem Wissen. Die konstitutive Macht des Diskurses liegt somit in seiner Funktion als Produzent eines konstitutiven Sinns begründet, über den bestimmte Normalitätserwartungen von Norm und Abweichung transportiert werden. Die konstitutive Macht eines Diskurses ist somit immer auch eine Deutungsmacht (Keller 2008).

Giddens gibt in seiner Theorie der Strukturierung jedoch zu bedenken, „daß die normativen Elemente des sozialen Systems kontingente Ansprüche sind, die durch die erfolgreiche Mobilisierung von Sanktionen in den Kontexten wirklicher Begegnungen aufrechterhalten und ‚zur Geltung gebracht' werden müssen" (Giddens 1997, S. 83).

Die Macht des Diskurses liegt also nicht in sich selbst begründet. Die konstitutive Macht des Diskurses ist erst dann in den sozialen Praktiken spürbar, wenn sie mit normierenden Sanktionen der Alltagswelt zusammenfallen, also erst dann, wenn sie eine sanktionierende Macht entfalten. Aus einer solchen Perspektive stellt ein Dispositiv somit eine spezifische Verschränkung von regulativen, konstitutiven und sanktionierenden Elementen der Macht dar, da erst dadurch wirkungsvolle diskursive Effekte nachzuzeichnen sind. Dies führt unweigerlich zu der zweiten zentralen Frage, nämlich wie man sich das Erscheinen dieser wirkungsvollen diskursiven Effekte in den organisationalen Praktiken theoretisch erklären kann.

2.2 Wirkungsvolle diskursive Effekte in organisationalen Praktiken

Fragt man nun danach, wie solche wirkungsvollen diskursiven Effekten in organisationalen Praktiken zu erklären sind, muss man zunächst eruieren, welche theoretischen Perspektiven auf die organisationale Mesoebene entsprechende Anschlussmöglichkeiten bereitstellen. Hierbei wird schnell deutlich, dass ein Großteil der Ansätze, in denen organisationale Praktiken thematisiert werden, oftmals die Perspektive der Steuerung in den Blick nehmen (Gertenbach 2013).[2] Im Vergleich gibt es jedoch verhältnismäßig wenige Ansätze, die ihren Blick auf interorganisationale Prozesse richten und damit Organisationen als eingebettet in das organisationale Umfeld thematisieren.[3]

---

2 Dies trifft ebenso auf klassische Ansätze wie die wissenschaftliche Betriebsführung (Taylor 2011), aber auch auf neuere Ansätze organisationaler Steuerung zu (Probst 2006; Wilkesmann/Rascher 2005; Schein 2003; Argyris/Schön 2008). Andere, stärker analytische Zugänge fokussieren oftmals, ebenso wie die zuvor genannten, auf intraorganisationale Praktiken, wie bspw. mikropolitische Ansätze (Crozier/Friedberg 1993) und entscheidungstheoretische Ansätze (March/Olsen 1986). Diese Ansätze lassen wenig Anschlussmöglichkeiten für eine Dispositivperspektive, die sich ja, wie oben aufgezeigt, vor allem für die Verhältnisse, Relationen und Abhängigkeiten über die Organisationsgrenzen hinweg interessiert (zur Diskussion des Verhältnisses von Organisation und Gesellschaft vgl. auch Ortmann et al. 2000).

3 Hier finden sich zum einen kontingenztheoretische Ansätze (Kieser und Walgenbach 2003). Zum anderen gibt es Ansätze in der Sozialen Netzwerkanalyse, die strukturelle Einbettung von Organisationen zu untersuchen (White 2002). Und nicht zuletzt gibt es natürlich systemtheoretische Perspektiven (Martens/Ortmann 2006). Diese Ansätze

Demgegenüber gibt es einige Ansätze, die sich mit dem Einfluss von Diskursen auf organisationale Praktiken befassen. Unter dem angloamerikanischen Konzept CCO (Communication Constitutes Organization) (Leclercq-Vandelannoitte 2011, zu früheren Ansätzen u.a. Grant, Hardy/Oswick 2004; Mumby/Clair 1997) lassen sich auch eine ganze Reihe von deutschsprachigen Arbeiten subsumieren, welche die Rolle von Kommunikation für die Herstellung von organisationalen Praktiken betonen (Diaz-Bone/Krell 2015; Kühl et al. 2009). Leclercq-Vandelannoitte (2011) unterscheidet hier angelehnt an Alvesson und Karreman (2000) allerdings zwischen solchen Ansätzen, die ein d-discourse-concept und solchen, die ein D-Discourse-concept vertreten. Das bedeutet, dass eine Reihe von Ansätzen einen mikrofundierten Diskursansatz nutzen und die Bedeutung der direkten Kommunikation bzw. Narrationen für die Konstituierung von organisationalen Praktiken hervorheben (Diaz-Bone/Krell 2015; Hartz/Rätzer 2013a; Kühl et al. 2009; Kieser 1998). Ansätze, die ein D-Discourse-concept und damit im Sinne Leclercq-Vandelannoittes einen Zugang über das hier gewählte foucaultsche Diskurskonzept nutzen, sind hingegen weitaus seltener zu finden. Einen Ansatz stellen Phillips, Lawrence und Hardy (2004) vor, die den Zusammenhang von Texten, Diskursen, Institutionen und Handlung reflektieren.

Im vorliegenden Beitrag soll nun die Tragfähigkeit eines organisationstheoretischen Ansatzes eruiert werden, der explizit die Kopplung der organisationalen Mesoebene mit der organisationalen Umwelt reflektiert. Der Neoinstitutionalismus (NI) zeichnet sich durch eine starke wissenssoziologische Verankerung aus, was eine Verknüpfung mit dem hier vertretenen Diskurs- bzw. Dispositivkonzept nahelegt. Die theoretische Grundidee des NI liegt darin begründet, dass Organisationen nicht als abgeschottete Entitäten, sondern stets als eingebunden in organisationale Felder begriffen werden. Das organisationale Feld ist dabei jedoch nicht (wie beispielsweise in der Sozialen Netzwerkanalye (SNA)) als direkte organisationale Relationen gedacht, sondern viel eher als eine Art „recognized area of institutional life" (DiMaggio/Powell 1983, S. 148). Insofern sind in dem Feldbegriff des NI nicht nur Organisationen inbegriffen, sondern oder sogar vor allem Regeln und Normativitäten, die im NI auch als institutionelle Umwelt gefasst werden (DiMaggio/Powell 1983). Indem sich Organisationen den Regeln und Normativitäten der institutionellen Umwelten anpassen, legitimieren sie gleichzeitig ihr Handeln und ihre Existenz. An anderer Stelle sprechen Meyer und Rowan (2009) auch von

---

verfolgen allerdings alle sehr unterschiedliche Strukturbegriffe, die mit dem hier anvisierten diskurstheoretisch inspirierten Blick auf Dispositive nur sehr bedingt kompatibel sind.

Mythen, die der Rationalisierung formaler Organisationsstrukturen zugrunde liegen und als Bausteine in die Ausgestaltung der Organisation einfließen.

> „Letzten Endes liegen die Bausteine für Organisationen in der gesellschaftlichen Landschaft verstreut, es bedarf nur geringer unternehmerischer Energie, sie zu einer Struktur zusammenzubauen. Und weil diese Bausteine als geeignet, angemessen, rational und notwendig erachtet werden, müssen Organisationen diese inkorporieren, um Illegitimität zu vermeiden" (Meyer/Rowan 2009, S. 32).

Letztlich erklärt der NI durch diese Inkorporierung von Regeln und Normativitäten, die außerhalb der Organisation liegen und jenseits eines gezielt intentionalen Einwirkens konkreter (organisationaler) Akteure wirken, auch Angleichungsprozesse innerhalb eines organisationalen Feldes. Dieses Isomorphieprinzip, das in der späteren Weiterentwicklung durch einen stärkeren Blick auf die Heterogenität der Felder in den Hintergrund gerückt ist (s.u.), gleicht demnach der analytischen Idee, die Foucault in seinem Werk "Überwachen und Strafen" (Foucault 1994) entwickelt, in dem er die Struktur- und Formangleichung unterschiedlicher gesellschaftlicher Institutionen thematisiert und herausstellt, dass eine Reihe von Institutionen in ihrer Funktionsweise denselben Modellen folgen (Gertenbach 2013; Hartz/Rätzer 2013b). In diesem Sinne ist es somit durchaus anschlussfähig, die „recognized area of institutional life" als ein diskursives Feld (Keller 2008) zu begreifen, in dem verschiedene Diskurse auftauchen und sich unter Umständen in organisationalen Praktiken niederschlagen. Das Ausbuchstabieren des organisationalen Feldes als diskursives Feld scheint dabei der Vielschichtigkeit des Feldbegriffs im NI durchaus entgegenzukommen. So lassen sich in der Tradition des NI sehr unterschiedliche Spielarten dessen, was unter dem institutionellen Umfeld gefasst wird, finden. Diese reichen von den oben bereits benannten Mythen über rechtliche Umweltanforderungen bis hin zu globalen Ordnungsprinzipien (Knoll 2012). Mit dem Diskurskonzept lassen sich nun diese unterschiedlichen Reichweiten einfangen, indem hiermit sowohl feste, etablierte Wissensformationen adressierbar sind als auch fluidere, kleinräumigere und auf Spezialdiskurse fokussierte Wissenselemente. Gemein ist diesen diskursiven Wissensformationen, dass sie Modelle des Deutens und Handelns bereitstellen.

Die Anschlussfähigkeit zwischen NI und einer foucaultschen Diskurstheorie liegt darüber hinaus in zwei weiteren zentralen Punkten begründet. Zum einen vereint die beiden Ansätze die Perspektive auf die Produktivität von Macht. So sind die organisationalen Anpassungsprozesse im NI ebenso wie die dispositiven Wirkungen des diskursiven Wissens bei Foucault niemals (nur) Ausdruck von Unterwerfung, sondern stets auch Ausdruck einer konstitutiven, gestaltenden

Macht (s.o.), ohne die in beiden Ansätzen (organisationale) Praktiken nicht denkbar sind. Zum anderen weisen beide theoretischen Ansätze einen spezifischen Rationalitätsbegriff auf. Sowohl der NI als auch das Diskurskonzept enttarnen die Rationalität als Zweck-Mittel-Relation als Mythos. Während der NI deutlich macht, dass organisationale Praktiken viel eher legitim als im engen Sinne effektiv und rational sind (Walgenbach 2006), wird der Rationalitätsbegriff im Sinne Foucaults vielmehr in seinem Plural als Rationalitäten genutzt, um dadurch darauf hinzuweisen, dass es sich hierbei um unterschiedliche Rationalitätsformen handelt. So gelte es zu untersuchen, „wie Rationalitätsformen sich selbst in Praktiken oder Systemen von Praktiken einschreiben und welche Rolle sie in ihnen spielen." (Lemke/Krasmann/Bröckling 2000, S. 20)

Der Verweis auf die Wirkung unterschiedlicher Rationalitäten eröffnet nun den Blick für die oben bereits angesprochene Ausdifferenzierung im NI, durch die nun nicht mehr allein die isomorphen Prozesse innerhalb eines organisationalen Feldes adressiert werden, sondern auch versucht wird, theoretische Erklärungen für die Heterogenität der Felder zu entwickeln. So stellt ein entscheidender Kritikpunkt an der Überbetonung der isomorphen Prozesse, der Verweis auf die Vielschichtigkeit der Rationalitätsvorstellungen innerhalb eines Feldes dar. Darüber hinaus wird betont, dass das Verhältnis zwischen Feld und Organisation nicht als unidirektional gedacht werden sollte, sondern dass die Übernahme legitimer Modelle des Deutens und Handelns „nicht ohne sinngebende und Sinn verändernde Übersetzungsprozesse ablaufen könne" (Knoll 2012, S. 53; vgl. dazu auch Knoll Hrsg. 2015). Diese eigentümlichen Übersetzungsprozesse führen nunmehr zu sehr unterschiedlichen Ausprägungen in den sichtbaren organisationalen Praktiken.

Die Untersuchung des Dispositivs ist somit stets eine Art Spurensuche dieser Übersetzungsprozesse, die zunächst von einer begründeten Annahme ausgehen muss, dass eine Verwobenheit zwischen einem irgendwie geartetem Diskurs und einer irgendwie gearteten organisationalen Praxis vorherrscht (Truschkat 2011). Diese Spurensuche kann letztlich nur eine Suche nach Analogien der Rationalitätsformen (s.o.), der jeweiligen Praktiken und Wissenselemente darstellen. Für das hier reflektierte Verhältnis von Macht, Dispositiv, Organisation und Ökonomie bedeutet dies, eine Dispositivanalyse im Feld der Ökonomie als eine empirische Spurensuche zu betreiben, die den Rationalitäten spezifischer diskursiver Praktiken und der in ihnen verankerten regulativen und/oder konstitutiven Elemente der Macht nachspürt und in ein Verhältnis setzt zu den Rationalitäten spezifischer organisationaler Praktiken und deren sanktionierender Macht. Eine Dispositivanalyse beginnt somit stets mit einer begründeten Vermutung über eben solche Verhältnisse, Relationen und Abhängigkeiten. Wie dies empirisch aussehen kann, soll im Weiteren an einem Beispiel verdeutlicht werden.

3 Einblicke in eine empirische Spurensuche – das Kompetenzdispositiv

Im Folgenden soll anhand der oben angesprochenen Untersuchung zum Kompetenzdispositiv aufzeigt werden, wie eine solche Spurensuche nach gemeinsamen Rationalitäten in Diskursen und organisationalen Praktiken aussehen kann. Für die hier vorgestellte Studie wurde eine Datentriangulation vorgenommen, in dem die diskursiven Praktiken und die organisationalen Praktiken durch unterschiedliche Materialsorten rekonstruiert wurden. Da sich das Forschungsinteresse der Studie zum einen aus der Beobachtung eines teil-öffentlichen Diskurses speist, der in unterschiedlichsten Disziplinen geführt wird, wurde durch die Nutzung von Literaturdatenbanken ein Analysekorpus mit wissenschaftlichen oder populärwissenschaftlichen Publikationen zur Thematik der Kompetenz in der Arbeitswelt zusammengestellt. Innerhalb dieses Textkorpus wurden Texte oder Textsegmente nach den Prinzipien des theoretischen Samplings ausgewählt und einer Feinanalyse unterzogen, um so die regulativen und konstitutiven Elemente der Macht des Kompetenzdiskurses zu rekonstruieren. Zum anderen wurden die in den organisationalen Praktiken eingeschriebenen Elemente der sanktionierenden Macht anhand von 35 aufgezeichneten Bewerbungsgesprächen aus unterschiedlichen Unternehmen und hinsichtlich unterschiedlicher zu besetzender Stellen gesprächsanalytisch rekonstruiert. Beide Analysen wurden zunächst unabhängig voneinander durchgeführt und die Ergebnisse in einem dritten Schritt der Spurensuche nach den (potentiellen) gemeinsamen Rationalitäten unterzogen (Truschkat 2008, 2011). Im Folgenden werden die Ergebnisse dieser drei Analyseschritte komprimiert dargestellt, um deutlich zu machen, wie eine solche Spurensuche empirisch aussehen kann.

3.1 Regulative und konstitutive Elemente der Macht – die Rationalitäten des Diskurses

Die Analyse des Kompetenzdiskurses, die auf dem zusammengestellten Datenkorpus der publizierten Abhandlungen zur Kompetenzthematik innerhalb der Arbeitswelt basiert, ließ deutlich werden, dass sich innerhalb der Vielzahl der Auseinandersetzungen zwei idealtypische Diskursstränge unterscheiden lassen (vgl. Jäger 2001), die sich zwar beide unter der Thematik subsumieren lassen (und damit keine eigenständigen bzw. unabhängigen Diskurse bilden), die sich aber graduell hinsichtlich der mit ihnen verbundenen regulativen und konstitutiven Elemente der Macht unterscheiden lassen: der strukturell-normative und der individual-dispositive Kompetenzdiskurs.

Der strukturell-normative Kompetenzdiskurs zeichnet sich dadurch aus, dass die Kompetenzthematik aus der Sicht des Bedarfs des Unternehmens aufgegriffen wird. Kompetenz ist Motor für Innovation, die ihrerseits als notwendige Bedingung für wirtschaftliche Wettbewerbsfähigkeit interpretiert wird. Das kompetente Individuum wird hier als ein trieb- und interessengesteuertes Wesen gedacht, dessen Regulationsmechanismen im Sinne naturwissenschaftlicher Theoreme ableitbar sind. Das Menschenbild des strukturell-normativen Kompetenzdiskurses ist somit an einem behavioristischen Modell orientiert. Die Konzeptionalisierung von Kompetenz weist im strukturell-normativen Kompetenzdiskurs ein hohes Maß an Operationalisierungsbemühungen auf, was in einem engen Verhältnis zu den Bestrebungen steht, eine Art optimales Kompetenzmodell zu entwerfen. So zeigt sich in der Analyse des Diskurses, dass häufig eine Differenzierung zwischen einem Handlungsvermögen und einem Handlungsantrieb vorgenommen wird. Unter der Komponente des Handlungsvermögens werden die einzelnen Fähigkeiten als aggregierbare und technizistische Fertigkeit verhandelt. Durch die richtigen Techniken und das passende Equipment – so wird suggeriert – sei jede(r) in der Lage, sich nach dem Baukastenprinzip das notwendige Handlungsvermögen additiv zusammenzustellen. Beispielhaft zeigt dies der folgende Textbeleg auf, der sich auf ein Trainingsangebot zur sozialen Kompetenz bezieht.

„Für Einsteiger geeignet
Soziale Kompetenz in vier Tagen erfahren. […] Das Seminar war sorgfältig aus verschiedensten Techniken, wie Familienaufstellung, NLP oder Tai Chi-Übungen, zusammengestellt. Es eignet sich hervorragend für die ersten Schritte zu einem Profi in sozialer Kompetenz. Das Equipment ist vorbildlich, zahlreiche Übungen versuchen, soziale Kompetenz erfahrbar zu machen. Die beiden gut eingespielten Trainer gaben sich viel Mühe, auf ihre Seminarteilnehmer einzugehen und bauten den praktischen Teil kurzfristig erheblich aus. Das Handout am Ende gab es in Form eines professionellen Fotoprotokolls. Die Teilnahme lohnt sich für alle Neulinge auf dem Gebiet der sozialen Kompetenz." (Seidel 2003, S. 39)

In diesem Zitat wird soziale Kompetenz verhandelt wie eine temporal-aggregierte Fähigkeit, die man sich erarbeiten muss und in der man Einsteiger(innen) oder Fortgeschrittene(r) sein kann. Die Fähigkeiten, die der sozialen Kompetenz zugeschrieben werden, werden als Handwerkszeug, als Techniken verkauft, die man nach und nach erlernen kann, um letztlich von einem „Neuling auf dem Gebiet der sozialen Kompetenz" zu einem „Profi" zu werden.

Demgegenüber wird der Aspekt des Handlungsantriebs weitaus weniger intensiv behandelt und es werden auch weitaus weniger Versuche unternommen, diesen zu operationalisieren. Hier wird mit Begrifflichkeiten wie Motivation, Werte,

Persönlichkeit etc. operiert. Der Handlungsantrieb wird als eine Art „Black Box" dargestellt, die von außen nicht einsehbar und manipulierbar ist. Der innere Aufbau und die inneren Funktionsweisen einer solchen Black Box bleiben unbekannt. Im Gegensatz zum Handlungsvermögen werden die Kompetenzanteile, die den Handlungsantrieb betreffen, deshalb (fremdgesteuert) auch als kaum entwickelbar erachtet, gelten aber als die zentrale Triebfeder des Handelns. Dies soll an dem folgenden Belegzitat deutlich gemacht werden:

> „Bei internationalen Führungskräften gilt es in besonderem Maße auf *charakterliche Merkmale* zu achten. Kulturelle Sensibilität, Verständnis für Komplexitäten und Flexibilität bilden gewiss eine gute Voraussetzung für die gelungene Auswahl; herrsch- und selbstsüchtige Charaktere mit flachem Bildungshorizont und dürftiger Ausstattung an ethischen Grundsätzen erscheinen eher ungeeignet; Selektion geht dabei vor Ausbildung." (Schneidewind 1996, S. 36)

Sehr markant ist hier der Hinweis auf „charakterliche Merkmale", die im Weiteren durch eine Negativfolie umrissen werden. Es gelte eben nicht (nur) sensibel, verständnisvoll und flexibel zu sein, sondern über ein gewisses Maß an Understatement, an Bildung und an Ethik zu verfügen. Selektion geht hierbei über Ausbildung. Der Hinweis, diese Elemente nicht schulen zu können, verweist darauf, dass hier auf Sozialisationseffekte rekurriert wird, was deutlich macht, dass die Kompetenzkomponente des Handlungsantriebs stark intrinsische, nicht reflexiv zugängliche und somit nicht schulbare Kompetenzelemente darstellen.

Vor diesem Hintergrund ist die Frage von Autonomie und Hierarchie im strukturell-normativen Kompetenzdiskurs relativ dominant. So wird anstelle einer Kontrolle durch hierarchisch übergeordnete Vorgesetzte der Handlungsantrieb und somit die Selbstorganisation des Einzelnen/der Einzelnen zum Garanten wirtschaftlichen Erfolgs erklärt. In Abgrenzung zum Taylorismus, bei dem durch repressive Macht erwünschtes Verhalten bewirkt wird, wird hier ein subtileres Machtverhältnis zwischen Vorgesetzten und Untergebenen entworfen. Der Vorgesetzte wird als Coach konstituiert. Anstelle einer hierarchischen Vertragsbeziehung soll sich eine Vertrauensbasis etablieren; anstelle repressiver Macht wirkt eine Form der Pastoralmacht (vgl. Foucault 1994), durch welche die Selbstorganisation des Einzelnen/der Einzelnen, oder anders ausgedrückt der Handlungsantrieb durch „Hilfe" zur Selbsterkenntnis aktiviert werden soll (Truschkat 2008).

Im Gegensatz dazu zeichnet sich der individual-dispositive Kompetenzdiskurs dadurch aus, dass sein Ausgangspunkt der Umgang eines jeden Einzelnen/einer jeden Einzelnen mit den gesellschaftlichen und ökonomischen Wandlungsprozessen ist. Vor dem Hintergrund der Aufrechterhaltung der sozialen Ordnung nimmt hier also das Prinzip der „Sorge um sich" (Foucault 1993) einen großen Stellenwert ein. Somit ist auch hier die Selbstregulation ein zentrales Moment der Konzeptionalisierung von Kompetenz. Die besondere Bedeutung der Selbstregulation findet sich im individual-dispositiven Kompetenzdiskurs in der dynamischen Form der Konzeptionalisierung von Kompetenz wieder. Kompetenz wird hier im Gegensatz zum strukturell-normativen Diskurs nicht so sehr durch seine Einzelbestandteile definiert, als vielmehr durch einen systemischen Charakter. Das System Kompetenz zeichnet sich durch eine dynamische Stabilität aus, dessen Systemgestalt nicht durch ein Identisch-bleiben der Systemelemente und der zwischen ihnen bestehenden Verknüpfungen erhalten bleibt, sondern durch die selbstreferentielle Operationsweise, wie das folgende Zitat beispielhaft zeigt:

> „Daraus abgeleitet läßt sich Kompetenz verstehen als das System der innerpsychischen Voraussetzungen, das sich in der Qualität der sichtbaren Handlungen niederschlägt und diese reguliert. Kompetenz bezeichnet also die Verlaufsqualität der psychischen Tätigkeit und als solche ein wesentliches Merkmal der Persönlichkeit. Inhaltlich ist damit die systemisch und prozessuale Verknüpfung von Werten und Einstellungen mit den Motiv-Ziel-Strukturen einer Person gemeint, welche die Erfahrungen prägen und modifizieren und in die Stabilisierung und Entwicklung von Fertigkeiten, Fähigkeiten und des Wissens dieser Person einfließen." (Baitsch 1996, S. 6/7)

Kompetenz wird hier als das „System der innerpsychischen Voraussetzungen" begriffen. Die einzelnen Komponenten, die als „Werte", „Einstellungen", „Motive", „Fertigkeiten", „Fähigkeiten" und auch „Wissen" umschrieben werden, bilden die einzelnen Komponenten der Gesamtgestalt der Persönlichkeit. Hieraus wird auch deutlich, dass dieses Kompetenzmodell im systemischen Sinne sowohl eine retrospektive als auch eine prospektive Dimension beinhaltet. Die temporal rückwärts gerichtete Aufmerksamkeit zielt auf den Aspekt der Erfahrungsaufschichtung, der einen Strukturbildungsprozess beschreibt und somit weitaus integrativer angelegt ist als die additiv-funktionalistische Kompetenzentwicklung des strukturell-normativen Diskursstrangs. Die Struktur des Systems Kompetenz beeinflusst ihrerseits aber auch zukünftiges Handeln. Während das kompetente Individuum im strukturell-normativen Kompetenzdiskurs also durch eine außenstehende Instanz im Sinne der Pastoralmacht aktiviert und begleitet werden muss, um selbstreguliert handlungsfähig zu sein, wird das Individuum im individual-dispositiven Kompetenzdiskurs weitaus deutlicher als sozial Handelnder und als Gestalter seines eigenen Bildungsprozesses in die Pflicht genommen (Herzberg/Truschkat 2009).

Zusammenfassend zeigt sich, dass sich die beiden Diskursstränge hinsichtlich ihrer Rationalitäten unterscheiden. Im ersten Fall wird ein Konstrukt von Kompetenz konstituiert, das sich ausrichtet an einer spezifischen Norm und einem technizistischen Verständnis. Die dahinterstehende regulative Logik ist die der Operationalisierung. Im zweiten Fall wird Kompetenz über ein sozial handelndes Individuum in einer zeitlichen Entwicklungslogik konstituiert, dessen regulative Logik einer pädagogischen Semantik unterliegt.

3.2 Sanktionierende Macht – die Rationalitäten der organisationalen Praktiken

Der Kompetenzbegriff wird gerade dort bemüht, wo es um das Identifizieren, Bewerten und Vergleichen von Individuen geht. Aus organisationaler Sicht sind dies vor allem jene Bereiche, in denen über die Mitgliedschaft zur Organisation entschieden wird. Dies sind beispielsweise die Einstellungspraktiken von Unternehmen.[4] In der hier vorgestellten Studie wurden 35 Bewerbungsgespräche aus unterschiedlichen Unternehmen (klassisches Finanzunternehmen, modernes Finanzunternehmen, Zeitarbeitsfirma, Chemiekonzern) aufgezeichnet und gesprächsanalytisch ausgewertet (Truschkat 2008). Die Analyse zeigt auf, dass sich zwei grundlegend andersartige Gesprächsinszenierungen erkennen lassen. So kann zwischen einem formal-exklusiven und einem informell-kontingenten Gesprächsrahmen unterschieden werden (Truschkat 2008).

Der formal-exklusive Gesprächsrahmen findet sich in den internen Bereichen des Arbeitsmarkts, also dort, wo relativ stabile Arbeitsverhältnisse, geregelte Arbeitsbedingungen, mehr oder weniger festgelegte Karrieremuster und formale Qualifikationsanforderungen vorherrschen (Sengenberger 1978; Piore 1978). Wichtige Passungsmerkmale dieses Gesprächsrahmens sind Kontinuität und Kohärenz. Während sich Kontinuität vor allem in einer geradlinigen Berufsbiografie

---

4   Solche Einstellungspraktiken stellen vor allem einen zentralen Forschungsgegenstand der französischen Economie des conventions dar (Diaz-Bone 2011). Eymard-Duvernay und Marchal (1997) untersuchten bspw. die Beurteilungspraktiken im unterschiedlichen Phasen und Perspektiven der Bewerberauswahl und deren Rückbezüglichkeit auf legitimierende Konventionen (Diaz-Bone 2009). Eymard-Duvernay und Marchal setzen damit – wie auch in der vorgestellten Studie – Kompetenz nicht als ontologisch voraus, sondern verstehen sie als Produkt einer spezifischen Beurteilungspraxis. Die Autoren benennen vier Konventionen auf die bei der Bewerberwahl rekurriert wird: Die Konvention des Marktes, die Konvention der Institution, die Konvention des Netzwerks und die Konvention der Interaktion. Die hier referierte Studie nun wirft den Blick differenzierter auf die Ebene der Interaktion, die Eymard-Duvernay und Marchal als face-to-face Dispositiv bezeichnen, das sich z.B. in Form von Bewerbungsgesprächen widerspiegelt (Diaz-Bone 2009).

widerspiegelt, zeigt sich Kohärenz in der „Aggregation von einzelnen Übergängen und Sequenzen zu Gesamtverläufen" (Kohli 2003, S. 531). Diese Kohärenz bezieht sich jedoch nicht nur auf die Berufsbiografie selbst, sondern auch darauf, Anknüpfungspunkte an die aktuelle Gesprächssituation herzustellen, beispielsweise durch den Verweis auf ein gemeinsam geteiltes Wissen. Erfolgreiche Bewerber(innen) nehmen in ihren Selbstpräsentationen angepasste, aber im Sinne Bourdieus (1998) nicht zwingend rationale Antizipationen vor und zeigen individuelle Wahrnehmungs-, Denk- und Deutungsmuster auf, die dem Unternehmen oder allgemeiner gesagt, dem sozialen Feld entsprechen. Passung ist im Falle der formal-exklusiven Gesprächsrahmen somit eine Form der habituellen Passung. Dies geht damit einher, dass in dieser Form der Gesprächsinszenierung die Einmündung in die Organisation als ein knappes Gut behandelt wird. Das Bewerbungsgespräch wird somit zu einem Selektionsprozess, der nur einigen wenigen den Eintritt in das Unternehmen ermöglicht. Vor diesem Hintergrund agieren die Vertreter(innen) der Organisation als ‚representatives', die Entscheidungsträger(innen) dieses Selektionsprozesses sind. Das Bewerbungsgespräch ist hier also, wie es Grießhaber (1987) formuliert, ein Entscheidungsfindungsdiskurs über Passung und Nicht-Passung. Letztlich handelt es sich bei den formal-exklusiven Gesprächspraktiken folglich um einen „normierenden Blick" (Foucault 1994, S. 238) und somit um eine Form der disziplinarischen Prüfung (Truschkat 2009).

Der informell-kontingente Gesprächsrahmen hingegen ist typisch für externe Bereiche des Arbeitsmarkts, die sich durch eher unsichere Arbeitsverhältnisse, freie Arbeitsbedingungen, keine festgelegten Karrieremuster und einer geringeren Bedeutung formaler Qualifikationen auszeichnen (Sengenberger 1978; Piore 1978). Zwar handelt es sich auch bei diesem Gesprächstyp um eine strategische Interaktion, das zu verteilende Gut weist aber im Gegensatz zu den formal-exklusiven Gesprächspraktiken keine Exklusivität auf. Die Einmündung in das Unternehmen ist ein teilbares Gut und wird weniger als Statuspassage konstruiert, als vielmehr als Möglichkeitsraum. Das Bewerbungsgespräch ist deshalb im engeren Sinne kein Entscheidungsfindungsdiskurs, sondern spiegelt viel eher die Über-Inklusivität der Organisation wider. Die für diese Inszenierungsweise charakteristische Informalität steht demnach in einem Zusammenhang mit der Kontingenz der Situation, mit der prinzipiellen Offenheit und Unbestimmtheit von Passungen. So lässt sich hinsichtlich der Modi und Charakteristika der Selbstpräsentationen der Bewerber(innen) im informell-kontingenten Gesprächsrahmen festhalten, dass sich eine erfolgreiche Selbstbeschreibung durch eine gewisse Veränderungsdynamik auszeichnet. Deshalb erzeugen hier gerade jene Präsentationen Passungen, die einer Logik der Patchwork- oder der Designerbiographie unterliegen (Alheit 1994). Die mit solchen Erwerbsbiographien verbundene Kontingenz entspricht der

Anforderung an Flexibilisierung. Vor diesem Hintergrund gestaltet sich Kohärenz und Aggregation viel eher als kontraproduktiv (Truschkat 2008).

Die folgende Tabelle soll die Charakteristiken der beiden unterschiedlichen Gesprächsrahmen anhand von zwei Gesprächsauszügen illustrieren.

Tabelle 1 Die unterschiedlichen Gesprächsrahmen

Formal-exklusiver Gesprächsrahmen	Informell-kontingenter Gesprächsrahmen
Hierbei handelt es sich um ein Segment aus einem Bewerbungsgesprächs, dass bei einem klassischen Finanzdienstleister geführt wurde. Es geht hierbei um eine Anstellung als Call Center Agent. Protagonist(inn)en dieses Gesprächs sind Frau Fasolth (F) als Personalreferentin, Herr Bach (B) als Abteilungsleiter und die Bewerberin Frau Moosbach (M), ausgebildete Bankfachfrau und Berufseinsteigerin.	Die Bewerbung erfolgt hier auf eine Stelle als freie Handelsvertreterin eines Finanzdienstleisters. Das Gespräch wird von den zwei Gebietsleitern Herrn Sammer (S) und Herrn Finke (F) geführt. Als Bewerberin ist Frau Stratmann am Gespräch beteiligt. Frau Stratmann (ST) ist zum Zeitpunkt des Gesprächs 44 Jahre alt und Diplom-Biologin, arbeitet aber in einer Anzeigenredaktion.
F: ich bin personalreferentin hier im haus und der herr bach wird sich ihnen gleich noch selbst vorstellen; M: gut F: zum gesprächsablauf nach (.) äh vorstellung von herrn bach würd ich sie dann oder würden wir gerne dann kennen lernen, dass sie n bisschen über sich erzählen M: [=hm=hm] F: [was sie] gemacht haben in ihrem leben und anschließend werden wir noch n bisschen in das gespräch einsteigen=[bitte] sehen sie uns das nach dass wir mit M: [okay] F: schreiben, aber wir möchten halt jedem (.) bewerber und jeder bewerberin die gleichen chancen. okay? M: kein problem [((lacht))] B: [GUT] dann stell ich mich kurz vor mein name ist werner bach und ich leite das äh beratungscenter bei der abc direct service gmbh (.) die is hier mit im hause angesiedelt die is in der mehlstraße angesiedelt [in bentheim] M: [hm=hn] B: und äh unsere aufgabe is es dort die sogenannten abc standardprodukte am telefo:n: äh bei=zu beraten und zu verkaufen. das heißt die kunden rufen dort AN, und haben ah fragen zu thema bausparen zum thema baudarlehens zum thema konsumentenkredit zum thema riester und zum thema GELDanlage außer wertpapiere al=o wertpapiere klammer ich mal aus, (...) das heißt äh=äh ähnlich gelagert wie in einem call center nu:r eben spezialisiert auf finanzdienstleistungsprodukte M: hm=hm B: das is so kurz umrissen das was wir dort tun. M: gut F: Ja, dann würden wir sie gerne (.) kennen lernen erzählen sie n bisschen über sich? M: ja ähm also jetzt ganz allgemein über schule alles F: HM=HM M: ja also ähm fang wa am besten mit schule an also=ich hab ja nacher orientierungsstufe mich entschlossen erst ma aufs habewe[a] zu gehen (.) und eigentlich war mir dann schon relativ BALD klar: dass	F: gut. ich mach mal eben den anfang ne? St: ja, F: ich muss auch äh zwischendurch raus ich muss gleich noch nach Oststadt das war jetzt nich so geplant aber gut. das KANN man sich nich immer so aussuchen. ST: zwischendurch mal eben nach oststadt? F: noch mal kurz mal eben vorbei schaun genau. (.) ÄHM frau stratmann is:t seit wie vielen jahren (.) na zehn könnte [fast] ST: [ja] wollt ich auch sagen so über n daumen würd ich sagen zehn ne? F: seit zehn jahren kpl kundin, ähm: mit ner akte die is: (pustet) ungefähr SO also s is keine superkundin, ST:ne:=e, [lacht] F: [lacht] was sie aber immer sehr überzeugend begründen konnte weil das einkommen eigentlich immer nie so war das man dachte jetzt kann man mal richtig was tun, äh:m und ich hab da auch immer viel geduld gezeigt denk ich [lacht] ähm ja und wir warn irgendwann mal kam wir mal ins gespräch ähm wo es dann so darum ging äh JA wie geht s denn so langfristig beruflich weiter,=kurzfristig beruflich weiter und sie so äußerte NA ob ich so auf dauer da bleiben will und kann wo ich jetzt bin weiß ich nich wie:l das könn se ja vielleicht gleich selber noch mal eben sagen da so n paar GRUND=einstellungen dann irgendwann so n bisschen nicht mehr PASSEN. so da hab ich dann gesagt mensch ham se denn eigentlich schon mal und sie sagte [atmet ein] ja so im STILLEN hab ich wohl schon mal [lacht] ST: [lacht] F: aber noch nie so richtig und ja sind wa n bisschen intensiver ins gespräch gekommen, sie war beim infoday ST:dann doch mal irgendwann F: doch mal irgendwann hat sie auch n paar anläufe gebrau:cht und ähm=JA ST: s war alles was mit haken und ösen F: und JETZT sitzen wir hier ST: ja S:Könnten sie (..) für mich einfach in den=in den eckpunkten weil ich NICHTS über sie weis außer das was micha mir so zwischen tür und angel kurz erzählt hat vorhin nur ganz kurz [skizzieren]

Tabelle 1 Die unterschiedlichen Gesprächsrahmen *(Fortsetzung)*

```
           ich mich da einfach gar nich auch so wohl gefühlt habe    ST:    [ja         ] ganz kurz ich hab abitur gemacht dann hab
           und das meine richtung eigentlich schon damals so die            ich hotelkaufmann gelernt
           wirtschaft war was mich immer [interessiert] hatte und    S:                 hm=hm
           so bin ich dann: äh schon achte neunte klasse war für     ST:                   äh: dann hab ich ne zeit
           mich klar dass ich nacher zehnten klasse dann auf                lang im hotel gearbeitet, dann bin ich auf verstrickten
           wirtschaftsgymnasium wechsel                                     wegen äh da hab ich in nordstadt gewohnt ähm bei ner
F:                         hm=hm                                            partnervermittlung gelandet (lacht) und hab da in der
M:                                 WAR bis jetzt                            mahnabteilung gearbeitet relativ lange (...) und dann stand
           die beste entscheidung die ich gefällt habe weil ich hab         ich plötzlich da und stellte fest oje ja gut du kannst dich
           mich wohl gefühlt es war vom ganzen klima da einfach             jetzt durch dein leben friemeln in dem de durch die
           viel angenehmer (.) ja und meine schulischen leistungen          bundesrepublik ziehst und überall die äh ich sach mal jobs
           haben sich total verbessert einfach durch                        annimmst für ein jahr oder zwei jahre oder ne? wenn
F:                          hm=hm                                           irgendwer ein KIND bekam so immer die befristeten wollt
M:         ja weil man sich wohler gefühlt hat weil s ein ja                ich aber nicht (...) dann bin ich n bisschen arbeitslos
           interessiert hat (.) und von daher sag ich immer also das        gewesen LEIDER dann hab ich noch ne weiterbildung
           war die beste entscheidung das ich dann da hingegangen           gemacht zur kreislaufwirtschaftsmanagerin abfallberatung
           bin. (.)                                                         (...) im weitesten sinne da war dann aber auch nichts zu
M:                 danach also mein vater is ja auch schon bänker           wollen das war meine pechsträhne muss ich zugeben
           gewesen hat mich von klein auf immer mitgenommen                 DANN hatt ich schon mal überlegt mich für was so
           fand ich schon immer toll ha=war für mich auch klar              machen ich bin so leicht angehaucht äh was so biologisch
           dass ich [(.) danach  ] ne bankausbildung dann mache             ökologisch den weg so anbelangt also ich lauf jetzt nich in
                                                                            hanfsäcken rum so ernährungstechnisch und und und und
                                                                            das war so gerade äh im kommen mit diesen ganzen
                                                                            alternativen bioläden das wär auch ganz gut also heute denk
                                                                            ich SCHAde dass das nich geklappt hat das scheiterte an der
                                                                            finanzierung
                                                                     S:                hm=hm
                                                                     ST:                  (...) ja und jetzt bin ich seit etwas über
                                                                            drei jahren beim stadtmagazin. das ist so mein werdegang.
                                                                     S: und sind da jetzt im prinzip so im zenit der entwicklung und
                                                                            sagen wenn dann bin ich jetzt in der starken position mir
                                                                            was anderes zu [überlegen]
                                                                     ST:                 [ja       ] so das [is         ]
                                                                     S:                                    [hm=hm]
                                                                     ST:                                                mein
                                                                            ausgangspunkt
```

a   Eines von drei Gymnasien in Bentheim.

An den Beispielen zeigt sich, wie im ersten Fall ein formaler Ausgangsrahmen gesetzt wird und die Bewerberin Frau M – auch bedingt durch sprachliche Mittel – ihren Werdegang im Sinne einer zielgerichteten, geplanten und zugleich intrinsisch motivierten Berufsbiographie darstellt. Im zweiten Fall ist der Rahmen hoch informell. Frau S präsentiert ihren Werdegang als einen stets neu zu interpretierenden Prozess ohne innere Kohärenz. Dieses Format wird hier nicht sanktioniert, sondern Herr S greift diese Logik auf und macht ein Angebot für eine gemeinsame Deutungsfolie der aktuellen Situation.

Im Ergebnis lassen sich zwei soziale Ausschlusslogiken unterscheiden. Während sich die Teilungspraktiken des formal-exklusiven Gesprächsrahmens als das Setzen von Grenzen beschreiben lassen, ist der informell-kontingente Gesprächsrahmen an dem Eröffnen von Horizonten orientiert (zur Diskussion der Metaphorik von Grenze und Horizont vgl. auch Makropoulos 1999, S. 339).

So basiert die sanktionierende Macht des formal-exklusiven Gesprächsrahmens auf einer dichotomen Grenzziehung von Inklusion, im Sinne einer Zugehörigkeit durch Passung, und Exklusion, im Sinne einer Ausgrenzung durch Nicht-Passung. Der informell-kontingente Gesprächsrahmen ist hingegen vielmehr durch das Eröffnen eines Möglichkeitsbereichs und somit durch eine hierarchische Opposition von Inklusion und Exklusion charakterisiert. Die daraus resultierende Überinklusivität führt dazu, dass Inklusion und Exklusion keine Gegensatzpaare darstellen, sondern vielmehr ineinander aufgehen. Dies führt zu einer schnelleren Reversibilität der Lagen und somit zu einer dynamischen Form der Mitgliedschaft.

3.3 Die Spurensuche nach den Übersetzungen: Die „legitimen" Modelle des Deutens und Handelns

Ausgehend von den Einsichten in die regulative und konstitutive Macht des Kompetenzdiskurses und die sanktionierende Macht der Bewerbungsgespräche lässt sich im Weiteren eine Spurensuche anstellen nach den Gemeinsamkeiten und Unterschieden in den diskursiven und organisationalen Rationalitäten. Hierbei kann festgestellt werden, dass zwischen Diskurs und organisationalen Praktiken spezifische Verschränkungen festzustellen sind. Diese Verschränkungen bestehen zwischen dem strukturell-normativen Kompetenzdiskurs und dem formal-exklusiven Gesprächsrahmen einerseits und dem individual-dispositiven Kompetenzdiskurs und dem informell-kontingenten Gesprächsrahmen andererseits. Im Ergebnis lassen sich so zwei unterschiedliche Kompetenzdispositive unterscheiden. Während Kompetenz im ersten Fall als ein Konstrukt einer disziplinarischen Normation fungiert, ist es im zweiten Fall als Konstrukt einer flexibilisierenden Normalisierung zu verstehen. Diese Erkenntnisse sollen im Folgenden exemplarisch hergeleitet werden.

3.3.1 Kompetenz als Konstrukt einer disziplinarischen Normation

Im ersten Fall wird das Konstrukt Kompetenz als ein Produkt der Disziplinierung des Individuums konstituiert. Charakteristisch für die Disziplinierung ist nach Foucault die „anfänglich vorschreibende Eigenschaft der Norm, und mit Bezug auf diese gesetzte Norm werden die Bestimmungen und die Kennzeichnung des Normalen und Anormalen möglich" (Foucault 2006, S. 89/90). Diese Orientierung an der Norm äußert sich im strukturell-normativen Kompetenzdiskurs vor allem durch die besonderen Bemühungen um die Operationalisierung von Kompetenz. Das relativ schematische Baukastenprinzip, in dem die scheinbar zentralen Fertigkeiten und Fähigkeiten additiv aufgelistet werden, bietet die Möglichkeit, Ist- und

Soll-Zustand zu bestimmen. Im Rahmen der formal-exklusiven Gesprächsführung geht es ebenso um eine Norm. Passung ist hier eine Frage des entsprechenden Habitus und somit eine Frage von Richtig oder Falsch.

Kompetenz als optimales Modell zu begreifen impliziert, dass dieses Ideal realisierbar ist. Diese prinzipielle Erreichbarkeit wird im strukturell-normativen Kompetenzdiskurs vor allem durch die besondere Betonung der Komponenten des Handlungsvermögens konstituiert. Handlungsvermögen ist erzielbar durch disziplinierende Übung, durch Training und Schulung; es ist operationalisierbar und messbar. In dem Maße, wie Handlungsvermögen, und in diesem Sinne Handlungskompetenz, Ergebnis einer (Selbst-)Disziplinierung ist, der man sich aussetzen kann oder nicht, ist Kompetenz eine Frage der Bereitschaft und der Leistung. Inkompetenz – so der Umkehrschluss – ist selbstverschuldet. Die organisationalen Praktiken zeigen aber auf, dass hier gerade jene Aspekte passungsrelevant werden, die den Handlungsantrieb betreffen. So wird deutlich, dass die Teilungspraktiken des formal-exklusiven Gesprächsrahmens sich nach einer habituellen Passung organisieren. Diese Erkenntnis macht offensichtlich, dass Kompetenz als optimales Modell eben gerade nicht durch seine prinzipielle Erreichbarkeit gekennzeichnet ist. Habituelle Muster sind nicht ohne weiteres schulbar; (Selbst-)Disziplinierung ist dann nicht im Sinne einer pädagogischen Intervention zu begreifen, sondern als Sozialisations- und Habitualisierungsprozess. Kompetenz als Normation meint dann vielmehr ein „so sein und nicht anders". Durch die Verknüpfung der diskursiven und organisationalen Rationalitäen im disziplinarischen Kompetenzdispositiv werden die organisationalen Praktiken, die auf klassischen Formen der sozialen Differenzierung fußen, durch vermeintlich leistungsbezogene Modelle des Deutens und Handelns legitimiert. Hinter diesem Modell eröffnet der Diskurs über den Verweis auf den Handlungsantrieb einen Raum für Anknüpfungspunkte von sozialstrukturellen Differenzierungslogiken (Truschkat 2009). Die soziale Herkunft als Rationalität sozialer Zuordnungsprozesse kann somit als diskursiver "blinder Passagier" begriffen werden, der sich an einen hegemonialen und somit legitimen Leistungsdiskurs anschließt und damit gleichsam organisationale Selektionspraktiken legitimiert. Hier zeigt sich also sehr deutlich, wie das diskursiv Sagbare einen Rationalitätsmythos für konkrete organisationale Praktiken schafft.

3.3.2 Kompetenz als Konstrukt einer flexibilisierenden Normalisierung

Während die Disziplin sich also durch eine anfängliche Norm auszeichnet, vor dessen Hintergrund richtig oder falsch oder eben normal und anormal agiert werden kann, liegt die besondere Charakteristik des sicherheitstechnologischen

Kompetenzdispositivs in seiner Ausrichtung am „Gegebenen", an "Realitäten", an "empirischen Wahrheiten" (Foucault 2006). Der natürliche Gang der Dinge – in diesem Fall des Arbeitsmarkts – erzeugt bestimmte Normalitätskurven oder Normalitätsaufteilungen, die durch Häufigkeitsverteilung und Aussichten auf Erfolg über Normalität und Anormalität des Handelns Aufschluss geben. Kompetenz lässt sich somit als Normalformerwartung innerhalb eines bestimmten Milieus, nämlich dem Arbeitsmarkt, fassen. Das Agieren des Einen/der Einen in diesem Milieu ist angebrachter, Erfolg versprechender, eben kompetenter als das Agieren eines Anderen/einer Anderen. Handlungsfähigkeit, Wettbewerbsfähigkeit, Flexibilisierung und, alles zusammennehmend, Selbstregulation sind also keine Norm im diziplinarischen Sinn, sondern eine sicherheitstechnologisch identifizierte Normalität. Je flexibilisierter und selbstbestimmter – so ließe sich sagen – desto kompetenter.

Kompetenz ist somit nicht als optimales Modell zu verstehen; es ist nichts prinzipiell Erreichbares, was durch disziplinierende Übung zu erwerben wäre. Dies wird bereits durch die systemische Form der Konzeptionalisierung von Kompetenz deutlich, spiegelt sich aber auch in der besonderen Aufmerksamkeit in den informell-kontingenten Gesprächspraktiken für Kontingenz und Flexibilisierung wider. Dieses spezifische Modell des Deutens und Handelns erschließt sich somit eine Legitimation organisationaler Praktiken, die im Ergebnis dynamische Verteilungen von Zugehörigkeit und Mitgliedschaft ermöglichen.

„Im Ergebnis entstehen dynamische Verteilungen, die veränderbar sind und den Individuen Statuswechsel von ‚normal' zu 'anormal' und umgekehrt von 'anormal' zu 'normal' ermöglichen. Die Trennlinie zwischen dem Normalen und dem Unnormalen ist nicht nur durchlässig, sondern auch unscharf, nur gültig für bestimmte Lebensbereiche und befristete Zeiträume. Sie muss stets von neuem erkundet und ausgelotet werden." (Waldschmidt 2004, S. 193)

Mitgliedschaft ist somit nicht (mehr) an ein längerfristiges Commitment gebunden, sondern abhängig von den Entwicklungs- und Entfaltungsmöglichkeiten der bis auf Weiteres adaptierten Mitglieder. Legitim ist dies durch das Imperativ einer „fortschreitenden Vervollkommnung" (Makropoulos 2003, S. 11). Nur wer sich permanent selbst entwickelt, kann seine Stellung im Gefüge der dynamischen Verteilung behaupten. Auch hier zeigen sich somit Übersetzungsleistungen zwischen Diskurs und organisationalen Praktiken, indem der Rationalitätsmythos eines pädagogisch aufgeladenen Diskurses der Selbstentfaltung eine wirtschaftlich funktionale organisationale Einstellungspraxis legitimiert.

4 Fazit

Das Verhältnis Ökonomie und Dispositiv, so wurde im vorliegenden Beitrag argumentiert, lässt sich kaum ohne die Berücksichtigung der Ebene der Organisation reflektieren. Fragt man nämlich im Sinne einer dispositivanalytischen Haltung danach, welche Verhältnisse, welche Relationen und Abhängigkeiten in diesem Zusammenhang adressiert werden, so wird deutlich, dass sich im Bereich der Ökonomie (wie in vielen anderen gesellschaftlichen Kontexten auch) diskursiv erzeugte Wissensbestände in organisationale Strukturen einschreiben. Der vorliegende Beitrag hat den Versuch unternommen, diesem Verhältnis von Diskurs und organisationalen Praktiken nachzuspüren. Dazu wurden zunächst einige theoretische Reflexionen vorgenommen, die es ermöglichen das Verhältnis als ein Verhältnis unterschiedlicher Formen von Macht zu reflektieren. Darüber hinaus wurde durch die Hinzunahme organisationstheoretischer Überlegungen des Neoinstitutionalismus das Verhältnis dahingehend ausdifferenziert, dass es sich nicht um eine unikausale Materialisierungskette handelt, durch die sich diskursives Wissen in organisationalen Praktiken verfestigt, sondern dass es sich vielmehr um Übersetzungen von Modellen des Deutens und Handelns handelt, die letztlich das Dispositiv aufspannen. Solche Übersetzungen, so wurde mit dem NI argumentiert, dienen letztlich nicht vordergründig der Rationalisierung der organisationalen Prozesse, sondern vielmehr ihrer Legitimation.

Mit dem empirischen Beispiel konnte aufgezeigt werden, dass sich diese Übersetzungen nur als eine Art Spurensuche nachzeichnen lassen, deren Lesarten eine hinreichend plausible Analogie der Rationalitäten bzw. der regulativen, konstitutiven und sanktionierenden Elemente von Macht aufzeigen müssen. Für die beiden dargestellten Varianten des Kompetenzdispositivs konnte in der gebotenen Begrenztheit, so die Hoffnung, eine eben solche hinreichend plausible Idee dieser Übersetzungen entwickelt und die Bedeutung der Analogien der Rationalitäten zwischen Diskurs und organisationalen Praktiken für die Legitimation dieser Praktiken herausgestellt werden. Die theoretische wie empirische Reflexion des Verhältnisses von Macht, Dispositiv, Organisation und Ökonomie zielt somit darauf, herrschende Modelle des Deutens und Handelns und die spezifische Funktionalität der dispositiven Verflechtungen dieser Modelle kritisch zu hinterfragen. Die vorliegenden Überlegungen lassen sich somit als ein Baustein der weiterführenden Reflexion einer „kritischen Ontologie der modernen Organisationen" (Hartz/Rätzer 2013b, S. 10) verstehen.

Literatur

Alheit, Peter (1994): Von der Arbeitsgesellschaft zur Bildungsgesellschaft? Perspektiven von Arbeit und Bildung im Prozeß europäischen Wandels. Bremen: Universität Bremen.
Alvesson, Mats/Karreman, Dan (2000): Varieties of discourse. On the study of organizations through discourse analysis. In: Human Relations 53(9), S. 1125-1149.
Argyris, Chris/Schön, Donald A. (2008): Die lernende Organisation. Stuttgart: Klett-Cotta.
Bourdieu, Pierre (1998): Das ökonomische Feld. In: Bourdieu, Pierre Der einzige und sein Eigenheim. Hamburg: VSA, S. 185-223.
Bührmann, Andrea D./Schneider, Willy (2008): Vom Diskurs zum Dispositiv. Eine Einführung in die Dispositivanalyse. Bielefeld: Transcript.
Crozier, Michel/Friedberg, Erhard (1993): Die Zwänge kollektiven Handelns. Über Macht und Organisation. Neuausgabe. Frankfurt: Hain.
Diaz-Bone, Rainer (2009): Konventionen und Arbeit. Beiträge der „Économie des conventions" zur Theorie der Arbeitsorganisation und des Arbeitsmarktes. In: Nissen, Sylke/Vobruba, Georg (Hrsg.), Die Ökonomie der Gesellschaft. Wiesbaden: VS Verlag, S. 35-56.
Diaz-Bone, Rainer (2015): Qualitätskonventionen als Diskursordnungen in Märkten. In: Diaz-Bone, Rainer/Krell, Gertraude (Hrsg.), Diskurs und Ökonomie, 2. Aufl. Wiesbaden: Springer VS, S. 309-337.
Diaz-Bone, Rainer (Hrsg.)(2011): Soziologie der Konventionen. Grundlagen einer pragmatischen Anthropologie. Frankfurt: Campus.
Diaz-Bone, Rainer/Krell, Gertraude (Hrsg.)(2015): Diskurs und Ökonomie. 2. Aufl. Wiesbaden: Springer VS.
DiMaggio, Paul/Powell, Walter (1983): The iron cage revisited. Institutional isomorphism and collective rationality in organizational fields. In: American Sociological Review 48(2), S. 147-160.
Eymard-Duvernay, François/Marchal, Emmanuelle (1997): Façons de recruter. Le jugement des compétences sur le marché du travail. Paris: Métailié.
Foucault, Michel (1978): Dispositive der Macht. Über Sexualität, Wissen und Wahrheit. Berlin: Merve.
Foucault, Michel (1981): Archäologie des Wissens. Frankfurt: Suhrkamp.
Foucault, Michel (1993): Technologien des Selbst. In: Martin, Luther/Gutman, Huck/Hutton, Patrick (Hrsg.), Technologien des Selbst. Frankfurt: Fischer, S. 24-62.
Foucault, Michel (1994): Das Subjekt und die Macht. In: Dreyfus, Hubert L./Rabinow, Paul (Hrsg.), Michel Foucault. Jenseits von Strukturalismus und Hermeneutik. Weinheim: Beltz, S. 243-261.
Foucault, Michel (2003): Die Ordnung des Diskurses. Frankfurt: Fischer Verlag.
Foucault, Michel (1994): Überwachen und Strafen: die Geburt des Gefängnisses. Frankfurt: Suhrkamp.
Foucault, Michel (2006): Sicherheit, Territorium, Bevölkerung. Geschichte der Gouvernementalität I. Frankfurt: Suhrkamp.
Gertenbach, Lars (2013): Die Organisation(en) der Gesellschaft. Foucault und die Governmentality Studies im Feld der Organisationsforschung. In: Hartz, Ronald/Rätzer, Matthias (Hrsg.), Organisationsforschung nach Foucault. Bielefeld: Transcript, S. 151-168.
Giddens, Anthony (1997): Die Konstitution der Gesellschaft: Grundzüge einer Theorie der Strukturierung. Frankfurt: Campus.

Grant, David/Hardy, Cynthia/Oswick, Cliff/Putnam, Linda (Hrsg.)(2004): The Sage handbook of organizational discourse. London: Sage.

Grießhaber, Wilhelm (1987): Authentisches und zitierendes Handeln. Einstellungsgespräche. Bd. I. Tübingen: Narr.

Hartz, Ronald/Rätzer, Matthias (Hrsg.)(2013a): Organisationsforschung nach Foucault: Macht-Diskurs-Widerstand. Bielefeld: Transcript.

Hartz, Ronald/Rätzer, Matthias (Hrsg.)(2013b): Einführung. In: Hartz, Ronald/Rätzer, Matthias (Hrsg.), Organisationsforschung nach Foucault: Macht – Diskurs – Widerstand. Bielefeld: Transcript, S. 7-15.

Herzberg, Heidrun/Truschkat, Inga (2009): Lebenslanges Lernen und Kompetenz: Chancen und Risiken der Verknüpfung zweier Diskursstränge. In: Alheit, Peter/Felden, Heide von (Hrsg.), Lebenslanges Lernen und erziehungswissenschaftliche Biographieforschung. Konzepte und Forschung im europäischen Diskurs. Wiesbaden: VS Verlag, S. 111-126.

Jäger, Siegfried (2001): Diskurs und Wissen. Theoretische und methodische Aspekte einer Kritischen Diskurs- und Dispositivanalyse. In: Keller, Reiner/Hirseland, Andreas/Schneider, Werner/Viehöver, Willy (Hrsg.), Handbuch sozialwissenschaftliche Diskursanalyse. Bd. I: Theorien und Methoden. Opladen: Leske und Budrich, S. 81-112.

Keller, Reiner (2008): Wissenssoziologische Diskursanalyse: Grundlegung eines Forschungsprogramms. Wiesbaden: VS Verlag.

Kieser, Alfred (1998): Über die allmähliche Verfertigung der Organisation beim Reden. Organisieren als Kommunizieren. In: Industrielle Beziehungen, 5(1), S. 45-74.

Kieser, Alfred/Walgenbach, Peter (2003): Organisation. Stuttgart: Schäffer-Poeschel.

Knoll, Lisa (2012): Über die Rechtfertigung wirtschaftlichen Handelns. CO_2-Handel in der kommunalen Energiewirtschaft. Wiesbaden: Springer VS.

Knoll, Lisa (Hrsg.)(2015): Organisationen und Konventionen. Die Soziologie der Konventionen in der Organisationsforschung. Wiesbaden: Springer VS.

Kohli, Martin (2003): Der institutionalisierte Lebenslauf: ein Blick zurück und nach vorn. In: Allmendinger, Jutta (Hrsg.), Entstaatlichung und soziale Sicherheit. Verhandlungen des 31. Kongresses der Deutschen Gesellschaft für Soziologie in Leipzig 2002. Opladen: Leske und Budrich, S. 525-545.

Krell, Gertraude (2015): Gender Marketing: Ideologiekritische Diskursanalyse einer Kuppelproduktion. In: Diaz-Bone, Rainer/Krell, Gertraude (Hrsg.), Diskurs und Ökonomie. 2. Aufl. Wiesbaden: Springer VS, S. 237-262.

Kühl, Stefan/Strodtholz, Petra/Taffertshofer, Andreas (Hrsg.)(2009): Handbuch Methoden der Organisationsforschung. Quantitative und qualitative Methoden. Wiesbaden: VS Verlag.

Leclercq-Vandelannoitte, Aurélie (2011): Organizations as discursive constructions. A Foucauldian Approach. In: Organization Studies, 32(9), S. 1247-1271.

Lemke, Thomas/Krasmann, Susanne/Bröckling, Ulrich (2000): Gouvernementalität, Neoliberalismus und Selbsttechnologien. Eine Einleitung. In: Lemke, Thomas/Krasmann, Susanne/Bröckling, Ulrich (Hrsg.), Gouvernementalität der Gegenwart. Studien zur Ökonomisierung des Sozialen. Frankfurt: Suhrkamp, S. 7-40.

Makropoulos, Michael (1999): Grenze und Horizont. Zwei soziale Abschlußparadigmen. In: Hradril, Stefan (Hrsg.), Grenzenlose Gesellschaft? Frankfurt: Suhrkamp, S. 339-348.

Makropoulos, Michael (2003): Massenkultur als Kontingenzkultur. Artifizielle Wirklichkeiten zwischen Technisierung, Ökonomisierung und Ästhetisierung. In: Lux, Harm (Hrsg.), lautloses irren, ways of worldmaking, too. Berlin: Verlag der Kunst, S. 153-171.

March, James G./Olsen, Johan P. (1986): Garbage can models of decision making in organizations. In: March, James G./Weissinger-Baylon, Roger (Hrsg.), Ambiguity and command. Organizational perspectives on military decision making. Marshfield: Pitman Publishing, S. 11-35.

Martens, Wil/Ortmann, Günther (2006): Organisationen in Luhmanns Systemtheorie. In: Kieser, Alfred/Ebers, Mark (Hrsg.), Organisationstheorien. Stuttgart: Kohlhammer, S. 427-461

Meyer, John W./Rowan, Brian (2009): Institutionalisierte Organisationen. Formale Struktur als Mythos und Zeremonie. In: Koch, Sascha/Schemmann, Michael (Hrsg.), Neo-Institutionalismus in der Erziehungswissenschaft. Grundlegende Texte und empirische Studien. Wiesbaden: VS Verlag, S. 28-56.

Mumby, Dennis K./Clair, Robin P. (1997): Organizational discourse. In: van Dijk, Teun A. (Hrsg.), Discourse as social interaction. Discourse Studies: A multidisciplinary introduction Bd. 2. London: Sage, S. 181-205.

Ortmann, Günther/Sydow, Jörg/Türk, Klaus (Hrsg.)(2000): Theorien der Organisation. Die Rückkehr der Gesellschaft. Wiesbaden: Westdeutscher Verlag.

Phillips, Nelson/Lawrence, Thomas B./Hardy, Cynthia (2004): Discourse and institutions. In: Academy of Management Review 29(4), S. 635-652.

Piore, Michael J. (1978): Lernprozesse, Mobilitätsketten und Arbeitsmarktsegmente. In: Sengenberger, Werner (Hrsg.), Der gespaltene Arbeitsmarkt: Probleme der Arbeitsmarktsegmentation. Frankfurt: Campus, S. 67-98.

Probst, Gilber/Raub, Steffen/Romhardt, Kai (2006): Wissen managen – Wie Unternehmen ihre wertvollste Ressource nutzen. Wiesbaden: Gabler.

Schein, Edgar H. (2003): Organisationskultur. Bergisch Gladbach: EHP.

Schmidt-Wellenburg, Christian (2012): Diskursiver Wandel im Fadenkreuz von Wissenssoziologischer Diskursanalyse und Feldanalyse. Der Aufstieg der Managementberatung. In: Keller, Reiner/Truschkat, Inga (Hrsg.), Methodologie und Praxis der Wissenssoziologischen Diskursanalyse. Bd. 1: Interdisziplinäre Perspektiven. Wiesbaden: Springer VS, S. 451-480.

Sengenberger, Werner (1978): Der gespaltene Arbeitsmarkt: Probleme der Arbeitsmarktsegmentation. Frankfurt: Campus.

Taylor, Frederick W. (2011): Die Grundsätze wissenschaftlicher Betriebsführung. Paderborn: Salzwasser.

Truschkat, Inga (2008): Kompetenzdiskurs und Bewerbungsgespräche. Eine Dispositivanalyse (neuer) Rationalitäten sozialer Differenzierung. Wiesbaden: VS Verlag.

Truschkat, Inga (2009): Die disziplinarische Normation. Zur Bedeutung des Habitus in der kompetenzorientierten Wende. In: Pfadenhauer, Michaela/Scheffer, Thomas (Hrsg.), Profession, Habitus und Wandel. Frankfurt: Peter Lang, S. 21-40.

Truschkat, Inga (2010a): Kompetenz – Eine neue Rationalität sozialer Differenzierung? In: Kurtz, Thomas/Pfadenhauer, Michaela (Hrsg.), Soziologie der Kompetenz. Wiesbaden: VS Verlag, S. 69-84.

Truschkat, Inga (2010b): Manager or entrepreneur. The competent subject and the challenge of self-regulation. In: Bührmann, Andrea D./Ernst, Stefanie (Hrsg.), Care or control of

the self? Norbert Elias, Michel Foucault, and the subject in the 21st century. Cambridge: Cambridge Scholar Publishing, S. 138-156.
Truschkat, Inga (2011): Das Kompetenzdispositiv. Zu den Chancen und Herausforderungen einer Dispositivanalyse. In: Ecarius, Jutta/Miethe, Ingrid (Hrsg.), Methodentriangulation in der qualitativen Bildungsforschung. Opladen: Barbara Budrich, S. 225-245.
Truschkat, Inga (2012): Quo vadis, Kompetenz? Zur sozialstrukturellen Blindheit des Kompetenzbegriffs. In: Pfadenhauer, Michaela/Kunz, Alexa (Hrsg.), Kompetenzen in der Kompetenzerfassung: Ansätze und Auswirkungen der Vermessung von Bildung. Weinheim: Juventa, S. 159-173.
Waldschmidt, Anne (2004): Normalität. In: Bröckling, Ulrich/Krasmann, Susanne/Lemke, Thomas (Hrsg.), Glossar der Gegenwart. Frankfurt: Suhrkamp, S. 190-196.
Walgenbach, Peter (2006): Neoinstitutionalistische Ansätze in der Organisationstheorie. In: Kieser, Alfred/Ebers, Mark (Hrsg.), Organisationstheorien. 6. Aufl. Stuttgart: W. Kohlhammer, S. 253-401.
Weber, Max (1976): Wirtschaft und Gesellschaft. Grundriss der verstehenden Soziologie. Studienausgabe. Tübingen: Mohr.
White, Harrison C. (2002): Markets from networks. Princeton: Princeton University Press.
Wilkesmann, Uwe/Rascher, Ingolf (2005): Wissensmanagement: Theorie und Praxis der motivationalen und strukturellen Voraussetzungen. München; Hampp.

Literatur aus dem diskursanalytischen Datenkorpus

Baitsch, Christof (1996): Lernen im Prozeß der Arbeit – ein psychologischer Blick auf den Kompetenzbegriff. In: QUEM-Bulletin 1, S. 6-7.
Schneidewind, Dieter K. (1996): Das Anforderungsprofil geeigneter Führungskräfte. Eine neue Kompetenz. In: Gabler's Magazin 3, S. 36.
Seidel, Dagmar (2003): Tapetenwechsel für gewohnte Verhaltensmuster. In: Management & Training 4, S. 39.

Die kognitive Soziologie toxischer Vermögenswerte[1]

Taylor Spears und Donald MacKenzie[2]

1 Einleitung

Nach dreiwöchigen intensiven Verhandlungen verabschiedete der U.S. Kongress am 3. Oktober 2008 das „Troubled Asset Relief Program" (TARP). Im Rahmen dieser Regierungsinitiative wurden 700 Milliarden US-Dollar für den Ankauf von MBSs (Mortgage-Backed Securities / hypothekenbesicherte Wertpapiere),[3] CDOs (Collaterized Debt Obligations / forderungsbesicherte Schuldverschreibungen) und anderen sogenannten „toxischen" Papieren, welche die Zahlungsfähigkeit des US-Finanzsystems gefährdeten, zur Verfügung gestellt. Die Bezeichnung „toxisch" zeigt eine offensichtlich stark negative Bewertung dieser Papiere an. Gleichwohl war auf dem Höhepunkt der Finanzkrise für die Regierung als auch für die In-

---

[1] Übersetzung durch Ronald Hartz und Rainer Diaz-Bone.
[2] Die hier vorgestellten Ergebnisse entstanden im Rahmen eines Forschungsprojektes, welches durch das European Research Council im Kontext des 7. Rahmenprogramms der Europäischen Union (FP7/2007-2013, ERC grant number 291733) sowie http://quer-denken.tv/ Economic and Research Council des Vereinigten Königreichs (RES-062-23-1958) unterstützt wurde. Für mehr Details hinsichtlich der hier diskutierten Ereignisse vgl. MacKenzie (2011) sowie MacKenzie und Spears (2014a, 2014b). Wir beziehen uns im Folgenden auf die erste der genannten Studien.
[3] Hinweis der Herausgeber: Im Folgenden werden im Regelfall die jeweiligen Akronyme für die diskutierten Finanzprodukte aufgrund ihrer geläufigen Verwendung im englischen Original belassen. Bei der erstmaligen Verwendung erfolgt eine deutsche Übersetzung.

vestoren die Unkenntnis über den Wert dieser Anlageformen das Hauptproblem. Sobald TARP als Gesetz verabschiedet wurde, befand sich das US-Finanzministerium in der unangenehmen Lage, den Preis für eine Reihe von Finanzinstrumenten zu bestimmen, deren Wert auch für die besitzenden Banken selbst unklar war. Darüber hinaus befand sich die Regierung in einer Zwickmühle: Würde man einerseits zu wenig für die „toxischen" Papiere zahlen, könnte dies die Kreditkrise verschärfen, da die Banken nicht genügend Kapital erhielten, um die Gefahr einer weitreichenden Zahlungsunfähigkeit zu beseitigen. Würde man erheblich zu viel zahlen, wäre das Finanzministerium aufgrund der Verschwendung von Steuereinnahmen während der größten Rettungsaktion der amerikanischen Geschichte mit einer politischen Krise konfrontiert worden.

Das im Jahr 2008 durch die „toxischen" Vermögenswerte hervorgerufene ökonomische und politische Dilemma forderte die herkömmlichen Ideen über die Beziehung von Märkten und Preisen heraus. Viele ökonomische Theorien des Marktes gehen von der Voraussetzung aus, dass Investoren in großem Umfang identische Anlageformen (etwa Aktienanteile) handeln, begründete Urteile über den „Fundamentalwert" jedes gehandelten Finanzinstruments treffen können und dass Kauf und Verkauf in einer den erwarteten Nutzen maximierenden Art und Weise erfolgen. Die im Zentrum der Krise stehenden „toxischen" Papiere waren jedoch so komplex und heterogen, dass solche Beurteilungen unmöglich erschienen.

Für gewöhnlich wird von der Ökonomie die empirische Frage, wie Investoren zu Urteilen über den Wert von Finanzinstrumenten kommen, entweder oftmals ignoriert oder als Thema behandelt, welches jenseits des Feldes der ökonomischen Disziplin liegt. In der Tat findet sich in vielen ökonomischen Theorien des Marktverhaltens keine Unterscheidung zwischen dem „Preis" und dem „Wert" eines Gutes – der Wert eines Gutes entspricht dem Preis, welcher auf dem Markt erzielt wird. Dies führt jedoch zur Frage, wie Käufer und Verkäufer, deren Handeln den Preis bestimmt, den Wert von Finanzinstrumenten bestimmen. In gewisser Hinsicht war dies das Problem, mit welchem die Regierung bei der Bestimmung des Wertes der von den Banken im Jahr 2008 gehaltenen „toxischen" Vermögenswerte konfrontiert war.

Unser Beitrag möchte, basierend auf dem Konzept der „Bewertungspraktiken" (vgl. weiterführend MacKenzie 2011), ein soziologisches Verständnis über die Bewertung von Finanzinstrumenten durch die Marktteilnehmer befördern. Unter „Bewertungspraktiken" verstehen wir die für die Bewertung von Kapitalanlagen von den Marktteilnehmern kollektiv genutzten Dispositive, Logiken und Denkweisen. Mit der Betonung der *Praktiken* der Bewertung schließt unser Beitrag an bestehende Arbeiten im Feld der Science und Technology Studies an (vgl. u.a. Knorr Cetina 2002; Galison/Stump Hrsg. 1996). Diese Arbeiten zeigen die Heterogenität und Diversität wissenschaftlicher Praktiken auf, welche auch innerhalb des gleiches Feldes oder einer Disziplin bestehen, und verweisen auf den Umstand, dass diese Praktiken durch lokal begrenzte „epistemische" Gemeinschaften entwickelt und ausgeführt werden. Analog zu wissenschaftlichen Praktiken beschäftigen sich auch Bewertungspraktiken mit der Produktion von Wissen: in unserem Fall eines Wissens über den Wert von Vermögenswerten. So verstanden erweisen sich Bewertungen als unvermeidliche kognitive Aktivität, welche in der Realität oftmals als distribuierte Aktivität auftritt (Hutchins 1995).[4] Das Verstehen dieses verteilten Charakters der Bewertungspraktiken ist grundlegend für ein Verständnis dessen, wie und warum eine Reihe von „toxischen" Anlageformen das globale Finanzsystem bedrohen konnten und wie diese Anlageformen bewertet wurden.

Unser Beitrag konzentriert sich auf die angewandten Bewertungspraktiken zur Bestimmung des Risikos und des Wertes von sogenannten ABS CDOs, d.h. mit Tranchen von forderungsbesicherten Wertpapieren (Asset-Backed Securities, ABS) unterlegten Schuldverschreibungen (Collaterized Debt Obligations, CDOs). Wir betrachten hierbei die am häufigsten genutzte Unterform der forderungsbesicherten Papiere, die sogenannten Mortgage-Backed Securities (MBSs). Unter allen sogenannten „toxischen" Anlageformen erfuhren die ABS CDOs den größten Wertverlust – insgesamt 290 Milliarden US-Dollar – während der Krise (IMF 2008, Tabelle 1.1, S. 9). Wie wir weiter zeigen möchten, waren die insbesondere von den Rating-Agenturen genutzten Bewertungspraktiken für diese Instrumente eine grundlegende Voraussetzung für die Finanzkrise.

MBSs und CDOs sind strukturell ähnliche Finanzinstrumente. Der Konstrukteur einer MBO oder CDO gründet in der Regel ein spezifisches Rechtskonstrukt, beispielsweise eine Investmentgesellschaft oder eine Zweckgesellschaft. Die Investmentgesellschaft bzw. Zweckgesellschaft erwirbt eine Reihe von Schuldverschreibungen (Hypotheken im Fall der MBSs, Unternehmenskredite (loans) oder Rentenpapiere (bonds) in der ursprünglichen Fassung der CDOs). Die Gesellschaft erhöht ihr Kapital durch den Verkauf von Sicherheiten an Investoren, welche Ansprüche an den Geldfluss aus dem Pool der Schuldentitel darstellen. Diese Sicherheiten werden geteilt, wobei die Tranchen auf der höchsten Stufe der „Hierarchie" der Papiere die sichersten sind. Mit diesen erwirbt man den vorrangigen Anspruch auf die Einkünfte aus dem Pool (nachdem Gebühren etc. gezahlt wurden). Erst danach werden die Ansprüche niedrigstehender Tranchen bedient. Die Tranchen am unteren Ende der Hierarchie sind insofern die risikoreichsten. Wenn die Schuldverschreibungen im Pool unter Ausfällen leiden, beispielsweise wenn Kreditneh-

---

4   Damit bezeichnet Hutchins (1995) die über mehrere Akteure und Instrumente verteilt erfolgende Koordination und Kognition [Anm. d. Hrsg.].

mer ihre Kredite nicht mehr abzahlen, können sich rückläufige Auszahlungen an Investoren in der niedrigsten Tranche ergeben. Entstehen größere Ausfälle, können die Investoren der untersten Tranche einen kompletten Verlust ihres Investments erleiden und die Halter höherwertiger Tranchen könnten anschließend betroffen sein. Aufgrund des höheren Risikogehalts der niedrigsten Tranchen besitzen diese die höchste „Spanne" (Zuschläge auf den Libor, d.h. die London Interbank Offered Rate)[5] während die meisten oberen Tranchen die geringste Spanne aufweisen.

Obwohl MBSs und CDOs strukturell ähnlich sind, ist unser Argument, dass ihre historischen Entstehungsbedingungen zu einer unterschiedlichen Bewertung durch Investoren führte und das Rating durch unterschiedliche, voneinander getrennte Gruppen in den Rating-Agenturen durchgeführt wurde. Diese kognitive und organisationale Trennung erschuf die gefährliche Möglichkeit der Ausnutzung von Preisunterscheiden (Arbitragegewinnen) auf dem Markt für ABS CDOs. Diese Ausnutzung drängte eine vormals bedeutende Reihe von Gatekeepern – erfahrene, risikobewusste Investoren der niedrigen Tranchen der MBOs – an den Rand und führte schließlich zu massiven kreditbezogenen Verlusten im Herzen des globalen Finanzsystems.

Die empirische Forschung, auf welcher dieser Beitrag basiert, ist eine detaillierte Untersuchung zur Bewertung komplexer Finanzinstrumente wie MBOs, CDOs und ähnlicher Instrumente. Diese basiert auf drei Hauptquellen. Die erste sind 101 Interviews, welche von Donald MacKenzie mit Analysten, Managern, Händlern und weiteren mit den Instrumenten befassten Personen geführt wurden. 29 dieser Interviews wurden vor dem Beginn der Kreditkrise im Juni 2007 geführt. Zweitens wurden 26 Interviews von Taylor Spears mit Quants (auf mathematische und statistische Zusammenhänge spezialisierte Analysten) und Wissenschaftlern mit Expertise im Feld der Zinsmodellierung geführt. Diese Interviews besaßen eine stark narrative Form im Sinne einer Zeitzeugenbefragung. Die Interviewten erzählten über ihre Karriere mit Bezug auf die interessierenden Finanzinstrumente, die Hauptentwicklungen auf den Märkten für solche Instrumente und die jeweiligen Bewertungspraktiken. Die dritte Hauptquelle ist die Fachpresse und die technische Literatur, aus welcher ein Korpus relevanter Dokumente hinsichtlich der Marktentwicklungen und Bewertungspraktiken erstellt wurde. Zu diesen Dokumenten zählen beispielsweise technische Berichte der großen Rating-Agenturen, in welchen die angewendeten Modellierungen für die Erstellung von Ratings dargelegt wurden. Beide Quellenarten (Interview und Dokumente) haben ihre

---

5 Gemeint ist der täglich von den wichtigsten Banken der British Bankers' Association festgelegte Referenzzinssatz für das Interbankengeschäft – oder einen anderen Referenzzinssatz [Anm. d. Hrsg.].

Mängel. Zum Beispiel ist die Befragung von Zeitzeugen anfällig hinsichtlich der lückenhaften Erinnerungen und dem Wunsch der Befragten, sich selbst und ihr Handeln in einem positiven Licht darzustellen. Technische Berichte, Bücher etc. zeigen hingegen oft idealisierte Darstellungen der Bewertungspraktiken. Nichtsdestotrotz hoffen wir, dass durch die sorgsame Triangulation dieser unterschiedlichen Quellen die Konstruktion eines angemessen robusten Zugriffs auf die mit den ABSs und CDOs verbundenen Bewertungspraktiken ermöglicht wurde, welche kombiniert wurde mit einer historischen Erzählung (siehe MacKenzie 2011) über die Entstehung dieser Praktiken.

Der Rest des Beitrages gliedert sich wie folgt: Im nächsten Abschnitt zeichnen wir die Ausbreitung und die Entwicklung von Praktiken zur Bewertung von MBSs nach, während der dritte Abschnitt die Praktiken im Hinblick auf CDOs untersucht. Im vierten Abschnitt erläutern wir, wie die Entwicklung eines Hybriden aus diesen beiden Instrumenten – die ABS CDOs – zu einer fatalen Arbitragemöglichkeit führte, welche durch das Rating dieser Instrumente durch die großen Rating-Agenturen hervorgerufen wurde. Eine Betrachtung über den Wert der Untersuchung von Evaluationspraktiken für diskursanalytische Zugänge zur Wirtschaftssoziologie schließt den Beitrag ab.

2 Die Bewertung von Mortgage-Backed Securities (MBSs)

Die von Investoren genutzten Bewertungspraktiken für MBSs waren zutiefst geprägt durch die Reaktion der US-Regierung auf die Effekte der großen Depression auf den amerikanischen Häusermarkt in den 1930er Jahren. Hypotheken waren auch vor den 1930er Jahren erhältlich, jedoch nur mit vergleichsweise kurzen Laufzeiten (bspw. 5 bis 10 Jahre), mit schwankenden, mit dem Zinsniveau verbundenen Zinszahlungen sowie der Verpflichtung des Kreditnehmers, den ursprünglichen Kredit nach Laufzeitende komplett zurückzuzahlen und nicht, wie heute üblich, diese Zahlung über die gesamte Kreditlaufzeit zu leisten (Green/Wachter 2005, S. 94). Wenn der Kreditnehmer nicht das Geld zur Rückzahlung am Laufzeitende zur Verfügung hatte, war dieser gezwungen, den Kredit zu refinanzieren. Während der Depression führten diese Merkmale zu einer Krise auf dem amerikanischen Häusermarkt. Auf ihrem Höhepunkt befanden sich „fast 10 Prozent der Häuser in Zwangsvollstreckung" (vgl. Green/Wachter 2005, S. 94-95), weil die Kreditnehmer kein Geld zur Rückzahlung zur Verfügung hatten und nicht in der Lage waren, den Kredit zu refinanzieren. Die Roosevelt-Administration reagierte mit der Schaffung von drei Regierungsorganisationen (eine davon war die Federal

National Mortgage Association, für gewöhnlich als Fannie Mae bezeichnet), welche Hypotheken mit kurzen Laufzeiten und variablen Zinsen in 20-jährige festverzinsliche Hypotheken transformierten, diese gegen Ausfälle versicherten und einen Zweitmarkt für Hypotheken beförderten.

Dieses Regierungsprogramm führte zur Dominanz einer spezifischen Form der Hypothek, welche Green und Wachter einfach die „amerikanische Hypothek" nennen: eine langfristige, mit festen Zinsen versehene Hypothek ohne Einbußen bei vorzeitiger Rückzahlung („prepayment"). Diese letzte Eigenschaft gab Kreditnehmern die wertvolle Möglichkeit, die Hypothek vorzeitig über eine Refinanzierung zurückzuzahlen, welche bei fallenden Zinssätzen attraktiv sein kann. Die Wahrnehmung dieses Vorteils durch die Hauseigentümer ist jedoch ein Risiko für die Investoren, insofern diese ihr Geld vorzeitig und zu einem Zeitpunkt zurückerhalten, an welchem dieses aufgrund niedriger Zinsen nicht profitabel reinvestiert werden kann. Die fehlende Sanktionierung einer vorzeitigen Rückzahlung war ursprünglich ohne große Konsequenzen für Investoren auf dem Hypothekenmarkt, insofern die Kosten einer Refinanzierung erheblich waren. Als jedoch der Wettbewerb unter den Kreditgebern diese Kosten reduzierte, wurde diese Rückzahlungsoption attraktiver und wurde häufiger genutzt. Hieraus entstand ein Bedarf für Werkzeuge, Praktiken und Finanzinstrumente für das Management und die Deckelung dieser Rückzahlungsrisiken. Da das Ausfallrisiko durch die regierungsfinanzierten Gesellschaften wie Fannie Mae faktisch eliminiert wurde, war die Bewertung der MBSs vorrangig eine Frage der Bestimmung des Umfangs der Wertreduktion aufgrund der Option der vorzeitigen Rückzahlung durch die Kreditnehmer. Tatsächlich transformierten die regierungsfinanzierten Gesellschaften die Ausfälle in vorzeitige Rückzahlungen: Fiel ein Kreditnehmer aus, zahlten die Gesellschaften den Investoren in den entsprechenden Pool jene Summe, welche diese bei vorzeitiger Rückzahlung zu diesem Zeitpunkt erhalten hätten. Das Vorabzahlungsrisiko wird allgemein von den Finanzmarktakteuren als grundsätzlich schwer quantifizierbar angesehen, welches entsprechend die auf diesen Märkten genutzten Bewertungspraktiken prägte. Der Haupttreiber für vorzeitige Rückzahlungen sind fallende Zinsen, und insofern bemühten sich die Investoren die Gefahr eines gewissen Anteils von Rückzahlungen durch den Erwerb von Zinsderivaten – und zwar Swaps und Optionen auf Swaps[6] –

---

6   Swaps (zu Deutsch (Aus-)Tausch) sind ein Sammelbegriff für Derivate, bei welchem ein Austausch von zukünftigen Zahlungsströmen erfolgt. Primär dienen Swaps der Absicherung von schwer kalkulierbaren Risiken, etwa Zins- oder Währungsrisiken. Ein einfaches Beispiel: Ein zu zahlender variabler Zinssatz eines Unternehmenskredites wird gegen einen festen, über den aktuellen Kreditzins liegenden Zinssatz „getauscht" (etwa durch einen Kontrakt des Unternehmens mit der Hausbank), um die Kreditkosten für das Unternehmen kalkulierbar zu halten, während die Hausbank

zu deckeln („hedgen") bzw. zu reduzieren, welche im Fall eines Zinsrückgangs an Wert gewinnen (vgl. z.B. Becketti 1989 und Jaffee 2003). Die Akteure auf dem Markt für MBSs sind sich jedoch genau bewusst, dass die Rate der Rückzahlung von einer Reihe von Faktoren abhängig ist, welche nur schwach mit Zinsänderungen im Zusammenhang stehen. Hierunter fallen das Alter der zugrunde liegenden Hypotheken, demographische Eigenschaften der Kreditnehmer (inkl. der jeweiligen Kreditsituation) und deren idiosynkratisches Verhalten. In einem gewissen Umfang können Investoren auf dem Hypothekenmarkt diese idiosynkratischen Faktoren durch das Halten eines diversifizierten Portfolios von MBSs eliminieren, analog zu Aktieninvestoren, welche ein breites Portfolio zur Reduktion der idiosynkratischen Risiken im Zusammenhang mit einer spezifischen Aktie halten. Jedoch sind Deckelung und Diversifikation aufgrund unvorhersehbarer Faktoren, welche das Verhalten der Kreditnehmer in der Gänze beeinflussen können, grundsätzlich unzureichend für die Ausschaltung sämtlicher Rückzahlungsrisiken. Gemäß eines vom Erstautor interviewten Analysten, gab es in den späten 1990er Jahren ein Phänomen, welches von MBS Investoren als „USA-Today"-Effekt bezeichnet wurde: Auf den Titelseiten landesweit erscheinender amerikanischer Zeitungen erschienen Artikel über die Verfügbarkeit niedrigverzinster Hypotheken, welche, wie der Interviewte es ausdrückte, „die durchschnittliche Person zu einem effizienteren vorzeitigen Rückzahler machte". Aufgrund dieser „unvorhersehbaren" Treiber vorzeitiger Rückzahlungen, tendieren Investoren auf dem Hypothekenmarkt zur Skepsis hinsichtlich der Möglichkeit einer vollständigen Voraussage dieser Risiken oder deren vollständiger Ausschaltung durch die Deckelung der Geschäfte. Diese Vorbehalte hinsichtlich der genauen Bestimmung vorzeitiger Rückzahlungsrisiken prägten den Sprachgebrauch und die Praktiken von Akteuren in diesen Märkten bei der Bestimmung des Wertes von MBSs. Eine dieser Praktiken ist der Gebrauch der „Option-Adjusted Spread" (OAS) Analyse, welche die Bestimmung der zu addierenden „Spanne" auf einen Referenzzinssatz (etwa Libor) im Rahmen eines Rückzahlungsmodells enthält, um den Preis einer MBS im Verhältnis zu dessen aktuell notierten Preis auf dem Markt zu bestimmen. Diese „Spanne" ergibt sich aus der angesprochenen Tatsache, dass vorzeitige Rückzahlungen weder einfach vorausgesehen noch mit verzinslichen Wertpapieren vollkommen gedeckt werden können. *Wären* alle diese Risiken perfekt zu deckeln – wie es die im zweiten Teil dieses Beitrages diskutierte Familie der Modellierungspraktiken annimmt – dann müsste ein MBS mit einem OAS nahe Null gehandelt werden. In der Praxis werden die meisten Hypotheken-Produkte mit einem OAS von 50-100 Basispunkten (1 Basispunkt entspricht einem hundertstel

---

aufgrund der Zinsunterschiede einen entsprechenden Gewinn zu realisieren versucht [Anm. d. Hrsg.].

Prozentpunkt) gehandelt, während – wie ein anderer Interviewter berichtete – andere Finanzinstrumente[7] mit einem OAS im hohen Hunderter- oder im niedrigen Tausender-Bereich gehandelt werden. Die Tatsache, dass in Hypothekenmärkten die Praxis der Preisbestimmung in Begriffen des OAS angelegt ist, spiegelt die Reaktion des Sprachgebrauchs von Investoren in Bezug auf die inhärente Komplexität der Modellierung vorzeitiger Rückzahlungen wider.[8] Während sich in diesen Märkten ein reichhaltiges Instrumentarium für die Diskussion, Schätzung und das Management von Rückzahlungsrisiken entwickelte, gab es keine vergleichbare Entwicklung von Sprache und Praktiken zur Messung und Kommunikation des Risikos von Kreditausfällen. Diese Fokussierung auf Rückzahlungsrisiken setzte sich auch dann fort, als ab 1977 „privat gelabelte" Wertpapiere mit Tranchenstrukturen (vgl. Abb. 1) aufgelegt wurden (die regierungsseitig gesicherten Hypotheken waren einfacher) und auch noch später, als die Hypothekenvergabe sich von den „Prime" Hypotheken der Regierungsgesellschaften hin zu den „Subprime" Hypotheken (etwa Kredite an Kreditnehmer mit problematischer Kredithistorie) verschob.

Investoren in niedrigen Tranchen erhalten nur Auszahlungen, wenn noch Mittel nach den Zahlungen an Investoren in Senior-Tranchen verfügbar sind. In einer ABS bestehen die Anlageformen für gewöhnlich aus Hypotheken oder Konsumkrediten. In einer Unternehmens-CDO befinden sich Unternehmenskredite oder Anleihen. Abbildung 1 zeigt einen Cash CDO: In einem synthetischen CDO handelt die Zweckgesellschaft mit Kreditausfallversicherungen, in der Regel CDSs (siehe den dritten Abschnitt des Beitrages), statt Hypotheken etc. zu erwerben.

Investoren, welche die höheren Tranchen von Subprime MBSs erwarben, ignorierten weiterhin das Ausfallrisiko und konzentrierten sich primär auf die Frage der frühzeitigen Rückzahlung. In der Tat erschienen aus der Perspektive von Rückzahlungen die Subprime MBSs oftmals besser als der Prime-Bereich: auch wenn das Ausmaß der vorzeitigen Rückzahlung von Subprime Hypotheken hoch war, wurden Subprime MBSs als weniger sensibel für Zinsänderungen angesehen, da die Subprime Kreditnehmer als weniger „effizient" bei der Ausübung ihrer Rückzahlungsoption angesehen wurden.

---

7   Ein Beispiel sind „Interest Only" Sicherheiten (IOs), welche durch die Zusammenführung von Zinszahlungen aus einem Pool von Hypotheken gebildet werden.
8   Siehe für die Beziehung des Gebrauchs der OAS-Analyse bei MBS-Investoren und der wahrgenommenen Komplexität der Modellierung vorzeitiger Rückzahlungen Rebonato (2004).

Die kognitive Soziologie toxischer Vermögenswerte

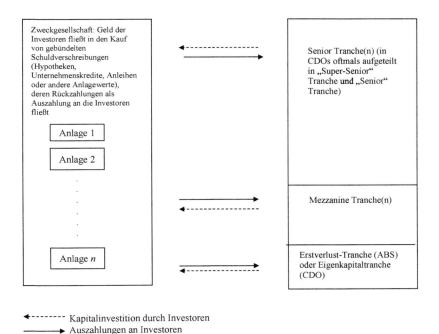

Abbildung 1 Ein ABS oder CDO (vereinfacht und nicht proportional)

Wie wir aus der Finanzkrise gelernt haben, gibt es ein sich aus der Verbriefung („securitization") – d.h. aus der Bündelung von Hypotheken oder anderen Anlageformen in Pools und dem Verkauf von Wertpapieren („securities") auf der Basis des Cashflows aus diesen Pools – heraus entwickelndes spezifisches Problem. Ein Problem, welches Ökonomen als „adverse Selektion" bezeichnen: Wenn die Verkäufer dieser Papiere nicht in der Lage sind, die Kreditwürdigkeit der Kreditnehmer zu überprüfen, verringert sich der Anreiz für die Kreditgeber risikoreiche Kreditnehmer zu überprüfen. In der Tat hat dieses Problem alle vor 1970 unternommenen Anstrengungen einer Verbriefung von Hypotheken in den Vereinigten Staaten unterminiert (Snowden 1995). Wenn die Investoren im Hypothekenbereich sich auf das Thema der vorzeitigen Rückzahlung fokussiert haben, stellt sich die Frage, wie das potenzielle Agentur-Problem für so lange Zeit auf dem MBSs Markt vermieden werden konnte.[9] Im Fall der „Prime" Hypotheken wurde die

---

9   In der mikroökonomischen Vertragstheorie beruht das Problem der „adversen Selektion" (Negativauslese) auf der Informationsasymmetrie zwischen Prinzipal (Auftrag-

Kreditwürdigkeit durch die Zeichnungsnormen der regierungsseitig abgesicherten Gesellschaften (GSEs) wie Fannie Mae kontrolliert (Poon 2009). Auf der Seite der „privat gelabelten" MBSs, welche nicht gegen Ausfallrisiken abgesichert waren, wurde dieses Problem fast 25 Jahre im Wesentlichen durch die Aktivitäten von zwei Arten von Gatekeepern in Schach gehalten.

Der erste waren die großen Rating-Agenturen: Standard & Poor's, Moody's und Fitch. Eine Einstufung als Investitionsempfehlung (z.B. BBB- oder darüber[10]) war grundlegend für die Gewinnung von Investoren im MBS Markt. In der Tat war die niedrigste extern verkaufte Tranche einer MBS oftmals die „Mezzanine" Tranche mit einem BBB- Rating oder BBB Rating, welches trotzdem eine Investitionsempfehlung, ein Investment-Grade Rating darstellte. Hierzu im Gegensatz gab es die stärkste Nachfrage für mit AAA eingestufte Sicherheiten („AAA" ist das höchste erreichbare Rating). Der typische MBS Investor und die Rating-Agenturen spielten insofern unterschiedliche, jedoch komplementäre Rollen auf diesen Märkten. Während die meisten Investoren überwiegend mit dem Rückzahlungsrisiken beschäftigt waren, konzentrierten sich die Rating-Agenturen auf das Ausfallrisiko. Die Bewertungspraktiken der Rating-Agenturen entwickelten sich dabei sukzessive von der Analyse der globalen Eigenschaften von Hypotheken Pools (wie der durchschnittlichen Beleihungsquote der Hypotheken im Pool) hin zu logistischen Regressionen oder Risiko-Modellierungen von Ausfällen individueller Hypotheken, welche eine größere Anzahl von Variablen wie die Kreditwürdigkeits-Punktzahl der Hypothekennehmer nutzten (Poon 2007, 2009).

Es ist nun bedeutsam, dass es keine explizite Modellierung durch die Rating-Agenturen (oder anderer Marktakteure) des von den Bewertern von CDOs als „Korrelation" bezeichneten Phänomens gab (siehe die Diskussion unten). Während es weitgehend anerkannt war, dass Hypothekenausfälle nicht statistisch unabhängige Ereignisse darstellten, behandelten die von den Rating-Agenturen

---

geber) und dem einen Informationsvorsprung besitzenden Agenten (Auftragnehmer), welches zur Selektion von Gütern etc. schlechterer Qualität führt, da eine gute Qualität durch den Prinzipal nicht erkannt werden kann und somit auch keine Bereitschaft besteht, einen ggf. höheren Preis zu zahlen. Das Agentur-Problem bezeichnet im vorliegenden Fall – vereinfacht – dieses Problem der Prüfung der (finanziellen) Lage des Kreditnehmers [Anm. d. Hrsg.].

10   BBB- (Triple-B-) bezeichnet eine Ratingstufe von Standard und Poor's und Fitch für eine „durchschnittlich gute Anlage". Je nach Rating-Agentur existieren unterschiedliche Ratingskalen, welche von Bonität von Wirtschaftssubjekten oder Finanzinstrumenten einschätzen. Im Falle von Standard Poors stellen Ratings im A-Bereich sichere Anlagen dar, der Triple-B Bereich „gute Anlagen", ab dem BB-Bereich spricht man von spekulativen Anlagen [Anm. d. Hrsg.].

angewandten Modellierungen diese implizit als unabhängig. Mit deren Interdependenz wurde stattdessen durch andere, eher prozedurale Mittel umgegangen. Die Korrelation von Ausfällen aufgrund einer Rezession wurde durch die Analyse von „Stress-Szenarien" erfasst, etwa durch die Analyse des Effektes von Hypothekenausfällen im Zusammenhang der Großen Depression auf die Leistung („performance") der MBS. Eine andere Art der Ausfallinterdependenzen – die Gefährdung geographisch beschränkter Hypothekenpools durch lokale ökonomische Bedingungen – wurde ebenfalls eher prozedural denn mathematisch betrachtet. Hypothekenpools, welche einen Mangel an ausreichend geographischer Diversifizierung aufzuweisen schienen, waren dann Gegenstand von Rating Herabstufungen.

Die zweite Reihe von Gatekeepern waren die Investoren in die Mezzanine-Tranchen – wie beschrieben waren dies die niedrigsten zum Verkauf angebotenen Tranchen, oftmals mit einem BBB oder BBB- Rating versehen – eine spezifische Gruppe von Investoren, welche die Gefahr der adversen Selektion bannte.[11] Ihre Rolle war grundlegend für den Erfolg einer MBS. Die Mezzanine-Tranchen waren am schwersten verkäuflich und die Investoren in diesen Tranchen waren mit dem größten Ausfallrisiko konfrontiert. Investitionen in Mezzanine-MBSs waren eine hochspezialisierte Aktivität, welche in der Regel durch erfahrene institutionelle Investoren mit umfassendem Wissen über den und umfassender Erfahrung im Hypothekenmarkt durchgeführt wurde. Diese Investoren wollten oftmals das „Kredit-Band" („loan-tape") der Sicherheiten einsehen, eine elektronische Datei, welche die Hypotheken im Pool im Detail dokumentiert. Im Gegensatz zu Investoren in den höheren Tranchen, überprüften Mezzanine-Investoren diese Angaben im Detail und suchten nach Bereichen mit besonders risikobehafteten Hypotheken. Wurden sie fündig, wurde als Bedingung für ein Investment oftmals verlangt, dass die Aufleger der MBS die Zusammensetzung der Verbriefungen änderten. Die Aufleger der MBS hatten diese Forderungen ernst zu nehmen, da das Scheitern des Verkaufs der Mezzanine-Tranche im Regelfall die erfolgreiche Herausgabe einer MBS verhinderte.

Somit existierte seit dem Aufkommen der „privat gelabelten" MBSs für rund 25 Jahre eine spezielle Balance hinsichtlich der Verantwortung für Bewertungen. Während die meisten Investoren mit der Modellierung von Risiken der frühzeitigen Rückzahlung beschäftigt waren, konzentrierten sich die Rating-Agenturen und die Mezzanine-Investoren auf das Ausfallrisiko. Diese Balance wurde jedoch durch die enorme und unterschiedslose Nachfrage nach Hypothekenschulden auf dem ABS CDO Markt gestört. Bevor wir diese Entwicklung verstehen können, ist

---

11 Siehe für die Bedeutung der Mezzanine-Investoren Adelson und Jacob (2008).

ein historischer Exkurs notwendig. Beginnend in den 1980er Jahren trat neben die Verbriefung von Hypotheken die Verbriefung von Firmenverschuldungen in Form der CDOs. Oberflächlich betrachtet sind diese zwei Gruppen von Instrumenten – wie oben diskutiert – strukturell ähnlich. Trotzdem unterschieden sich die Bewertungspraktiken auf diesen beiden Märkten in bedeutsamer Hinsicht.

3 Die Bewertung von CDOs

Während die ersten privaten hypothekenbesicherten Wertpapiere bereits 1977 ausgegeben wurden, dauerte es mit der Einrichtung von CDOs bis 1987. Die ersten CDOs waren dabei einfache Ausweitungen der tranchierten Instrumente, die in „privat gelabelten" MBOs für den Aktienhandel eingesetzt wurden (siehe Abb. 1). Zudem sind die Bewertungspraktiken, die anfangs für die Beurteilung der CDOs verwendet wurden, den Bewertungspraktiken für die privat gelabelten MBSs ähnlich gewesen. Allerdings mit der bemerkenswerten Ausnahme, dass die vorzeitige Rückzahlung ein relativ nachrangiges Phänomen war. Ohne ein Äquivalent zum beratenden Regierungshandeln für die privaten Hypothekenschuldner, weisen die meisten Unternehmensaktien (und Unternehmenskredite) variable Zinsraten auf oder sind mit substantiellen Strafen für vorzeitige Rückzahlungen versehen (manchmal können sie auch einfach gar nicht im Voraus rückgezahlt werden). Die Art und Weise, wie Analysten in den Rating-Agenturen (die erneut den Ausfall anstatt die vorzeitige Rückzahlung im Blick hatten) CDOs bewerteten, war ursprünglich der Praxis sehr ähnlich, wie sie MBSs beurteilten. Bedeutsam waren Stress-Szenarios. Eine schwache Diversifikation (zu viel in dem CDO-Pool stammte beispielsweise aus dem Industriesektor) wurde erneut bestraft. Ab 2000 wurden die im CDOs-Rating eingesetzten Praktiken jedoch durch eine historische Entwicklung beeinträchtigt. Diese Entwicklung war von anderer Art als diejenige, die die Bewertung von MBSs geprägt hat. Der CDO-Markt wurde tiefgreifend beeinflusst durch das Aufkommen und den Einfluss der modernen mathematischen Modellierung der Werte von Finanzderivaten. Das am meisten zelebrierte Modell war das Black-Scholes-Modell für die Ermittlung von Preisen für Optionen (Black/Scholes 1973). Für Akteure im Derivate-Markt wurde das Black-Scholes Modell – und insbesondere Mertons (1973) Ableitung daraus – eine beispielhafte Lösung für die Lösung des Problems der Bewertung eines Finanzinstruments, indem sie Argumente heranzogen, die sich auf die Arbitrage stützten. Merton (1973) konnte zeigen, dass der Preis einer Option (für den Erwerb bzw. Verkauf einer Aktie) dadurch bestimmt werden konnte, dass man ein (zumindest hypothetisch) kontinuierlich angepasstes Portfolio einrichtete, das aus Aktien und Bargeld bestand und den Wert einer Option zu jedem Moment abbildete.[12] Auf diese Weise konnte man das Problem der Preisermittlung für Optionen lösen, da der Preis als gleich den Kosten betrachtet wurde, die aufzuwenden waren, um dieses replizierende Portfolio zu unterhalten. Wenn die Option preislich anders bewertet wurde als in dem replizierenden Portfolio, dann eröffnete sich die Möglichkeit, einen Gewinn ohne Risiko (also eine Möglichkeit für Arbitrage) zu erzielen: man brauchte nur das Günstigere zu kaufen und das Teurere zu verkaufen und die Differenz wurde einbehalten. Finanzökonomen wie Merton glaubten an effiziente Märkte, so dass solche Gelegenheiten für Gewinne unverzüglich verschwinden müssten und in diesem Fall würden die Optionspreise sich den Preisen des replizierenden Portfolios angleichen. In den Jahren nach dem Erscheinen des Black-Scholes-Artikels wurde der Ansatz, dass keine Arbitrage möglich sei, verallgemeinert und in die hochabstrakte Sprache der modernen Wahrscheinlichkeitstheorie umgegossen (Harrison/Kreps 1979). Der Ansatz wurde zudem ausgeweitet auf ein zunehmend unterschiedliches Set an Finanzinstrumenten. Oldrich Vasicek (1977) hat beispielsweise den Ansatz von Black und Scholes auf die Preisermittlung von risikolosen Aktien und von anderen Instrumenten mit festgesetzten Einnahmen ausgeweitet. Hier überschneidet sich die Entwicklung von Arbitrage-freien Modellen mit der vorangegangenen Diskussion über die Bewertungspraktiken im MBS Markt, wie Zinsratenmodellen, die bald dafür verwendet wurden, um Änderungen der Zinsraten für Zwecke der Modellierung von vorzeitiger Rückzahlung zu simulieren. Dennoch bedeutete die intrinsische Komplexität der MBSs und die grundsätzlich nicht vorhersagbare Eigenschaft der Risiken von vorzeitigen Rückzahlungen, dass Arbitrage-freie Modelle wie das Black-Scholes Modell nie vollständig in diesen Märkten akzeptiert wurden. Im Gegensatz dazu konnte das Arbitrage-freie Modell allerdings maßgeblich die Bewertung von CDOs beeinflussen, wenn auch indirekt. Die Gauß'schen Copula-Modelle, die die CDO-Märkte dominieren sollten, waren im Grunde „intellektuelle Abkömmlinge". Oldrich Vasicek, der 1977 den ersten Artikel zu Arbitrage-freien Zinsratenmodellen publiziert hatte, entwickelte in den 1980er Jahren ein Modell, das existierende Ansätze ausarbeitete, um das Problem der Bewertung von großen, homogenen Portfolios von Unternehmenskrediten zu lösen, deren Ausfallraten „korreliert" waren (Vasicek 1991). Indem es die Korrelationen zwischen den Zahlungsausfällen in einem großen Pool identischer Kredite modellierte, erreichte Vasicek's Modell eine wichtige Abkehr von den Praktiken, die in den ABS und MBS-Märkten verwendet wurden, wo die Kreditausfallrisiken prozedural betrachtet wurden, wie oben beschrieben. Vasicek's Modell blieb zum Zeitpunkt seiner Entwicklung noch vertraulich, da die Modellierung von Kreditrisiken ein wesentlicher Wettbewerbsvorteil

---

12 Siehe auch die Darstellung in MacKenzie et al. (2007).

für seine Firma war. Eine verallgemeinerte Version des Modells wurde vermutlich in *CreditMetrics* implementiert, in eine von J.P. Morgan in den späten 1990er Jahren entwickelte Software für die Erfassung von Kreditausfallrisiken. Zu dieser Zeit war J.P. Morgan eine Investmentbank, die führend war in den Entwicklung eines Marktes für „Kreditderivate", also für Instrumente, die eingesetzt werden konnten, um Ausfallrisiken zu deckeln und zu handeln. Im Zuge ihrer Implementierung wurde die „Korrelation" zweier Unternehmen als die Korrelation zwischen den sich verändernden Marktwerten ihrer Aktien betrachtet, für die die Korrelation ihrer Aktienwerte als ein begründbarer Indikator herangezogen wird. Ist die Korrelation nur gering, dann ist nur die niedrigste Tranche einer typischen CDO einem substantiellen Risiko ausgesetzt. Ist die Korrelation hoch, dann sind auch die höheren Tranchen einem Risiko ausgesetzt, denn die Ausfälle werden erwartbar in Clustern auftreten, die ausreichend groß sind, um Investoren in der Branche Verluste zuzufügen. Im Jahr 2000 hat David X. Li – ein „Quant" (ein Finanzmodellierer) mit einem versicherungsmathematischen und statistischen Hintergrund – den Ansatz von *CreditMetrics* formalisiert und ausgeweitet, indem er sich auf das Konzept der „Copula-Funktion"[13] aus der Wahrscheinlichkeitstheorie stützte (Li 2000). Zusätzlich zur formalen Begründung dieser Modellierungspraxis in der statistischen Theorie, ermöglichte Li's Ansatz, Kreditausfallrisiken aus Aktienpreisen und Credit Default Swap Spreads zu erschließen.[14] Dies wurde dann ein bevorzugter Ansatz in den Abteilungen für Derivate der Investmentbank. Diese Abteilungen waren daran interessiert, dass CDOs gehandelt werden können und dass ihre Risiken gemanagt werden können wie Aktienoptionen. Für diesen Zweck fiel der Gauß'schen Co-

---

13   Eine Copula-Funktion bringt die Verteilungsfunktionen zweier gleich verteilter Variablen so zusammen, dass eine spezifische multivariate Verteilung generiert wird. Der Formalismus ist in die mathematische Statistik von Sklar (1959) eingeführt worden. Eine Gauß'sche Copula besteht in einer multivariaten Normalverteilung.

14   Weil eine Aktie ein Zahlungsversprechen ist, in der Zukunft eine bestimmte Summe Geld zurückzuzahlen, hängt ihr Preis zu einem Teil von der wahrgenommenen Wahrscheinlichkeit ab, dass diese Verpflichtung ausfällt. Daher werden Marktakteure die „implizierte" Ausfallwahrscheinlichkeit eines Ausstellers erschließen, indem sie die Differenz (spread) zwischen dem Preis der Aktie und dem notierten Preis der Aktie analysieren, auf den sich die Marktakteure geeinigt haben, dass er ein vernachlässigbares Ausfallrisiko aufweist, wie U.S Schatzbriefe. Alternativ kann man die „implizierte" Ausfallwahrscheinlichkeit eines Ausstellers erschließen, indem man den "credit spread" untersucht: das ist der ausgewiesene Preis im Markt, den man bezahlen muss, um einen „Credit Default Swap" aufzunehmen, ausgestellt auf einen Aussteller (einer Aktie). Zugleich ist dies ein bilaterales Finanzinstrument, mit dem ein Verkäufer einer Versicherung dem Käufer dieser Versicherung garantiert, ihm den Nennwert der Aktie im Falle des Ausfalls auszuzahlen.

pula eine vergleichbare Rolle zu wie der Black-Scholes Formel, welche darin bestand, den Händlern zu ermöglichen, CDOs zu „deckeln" und zu „replizieren", indem man unterliegende Instrumente dafür einsetzte (wie Credit Default Swaps). Alle diese Entwicklungen haben bald prozedurale Methoden überholt erscheinen lassen, die Kreditrisiken in Rating-Agenturen abgemildert hatten. Ab 2001 wurde die Gauß'sche Copula in Rating-Agenturen eingesetzt, zuerst bei Standard & Poor's (im Jahr 2001), gefolgt von Fitch (im Jahr 2003) und zuletzt bei Moody's (im Jahr 2004). Während die Banken dazu tendierten, Schätzer für die "back-out" Ausfallkorrelation von historischen Zahlungen und Marktpreisen zu ermitteln, wählten Rating-Agenturen eher solche Ansätze, die mehr in Übereinstimmung mit ihren eigenen organisatorischen Routinen waren. Für den ursprünglichen Start des *CDO Evaluator* – das ist die Software von Standard & Poor's für das Rating von CDOs – wählte die Agentur den Wert 0,3 als Standard-Korrelation zwischen Unternehmen innerhalb derselben Branche. Einem Interviewpartner gemäß wurde dieser Wert gewählt „zum Teil auch um Kontinuität zu gewährleisten" mit den einfachen regelbasierten Prozeduren, die vorher verwendet wurden, um das Gauß'sche Copula Modell einzuführen.

4 Die Bewertung von ABS CDOs und die dadurch geschaffenen Arbitrage-Möglichkeiten

Trotz der Ähnlichkeiten zwischen den Weisen, wie MBSs und CDOs zunächst strukturiert wurden, spiegelte die Bewertung dieser beiden Instrumente die historischen und organisatorischen Kontexte wider, aus denen sie hervorgegangen waren. Innerhalb der Banken haben zwei verschiedene Gruppen MBSs und CDOs bewertet und gehandelt. Dies spiegelte sich in unseren Interviews mit Derivate-„Quants" wider, die tendenziell enger mit den Bewertungen und dem Handel mit CDOs verbunden waren. Der Leiter einer führenden New Yorker Investmentbank erklärte uns die Beziehung zwischen seiner Gruppe von Quants und der „Hypotheken-Crowd" in der folgenden Weise:

> "Die Hypotheken-Crowd kümmert sich typischerweise gar nicht um die Modellierung von vorzeitigen Rückzahlungen. Sie verlangen ein Zinsratenmodell, um damit Zinsraten zu handhaben. Und dieses Modell bekommen sie dann in der Regel auch von dem Zinsraten-Quant-Team. [...] Aber sie selbst bewegen sich eigentlich gar nicht, wir machen das für sie. Daher ist hier eine Mauer – sie übernehmen das Zinsratenmodell wie eine Blackbox. Und die Modellierung von vorzeitigen Rückzahlungen ist eine hochspezialisierte Übung und ich habe keine Idee, was sie damit anstellen."

Die kognitive und organisatorische Trennung wurde dann folgenreich für die Bewertung von ABS CDOs, eine neue Art von Finanzinstrumenten, die Ende der 1990er Jahre entwickelt und die seit 2002 dann schnell populär wurden. Bei einem ABS CDO sind die Werte in seinem Pool nicht länger Unternehmenskredite, sondern Tranchen von MBS und andere ABSs. Das Wort "ABS" oder asset-backed security ist ein eigenständiger Begriff, der von Marktteilnehmern verwendet wird, um damit MBS und andere strukturierte Instrumente zu bezeichnen, die auf Paketen von Krediten basieren, wie Autokrediten und Kreditkartenkrediten. Praktisch waren aber seit ungefähr 2002 die meisten ABSs, die in CDOs-Paketen enthalten waren, aktuell MBSs.

ABS CDO war also eine Art russische Puppe (eine Matrjoschka): ein in Tranchen eingeteiltes, strukturiertes Finanzinstrument, wobei jede seiner Komponenten wiederum eine Tranche strukturierter Instrumente war, zumeist ein MBS. Mit dem Aufkommen dieses Instruments waren Rating-Agenturen mit dem Problem konfrontiert, wie man die Bewertung von ABS CDOs in der Organisation einer Rating-Agentur abbilden sollte. Die Rating-Agenturen haben dieselbe Lösung für dieses Problem gefunden: die Bewertung der ABS CDOs wurde in zwei Schritte aufgespalten. Der zweite Schritt – die Bewertung der gesamten ABS CDOs – wurde von spezifischen CDO-Experten bewerkstelligt. Diese verließen sich auf die Ratings der unterliegenden MBSs, die im ersten Schritt produziert wurden von einer Gruppe, die auf das Rating von Hypotheken spezialisiert war. Diese Praxis der „Zwei-Schritt"-Evaluation ermöglichte so, die Bewertung von ABS CDOs auf eine Weise durchzuführen, die der Bewertung traditioneller CDOs ähnlich war, bei welchen die unterliegenden Werte Unternehmensaktien oder Unternehmenskredite wären: effektiv wurde eine Tranche MBS mit dem Rating BBB in der Analyse einer CDO so behandelt wie eine Unternehmensaktie mit dem Rating BBB.[15] Dieser Ansatz ermöglichte den Analysten darüber hinaus ähnliche Annahmen über die Korrelationen wie sie auch bei den CDOs getroffen wurden. Standard & Poor's hat beispielsweise einfach die Annahme von 0,3 für die Korrelation innerhalb von Branchen für ABSs übernommen. Das machte insgesamt die Konstruktion von ABS CDOs zu einer sehr profitablen Arbitrage-Tätigkeit. Insbesondere war es möglich, einen Pool von Mezzanine Tranchen von MBS mit ihrem typischen BBB Rating einzurichten und ein CDO zu bilden, in welchem un-

---

15 In dem Ausmaß, in dem es Unterschiede gab, neigten sie oftmals dazu, MBS zu bevorzugen. Vor der Kreditkrise war die Standard Ausfallrate von MBS typischerweise niedriger als bei Unternehmensaktien mit demselben Rating. Das war die Rechtfertigung, warum man eine niedrigere Ausfallwahrscheinlichkeit für diese Wertpapiere verwendet hat.

gefähr drei Viertel der Struktur ein AAA Rating erhalten konnte. Das Splitting der Rating-Prozesse in zwei Schritte ohne eine bedeutsame Änderung der Annahmen für die Korrelationen, die im zweiten Schritt eingesetzt wurden, schuf eine gefährliche Gelegenheit, die weitgehend von Investmentbanken ausgenutzt wurde. Dass eher riskante, BBB- geratete MBSs in scheinbar sehr sichere AAA- geratete CDOs verwandelt werden, erscheint wie Magie oder Alchemie, aber die Arbitrage-Gelegenheit entstand schlicht und einfach aufgrund der Annahme einer nur geringen Korrelation zwischen MBOs, die in einer CDO enthalten sind. Während ein Wert von 0,3 plausibel für Unternehmensaktien ist, sind MBOs bereits hochgradig aggregiert und diversifiziert. Diese Instrumente sind spezifisch dafür entworfen, die eigentümlichen Risikokonzentrationen zu eliminieren, solche Risiken wie die Ansammlung von zu vielen Hypotheken in einer geographischen Region. Dies führte dazu, dass beispielsweise subprime MBOs einander ähnlicher wurden, so dass sie miteinander korrelierten und nicht mehr statistisch unabhängig waren.

Anders gesagt, die Neuorganisation in Paketen von MBS in CDOs tendierte dazu, die Standard-Korrelation innerhalb eines Pools zu erhöhen.[16] Dennoch nahmen Rating-Agenturen nur das niedrigste Niveau für Korrelationen zwischen MBSs an. Wenn sie in ein CDO-Paket eingearbeitet sind, wirkte eine Sammlung von MBO-Instrumenten wie ein großer Gewinn für Investoren und wie ein einfacher Weg für Banken, große Gewinn zu machen, indem sie CDOs strukturierten und ausgaben. Diese Gelegenheit für Arbitrage schuf eine nie dagewesene Nachfrage für Mezzanine-Tranchen von MBSs, die – wie erwähnt – typischerweise der Bereich der zweiten traditionellen Gatekeeper waren (Inves-

---

16 Bei Kousky und Cooke (2011, S. 671) findet sich eine Erläuterung. Gegeben seien zwei Sets von N Zufallsvariablen X_i und von N Zufallsvariablen Y_i, wobei jedes Set eine durchschnittliche Varianz σ^2 aufweist und eine konstante Kovarianz C für jede Kombination von X und Y vorliegt. Die Korrelation der Summen der Zufallsvariablen ΣX_i und ΣY_i lässt sich dann mit Pearson's Korrelationskoeffizient ρ mit folgender Formel berechnen:
$$\rho\left(\sum X_i \sum Y_i\right) = \frac{N^2 C}{N\sigma^2 + N(N-1)C}$$
Wenn die Zufallsvariablen, für die die Summen ΣX_i und ΣY_i ermittelt werden, statistisch unabhängig sind, dann wird die Kovarianz C gleich 0 sein, so wie auch die Korrelation zwischen diesen Sets. Dennoch kann man zeigen, dass bereits bei niedrigen Kovarianzen zwischen diesen Zufallsvariablen, die Korrelation zwischen ΣX_i und ΣY_i sich an 1 annähert, wenn die Zahl N der Zufallsvariablen X und Y in den beiden Sets steigt. Während die Annahme einer konstanten Kovarianz zu restriktiv ist für reale Daten, so zeigt dieses Beispiel, dass die Annahme einer moderaten Standard-Korrelation angemessen gewesen sein mag für CDOs von Unternehmensaktien, die Annahme war aber im Nachhinein nicht angemessen für CDOs, die zusammengesetzt wurden aus hochaggregierten MBSs.

toren in eben diese Mezzanine-Tranchen). Diese Investoren wurden komplett an die Seite gedrängt: während solche Investoren häufig den Pool an Hypotheken, die einer MBS unterliegen, genau untersuchen würden, hatten die Erschaffer von ABS CDOs weniger Anreize dazu, da sie das Risiko eines Ausfalls auf die Investoren in CDOs weiterreichten. Damit waren nur die Rating-Agenturen übrig als Gatekeeper und diese waren unzureichend in der Funktion, das Agency-Problem zu vermeiden, das in der Verbriefung latent war und nun manifest wurde. Aus unserer Sicht war es weniger so, dass Banken die Rating-Agenturen gezwungen hätten, ihre Standards zu senken (obwohl es auch dafür Evidenzen gibt, siehe Financial Crisis Inquiry Commission 2011), als vielmehr eine Frage der weitverbreiteten „Arbitrage" von Rating-Agentur Modellen: die Einrichtung von Paketen mit Krediten von zunehmend schlechter Qualität, so dass diese immer noch als vorteilhaft durch diese Modelle bewertet wurden. Natürlich waren allein diese Aktivitäten nicht der einzige Grund für die Kreditkrise. Einige Banken „leisten" sich eine Insolvenz in einer gleichsweisen „low tech"-Variante: anhand einer überkommenden und sorglosen Praxis der Kreditvergabe. Aber dennoch waren die beschriebenen Aktivitäten ein zentrales Element für die Erklärung der Krise. Ausschlaggebend waren die Untergänge oder Beinahe-Untergänge der Citigroup (der weltweit größten Bank), der AIG (der weltweit größten Versicherung), von Merrill Lynch, der UBS, etc. Die spezifische „Giftigkeit" von ABS CDOs liegt nicht einfach in den großen Verlusten, die sie generieren, sondern in ihren Auswirkungen in der Hypotheken-Beleihung und in der Weise, wie ABS CDOs Verluste konzentrierten als das Finanzsystem auf seinem Höhepunkt war.

5 Fazit

Trotz der Tatsache, dass MBSs und CDOs zunächst ähnliche Finanzinstrumente waren, haben die Märkte, in denen diese Instrumente gehandelt werden, verschiedene bewertende Praktiken hervorgebracht, die die historischen Kontingenzen dieser Märkte zum Ausdruck bringen. Die Bewertung von traditionellen CDOs, bei denen die zugrunde liegenden Vermögenswerte (assets) Unternehmenskredite oder ihre Aktien sind, hat zumeist Gauß'sche Copula-Modelle einbezogen. Für diese Modelle ist die „Korrelation" der zugrunde liegenden Vermögenswerte wesentlich. Wir haben erläutert, dass Rating-Agenturen eine Korrelation im Bereich von 0,3 zwischen diesen Vermögenswerten in denselben industriellen Sektoren angenommen haben – eine Zahl, die im Wesentlichen aufgrund ihrer Vergleichbarkeit mit früheren Bewertungspraktiken herangezogen wurde, welche der Einführung der Gauß'schen Copula-Modelle vorausgegangen sind. Im Gegensatz dazu sind MBSs grundsätzlich anders bewertet und gerankt worden. Für die meisten MBS-Investoren geht es zuerst darum, das Risiko vorzeitiger Rückzahlung zu kennen, nicht jedoch darum, das Ausfallrisiko zu kennen. Und eben dafür wurden ziemlich ausgefeilte Techniken entwickelt, die es ermöglichten, das erste Risiko zu schätzen und zu managen, nicht jedoch das zweite. Die Verantwortung für die Beurteilung des Ausfallrisikos lag bei den Rating-Agenturen und den Mezzanin-Level Investoren. Da die letzteren zur Seite gedrängt wurden, waren es letztlich nur die Rating-Agenturen, die als Gatekeeper fungierten.

Mit der grundsätzlichen Trennung zwischen der Beurteilung von MBAs und CDOs, die sich in der internen Arbeitsteilung der Rating-Agenturen fortsetzt, waren die „arbeitsteiligen" Bewertungen reif für die Ausbeutung durch die desaströse Arbitrage, wie sie hier beschrieben worden ist. Diese kognitiven und organisatorischen Trennungen sind ermöglicht worden durch die besonders schädliche Rolle der ABS CDOs. So wurden sie zu den am meisten toxischen Vermögenswerten von allen toxischen Vermögenswerten in der Kreditkrise. Die Soziologie der toxischen Vermögenswerte ist daher eine kognitive und organisationssoziologische. Obwohl in diesem Kapitel das Hauptaugenmerk auf den Bewertungspraktiken lag, sollten diese im Zusammenhang mit den Finanzkonzepten, den materiellen Instrumenten (devices), den Regulationen, den Gesetzen und mit dem, was wir (MacKenzie/Spears 2014a) als „Ontologien" der Vermögenswerte bezeichnet haben, also im Zusammenhang mit den Vorstellungen der Marktteilnehmer, worum es sich bei der Welt der Ökonomie handelt, betrachtet werden. Wie wir gesehen haben, sind die Bewertungspraktiken in den ABS- und CDO-Märkten stark von diesen spezifischen Märkten selbst beeinflusst.

Im MBS-Markt spiegelten die angewandten Bewertungspraktiken (wie zum Beispiel die "option adjusted spread" analysis) den fundamentalen Skeptizismus wieder, den Praktiker im ABS-Markt gegenüber den mathematischen Modellen hegen, da sie nicht glauben, dass diese vollständig die Zahlungsrisiken erklären. Im CDO-Markt spiegelt im Gegensatz dazu die Modellierung von Korrelationen die weit verbreitete Vorstellung innerhalb der Derivate-Märkte wider, dass solche Sachverhalte „objektiv" preislich erfasst und handelbar gemacht werden können. Eben hier ist es nützlich, das Konzept des Dispositivs von Michel Foucault einzubringen (Foucault 2005, S. 392-396). Foucault war sehr aufmerksam für die verschiedenen Weisen, wie die Elemente eines Dispositivs – Diskurse, materielle Instrumentierung usw. – oftmals für einen „strategischen" und intentionalen Zweck durch den Staat oder eine andere Konstellation von Akteuren entwickelt wurden. Und sind sie einmal institutionalisiert, so werden sie für andere Zwecke eingesetzt im Sinne eines Prozesses „einer ständigen strategischen Auffüllung"

(Foucault 2005, S. 393).[17] Das Konzept des Dispositivs kann herangezogen werden, um die Frage zu beantworten, warum Bewertungspraktiken oftmals mit dem Mechanismus der Pfadabhängigkeit charakterisiert werden – im Sinne von Arthur (1984) und David (1985). Ihre Geschichte ist in ihnen eingeschrieben, so wie sie in dem klassischen Beispiel der Pfadabhängigkeit eingeschrieben ist, demjenigen der QWERTY-Tastatur.

Als dann die ABS CDOs eingeführt wurden, begann ihre Bewertungspraxis nicht mit einem unbeschriebenen leeren Blatt. Sie konnten an dem anschließen, was bereits vorher existierte: die weitgehend getrennten Instrumente und die sich gegenseitig verstärkenden Diskurse, die die MBSs einerseits, und die CDOs andererseits umgaben. Und die pfadabhängige Eigenschaft von Dispositiven kann auch zur Klärung der Frage beitragen, warum die scheinbar nur kleine Ausweitung der Bewertungspraktiken von CDOs zu CDOs, die aus MBOs zusammengesetzt sind, zu solch einem desaströsen Resultat geführt haben: Bewertungspraktiken existieren niemals in einem Vakuum, sondern sie sind angesiedelt in einem weiteren Netzwerk von sich selbst-verstärkenden Diskursen, materiellen Instrumenten, Machtstrukturen und Erwartungen. Innerhalb des MBS Marktes war eines der Elemente die Macht der risiko-sensiblen Mezzanine-Investoren, die das adverse Selektions-Problem aufrechterhielten, welches mit der zu prüfenden Absicherung aufkommt. Die Ausdehnung der unternehmerischen CDO Bewertungspraktiken auf die ABS CDOs durch die Rating-Agenturen erschuf eine unersättliche Nachfrage nach Subprime Hypotheken, die diese Gruppe von Investoren vollständig an den Rand gedrängt hat. Aus diesem Grund ist die kognitive Soziologie der ABS CDOs, die wir hier entwickelt haben, geradezu eine Notwendigkeit für eine historische Soziologie, eine *Geschichte* der Dispositive und Diskurse.

---

17 Siehe Dumez und Jeunemaître (2010) für diesen Aspekt von Dispositiven.

Literatur

Adelson, Mark (2006): Report from Las Vegas: Coverage of selected sessions of ASF 2006, New York: Nomura Securities, February. Verfügbar über: http://www.securitization.net/pdf/Nomura/ASF2006_3Feb06.pdf.

Adelson, Mark/Jacob, David (2008): The sub-prime problem: Causes and lessons. In: Journal of Structured Finance 14(1), S. 12-17.

Arthur, W. Brian. (1984): Competing technologies and economic prediction. In: Options (April), S. 10-13.

Becketti, Sean (1989): The prepayment risk of mortgage-backed securities. In: Federal Reserve Bank of Kansas City Economic Review (February), S. 43-57.

Black, Fischer/Scholes, Myron (1973): The pricing of options and corporate liabilities. In: Journal of Political Economy 81(3), S. 637-654.

David, Paul (1985): Clio and the economics of QWERTY. In: American Economic Review 75(2), S. 332-337.

Dumez, Hervé/Jeunemaître, Alain (2010): Michel Callon, Michel Foucault and the dispositif. When economics fails to be performative: A case study. In: Le libellio d' AEGIS 6(4), S. 22-37.

Dunn, Kenneth B./McConnell, John J. (1981): Valuation of GNMA mortgage-backed securities. In: Journal of Finance 36(3), S. 599-616.

Financial Crisis Inquiry Commission (2011): The financial crisis inquiry report. Washington, DC: Government Printing Office.

Foucault, Michel (2005): Das Spiel des Michel Foucault. In: Michel Foucault: Schriften in vier Bänden. Dits et Ecrits. Bd. 3. Frankfurt: Suhrkamp, S. 391-429.

Galison, Peter/Stump, David (Hrsg.)(1996): The disunity of science: Boundaries, contexts, and power. Stanford: Stanford University Press.

Green, Richard K./Wachter, Susan M. (2005): The American mortgage in historical and international context. In: Journal of Economic Perspectives 19(4), S. 93-114.

Harrison, J. Michael/Kreps, David (1979): Martingales and arbitrage in multiperiod securities markets. In: Journal of Economic Theory 20(3), S. 381-408.

Hutchins, Edwin (1995): Cognition in the wild. Cambridge: MIT Press.

IMF [International Monetary Fund] (2008): Global financial stability report. Financial stress and deleveraging: Macrofinancial implications and policy. Washington: International Monetary Fund.

Jaffee, Dwight (2003): The interest rate risk of Fannie Mae and Freddie Mac. In: Journal of Financial Services Research 24(1), S. 5-29.

Knorr Cetina, Karin (2002): Wissenskulturen. Ein Vergleich naturwissenschaftlicher Wissensformen. Frankfurt: Suhrkamp.

Kousky, Carolyn/Cooke, Roger (2011): The limits of securitization: Micro-correlations, fat tails and tail dependence. In: Boecker, Klaus (Hrsg.), Rethinking risk measurement and reporting. Bd. 1. London: Risk Books, S. 669-690.

Li, David X. (2000): On default correlation: A copula function approach. In: Journal of Fixed Income 9(4), S. 43-54.

MacKenzie, Donald (2011): The credit crisis as a problem in the sociology of knowledge. In: American Journal of Sociology 116(6), S. 1778-1841.

MacKenzie, Donald/Beunza, Daniel/Hardie, Iain (2007): Die materiale Soziologie der Arbitrage. In: Beckert, Jens/Diaz-Bone, Rainer/Ganßmann, Heiner (Hrsg.), Märkte als soziale Strukturen. Frankfurt: Campus, S. 135-150.
MacKenzie, Donald/Spears, Taylor (2014a): The formula that killed Wall Street. The Gaussian copula and modelling practices in investment banking. In: Social Studies of Science 44(3), S. 393-417.
MacKenzie, Donald/Spears Taylor (2014b): A device for being able to book P&L. The organizational embedding of the Gaussian copula. In: Social Studies of Science 44(3), S. 418-440.
Merton, Robert C. (1973): Theory of rational option pricing. In: Bell Journal of Economics and Management Science 4(1), S. 141–183.
Poon, Martha (2007): Scorecards as devices for consumer credit. The case of Fair, Isaac & Company Incorporated. In: Callon, Michel/Millo, Yuval/Muniesa, Fabian (Hrsg.), Market devices. Oxford: Blackwell, S. 284-306.
Poon, Martha (2009): From New Deal institutions to capital markets. Commercial consumer risk scores and the making of subprime mortgage finance. In: Accounting, Organizations and Society 34, S. 654-674.
Rebonato, Riccardo (2004): Volatility and correlation. The perfect hedger and the fox. New York: John Wiley and Sons.
Schwartz, Eduardo/Torous, Walter (1989): Prepayment and the valuation of mortgage-backed securities. In: Journal of Finance 44(2), S. 375-392.
Sklar, Abe (1959): Fonctions de répartition à n dimensions et leurs marges. Paris: Publications de l'Institut de Statistique de l'Université de Paris 8, S. 229-231.
Snowden, Kenneth (1995): Mortgage securitization in the United States. Twentieth century developments in historical perspective. In: Bordo, Michael D./Sylla, Richard E. (Hrsg.), Anglo-American financial systems: Institutions and markets in the twentieth century. New York: Irwin, S. 261-298.
Tett, Gillian (2009): Fool's gold. How unrestrained greed corrupted a dream, shattered global markets and unleashed a catastrophe. London: Little, Brown.
Vasicek, Oldrich (1977): An equilibrium characterization of the term structure. In: Journal of Financial Economics 5(2), S. 177-188.
Vasicek, Oldrich (1991): Limiting loan loss probability distribution. KMV Corporation, San Francisco, privately circulated. Verfügbar über: www.moodyskmv.com/research/whitepaper/Limiting_Loan_Loss_Probability_Distribution.pdf.

Die Bewertung der Investition

Ein theorie-empirischer Blick auf das Kreditgeschäft

Herbert Kalthoff

1 Einleitung

Es gibt wohl nur wenige Bereiche des sozialen oder gesellschaftlichen Lebens, die nicht auf die eine oder andere Weise von Praktiken des Bewertens durchzogen sind. Bewerten geschieht beiläufig (etwa bei der situativen Einschätzung einer Person) oder ist durch bestimmte organisatorische Verfahren und Mittel gerahmt (etwa bei der Bewertung eines Produkts oder einer Leistung). Die sozial- und kulturwissenschaftliche Forschung hat verschiedenste Lebensbereiche in ihren Bewertungsdimensionen erforscht; man denke hier bspw. an die alltägliche Praxis der Distinktion durch Kleidung und andere Objekte (Bourdieu 1982), an die Bewertung von Weingütern („Terroir") und ihrer Produkte (Diaz-Bone 2005), an die Wertung und Preisbildung von Gemälden (Velthuis 2003), an die Klassifizierung und Wertfixierung von (immateriellen) Gütern und Transaktionen (Beckert/ Musselin 2013), an die Beobachtung und Reorganisation von Organisationen nach Standards der Effizienz und des Kalküls (Power 1999) sowie an die Beurteilung menschlichen Handelns in Beichtstühlen, Schulklassen und psychiatrischen Anstalten (Hahn 1982; Kalthoff 1996; Goffman 1973).

Soziologisch interessant sind Bewertungen vor allem deshalb, weil man an ihnen beobachten kann, wie der soziale, ästhetische oder geldwerte Status von Objekten, ökonomischen Transaktionen und Menschen festgelegt wird. Dieser praktische Vollzug der Bewertung geschieht im Medium der je spezifischen Metrik, die – um einen Begriff von Bourdieu zu nutzen – in einem „Feld" gültig, anerkannt und ggf. standardisiert ist. Schaut man auf diesen Vollzug und damit auf die Praktiken der Bewertung, so drängen sich zwei zu unterscheidende Fragenkomplexe auf: Bezogen auf den Gegenstand geht es erstens um die Konstellation der Bewertung. Hierzu kann man zunächst Bewertungsobjekt, Bewertungssubjekt und Bewertungsmittel voneinander unterscheiden. Wichtig ist, dass man die Konstellation dieser drei an der Bewertung beteiligten Akteure bzw. Entitäten, die sich im Bewertungsprozess wechselseitig aufeinander beziehen, nicht als ein feststehend-starres, sondern als ein dynamisches Gebilde versteht, in dem die Akteure bzw. Entitäten im Zeitverlauf der Bewertung nicht mit sich selbst identisch bleiben (Vatin 2013). Dies liegt u.a. daran, dass sich Objekte, die bewertet werden, im Verlauf der Planung, der Herstellung oder auch des Marketings ändern. Ferner liegt es daran, dass Bewertungssubjekte nicht notwendig Einzelindividuen, sondern mehrere Personen oder Organisationsabteilungen umfassen. Man denke bspw. an die Bewertung von Immobilienkrediten, in die verschiedene menschliche Akteure (Bankmitarbeiter, Analysten, Immobilienmakler), ökonomische Handlungsfelder (etwa Immobilienmärkte) und die Immobilie selbst (ihre Bausubstanz, ihre Lage etc.) involviert sind. Über eine Vielzahl ökonomischer Repräsentationen wird der Wert des Objektes in seinem volatilen Umfeld wiederholt eingeschätzt und fixiert.

Zweitens, und mit dieser Konstellation verbunden, ist die theoretische Frage, worüber diese Bewertungskonstellation genauer Auskunft gibt. Nicht dass, sondern *wie* Bewertungssubjekt, Bewertungsobjekt und Bewertungsmittel performativ aufeinander bezogen sind, ist dabei von Interesse. Hierzu gibt es im Wesentlichen zwei Möglichkeiten der Betrachtung: Man kann einmal der Auffassung sein, dass die Bewertung eine zuvor erbrachte Leistung, eine zuvor hergestellte Produktqualität oder eine (nicht-)überzeugende ökonomische Repräsentation lediglich *abbildet*. In dieser Perspektive ist das Urteil dann *in* der zu bewertenden Sache oder Person selbst enthalten, mit ihr identisch. Vertritt man diese Lesart und dieses Verständnis von Bewertungsprozessen, dann stehen der Bewertende und das zu Bewertende einander als zwei voneinander getrennte Sphären gegenüber. Da der Bewertende das zu Bewertende nur mittels der Bewertungsverfahren beobachtet und aufzeichnet, ist man hier der Auffassung, dass die Bewertung durch die Leistung konstituiert wird. Angesichts einer Vielzahl empirischer Befunde hat diese realistische Perspektive allerdings an wissenschaftlicher Erklärungskraft eingebüßt.

Man kann allerdings auch die Position vertreten, dass der Bewertende und das zu Bewertende gar nicht diese distinkten Pole einnehmen, sondern viel stärker miteinander verwoben und aufeinander bezogen sind. Dies liegt daran, dass die Leistung, ein Objekt, eine Transaktion etc., die bewertet werden sollen, von den Bewertenden gar nicht so trennscharf zu lösen sind, etwa weil sie an der Hervorbringung der Leistung, des Objektes oder der Transaktion auf die eine oder andere

Art beteiligt waren. Ein Corporate Banker, der für den Kontakt seiner Bank zum Unternehmen sorgt und seine Bank gegenüber dem Kunden repräsentiert, ist an der Konstruktion des Kreditgeschäfts, das er in die Bank hineinträgt, mit beteiligt (Kalthoff 2004). Im bankinternen Rating, das er über das Kreditgeschäft vornehmen muss, beurteilt er dann auch seine eigene Praxis dieser Geschäftsanbahnung. Ferner sind – wie die kulturtheoretische Forschung vielfach gezeigt hat – die Medien der Bewertung (Schrift, Software, mündliche Aushandlungen etc.) keine neutralen, unschuldigen Entitäten, die der Bewertung nichts hinzufügen, sondern aktive Teilnehmende, die – mit theoretischen Annahmen induziert – auf je spezifische Weise das Geschehen mit konstituieren. Man kann an diesem Punkt erkennen, dass die lokalen Bedingungen der Bewertung eine wichtige Rolle in Bezug auf das Bewertungsergebnis spielen. Sie tragen dazu bei, dass Akteure (etwa Bankenkonsortien) bei der Beurteilung eines Geschäftsmodells, das ihnen als ökonomische Repräsentation vorliegt, zu sehr unterschiedlichen Ergebnissen kommen. Vertritt man diese Position, ist man daher der Auffassung, dass die Leistung oder der Wert eines Objektes durch die Bewertung konstituiert wird.[1] Das heißt: Die *Konstitution eines (ökonomischen oder symbolischen) Wertes durch die Bewertung* sowie die *Kontingenz der Bewertungsergebnisse* sind in dieser Perspektive zwei für die Forschung wichtige analytische Dimensionen des Bewertungsvorgangs.

Beide Perspektiven, von denen ich annehme, dass sie grundlegend für die Beobachtung von Bewertungsprozessen sind, binden bewertende Akteure *temporär* an sich, lassen aber auch Wechsel zu. Ein Wechsel des Argumentationsregimes kann mit dem Wechsel der Handlungserfordernisse erklärt werden, in die menschliche Akteure eingebunden sind (Rottenburg 2002, S. 213f.). Mit anderen Worten: Der Sinn der Differenz ist mit den Zwängen und Notwendigkeiten des Vollzugs der Bewertung verknüpft. In der Durchführung einer Bewertung ist der reflexive Blick auf die Performativität des eigenen Bewertungsaktes und seiner Medien eingeklammert und damit außer Kraft gesetzt. Dieser Blick auf das eigene Tun mag zwar als ein potentielles *Undoing* latent mitgeführt werden, es ist im Bewertungsakt aber nicht realisiert.[2] Erst mit dem Abschluss der Bewertung und dem Wegfall der Handlungszwänge kann sich ein anderer Blick auf das Bewertungsgeschehen Raum verschaffen.

---

1   Diese konstitutionstheoretische Position ist in Bezug auf die schulische Bewertung von so unterschiedlichen Autoren wie Pierre Bourdieu (1992, S. 366) und Niklas Luhmann (Luhmann/Schorr 1988, S. 315) vertreten worden.
2   Ein weiterer Gegensatz, auf den ich hier nicht weiter eingehen werde, bezieht sich auf die Frage, in welcher Weise der Bewertende in seiner Unterscheidung von Menschen, Objekten oder Repräsentationen selbst enthalten ist.

In diesem Aufsatz gehe ich einer Bewertungspraxis nach, die mit monetären Wertzuschreibungen verknüpft ist. Der Fall, an dem ich diese Bewertung untersuche, ist die Praxis von Risikoanalysten in großen, international tätigen Finanzinstitutionen. Ausgangspunkt des Beitrags sind folgende Fragen: Auf welche Formen des Wissens greifen Risikoanalysten von Banken zurück, um über hohe Kredite zu entscheiden, die Firmenkunden für die Realisierung von Transaktionen auf internationalen Finanzmärkten benötigen? Mit welchen Medien wird das Unternehmen bankenintern dargestellt und wie wird diese ökonomische Darstellung verhandelt? Die Studie untersucht also eine Praxis der Darstellung ökonomischer Sachverhalte sowie die bewertende Beurteilung oder Einschätzung dieser dargestellten Sachverhalte. Im Sinne des oben skizzierten Gegensatzes ist es für die soziologische Forschung ertragreicher, eine konstitutionstheoretische Perspektive einzunehmen, die annimmt, dass das Berechnen, Darstellen und Beurteilen in den Medien der operativen Schrift und mündlichen Aushandlung erst die ökonomische Wirklichkeit so schafft, wie sie beurteilt wird. Gefragt ist daher eine rekontextualisierende Perspektive, die diese Praxis der bankwirtschaftlichen Prüfung und Bewertung expliziert und nach der Wirksamkeit der Medien fragt, in und mit denen sie vollzogen wird (bspw. Beckert/Musselin 2013; Lamont 2012), ohne dabei der Fiktion des Feldes anheim zu fallen, es handele sich hier um ökonomisch rationale und richtige Verfahren der Bewertung respektive Schätzung.

Im Fokus der bankwirtschaftlichen Beobachtung und Schätzung des ökonomischen Wertes stehen etwa die Zahlungsfähigkeit des Firmenkunden, die Entwicklung des Marktes und die Kursschwankungen im Devisenhandel. Für diese Bereiche ist immer über den Sinn und den richtigen Augenblick der Investition zu entscheiden. Der richtige Zeitpunkt ergibt sich für die Akteure aus der Beobachtung des Marktgeschehens, aus der Passung von Investition und Bankstrategie sowie aus der Plausibilität des Geschäfts. Mit dem Investment geht die Bank eine Bindung mit einem Unternehmen ein. Für die Wirtschafts- und Finanzsoziologie bedeutet dies konzeptionell, den herkömmlichen Kreditbegriff aufzulösen, denn es geht weniger darum, dass eine Bank einem Unternehmen Geld zur Verfügung stellt, sondern vielmehr darum, dass sie eine Investition tätigt, mit der sie zum Mitspieler des Unternehmens wird und das Unternehmen in gewisser Weise in die Bank hinein holt. Selbstverständlich wird der bankwirtschaftliche Kreditprozess durch die nicht hintergehbare Unterscheidung von Unternehmen einerseits und Banken andererseits strukturiert. Diese Unterscheidung ist aber eine gesetzte Unterscheidung, die notwendig ist, um die Kredit*prüfung* überhaupt vornehmen zu können. In diesem Sinne ist der Kreditbegriff eine Kategorie der Akteure und des Feldes, die Handlungsfähigkeit herstellt. Mit anderen Worten: Der Kreditprozess rahmt die Suche nach Mitspielern und kodiert die Bedingungen des Spiels. In ihm wird die Grenze von Unternehmen und Bank undeutlich, wird das Bekannt-Sein und Fremd-Sein, das Innen und Außen der Organisation neu austariert. Auf die Involvierung der Banker in das ökonomische Geschehen des Unternehmens folgt die Darstellung der Entscheidung als eine rationale Entscheidung. Das heißt, es wird nicht ein fremdes Objekt geprüft, sondern die ökonomische Passung ökonomischer Akteure, die miteinander handeln wollen.

Der Prozess der Kreditprüfung, mit dem eine mögliche Investition in ein Unternehmen geprüft und der Wert des Unternehmens festgelegt wird, ist – wie der Aufsatz argumentieren wird – eine sozio-kalkulative Praxis, die weniger objektiv gültige Urteile hervorbringt, sondern in erster Linie Schätzwerte, die ihrerseits Anschlussmöglichkeiten für ökonomisches Handeln bieten. Wie an anderer Stelle gezeigt (Kalthoff 2011), werden in dieser Praxis ökonomische Akteure *dokumentiert*, Kennziffern (Cashflow, Ertrag, Gewinn etc.) *kalkuliert* sowie der zukünftige Wert der Investition und die Professionalität des Managements *(ein-)geschätzt*. Aus zwei Gründen ist hier der Begriff der Schätzung wichtig: Zum einen informiert er die soziologische Forschung dahingehend, dass die ökonomische Bewertung und Wertfixierung kein Prozess der objektiven Preisfixierung ist, sondern ein kontingentes, von der lokalen Bankkultur abhängiges Geschehen. Zum anderen zeigt er an, dass die ökonomische Bewertung – hier die bankwirtschaftliche Kreditprüfung – kein von Sozialität befreiter Fall ist, sondern menschliche Akteure mit ihren Vorstellungen und Ideen über die Zukunft eines Unternehmens und eines Marktes beteiligt sind.

In diesem Verfahren der Kreditprüfung geht es schließlich auch nicht ausschließlich um die Sichtbarmachung verborgener Elemente des Ökonomischen durch eine skopische Technologie. In Anschluss an Foucault (2004) kann man formulieren, dass in diesen Verfahren eine „ökonomische Sorge" erkennbar wird, die auf eine Praxis des Erkennens und Selbsterkennens ausgerichtet ist. Vernachlässigt wird in manchen Arbeiten der *Accounting Studies* die andere Seite der Sichtbarkeit, und zwar, dass sich dasjenige, was sichtbar wird, erst im Sehen zeigt, einem Sehen, das mit Macht und Wissen ausgestattet und auf (Selbst-)Erkenntnis ausgerichtet ist. Dies bedeutet, dass sich im Verstehen-Wollen der Zahlenwerke sowie im mündlichen Agieren nicht eine auf Objektivität abgerichtete Praxis zeigt, sondern Subjekte erkennbar werden, die sich um ihre Praxis sorgen und damit um sich selbst. In der Art und Weise, wie sie mit Zahlenwerken umgehen, sie verstehen und deuten (oder auch missverstehen und missdeuten), ihre verborgene Seite erkennen (und auch verkennen) und dies alles schriftlich-mündlich darstellen, nehmen sie die Herausforderung an, die ihnen diese *Praxis stellt*. In der Weise, in welcher Finanzmenschen sich zu ökonomischen Darstellungen und Bewertungen verhalten, entsprechen sie einer spezifischen Art, Finanzmensch zu sein. Der Umgang mit der ökonomischen Kategorisierung anderer Akteure ist damit immer auch ein Umgang mit sich selbst, und zwar um seiner-selbst-willen. Deutlich wird dies beispielsweise an dem Umstand, dass im Verfahren die Prüfer selbst zu Geprüften werden. Man kann hier von einem Dispositiv zur ökonomischen Wertbeurteilung sprechen, in dem diskursive Praktiken, Wissensbestände und Subjektivationen durch Selbstsorge relevant sind.[3]

In dieser Praxis des Darstellens und Beurteilens sind beobachtbare Wissensformen involviert: u.a. das explizite, theoretische Wissen, die Erfahrung und Könnerschaft, aber auch technische Dinge als materialisiertes Wissen: die symbolischen, sozialen und materiellen Ressourcen, die in einer Geschäftsbank mobilisiert werden können. Wenn hier von Praxis oder Wissenspraxis gesprochen wird, so impliziert dies nicht die Annahme einer Linearität und Einheitlichkeit des Feldes, das – berücksichtigt man empirische Forschungsergebnisse (etwa Vormbusch 2012) – oft eher wie eine Arena des Kampfes, der Fallen und Täuschungen erscheint, eine Arena, in der sich die Akteure alltäglich bewegen und positionieren. Die Idee der Linearität und Einheitlichkeit von Praxis bietet zwar den Vorteil, davon ausgehen zu können, dass – trotz dieser alltäglichen Kämpfe – ein gemeinsam geteiltes Wissen verfügbar gemacht wird, welches Finanzorganisationen kodifizieren und auf das sie zurückgreifen. Dieser Beitrag folgt im Gegensatz dazu einem Praxisbegriff, der die (Un-)Einheitlichkeit der Praxis, ihre (In-)Kompatibilitäten, Ambivalenzen und ihr Auseinanderdriften ebenso berücksichtigen und mitdenken will wie die Passungen des Handelns und die Abstimmungen der Akteure. Der Aufsatz geht davon aus, dass die Praxis des Darstellens ökonomischer Sachverhalte zentral für Finanzorganisationen ist. Die Darstellung geschieht in technischer, semiotischer und körperlicher Form (2.). Für die bankwirtschaftliche Kreditprüfung ist die semiotische Darstellung zentral, auf die Praxisformen des ökonomischen Deutens (3.) und der mündlichen Aushandlung (4.) anschließen.

2 Die Darstellung der Ökonomie

Wenn Bankmitarbeiter Investitionsentscheidungen treffen, dann tun sie dies auf der Basis von Darstellungen (von ihnen „Informationen" genannt), die sie beschaffen, aufbereiten und an denen sie ihre Entscheidungen ausrichten. Die neoklassische Wirtschaftstheorie der Märkte geht von vollständigen Informationen und optimierenden Akteuren aus. So besagt die „Hypothese effizienter Märkte", dass

---

3   Für eine diskurstheoretische Perspektive auf das hier erörterte Phänomen siehe die Beiträge in Diaz-Bone und Krell (2015), Hartz und Rätzer (2014) und Maeße (2013).

in den Marktpreisen alle verfügbaren Informationen enthalten sind. Mit der Verfügbarkeit dieser Informationen sind dann rationale und effiziente Entscheidungen möglich. Dem Informationsbegriff haftet etwas Schillerndes an: Erstens verweisen „Informationen" auf eine extern gegebene Wirklichkeit: Sie werden wie ein Abbild dieser externen Referenz gelesen, was eine Neutralität der Darstellungsmedien impliziert.[4] Zweitens wird angenommen, dass „Informationen" Klarheit und Transparenz verkörpern: Verfügt man über sie, sind richtige Entscheidungen möglich. Suggeriert wird damit eine direkte Korrespondenz von ökonomischer Darstellung und Investitionsentscheidung sowie – hiermit verknüpft – ein zweifelsfreies Verstehen, denn jeder weiß sofort, worauf die Information verweist. Drittens wird oft davon ausgegangen, dass Organisationen in aller Regel relevante Informationen in effizienter Weise sammeln, aufbereiten und auswerten.

Diese Vereinfachung des Informationsbegriffs durch die Zurechnung definierter Qualitäten ist nicht unwidersprochen geblieben; so kritisierte etwa Hayek (1937) die Rede des allwissenden ökonomischen Akteurs und betonte die Rolle des Wissens für die Interpretation der Informationen. Ein Blick in die Forschung zeigt, dass der Umgang mit Informationen in Organisationen komplexer ist. Die Kritik und Einwände etwa der verhaltenswissenschaftlich orientierten Organisationsforschung beziehen sich auf das Standardmodell der Entscheidungstheorie, demzufolge Organisationen ausschließlich relevante Informationen in effizienter Weise sammeln, aufbereiten und auswerten; diese temporale Ordnung des Informationsmanagements lasse dann rationale Entscheidungen erwarten. Danach wissen die Akteure immer schon, welche Informationen benötigt werden (und welche nicht) und was eine relevante Information von einer irrelevanten Information unterscheidet. Studien zur sozialen Verwendungsweise von Information in Kontexten organisatorischer Entscheidungsprozesse zeigen dagegen, dass Informationen für Entscheidungen unberücksichtigt bleiben oder ignoriert und erst später zu Legitimationszwecken gesammelt werden. Die verhaltenswissenschaftliche Organisationstheorie nennt hierfür drei Gründe: Unterschätzung der Kosten für die Informationsbeschaffung, fehlende Relevanz verfügbar gemachter Informationen für Entscheidungsprozesse und fehlerhafter Umgang mit Informationen (Feldman/March 1988, S. 415). Mit Simon (1957) geht dieser Ansatz von einer *bounded*

---

4 Der Auffassung Martin Heideggers („jede Tatsache [...] ist immer schon durch eine Auslegung hindurchgegangen", Heidegger 2004, S. 281) ist hinzuzufügen, dass es die Darstellungsmedien sind, welche die Information oder „Tatsache" verfügbar machen und sie in ihrer je spezifischen Weise ins Licht setzen und damit aufführen.

rationality aus (Feldman 1989),[5] mit der sich verschiedene Phänomene beschreiben lassen, und zwar: fehlerhafte und irrtümliche Interpretationen, Strategien der Optimierung, die unter Kosten-Nutzen-Aspekten begrenzt bleiben müssen, sowie Erwartungs- und Anspruchsstrukturen, die die Auswahl von Zielen beeinflussen. Angenommen wird ferner, dass heterogene Ziele durch lokale Präferenzen, Zeitzwänge und Zielbewertungen in eine Hierarchie gebracht und somit an mögliche Optionen angepasst werden können (Selten 2001).[6]

Der Begriff der Darstellung ist, so meine ich, geeignet, verschiedene Phänomene in den Finanzinstitutionen umfassender zu beschreiben, als dies mit dem Informationsbegriff möglich ist. Damit knüpfe ich an Rheinbergers Arbeiten zur Geschichte der Molekularbiologie an (etwa Rheinberger 2001), unterscheide aber drei Darstellungsformen: die technische Darstellung, die zeichenförmige Darstellung und die körperliche (mündliche, gestische) Darstellung. Mit dieser Perspektive sollen die materiellen Arrangements skizziert werden, die das Innenleben der Finanzinstitutionen ausmachen; meiner eigenen Darstellung liegt somit ein weiter gefasster Begriff von Materialität zugrunde, der nicht nur technische Artefakte umfasst (ausführlich hierzu Kalthoff 2016; Kalthoff et al. 2016).

Darstellung durch/mit Technik: Die technischen Artefakte der Kommunikation und Information erlauben es, überhaupt zu handeln, den Handel zu beobachten und Risiken zu kalkulieren. Ihr Hintergrund sind große technische Systeme (Hughes 1989) mit eigenen Satelliten- und Telefonleitungen, Serverzentren und hohen Sicherheitsvorkehrungen. Diese enorme technische Infrastruktur steht für ein permanentes Sichern und Konzentrieren der Daten in den Firmenzentralen sowie für ein permanentes Updaten der lokalen Bildschirme im globalen Netzwerk der Bankenwelt und Finanzmärkte. Diese Technik umgibt die Finanzmarktakteure auch mit der Aura der kühlen technischen Präzision; sie suggeriert die Allverfügbarkeit, Transparenz und Behandelbarkeit von Daten und Informationen und sie sorgt für eine zeitlich beschleunigte Synchronisierung der Akteure. Mit Martin Heidegger (1954) kann man diese Konstellation auch als Gestell verstehen: Es reduziert die menschlichen Teilnehmer auf bestimmte Funktionen und es konstituiert den Markt durch die technische Apparatur und deren Beobachtungsmöglichkeiten.

Die Darstellung mit/durch Zeichen: Anlehnend an Niklas Luhmann ließe sich sagen: Alles, was Finanzinstitutionen über die Welt der Finanzmärkte wissen,

---

5 Dieses Theorem ist vielfach aufgegriffen worden, etwa von Abolafia (1996), der lokal gebundene Formen von Rationalität in den hyper-rational-Spielen auf den Bondmärkten beschreibt.

6 In diesem Zusammenhang wurde ebenfalls auf Phänomene wie Scheinweisheiten, Gefühle, Konformität und Ex-post-Rationalisierungen hingewiesen (bspw. Fessler 2001).

wissen sie über Medien (u.a. Tabellen, Grafiken, Texte), in denen ökonomische Praktiken, Märkte und Relationen dargestellt werden. Die Darstellung der ökonomischen Performance geschieht also semiotisch, durch Zeichen – und diese Zeichen stammen aus dem Repertoire der alphabetischen, mathematischen und graphischen Schrift. Das heißt auch: Die ökonomische Welt präsentiert sich auf den Finanzmärkten nicht direkt in dinglicher Form, sondern nur in und durch Repräsentationsmedien, die das Abwesende zur Darstellung bringen. Zeichen als Repräsentationsmedien fungieren gewissermaßen als Mittler zwischen der Welt, die sie repräsentieren sollen, und der Welt, in der sie repräsentiert werden. Für Teilnehmer, die Investitionsentscheidungen treffen, ist die Überzeugung wichtig, dass die Darstellung der ökonomischen Wirklichkeit – wie kontingent auch immer – etwas mit der Wirklichkeit zu tun hat (Rottenburg et al. 2000).

Dass wirtschaftliche Praktiken, Transaktionen oder Sachverhalte repräsentiert werden können, liegt daran, dass es eine Arbeit am Dokument gibt. Diese Arbeit ist ein zentraler Bestandteil internationaler Finanzinstitutionen, der kontinuierlich und permanent in den Handelsräumen und in den rückwärtigen Büros (»Backoffices«) oder vorangehenden Design- und Entwicklungsbereichen abläuft und gegenwärtig ist. Mit dieser Arbeit an der Repräsentation werden Finanzmärkte und andere Regionen der Wirtschaft neu konstituiert. Mit der These der Neukonstitution nehme ich an, dass die empirische Welt in eine andere Darstellungsform gebracht wird und damit neu entsteht. Die externe Welt des Ökonomischen muss in diesen Darstellungsmedien und damit in semiotischer Form präsent gemacht werden, um für die Akteure überhaupt verfügbar und auch modellierbar zu sein. Es geht also nicht um den Verlust des Empirischen, sondern um seine Transformation. Wenn man so will, ist die zeichenförmige Darstellung ein Hinweis darauf, dass das Ökonomische noch einmal gemacht wird bzw. noch einmal gemacht werden muss, denn nur in dieser parallelen Zeichenwelt sind weitere Operationen, Handlungen, Tauschakte etc. anschließbar.

Als Beispiel kann hierzu die Berechnung von Kennziffern dienen. Aus der Sicht der Teilnehmer erfüllen Kennziffern zwei Aufgaben: Sie machen verschiedene Zustände des Unternehmens – Rentabilität, Profitabilität, Produktivität etc. – sichtbar und sie bringen Sachverhalte in eine hierarchische Zuordnung. Kennziffern sind also das Medium, in dem Risikoanalysten die ökonomische Praxis zugleich ordnen und kalkulieren. Kalkulation ist demnach nicht allein eine Berechnung, die durch ihre Performanz etwas zum Vorschein bringt, sondern eine kalkulierende Praxis, die durch ihre Regeln, Kategorien und Operatoren bestimmte Sichtweisen und Wahrnehmungen nahelegt oder auch fixiert.

Die Darstellung mit dem/durch den Körper: Neben den technischen und anderen Artefakten bewohnen menschliche Akteure die Welt der Finanzinstitutionen und der Finanzmärkte. Sie sind es, die die technischen Geräte bedienen, Darstellungsformate, Modelle und Berechnungsverfahren laufend für ihre Zwecke nutzen und umformen. Zugleich operieren sie in dem Rahmen, der ihnen von den Artefakten, Programmen und Formaten vorgegeben wird. Diese Praxis ist nicht als einfache Anwendung einer technischen oder mathematischen Regel zu verstehen, sondern als Verwendung in der Praxis, in der immer Verstehen und Interpretation mitläuft. Wichtig ist, dass die Teilnehmer ihr Verhältnis zum Markt körperlich ausagieren. Dies kann mündlich durch Interpretationen von Zahlen geschehen oder durch Ausrufe bei stark schwankenden Kursbewegungen. Neben der Sachlichkeit des ökonomischen Rechnens sind regelmäßige mündliche Aushandlungen aber auch expressives Schreien, Rufen und körperliches Ausagieren von Gefühlen beobachtbar. Die Akteure leiden körperlich angesichts sinkender Kurse und Verluste auf den Märkten oder sie freuen sich über den realisierten Gewinn oder den getätigten Deal. Diese Reaktionen zeigen an, dass Finanzobjekte keine neutralen Entitäten sind, sondern affizierte Objekte. Märkte als auch Marktteilnehmer sind im Sinne Martin Heideggers (2004, S. 123f.) „gestimmt": Die hektische und aufgeregte Stimmung der verschiedenen Finanzgeschäfte umspielt die Tauschobjekte und macht sie zu diesen zum Teil hochgradig besetzten Objekten.

Man kann die verschiedenen Körperkonstellationen wie folgt differenzieren (Laube 2012): Es gibt einmal den handelnden Körper: Er ist der Träger von Handlungen, Aushandlungen und Entscheidungen, die die Teilnahme an den Märkten notwendig machen. Darüber hinaus erweitern die technischen Apparaturen die Fähigkeit des Menschen, Entwicklungen sehen und darüber befinden zu können. Die Körper der Finanzmenschen sind also technologisch *ausgedehnte Körper* mit einer anderen Beobachtungs- und Handlungsfähigkeit. Hiermit verknüpft ist auch der *sensorische Körper*, der mit seinen Wahrnehmungssinnen in das Geschehen integriert ist. Diese Beobachtungen deuten an, dass die wirtschaftssoziologisch inspirierte Idee einer Trennung von Märkten und individuellen Händlerkörpern weiter kritisch zu befragen ist, denn man kann das Geschehen so verstehen, dass der *Markt im Körper* der Finanzakteure ist – und folglich mit seiner Logik und seiner Volatilität, seinem Glauben an die Welt als Tausch und als Gewinner/Verlierer-Spiel leiblich gewordene Intentionalität.

3 Ökonomische Deutung

Man könnte nun die Ansicht vertreten, dass der bankwirtschaftliche Kreditprozess mit der formalen Beschreibung eines Firmenkunden beendet ist. Steht die Kaskade der errechneten Kennziffern als Information zur Verfügung, dann ist es nur noch ein kleiner Schritt zur Entscheidung über die Kreditwürdigkeit eines Unternehmens. Die empirische Beobachtung zeigt, dass im Normalfall das Verstehen, Interpretieren oder Deuten der Zahlenwerke (sehr) kontrovers verläuft; die einhellige Auffassung von Zahlenwerken ist demnach der Ausnahmefall. Das heißt: Risikoanalysten kommen in ihren Interpretationen ein und derselben ökonomischen Darstellung zu (sehr) unterschiedlichen Ergebnissen: Die einen sehen in einer Kennziffer eine hervorragende Geschäftsoption, die anderen können in dieser Kennziffer nur ein hohes Risiko für die Bank erkennen. Ohne dieses Phänomen ausreichend behandeln zu können, möchte ich es dennoch kurz skizzieren.

Die Geistes- und Humanwissenschaften haben sehr unterschiedliche Antworten auf die Frage hervorgebracht, wie explizite Auslegungen oder alltägliche Interpretationen möglich und zu verstehen sind. So beschreibt etwa Hans-Georg Gadamer (1990) die Interpretation eines Textes als eigenständige Aktivität, die immer schon auslegt und die eine „Vielzahl von Stimmen" (Gadamer 1990, S. 289) aktiviert.[7] Die Annahme, dass eine schriftliche Darstellung oder ein schriftliches Zeichen zu einer Interpretation führen, unterstellt, dass die Darstellung die Interpretation direkt anleitet und dass es sich hierbei um ein passives Aufnehmen und nicht um einen aktiven Prozess handelt. Folgt man einer Überlegung Wittgensteins (2000, S. 15f.), dann stehen Interpretationen gegeneinander und führen zu einer Rekonfiguration von Zeichen: Es heißt: „Eine Interpretation ist immer nur *eine* im Gegensatz zu einer *andern*. Sie hängt sich an das Zeichen und reiht es in ein weiteres System ein" (Wittgenstein 2000, S. 16; Herv. i.O.). Dies liegt – so Wittgenstein – daran, dass eine Sprache als ganze gar nicht interpretierbar ist, sondern immer nur partikulare Zeichen oder Ensembles von Zeichen. Darstellungen liefern demnach kein in sich geschlossenes Interpretationsskript, sondern machen immer nur verschiedene Interpretationen möglich.[8] Mit Jacques Derrida kann man darauf hinweisen, dass die iterative Struktur der schriftlichen Zeichen ihre Interpretation führungslos macht, also konkrete Sinnzuschreibungen entkoppelt (Derrida 1988).

In Finanzorganisationen kommt den semiotischen Darstellungen die Aufgabe zu, Kommunikation zu stiften und in diesem Sinne als heuristisches Instrument zu fungieren. Zugespitzt formuliert: Damit Bankmitarbeiter – Risikoanalysten und Corporate Banker – überhaupt miteinander sprechen können, bedarf es ökonomischer Darstellungen. Sie sind die schriftliche Prothese des Mündlichen. Als solche

---

7   Die berühmte Formulierung lautet: „Sie spielt zwischen Fremdheit und Vertrautheit… *In diesem Zwischen ist der wahre Ort der Hermeneutik.*" (Gadamer 1990, S. 300; Herv.i.O.)

8   So auch Heintz (2000, S. 209f.), die zeigt, dass Beweise von Mathematikern unterschiedlich gelesen und verstanden werden.

sind sie aber zugleich auch Gegenstand des Mündlichen. Das heißt: Das Sprechen, das durch Darstellungen möglich wird, ist zugleich ein Sprechen über diese Darstellungen; diese Interpretationen sind folglich ein wichtiger Bestandteil der oben skizzierten Arbeit am Dokument. Nun lässt sich beobachten, dass in manchen Situationen Bankmitarbeiter unmittelbar auf das reagieren, was sie hören, sehen oder lesen. Diesen Momenten gehen *keine* expliziten Deutungs- oder interpretative Aktivitäten voran, sondern die Akteure wissen unmittelbar, was ein Dokument oder eine mündliche Information für ihren professionellen Kontext bedeutet und in welcher Weise (wie) und zu welchem Zeitpunkt (wann) ihre Reaktion folgen muss. Diese Form des unmittelbaren Wissens basiert auf Erfahrung und Übung.

Situationen der expliziten Auslegung lassen sich hingegen beobachten, wenn Bankmitarbeiter immer wieder Klarheit darüber herstellen müssen, was diese oder jene Kennziffer oder „Information", diese oder jene Transaktion oder Handlung anderer ökonomischer Akteure überhaupt bedeuten sollen. Sie tun dies in mündlicher Form, beispielsweise in den kaum zählbaren täglichen ad-hoc-Gesprächen der Risikoanalysten und Corporate Banker sowie in den kontinentweiten Telefonkonferenzen der Direktoren und Abteilungsleiter. Sie tun dies ebenfalls in schriftlicher Form und nutzen hierfür oft das interne Email-System. Hierbei koordinieren sie nicht nur ihre Handlungen, sondern stellen Interpretationen von Vorgängen oder Zahlenwerken gegeneinander und pflegen auf diese Weise einen Diskurs der Deutung, in dem auch Bedeutungen fixiert werden. Bei ihren Interpretationen oder Auslegungen müssen die Teilnehmer sowohl das spezifische Format der Darstellung als auch dieses Format und die jeweils dargestellten Inhalte als diese Inhalte des Formates identifizieren; sie spiegeln einander, dass sie eine Äußerung als Äußerung gehört oder gelesen und sie auch als solche verstanden haben.

4 Verfahren und Praxis der ökonomischen Beurteilung

Die bankwirtschaftliche Evaluation von Unternehmen folgt einem zweistufigen bzw. dreistufigen Verfahren. Zeigen sich Corporate Banker offen für die ökonomischen Handlungsobjekte des Unternehmens und maximieren den Kontakt zur empirischen Welt des Wirtschaftens, so suspendieren Risikoanalysten gerade dieses Empirische des ökonomischen Handelns durch eine Minimalisierung des Kontaktes zum Unternehmen. Ist der Kreditprozess in der Firmenkundenabteilung (vorläufig) abgeschlossen, werden die Dokumente und Texte an die Abteilung Kreditrisikomanagement weitergeleitet. Hier findet eine Neubewertung des Kreditgeschäftes und somit des Unternehmens statt. Zwei Ziele werden damit verfolgt: Erstens müssen detaillierter diejenigen Risiken herausgefiltert werden, die der Bank entstehen können, und zweitens ist das Unternehmen in entsprechender Weise schriftlich darzustellen und das Kreditgeschäft zu begründen. Diesen beiden Zielen dienen die ad-hoc und offiziellen Gespräche der Risikoanalysten. Diese Gespräche verstehe ich als körperliche Darstellung der Ökonomie: Das körperliche Tun ist hier Sprechen und Hören, das sich in der Sprache als Darstellungsmedium vollzieht.

Damit diese Gespräche als Gespräche funktionieren können, folgen die Teilnehmer verschiedenen Regeln; ich nenne hier drei: Die *erste Regel* der Aushandlung lautet, dass die Verfahren als solche nicht Gegenstand der Gespräche sind; auch andere, in Formblättern materialisierte Standards, werden nicht diskutiert: Sie sind den Akteuren in der Regel auch nicht als diese Standards, Medien, Programme etc. verfügbar, sondern werden von der Organisation gesetzt und implementiert. Die *zweite Regel* lautet, dass gegensätzliche Sichtweisen formuliert und auch vorgetragen werden. Die individuellen Sprechakte zielen also nicht auf die Herstellung eines vorschnellen Konsenses, sondern auf den Austausch von Informationen, die asymmetrisch verteilt sind, auf die Ergänzung von Wissen über den Fall sowie auf die reziproke Korrektur bisheriger Deutungen. Das heißt: Konkurrierende Deutungen und Verdachtsmomente werden vorgetragen, mit anderen Deutungen konfrontiert und mit dem Ziel befragt, das Dokument „besser" zu verstehen und gegebenenfalls eine geteilte Sichtweise zu ermöglichen. Dabei gehen die Teilnehmer davon aus, dass dasjenige, was hinter den Zeichen verborgen ist, hervorgeholt werden kann und muss. Und so führen sie das sinnlich wahrnehmbare Zeichen auf ein dem Zeichen vorausgehendes oder ihm zugrunde liegendes Phänomen zurück, über das Uneinigkeit besteht. Die *dritte Regel* bezieht sich auf den Abschluss der Aushandlungen: Es gelingt den Teilnehmern, das Ende der Aushandlung in ganz pragmatischer Weise zu inszenieren. Sie klären, wie weiter verfahren wird, welche Dokumente hin und her geschickt werden sollen und zu welchem Zeitpunkt weiter verhandelt wird. Die Aushandlung wird also nicht einfach beendet, sondern es werden Absprachen getroffen, die die zeitliche Fortsetzung regeln (hierzu Rottenburg 2002).

Im Folgenden stelle ich verschiedene empirische Fallbeispiele dar, mit denen ich die mündliche Praxis der Risikoanalyse skizziere. Systematisch unterschieden werden zwei Fälle: die lokale, d.h. Vor-Ort Kreditprüfung sowie die zentrale Kreditprüfung und Kreditbewilligung. In der *lokalen, vor-Ort-Kreditprüfung* sind das Unternehmen, das Corporate Banking und die Risikoanalyse eingebunden. Während das Unternehmen Zahlenwerke vorlegt, welche die eigene Liquidität und Bonität belegen sollen, werden diese Darstellungen von den Risikoanalysten zerlegt und in eine neue Ordnung gebracht, die den Standards der Bank entspricht. Die erneute Kalkulation wesentlicher Kennziffern bedeutet, dass das Unternehmen durch die Finanzinstitution neu konstituiert wird und damit die Zahlen erhält, die auch zählen. Das Corporate Banking nimmt eine Zwischenstellung ein: Innerhalb der Bank vertritt es die Perspektive des Unternehmens und des Marktes; gegenüber dem Unternehmen präsentiert es die Bewertungsmaßstäbe der Bank sowie deren Produkte. Zwischen beiden Abteilungen wird das Ranking des Unternehmens ausgehandelt. Das zentrale Risikomanagement beobachtet genau diese Konstellation auf der Basis des *Credit Proposals*: Es beobachtet, wie das lokale Risikomanagement das Unternehmen und den Markt beobachtet und die Investition designt. Es beobachtet ferner die Plausibilität des ökonomischen Urteils, das im internen Ranking als Markt- und Unternehmensbewertung verdichtet wird. Wie an anderer Stelle ausgeführt (etwa Kalthoff 2011), kombiniert das Risikomanagement in seinem internen Ranking von Unternehmen und Märkten eine Kalkulation ökonomischer Werte mit einer sozialen *Einschätzung* des Unternehmens. Das heißt: Die ökonomische Bewertung potentieller Investitionen ist erstens eine sozio-kalkulative Praxis, die keine Objektivität ökonomischer Werte hervorbringt, sondern anschlussfähige Beobachtungen und ökonomische Transaktionen. Das Kreditgeschäft passiert zweitens verschiedene Stationen der Kreditprüfung und durchläuft drittens einen Prozess der Objektivierung, der von der Anbahnung des Kreditgeschäfts bis zur Entscheidung in den Firmenzentralen großer Finanzinstitutionen führt. In dieser Objektivierung wird das lokal von Corporate Bankern vorbereitete Kreditgeschäft zu einem Kreditgeschäft der Bank.

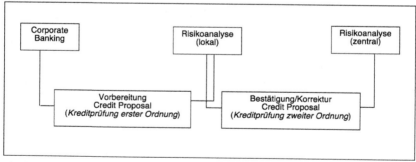

Abbildung 1 Stationen der Wertbeurteilung

4.1 Kreditprüfung erster Ordnung

Beispiel 1

Ein Risikoanalyst und ein Corporate Banker besprechen einen Fall. Der Risikoanalyst sagt: „Wir haben die ganzen Zahlen hier, aber wir wissen nichts." Daraufhin sagt der Corporate Banker, er habe einen entscheidenden Hinweis bekommen, der aber so im alten Vermerk nicht enthalten sei: „Die 3000 Tanks, die bei diesen Geflügelfirmen stehen, sind *nicht* das entscheidende Asset. Das entscheidende Asset der Firma sind die Kundenbeziehungen. Ich habe den Tank geliefert und habe einen zehnjährigen festen Lieferkontrakt, der da dranhängt. Und jede Firma aus der Branche zahlt in Deutschland für so einen Liefervertrag bis zu 2000 Mark." „Und das steht nicht drin?", fragt der Risikoanalyst etwas ungläubig. „Nein, steht nicht drin", bestätigt der andere, „aber das ist ein ganz entscheidendes Asset." „Ja richtig, 'Value of Long Term Contracts'", sagt der Risikoanalyst.

Das Beispiel dokumentiert die Beschaffung, Relektüre und Verarbeitung von Informationen. In diesem Fall hat ein Corporate Banker einen Hinweis erhalten, der eine ganz andere Bewertung der Aktiva des Unternehmens ermöglicht und somit den Fall klarer erscheinen lässt. In diesem Fall liefert der Risikoanalyst den Schlüsselbegriff („Value of Long Term Contracts") und deutet damit an, welche Argumentation in den Verhandlungen mit der Bankzentrale verfolgt werden kann. Die Bedeutung des Hinweises unterstreicht der Corporate Banker mit dem Gebrauch eines Personalpronomens („ich"), so als schlüpfe er in die Rolle des Unternehmers-in-der-Bank. Deutlich wird auch, dass die schriftliche Dokumentierung – etwas „muss mit rein" oder etwas muss „drin stehen" – wichtig ist, denn hierdurch wird die Begründung des Falles komplettiert oder in die entscheidende Richtung gelenkt. Das Beispiel dokumentiert auch, dass Zahlenwerke nicht notwendig Wissen im Sinne einer als adäquat empfundenen Einschätzung bereitstellen: „alles haben" und doch „nichts wissen" fallen hier zusammen.

Beispiel 2

Es geht um ein Stahlunternehmen. Der Abteilungsleiter fragt den Mitarbeiter, was für den Kredit spricht. Der Risikoanalyst sagt, man habe es hier nicht mit einem Stahlproduzenten, sondern mit einem Unternehmen zu tun, das die Weiterverarbeitung und Veredelung von Stahl betreibe. Zweitens habe das Unternehmen in den letzten Jahren ca. 30 Millionen Euro in die Modernisierung der

Produktion investiert. Daraufhin fragt der Abteilungsleiter, wie es denn mit der Konkurrenz aussehe. Der Mitarbeiter meint, dass Stahlprodukte aus Asien keine Konkurrenz darstellen und dass die Nachfrage nach Stahlprodukten in Polen doch recht groß sei. Aber das sei heute, wirft der Abteilungsleiter ein, und weist darauf hin, dass der Stahlkonsum in Polen im Vergleich zu Westeuropa weit hinterherhinke. Dagegen wendet der Risikoanalyst ein, dass aber das Unternehmen seine Produkte selbst auch nach Westeuropa exportiere. Der Anteil liege zwar nur bei zehn Prozent, aber die Produkte seien auch in Westeuropa konkurrenzfähig. Nachdem dann beide schweigend einige Zeit in den Unterlagen geblättert haben, sagt der Mitarbeiter: „Die Liquidität ist ein Schwachpunkt des Unternehmens". „Ja das stimmt", pflichtet ihm der Abteilungsleiter bei.

Das Beispiel dokumentiert eine Aushandlung, wie sie in der Risikoanalyse oft angetroffen werden kann. Über Papiere gebeugt, formulieren die Teilnehmer ihre (kritischen) Nachfragen und Kommentare, zeigen ihre Zustimmung und ihre Bedenken. In diesem Fall wird das Gespräch durch den Umstand vorstrukturiert, dass sowohl der Risikoanalyst als auch der Abteilungsleiter – ein weitgereister Risikospezialist dieser internationalen Bank – dem Kreditgeschäft im Grunde positiv gegenüberstehen. Deutlich wird hier auch, dass die Teilnehmer nach einem Frageraster vorgehen: Sie befragen das ökonomische Umfeld und Bedingungen des Unternehmens (etwa Bezug des Stahls), die Marktsituation (etwa Nachfrage und Konkurrenz) und die finanzielle Situation des Unternehmens anhand von Kennziffern (etwa „Return on Equity", „Liquidität"). Woher wissen die Risikoanalysten nun, dass sie diese und keine anderen Fragen zu stellen haben? Die Risikoanalysten wissen von diesen zu prüfenden Dimensionen des Ökonomischen u.a. durch das sogenannte *rating sheet*, das heißt die Risikobewertungsmatrix der Bank. Es gibt ihnen diese Dimensionen vor, die sie dann in der Interaktion mit den Darstellungen und mit anderen Risikoanalysten erörtern, vertiefen und bewerten. Aber wer spricht, wenn Risikoanalysten über diese Dimensionen sprechen? Auf den ersten Blick sind sie es natürlich selbst, die sprechen; sie sind die Sprecher, da sie die Fragen aussprechen; andererseits sind sie aber auch Sprecher der Bank, das heißt derjenigen zentralen Risikosteuerung, die das Risikoraster entworfen und erprobt hat. Insofern formulieren sie Fragen, die an anderer Stelle für diese Anwendung entworfen wurden. Sie sind die Sprecher der Risikosteuerung, die ihrerseits diese Dimensionen des Ökonomischen nicht selbst erfunden, sondern aus dem ökonomischen Diskurs der Betriebswirtschaftslehre entnommen hat. Mit Bruno Latour (2001) kann man es so formulieren: Durch das Risikoraster sind die Risikoanalysten vor Ort zwar nicht eindeutig festgelegt, aber dennoch mit der Risikosteuerung verbunden, die ihrerseits durch die ökonomische Theorie gerahmt ist. Die vor Jahren entworfenen Raster bleiben durch die Sprechakte der Risikoanalysten derjenige Rahmen, der die Konversation der Akteure aufrechterhält, kanalisiert und autorisiert.

4.2 Die Kreditprüfung zweiter Ordnung

Ist der Kreditprozess vor Ort abgeschlossen, geht die Akte an eine Risikoabteilung in den Konzernzentralen. Hier wird der Fall noch einmal überprüft, bewertet und genehmigt (oder auch abgelehnt). Begleitet wird diese zweite Überprüfung von Aushandlungen zwischen den lokal und den global zuständigen Risikoanalysten. Auf der Seite der lokalen Kreditprüfer nehmen der Leiter der Risikoabteilung und die Risikoanalystin teil; hin und wieder partizipiert auch der Leiter des Corporate Bankings als stummer Zeuge an diesen Gesprächen. In den von mir beobachteten Fällen war es oft der Leiter der Risikoabteilung, der als zentraler Sprecher auftrat und er war auch der Bankzentrale bekannt. Andere Risikoanalysten spielten oft die Rolle von Souffleuren, die ihrem Sprecher Stichworte leise vorsagten. Auf der globalen Seite sitzen die Risikoanalystin und die für die Region („Emerging markets") zuständige Analystin. In kritischen Fällen war auch hier in der Bankzentrale der Abteilungsleiter zugegen.

Die für die zentralen Risikoanalysten erste wichtige Frage lautet: Kann man den Zahlen überhaupt trauen? Die Konzernseite begegnet den Dokumenten, die ihr von den Tochtergesellschaften zugesandt werden, mit einem Zweifel an der Abbildung der ökonomischen Praxis. Dieser Zweifel bezieht sich sowohl auf die Dokumente, die das Unternehmen zur Verfügung stellt, als auch auf die von den lokalen Mitarbeitern erstellten Dokumente. Sie äußern etwa Zweifel daran, ob sie auf der Grundlage der vorliegenden Zahlen überhaupt einen adäquaten Eindruck des Unternehmens erhalten. Nachdem der Status der Dokumente geklärt ist, diskutieren die Teilnehmer u.a. den ökonomischen Sinn des jeweiligen Kreditgeschäfts und sie klären praktische Fragen des Kreditmanagements („Wo wird der Kredit verwaltet?"). Ein weiterer wichtiger Fragenkomplex lautet, in welchem Ausmaß die Bank zum Mitspieler dieses Unternehmens werden soll. Dieser Aspekt ist für die Teilnehmer deswegen zentral, da hiermit zugleich die Streuung des Risikos und das Verhältnis von Eigen- und Fremdkapital angesprochen sind.

Beispiel 3[9]

LO: ... und wir müssen schon sehen, dass diese Firma am unteren Ende der Ratio steht. Das ist jetzt positiv gemeint. Die Firma steht am unteren Ende, wenn wir das mal mit der gesamten Industrie vergleichen. Und wir haben eine Projektion gemacht, die also eine zunehmende Verringerung dieser Leverage Ratio zeigt. Und dann kommt die Kapitalerhöhung von 290 Millionen hinzu. Dann kommt doch wieder etwas Platz rein.

HQ: Aber es ist ja die gesamte Leverage-Situation, um die es hier geht. Wissen Sie, wir haben so eine Bauernregel. Ich sag jetzt mal so 10 Prozent des Eigenkapitals. Das sind so unsere Grenzen. Und das ist ja klar drüber.

HQ: Moment, kurz mal sehen (rechnet mit Taschenrechner). Gut, wir liegen bei 18 Prozent.

GL: Ja genau. Und es geht auch nicht primär um diesen Kredit. Wir sind im Prinzip nicht bereit, einfach so „plain vanilla Kreditprodukte" an den Mann zu bringen. ...

Mit seinen Ausführungen reagiert der Leiter der lokalen Risikoabteilung auf einen Einwand, der von der globalen Seite schon einige Tage zuvor in zwei anderen Telefonaten formuliert worden war: Mit dem neuen Kredit ist die Bank zu stark engagiert und der Anteil des Fremdkapitals zu hoch. Die Argumente des Risikoanalysten zielen nun auf zwei Aspekte: Erstens will er durch einen Vergleich mit der Branche dieses Zahlenverhältnis (Fremd-/Eigenkapital) normalisieren. Während also die globale Seite ein formales Argument („Bauernregel 10 Prozent") verfolgt, verweist die lokale Seite auf die Spezifik der Branche, in der eine andere Zusammensetzung des Kapitals gängig ist. Zweitens wird das Verhältnis von Fremd- und Eigenkapital mit der Berechnung der zukünftigen Entwicklung objektiviert. Die Simulationen zukünftiger Szenarien („projections" genannt) zeigen, dass sich die Relation von Fremd- und Eigenkapital in der Zukunft verbessern wird. In dem Maße, wie die symbolischen Maschinen bankwirtschaftlicher Kalkulation eine „Verringerung sehen", kann die Risikoanalyse etwas sichtbar machen, das in keiner Weise offensichtlich ist.

Das Ende der Sequenz verdeutlicht die Differenz: Der von der lokalen Seite errechnete Anteil ist der Zentrale mit ihrem Richtwert von zehn Prozent zu hoch.

---

9 LO steht für „lokaler Risikoanalyst" in den Tochtergesellschaften der Finanzorganisation, HQ steht für „zentraler Risikoanalyst", der im jeweiligen Headquarter für den geographischen Raum zuständig ist.

Dass hierüber auch mit einer Projektion nicht mehr verhandelt werden kann, wird an der Rahmung deutlich: Man könne nicht erkennen, welche strategische Funktion dieses Kreditgeschäft für die Bank erfüllt (*plain vanilla*-Vorwurf). Hier äußert sich ein Gegensatz zwischen den lokalen Marktbedingungen und Geschäftsoptionen auf der einen Seite und den Geschäftsstrategien des Bankkonzerns auf der anderen Seite. In diesem Fall wird also nicht nur ein Kreditgeschäft verhandelt, sondern die lose Koppelung zwischen strategischer Ausrichtung der Geschäftsbank und den lokalen Aktivitäten.

Systematisch rekonfiguriert die Folge der Aushandlungen die Position der lokalen Akteure, denn sie werden von Prüfern in der Kreditprüfung erster Ordnung zu Geprüften in der Kreditprüfung zweiter Ordnung. In diesem Prüfungsspiel sind die Probleme, die die Teilnehmer zu lösen versuchen, durch ihre Positionen kodiert: Die lokale Seite versucht ihr Geschäft, also das, was sie schriftlich dokumentiert hat, durchzusetzen und die eigene Position zu verteidigen. Zugleich muss sie aber auch die Bedenken der übergeordneten Risikoseite ernst nehmen, denn Aspekte oder Risiken des Geschäfts, die sie übersehen haben könnte, unterminieren ihre eigene ökonomische Position. Die globale Seite ihrerseits versucht, sich auf der Basis der vorgelegten schriftlichen Dokumente ein vorläufiges Bild des Geschäftes zu machen, also über den Markt, das Unternehmen und das Management. Ihr Ziel ist es, weitere mündliche und schriftliche Informationen zu bekommen und den blinden Fleck der lokalen Analysten einzukreisen. Die Aushandlungen sind ebenfalls durch gegenseitige Identifizierungen kodiert. Die lokalen Teilnehmer werden immer schon mit den Interessen der Kreditnehmer identifiziert sowie mit einem ökonomischen Horizont, der in den Augen der Bankzentrale nicht unbedingt mit der vorgegebenen Geschäftspolitik des Bankkonzerns übereinstimmt. Die lokale Seite gilt als durch das Feld infiltriert. Dagegen werden die Risikoanalysten der Bankzentrale mit kaum operationalisierbaren Strategien identifiziert, die lokal umzusetzen sind. Deutlich werden hier reziproke Zurechnungen von Nähe respektive Ferne zu ökonomischen Akteuren bzw. zur Finanzorganisation. Sie verweisen auf eine organisational verankerte Praxis, in der immer wieder Fragen der Macht und der Identität verhandelt werden.

In den Beispielen wurde auch sichtbar, dass etwas erfragt wird, indem die Dokumente oder die Personen befragt werden. Obwohl die Zeichen, die ein Bankmitarbeiter in den Dokumenten sinnlich wahrnehmen kann, nicht antworten, so sagen sie ihm doch etwas. Er befragt sie auf ihre Relevanz für das Unternehmen und für die mögliche Geschäftsbeziehung und formuliert selbst als konkretes Individuum die Antwort oder die Vermutung. Die Befragung der Dokumente führt zu einem Offenlegen und Offenhalten von Möglichkeiten und von Risiken, denn Bankmitarbeiter entwickeln Suchfragen, die sie den ökonomischen Darstellungen entnehmen.

5 Schluss

Der hier vorgelegte Streifzug durch die risikoanalytische Praxis der ökonomischen Bewertung orientierte sich nicht an den institutionellen Dimensionen der Finanzorganisation, sondern an ihrer Praxis der schrift-mündlichen Prüfung. Welcher Schluss lässt sich aus dem Gesagten ziehen? Das Gesagte legt nahe, den herkömmlichen Kreditbegriff aufzulösen, denn es geht weniger darum, dass eine Bank einem Unternehmen Geld zur Verfügung stellt, sondern dass sie eine Investition tätigt, die die Bank zur *Mitspielerin* des Unternehmens macht und das Unternehmen in die Bank hineinholt (oder auch nicht). Selbstverständlich wird der bankwirtschaftliche Kreditprozess durch die nicht hintergehbare Unterscheidung von Unternehmen einerseits und Banken andererseits strukturiert. Diese Unterscheidung ist aber eine gesetzte Unterscheidung, die notwendig ist, um die Kreditprüfung überhaupt vornehmen zu können. In diesem Sinne ist der Kreditbegriff eine Kategorie des Feldes, die Handlungsfähigkeit herstellt.

Die Welt der Zahlzeichen in den Tabellen und Kalkulationen, in den Buchstaben der algebraischen Gleichungen zur Modellierung von Preisen, Risiken etc. und andere Darstellungsformate (wie das Kartogramm) bilden einen nicht hintergehbaren Bezugspunkt der Finanzorganisation. Sie sind die Medien, in denen dargestellt und zugleich operiert werden kann; sie machen ökonomische Praxis in einer gewissen Weise verfügbar und sie fügen ihnen etwas hinzu. Sie sind aber auch fragil und täuschen, indem sie diejenigen, die mit ihnen umgehen und sie anerkennen, einem Effekt der Verkennung und damit des Irrtums aussetzen können. Ferner sind mit ihnen auch Formen der Macht und des Einflusses verbunden: Einfluss auf das, was gesehen werden kann, sowie Macht im Kontext von Investitionspolitiken. Sie sind daher keine neutralen ökonomischen Formen und Konventionen, und sie sind selbst einer kontinuierlichen Revision ausgesetzt, die ihre soziale Verwendung und Interpretation auch unter Vorbehalt stellt.

Wie dargelegt, durchläuft das potentielle Kreditgeschäft verschiedene Stationen der Kreditprüfung, welche die individuelle Vorbereitung des Kreditgeschäfts in die Entscheidung der Finanzorganisation überführt. In diesem Zusammenhang legen die hier vorgestellten Überlegungen es nahe, von zwei Formen der Objektivierung auszugehen: eine soziale Objektivierung einerseits, eine numerisch-kalkulative Objektivierung andererseits. Der Begriff der sozialen Objektivierung beschreibt die in lokalen und fernmündlichen Aushandlungen vollzogene Beurteilung der bzw. die Verständigung über die Investition; der Begriff der numerisch-kalkulativen Objektivierung bezieht sich auf die Praxis der Übersetzung von ökonomischen Merkmalen des Unternehmens in ökonomisch-mathematische Zeichen, die weiter aggregiert und aus denen weitere Zahlen generiert werden können.

Konzeptionell kann man die hier beschriebene Aktivität der ökonomischen Deutung als eine *ökonomische Hermeneutik* fassen. Sie ist die Kunstlehre der ökonomischen Deutung und (Ein-)Schätzung, das heißt eine praktische und konstruktivistische Hermeneutik. Ihre Grundlage sind Dokumente, die in der Bank transformiert werden müssen, um lesbar zu sein. Lesbar sein heißt, sie können nur dann Gegenstand der Interpretation werden, wenn das Material (Daten, Informationen) in einer spezifischen Weise formatiert wird; ohne diese Transformation funktioniert die bankwirtschaftliche Deutung nicht. Worauf zielt die ökonomische Deutung ab? Das, was Banker tun, ist eine prognostische Aktivität. Sie bedient sich induktiver und deduktiver Verfahren der Interpretation, die in einer spezifischen Weise institutionalisiert sind. Ziel des Verfahrens ist es, das bisherige Geschehen in die Zukunft zu verlängern. Das Problem aber ist, dass die Daten in systematischer Weise unvollständig sind. Dieser Zweifel der Banker am Sinn des Verfahrens bezieht sich kaum auf das interne Prozedere. Im Prozess der ökonomischen Hermeneutik sind Elemente eingebaut, die nicht bezweifelt werden; sie sind nicht hintergehbar. Ferner wird alles, was passiert, zum Bestandteil der Deutung. Sobald der Deutungsprozess anläuft, sind jegliches Handeln und jegliches Dokument ein Indikator für die Deutung. Alles, was Unternehmen schriftlich dokumentieren oder nicht dokumentieren, alles, was sie tun oder unterlassen, kann in diesem Verfahren bedeutsam werden. Dieses ökonomische Verstehen ist keine losgelöste, sondern eine praktische Hermeneutik; sie ist demzufolge nicht auf *Rentabilität-an-sich* bezogen, sondern immer auf ein Geschäft. Somit sind die Deutungen zielbezogen, denn am Ende muss ein „ja" oder „nein" stehen. In diesem Sinne ist die ökonomische Deutung eine auf nicht-objektive Bewertung abzielende Deutung, die sich irren kann, unsicher bleibt oder Erfolg hat.

Literatur

Abolafia, Mitchel Y. (1996): Hyper-rational gaming. In: Journal of Contemporary Ethnography 25(2), S. 226-250.

Beckert, Jens/Musselin, Christine (Hrsg.)(2013): Constructing quality. The classification of goods in markets. Oxford: Oxford University Press.

Bourdieu, Pierre (1982): Die feinen Unterschiede. Kritik der gesellschaftlichen Urteilskraft. Frankfurt: Suhrkamp.

Bourdieu, Pierre (1992): Homo academicus. Frankfurt: Suhrkamp.

Derrida, Jacques (1988): Signatur, Ereignis, Kontext. In: Derrida, Jacques, Randgänge der Philosophie. Wien: Passagen, S. 291-314.

Diaz-Bone, Rainer (2005): Strukturen der Weinwelt und der Weinerfahrung. In: Sociologia Internationalis 43(1/2), S. 25-57.

Diaz-Bone, Rainer/Krell, Gertraude (Hrsg.)(2015): Diskurs und Ökonomie. Diskursanalytische Perspektiven auf Märkte und Organisationen. 2. Aufl. Wiesbaden: Springer VS.

Feldman, Martha S. (1989): Order without design. Information production and policy making. Stanford: Stanford University Press.

Feldman, Martha S./March, James G. (1988): Information in organizations as signal and symbol. In: March, James G. (Hrsg.), Decisions and organizations. Oxford: Basil Blackwell, S. 409-428.

Fessler, Daniel M.T. (2001): Emotions and cost-benefit assessment. The role of shame and self-esteem in risk taking. In: Gigerenzer, Gerd/Selten, Reinhard (Hrsg.), Bounded rationality. The adaptive toolbox. Cambridge: MIT Press, S. 191-214.

Foucault, Michel (2004): Hermeneutik des Subjekts. Frankfurt: Suhrkamp.

Gadamer, Hans-Georg (1990): Hermeneutik I. Wahrheit und Methode. Grundzüge einer philosophischen Hermeneutik. Tübingen: Mohr.

Goffman, Erving (1973): Asyle. Über die soziale Situation psychiatrischer Patienten und anderer Insassen. Frankfurt: Suhrkamp.

Hahn, Alois (1982): Zur Soziologie der Beichte und anderer Formen institutionalisierter Bekenntnisse. Selbstthematisierung und Zivilisationsprozeß. In: Kölner Zeitschrift für Soziologie und Sozialpsychologie 34(3), S. 407-434.

Hartz, Ronald/Rätzer, Matthias (Hrsg.)(2014): Organisationsforschung nach Foucault. Macht – Diskurs – Widerstand. Bielefeld: Transcript.

Hayek, Friedrich A. v. (1937): Economics and knowledge. In: Economica 4(13), S. 33-54.

Heidegger, Martin (1954): Vorträge und Aufsätze. Stuttgart: Neske.

Heidegger, Martin (2004): Die Grundbegriffe der Metaphysik. Welt – Endlichkeit – Einsamkeit. Frankfurt: Klostermann.

Heintz, Bettina (2000): Die Innenwelt der Mathematik. Zur Kultur und Praxis einer beweisenden Disziplin. Wien: Springer.

Hughes, Thomas P. (1989): The evolution of large technological systems. In: Bijker, Wiebe E./Hughes, Thomas P./Pinch, Trevor J. (Hrsg.), The social construction of technological systems. Cambridge: MIT Press, S. 51-82.

Kalthoff, Herbert (1996): Das Zensurenpanoptikum. Eine ethnographische Studie zur schulischen Bewertungspraxis. In: Zeitschrift für Soziologie 25(2), S. 106-124.

Kalthoff, Herbert (2004): Bankwirtschaftliches Wissen und die Fabrikation von Märkten. Eine Fallrekonstruktion am Beispiel des polnischen Bankensektors. In: Soziale Welt 55(2), S. 159-180.

Kalthoff, Herbert (2011): Un/doing calculation. On knowledge practices of risk management. In: Distinktion 12(1), S. 3-21.

Kalthoff, Herbert (2016): Die Darstellung der Ökonomie. Überlegungen zu einer empirischen Theorie der Praxis. In: Schäfer, Hillmar (Hrsg.), Praxistheorie. Ein Forschungsprogramm. Bielefeld: Transcript, S. 223-243.

Kalthoff, Herbert/Cress, Torsten/Röhl, Tobias (2016): Einleitung: Materialität in Kultur und Gesellschaft. In: Kalthoff, Herbert/Cress, Torsten/Röhl, Tobias (Hrsg.), Materialität. Herausforderung für die Sozial- und Kulturwissenschaften. Paderborn: Fink, S. 11-44.

Lamont, Michèle (2012): Toward a comparative sociology of valuation and evaluation. In: Annual Review of Sociology 38, S. 201-221.

Latour, Bruno (2001): Eine Soziologie ohne Objekt? Anmerkungen zur Interobjektivität. In: Berliner Journal für Soziologie 11(2), S. 237-252.

Laube, Stefan (2012): Im Takt des Marktes. Körperliche Praktiken in technologisierten Finanzmärkten. In: Kalthoff, Herbert/Vormbusch, Uwe (Hrsg.), Soziologie der Finanzmärkte. Bielefeld: Transcript, S. 265-284.

Luhmann, Niklas/Schorr, Karl Eberhard (1988): Reflexionsprobleme im Erziehungssystem. Frankfurt: Suhrkamp.

Maeße, Jens (Hrsg.)(2013): Ökonomie, Diskurs, Regierung. Interdisziplinäre Perspektiven. Wiesbaden: Springer VS.

Rheinberger, Hans-Jörg (2001): Experimentalsysteme und epistemische Dinge. Eine Geschichte der Proteinsynthese im Reagenzglas. Göttingen: Wallstein.

Rottenburg, Richard/Kalthoff, Herbert/Wagener, Hans-Jürgen (2000): In search of a new bed: Economic representations and practices. In: Kalthoff, Herbert/Rottenburg, Richard/Wagener, Hans-Jürgen (Hrsg.), Facts and figures. Economic representations and practices. Marburg: Metropolis, S. 9-34.

Rottenburg, Richard (2002): Weit hergeholte Fakten. Eine Parabel der Entwicklungshilfe. Stuttgart: Lucius und Lucius.

Selten, Reinhard (2001): What is bounded rationality? In: Gigerenzer, Gerd/Selten, Reinhard (Hrsg.), Bounded rationality. The adaptive toolbox. Cambridge: MIT Press, S. 13-36.

Simon, Herbert A. (1957): Models of man. New York: Wiley.

Vatin, François (2013): Valuation as evaluating and valorizing. In: Valuation Studies 1(1), S. 31-50.

Vormbusch, Uwe (2012): Zahlenmenschen als Zahlenskeptiker. Daten und Modelle im Portfoliomanagement. In: Kalthoff, Herbert/Vormbusch, Uwe (Hrsg.), Soziologie der Finanzmärkte. Bielefeld: Transcript, S. 313-337.

Velthuis, Olav (2003): Symbolic meanings of prices. Constructing the value of contemporary art in Amsterdam and New York galleries. In: Theory & Society 32(2), S. 181-215.

Wittgenstein, Ludwig (2000): Wiener Ausgabe. The big typescript. Frankfurt: Zweitausendeins.

Über die Kunst, sich anders zu organisieren

Organisation als „Gegen-Dispositiv" am Fallbeispiel einer Genossenschaftsbank

Ronald Hartz

1 Dispositivanalyse und kritische Organisationsforschung

Die Arbeiten Michel Foucaults zählen zu den wesentlichen Impulsgebern einer kritischen Management- und Organisationsforschung.[1] Dass dem so ist und Foucault auf absehbare Zeit kaum im Mainstream der Organisationsforschung zu finden sein wird, scheint gerade darin begründet, dass Foucault keine Organisations*theorie* vorgelegt hat noch zentral den Begriff der Organisation in den Blick nimmt. Mag in dieser Hinsicht Foucault eine „Plage" (Mennicken/Miller 2016, S. 11) für OrganisationsforscherInnen sein, gilt zugleich, dass gerade das „Unterlaufen" eines disziplinenkonstituierenden Gegenstandes „Organisation" und das Interesse für „Fragen der umfassenderen Organisation von Gesellschaft einerseits sowie spezifische Aspekte, Strukturen und Machtpraktiken moderner Institutionen" (Gertenbach 2013, S. 153) Foucault als einen bedeutsamen Ausgangspunkt für eine kritische Organisationsforschung prädestiniert.[2] Damit verbunden erweist sich auch das Foucaultsche Dispositivkonzept (Foucault 2005a; Deleuze 1991), welches die Aufmerksamkeit auf die spezifischen und dynamischen Relationen

---

[1] Vgl. Jones (2009), Hartz (2011), Hartz (2013b), Mennicken und Miller (2016) sowie die Beiträge in Hartz und Rätzer (Hrsg.) (2013b).

[2] Ein Teil der folgenden Überlegungen basiert auf Hartz (2013b), Hartz und Rätzer (2013a) sowie Hartz (2016), welche für diesen Abschnitt modifiziert und ergänzt wurden.

von Wissen, Macht, Akteuren, die jeweiligen Instrumentierungen (Technologien, Artefakte) dieser Relationen sowie deren strategische Komponente lenkt, als grundlegend anschlussfähig für auch empirische Ansatzpunkte einer kritischen Organisationsforschung.

Als Ausgangspunkt einer Organisationsforschung in kritischer Absicht bietet sich eine Verortung im Foucaultschen Projekt einer „kritischen Ontologie der Gegenwart" an. Das Ausgangsmotiv einer kritischen Organisationsforschung wäre dann, „die Geschichte der Gegenwart" (Foucault 1976, S. 43) im Hinblick auf die spezifische Rolle zu schreiben, welche Organisation(en) in dieser Geschichte spielt (bzw. spielen). Problematisiert wird damit die Suche und die „Frage nach dem überzeitlichen ‚Wesen' von Organisation" (Neuberger 1997, S. 494). Ein radikal historisierender Blick auf Organisation(en) ist hierbei eine notwendige Bedingung für jene von Foucault als philosophische Haltung adressierte „permanente Kritik unseres geschichtlichen Seins" (Foucault 2005c, S. 699). Notwendig insofern, weil die Rekonstruktion der Gewordenheit von Organisation(en) im Sinne der „Bedingungen der Möglichkeit" diese zugleich in ihrer historischen Kontingenz, als „auch-anders-möglich-seiend" erhellt. Im Kontext der Critical Management Studies wird dieser Anspruch als Denaturalisierung formuliert (Fournier/Grey 2000). Analog zu Foucaults Kritikverständnis ermöglicht eine solche Historisierung „Differenzen zu denken, für selbstverständlich Gehaltenes zu irritieren und in diesem Sinne Räume für Kritik zu öffnen." (Bruch/Türk 2005, S. 120) Jenseits dieser „Irritation" erhält der radikal historisierende Blick im Rahmen einer kritischen Organisationsforschung nun eine spezifische Zuspitzung, welche Organisation nicht nur als historisch gewordenen (und damit veränderbaren) sozialen Ort begreift, sondern die Form der Organisation „als eine spezifische Regierungsform der Moderne" (Bruch/Türk 2005, S. 120) thematisiert. Damit rückt die Genese der modernen Organisation als Ausdruck und Ergebnis einer Problematisierung des Sozialen in den Blickpunkt, eine Problematisierung, welche in dispositivanalytischer Rahmung auch als gesellschaftlicher Notstand (*urgence*) gefasst wird (Foucault 2005a, S. 393). Mit und in der Perspektive Foucaults erscheinen Krankenhäuser, psychiatrische Anstalten, Gefängnisse, Kasernen, Fabriken, Manufakturen oder Schulen nicht als mehr oder weniger vorausgesetzter, diskurs- und disziplinenbegründender Gegenstandsbereich, sondern als Effekte und Resultate historischer Formen der Problematisierung des sozialen Geschehens und den damit verbundenen Lösungsversuchen einer „Regierung des Sozialen". Dispositivanalytisch gefasst, können Organisationen dann als „strategisch polyvalente" Elemente historisch spezifischer Dispositive verstanden werden (Raffnsøe et al. 2016).

Diese Perspektive der Ko-Evolution von Organisation(en) und Gesellschaft lässt sich durch einen analytischen Wechsel auf die Ebene der konkreten organisationalen Praktiken und Instrumentierungen ergänzen. So kann eine dispositivanalytische Perspektive den Blick für die alltägliche Aufrechterhaltung von Organisationen, sprich den *Prozess des Organisierens*, spezifisch schärfen helfen. Damit einher geht zunächst ein Perspektivenwechsel, welcher „Organisation nicht als strukturalistisch-abstraktes System" betrachtet, sondern sich interessiert „für den faktischen Konstitutions- und Reproduktionsprozess derjenigen sozialen Kontexte, die die Alltagsakteure als ‚Organisation' bezeichnen." (Türk 1993, S. 41) Dispositivanalytisch einfangen lässt sich damit das Foucaultsche Interesse an einer „Mikrophysik der Macht" und einer „politische[n] Anatomie des Details" (Foucault 1976, S. 178). Dass diese (auch) organisationsförmig ist, darauf verweisen nicht zuletzt die Analysen in *Wahnsinn und Gesellschaft* (Foucault 1969), *Die Geburt der Klinik* (Foucault 1988) oder in *Überwachen und Strafen*: „Was in der Werkstatt, in der Schule, in der Armee überhandnimmt, ist eine Mikro-Justiz der Zeit (Verspätungen, Abwesenheiten, Unterbrechungen), der Tätigkeit (Unaufmerksamkeit, Nachlässigkeit, Faulheit), des Körpers (‚falsche' Körperhaltungen und Gesten, Unsauberkeit), der Sexualität (Unanständigkeiten, Schamlosigkeit)" (Foucault 1976, S. 230). Das Dispositiv als „multilineare(s) Ensemble" (Deleuze 1991, S. 153) von Wissens-, Macht- und Subjektivierungslinien nimmt hier organisationsspezifische, empirisch gesättigte Gestalt an. Der Blick, welcher sich auf die alltäglichen „Kleinigkeiten und Kleinlichkeiten" (Foucault 1976, S. 181) richtet, erlaubt die konkrete Erfassung der Genealogie und Transformation organisationsförmiger Praktiken und Verfahren und den damit verbundenen Wissens- und Machtordnungen sowie Subjektivierungsweisen und eröffnet damit die Möglichkeit zur Differenzierung organisationaler Analysen, welche die genealogische Rekonstruktion von zeitlich und räumlich übergreifenden Formen des Organisierens im Sinne einer „Regierung des Sozialen" ergänzt und modifiziert (Burrell 1988, S. 230-232).

Damit kann die Konzeptualisierung von Organisation(en) als „Regierungsform der Moderne" im Sinne von mehr oder weniger geronnenen Macht- und Herrschaftsverhältnissen weiter vertieft werden. Der dispositivanalytisch gerahmte, genealogische und mikrophysikalische Blick rekonstruiert Organisation nicht „als einen neutralen, technischen Modus der effizienten Koordination von Ko-Operation" sondern „als typische Form von Herrschaft" (Türk 1995, S. 41; vgl. auch McKinlay/Starkey 1998). Aus dieser Perspektive sind dann „Management" und „Organisation" keine bloßen Objekte oder gegebene Einheiten, die man unvermittelt beobachten, beschreiben, vermessen oder klassifizieren könnte, sondern „Produkte oder Effekte von Diskursen und Praktiken, die bestimmen, was gesehen wird und was nicht gesehen wird, was sichtbar und sagbar wird und zugleich, was unsichtbar und unsagbar wird." (Weiskopf 2003, S. 14) Die genealogische und mikrophysikalische Perspektive zusammenführend, lässt sich dispositivanalytisch festhalten: „Das Organisationsdispositiv spannt einen Wissens- und Handlungsraum auf (extensionale Dimension), der auf Diskursen, Institutionen, architektonischen Einrichtungen, Verhaltensweisen und -anforderungen besteht. Die Besonderheit dieses Raums entsteht durch die spezifische Verknüpfung der genannten Elemente (intensionale Dimension), die ihrerseits historisch mit einer bestimmten Funktion oder Strategie verbunden sind (strategische Dimension)." (Bruch/Türk 2005, S. 98)

Betonen die vor allen an *Überwachen und Strafen* (Foucault 1976) anschließenden Arbeiten innerhalb der Organisationsforschung als auch die von Michael Bruch und Klaus Türk (2005; vgl. auch Türk 1995) herausgearbeitete Perspektive auf Organisation als Regierungsdispositiv der Moderne den Disziplinar- und Herrschaftscharakter dessen, was wir landläufig als Organisation bezeichnen, erscheint es aus dispositivanalytischer Sicht in differenzierender Hinsicht bedeutsam, die Idee der „strategischen Polyvalenz" hervorzuheben.[3] Die Idee der Polyvalenz verweist darauf, dass eine Rekonstruktion von Organisation(en) als „Regierungsform der Moderne" erst in der Rekonstruktion das Moment der Regierung sichtbar werden lässt. Türk und Bruch ist sicher zuzustimmen, dass hegemoniale Formen des Organisierens existieren, diese ein wesentlicher Bestandteil der modernen Gouvernementalität sind und damit „andere Formen der Formierung von Kooperation zunehmend ausgeschlossen, entmutigt, delegitimiert werden" (Bruch/Türk 2005, S. 90f.). Umso wichtiger erscheint es, dass eine kritische Organisationsforschung im Sinne einer „welterschließenden Kritik" (Hartz 2016) sich auf die Suche nach jenen anderen Formen der Formierung von Kooperation, so etwa im Kontext der Ökonomie, begibt bzw. spezifischer die ökonomische und organisationale Diversität im Hinblick auf die Art der Transaktionen, der Organisation von Arbeit und der Formen von Unternehmen überhaupt erst als Gegenstand konturiert und in den wissenschaftlichen Diskurs einspeist (Gibson-Graham 2006, 2008). Die Idee der „strategischen Polyvalenz" kann sich hierbei als nützlich erweisen. Exemplarisch sichtbar wird die Perspektive der Polyvalenz und der Differenz in den Äußerungen Foucaults zu dem vom Fabrikanten und utopischen Sozialisten Godin Mitte des 19. Jahrhundert errichteten Gebäudekomplex Familistère im französischen Guise, welcher Arbeitsstätten, Wohnhäuser und soziale und kulturelle Einrichtungen umfasste. Godins Architektur der Wohnhäuser, so Foucault, „war ausdrücklich auf Freiheit ausgerichtet. [...] Für eine Gruppe von Arbeitern war sie ein recht bedeu-

---

3   Für eine knappe Darstellung und Kritik der insbesondere die Anfänge der Foucault-Rezeption in der Organisationsforschung bestimmenden starken Fokussierung auf den Aspekt der Disziplin und der damit einhergehende, oftmals dystopische Blick auf Organisation(en) vgl. Mennicken und Miller (2016, S. 21-25).

tendes Zeichen und Instrument ihrer Autonomie. Und dennoch konnte niemand den Bau betreten oder verlassen, ohne von allen anderen gesehen zu werden – ein Aspekt dieser Architektur, der hochgradig repressiv sein konnte. [...] Angesichts der panoptischen Eigenschaften hätte Guise ebenso gut als Gefängnis dienen können." (Foucault 2005b, S. 331f.) Nun wäre es naiv, Organisationen als rein technisches Arrangement zu begreifen, bei welchem allein der „richtige" Gebrauch darüber entscheidet, ob diese der Repression oder der Emanzipation dienen. Jedem Dispositiv entspricht ein bestimmter Prozess von Subjektivierung (Agamben 2008, S. 37) und „jedes Artefakt hat sein Skript, seinen Aufforderungscharakter" (Latour 2006, S. 485). Die Genealogie der modernen Organisation, verstanden als Regierungsdispositiv der Moderne, verweist hierauf nochmals eindrücklich. Ein Fall wie das Familistére von Guise erscheint dann auch als ein randständiges Phänomen und man muss sich aktiv auf die Suche nach diesen anderen Entwürfen und Formen des Organisierens begeben; die Ideen und Praktiken des Panoptismus (Foucault 1976), der Disziplin und der Führung gehören hingegen zu unserer basalen *Erfahrung* von Organisation.

Nun eröffnet das Dispositivkonzept die Möglichkeit, Differenzen und Widerständigkeiten gegenüber den tradierten Formen und Vorstellungen von Organisation in den Blick zu bekommen. Für Deleuze sind es emphatisch die Subjektivierungslinien, welche die Schließung eines Dispositivs verhindern können, welche sich „den Dimensionen des Wissens und der Macht entziehen" (Deleuze 1991, S. 159), Dispositive transformieren und das Kreative, das Neuartige in die Welt setzen. Für Foucault ist es im Kontext der Diskussion des Pastorats und des Begriffs der Führung der wiederholte Rekurs auf ein „Gegen-Verhalten", auf „Verhaltensrevolten", wobei „eine unmittelbare und grundlegende Korrelation zwischen der Verhaltensführung und dem Gegen-Verhalten" (Foucault 2004b, S. 284) vorliegt.[4] Dies schließt an die vielzitierte Formel an: „Wo es Macht gibt, gibt es Widerstand" (Foucault 1983, S. 96). Das „Gegen-Verhalten", der „Widerstand" liegt nicht außerhalb der Macht, außerhalb der Dispositive. Deshalb „gibt es im Verhältnis zur Macht nicht den einen Ort der Großen Weigerung [...]. Sondern es gibt einzelne Widerstände: mögliche, notwendige, unwahrscheinliche, spontane, wilde, einsame, abgestimmte, kriecherische, gewalttätige, unversöhnliche, kompromissbereite, interessierte oder opferbereite Widerstände, die nur im strategischen Feld der Machtbeziehungen existieren können." (Foucault 1983, S. 96) Widerstand ist dabei nicht bloß die Negativform, die Folge von Macht und insofern auch in der Perspective Foucaults nicht nur „trügerische Hoffnung und notwendig gebrochenes Verspre-

---

4   Siehe hierzu auch Davidson (2011) sowie die Beiträge in Hechler und Philipps (Hrsg.) (2008).

chen" (Foucault 1983, S. 96). Hieran anschließend lässt sich dispositivanalytisch im Kontext einer kritischen Organisationsforschung die empirische Frage stellen, wie ein „Gegen-Verhalten" auch ein „Gegen-Dispositiv" hervorbringen kann bzw. worin sowohl die „Bedingungen der (Un-)Möglichkeit" als auch die Elemente und deren Verknüpfungen zu organisationalen Strukturen und Räumen jenseits einer Sicht auf Organisationen als Regierungsdispositiv der Moderne liegen.

2 Genossenschaftsidee und die Genossenschaft als „unmögliches Objekt"

Im Jahr 1844 wurde in Lancashire die *Rochdale Society of Equitable Pioneers* gegründet. Die Gründung der Konsumgenossenschaft gilt als eine Geburtsstunde des modernen Genossenschaftswesens. Zu dieser Geburtsstunde zählt auch die Formulierung der Prinzipien von Rochdale, welche erstmals grundlegende Werte der Organisationsform Genossenschaft fixierte. Diese Prinzipien wurden später von der 1895 gegründeten ICA (International Co-operative Alliance) adoptiert und modifiziert und bilden nach wir vor die grundlegenden Ideale des Genossenschaftswesens ab. Genossenschaften werden durch die ICA als "autonomous association of persons united voluntarily to meet their common economic, social, and cultural needs and aspirations through a jointly-owned and democratically-controlled enterprise" definiert.[5] Als Werte von Genossenschaften werden Selbsthilfe, Selbstverantwortung, Demokratie, Gleichheit, Gerechtigkeit und Solidarität genannt, verbunden mit einem Ethos der Freundlichkeit, Offenheit, sozialer Verantwortung und der Sorge um den Anderen. Als Prinzipien werden schließlich genannt: 1. Freiwillige und offene Mitgliedschaft, 2. demokratische Mitgliederkontrolle, 3. Ökonomische Partizipation der Mitglieder, 4. Autonomie und Unabhängigkeit, 5. Ausbildung, Fortbildung und Information, 6. Kooperation mit anderen Genossenschaften und 7. Vorsorge für die Gemeinschaft. Im Sinne einer Aktualisierung lässt sich dieser normative Rahmen als Idee eines alternativen Unternehmensmodells lesen, welches sich von einer primär an Investoren- und Shareholderinteressen ausgerichteten Unternehmenspolitik abgrenzt. Kooperativen fanden somit in naheliegender Weise auch Eingang in die aktuelle Diskussion um alternative Organisationsformen (Gibson-Graham 2008; Webb/Cheney 2013; Adler 2016) und genossen vor dem Hintergrund der globalen Finanzkrise 2007-2008 zumindest zeitweilig wieder verstärkte Aufmerksamkeit (Allgeier 2011a; Webb/Cheney

---

5 Vgl. zur Definition und den folgenden Ausführungen: http://ica.coop/en/whats-co-op/co-operative-identity-values-principles (letzter Zugriff: 20. November 2016).

2013). So konstatiert Allgeier, dass „spätestens seitdem die weltweite Finanz- und Wirtschaftskrise zu einer kollektiven Verunsicherung geführt hat, [...] sich eine Rückbesinnung auf den genossenschaftlichen Kooperations- und Selbsthilfeansatz beobachten [lässt]." (Allgeier 2011b, S. 7) Die Ausrufung des Jahres 2012 zum „Internationalen Jahr der Genossenschaften" durch die Vereinten Nationen setzte hier einen weiteren Impuls und wirkte als Katalysator für eine Reihe globaler Aktivitäten für die Popularisierung der Genossenschaftsidee (Webb/Cheney 2013, S. 65). Es gelte zu erkennen, so die Resolution der Vereinten Nationen, dass „cooperatives, in their various forms, promote the fullest possible participation in the economic and social development of all people, including women, youth, older persons, persons with disabilities and indigenous peoples, are becoming a major factor of economic and social development and contribute to the eradication of poverty." (Vereinte Nationen 2009, S. 1)

Lässt sich somit eine gewisse Renaissance des Genossenschaftsgedankens feststellen, blieb die Auseinandersetzung mit Kooperativen im Feld der Wirtschaftswissenschaften eher randständig.[6] Mehrere Gründe sind hierfür anzuführen. Für Webb und Cheney (2013, S. 66) sind es zunächst die „continuing stereotypes of co-operatives as marginal and inflexible enterprises", welche hierbei eine Rolle spielen. Eher in paradigmatischer Hinsicht zeigt Kalmis Längsschnittstudie von zwischen 1905 und 2005 erschienenen ökonomischen Lehrbüchern, das insbesondere nach dem 2. Weltkrieg das Thema Kooperativen faktisch aus den Lehrbüchern verschwunden ist (Kalmi 2007). Für Kalmi ist hierfür der Aufstieg der Neoklassik zum herrschenden Paradigma und eine Verdrängung klassischer institutionalistischer Perspektiven verantwortlich.[7] Zur weiteren Marginalisierung von Kooperativen als ernstzunehmender Organisationsform in den Wirtschaftswissenschaften trug die Perspektive der Institutionenökonomik bei. Überspitzt formuliert sind Kooperativen, konzeptualisiert als Labor Managed Firm, ein „un-

---

6   Gleichwohl finden sich im deutschsprachigen Raum eine Reihe von an Universitäten angebundenen Instituten zur Genossenschaftsforschung, welche in der Arbeitsgemeinschaft genossenschaftswissenschaftlicher Institute e.V. verbunden sind (vgl. http://www.agi-genoforschung.de/, letzter Zugriff: 20. November 2016).

7   Vgl. für diese Zurückdrängung empirisch-historischer und institutionalistischer Ansätze zugunsten formalisierter Modellbildung auch Beckert et al. (2007). In diesem Sinn formuliert auch Bourdieu: „Die Schwierigkeit jedes Versuches, die Grundlagen der Ökonomie ungezwungen neu zu fassen, rührt daher, dass die ökonomische Orthodoxie heute zweifellos zu den gesellschaftlich mächtigsten Diskursen über die soziale Welt gehört, und dies namentlich deswegen, weil die mathematische Formalisierung ihr den ostentativen Anschein von Strenge und Normalität verleiht." (Bourdieu 1998, S. 168, Fn. 5f.)

mögliches Objekt", welche aufgrund ihrer Eigentümerstruktur und der aus Sicht der Institutionenökonomik damit einhergehenden massiven Ineffizienzen unter den Bedingungen freier Märkte eigentlich gar nicht existieren dürften (vgl. zusammenfassend Nilsson 2001). Das Kooperativen dennoch erfolgreich agieren, sei entsprechend das Ergebnis staatlicher Unterstützung (Nilsson 2001).

Jenseits dieser paradigmatischen Perspektive, welche grundsätzlich Kooperativen als ineffiziente Organisationsform theoretisiert, finden sich schließlich Studien im Kontext der Organisationsforschung, welche die Frage nach der Möglichkeit demokratischer und partizipativer Praktiken in Genossenschaften stellen. Prominent findet sich hier die sogenannte „degeneration thesis" (Cornforth 1995; Storey et al. 2014). Zurückgehend auf die Arbeiten von Robert Michels zur Entwicklung des Parteiwesens (Michels 1989) und das dort formulierte sogenannte „eherne Gesetz der Oligarchie" wird von einer sukzessiven Entdemokratisierung in Genossenschaften und einer Machtkonzentration auf Seiten des Managements ausgegangen, welche letztlich auch zu einer Degeneration bzw. Transformation ursprünglicher Zielsetzungen führen könne. Ähnlich gelagert finden sich Referenzen auf Oppenheimers „Transformationsgesetz", welches vereinfacht formuliert aussagt, dass Genossenschaften, wenn diese erfolgreich am Markt agieren wollen, sich letztlich zu normalen kapitalistischen Unternehmen transformieren müssen. Diesen eher deterministischen Perspektiven steht schließlich eine Reihe von Arbeiten gegenüber, welche die Diversität der Genossenschaftslandschaft thematisieren und sich stärker mit den Widersprüchen und Paradoxien von Kooperativen und den Herausforderungen, Wechselfällen und Bedingungen von Degeneration und Regeneration auseinandersetzen (Cornforth 1995; Hernandez 2006; Stohl/Cheney 2001; Cheney 1999; Ng/Ng 2009; Storey et al. 2014).

Die These von Genossenschaften als einem „unmöglichen Objekt" nochmals aufnehmend, lässt sich diese weiter fassen, insofern das damit verknüpfte Sprachspiel der Neoklassik und der Institutionenökonomik nicht ein rein akademisches Ereignis ist, sondern vielmehr unter der grundsätzlichen Perspektive der Performativität der Wirtschaftswissenschaften (MacKenzie 2006; MacKenzie et al. 2007; Maeße/Sparsam 2017) und der von Foucault analysierten Gouvernementalität des Neoliberalismus betrachtet werden kann.[8] Der Wettbewerb soll greifen, die Gesellschaft „nach dem Modell des Unternehmens" gestaltet werden (Foucault 2004a, S. 226). Es gilt das „ökonomische Modell" von Angebot und Nachfrage, von Investition-Kosten-Gewinn zu einem „Modell für die sozialen Beziehungen

---

8   Vgl. hierzu grundlegend Bröckling (2007), Bröckling et al. (Hrsg.) (2000) und Opitz (2004). Zur Performativität der Wirtschaftswissenschaften siehe auch die Beiträge von Garcia-Parpet, Davies sowie Boeckler und Bernd in diesem Band.

zu machen, ein Modell der Existenz selbst, eine Form der Beziehung des Individuums zu sich selbst, zur Zeit, zu seiner Umgebung, zur Zukunft." (Foucault 2004a, S. 334) Damit einher geht die Verallgemeinerung der Figur des Homo Oeconomicus, welcher ökonomisch rational dann jener Mensch ist, „der die Wirklichkeit akzeptiert" (Foucault 2004a, S. 370). Die Pointe ist hierbei, dass der Mensch als immer schon nutzenmaximierendes Marktsubjekt gedacht wird, zu welchem er jedoch erst gemacht wird und sich selbst machen soll (Bröckling 2007, S. 90). Anders formuliert: „Ein unternehmerisches Selbst ist man nicht, man soll es werden. Und man kann es nur werden, weil man immer schon als solches angesprochen wird." (Bröckling 2007, S. 47) Übertragen auf die Auseinandersetzung der Institutionenökonomik mit Kooperativen wird diese Pointe insofern sichtbar, da die (offenbare) Existenz von Genossenschaften nicht als ein Problem der Theorie gelesen wird (so hinsichtlich der Grundannahme der Nutzenmaximierung), sondern als empirische „Anomalie", welche auf Eingriffe des Staates etc. hinweist. Die Beseitigung der „verzerrenden" Eingriffe soll entsprechend dafür sorgen, dass die Wirklichkeit der Theorie entspricht.[9]

Damit lässt sich zurückkehren zur Idee eines Gegen-Verhaltens und eines Gegen-Dispositivs. Kooperativen und Genossenschaften *können* aus Sicht Ihrer Akteure und aus der Perspektive alternativer Organisationsformen als ein möglicher Fluchtpunkt begriffen werden, als Versuch, jene unternehmerische Anrufung zu unterlaufen, jener Stereotypisierung und Theoretisierung als unmögliches Objekt zu entgehen.[10] Aus dispositivanalytischer Sicht rückt damit die spezifische Verknüpfungsleistung und Formung von Wissen, Macht und Subjektivität als spezifische „Kunst, anders anders zu sein" (Bröckling 2007, S. 283) in den Vordergrund. Die folgende Falldarstellung versteht sich als eine Spurensuche nach diesen Verknüpfungen.[11]

---

9   Diese Denkfigur ist auch ein wesentlicher Mechanismus der Tautologisierung und Immunisierung der ökonomischen Theorie und der „Verteidigung des Marktes" in Krisenzeiten (Hartz 2013a).

10 Dies impliziert auch, dass die Idee eines „Gegen-Dispositivs" nicht als Repräsentation von als objektiv vorhandenen Formen des „Gegen-Verhaltens" misszuverstehen ist. Es handelt sich vielmehr um eine spezifische Rekonstruktion von Organisationen, welche sich primär auf die Aussagen der untersuchten Akteure stützt. Denkbar, dass aus Sicht anderer, etwa außenstehender Akteure die hier untersuchte Organisation nicht als eine Form des „Gegen-Verhaltens" wahrgenommen wird, sondern einen „typischen" Fall im Kontext der Branche darstellt.

11 Der hier diskutierte Fall basiert auf einer empirischen Fallstudie, welche im Rahmen eines Forschungsprojektes über „Partizipationspraktiken in Genossenschaften" durchgeführt wurde. Das von 2014 bis Mitte 2017 laufende Projekt „Partizipationspraktiken in Genossenschaften" wurde durch die Hans-Böckler-Stiftung finanziert und war an

3 Organisationen als „Gegen-Dispositiv"? – der Fall der GeNo-Bank[12]

Die folgende Fallrekonstruktion orientiert sich an der Leitfrage, inwiefern sich in der Genossenschaftsbank ein „Gegen-Dispositiv", eine „Kunst, anders zu sein" abzeichnet und welche Kontextualisierungen, Relationen und Elemente hierbei von Relevanz sind. Im Fallbeispiel handelt es sich um eine 1974 gegründete Genossenschaftsbank, welche ihren Hauptsitz in Nordrhein-Westfalen hat und weitere sieben Geschäftsstellen im Bundesgebiet unterhält. Zum gegenwärtigen Stand hat die Genossenschaft rund 44 000 Mitglieder, über 500 Beschäftigte, einen sogenannten Vertrauenskreis mit neun Mitgliedern als Gremium der MitarbeiterInnen, einen vierköpfigen Vorstand und einen Aufsichtsrat, bestehend aus neun Personen. Mit einer Bilanzsumme von aktuell rund vier Milliarden Euro zählt die Bank zu den größten unter den über 1000 Genossenschaftsbanken in Deutschland.[13] Die Bank hat rund 200 000 Kunden, somit ca. 156 000 Kunden, welche nicht Mitglied in der Genossenschaft sind.

Im Rahmen des Forschungsprojektes wurden in der Genossenschaft insgesamt sechs Interviews durchgeführt. Ein Interview erfolgte mit einem Mitarbeiter des Vorstandsstabes, drei Interviews mit Mitgliedern der Genossenschaft und zwei Interviews mit Mitarbeiterinnen, darunter eine Vorstandsreferentin und ein Mitglied des Vertrauenskreises. Neben den Interviews wurde eine teilnehmende Beobachtung bei der Generalversammlung durchgeführt sowie eine umfangreiche Dokumentensammlung angelegt, welche die Satzung, Leitbild, Mitgliederzeitungen, Geschäftsberichte, sowie Presseberichte enthält. Die Beobachtungen während der Interviews und dem Besuchen von Veranstaltungen wurden in einem Feldprotokoll

---

    der Fakultät für Wirtschaftswissenschaften der Technischen Universität Chemnitz angesiedelt. Neben dem Autor gehören zum Projektteam Markus Tümpel, Melanie Hühn, Irma Rybnikova und Rainhart Lang. Das folgende Fallbeispiel basiert hierbei insbesondere auf Interviewmaterial. Die vom Autor vorgenommene Kodierung stützt sich auf die zahlreichen methodischen und analytischen Diskussionen der letzten zwei Jahre im Projektteam. Alle Unzulänglichkeiten und offenen Fragen, welche die hier vorgenommene Rahmung und Analyse betreffen, sind allein dem Autor zuzuschreiben.

12 Sowohl der Name der Bank als auch im Text wiedergegebenen Interviewzitate wurden mit einem Pseudonym versehen bzw. anonymisiert.

13 Zum Vergleich: Die Bilanzsumme der Deutschen Bank beträgt rund 1 700 Milliarden Euro, die hinsichtlich der größten deutschen Kreditinstitute auf Platz 2 liegende Commerzbank hat eine Bilanzsumme von rund 550 Milliarden Euro.

dokumentiert.[14] Für die hier vorgenommene dispositivanalytische Falldarstellung erfolgt eine interpretative Rekonstruktion, welche auf die Verschränkungen/Hervorbringungen des Zusammenhangs von Macht – Wissen – Subjektivierung unter Berücksichtigung von 1) im Material sichtbar werdenden Kontextualisierungen, 2) organisationsinternen Praktiken und Instrumenten der Prozessierung von Wissen und Macht und 3) der strategischen Ausrichtung der Genossenschaft gerichtet war.

3.1 Zwischen Alternative und Marktlogik – Zur Kontextualisierung der GeNo-Bank

Im Sinne der Leitfrage erwies es sich als analytisch sinnvoll, nach den in den Interviews und Dokumenten erfolgenden *Kontextualisierungen* des (Finanz-)Marktes und der Ökonomie zu fragen. Da dem Begriff des Kontextes ein objektives Moment anhaftet, soll stattdessen mit dem Begriff der Kontextualisierung die von den Akteuren und in den weiteren untersuchten Dokumenten vorgenommene Konstruktion der sogenannten „Umwelt" der Organisation hervorgehoben werden. Dies schließt an die Bestimmung des Kontextes durch van Dijk (2009, S. 5) an: „[A] context is what is defined to be relevant in the social situation by the participants themselves."[15]

Als relevant für die aktuelle Situation der Bank erweist sich zunächst das Ereignis der globalen Finanzkrise und dessen Folgen, welche einen „Hype"[16] hinsichtlich der Entwicklung des Mitglieder- und Kundenwachstums bei der Bank ausgelöst haben.[17] So machen „sich viele Menschen Gedanken: „Ist der Finanzmarkt eigentlich so gut aufgestellt wie er da ist?" Und [haben] nach Alternativen gesucht

---

14 Sämtliche Daten wurden in MAXQDA importiert und dort kodiert. Die Kodierung erfolgte dabei entlang der Kategorien Kontext, Akteure, Identität und Partizipation mit entsprechenden Unterkategorien.

15 Die Bestimmung und das Verhältnis von Text und Kontext gehört zu den grundlegenden Diskussionslinien im Feld der Diskursanalyse (Hartz/Fassauer 2016). Die Bedeutung des Kontextes und die Rekonstruktion von Kontextualisierungen für Diskurs- und Dispositivanalysen wird insbesondere durch die kritische Diskursanalyse (vgl. Jäger 2012, S. 121f.; van Dijk 2008, 2009) und die Situationsanalyse (Clarke 2012) hervorgehoben.

16 Einfache Anführungszeichen kennzeichnen kurze Zitationen aus dem Interviewmaterial. Längere Zitate werden in doppelten Anführungszeichen wiedergegeben. Aus Gründen der besseren Lesbarkeit wurde von den im Projekt verwendeten Transkriptionsregeln abgewichen.

17 Hinsichtlich der realen Wachstumszahlen ist die Rede von einem „Hype" durchaus berechtigt. Zwischen 2005 und 2015 wuchs die Bilanzsumme um das Achtfache, die

und dann zur GeNo-Bank irgendwie gefunden" (F7_A). Diese Positionierung als Alternative kennzeichnet auch die grundsätzliche Wahrnehmung der interviewten Mitglieder und Beschäftigten und stellt im Sinne einer *Subjektivierungslinie* auch die wesentliche Motivation dar, bei der Bank Mitglied zu sein oder mitzuarbeiten. Mehrfach wird von den Interviewten dabei wahlweise die Deutsche Bank oder die Postbank (nach der Übernahme durch die Deutsche Bank) als Negativbeispiel genannt, welche auch symbolisch für das normale und als problematisch verstandene Agieren der Finanzbranche stehen.[18] In den folgenden Interviewpassagen wird ostentativ ein Gegen-Verhalten reklamiert („jetzt reichts!", „das will ich nicht!") und der Aspekt der eigenen Gewissensprüfung ins Feld geführt, an dessen Ende die Entscheidung für den GeNo-Bank stand:

> „Ich war schon eine Zeit lang bei der Umweltbank aber die haben ja kein Girokonto und ich wollte dann mit meinem Girokonto auch zu einer ethisch motivierten Bank. Also ich bin möglichst immer der Deutschen Bank aus dem Weg gegangen aber dann wurde jede Bank bei der ich war von der Deutschen aufgekauft und irgendwann dachte ich „nee . jetzt reichts! <<lachend>> jetzt geh ich zur GeNo-Bank." (F7_C)

> „[...] jahrelang irgendwie immer so ein schlechtes Gefühl, nicht bloß weil ich die Postbank doof fand sondern weil ich halt auch gedacht hab, es ist überhaupt nicht transparent was mit meinem Geld da passiert und die Deutsche Bank macht da irgendwie einen Scheiß nach dem anderen und ich unterstütze das passiv! Dadurch dass ich mein Konto dort habe. Das will ich nicht!" (F7_F)

Die eigenen Überzeugungen mit dem eigenen Handeln in Einklang zu bringen, ist dann auch das Motiv einer Mitarbeiterin der GeNo-Bank:

Kundenzahl vervierfachte sich und ähnlich war der Zuwachs an Mitgliedern und Beschäftigten.

18 Dass die Deutsche Bank hier als Negativfolie dient, deckt sich sicher mit der Wahrnehmung der Deutschen Bank im gesellschaftlichen Interdiskurs, insofern diese für Arroganz (der Peanuts-Vergleich von Hilmar Kopper, das Victory-Zeichen Josef Ackermann), illegale oder unlautere Geschäftspraktiken (Libor- und Euribor-Skandal sowie weitere Vorwürfe bzgl. der Manipulation des Goldpreises oder der Steuerhinterziehung beim Handel mit Emissionszertifikaten) eine ausschließliche Renditefokussierung steht und insofern seit Längerem ein massives Imageproblem hat. Hinzu treten die damit in Beziehung stehenden wirtschaftlichen Schwierigkeiten, nicht zuletzt aufgrund exorbitanter Bußgelder (und entsprechender Rückstellungen für weitere laufende Verfahren) und dem Niedergang des Aktienkurses.

„Ich find das irgendwie logisch. Also das was ich vertrete dann auch wirklich durch mein Handeln zu zeigen, ja!" (F7_D)[19]

Kehrt man an diesem Punkt zur Kontextualisierung zurück, wird mit dem unter dem Stichwort Basel III versammelten Regulierungsvorschriften für Banken ein weiterer Aspekt adressiert, welcher ein Licht auf die „Andersheit" der Bank und ihrer Mitglieder wirft. Basel III zielt, vor dem Hintergrund der Erfahrungen der globalen Finanzkrise, unter anderem auf eine Stärkung der Eigenkapitalbasis von Banken. Im Zuge dessen wurde in der GeNo-Bank von Seiten des Vorstandes der Vorschlag unterbreitet, für die bisher dividendenfreien Einlagen der Mitglieder eine Dividende zu zahlen. Motive dieses Vorschlags waren die Stärkung der Eigenkapitalquote durch die Gewinnung neuer Mitglieder, welche in einer Mitgliedschaft eine womöglich attraktive Anlagemöglichkeit sehen sollten, sowie die Ausweitung der Finanzierung alternativer Projekte. Es erfolgte eine umfassende und kontroverse Diskussion unter den Mitgliedern und auf der Generalversammlung. Kern der Auseinandersetzung war, dass das Zinsmotiv eben nicht der Grund für ein Engagement in der GeNo-Bank war (und auch nicht sein sollte).[20] Sichtbar wurde, dass „die Leute Angst haben, dass die GeNo-Bank ihr Gesicht verliert, die Gründe die eigentlich die Leute dazu bewegt haben zur GeNo-Bank zu kommen und Mitglied zu werden." (F7_E) Unter Verweis auf die neuen Vorschriften („Wir brauchen einfach mehr Eigenkapital, die Anforderungen werden immer höher. Wir müssen auch wirklich eine Verzinsung anbieten um diese Summen die wir benötigen einwerben zu können" (F7_E)) und auch mit dem Argument,

---

19 Instruktiv ist in diesem Interview auch der Verweis auf die eigene (Bildungs-)Sozialisation, welche ein Schlaglicht auf die ökonomische Bildung – vgl. hierzu auch Martilla in diesem Band – und deren Sagbarkeitsgrenzen wirft: „[...] ich hab ja eine klassische Banklehre gemacht und war dann ... in meinem Studium im Ausland und hab da Ethics and Organizations studiert. Und dann kam ich zurück und stellte fest also so was gibts bei uns hier in Deutschland nicht." (F7_D) Auf den Aspekt eines spezifischen „Milieus", aus welchen sich die Kunden und Mitglieder der Bank rekrutieren, wird später zurückzukommen sein.

20 Das dem nicht so sein soll, ist auch explizit bezogen auf den Zweck und Gegenstand der Genossenschaft in der Genossenschaftssatzung formuliert: „Das Ziel des Zusammenschlusses ist gegenseitige Hilfe, nicht die Gewinnerzielung für das einzelne Mitglied oder für die Genossenschaft. Wer Geld bei dieser Bank einlegt, tut dies in erster Linie mit Rücksicht auf den Geldbedarf anderer Mitglieder und um im volkswirtschaftlichen Interesse einen Ausgleich des Gesamtetats aller Mitglieder zu erreichen." Eine weitere Regelung, welche dem Zinsmotiv und dem Interesse an kurzfristigen Zinserträgen entgegensteht, betrifft die lange Kündigungsfrist der Einlagen, welche frühestens nach einer Haltefrist von fünf Jahren gekündigt werden dürfen.

die neuen Einlagen in sozial-ökologische Projekte investieren zu können, wurde schließlich ein Kompromiss verabschiedet: Zukünftig wird auf Einlagen eine Dividende gezahlt, zugleich wurde als neues Instrument eine Stiftung gegründet, welche den Mitgliedern die Möglichkeit bot, eigene Anteile an die Stiftung zu übertragen, welche die Dividenden der übertragenen Anteile in entsprechende sozial-ökologische Projekte reinvestiert. Als Kern der Diskussion fungierte die Zurückweisung des Zinsmotivs, welche sich wiederum als Ausdruck eines Gegen-Verhaltens gegenüber den „normalen" Annahmen über die Motive der Geldanlage lesen lässt.[21] Zugleich wird in einem Interview mit einem jüngeren Mitglied bezüglich des gefundenen Kompromisses eine sich „pragmatisch" verstehende Position sichtbar, welche sich vom „Rigorismus" und Idealismus langjähriger Mitglieder ein Stück weit abgrenzt:

> „[...] weil viele halt aus altruistischen Motiven auch von Anfang an dabei waren bei der GeNo-Bank und diesen sozialen Aspekt dann damit den Bach runtergehen sehen haben ... und die andern haben aber halt gesagt „es gibt so viel Möglichkeiten irgendwie durch sinnvolle Investments Gutes zu tun und wir haben viel mehr Kreditanfragen als wir Kredite geben können ... und der einzige Weg da rauszukommen ist die Eigenkapitalquote massiv zu erhöhen und dafür wiederum die einzige Strategie ist halt für die Genossenschaftsanteile eine Dividende zu zahlen" und die Meinung hat sich ja letztendlich dann auch durchgesetzt." (F7_F)

Ein drittes hervorzuhebendes Moment der Kontextualisierung ist die aktuelle Niedrigzinspolitik in Folge der globalen Finanzkrise, welche für die Genossenschaft Schwierigkeiten mit sich bringt. Die wesentliche Finanzierungsgrundlage der Bank ist die Zinsmarge zwischen den Einlagen der Mitglieder und den vergebenen Krediten. Ist das absolute Zinsniveau entsprechend niedrig, gestaltet sich

---

21 Im Sinne einer Instrumentierung, welche sich gegen ein Zinsmotiv, ist auch die lange Kündigungsfrist von fünf Jahren der Einlagen bzw. Genossenschaftsanteile von Bedeutung. Die Brisanz der Dividendenentscheidung wird auch in den nach der Entscheidung abgedruckten Leserbriefen in der Mitgliederzeitschrift sichtbar. Hieraus zwei Stimmen:
„[...] ich vermisse unter all den aufschlussreichen Artikeln ein Eingehen auf den Zinseszins. Den normalen Zins meine ich nicht. Aber der Zinseszins [...] ist doch ein mörderisches Instrument, das einfach verboten war in Zeiten, als noch Moral im Wirtschaftsleben Geltung hatte. Seit Moral keine Rolle mehr spielt, gilt der Zinseszins als Selbstverständlichkeit."
„Durch die [...] beschlossene Umwandlung [...] in eine Gewinnbeteiligungs-Genossenschaft [...] sind wir allerdings Grundprinzipien untreu geworden, und dieser Schritt ist nach meinen Eindrücken niemandem – auch mir – leicht gefallen."

die Kalkulation und Aufrechterhaltung einer die Liquidität absichernden Zinsmarge als schwierig. Aus Sicht eines in der Geschäftsleitung tätigen Interviewten wird mit Rekurs auf den „Markt" begründet, dass die Kunden abwandern würden, wenn diese ihre Einlagen als nicht mehr attraktiv ansähen. Was hier sichtbar wird, ist nun nicht mehr die Unterstellung eines „Gegen-Verhaltens" und eine Zurückweisung des Zinsmotivs, sondern vielmehr der Verweis auf die „Marktkräfte" und (in letzter Instanz) den Eigennutz verfolgenden Kunden:

> „[…] also eigentlich ist uns ja egal wie hoch das Zinsniveau ist. Interessant ist die Marge, also die Differenz zwischen dem Soll-Zinssatz und dem Haben-Zinssatz. Wenn wir jetzt allerdings Kredite vergeben für 1,5 Prozent für eine Baufinanzierung und wir wollen zwei Prozent Marge eigentlich haben, dann müssten wir natürlich zu den Einlage-Kunden hingehen und sagen „jetzt müsst ihr minus 0,5 Prozent Zinsen bezahlen und nicht bekommen" Das lässt der Markt nicht zu ja? also dann würden die Kunden das Geld dann doch abziehen und sich in Bargeld auszahlen lassen und das vielleicht in den Tresor legen oder so was." (F7_A)

Analoge Aussagen finden sich zur Problematik der Beratungs- und Vermittlungsprovisionen (etwa bei Fondsgeschäften). Würden die Kunden diese selbst zahlen müssen und nicht etwa die Fondsgesellschaft, welche ihre Produkte über die Bank verkauft, würden diese abwandern. Auch hier gibt es der Markt nicht her, auch hier kann man nicht "ausbrechen":

> „Also wenn Sie zum Steuerberater gehen dann bezahlen Sie auch den Steuerberater, nicht irgendjemand anders oder wenn Sie zum Rechtsanwalt gehen, dann bezahlen Sie den Rechtsanwalt und nicht irgendjemand anders. Wenn Sie zu uns gehen und sich von uns beraten lassen, dann bezahlen Sie uns nicht, nicht wahr? Wir erwarten, dass wir die Beratung umsonst bringen und dass irgendjemand anders das irgendwie bezahlt. Ist aber im Markt so üblich und schwer als Erster daraus auszubrechen." (F7_A)

> „Der Gesetzgeber würde das gerne ein bisschen anders sehen, aber das hat sich noch nicht so durchgesetzt und auch bei uns nicht, weil der, der das als Erster macht der verliert die Kunden, weil die dann alle woandershin gehen, nicht?" (F7_A)

Schließlich findet sich als letztes hier anzuführendes Element der Kontextualisierung der Verweis auf ein bestimmtes Milieu, aus welchem sich die Mitglieder und Kunden der Bank rekrutieren, und welches die Existenz der GeNo-Bank erst ermöglicht. Befragt nach der Mitgliederstruktur heißt es:

„[…] und das sind häufig Menschen die, wenn sie einkaufen auch nicht beim Rewe sondern im Bioladen einkaufen und eben einen besonderen Bezug zu dem Thema haben. Es sind überdurchschnittlich viele Akademiker die dabei sind, gar nicht mal unbedingt in den hohen Einkommensklassen. Also nicht so die Schönen, Großen, Reichen und Berühmten sondern es sind viele Leute die sehr bewusst leben und für die das Geldeinkommen oder Vermögen nicht unbedingt die erste Priorität im Leben ist, sondern auch andere Werte eine wichtige Rolle spielen." (F7_A)

Verdichtet man die bisherigen Aussagen zur Kontextualisierung, zeigt sich ein erstes Spannungsverhältnis in der Konstruktion eines alternativen Bankings. Zum einen findet man ein auch milieuspezifisches, dezidiertes Gegen-Verhalten, welches sowohl dem Bankensektor kritisch gegenübersteht als auch ein als normal konnotiertes, letztlich eigennutzorientierten Verhalten der anderen Marktakteure problematisiert. Zum anderen fungiert die Annahme, dass der Markt im Grunde auf diesem Eigennutz basiert und auch das eigene Milieu hiervon affiziert sein kann, als Grenze für ein alternatives Banking. Um den ökonomischen Erfolg und das Wachstum der GeNo-Bank nicht zu gefährden, müssen auch die Geschäftspraktiken – insbesondere was die Verzinsung der Einlagen angeht – auch den vermuteten Eigennutz der Kunden und Mitglieder im Blick behalten. Damit findet ein organisationales „Gegen-Dispositiv" auch seine Grenze in den makroökonomischen und wirtschaftspolitischen Entwicklungen, wie es sich im Fall der Niedrigzinspolitik anzeigt.

3.2 Transparenz und Demokratie – zur Spezifität des Wissen-Macht Nexus

In einem zweiten Schritt soll nun auf organisationsinterne Praktiken und Instrumente eingegangen werden, wiederum unter der Maßgabe, inwiefern sich hier ein Gegen-Dispositiv abzeichnet und wo womöglich dessen Reibungspunkte und/oder Grenzen liegen. Dabei bietet es sich an, auf die im Material diskutierten wesentlichen Akteure und Akteursgruppen Bezug zu nehmen und die mit den Akteuren verschränkten Instrumente und Praktiken der Prozessierung von Wissen und Macht zu betrachten. Dies gibt auch Auskunft darüber, inwiefern die Akteure oder Akteursgruppen ermächtigt werden, die Genossenschaftsbank mitzugestalten und wo die Grenzen und Einschränkungen der Gestaltung liegen.

Beginnt man mit den Machtlinien, ist ein grundlegender Aspekt die hierarchische Gestaltung der Organisation, verbunden mit der Frage, wie denn in der Genossenschaft grundsätzlich Entscheidungen getroffen werden. Zunächst wird von den interviewten Personen festgehalten, dass die Struktur der Bank nicht viel anders sei als bei anderen Genossenschaftsbanken auch. So wird auch weiter konstatiert, dass die Bedeutung der Entscheidungen mit der Hierarchieebene zunimmt und hinsichtlich der strategischen Ausrichtung der *Vorstand* das zentrale Organ ist, welcher dann auch die Orientierung für das Handeln der Beschäftigten liefert, „damit wir alle wissen wo das Seil liegt und wo man anfassen muss, in welche Richtung man ziehen muss" (F7_A). Zugleich wird in anderer Metaphorik davon gesprochen, dass Themen und Vorlagen für Entscheidungen wie eine Blase in einem Wasserglas nach oben steigen, dass also ein bottom-up Prozess der Entscheidungsfindung festzustellen sei:

> „Wie so eine Blase hier im Wasserglas, ja? Die steigen irgendwo von unten auf also da kommt irgendwo ein Thema dann bildet sich eine Blase und das wird dann immer größer und steigt dann durch die Hierarchien von den unteren Ebenen über das Management bis in den Vorstand auf und wird dann weitergereicht in den Aufsichtsrat und möglicherweise auch bis in die Generalversammlung rein." (F7_A)

Gibt der Vorstand – in Abstimmung mit dem Aufsichtsrat – aus Sicht der Akteure final die Richtung vor, ist es zugleich die im Genossenschaftsrecht verankerte *Generalversammlung*, welche formal als oberstes Organ fungiert.[22] Im Fall der untersuchten Genossenschaft wird betont, dass es sich noch um eine „richtige" Generalversammlung handelt: „[…] anders als die meisten großen Genossenschaftsbanken haben wir noch eine richtige Generalversammlung und nicht eine Vertreterversammlung und das heißt also alle Mitglieder können kommen." (F7_A) Trotz der Größe der Bank hält man offenbar bewusst an einem zumindest im Grundsatz basisdemokratischen Format fest und reklamiert hier ein „Anderssein" auch innerhalb der Genossenschaftslandschaft. Die Größe bzw. die Anzahl der Mitglieder spielt insofern eine Rolle, als versucht wird, im Sinne einer Instrumentierung die Einbeziehung der Teilnehmer zu ermöglichen, so durch offen gestaltete Podiumsdiskussionen, World Café Formate, Workshops und ähnliches. So erscheint die Generalversammlung einerseits als Ort „gelebter Demokratie": „und das wird

---

22 Zu den beschließenden Aufgaben der Generalversammlung gehört laut Genossenschaftsgesetz (GenG) sowie Satzung der Genossenschaft die Wahl, die Entlastung oder Abberufung des Vorstandes sowie die Wahl des Aufsichtsrates, die Zustimmung zu Satzungsänderungen sowie zur Verwendung des Jahresabschlusses. Dabei ist in rechtlicher und historischer Perspektive zu beachten, dass mit der Novellierung des Genossenschaftsgesetzes von 1973 die Macht des Vorstandes erheblich gestärkt wurde, welcher nun auch im Wortlaut dem Vorstand einer Aktiengesellschaft gleichgestellt wurde („Der Vorstand leitet die Genossenschaft in eigener Verantwortung") (vgl. Keßler 2016).

auch wirklich gelebt. Also ich hatte schon. dass da jemand aufgestanden ist und wirklich Fragen gestellt hat wo ich mir denke so ‚meine Güte!'" (F7_E) Auf der anderen Seite wird, hier wieder aus Sicht der Geschäftsleitung, durch den Verweis auf die unterschiedliche Kompetenz der teilnehmenden Mitglieder die basisdemokratische Idee relativiert. Wortmeldungen würden dann zwar aufgegriffen, aber

> „[...] in der Regel sind das Sachen die wir entweder vorher schon mal gehabt haben und uns gut überlegt haben oder die irgendwie ins Leere laufen und so nichts bringen weil vielleicht irgendwelche Voraussetzungen nicht berücksichtigt worden sind oder Zusammenhänge nicht gesehen worden sind." (F7_A)

Gleichwohl wird die grundsätzliche Wahrnehmung, dass mit der Genossenschaft ein im Unterschied zu „normalen" Banken im Grundsatz basisdemokratisches Modell vorliegt, von weiteren interviewten Mitgliedern geteilt und als positiver Wert – auch für die Motivation Mitglied zu sein, hervorgehoben:

> „[...] also ich finde auf jeden Fall das Modell super. Also die Bank gehört mir ja im Grunde mit einem superwinzigen Anteil. Die Bank gehört ihren Mitgliedern und es ist natürlich ein eher basisdemokratisches Modell, jetzt im Gegensatz zu einer klassischen Geschäftsbank oder Investmentbank." (F7_F)

Erweist sich die „richtige" Generalversammlung als etwas Besonderes, wenngleich deren Einschätzung hinsichtlich ihres basisdemokratischen Charakters unterschiedlich ausfällt, existiert mit dem sogenannten *Vertrauenskreis* ein weiteres Gremium, welches sich als spezifisch für die GeNo-Bank festhalten lässt. Der von allen Beschäftigten gewählte Vertrauenskreis versteht sich als Vertretungsorgan der Interessen der Beschäftigten und wird von einem Mitglied desselben als „Betriebsrat plus" bezeichnet. „Betriebsrat plus" insofern, da man sich erstens als mit mehr Rechten und Mitsprachemöglichkeiten ausgestattet sieht als ein klassischer Betriebsrat, zweitens als „Kümmerer" auch offen für die persönlichen Belange der Beschäftigten ist und drittens sich – im Gegensatz zur Wahrnehmung von Betriebsräten – als „nicht instrumentalisiert" ansieht.[23] Mit Blick auf die eigene Machtposition, auch gegenüber dem Vorstand, heißt es:

---

23 Die Bezeichnung „Betriebsrat Plus" entspricht dabei auch dem nach außen kommunizierten Bild des Vertrauenskreises. So wird im Jahresbericht 2014 über den Vertrauenskreis unter der Überschrift „Mehr als ein Betriebsrat" berichtet. Dort heißt es: „Der Vertrauenskreis ... ist mehr als ein Betriebsrat. Ein Vertreter nimmt jede Woche an der wichtigsten Führungskonferenz teil. Darüber hinaus fördert der Kreis aktiv die Beteiligung der Mitarbeiter im Unternehmen, was sich in zahlreichen freiwilligen

„[Wir] müssen auch final sämtlichen Änderungen, Umstrukturierungen, personellen Veränderungen zustimmen. Also wenn wir nicht zustimmen würde das nicht passieren. Deshalb machen es die meisten, dass sie uns frühzeitig mit einbinden damit sie nicht das Risiko eingehen, dass sie viel gearbeitet haben und wir am Ende nicht zustimmen." (F7_E)

Die Gründung eines Betriebsrates ist dabei ein durchaus wiederkehrendes Thema. Dieses wird, so die Wahrnehmung, insbesondere durch neue Beschäftigte und aufgrund von deren Erfahrungen in anderen Banken, welche also „das andere System kennen", immer wieder in die GeNo-Bank hineingetragen. Gleichwohl ergab sich aus der Diskussion bisher immer „dass uns das so bessergeht, dass wir so eben mehr Rechte haben" (F7_E). Die starke Position des Vertrauenskreises scheint sich dabei auch daraus zu speisen, dass ein Betriebsrat letztlich schnell gegründet werden kann und „das weiß auch der Arbeitgeber" (F7_E). Noch in einer anderen Aussage zu diesem Instrument der Mitarbeitervertretung wird die Spezifik der GeNo-Bank als „Alternative" konturiert, welche zugleich die Verschränkung von Macht- und Subjektivierungslinien adressiert. So fungiert der Vertrauenskreis als genereller Ansprechpartner für die Beschäftigten und dies auch in den Fällen, in denen sich die Beschäftigten nicht trauen, mit der Führungsebene direkt ins Gespräch zu kommen. Auch dies wird zurückgeführt auf die (negativen) Erfahrungen in anderen Banken:

„Eigentlich haben wir keine Kultur bei uns im Haus wo man Angst haben muss an seine Führungskraft ranzugehen. Nichtsdestotrotz ist das einfach für viele, gerade die von fremden Banken kommen, die sind das so gewohnt, dass man halt mit der Führungskraft nicht über kritische Sachen spricht." (F7_E)

Neben diesen hier herausgestellten Akteuren und Instrumentierungen, können weitere Instrumente, Praktiken und Formen der Prozessierung von Wissen angeführt werden, welche Aussagen zur Spezifik der GeNo-Bank erlauben. Eine jährlich in Zusammenarbeit mit dem Vertrauenskreis im sogenannten „Einkommenskreis" neu konzipierte und der Generalversammlung zur Abstimmung vorzulegende Regelung ist die hauseigene *Einkommensordnung*, welche im Wesentlichen die Funktion eines Haustarifvertrages erfüllt. Neben dem gleichen Grundeinkommen für alle Beschäftigten enthält die Einkommensordnung Regelungen über den Sozialanteil (Berücksichtigung von persönlicher Situation und Wohnort) und

---

Treffen zu unterschiedlichsten Themen widerspiegelt, wie dem Netzwerk Familie oder den wöchentlichen Montagstreffen in der Mittagspause."

den Funktionsanteil (Berücksichtigung von Führungs- und Verantwortungsstufe, Funktion und Berufserfahrung). Hinzu treten Regelungen zu betrieblichen Sozialleistungen. Im Sinne eines „Gegen-Verhaltens" wird im Rahmen der Einkommensordnung die Einkommensspreizung zwischen Führungsebene und „normalen" Beschäftigten im Verhältnis von aktuell rund 8:1 festgelegt, welches dezidiert als andere Praxis in Relation zur Branche gesehen wird.[24] Neben der Transparenz bzgl. der Einkommensstruktur ist insbesondere die Transparenz hinsichtlich der *Verwendung der Einlagen* der Mitglieder hervorzuheben, welche die „Andersheit" der GeNo-Bank anzeigt und gleichzeitig das Mitglied bzw. den Kunden hinsichtlich seines Mitspracherechts weiter konturieren hilft. Neben den generellen Aussagen, welche Projekte oder Branchen nicht gefördert werden (Atomkraft, Rüstung, Agrogentechnik, Kinderarbeit) bzw. dezidiert gefördert werden (z.B. ökologische Landwirtschaft, erneuerbare Energien, Soziales, Bildung) gibt es die sogenannte Transparenzgarantie, welches die Offenlegung aller vergebenen gewerblichen Kredite umfasst, inklusive der Fördersumme und einer entsprechenden Projektbeschreibung. Diese Transparenz wird auch von einem Mitglied als äußerst positiv bewertet und gegen das Zinsmotiv abgewogen: „Ich finde es toll. Man kriegt vielleicht manchmal ein bisschen weniger Zinsen oder man zahlt ein bisschen mehr Kontoführungsgebühr, aber dafür ist es halt transparent und klar was mit deinem Geld passiert." (F7_F) Mit dieser Transparenz hinsichtlich der Mittelverwendung ist auch die Wahlmöglichkeit der Mitglieder oder Kunden verknüpft, in welchem Bereich bzw. Branchen oder Feldern ihre Einlagen eingesetzt werden sollen. Ein drittes herauszustellendes Merkmal bzgl. der Transparenz des Wissens bezieht sich schließlich auf den internen Informationsfluss zwischen Geschäftsleitung und Vertrauenskreis, hier dann auch wieder in Abgrenzung zu den Praktiken, wie man sie bei einer klassischen Betriebsratsarbeit vermutet:

> „Also ich kenn jetzt andere Betriebsräte nicht, aber nach dem was ich mitbekomme ist die Kommunikation etwas anders. Der Wirtschaftsausschuss beispielsweise ist im Normalfall dafür da wirtschaftliche Zahlen vom Arbeitgeber einzufordern. Das is bei uns kein Problem! Wir kriegen die auf dem Silbertablett serviert!" (F7_E)

---

24 Dieser Punkt wurde auch auf der beobachteten Generalversammlung dezidiert angesprochen. Setzt man beispielhaft die DAX-30 Unternehmen in Relation, verdiente im Jahr 2011 ein Vorstand im Durchschnitt das 54-fache des durchschnittlichen Angestellten im selben Unternehmen, im Jahr 1987 betrug das Verhältnis noch 14:1 (Anselmann/Krämer 2012). Generell erweist sich eine in Relation zur Branche niedrige Einkommensspreizung zwischen „normalen" Angestellten und Führungsebene als ein Unterscheidungsmerkmal eines „alternativen Banking".

Fasst man die hier dargestellten Aspekte im Sinne eines Nexus von Macht- und Wissenslinien zusammen, wird in positiver Deutung sichtbar, wie die spezifische Verknüpfung der Prozessierung von Wissen im Sinne einer aus Sicht der interviewten Akteure größtmöglichen Transparenz mit der Konturierung organisationaler Macht im Sinne einer Relativierung von Hierarchie und dem Versuch einer basisdemokratischen Grundhaltung korreliert. Zugleich deuten sich Problematisierungen und Spannungen hinsichtlich der Größe der Genossenschaft, verbunden mit der Infragestellung der Kompetenzen des „einfachen" Mitgliedes, und der immer wieder konstatierte Einfluss von früheren „Erfahrungen" der Beschäftigten mit anderen Banken an. Forderungen nach der Etablierung eines Betriebsrates und Ängste der Beschäftigten, Dinge direkt anzusprechen werden dabei ursächlich als Ergebnis anderer und negativer Erfahrungen außerhalb der GeNo-Bank gerahmt. Damit ließe sich weiter und zunächst hypothetisch fragen, ob diese Rahmung, welche zugleich die Konturierung als „alternative Bank" bestärkt, nicht potentiell die Reflexivität hinsichtlich der inneren Diversität von Interessenlagen und individuellen Dispositionen einschränkt. Gleichwohl zeigen sich hinsichtlich der *Subjektivierungslinien* erstens die Ermächtigungspotenziale der Beschäftigten und Mitglieder, und zweitens wird auch das Bemühen um aktive Partizipation und Lernen im weitesten Sinne deutlich, wie es sich in dem umfänglichen Angebot an Workshops, Vorträgen, Zukunftswerkstätten etc. zeigt, welche als Bemühungen um eine Aufrechterhaltung umfassender Partizipation trotz des Wachstums der GeNo-Bank gelesen werden können.

3.3 Strategie

Bisher wurde versucht, eine Reihe von Elementen eines Gegen-Dispositivs zu identifizieren, welche sowohl mit Fragen der Kontextualisierung als auch mit den eher internen Akteurskonstellationen, Praktiken und Wissensformen im Zusammenhang stehen. In einem dritten Schritt kann nun nach der strategischen Ausrichtung der Genossenschaftsbank gefragt werden und in welchem Maße die bisher betrachteten Macht-, Wissens- und Subjektivierungslinien hieraufhin ausgerichtet sind und in einem wechselseitigen (Bedingungs-)Verhältnis stehen. Als erstes strategisches Element ist die durch die GeNo-Bank vorangetriebene *Netzwerk- und Allianzenbildung* hervorzuheben. Die Genossenschaft ist aktives Mitglied der 2009 gegründeten Global Alliance for Banking on Values (GABV), welches aktuell ca. 30 sozial und ökologisch orientierte Banken umfasst. Die GeNo-Bank hat dabei sowohl Netzwerktreffen organisiert als auch Beschäftigte direkt für die Koordination und die Entwicklung des Netzwerkes eingebunden. Das Netzwerk verfolgt den Gedanken der Verbreitung des sogenannten social banking, wobei ein wesentlicher Aspekt der Erfahrungsaustausch und das gegenseitige Lernen darstellt (so wurde inzwischen ein eigenes Fortbildungsprogramm initiiert). Daneben wird in einem Interview die Bedeutung des Netzwerks sichtbar, welches die eigene Andersheit nicht mehr als isolierten Fall sehen lässt, sondern diesen vielmehr als Teil einer umfassenderen Bewegung begreifbar macht, deren Teil man ist. Strategische Netzwerkbildung verschränkt sich mit subjektiver Motivation und Engagement für die Genossenschaft:

> „Mensch wir sind gar nicht alleine. Das ist eine unheimliche Kraft eigentlich [...] und auch wenn die Geschäftsmodelle ganz anders sind oder auch die Schwerpunkte, ja! Das ist so ein ganz tolles Erlebnis, Erkenntnis und eine große Inspiration für mich." (F7_D)

Teil einer Bewegung zu sein erweist sich als ein wiederkehrendes Motiv in den Selbstbildern der interviewten Akteure und die Netzwerkbildung liefert hier im Sinne der Subjektivierungslinien einen wichtigen Anstoß. In strategischer Hinsicht sehen wir ein Gegen-Verhalten, welches jedoch nicht mehr allein negativ bestimmt wird (vs. Deutsche Bank, Postbank, den Finanzsektor) sondern in Gemeinschaft und aktiv das Feld bzw. den marktlichen Kontext mitgestalten möchte.

Auch in einer zweiten Hinsicht scheinen die Motivlagen der Akteure mit der strategischen Ausrichtung im Sinne der Geschäftspolitik der Genossenschaft übereinzustimmen. So befindet sich die grundsätzliche Ausrichtung an einem sozialökologischen Banking – wie es etwa in den Prinzipien der Bank, aber auch in zahlreichen Interviewaussagen festgehalten wird – im Einklang mit den Motiven der interviewten Mitglieder und Beschäftigten. Strategie und Subjektivierungslinien stützen sich wiederum wechselseitig. So heißt es beispielhaft zur Ausgangsmotivation, bei der GeNo-Bank tätig zu sein: „[W]eil ich was Nachhaltiges tun wollte was soziale Projekte unterstützt, ja! Sozial-ökologisch so wie die Bank halt ist, einfach, ganz einfach!" (F7_B) Dies koinzidiert mit der Betonung der strategischen Andersheit der Bank, welche aus der übrigen Bankenlandschaft herausragt:

> „Die [GeNo-Bank] hat auf jeden Fall das Alleinstellungsmerkmal dass es glaub ich keine andere Bank gibt die sich so intensiv und so breit um sozialökologische und kulturelle Projekte kümmert." (F7_F)

Drittes strategisches Moment ist die Ausrichtung auf die Realwirtschaft, d.h. dass keine Geschäfte am Kapitalmarkt getätigt werden und die Liquidität der Bank sich aus den Einlagen speist: „Wir nehmen jetzt nicht Geld am Geld- und Kapitalmarkt auf, um daraus Kredite zu vergeben." (F7_A) Die bei den organisationsinternen Praktiken identifizierte Transparenz und Mitsprache bezüglich der Mittelverwendung scheint dabei nur vor diesem Hintergrund und dieser strategischen Ausrichtung in vollem Umfang möglich. Diese Selbstbeschränkung kann Probleme aufwerfen, wie sich am Fall der Zinsmarge anzeigt, ermöglicht aber zugleich Transparenz und – so ist zumindest zu vermuten – unterwirft die Bank nicht den (Bewertungs-)Problemen (und damit auch Transparenzproblemen), wie sie etwa im Bereich strukturierter Anlageprodukte etc. in den vergangenen Jahren sichtbar wurden.[25]

4 Die „Kunst, sich anders zu organisieren", oder: Ist die GeNo-Bank ein „Gegen-Dispositiv"?

Olivier Godechot stellte für den Finanzsektor fest, dass eine seiner Besonderheiten sei, dass „sein Ziel … eindeutig [ist] … : finanzieller Gewinn. Aufseiten der Geschäftsbanken ist er allgegenwärtig, sowohl als Maßstab als auch als Rohmaterial, als Zweck und als zu verteilende Beute." (Godechot 2007, S. 278) Die vorliegende Analyse stellt hingegen einen Versuch dar, innerhalb dieses zweifelsohne machtvollen Dispositivs des Finanzsektors, in seiner globalen Entgrenzung verstehbar als „assemblage of institutional, technical, and geographical components" (Sassen 2012, S. 13; vgl. auch Knorr Cetina/Bruegger 2002), die Frage nach einem „Gegen-Verhalten" und weiter nach einem organisationsförmigen „Gegen-Dispositiv" zu stellen. Eines „Gegen-Dispositivs", welches sich in Abgrenzung, Spannung und sicher auch in einer eher schwachen und randständigen Position gegenüber den „normalen" Diskursen, Praktiken und Subjektivierungslinien des Finanzsektors und, noch einmal weitergedacht, gegenüber den „normalen" Vorstellungen von Arbeitsorganisationen befindet. Im Sinne einer Spurensuche ging es um die spezifischen Verknüpfungen und damit wechselseitigen Hervorbringungen von Machtlinien (im Spannungsverhältnis von Hierarchie und Basisdemokratie und verdichtet in Akteuren wie dem Vorstand, dem Vertrauenskreis, den Kunden und Mitgliedern), Wissenslinien (im Sinne einer transparenten Prozessierung von Wissen und Informationen) und Subjektivierungslinien (verdichtet im Spannungsverhältnis von Zurückweisung eines nutzenmaximierenden Verhaltens und dem Rekurs auf den „normalen" Marktakteur), sichtbaren Instrumentierungen (Stiftungsgründung,

---

25 Vgl. hierzu auch Spears und MacKenzie in diesem Band. Dieser Aspekt spricht zugleich für die Resilienz des hier diskutierten Geschäftsmodells (vgl. auch Webb/Cheney 2013).

Einkommensordnung, Generalversammlung, Transparenzgarantie, Veranstaltungsformate, Kündigungsfristen der Einlagen) und schließlich strategischer Ausrichtung (Netzwerkbildung, Realwirtschaft, sozial-ökologisches Banking). Kehrt man nun zur Frage nach der Möglichkeit einer „Kunst, sich anders zu organisieren" zurück, lassen sich die rekonstruierten Elemente eines „Gegen-Dispositivs" im Zusammenhang darstellen. Die folgende Darstellung führt dabei die drei Suchrichtungen der Kontextualisierung, der Praktiken und Instrumente und schließlich der Strategie nochmals zusammen. Ohne die Spannungsverhältnisse zu negieren, wird der Nexus von Kontextualisierung – Praktiken und Instrumente – Strategie pointiert sichtbar, welches die Analyse zugleich an dispositivanalytische Überlegungen rückbindet. Unter Rückgriff auf das Foucaultsche Dreieck von Wissen, Macht und Subjektivierung soll zugleich der prozessierende Zusammenhang dieser drei Linien verdeutlicht werden, welches sowohl die Kontextualisierung, die Praktiken und Instrumente als auch die Strategie affiziert und übergreifend einen Eindruck von einer „Kunst, sich anders zu organisieren" vermitteln hilft.

Abbildung 1 Elemente des „Gegen-Dispositivs" der GeNo-Bank

Einschränkend ist zu betonen, dass die vorgenommene Analyse eine vorläufige Spurensuche ist, da insbesondere bezogen auf die Instrumentierungen das vorliegende Material zwar eine Reihe von Elementen sichtbar macht, andere Aspekte jedoch weitgehend ausgespart sind (man denke hier etwa an Aspekte des Controllings, die Rolle betriebswirtschaftlicher Kennzahlen, das Risikomanagement, die konkrete Kalkulation bei der Kreditvergabe). Insofern zeigen sich in den herausgestellten Elementen und Verknüpfungen zwar immer wieder Momente eines „Gegen-Verhaltens" und eines „Gegen-Dispositiv", ohne dass jedoch die Organisation in ihrer Gesamtheit ohne weiteres als ein solches final konturiert werden könnte. Dies wäre Aufgabe weiterer empirischer Organisationsforschung, welche zugleich über die im Ausdruck „Gegen-Verhalten" naheliegende subjektzentrierte Perspektive (noch weiter) hinauskäme als auch die Spannungsverhältnisse und Widersprüche systematischer in den Blick nimmt.

Aus der Perspektive einer kritischen Organisationsforschung bieten sich gleichwohl im untersuchten Fall instruktive Anschlüsse, welche den spezifischen „Gehalt an »Möglichkeiten«, an Freiheit, an Kreativität" (Deleuze 1991, S. 158) innerhalb einer sich als alternativ verstehenden Organisation sichtbar machen und die Perspektive auf „Organisation als Regierungsdispositiv der Moderne" ein Stück weit dezentrieren hilft, aller Entmutigung und Restringierung alternativer Formen der Kooperation und Organisation zum Trotz.

Literatur

Adler, Paul S. (2016): Alternative economic futures: A research agenda for progressive management scholarship. In: The Academy of Management Perspectives 30(2), S. 123-128.

Agamben, Giorgio (2008): Was ist ein Dispositiv? Zürich: Diaphanes.

Allgeier, Michaela (Hrsg.)(2011a): Solidarität, Flexibilität, Selbsthilfe. Zur Modernität der Genossenschaftsidee. Wiesbaden: VS Verlag.

Allgeier, Michaela (2011b): Vorwort. In: Allgeier, Michaela (Hrsg.), Solidarität, Flexibilität, Selbsthilfe. Zur Modernität der Genossenschaftsidee. Wiesbaden: VS Verlag, S. 7-13.

Anselmann, Christina/Krämer, Hagen (2012): Wer wird Millionär? Erklärungsansätze steigender Top-Managergehälter. In: WISO direkt, Analysen und Konzepte zur Wirtschafts- und Sozialpolitik, November, Bonn: Friedrich-Ebert-Stiftung.

Beckert, Jens/Diaz-Bone, Rainer/Ganssmann, Heiner (2007): Einleitung. Neue Perspektiven für die Marktsoziologie. In: Beckert, Jens/Diaz-Bone, Rainer/Ganssmann, Heiner (Hrsg.), Märkte als soziale Strukturen. Frankfurt: Campus, S. 19-39.

Bourdieu, Pierre (1998): Das ökonomische Feld. In: Bourdieu, Pierre: Der Einzige und sein Eigenheim. Hamburg: VSA, S. 162-204.

Bröckling, Ulrich (2007): Das unternehmerische Selbst. Soziologie einer Subjektivierungsform. Frankfurt: Suhrkamp.

Bröckling, Ulrich/Krasmann, Susanne/Lemke, Thomas (Hrsg.)(2000): Gouvernementalität der Gegenwart. Studien zur Ökonomisierung des Sozialen. Frankfurt: Suhrkamp.

Bruch, Michael/Türk, Klaus (2005): Organisation als Regierungsdispositiv der modernen Gesellschaft. In: Jäger, Wieland/Schimank, Uwe (Hrsg.), Organisationsgesellschaft. Facetten und Perspektiven. Wiesbaden: VS Verlag, S. 89-123.

Burrell, Gibson (1988): Modernism, post modernism and organizational analysis 2: The contribution of Michel Foucault. In: Organization Studies 9(2), S. 221-235.

Cheney, George (1999): Values at work: Employee participation meets market pressure at Mondragon. Ithaca: Cornell University Press.

Cornforth, Chris (1995): Patterns of cooperative management: Beyond the degeneration thesis. In: Economic and Industrial Democracy 16(4), S. 487-523.

Clarke, Adele E. (2012): Situationsanalyse. Grounded Theory nach dem Postmodern Turn. Wiesbaden: Springer VS.

Davidson, Arnold I. (2011): In praise of counter-conduct. In: History of the Human Sciences 24(4), S. 25-41.

Deleuze, Gilles (1991): Was ist ein Dispositiv? In: Ewald, François/Waldenfels, Bernhard (Hrsg.), Spiele der Wahrheit. Michel Foucaults Denken. Frankfurt: Suhrkamp, S. 153-162.

Dijk, Teun A. van (2008): Discourse and context. A socio-cognitive approach. Cambridge: Cambridge University Press.

Dijk, Teun A. van (2009): Society and discourse. How social contexts influence text and talk. Cambridge: Cambridge University Press.

Foucault, Michel (1976): Überwachen und Strafen. Die Geburt des Gefängnisses. Frankfurt: Suhrkamp.

Foucault, Michel (1983): Der Wille zum Wissen. Sexualität und Wahrheit 1. Frankfurt: Suhrkamp.

Foucault, Michel (2004a): Geschichte der Gouvernementalität I. Sicherheit, Territorium, Bevölkerung. Vorlesung am Collège de France 1977-1978. Frankfurt: Suhrkamp.

Foucault, Michel (2004b): Geschichte der Gouvernementalität II. Die Geburt der Biopolitik. Vorlesung am Collège de France 1978-1979. Frankfurt: Suhrkamp.

Foucault, Michel (2005a): Das Spiel des Michel Foucault. In: Michel Foucault, Schriften in vier Bänden. Dits et Ecrits. Bd. III. Frankfurt: Suhrkamp, S. 391-429.

Foucault, Michel (2005b): Raum, Wissen und Macht. In: Michel Foucault, Schriften in vier Bänden. Dits et Ecrits. Bd. IV. Frankfurt: Suhrkamp, S. 324-341.

Foucault, Michel (2005c): Was ist Aufklärung? In: Michel Foucault, Schriften in vier Bänden. Dits et Ecrits. Bd. IV. Frankfurt: Suhrkamp, S. 687-707.

Fournier, Valérie/Grey, Chris (2000): At the critical moment: Conditions and prospects for critical management studies. In: Human Relations 53(1), S. 7-32.

Gertenbach, Lars (2013): Die Organisation(en) der Gesellschaft. Foucault und die Governmentality Studies im Feld der Organisationsforschung. In: Hartz, Ronald/Rätzer, Matthias (Hrsg.), Organisationsforschung nach Foucault. Macht – Diskurs – Widerstand. Bielefeld: Transcript, S. 151-168.

Gibson-Graham, Julie K. (2006): The end of capitalism (as we knew it). A feminist critique of political economy. Minneapolis: University of Minnesota Press.

Gibson-Graham, Julie K. (2008): Diverse economies: Performative practices for „other worlds". In: Progress in Human Geography 32(5), S. 613–632.

Godechot, Olivier (2007): Der Finanzsektor als Feld des Kampfes um die Aneignung von Gewinnen. In: Beckert, Jens/Diaz-Bone, Rainer/Ganssmann, Heiner (Hrsg.), Märkte als soziale Strukturen. Frankfurt: Campus, S. 267-279.

Hartz, Ronald (2011): Die „Critical Management Studies" – eine Zwischenbilanz in kritischer Absicht. In: Bruch, Michael/Schaffar, Wolfram/Scheiffele, Peter (Hrsg.), Organisation und Kritik. Münster: Westfälisches Dampfboot, S. 211-246.

Hartz, Ronald (2013a): „Eine Art von ständigem ökonomischen Tribunal" – Qualitative Befunde zur Semantik des Scheiterns in der diskursiven Bearbeitung der globalen Finanzkrise. In: Bergmann, Jens/Hahn, Matthias/Langhof, Antonia/Wagner Gabriele (Hrsg.), Scheitern – Organisations- und wirtschaftssoziologische Analysen. Wiesbaden: Springer VS, S. 301-321.

Hartz, Ronald (2013b): Vom Ethos zum Verfahren – Diskursanalyse als Element einer kritischen Ontologie der Gegenwart. In: Hartz, Ronald/Rätzer, Matthias (Hrsg.), Organisationsforschung nach Foucault. Macht – Diskurs – Widerstand. Bielefeld: Transcript, S. 17-38.

Hartz, Ronald (2016): Entmythologisierung, Historisierung, Welterschließung – Motive und Modelle kritischer Organisationsforschung. Unveröffentlichtes Arbeitspapier.

Hartz, Ronald/Rätzer, Matthias (2013a): Einführung. In: Hartz, Ronald/Rätzer, Matthias (Hrsg.), Organisationsforschung nach Foucault. Macht – Diskurs – Widerstand. Bielefeld: Transcript, S. 7-15.

Hartz, Ronald/Rätzer, Matthias (Hrsg.)(2013b): Organisationsforschung nach Foucault. Macht – Diskurs – Widerstand. Bielefeld: Transcript.

Hartz, Ronald/Fassauer, Gabriele (2016): Diskursanalyse in der Organisationsforschung. In: Liebig, Stefan/Matiaske, Wenzel/Rosenbohm, Sophie (Hrsg.): Handbuch Empirische Organisationsforschung. Wiesbaden: Springer VS, S. 1-23. Verfügbar unter http://dx.doi.org/10.1007/978-3-658-08580-3_17-1.

Hechler, Daniel/Philipps, Axel (Hrsg.)(2008): Widerstand denken. Michel Foucault und die Grenzen der Macht. Bielefeld: Transcript.

Hernandez, Sarah (2006): Striving for control: Democracy and oligarchy at a Mexican cooperative. In: Economic and Industrial Democracy 27(1), S. 105-135.

Jäger, Siegfried (2012): Kritische Diskursanalyse. Eine Einführung. 6. Aufl. Münster: Unrast-Verlag.

Jones, Campbell (2009): Poststructuralism in critical management studies. In: Alvesson, Mats/Bridgman, Todd/Willmott, Hugh (Hrsg.), The Oxford handbook of critical management studies. Oxford: Oxford University Press, S. 76-98.

Kalmi, Panu (2007): The disappearance of cooperatives from economics textbooks. In: Cambridge Journal of Economics 31(4), S. 625-647.

Keßler, Jürgen (2016): Kompetenzabgrenzung und Kompetenzkonflikte im Genossenschaftsrecht. Düsseldorf: Wohnen in Genossenschaften e.V.

Knorr Cetina, Karin/Bruegger, Urs (2002): Global microstructures: the virtual societies of financial markets. In: American Journal of Sociology 107 (4), S. 905–950.

Latour, Bruno (2006): Über technische Vermittlung: Philosophie, Soziologie und Genealogie. In: Belliger Andréa/Krieger, David J. (Hrsg.), ANThology. Ein einführendes Handbuch zur Akteur-Netzwerk-Theorie. Bielefeld: Transcript, S. 483-528.

Maeße, Jens/Sparsam, Jan (2017): Die Performativität der Wirtschaftswissenschaft. In: Maurer, Andrea (Hrsg.), Handbuch der Wirtschaftssoziologie. 2. Aufl. Wiesbaden: Springer VS, S. 181-195.

MacKenzie, Donald A. (2006): An engine, not a camera. How financial models shape markets. Cambridge: MIT Press.

MacKenzie, Donald A./Muniesa, Fabian/Siu, Lucia (Hrsg.)(2007): Do economists make markets? On the performativity of economics. Princeton: Princeton University Press.

McKinlay, Alan/Starkey, Ken (1998): Managing Foucault: Foucault, management and organization Theory. In: McKinlay, Alan/Starkey, Ken (Hrsg.), Foucault, management and organization theory. From panopticon to technologies of self. London: Sage, S. 1-13.

Mennicken, Andrea/Miller, Peter (2016): Michel Foucault and the administering of lives. In: Adler, Paul/du Gay, Paul/Morgan, Glenn/Reed, Michael (Hrsg.), The Oxford handbook of sociology, social theory, and organization studies. Contemporary currents. Oxford: Oxford University Press, S. 11-38.

Michels, Robert (1989): Zur Soziologie des Parteiwesens in der modernen Demokratie. Untersuchungen über die oligarchischen Tendenzen des Gruppenlebens. Stuttgart: Kröner.

Neuberger, Oswald (1997): Individualisierung und Organisierung: die wechselseitige Erzeugung von Individuum und Organisation durch Verfahren. In: Ortmann, Günther/Sydow, Jörg/Türk, Klaus (Hrsg.), Theorien der Organisation. Die Rückkehr der Gesellschaft. Opladen: Westdeutscher Verlag, S. 487-522.

Ng, Catherine W./Ng, Evelyn (2009): Balancing the democracy dilemmas: Experiences of three women workers' cooperatives in Hong Kong. In: Economic and Industrial Democracy 30 (2), S. 182-206.

Nilsson, Jerker (2001): Organisational principles for co-operative firms. In: Scandinavian Journal of Management 17 (3), S. 329-356.

Opitz, Sven (2004): Gouvernementalität im Postfordismus. Macht, Wissen und Techniken des Selbst im Feld unternehmerischer Rationalität. Hamburg: Argument.

Raffnsøe, Sverre/Gudmand-Høyer, Marius/Thaning, Morten S. (2016): Foucault's dispositive: The perspicacity of dispositive analytics in organizational research. In: Organization 23(2), S. 272-298.

Sassen, Saskia (2012): Global finance and its institutional spaces. In: Knorr Cetina, Karin/Preda, Alex (Hrsg.), The Oxford handbook of the sociology of finance. Oxford: Oxford University Press, S. 13-32.

Stohl, Cynthia/Cheney, George (2001): Participatory processes/paradoxical practices: Communication and the dilemmas of organizational democracy. In: Management Communication Quarterly 14 (3), S. 349-407.

Storey, John/Basterretxea ,Imanol/Salaman, Graeme (2014): Managing and resisting „degeneration" in employee-owned businesses: A comparative study of two large retailers in Spain and the United Kingdom. In: Organization 21(5), S. 626-644.

Türk, Klaus (1993): Politische Ökonomie der Organisation. In: Kieser, Alfred (Hrsg.), Organisationstheorien, 1. Aufl. Stuttgart: Kohlhammer, S. 297-331.

Türk, Klaus (1995): „Die Organisation der Welt". Herrschaft durch Organisation in der modernen Gesellschaft. Opladen: Westdeutscher Verlag.

Vereinte Nationen (2009): A/Res/64/136. Cooperatives in social development. Verfügbar über: https://documents-dds-ny.un.org/doc/UNDOC/GEN/N09/469/99/PDF/N0946999.pdf?OpenElement.

Webb, Tom/Cheney, George (2013): Worker-owned-and-governed co-operatives and the wider co-operative movement: challenges and opportunities within and beyond the global economic crisis. In: Parker, Martin/Cheney, George/Fournier, Valérie/Land, Chris (Hrsg.), The Routledge companion to alternative organization. London: Routledge, S. 64-88.

Weiskopf, Richard (2003): Management, Organisation, Poststrukturalismus. In: Weiskopf, Richard (Hrsg.), Menschenregierungskünste. Anwendungen poststrukturalistischer Analyse auf Management und Organisation. Wiesbaden: Westdeutscher Verlag, S. 9-33.

Die ökonomische Kritik des Rechts

Der Fall der Chicagoer „Kartell-Revolution"

William Davies[1]

1 Einleitung

Im Herbst 2008 erfuhr das Modell der politischen Ökonomie, welches als "Neoliberalismus" bekannt ist, eine historische Erschütterung, welche damals als ein Wendepunkt für die Wirtschaftspolitik angesehen wurde.[2] Konfrontiert mit dem weitreichenden Versagen der Investment Banken und Versicherungskonzerne, nutzten viele westliche Regierungen in ausnehmenden Maße ihre Exekutivmacht, um die Finanzsysteme mit Krediten, Eigenkapital und Garantien zu stabilisieren, die einem Gegenwert von Billionen von Dollar entsprachen. Seitdem wurde ersichtlich, dass die Krise nicht, wie von vielen vermutet, zu einem Paradigmenwechsel führte, den viele erwartet hatten. Das ist ein Kuriosum, welches selbst zum Gegenstand wissenschaftlichen Interesses wurde (Crouch 2011; Engelen et al. 2011; Mirowski 2013). Aber nichtsdestotrotz führten die staatlichen Maßnahmen in der Finanzkrise zu wichtigen Fragen über die Rolle der politischen Souveränität innerhalb der Wirtschaftswelt, wie sie sich die Neoliberalen vorstellten. Die Krise erinnert uns daran, dass der Neoliberalismus durch eine anti-staatliche Rhetorik angetrieben wird, aber immer abhängig gewesen ist von problematischen Verschränkungen von staatlicher Souveränität und ökonomischer Rationalität. Letztere behauptet, staatliche Macht effizienter gestalten zu können, plädiert aber zugleich stillschweigend für politisches Eingreifen in Ausnahmesituationen, wie dies

---

1 Aus dem Englischen übersetzt von Ronald Hartz.
2 Siehe zum Neoliberalismus grundlegend Davies (2014).

im Jahr 2008 der Fall war. Eine Möglichkeit, diese Verschränkung zu untersuchen, ist die Analyse der Beziehung zwischen Recht und Wirtschaft in der neoliberalen Theorie, und die Art und Weise, wie diese Beziehung eine Neuformatierung der Regulierung und den Aufsichtsbehörden ermöglicht. Die Widersprüchlichkeit des Neoliberalismus bestand schon immer darin, dass es sich um ein von staatlicher Seite gelenktes Projekt handelt, zugleich aber keine andere Legitimität des Staates jenseits der Ausrichtung an ökonomischer Rationalität in den Blick bekommt. Foucault argumentiert in seinen Vorlesungen über den Neoliberalismus: „Die Idee einer ökonomisch-juristischen Wissenschaft ist streng genommen unmöglich und wurde in Wirklichkeit auch nie verwirklicht" (Foucault 2004, S. 388). In Foucaults Analyse steht die Wirtschaftswissenschaft in widersprüchlicher Spannung zur Erlassung und Umsetzung der Gesetze. In der Tat existiert Ersteres dazu, die unsinnige Natur des Letzteren aufzudecken, in analoger Weise zur positivistischen Kritik der Philosophie: „Bis zu einem gewissen Punkt kann man sagen, daß es bei der ökonomischen Kritik, die die Neoliberalen auf die Regierungspolitik anzuwenden versuchen, ebenfalls darum geht, jede Handlung der öffentlichen Gewalt im Hinblick auf Widersprüche, mangelnde Konsistenz, Sinnlosigkeit usw. zu überprüfen." (Foucault 2004, S. 342)

Während der Liberalismus versuchte, Souveränität als eine Bedingung der Wirtschaft zu verstehen, war der Sprung, der vom Neoliberalismus gemacht wurde, die Souveränität auch in den wissenschaftlichen Geltungsbereich der Ökonomie einzubringen. Wenn man die Gesetzgebung mithilfe der neoliberalen Preistheorie untersucht und sich in regelmäßigen Abständen über diese lustig macht, so bringt die ökonomische und rechtliche Tradition der Chicago School[3] den Foucaultschen Punkt perfekt zum Ausdruck. Die „Chicago Revolution" der amerikanischen Kartellpolitik wird von vielen als die größte Errungenschaft des Chicagoer Law and Economic-Ansatzes angesehen, welche zu einem großen Teil durch die Unterordnung des Rechts durch die ökonomische Epistemologie erreicht wurde. In diesem Beitrag will ich die Vorgeschichte und Geschichte dieser „Revolution" verfolgen und die Punkte hervorheben, wo die Chicagoer Ökonomen die „Unsinnigkeit" des juristischen Diskurses herausstellten. Zu diesem Zweck bediene ich mich einer Kombination von rechts- und wirtschaftswissenschaftlichen Texten, Dokumenten von Kartellbehörden und Wissenschaftlern sowie Transkripten von Diskussionsrunden mit bekannten Akteuren dieser Geschichte.

Kartellpolitik ist situiert an der Schnittstelle von juristischer und wirtschaftlicher Expertise. Dadurch, dass man das Recht zur Festlegung und Begrenzung der

---

3   Im Folgenden wird damit der Ansatz der „Law and Economics" und nicht etwa die soziologische Chicago School bezeichnet [Anm. d. Hrsg.].

Freiheiten der Marktakteure nutzt, ergibt sich automatisch die Frage, ob es durch das rechtlich-normative Gebot der Gerechtigkeit oder durch das ökonomisch-utilitaristische Gebot der Effizienz motiviert wird. Die Chicago School war es, die Richter und Rechtsanwälte sowie andere Ökonomen zu überzeugen versuchte, dass die Wettbewerbspolitik ausschließlich darauf abzielen sollte, die Effizienz zu maximieren. Diese ausschließliche Betonung auf Effizienz ist in den Vereinigten Staaten als der „rule of reason"-Ansatz oder zuletzt in der Europäischen Kommission als „wirkungsorientierter" Ansatz bekannt (Carlton/Salinger 2007). Eine Vielzahl von normativ-rechtlichen Überlegungen wurden während dieses Prozesses ausgeschlossen bzw. eliminiert, einige davon mit Hilfe formaler ökonomischer Theorien über den Wettbewerb. Bis Mitte der 1970er Jahre war die amerikanische Kartellpolitik dazu benutzt worden, verschiedene politische und moralische Ziele zu verfolgen, angefangen von der Verteidigung kleiner Unternehmen, über die Gewährleistung der öffentlichen Rechenschaftspflicht von Kartellen und Monopolen, bis hin zur Umverteilung von Wohlstand und der Verfolgung organisierter Kriminalität. Diese wurden alle in weniger als zehn Jahren aufgegeben, da die Chicagoer Definition von Effizienz als das einzige kohärente Ziel anerkannt wurde (Pitofsky 2008). Das Ergebnis dieser Transformation ist eine nahezu unangefochtene Autorität der neoklassischen ökonomischen Logik in den Entscheidungsverfahren der US-Kartellbehörden und Gerichte. Um zu untersuchen, wie es dazu kam, konzentriert sich dieser Artikel auf drei Bereiche der Transformation, in denen das neoklassische Programm vorherrschend war. Erstens entstand die Law and Economics-Bewegung an der University of Chicago in den 1930er Jahren, die in den 50er und 60er Jahren an Fahrt aufnahm. Zweitens gab es mit Beginn der 1940er Jahre einen Wandel im Verständnis des Wettbewerbs unter Ökonomen der University of Chicago. Dazu kam es vor allem aufgrund des Einflusses der Ideen der Law and Economics-Bewegung, insbesondere von Ronald Coase. Und schließlich wurde das Chicagoer Paradigma von den US-Kartellbehörden aufgenommen, beginnend mit dem Obersten Gerichtshof Mitte der 1970er Jahre und weiterführend durch die Federal Trade Commission (FTC) und die Kartellabteilung des Justizministeriums in den frühen 1980er Jahren.

2 Die Entstehung von Law and Economics

Seit ihrer Entstehung in den 1860-70er Jahren hatte die neoklassische Ökonomie schon immer das Potenzial, die Bereiche des menschlichen Verhaltens außerhalb der Grenzen des Marktes zu untersuchen (Caporaso/Levine 1992; Hausman 1992). Die neoklassischen Wirtschaftswissenschaften, von Chicagoer Ökonomen oft als

„Preistheorie" bezeichnet, geht zentral davon aus, dass Individuen, die mit einer Reihe von vergleichbaren Optionen konfrontiert sind, diejenige auswählen, die ihnen den größten Nutzen bringt, egal was es kostet. Der Vorteil dieses Marktpreismechanismus ist, dass er diese kalkulatorische Psychologie expliziert und sozialisiert. Ökonomen können die Preistheorie frei anwenden, wo immer sie das wollen und unabhängig davon, ob die Marktpreise gerade funktionieren. Wie Ronald Coase, bekannt als der Gründungsvater der Law and Economics-Bewegung, es ausdrückte: „economists have no subject matter" (Coase 1988, S. 3). Richard Posner, der führende zeitgenössische Wirtschaftswissenschaftler der Chicago School, definiert die Ökonomie auf pragmatische Art und Weise:

> „About the best one can say is that there is an open-ended set of concepts [...] most of which are derived from a common set of assumptions about individual behaviour and can be used to make predictions about social behaviour; and that when used in sufficient density these concepts make a work of scholarship "economic" regardless of its subject matter or its author's degree." (Posner 2000a, S. 4)

Seit der Zeit, als in den 1930er Jahren die Karriere von Coase begann, ist bis heute die Bereitschaft, die neoklassische Ökonomie auf Bereiche zu übertragen, in denen sie zuvor nicht präsent war, ein Markenzeichen der Chicago School (Fine 1998, 2000, 2002). Die Law and Economics-Bewegung ist eine der ersten Manifestationen dieses umstrittenen Projekts.

Posner schlug vor, dass Jeremy Bentham dafür ausgezeichnet werden sollte, dass er das ökonomische Kalkül zum ersten Mal auf den Staat angewandt hat (Kitch 1983). Jedoch verdankt die Bewegung an der University of Chicago ihre Entstehung eher dem Zufall. In den 1930er Jahren beschloss die Universität ein rechtswissenschaftliches Programm für BA-Studiengänge aufzulegen, wodurch ein zusätzliches Studienjahr erforderlich wurde. Als Teil dieses zusätzlichen Studienjahres waren die Studierenden auch verpflichtet, Wirtschaftswissenschaften zu studieren. Im Jahr 1939 wurde Henry Simons, ein Einzelgänger unter den Marktwirtschaftlern und Autor des provokanten anti-keynesianischen „A positive program for Laissez-faire" (1934), zum Leiter der neuen juristischen Fakultät ernannt. Im kollektiven Gedächtnis der Chicago School war die Wirtschaftsabteilung der 1930er Jahre politisch weit links von dem, was folgen sollte und die juristische Fakultät bot eine Enklave für anti-keynesianische Ideen des freien Marktes (Kitch 1983; Burgin 2012). Obwohl Simons eine umstrittene Persönlichkeit und vor allem an Makroökonomie interessiert war, war die Tatsache, dass ein Ökonom die Juristische Fakultät leitete, entscheidend. Insbesondere stellte er Aaron Director ein, um die Ökonomievorlesung zu halten, welcher dann später eingeladen wurde, neben Edward Levi die Kurse über Kartellpolitik an der juristischen Fakultät durchzuführen (Van Horn 2011). Simons hoffte, ein „Institut der politischen Ökonomie" zu errichten, und versuchte 1945 Friedrich Hayek von einem Umzug nach Chicago zu überzeugen, um das Institut zu leiten. Simons beging jedoch im folgenden Jahr Selbstmord (Van Overtveldt 2007). Nach Simons Tod übernahm Director die Law School, und konnte Hayek endlich im Jahr 1950 einstellen, obwohl jener zu dieser Zeit noch als zu unorthodox für die wirtschaftswissenschaftliche Fakultät von Chicago galt.

1958 wurde unter der gemeinsamen Leitung von Director und Levi das *Journal of Law and Economics* gegründet. Dieses Journal sollte eine wichtige Plattform für die Chicago School werden, um über den Staat zu diskutieren. 1963 zog Coase von der University of Virginia nach Chicago, trat in die Law School ein, und übernahm die Leitung des Journals. Die Trennlinie zwischen der wirtschaftswissenschaftlichen und juristischen Fakultät blieb folglich sehr durchlässig. Prominente Chicagoer Mikro-Ökonomen wie George Stigler und Gary Becker widmeten etwa einen Teil ihrer Lehrverpflichtungen für rechtswissenschaftliche Veranstaltungen.

Um Posners Typologie zu übernehmen, hatte die Law and Economics-Bewegung zwei zentrale Komponenten (Posner 1981). Erstens hat diese sich mit Recht auseinandergesetzt, das sich speziell auf die Wirtschaft bezieht, wie z.B. Kartellrecht, Steuer- oder Handelsrecht. Zweitens hat sie die Ökonomie dazu genutzt, um das Recht in marktfremden Gebieten wie Ehe und Verbrechen zu untersuchen, wie in der Arbeit von Becker (1986) dargestellt. Die Vertreter der Chicago School sehen ihre größten politischen Erfolge darin, hierin die ersten gewesen zu sein und dabei erscheint die Revolution im Kartellrecht als ihr größter Sieg. Doch im erkenntnistheoretischen, methodologischen und stilistischen Sinn existiert diese Unterscheidung nicht. Egal, ob das Gesetz sich auf „die Wirtschaft" oder die „Gesellschaft" bezieht, halten die Denker der Chicago School selbstbewusst an den gleichen methodologischen Prinzipien fest, gerade weil sie in erster Linie skeptisch gegenüber der Unterscheidung von Wirtschaft und Gesellschaft sind. Coase lieferte mit der Einführung der „Transaktionskostenökonomie" die methodologische Inspiration für die Law and Economics-Bewegung, die auf der kritischen Annahme beruht, dass Informationen nicht frei und nicht kostenlos verfügbar sind. Anstatt einfach eine Welt von Menschen zu untersuchen, zwischen denen materielle Dinge und Geld zirkulieren, erkannte Coase, dass Kommunikation und soziale Koordinierung auch Kosten in der Wirtschaft verursachen können. Wie McCloskey es ausdrückte: "[H]e is extending the wholly silent economics of [Alfred] Marshall [...] to the faculty of speech." (McCloskey 1985, S. 96) Die Analyse der Transaktionskosten soll erklären, warum unterschiedliche institutionelle Formen des Ökonomischen entstehen und überleben – basierend auf der ursprünglichen neoklassischen und utilitaristischen Annahme, dass eine Person nur eine bestimmte Option wählen wird, wenn diese die effizienteste ist, welche verfügbar ist. Eine der weitreichendsten Auswirkungen und Lektionen der Transaktionskostentheorie ist es, die Effizienz der Märkte als eine offene empirische Frage zu behandeln, und nicht als etwas, von dem grundsätzlich ausgegangen werden kann. Andere institutionelle Formen – Unternehmen, soziale Netzwerke, Familien, Bürokratien – könnten, in Abhängigkeit von der Natur der ökonomischen Tätigkeit, sich als geeigneter für die Senkung der Transaktionskosten erweisen. Indes ist die optimale Struktur eines Marktes eine offene empirische Frage.

Coase's Vermächtnis war ein bemerkenswert selbstbewusster ökonomischer Empirismus. Die Bindung an die angewandte Preistheorie war so stark, dass Coase und seine Anhänger verlangten, auf alle ontologischen oder A-priori-Aussagen über Individuen, Wirtschaft und Gesellschaft zu verzichten. Der Kern der Annahme, dass Individuen rational handeln, um Nutzen zu maximieren, blieb sicher eingeschlossen im Rahmen der Methodologie und wurde nicht als Ontologie überhöht. Im Einklang mit Posners früherer Definition von Wirtschaft war die Akzeptanz und Übernahme des psychologischen Modells einfach eine Voraussetzung dafür, ein Ökonom zu sein. Die Folge dieser ontologischen Abstinenz war, dass Chicago School-Ökonomen nicht mehr Märkte bevorzugten, zumindest nicht in einem a-priori oder normativen Sinn. Indifferent hinsichtlich der Unterscheidung von „Wirtschaft" und „Gesellschaft", stuft die Chicagoer Preistheorie Märkte nicht als "mehr effizient" ein, als zum Beispiel eine Familie. Angesichts der Tatsache, dass Kindererziehung immer noch auf freiwilliger Basis in der Familie erfolgt, kann davon ausgegangen werden, dass die Märkte in der Tat weniger effizient in der Ausübung einer solchen sozialen Funktion wären. Nach Coases Reformulierung der neoklassischen Ökonomie, musste auch der Preismechanismus durch die Preistheorie zu beantworten sein. Wie Foucault für die Chicagoer Wirtschaftswissenschaften feststellt: „Es handelt sich nicht mehr um die Analyse der historischen Prozeßlogik, sondern um die Analyse der internen Rationalität, der strategischen Planung der Handlungen von Individuen." (Foucault 2004, S. 310) Durch die Verknüpfung des methodologischen Dogmatismus mit einem ontologischen Agnostizismus kann Coase erklären, warum die Wirtschaft manchmal am liberalen Modell der freien Märkte festhält und manchmal nicht. In einem späteren, einflussreichen Artikel mit dem Titel „The Problem of Social Cost", entwickelt Coase seine Gedanken als direkten Angriff auf Arthur Pigou und die britische Tradition der Wohlfahrtsökonomie (Coase 1960). Aus der Wohlfahrtsökonomie heraus wird der Begriff der „externen Effekte" als „Marktversagen" entwickelt, verstanden als Situation, in denen Märkte nicht in der Lage sind, zu funktionieren, weil der Preismechanismus die Kosten nicht genau erfassen kann. Wenn ein

Produzent einen bestimmten Preis für ein Produkt berechnet, es aber versäumt, die dabei entstandene Verschmutzung mit einzuberechnen, dann ist der Preis des Produkts nicht eine genaue Reflexion der Kosten. Irgendeine Form von Regulierung oder Intervention Dritter ist erforderlich, um eine genaue Preisbildung zu unterstützen. Für Coase stellt dies jedoch eine übermäßige Bindung an den Preismechanismus und ein zu geringes Vertrauen in die Preistheorie dar. Der richtige Einsatz der Preistheorie würde die Kosten der Intervention einbeziehen und die (aller Wahrscheinlichkeit nach) größere Gesamteffizienz einkalkulieren, wenn die Marktteilnehmer einfach weiterhin auf eigennützige, nutzenmaximierende Weise handeln dürften. (Umwelt-)Verschmutzung und ein fehlerhafter Preismechanismus können ein effizienteres Ergebnis bringen als kostspielige Eingriffe und ein funktionierender Preismechanismus. Wenn Akteure in einer bestimmten Art und Weise handeln, ist dies meist ein Zeichen der Effizienz.

Dies ist eine konservative, möglicherweise sogar eine tautologische Perspektive auf die Wirtschaft. Die angewandten Preistheoretiker sehen die Gesellschaft als kontingent und gehen von einem gleichen Level rationaler Nutzenmaximierung auf Seiten aller beteiligten Personen aus. Danach arbeiten sie heraus, warum der Status quo ein effizientes Ergebnis darstellt. Absichten und Strategien werden post hoc zugeschrieben, unabhängig davon, ob sie vorher bewusst oder explizit waren. Ein vorherrschendes Thema im Diskurs der Chicago School ist, dass unbewusste Absichten rationaler sein können als bewusste, was später in einen zeitweiligen Gegensatz zwischen Ökonomen und Juristen in der Kartellpolitik resultieren sollte. Becker drückt dies so aus: "The economic approach does not assume that decision units are necessarily conscious of their efforts to maximise or can verbalise or otherwise describe in an informative way reasons for the systematic patterns in their behaviour." (Becker 1986, S. 7)

So wie unbewusste Absichten und Strategien sich tatsächlich bei näherer Betrachtung als unbeabsichtigt effizient erweisen könnten, so könnten bewusste Absichten und Strategien sich unbeabsichtigt als ineffizient herausstellen. Die Rationalität eines einzelnen Akteurs ist nie umstritten, aber wo seine Handlungen Pläne mit weitreichenden Folgen beinhalten, gilt die Vermutung der Effizienz nicht mehr. Es gilt, dass politische Entscheidungsträger handeln, um Nutzen zu maximieren, aber nur für sich selbst und indirekt auch für diejenigen, die ihnen Macht und Geld gewähren. Was daher am wahrscheinlichsten ist, um die Effizienz des Status quo zu schwächen, ist die Intervention derer, die annehmen, sie verbessern zu können. Dies ist eine Behauptung, die mit Hayeks epistemologischer Kritik staatlicher Planung übereinstimmt, wo sich der Glaube an das staatliche Handeln nicht nur als ineffizient, sondern auch als illiberal erweist, da er die beschränkte Perspektive zentral agierender Experten in eine Form der sozialen Wahrheit umwandelt (Hayek 1944, 1945). Der Vorteil der Märkte ist, dass sie die bewusste und unbewusste Berechnung in eine Form der Übereinstimmung bringen. Bürokratie ist mit Preisen durchzogen, aber diese sind implizit und unbewusst, während es die Schönheit des Marktes ist, dass er „die Karten offen auf den Tisch." legt (Stigler 1975, S. 36) Es gibt letztlich keinen ontologischen Unterschied zwischen Staat und Markt, nur einen phänomenologischen, insofern der letztere seine Kosten öffentlich sichtbar macht.

In einer Hinsicht ist Law and Economics einfach die Erweiterung der Transaktionskostentheorie zur Untersuchung von Recht und Regulierung. Die Absicht ist es, eine umfassendere Bewertung der Kosten herzustellen, einschließlich jener Bereiche, die zuvor mit der Begründung, dass sie „nicht-wirtschaftlich" seien, von der Ökonomie ausgeschlossen wurden. Posner gibt eine typische Chicagoer Antwort, wenn er sagt, "the basic function of law in an economic or wealth-maximisation perspective is to alter incentives", aber das gilt für fast alles, was der Theoretiker für angewandte Preistheorie als Untersuchungsgegenstand wählt (Posner 1981, S. 75). Gibt es nichts zu sagen über die Normativität der Normen, die das Recht zu einem spezifischen Gegenstand der Ökonomie macht? Drei Dinge sind insbesondere erwähnenswert.

Erstens gibt es gelegentlich Hinweise, dass der Markt selbst eine normative Dimension besitzt. Einige der besten Hinweise auf die normative Dimension der Mikroökonomie kommen aus Posners Schriften. Grundsätzlich stellt er fest, dass er „keine scharfe Trennung zwischen wirtschaftlicher Freiheit auf der einen Seite und persönlichen oder politischen Freiheiten auf der anderen sehe." (Posner 2000b, S. 181)[4] Noch bedeutsamer ist die Implikation, dass der marktförmige Austausch eine einmalige liberale Möglichkeit bietet, um Nutzen zu maximieren. Wo der Utilitarismus von Bentham potenziell die Freiheit auf der Grundlage des privilegierten Wissens der zentralen Experten schwächt, maximiert der Markt (einfach) nur den Nutzen durch Freiheit. In den Worten Posners:

> "If one considers consent an ethically attractive basis for permitting changes in the allocation of resources on grounds unrelated to the fact that a consensual transaction is likely to increase the happiness of at least the immediate parties, one will be led [...] to an ethical defense of market transaction that is unrelated to their promotion of efficiency." (Posner 1981, S. 90)

Dieses Argument wird vom tautologischen Charakter des neoklassischen psychologischen Paradigmas ermöglicht. Es wird angenommen, dass, wenn Menschen

---

4 Übersetzung RH.

wählen, in einer bestimmten Weise zu handeln, dies *de jure* die Wahl der rationalen Nutzenmaximierung ist. Daraus folgt, dass der Status quo effizient ist, ausgenommen, wo irgendein Teilnehmer weitreichende Befugnisse ausübt, um diesen zu transformieren. „Effizienz" steht somit mehr oder weniger für einen empirischen Begriff der „Freiheit" und „Freiheit" für einen a-priori-Begriff für „Effizienz".

Zweitens erfolgt die Anerkennung, dass stabile, öffentlich anerkannte Regeln durch Reduzierung der Transaktionskosten zur Effizienz beitragen. Wenn es kein Recht gäbe, würde das wirtschaftliche (und nicht-wirtschaftliche) Zusammenspiel extrem teuer werden, da es keine gemeinsamen Verhaltensregeln geben würde (Fligstein 2011). Die „Knight'sche Unsicherheit", die nach Harrison C. Whites Beschreibung vom „zukunftsgerichteten Charakters des Wirtschaftsprozesses selbst" ausgeht, bedeutet, dass Effizienzgewinne von stabilisierenden Interventionen ausgehen, die vorhersehbare Interaktionen hervorbringen (White 2002, S. 8). Paradoxerweise maximiert das Recht den Nutzen, gerade weil es das nicht beabsichtigt: eine Gesellschaft im Benthamschen Sinne, in der Gesetze ständig nach utilitaristischen Zwecken manipuliert würden, wäre weniger effizient als die konservative Vorstellung, dass die bestehenden Regeln über die Zeit aufrechterhalten werden sollten. So Posner: „Wenn der Inhalt eines Gesetzes erst nach dem Auftreten der Ereignisse gilt, kann die Existenz des Gesetzes keine Auswirkung auf das Verhalten der Parteien haben, die dem Gesetz unterliegen." (Posner 1981, S. 75)[5] Die Funktion des Gesetzes ist das Fortbestehen und damit die Senkung der Transaktionskosten. Eines der zentralen Argumente Posners in dieser Hinsicht ist, dass das Gewohnheitsrecht effizient ist, nachdem es durch ein fast zufälliges, spontanes Verhalten im Laufe der Zeit entstanden ist. Das Bundesgesetz kann jedoch ineffizient sein, wenn es die Gesellschaft mit bestimmten politischen Zielen zu reformieren versucht. Wieder einmal ist die unbewusste Absicht effizienter als die bewusste.

Drittens, und im Anschluss an den letzten Punkt, nimmt die Chicago School eine etwas zweideutige Position zur Souveränität an. Die Versuchung könnte darin liegen, die Anwendung der Preistheorie auf den Staat als Beweis für eine vollkommen immanente, neoliberale Regierungsmentalität heranzuziehen, als Nachweis dafür, dass es „in der Wirtschaft [...] keinen Souverän [gibt]" (Foucault 2004, S. 389). Wenn das Recht nur ein Mittel zur Veränderung der Anreize ist, dann besitzt es keine normative Qualität, geschweige denn Transzendenz. Wie Foucault mit Bezug auf die Studie von Gary S. Becker über Kriminalität feststellt, ist „[d]ie Durchsetzung des Gesetzes [...] die Gesamtheit von Handlungsinstrumenten auf dem Markt des Verbrechens, die dem Angebot an Verbrechen eine negative

---

5 Übersetzung RH.

Nachfrage entgegengesetzt" (Foucault 2004, S. 352). Das Gesetz ist einfach eine der zahlreichen Benthamschen Wirtschaftstechnologien. Doch der Pragmatismus des Gedankens der Chicago School greift in beide Richtungen ein. „Preis", „Angebot" und „Nachfrage" sind keine ontologischen Kategorien, sondern Metaphern, mit denen der unerschrockene Preistheoretiker spielt. Zu keinem Zeitpunkt argumentiert Becker, dass der „Heiratsmarkt" ein Markt ist, aber er würde gerne aus Neugier wissen, was passiert, wenn man ihn wie einen Markt behandelt (McCloskey 1985). Ben Fein argumentiert, dass für Chicagoer Ökonomen, „so viel wie möglich durch so wenig wie möglich erklärt werden sollte", was vielleicht auch ein Kompliment für Akteure wie Becker sein könnte (Fine 1998, S. 59). Die Heterogenität der sozialen Objekte bleibt implizit unangetastet, während sich die Sozialwissenschaften selbst einer radikalen Homogenisierung unterziehen.

Man könnte daher argumentieren, dass es nicht die Subsumtion des Rechts innerhalb der Wirtschaft ist, was die Law and Economics-Bewegung anstrebt, sondern eine Subsumtion der juristischen Expertise innerhalb der wirtschaftlichen Expertise. Der Kampf ist ein selbstbewusster, sowohl erkenntnistheoretisch als auch diskursiv, obwohl die erfolgte Einklammerung der Ontologie zweifelhaft ist. Stigler drückt es wie folgt aus:

"The difference between a discipline that seeks to explain economic life (and, indeed, all rational behaviour) and a discipline that seeks to achieve justice in regulating all aspects of human behaviour is profound. This difference means that, basically, the economist and the lawyer live in different worlds and speak different languages." (Stigler 1992, S. 463)

Das Ziel der Law and Economics-Bewegung ist es, die fremde „Welt" und fremde „Sprache" in die Ökonomie zu integrieren. Währenddessen – obwohl dies nie ausgesprochen wurde – existiert die Unterstellung, dass die staatliche Souveränität erhalten bleibt, denn sonst könnte sie empirisch nicht beurteilt und auch nicht wirtschaftlich neu ausgerichtet werden. Es ist gerade die Angst vor dem souveränen Staat, die diesen zu einem vordringlichen Ziel für die neoklassische Analyse macht. Zur gleichen Zeit ist es gerade die Souveränität des Gesetzes, die es zu einer potenziellen Quelle von Effizienzsteigerungen macht, wenn dieses entsprechend verwendet wird, um künstliche Stabilität zu schaffen.

2.1 Von Rechtmäßigkeit zur Effizienz

Mit der Roosevelt-Ära des New Deal und des Korporatismus konfrontiert, hatte Simons in seinem Werk *A Positive Programm for Laissez-Faire* (1934) für ein weitaus aggressiveres Regime der Kartellrechtsdurchsetzung plädiert, die entweder die größten Monopole aufbrechen würde oder sie in öffentliches Eigentum übergehen ließ. Simons empfiehlt, dass die FTC die mächtigste Waffe der Regierung werden soll, um sicherzustellen, dass der Markt von großen Unternehmen, Gewerkschaften und der Regierung geschützt wird. Für Simons schienen diese ein stabiles, kooperativer Arrangement zu bilden, welches den Wettbewerb auf dem Markt absichtlich begrenzt. Die wichtigsten Personen der Chicago School, einschließlich Director, Levi und Milton Friedman, waren in gleichem Maße mit dem Problem des Angriffs auf das Monopol in den frühen Jahren der Free Market Study der Chicagoer Schule von 1946 bis 1952 beschäftigt (Van Horn 2009). Ein aggressives Kartell-Regime zu befürworten schien die natürliche Position für Marktliberale zu sein; Stigler vertrat weiterhin eine Politik der industriellen Dekonzentration in den 1950er und frühen 1960er Jahren, und die Mehrzahl der führenden Ökonomen Chicagos folgten dieser Sicht (Muris 2003; Schmalensee 2007).

In dieser Hinsicht hatte der Chicagoer Neoliberalismus anfangs eine große Ähnlichkeit mit dem österreichisch-deutschen Neoliberalismus von Hayek, Eucken und Böhm-Bawerk. Innerhalb des ordoliberalen Programms von Eucken, Böhm-Bawerk und der Freiburger Schule, war es die Aufgabe des Staates, das Gesetz so anzuwenden, um die Form des Wettbewerbs in der Wirtschaft aufrechtzuerhalten (Gerber 1994, 1998; Grossekettler 1996; Nörr 1996; Bonefeld 2012; Burgin 2012). Nach Euckens neu-kantianischer Theorie war es notwendig, dass ein starker, interventionistischer Staat vorhanden war, um die *a priori* Bedingungen des freien wirtschaftlichen Austauschs zu schützen, die in einer „Wirtschaftsverfassung" verankert sind. Der Einfluss der Freiburger Schule wurde in den Jahren nach dem Zweiten Weltkrieg deutlich, wie beispielsweise in Deutschland am Verbot der Preiskontrolle 1948 und dem Grundgesetz 1949 sowie anschließend im Vorhandensein der Wettbewerbsklauseln im Vertrag von Rom. Hayek, der starke Verbindungen zur Freiburger Schule hielt, schlug ein politisches Programm vor, dass die utilitaristische Planung durch Experten ablehnte, aber genau dieser entsprach. Die Planung und rigorose Durchsetzung eines Wettbewerbsrahmens sollte die einzige Form staatlicher Planung in einer neoliberalen Gesellschaft sein, und sollte absichtlich ihre empirischen Effekte nicht beachten (Hayek 1944, S. 43). Die Hayeksche und ordoliberale Verteidigung des Wettbewerbs waren mindestens genauso normativ wie ökonomisch gedacht und oft ausschließlich normativ (Hayek 1944, S. 38; Gerber 1994, S. 36). Die primäre Angst des zugrundeliegenden ordoliberalen Programms war hierbei jene vor der wirtschaftlichen Macht im Markt, und nicht wie für Hayek, diejenige vor der übermäßigen technokratischen Planung durch den Staat.

Nach seinem Wechsel zur University of Chicago wurde Hayek zunehmend misstrauisch gegenüber der Aufgabe des öffentlichen Rechts, den Wettbewerb aufrechtzuerhalten, und insofern stellt er eine Art Bindeglied zwischen der österreichisch-deutschen und der späteren Chicago School dar. Bis Mitte der 1970er Jahre stand die Chicago School an der Spitze einer Kampagne, um den Aufgabenbereich und die Tätigkeit der Kartellbehörden erheblich zu reduzieren (Van Horn 2011). Einflussreiche Texte waren diesbezüglich Posners *Antitrust Law* (2002, Erstveröffentlichung 1976) und Robert Borks *The Antitrust Paradox* (1978), die Experten später als entscheidende Einflüsse hinsichtlich der Ausrichtung der Kartellbehörden in den 1980er Jahren bezeichneten (FTC 2003, S. 50). Weit entfernt vom rechtlichen Formalismus der Freiburger Schule plädierten diese Texte für ein massives Umdenken im Kartellrecht mit dem utilitaristischen Ziel der Effizienzmaximierung und für die Beseitigung der politischen und normativen Dimensionen der Kartellpolitik. Dieser Abschnitt soll darstellen, wie diese geistige Veränderung innerhalb der Chicago School stattfand.

Es gibt deutliche Hinweise, dass in den späten 1940er Jahren Aaron Director zunehmend Zweifel am Vertrauen seiner Kollegen in das Kartellrecht als Garant des Wettbewerbs hatte und sich im Jahr 1951 von der Position Simons und den Ordo-Liberalen vollständig distanzierte (Van Horn 2009). Ein entscheidender historischer Moment in der Entwicklung des Chicagoer Paradigmas des kartellrechtlichen Denkens war die Einladung von Levi an Director, zusammen die Kurse über Kartelle an der Chicago Law School in den späten 1940er und frühen 50er Jahren zu halten. Foucaults Einsicht, dass der Neoliberalismus die Enthüllung des „Widerspruchs, des Mangels an Kohärenz und die Unsinnigkeit" der gegnerischen Argumente mit einbezieht, wird hier explizit bestätigt. Levi würde der Klasse eine juristische Verteidigung des Kartellrechts als notwendige Bedingung eines wettbewerbsfähigen Marktes präsentieren. Director würde dann auf die Widerlegung dieses Arguments durch Anwendung der Preistheorie setzen, aber in Worten, die von den teilnehmenden Rechtsstudenten leicht verstanden wurden. Wie sich ein Teilnehmer später erinnerte, „vier Tage lang unterrichtete Ed, und an einem Tag pro Woche sagte Aaron Director uns, dass alles, was Levi uns die letzten vier Tage erzählt hatte, Unsinn war." (Kitch 1983, S. 183)[6] Der wichtige Aspekt von Directors Intervention an der juristischen Fakultät war, dass er begann, die Gedanken

---

6 Übersetzung RH.

nicht nur von Ökonomen, die sich zuvor auf die Expertise der Juristen verließen, sondern auch die der Juristen zu ändern.

Die Frage, wie erfolgreich ein wirtschaftliches Argument einem Juristen kommuniziert werden kann, bleibt ein Test für seine Leistungen innerhalb der Ökonomie und der Kartellbehörden. Wirtschaftliche Argumente effektiv vor Gericht vorzutragen ist nun in der Tat das Hauptanliegen der Kartellbehörden, was gleichzeitig Gewandtheit und Klarheit erfordert (Muris 2003). Es war die intuitive Einfachheit des Chicagoer Ansatzes, der von zentraler Bedeutung für die Wirksamkeit war.

Eine der gebetsmühlenartigen Wiederholungen der Kartellbehörden ist, dass es ihre Aufgabe ist, „den Wettbewerb zu verteidigen und nicht die Wettbewerber" – auch wenn Unternehmen klein und verletzlich sind, ergibt sich kein Anspruch auf gesetzlichen Schutz. Obwohl der Oberste Gerichtshof 1950 ein Lippenbekenntnis zu dieser Idee abgab, war die Aufgabe des Kartellrechts in der Praxis, Unternehmen zu bestrafen, die zu aggressiv gegen ihre Konkurrenten vorgingen (Amato 1997). Da die Ökonomen im gesamten Zeitraum involviert waren, war es der Harvard-Ökonom Joe Bain, der das „Structure Conduct Performance" Paradigma des kartellrechtlichen Denkens bestimmte (Bain 1956; Williamson 2003). Fernab von Coases skeptischen Empirismus, entwickelte Bains Ansatz formale Vorstellungen des Verhaltens auf Wettbewerbsmärkten. Danach schrieb er Abweichungen von diesem Modell der Präsenz von Monopolen, Marktschließungen oder der übermäßigen Konzentration der Industrie zu. Außerdem konnten Märkte, die effektiv wettbewerbsförmig waren, noch immer deswegen kritisiert werden, dass sie latent *strukturelles* Potential besaßen, um zukünftigen Wettbewerb zu begrenzen (Bain 1956). Im Einklang mit dem Marktversagen-Paradigma der Wohlfahrtsökonomie, beruhte dies auf einer idealistischen Erkenntnistheorie, in der der Markt eine wesentlich effiziente Form besaß, die durch den Staat geschützt werden sollte. Die entscheidende Behauptung von Ökonomen, die innerhalb des Structur Conduct Performance-Paradigmas arbeiteten, war, dass hohe Gewinne die Existenz von Monopolen oder die übermäßige Konzentration anzeigten. Dies bedeutete, dass Unternehmen den Anreiz hatten, ihre Gewinne niedrig zu halten, da diese sonst eine kartellrechtliche Untersuchung riskierten. Die Chicagoer Ökonomen waren darum bemüht darauf hinzuweisen, dass Unternehmen, die sehr attraktiv für die Verbraucher oder effektiv bei der Senkung der Kosten waren, bestraft werden konnten, sobald dies zu einer Gewinnsteigerung führte.

Innerhalb der verschiedenen Rechtsakte der Kartell- und Verbraucherschutzregelungen der USA gibt es Möglichkeiten, ein breites Spektrum von wirtschaftlichem Handeln zu bestrafen. Der Sherman Act (1890) hatte sich ursprünglich darauf konzentriert, Einschränkungen des geschäftlichen Handelns zu verbieten, wie z.B. im Fall der großen Eisenbahn-Kartelle im Hinblick auf kleine Unternehmen (Thorelli 1955). Der Robinson-Patman Act (1936) konzentrierte sich speziell darauf, zu verhindern, dass Unternehmen das gleiche Produkt an unterschiedliche Verbraucher zu unterschiedlichen Preisen verkaufen. Der Clayton Act (1914), den die FTC schuf, erweiterte die Befugnisse zur Regulierung von Fusionen und zum Schutz der Verbraucher. In den 1950er und 60er Jahren wurde die Kartellpolitik der USA massiv dazu benutzt, horizontale Zusammenschlüsse (zwischen Wettbewerbern) und vertikale Zusammenschlüsse (zwischen Lieferanten und Abnehmer) zu blockieren, Kartelle und Preisabsprachen zu verbieten, Monopole und übermäßig konzentrierte Industrien zu zerschlagen, Produktbündelung (Verkauf mehrerer Produkte als Paket) und Produktbindung (ein Produkt in einem Markt wird in Kombination mit einem Produkt in einem anderen Markt verkauft) zu blockieren, Verdrängungspraktiken zu verhindern (Handlungen, um Wettbewerber am Markteintritt zu hindern) und kleine Unternehmen vor aggressiven Wettbewerbsverhalten wie z.b. vor aggressiven Preisstrategien zu schützen. Dominiert von Anwälten und Strafverfolgungsexperten war der Schwerpunkt der Kartellbehörden, Unternehmen vor Gericht zu bringen und zu bestrafen, und Ökonomen leisteten ihnen dabei Unterstützung. (Williamson 2003). Die Anwendung von Spott, um diese offensichtliche Feindseligkeit gegenüber der Industrie zu zeigen, war eine beliebte Taktik in den Unterrichtsräumen an der University of Chicago. Coase soll einmal gescherzt haben, dass er es schon satt habe, Kartellrecht zu lehren, denn „wenn die Preise stiegen, sagten die Richter, es sei das Monopol, wenn die Preise fielen, sagten sie, es sei Verdrängungswettbewerb, und wenn sie gleich blieben, sagten sie, es seien geheime Absprachen." (Kitch 1983, S. 193)[7] Die Bedeutung von „Unsinn" erscheint hier nochmals.

Der Chicago School-Ansatz, wie er sich in der Zeit zwischen Directors Mitwirkung in der juristischen Fakultät im Jahr 1946 und den Arbeiten von Posner und Bork von 1976 bis 1978 entwickelte, stellte den Status quo in einigen Bereichen infrage.[8] Einige davon basierten auf der innerökonomischen Sicht, dass Bains struktureller Zugang zu Effizienz fehlerhaft war. Aber die kritischeren basierten auf der außerökonomischen Grundlage, dass das existierende Kartellrecht die Effizienz beschädigte, indem es zu viele normative und politische Elemente in den Markt

---

7   Übersetzung RH.
8   Wie Van Horn (2009) argumentiert, war das Antitrust-Projekt von 1953-1957 für die Herausbildung eines eigenständigen Chicagoer Wettbewerbsansatzes von besonderer Bedeutung. Dieser enthielt Beiträge von Director, Levi (welcher später Directors Perspektive übernahm) und Bork.

schmuggelte. Der Angriff auf die Grundlagen des rechtlichen Common Sense erwies sich als bedeutsamer als jener auf die ökonomische Orthodoxie.

Der Ausgangspunkt für die Chicagoer-Kritik war, dass das alleinige Ziel der Kartellpolitik die wirtschaftliche Effizienz sein sollte, verstanden im präzisen Sinn von Coase unter Einschluss der Transaktionskosten. Dies bedeutete die Berücksichtigung der Kosten von Markttransaktionen, Verträgen, gesetzlichen Regelungen und natürlich staatlichen Interventionen. Es kann keine a priori Verpflichtung zu irgendeiner Wirtschaftsstruktur geben, da die Frage der Effizienz eine der sorgfältigen empirischen Analyse ist und nicht etwas, das als stabile formalrechtliche Kategorie angegeben werden kann. Daraus folgt, dass bestimmte Arten wettbewerblichen Marktverhaltens möglicherweise ineffizient sein können, dagegen nicht-kompetitives Verhalten effizient. Wie Posner formuliert:

> "To the extent that efficiency is the goal of antitrust enforcement, there is no justification for carrying enforcement into areas where competition is less efficient than monopoly because the costs of monopoly pricing are outweighed by the economies of centralising production in one or a very few firms." (Posner 2002, S. 2)

Während der Ansatz der 1950er und 1960er Jahre, ökonomisch von Bain validiert, das Monopol an sich als ineffizient betrachtete, begannen die Chicagoer Wissenschaftler für angewandte Preistheorie einen empirischen Fall zu kreieren, in dem ein Monopol tatsächlich effizient sein könnte. Zum Beispiel kann das Monopol in der Tat ein *Ergebnis* verbesserter Effizienz sein, dahingehend das sehr effiziente Unternehmen zumindest kurz- bis mittelfristig unvermeidlich ineffiziente verdrängen werden. Oder es könnte das Ergebnis einer Schumpeterschen Innovation sein, bei der ein risikobereites Unternehmen einen ganz neuen Markt schafft. Wenn beides nicht zutrifft, bietet ein Monopol jeden Anreiz, nach Effizienz zu streben, um der Gefahr zu begegnen, von einem künftigen Wettbewerber unterboten zu werden. In all diesen Punkten, wo das Bain-Paradigma hohen Gewinn und Marktanteil mit Misstrauen begegnete, betonte die Chicagoer-Kritik „die offensichtliche Tatsache, dass effizientere Geschäftsmethoden genauso wertvoll für die Öffentlichkeit wie für die Unternehmer sind." (Bork 1978, S. 4)[9] Doch die Anerkennung dieser „offensichtliche Tatsache" war scheinbar bei Juristen und etablierten Ökonomen jener Zeit verloren gegangen.

Wo Bain und andere ein Konzept des Wettbewerbs hatten, das dann politisch in die Praxis umgesetzt wurde, hatte die Chicago School keine vorgefasste Meinung von dem, wie Wettbewerbsverhalten aussah, oder wie der Markt tatsächlich ausse-

---

9   Übersetzung RH.

hen sollte. Die bereits angesprochene eher tautologische Annahme – dass eine frei gewählte Handlung wahrscheinlich die effizienteste sei – wurde auf den Bereich des Kartellrechts erweitert. Die Standardperspektive war, dass eine bestimmte Vorgehensweise als effizient angesehen werden sollte, wenn ein Unternehmen diese auswählt. Die Definition des wettbewerblichen (oder wettbewerbswidrigen) Verhaltens ist abgeleitet von der dahinterliegenden Effizienz, definiert als Maximierung des Verbraucherwohls. Im Sinne von Bork: ",Competition' for purposes of antitrust analysis, must be understood as a term of art signifying any state of affairs in which consumer welfare cannot be increased by judicial decree." (Bork 1978, S. 51)

Paradoxerweise schließt dies alle Handlungsarten ein, die vorher als völlig wettbewerbsschädlich angesehen wurden. Dank der Einsichten der Transaktionskostenökonomie, werden Abweichungen des Marktes und Einschränkungen der Freiheit nicht mehr als an sich ineffizient angesehen. So wie die Existenz von Unternehmenshierarchien effizient sein können (und in der Regel sind), so kann beherrschendes Agieren in und um den Markt in einer effizienten, für das Verbraucherwohl maximierenden Weise durchgeführt werden.

Ganz abgesehen von der ökonomischen Kohärenz des Structur Conduct Performance-Paradigmas, basierte ein Großteil der Motivation der Chicagoer Wissenschaftler darin, die Kartellpolitik zu ändern, ausgehend von der (letztlich nicht wirtschaftswissenschaftlichen) Beurteilung, dass das Kartellrecht durch zu viele nicht-wirtschaftliche Aspekte verunreinigt war. Es gab die weit verbreitete Auffassung, dass die Gerichte und Strafverfolgungsbehörden das Kartell benutzten, eine Reihe von politischen und moralischen Zielen zu verfolgen, oberflächlich getarnt als ein Streit über Marktunvollkommenheiten. Insbesondere war unter den konservativen Ökonomen der Chicago School der Verdacht weit verbreitet, dass große Unternehmen für ihren Erfolg bestraft wurden – oft herbeigeführt durch höhere Grade der Effizienz. Heute gibt es nur wenige Kartellexperten, die bestreiten, dass die Behörden und die Gerichte verwirrt waren hinsichtlich dessen, was sie eigentlich zu erreichen versuchten, und sie insofern die Verschränkung des Kartellrechts mit einer Reihe von Werten, Kriterien und Strategien befördertem. Das Gefühl, dass das Kartellrecht zu einer Kraft wurde, um effiziente Unternehmen im Namen von wem auch immer durch das Gericht oder Juristen angreifen zu müssen (sei es der Konkurrent, der Verbraucher, die Öffentlichkeit, die organisierte Arbeit etc.), war vorherrschend zu jener Zeit, in welcher Posner und Bork ihre einflussreichen Bücher publizierten. Wachsende Befürchtungen über die Fähigkeit der amerikanischen Firmen, gegen japanische Konkurrenten mithalten zu können, stärkten die Bedenken über das Verhalten der Kartellbehörden (Miller 1989).

In Bezug auf politische Empfehlungen, wurden die folgenden zentralen Grundsätze durch die Chicago School vorgeschlagen: Erstens sollten Untersuchungen vertikaler Fusionen beendet werden. Es konnte keinen Schaden für den Wettbewerb aus der vertikalen Integration der Unternehmen geben, und es gab erhebliche interne Effizienzen. Zweitens sollte eine weitaus agnostischere Sicht auf restriktive Praktiken, wie gebündelte, bindende und kooperative Absprachen zwischen Konkurrenten und geheime Absprachen, eingenommen werden. Sobald die Transaktionskosten berücksichtigt werden, kann der Marktaustausch zwischen atomisierten Akteuren nicht mehr als das effizienteste Modell vorausgesetzt werden. Innovative, nicht-marktliche oder quasi-marktliche Formen der industriellen Organisation sollten in einer neutralen Art und Weise untersucht werden. Aller Wahrscheinlichkeit nach sind sie effizient, oder es gäbe sie nicht. Drittens sollten – wie bereits diskutiert – monopolistische Praktiken nicht länger als wettbewerbsschädlich betrachtet werden. Viertens sollte der Robinson-Patman Act aufgehoben werden, um eine größere Freiheit in der Preisgestaltung zu ermöglichen. (Zur Frustration vieler Chicagoer Ökonomen gibt es das Gesetz immer noch). Vielleicht ist am wichtigsten, dass der Chicago-Ansatz die Beweislast dem Staat überträgt, sodass die Unternehmen nicht mehr unter Druck gesetzt werden, Effizienz zu demonstrieren, während die Kartellbehörde die weitaus schwierigere Aufgabe besitzt, *Ineffizienzen* nachzuweisen.

2.2 Die Chicago-Revolution

Was auch immer die wirtschaftlichen Vorzüge von Bains Structure Conduct Performance-Paradigma oder die normativen Vorzüge des Kartellrechts für moralische und politische Zwecke sein mochten, Mitte der 1970er Jahre herrschte in der amerikanischen Antitrust-Community die Überzeugung vor, dass die Ziele der Politik undurchsichtig geworden waren. Die Chicago School hielt selbst an einer gegenkulturellen, anti-keynesianischen Identität fest, die sich gegen alles wehrte, was aus Washington kam, und es gab kaum Anzeichen dafür, dass ihre Ideen dabei waren, sich zügig von den Rändern zum Status quo zu verschieben, wie es dann tatsächlich geschah. Ronald Reagans Wahl im Jahr 1980 war der Auslöser für die dramatischsten Veränderungen in der FTC und der Kartellabteilung des DOJ. Reagan ernannte William Baxter als Generalstaatsanwalt, der auf die Wiederherstellung der US-Kartell-Politik nach den Prinzipien der Chicagoer Ökonomen setzte. Baxters Richtlinien für Fusionen von 1982 war das bedeutendste Anzeichen dafür, dass das Kartellrecht sich ausschließlich der Effizienzmaximierung verschrieben hatte (Miller 1989).

Unter der Oberfläche der öffentlichen politischen Veränderungen gab es jedoch zwei länger laufende Veränderungen. Die erste bezog sich auf die graduelle Verschiebung der relativen Macht der Ökonomen gegenüber den Juristen innerhalb des FTC und des DOJ. Die zweite betraf die sinkende Glaubwürdigkeit der Kartellanwälte in den Gerichten. Diese Verschiebungen waren deckungsgleich mit den Entwicklungen, die immer noch im Chicagoer Law and Economics-Ansatz stattfanden. Dies deutet darauf hin, dass eine potentiell aufgeschlossene Zuhörerschaft bereits zu der Zeit vorhanden war, als Posners und Borks Bücher in den späten 1970er Jahren veröffentlicht wurden.

Die wirtschaftliche Expertise des FTC wurde schon immer in einer einzelnen Abteilung gebündelt, dem Bureau of Economics, welches grundsätzlich eine bedeutsame Autonomie besaß. Ihre wirtschaftlichen Studien über bestimmte Industriebranchen sind für ein Publikum jenseits der FTC bestimmt und der Kongress kann beim Bureau weitere Untersuchungen in Auftrag geben. Zu Beginn waren Ökonomen den Juristen innerhalb der FTC zahlenmäßig überlegen, aber dies drehte sich im Laufe der 1920er Jahre (Müller 2004). Das Nichtvorhandensein einer klaren ökonomischen Begründung bei der Entscheidungsfindung der FTC in den 1950er und 60er Jahren war ein Hinweis auf eine geschwächte Position des Bureau of Economics in dieser Zeit. Im Jahr 1954 wurden 14 der 27 Ökonomen des Bureau of Economics in Rechtsabteilungen versetzt, wo sie unter der Autorität von Juristen standen (Müller 2004). Versuche, die wirtschaftliche Expertise Mitte der 1950er Jahre zu stärken, blieben erfolglos, und ein großer Stellenabbau der FTC im Jahr 1955 verringerte die Größe des Bureau of Economics noch weiter (FTC 2003).

Was die Kartellexperten betrifft, wird die wesentliche Spannung zwischen Ökonomen und Juristen von beiden Seiten wie folgt dargestellt. Ökonomen hatten von Berufs wegen weder Interesse daran, Fälle vor Gericht zu bringen, noch Fälle zu gewinnen, wenn sie vor Gericht kamen. Rechtsanwälte treiben währenddessen ihre Karriere voran, indem sie beides tun. Dies ist teilweise eine fachliche Stereotypisierung, aber eine, denen Kartellexperten einen bestimmten Wahrheitsgehalt zuschreiben. Sofern sie die Effizienz oder andere Vorgehensweisen analysieren, haben Ökonomen keine berufliche Verpflichtung zur Intervention, während es das Ziel des Kartellanwalts der Regierung ist, aus einer Reihe von Tatsachen jenes Beweisstück zu ermitteln, das eine kartellrechtliche Verletzung begründet (Baye 2007). Sehr oft ist die wirtschaftliche Beweislage nicht stark genug, um einen Fall zu unterstützen, so dass Juristen nur die Wahl bleibt, entweder den Fall fallen zu lassen oder nach nicht-ökonomischen Beweisen zu suchen. Juristen haben traditionell „heiße Dokumente" ausgesucht, einen Beweis, der die bewusste Einschränkung des Wettbewerbs anzeigt; Ökonomen – wie bereits erwähnt – gehen über bewusste Absichten hinaus. Der Zeitraum, in dem US-Kartell-Politik am wenigsten ökonomisch angeleitet war, war nicht überraschend der, in dem Juristen nur wenig Interesse an der bereitgestellten Analyse der Ökonomen zeigten. Eine lockere FTC-Redensart Anfang der 1960er Jahre war „ein belastender Brief in den Akten ist die Aussage von zehn Ökonomen wert" – betrachte die ausdrücklichen Absichten der Akteure und kümmere dich nicht um die Nettoauswirkungen ihres Verhaltens (FTC 2003). Juristen glaubten zu diesem Zeitpunkt korrekterweise, dass sie Richter davon überzeugen konnten, Unternehmen zu bestrafen, indem sie einfach darauf hinwiesen, wie groß und profitabel sie geworden waren – oder es wie im Fusionsfall versuchten – unabhängig von Effizienzkriterien.

Die relative Autorität der Ökonomen innerhalb des FTC, des DOJ und im Gerichtssaal begann seit den frühen 1960er Jahren zu wachsen. 1961 wurde die Stellung des Direktors des Bureau of Economics gestärkt, so dass er oder sie – unter Umgehung der Juristischen Community – als unabhängiger Berater für FTC-Bevollmächtigte handeln konnte. Im gleichen Jahr kehrten die 14 Ökonomen zurück, die aus dem Bureau of Economics entfernt wurden. Der Direktor des Bureau of Economics begann mit verstärkten Einstellungen, und 1963 gab es bereits 45 Ökonomen in der FTC (Müller 2004). Um die Chancen der Einstellung von akademischen Ökonomen zu erhöhen, gestattete die FTC ihren Ökonomen, von nun an für ihre Arbeit öffentlich akkreditiert zu werden. Die Anzahl ökonomischer Studien stieg wieder an. Wurden zwischen 1961 und 1965 nur 14 Studien durchgeführt, waren es zwischen 1966 und 1970 bereits 48 (FTC 2003). Ein Jurist, der in dieser Zeit in der FTC arbeitete, erinnert sich, dass „bis zum Ende des Jahrzehnts die Ökonomen viel stärker in der Empfehlungsaussprache eingebunden wurden, und die Juristen uns zuhörten." (FTC 2003, S. 38)

In dieser Phase verblieb die wachsende Autorität der Ökonomen innerhalb des dominanten Paradigmas, das immer noch die Struktur Conduct Performance-Theorie von Bain war. Die wachsende Autorität der Ökonomen innerhalb der FTC und dem DOJ in den 1960er Jahren war nicht ausreichend, das Gedankengut des Chicagoer Law and Economics-Ansatzes zu verankern. Während die Wirtschaft wiederbelebt wurde, wurde die Orthodoxie der 1950er Jahre bis in die 1970er Jahre nicht angefochten. Es sollte daher nicht als Zufall betrachtet werden, dass die beiden Personen (Posner und Bork), die am häufigsten an der Orthodoxie rüttelten, keinesfalls Ökonomen waren, sondern wirtschaftlich gebildete Juristen. Fernab des orthodoxen ökonomischen Establishments der FTC und der Harvard University (wo die Structure Conduct Performance-Theoretiker angesiedelt waren), aber fasziniert von dem noch unorthodoxen Chicagoer Law and Economics-Ansatz, hatte Bain nicht im geringsten einen Einfluss auf sie.

Ab Mitte der 1970er Jahre begannen die Richter allmählich die Meinung des Chicago School Ansatzes zu vertreten, da die Argumente des FTC und des DOJ für sie keinen Sinn mehr machten. Das Structure Conduct Performance-Paradigma war in zu viele außerökonomische, normative Kriterien verstrickt, um im Gerichtssaal zu überzeugen. Der Oberste Gerichtshof zitierte sowohl Bork und Posner zum ersten Mal in seinem 1977 GTE Sylvania Urteil (Miller 1989). Die oppositionelle Logik des Kartellrechts, – dass eine Seite bei einem Rechtsstreit gewinnt und die andere verliert – bedeutet, dass die Gerichte zweifellos als recht dramatische Katalysatoren für einen Wandel der rechtlichen und wirtschaftlichen Orthodoxie fungieren können. Wenn eine Argumentation vor Gericht zu scheitern droht, und eine andere dabei ist zu gewinnen, dann werden die Kartellbehörden und die Rechtsgemeinschaft schnell ihren Ansatz aktualisieren. Ein Hinweis auf die zukünftigen Fälle kam mit dem Fall „General Dynamics" im Jahr 1974, in dem der Oberste Gerichtshof die FTC-Behauptung, dass der Steinkohlenbergbau übermäßig konzentriert war, zurückwies mit der Begründung, dass die Konzentration nicht *per se* ineffizient war. Bis in die späten 1970er Jahre waren Misserfolge dieser Art für die Kartellbehörden fast normal, da, wie Prozessbeobachter feststellten, mehr als die Hälfte der kartellrechtlichen Strafverfolgungen im Berufungsverfahren aufgehoben wurden (Miller 1989).

Ab 1981 veränderte sich das Machtverhältnis zwischen Ökonomen und Juristen im US-Kartellbereich deutlich zu Ungunsten der Juristen. Im DOJ veränderte sich das Verhältnis zwischen Ökonomen und Juristen von etwa eins zu zwölf im Jahr 1981 auf eins zu acht im Jahr 2000 (Posner 2002). Aber diese Zahl zeigt sowohl eine Reduktion juristischer Leistungsfähigkeit des Staates als auch eine Stärkung ökonomischer Kapazitäten an; die gesamte Bandbreite für kartellrechtliche Intervention schrumpfte infolge der Chicago-Revolution. Spannungen zwischen den (disziplinären) Professionen entstanden, da Ökonomen immer mehr dazu übergingen, selbstbewusst die „Sinnlosigkeit" der Gesetzgebung darzustellen. Ein FTC-Ökonom erinnerte sich wie folgt:

„The Bureau of Economics went from being ‚loved' by the lawyers and supporting litigation to being the unpopular quality control enforcers who would say in a very vigorous way, wait a minute, here are the reasons why this may not make sense." (FTC 2003, S. 97)

Im Vergleich dazu war die wachsende Anzahl von Ökonomen in US-Kartellbehörden keine Quelle großer Widersprüche während der 1970er Jahre, da das ökonomische Paradigma mit welchem gearbeitet wurde, noch weitgehend mit der rechtlichen Anschauung vereinbar war, dass die Monopolisierung und vertikale Integration wettbewerbsschädlich waren. Das Chicagoer Paradigma sagte sich von dieser Logik los und forderte die epistemologische Autorität der juristischen Expertise heraus. Wir sahen bereits, wie Law and Economics-Wissenschaftler gerne behaupten, dass explizite, bewusste Strategien weniger effizient als implizite, unbewusste Strategien sind. Zum Teil veranlasste dies die Juristen, eine andere Sichtweise darauf einzunehmen, was als „Beweis" galt, und Tätigkeiten, die als wettbewerbsschädlich erschienen, wurden plötzlich als effizient und gültig erklärt.

Es gab nachfolgend verschiedene Schwankungen bei der Auslegung und Anwendung des Chicago-Ansatzes, und die Trennung der ökonomischen Analyse von politischen Kräften kann nie vollständig sein. Besonders erwähnenswert ist das Aufkommen der „Post-Chicago-Synthese" in den 1990er Jahren, in welcher Erkenntnisse sowohl der Harvard School als auch der Chicago School angewandt wurden, zu einer Zeit, als die Clinton-Regierung versuchte, den Anwendungsbereich der kartellrechtlichen Durchsetzung geringfügig zu erweitern (Baker 1989; Cucinotta et al. 2002). Der Begriff des „Marktversagens", den Coase abgelehnt hatte, wurde als Grundlage für staatliche Intervention wiederbelebt, ohne jedoch die Betonung der empirischen Effekte hinsichtlich der Effizienz zu stören.

3 Fazit: Neoliberalismus als „gesunder Menschenverstand"

Die „Chicagoer Revolution" war nicht einfach nur eine Revolution à la Kuhn innerhalb der ökonomischen Orthodoxie, sondern ein strategisches Projekt professioneller Kolonisation. Simons Berufung als Leiter der Chicago Law School deutete dies an, wenn auch mit wenig Vorsatz, die Rechtssphäre zu kolonisieren. Von diesem Zeitpunkt an jedoch wurden Juristen aufgefordert, ihre eigene Disziplin als mit Unsinn verschmutzt und die Preistheorie als Möglichkeit der Reinigung anzusehen. Die rhetorischen Fähigkeiten von Coase und Director erwiesen sich als bedeutsam bei der Aufstellung der Behauptung, die Effizienz sei die einzige „offensichtliche" Grundlage für die Bestimmung der Implementierung des Rechts. Die Tatsache, dass konservative Juristen diese Logik nicht nur begreifen konnten, sondern auch als Kritik an den Staat nutzbar machen konnten, war ein Testfall für dessen Einfachheit. Sobald die Preistheorie als gesunder Menschenverstand akzeptiert wird, erscheinen staatliche Maßnahmen lächerlich, die die Entscheidungsfindung des Einzelnen zu verbessern versuchen.

Wenn der Neoliberalismus nach Foucault die Prüfung „ jede[r] Handlung der öffentlichen Gewalt im Hinblick auf Widersprüche, mangelnde Konsistenz, Sinnlosigkeit usw." beinhaltet, könnte die Chicagoer Revolution auf etwas Grundsätzlicheres in Hinsicht auf den Neoliberalismus hindeuten. Was war die Expertise der Rechtsanwälte, die die „Filterung" auf diese Weise benötigten? Der Kampf besteht zwischen zwei rivalisierenden Epistemologien. Der Jurist, zumindest wie er von Chicagoer Ökonomen dargestellt wird, hält sich an ein formalistisches Verständnis des sozialen und wirtschaftlichen Lebens, belastet durch illusorische *a-priori*-Einheiten. Das juristische Verständnis der Wirtschaft beruht auf einem quasi-idealistischen Verständnis dessen, was einen „Wettbewerb" oder einen „Markt" darstellt, an das sich empirische ökonomische Instanzen nie ganz halten. Das könnte auch vom ordoliberalen Verständnis gesagt werden. Wo Abweichungen vom Ideal zu groß werden, kann von einer Form der wettbewerbseinschränkenden, marktwidrigen Aktivität ausgegangen werden. Es bleibt dann zu prüfen, wie gezeigt werden kann, dass dies eine bewusste Wahl seitens der Übertreter des Gesetzes war. Die wirksame Kausalität leitet sich von der Freiheit und den bewussten Absichten der Wirtschaftsakteure ab, die empirisch durch Beweise bei Gericht zugeschrieben werden können. Die Erkenntnistheorie der Chicagoer Law and Economics-Bewegung deckt diese Illusionen auf. Das einzige *a priori* ist das ökonomische Verfahren selbst, dessen einzig Effizienz priviligiere. Die rationale Wahl wird als methodisches Prinzip vorausgesetzt und nicht als eine transzendentale Grundlage für Normativität oder als relevanter kausaler Faktor. Das Wissen, das von den Ökonomen vorausgesetzt wird, wird nicht zwangsläufig in irgendeiner Weise gemeinsam von den zu untersuchenden Akteuren geteilt, was Friedman gerne betonte (Friedman 1953). Die vielleicht überraschendste Auswirkung dieses Ansatzes ist, dass er eine teilweise *Herausforderung* für die Vorrangstellung und Dauerhaftigkeit der Märkte anbietet, aber keine Verteidigung (Coase 1993). Märkte bieten den Vorteil, „die Karten offen auf den Tisch zu legen" und eine gemeinsame Welt zu schaffen, die von Ökonomen und ökonomischen Akteuren gemeinsam bewohnt wird. Aber jenseits dieser phänomenologischen Qualität sind die *empirischen* Verdienste der Märkte eine offene Frage, in einer Weise, wie sie nicht für die Kartellrechtsanwälte der 1950er und 60er Jahre relevant war. Diese positivistische Kritik der juristischen Metaphysik kann nicht umfassend erfolgreich sein, insofern die Ökonomie das Recht nicht vollkommen ersetzen kann. Aus diesem Grund wird die neoklassische Ökonomie dazu benutzt, politische Macht zu kritisieren und zu formen, insofern sie deren Ontologie zurückweist und diese auf Praktikabilität zurückführt. Ökonomen können eine quasi-juristische Befugnis innerhalb staatlicher Stellen erwerben, wie es in den Kartellbehörden ab den 1970er Jahren geschah. Die Methoden der neoklassischen Ökonomie können zu einer Form normativer Verfahren werden, die korrekt befolgt werden müssen, um einen legitimen Rechtsfall zu gestalten (Davies 2011). Aber letztlich muss das Gesetz eine souveräne Grundlage beibehalten, um als Gesetz zu funktionieren, selbst unter regelmäßigen empirischen oder Benthamschen Attacken. Der Neoliberalismus leidet insofern an einem Widerspruch, der im Jahr 2008 hervorbrach: er ist von Formen der Staatsmacht abhängig, die er nicht anerkennen kann, ausgenommen in Bezug auf dessen „Wirkungen". Die Europäische Union hat besonders darunter gelitten, als sie die ökonomische Rationalität auf eine transnationale Ebene hob und erwartete, dass dies ohne begleitende souveräne Kräfte funktionieren würde. Die Krise hat daher eine implizite Renationalisierung der europäischen Mächte auf verschiedene Weise verursacht.

Ohne eine Theorie legitimer, normativer staatlicher Eingriffe ist die Alternative eine Schmittianische Vorstellung, dass kontingente Ausnahmeentscheidungen in regelmäßigen Abständen getroffen werden (müssen), um die vorhandene Normativität als notwendige Sache zu retten (Davies 2013, 2014). Eine der interessantesten Merkmale der Krise, die zwischen September und Dezember 2008 stattfand, war, dass normale Verfahren für die Bewertung von Wettbewerb in kritischen Bereichen wie Finanzdienstleistungen, in mehreren Nationen aufgehoben wurden. Die Rettung der ökonomisierten, empirischen Vision, wie von Chicagoer Neoliberalen propagiert, war kurz von der vollen Macht der Exekutive abhängig, die „unsinnig" gewesen sein könnte, aber auch notwendig war. Aber wo diese Rettung erfolgreich stattfindet, kann der Staat dann mit der gleichen Schnelligkeit aussteigen. Dadurch wird wieder die Illusion geschaffen, dass die ökonomische Bewertung und Kritik als Grundlage für die Verordnung und Verwirklichung des friedlichen Wettbewerbs ausreicht.

Literatur

Amato, Giuliano (1997): Antitrust and the bounds of power. The dilemma of liberal democracy in the history of the market. Oxford: Hart.
Bain, Joseph (1956): Barriers to new competition. Their character and consequences in manufacturing industries. Cambridge: Harvard University Press.
Baker, Jonathan (1989): Recent developments in economics that challenge Chicago School views. In: Antitrust Law Journal 58, S. 645-55.
Baye, Michael (2007): The role of economists in antitrust: getting the most from your economic expert. Prepared remarks before The Economics and Federal Civil Enforcement Committees of the American Bar Association's Antitrust Section. Washington DC, October 17th 2007.
Becker, Gary S. (1986): The economic approach to human behaviour. Chicago: University of Chicago Press.
Bonefeld, Werner (2012): Freedom and the strong state. On German ordoliberalism. In: New Political Economy, S. 1-24.
Bork, Robert (1978): The antitrust paradox. A policy at war with itself. New York: MacMillan.
Burgin, Angus (2012): The Great Persuasion: Reinventing free markets since the Depression. Cambridge: Harvard University Press.
Caporaso, James/Levine, David (1992): Theories of political economy. Cambridge: Cambridge University Press.
Carlton, Dennis/Sallinger, Michael (2007): Economic analysis of competition practices in the EU and the US. A view from chief economists. In: Competition Policy International 3(2), S. 81-98.
Coase, Ronald (1937): The nature of the firm. In: Economica 4, S. 386-405.
Coase, Ronald (1960): The problem of social cost. In: Journal of Law and Economics 3, S. 1-44.
Coase, Ronald (1988): The firm, the market and the law. Chicago: University of Chicago Press.
Coase, Ronald (1993): Law and economics at Chicago. In: Journal of Law and Economics 36, S. 239-254.
Crouch, Colin (2011): The strange non-death of neoliberalism. Cambridge: Polity.
Cucinotta, Antonio/Pardolesi, Roberto/Van den Bergh, Roger (Hrsg.)(2002): Post-Chicago developments in antitrust law. Cheltenham: Edward Elgar.
Davies, William (2011): Economic advice as a vocation: symbioses of scientific and political authority. In: British Journal of Sociology 62(2), S. 304-323.
Davies, William (2013): When is a market not a market? "Exemption", "externality" and "exception" in the case of European state aid rules. In: Theory, Culture & Society 30(2), S. 32-59.
Davies, William (2014): The limits of neoliberalism. Authority, sovereignty and the logic of competition. London: Sage.
Engelen, Ewald/Ertürk, Ismail/Froud, Julie/Johal, Sukhdev/Leaver, Adam/Moran, Mick/ Nilsson, Adriana/Williams, Karel (2011): After the great complacence. Financial crisis and the politics of reform. Oxford: Oxford University Press.

Fine, Ben (1998): The triumph of economics. Or "rationality" can be dangerous to your reasoning. In Carrier, James/Miller, Daniel (Hrsg.), Virtualism. A new political economy. Oxford: Berg Publishers.

Fine, Ben (2000): Economics imperialism and intellectual Progress. The present as history of economic thought? In: History of Economics Review 32, S. 10-36.

Fine, Ben (2002): Economic imperialism. A view from the periphery. In: Review of Radical Political Economics 34, S. 187-201.

Fligstein, Neil (2011): Die Architektur der Märkte. Wiesbaden: VS Verlag.

Foucault, Michel (2004): Die Geburt der Biopolitik. Geschichte der Gouvernementalität II. Frankfurt: Suhrkamp.

FTC (2003): FTC History: Bureau of Economics Contributions to Law Enforcement, Research, and Economic Knowledge and Policy. Roundtable with Former Directors of the Bureau of Economics, Washington DC, September 4th 2003.

Gerber, David (1994): Constitutionalizing the economy. German neoliberalism, competition law and the "new" Europe. In: American Journal of Comparative Law 42, S. 25-84.

Gerber, David (1998): Law and competition in twentieth century Europe. Protecting Prometheus. Oxford: Clarendon Press.

Grosskettler, Hans (1996): Franz Böhm as a pioneering champion of an economic theory of legislative science. In: European Journal of Law and Economics 3, S. 309-329.

Hausman, Daniel (1992): The inexact and separate science of economics. Cambridge: Cambridge University Press.

Hayek, Friedrich A. v. (1944): The road to serfdom, Oxford: Routledge

Hayek, Friedrich A. v. (2005): The use of knowledge in society. In: American Economic Review 35(4), S. 519-530.

Kitch, Edward (1983): The fire of truth. A remembrance of law and economics at Chicago, 1932-1970. In: Journal of Law and Economics 26, S. 163-234.

Knight, Frank (1957): Risk uncertainty and profit. New York: Kelly & Millman.

McCloskey, Deidre (1985): The rhetoric of economics. Madison: University of Wisconsin Press.

Miller, James (1989): The economist as reformer. Revamping the FTC, 1981-1985. Washington, DC: American Enterprise Institute.

Mirowski, Philip (2013): Never let a serious crisis go to waste. How neoliberalism survived the financial meltdown. London: Verso Books.

Mueller, Willard (2004): The revival of economics at the FTC in the 1960s. In: Review of Industrial Organization 25, S. 91-105.

Muris, Timothy (2003): How history informs practice – understanding the development of modern US competition policy. Prepared remarks before American Bar Association Antitrust Section Fall Forum, Washington DC, November 19th 2003.

Nörr, Knut (1996): On the concept of the "economic constitution" and the importance of Franz Böhm from the viewpoint of legal history. In: European Journal of Law and Economics 3, S. 345-356.

Pitofsky, Robert (2008): How the Chicago School overshot the mark. The effect of conservative economic analysis on U.S. antitrust. Oxford: Oxford University Press.

Posner, Richard (1981): The economics of justice. Cambridge: Harvard University Press.

Posner, Richard (2000a): The law and economics movement. In: Parisi, Francesco (Hrsg.), The economic structure of the law. The collected economic essays of Richard A. Posner. Bd. 1. Cheltenham: Edward Elgar.

Posner, Richard (2000b): Law and economics is moral. In Parisi, Francesco (Hrsg.), The economic structure of the law. The collected economic essays of Richard A. Posner, Bd. 1. Cheltenham: Edward Elgar.

Posner, Richard (2002): Antitrust law. Chicago: University of Chicago Press.

Roeller, Lars-Hendrik/Buigues, Pierre (2005): The office of the chief competition economist at the European Commission. Verfügbar über: http://ec.europa.eu/dgs/competition/officechiefecon_ec.pdf.

Schmalensee, Richard (2007): Viewpoint. Thoughts on the Chicago legacy in US antitrust. Competition Policy International. May 2007.

Simons, Henry C. (1934): A positive program for laissez faire: some proposals for a liberal economic policy. Chicago: University of Chicago Press.

Stigler, George (1975): The citizen and the state. Essays on regulation. Chicago: University of Chicago Press.

Stigler, George (1992): Law or economics. In: Journal of Law & Economics 352, S. 455-68.

Thorelli, Hans (1955): The federal antitrust policy. Origination of an American tradition. Baltimore: John Hopkins Press.

Van Horn, Robert (2009): Reinventing monopoly and the role of corporations. The roots of Chicago Law and Economics. In: Mirowski, Philip/Plewhe, Dieter (Hrsg.), The road from Mont Pelerin. The making of the neoliberal thought collective. Cambridge: Harvard University Press, S. 139-178.

Van Horn, Robert (2011): Chicago's shifting attitude toward concentrations of business power (1934–1962). In: Seattle University Law Review 34(4), S. 1527.

Van Overtveldt, Johan (2007): The Chicago School. How the University of Chicago assembled the thinkers who revolutionized economics and business. Chicago: Agate.

White, Harrison C. (2002): Markets from networks. Socioeconomic models of production. Princeton: Princeton University Press.

Williamson, Oliver (2003): Economics and antitrust enforcement: Transition years. In: Antitrust 17, S. 61-65.

Die Gouvernementalität des Unternehmens im Wandel

Wie Managementberatung zur prominenten diskursiven Praxis wurde

Christian Schmidt-Wellenburg

1 Einleitung

Der oft beschworene Aufstieg der Managementberatung zu einem integralen Bestandteil von Unternehmensführung besitzt eine selten beachtete Seite: Managementberatung ist nicht nur zu einer anerkannten Praktik der „guten Regierung" des Unternehmens geworden, sondern zugleich zu einer legitimen Form der Produktion von Managementwissen. Im Folgenden soll dem Wandel der diskursiven Praxis der Produktion von Managementwissen nachgegangen und seine Bedeutung für den Wandel der Praxis der Unternehmensführung eruiert werden. In einem ersten Schritt sind die Praxis des Managements und ihre Logik zu skizzieren, um einerseits den Alltag des Managements zu begreifen und andererseits zu verstehen, dass in diesem Alltag die Möglichkeit diskursiven Wandels angelegt ist. In diesem Zusammenhang ist auch von Interesse, in welcher Handlungspraxis Managementwissen produziert wird, welchen Regelmäßigkeiten diese Praxis folgt und auf welche Weise sie sich als speziell diskursive Praxis von einer nicht-diskursiven Praxis des Managements unterscheidet (2.). Erst vor diesem Hintergrund kann der Wandel der diskursiven Praxis rekonstruiert und seine Bedeutung für einen Wandel der Managementpraxis ermessen werden (3.-5.). Durch eine solche Rekonstruktion der Entwicklung lässt sich der Aufstieg der Managementberatung zur gouvernementalen Technik, zur Konsekrationsinstanz im Managementfeld und zum Dispositiv des Organisierens begreifen (6.).

2 Das Feld des Managements

Management als Praxis des Führens von Unternehmen ist nur verstehbar, wenn man eine Rekonstruktion des ihm zugrunde liegenden sozialen Sinns vornimmt, wobei die Heuristik der Feldanalyse gute Dienste leistet (Bourdieu/Wacquant 1996; vgl. Schmidt-Wellenburg 2013b). Aus dieser Perspektive wird Verhalten als in einem bestimmten Kontext sinnhaftes und strategisch ausgerichtetes Tun analysiert. Soziale Sinnhaftigkeit und strategische Ausrichtung des Verhaltens werden als das Ergebnis inkorporierten und praktischen Wissens des Akteurs verstanden und mithilfe des Konzepts des Habitus erfasst. Da der Habitus nicht nur generative Struktur, sondern zugleich in einem bestimmten Kontext generierte Struktur ist, hängt der Grad der strategischen Ausrichtung und der Sinnhaftigkeit des Verhaltens von der Passung von Habitus und Feld ab. Felder sind geteilter sozialer Sinn, habituelle Grundüberzeugungen, die Akteure zu einem Engagement in einem bestimmten Bereich der Praxis motivieren und aneinander binden. Sie lassen sich über ihr Enjeu, d.h. den Spieleinsatz und die dazugehörige Logik der Auseinandersetzung, denen sich alle in ihrem Engagement verpflichten, rekonstruieren (Bourdieu 1993).

Das Feld des Managements ruht auf der habituellen Grundeinstellung auf, dass jedes Unternehmen und jede Organisation durch Entscheidungen regiert wird, durch die sich Organisationsziele erreichen lassen. Jeder, der sich im Feld engagiert, nimmt an, dass jede Entscheidung eine kausale Wirkung hat und die Wirkung kalkulierbar ist, sobald alle Entscheidungskomponenten offenliegen. Wenn das beobachtete Ergebnis einer Entscheidung der vorhergesagten Wirkung nicht entspricht, scheint es folgerichtig, die Entscheidungsprinzipien zu optimieren. Die Idee, durch Wandel Kontrolle auszuüben oder sie zu verbessern, ist deshalb zentraler Bestandteil des Managementfeldes. Organisationen werden als ausreichend ähnlich angesehen, um universelle Probleme zu unterstellen, die sich mit allgemeinen Lösungsansätzen bearbeiten lassen. Das eröffnet die Möglichkeit, den Erfolg von Entscheidungen durch einen Vergleich mit in anderen Organisationen getroffenen Entscheidungen zu bewerten und die eigenen Entscheidungen an in anderen Kontexten erfolgreichen Prinzipien auszurichten. Beide Annahmen zusammen bilden eine Konstellation, die alle Akteure im Feld zu einer Teilnahme am Ringen um Organisationskontrolle motiviert, das Enjeu, das die Illusio eines eigenständigen Realitätsbereichs des Managements mit starken Rationalitätsannahmen schafft (Bourdieu 1999, S. 363).

Bei Wirtschaftsunternehmen wird die Maximierung des Profits durch bestimmte Entscheidungen in seiner relationalen Form als Effizienz zur Grundlage des Vergleichs zwischen unterschiedlichen Entscheidungsformen. Werden Unternehmungen als in Bezug auf Effizienzprobleme gleich begriffen, werden sie zu Wettbewerbern um die knappen Ressourcen, die für das Treffen von Entscheidungen zur Verfügung stehen. Da Management für das Treffen von Entscheidungen unabdingbar ist und so zur Effizienz des Unternehmens beiträgt, wird es selbst zur knappen und begehrten Ressource – entweder als Erfahrung, die im Managerhabitus internalisiert und in seinem Lebenslauf objektiviert ist, oder als externalisiertes Managementwissen, das in Managementideen und -konzepten objektiviert wird. Die Knappheit der internalisierten Form des Managementkapitals geht auf die begrenzte Möglichkeit, Erfahrung in Führungspositionen zu erwerben, und auf die fortlaufende Bedrohung akkumulierter Erfahrung durch neu getroffene Entscheidungen zurück. Die Knappheit der externalisierten Form des Managementkapitals beruht einerseits auf dem andauernden Hunger nach neuen Gewinnen in einer Welt mit begrenzten Möglichkeiten, Gewinne zu realisieren, und andererseits auf der fortwährenden Bedrohung etablierter Formen des Managementkapitals durch neue Managementideen, durch Versuche, Kontrolle durch Wandel zu erlangen (Schmidt-Wellenburg 2013a, S. 38f.).

Ausgehend vom Charakter des Managementkapitals als symbolisches und zugleich materielles Gut lassen sich zwei im Feld vorherrschende Strategien skizzieren. Die materielle Strategie zielt darauf ab, sich Managementkapital anzueignen und andere von dessen Nutzung auszuschließen. Im Fall der internalisierten Form des Managementkapitals umfasst dies die Sozialisation, Ausbildung und Rekrutierung von Personal, im Fall der externalisierten Form ist der Erweb von Managementwerkzeugen, -lösungen und -beratung das geeignete Mittel. Die symbolische Strategie hingegen setzt auf das Schaffen neuer Formen von Führungserfahrung, bspw. durch das Lösen praktischer Probleme, die Verallgemeinerung der Lösungen und die Objektivierung des Erfolgs als Bewährungsprobe im Lebenslauf oder als Musterlösung für eine allgemeine Problemstellung. Symbolische Auseinandersetzungen zielen auf eine Veränderung der Definition der Spieleinsätze, der legitimen Mittel der Konkurrenz und Kooperation und der zugelassenen Akteure. Sie werden im Managementfeld um die Formen von Erfahrung geführt, die als Managementkapital anerkannt sind, und um die Techniken, die Instrumente und das Wissen, die im Alltag des Managements zum Einsatz kommen. Es geht um die Institutionalisierung bestimmter Weltsichten und -prinzipien im Feld.

Der Anreiz, neue Formen der Managementerfahrung und des Managementwissens im Feld durchzusetzen, besteht immer, da bei einer Verbreitung neben den symbolischen Gewinnen in Form eines Legitimitätszuwachses auch die Aussicht auf materiellen Erfolg lockt, jedoch nur, wenn eine Verbreitung auch wirklich auf lange Sicht stattfindet und man von Beginn an dabei ist (DiMaggio/Powell 1983, S. 148). In diesem Nachsatz verbirgt sich die symbolische Logik der Ökonomie des Managementfeldes. Lange bevor ein materieller Zusatzeffekt eintreten kann, ist für den symbolischen Erfolg einer Strategie die Anerkennung und Verbreitung der Neuerung notwendig. Das bedeutet, andere Akteure im Feld müssen von der Wirksamkeit und allgemeinen Gültigkeit – dem Verbreitungspotential – überzeugt sein, und das weit vor der wirklichen Verbreitung. Es stellt sich also die Frage, welche Merkmale eine Innovation „vielversprechend" erscheinen lassen und dies in einem Feld, in dem die Veränderung in Form der Suche nach Problemlösungen in der Unternehmensführung als Alltagsstrategie schon fest verankert ist. Durch die im Feld des Managements verfolgte symbolische Strategie, Wetten auf die Zukunft von Neuerungen des Managementwissens abzuschließen, lange bevor deren materieller Effekt auf den Profit von Unternehmen absehbar ist und kausale Zurechnungen möglich werden, entsteht ein Bedürfnis nach Ex-Ante-Bewertungen neuer Konzepte und Ideen. Dieses Bedürfnis führt zu einer Suche nach und der Produktion von promissiven Zeichen, die versprechen, den Einfluss, den neues Managementwissen morgen auf die „echte" Welt hat, schon heute ermessen zu können und so Aussagen zu produzieren, denen Gehör geschenkt wird. Es entsteht eine diskursive Praxis des Managementfeldes, in der sich jene engagieren, die als fähig gelten, allgemeine Aussagen über das Feld zu treffen. Die Fähigkeit des einzelnen Sprechers, Aussagen zu generieren, hängt einerseits von seinem symbolischen Kapital ab – der Anerkennung seiner Position, seines Könnens und seiner Erfahrung –, andererseits von seiner habituellen Fähigkeit, die inhaltliche Struktur des Feldes intuitiv zu erfassen, seine Tradition sowie die gängigen Problemstellungen und Lösungen zu kennen und sich in diesem Umfeld, ausgehend von der eigenen Erfahrung und Position, innovativ und kreativ verhalten zu können, ohne den Bereich des Denk- und Sagbaren zu verlassen. In der diskursiven Praxis des Managementfeldes wird Managementwissen als Wissen über das Unternehmen, seine Organisation und Führung produziert, wobei die Verteilung des symbolischen Kapitals und der Inhalt des Diskurses des Unternehmens strukturieren, was sagbar ist. Was ein Unternehmen ausmacht und wie es sinnvollerweise zu führen ist, ist Ergebnis dieser Praxis (Foucault 2005, S. 256). Eine Analyse des Wandels des Managements muss daher den Wandel der diskursiven Praxis des Managementfeldes in den Blick nehmen, denn die Basisstruktur des Diskurses des Unternehmens ist die Doxa des Managements (vgl. Bourdieu 1998, 1999, S. 363). Sie stellt den grundlegenden Weltbezug dar, auf dessen Basis ein Engagement in der Managementpraxis Sinn ergibt.

3 Der Wandel der Gouvernementalität als diskursive Praxis

Wenn sich die Rationalität, die Techniken und die Subjektformen verändern, die die Praktiken des Regierens in einem Feld orientieren und die Aussagen über das Regieren bestimmen, kann von einem Wandel der Gouvernementalität des Feldes gesprochen werden. Die Analyse eines solchen Wandels muss sowohl die alltägliche Praxis des Regierens als auch die Reflexion über die Kunst des Regierens berücksichtigen. Im Managementfeld stellt sich die Frage, wie Veränderungen des Alltags der Unternehmensführung zu Ereignissen werden, an denen sich diskursive Auseinandersetzungen entzünden, die zur Ausformulierung von Managementideen und -konzepten führen, deren praktische Anwendung in der Unternehmensführung die materielle und symbolische Struktur des Feldes verändert. Antworten auf diese Frage müssen das Auftreten neuer und den Wandel vorhandener Positionen und Praktiken im Managementfeld sowie das Auftauchen neuer Aspekte der Phänomenstruktur des Unternehmens erklären können.

Aus feldanalytischer Perspektive lassen sich drei Momente sozialen Wandels voneinander unterschieden, an denen die Suche nach Antworten ansetzen kann. Erstens ist sozialer Wandel denkbar, da das praktische Engagement zwar regelhaft, nicht aber regeldeterminiert ist (Taylor 1993). Die Praxis ist immer schon eine andere und das Interesse muss sich darauf richten, in welchem Kontext ein Ereignis zu einem Ereignis des Wandels wird, d.h. sich als anders beobachten lässt. Zweitens objektiviert sich die Praxis in Institutionen und Habitus und wird durch diese beiden „Objektivierungsweisen verflossener Geschichte, in deren Rahmen ständig Geschichte erzeugt wird" (Bourdieu 1993, S. 106), strukturiert, wobei ein homologer Gleichklang beider Formen eher Ausnahme denn Regel ist, sodass Veränderungen an der Tagesordnung sind (Diaz-Bone 2005, S. 192). Drittens entsteht durch die Ausdifferenzierung einer diskursiven Praxis des Feldes als außeralltägliche Arena symbolischer Auseinandersetzungen, in der um das legitime Weltverhältnis im Feld gerungen wird (Keller 2001, S. 125-127; s.a. Viehöver 2005, S. 208), ein weiteres Moment der Dynamik sozialen Wandels. Die relative Unabhängigkeit der diskursiven Praxis eines Feldes vom Feld und die sich daraus ergebende Bedeutung anderer Diskurse und Felder eröffnen die Möglichkeit, dass die diskursive Praxis, jedoch immer nur im Zusammenspiel mit der Alltagspraxis des Feldes, selbst zum Kontext und Motor sozialen Wandels wird.

Eine Analyse sozialen Wandels muss alle drei Momente im Blick behalten. Erstens muss die diskursive Praxis ebenso auf materielle und inhaltliche Veränderungen hin beobachtet werden wie die nicht-diskursive Praxis, um jene Brüche zu identifizieren, an denen sich Neues von Gegebenem absetzt. Probleme und Irritationen, die die bestehende Phänomenstruktur überschreiten, und Praktiken, die die vorhandenen Konzeptionen von Akteuren und Sprechern sprengen, müssen ausgemacht und benannt werden. Im Fall des Managementfeldes ist ein inhaltlicher Wandel der Gouvernementalität zu erkennen, da Managementberatung als Regierungstechnologie in Erscheinung tritt und Beratungspraktiken als legitime Form des Sprechens an Bedeutung gewinnen. Diese Entwicklung wirft die Frage auf, welche Veränderungen in der Phänomenstruktur des Diskurses des Unternehmens und seiner diskursiven Praxis sie ermöglicht haben.

Zweitens muss die Konstellation rekonstruiert werden, in welcher der Bruch praktisch auftreten konnte, d.h. eine bspw. wirtschaftliche, rechtliche oder wissenschaftliche Veränderung in der Praxis des Managementfeldes, die die Passung von Habitus und Feld soweit irritiert hat, dass es zu Verteilungseffekten und Bedeutungsverschiebungen kommen konnte. Es geht darum, die Ereignisse zu bestimmen, in deren Kontext veränderte oder neue Positionen und neue oder veränderte Sinngehalte und Wertigkeiten von Unternehmenspraktiken auftauchen, die sich im Nachhinein als Momente des Wandels und nicht der Reproduktion erweisen. Um das Potential dieser Situation zu verstehen, ist es notwendig, die Logik des Feldes sowie die mit ihm interagierende habituelle Logik zu bestimmen. Aus dem Zusammenspiel beider Logiken entspringt die Veränderung.

In einem dritten Schritt kann dann den Konsequenzen des Ereignisses im Feld und damit dem Verlauf des Wandels nachgegangen werden, wobei ein idealtypisches Muster, das von zwei Richtungen durchlaufen werden kann, die Analyse orientiert. Veränderungen, die ihren Ausgang in der nicht-diskursiven Praxis nehmen, können durch ihren Einfluss auf die Reproduktionsmechanismen des Praxisfeldes zu einer quantitativen Veränderung in seiner Positionsstruktur beitragen. Wird diese quantitative Veränderung als Abweichung von der anerkannten Perzeption wahrgenommen, bspw. aufgrund unerwarteter Misserfolge oder Erfolge der Betroffenen, dann werden sie zum Gegenstand von Äußerungen und damit zum Bestandteil der diskursiven Auseinandersetzungen. Je nachdem, wer die Veränderungen artikuliert und welche Struktur die diskursive Praxis zu diesem Zeitpunkt aufweist, kann ein inhaltlicher Wandel des Diskurses und der Klassifikationssysteme des Feldes das Ergebnis sein. Im Managementfeld sind dies Wirtschaftskrisen, die an den objektivierten Maßstäben gemessen zu einem weitverbreiteten Managerversagen führen, welches zur Suche nach neuen Führungsmethoden anregt und zu einer Redefinition des Unternehmens und seiner Führung mit Auswirkungen auf die Managerpositionen führt. Eine Veränderung der Klassifikationssysteme wiederum kann über den Wandel der nicht-diskursiven Praxis Einfluss auf die primäre Kapitalausstattung der Sprecher und ihre Transformation in symbolisches Kapital ausüben. So beeinflusst der Wandel der inhaltlichen Strukturierung des

Diskurses die materiellen Schließungsstrategien in der nicht-diskursiven Praxis, was auf die symbolische Schließung des Diskurses zurückwirkt. Mit einem Wandel der symbolischen Schließungsstrategien korrespondiert der sichtbare Auf- oder Abstieg von Sprecherpositionen; das Abschneiden einzelner Sprecher im Kampf um die Klassifikation von Neuerungen und ihre individuellen Sprecherkarrieren sind sichtbare Indizien für die strukturellen Veränderungen. Im Managementfeld lässt sich dies in der zweiten Hälfte des 20. Jahrhunderts am Bedeutungsverlust des Managers als Sprecher und dem Bedeutungsgewinn zuerst der Sprecherposition des Akademikers und dann des Managementberaters beobachten. Der hier skizzierte Verlauf ist ebenso in umgekehrter Abfolge denkbar, wenn der Ausgangspunkt ein interner oder externer Anstoß in der diskursiven Praxis ist.

Im Folgenden werden die vielfältigen Beziehungen zwischen dem Auftreten neuer diskursiver Praktiken in der Produktion des Managementwissens, der inhaltlichen Veränderung dieses Wissens und dem Auftreten neuer nicht-diskursiver Praktiken im Alltag des Managements anhand einiger exemplarischer Karrieren von Managementideen und Sprechern in den 1980er- und 1990er-Jahren analysiert. Am Beispiel einer Managementidee und der Karriere ihres Sprechers kann das praktische Zusammenspiel von habitualisierten Dispositionen und im Feld als Texte, Artefakte und Techniken, Institutionen, Subjektivierungs- und andere Praxisformen vorliegenden strukturellen Gegebenheiten und Möglichkeiten erläutert werden. Am diskursiven Potential eines bestimmten Sprecherhabitus, der – bezogen auf die sich eröffnenden Möglichkeiten – als neu, innovativ und kreativ erscheint, wird struktureller Wandel als individuelle Lebensgeschichte erfahr- und dadurch verstehbar.

4 Wissenschaftliche Methoden und Beratungserfahrung als Basis symbolischer Macht

Zwei Sprecherkarrieren, an denen sich der diskursive Wandel des Managementfeldes in den 1980er-Jahren exemplarisch zeigen lässt, sind jene von Rosabeth Moss Kanter und Tom Peters. Beide tragen mit den von ihnen propagierten Konzepten des *Empowerment* und der *Organizational Culture* zum inhaltlichen Wandel des Diskurses des Unternehmens bei und beide profitieren davon, dass wissenschaftliche Methoden und Beratungserfahrung zunehmend als symbolisches Kapital in der diskursiven Praxis eingesetzt werden können. Die Laufbahnen beider Sprecher nehmen ihren Ausgang in der relativen Peripherie des Diskurses des Unternehmens. Beide verfügen jedoch über einen ausreichenden Zugang zu symbolischen Ressourcen, um sich in den diskursiven Auseinandersetzungen zu engagieren und sie schließlich ins Zentrum und in die Rolle des wohlsituierten Häretikers zu katapultieren (vgl. Bourdieu 1988, S. 180): Kanter als „kritische" Wissenschaftlerin, Peters als „Maverick-Guru" der Beratung.

Ihre Karriere führt Kanter von der Universität von Michigan auf eine Professur an der Harvard Business School sowie auf den Posten des Editor der Harvard Business Review und macht sie zu einer der angesehensten und bestbezahltesten Akademikerinnen im internationalen „Managementzirkus". Zu Beginn lehrt Kanter in Brandeis und Yale und publiziert in führenden soziologischen Fachzeitschriften (Kanter 2007b). Sie interessiert sich aus feministischer Perspektive für Geschlechterdifferenzen in Arbeitskontexten – in den 1970er-Jahren in den Management Studies weder ein zentrales Thema noch ein prominenter Zugang. Erst zwei gesellschaftsweite Entwicklungen eröffnen ihr und anderen Akademikern aus angrenzenden Disziplinen eine Karriere im Bereich der Management Studies. Erstens sind Business Schools zu diesem Zeitpunkt Gegenstand interner Reformbemühungen, die auf ein wissenschaftlicheres Profil durch eine stärkere Forschungsausrichtung mit strengeren Methoden zielen (McFarland 1960). Zugleich nimmt die Anzahl der Business Schools, ihrer Studenten und der durch sie abgedeckten thematischen Felder massiv zu (Cruikshank et al. 1999, S. 8). Das eröffnet Wissenschaftlern aus benachbarten und als ‚wissenschaftlicher' geltenden Disziplinen Karrieremöglichkeiten, solange ihr Forschungsobjekt Unternehmen sind. Zweites werden Fragen des *Empowerment* der Arbeitnehmer und der Geschlechtergleichheit in Unternehmen im Zuge einer allgemeinen emanzipativen Strömung wichtiger (Puffer 2004, S. 268). Hier reiht sich Kanters erstes breit rezipiertes Buch *Men and Women of the Corporation* (Kanter 1977) ein. Sie schreibt es motiviert von der Hoffnung, den Fortschritt wissenschaftlichen Wissens zu befördern und zugleich zugunsten der Benachteiligten in die politischen Alltagsauseinandersetzungen eingreifen zu können. Bald schon stellt sie ihre Arbeit zudem in den viel weitreichenderen Kontext einer *American Corporate Renaissance* in Zeiten der ‚unerhörten' Stärke japanischer Unternehmen: „If the American organizations use this opportunity to arouse the potential entrepreneurs in their midst [...] then [...] they could be renewed, refreshed, and readied for a changed world" (Kanter 1983, S. 352-353).

Diese Konstellation des Managementfeldes und des Diskurses des Unternehmens eröffnet Kanter zusammen mit ihrem kritisch-feministischem Habitus ein diskursives Potential, das sie vor dem Hintergrund ihrer soliden soziologischen Reputation vor allem in ihren ersten zwei Büchern für eine taktisch kluge Doppelstrategie zu nutzen weiß. Mit methodisch-wissenschaftlicher Strenge bedient sie ein soziologisches Publikum, gewinnt aber durch das Hervorheben der praktischen emanzipativen Konsequenzen und der in Unternehmen notwendigen Veränderungen ein management-orientiertes Publikum hinzu: „I worked hard to meet every academic standard I could, but my goal was impact and change, not just academic research for its own sake. I was very conscious of the potential value of my work both for individuals and for changing policy." (Puffer 2004, S. 98) Die Strategie geht auf: Kanter erhält 1977 den *C. Wright Mills Award* der *Society for the Study of Social Problems* und ergattert zudem Beratungsaufträge, da die „productivity arguments of Men and Women of the Corporation caught the attention of many companies" (ebd., S. 101). Das eröffnet ihr den Zugang zu Führungserfahrung als Rohmaterial für weitere wissenschaftliche Forschung, aus der ihr zweites und bekanntestes Buch *The Change Masters* (Kanter 1983) hervorgeht und die 1986 auf den Ernest-L-Arbuckle-Lehrstuhl für Business Administration in Harvard führt (Kanter 2007a).

Während ihrer Karriere verwendet Kanter zur Produktion von Aussagen eine Vielzahl wissenschaftlicher Methoden, wobei die Bandbreite von Ethnographien über Fallstudien bis hin zu Umfragen und statistischen Auswertungen reicht, was auch in den Äußerungen selbst thematisiert wird und im Vergleich zu Sprechern auffällt, die direkt dem Management oder den Management Studies entstammen. Sprecher aus angrenzenden Disziplinen verankern sozialwissenschaftliche Methoden als legitime diskursive Praktiken zur Produktion populären Managementwissens im Diskurs des Unternehmens. Kanter und viele andere nutzen Praktiken wissenschaftlichen Arbeitens, ihre habituellen Routinen des Fragens und Forschens und ihr reflexiv verfügbares Wissen in einem nicht-wissenschaftlichen Kontext, um partikularen Weltsichten Allgemeingültigkeit und Glaubwürdigkeit zu verschaffen und wahre Aussagen zu produzieren, die sich auf die Autorität des wissenschaftlichen Experiments stützen. Je mehr die Aussagen im Kontext des Diskurses des Unternehmens stehen, desto weniger sind sie den Regeln des wissenschaftlichen Diskurses unterworfen. Durch die Verpflanzung der wissenschaftlich-diskursiven Praktiken in den Diskurs des Unternehmens gewinnt dieser eine relative Autonomie gegenüber dem Feld der Wissenschaft, eine Autonomie, die in dem Moment weiter zunehmen wird, in dem Managementberatungen die Chance ergreifen und die ursprünglich wissenschaftlich konnotierten Forschungsmethoden verstärkt einsetzen.

Peters Karriere nimmt ihren Ausgang bei McKinsey in San Francisco und macht ihn zum Inbegriff des Managementgurus – der Economist sieht in ihm den „ueber-guru", Fortune den „Ur-guru" – und er wird für einige Jahre zum bestbezahlten Sprecher des internationalen Vortragsjetsets (Collins 2007, S. 9). Sein Ruhm beruht auf einem der ersten von McKinsey zur Vermarktung ihrer Herangehensweise geplanten Managementbücher: *In Search of Excellence* (Peters und Waterman 1982). Zu Beginn der 1970er-Jahre ist McKinsey, einst Epizentrum und

Schrittmacher der Managementberatung (McKenna 2006, S. 145), durch Konkurrenten wie Boston Consulting Group oder Bain and Company unter Druck geraten, die ihre individuellen und neuen Konzepte wie die *Experience Curve* und die *BCG Matrix* offensiv anpreisen (Henderson 1972a, 1972b; Crainer 1998, S. 26f.). McKinsey zieht nach und entwickelt eine offensivere Marketingstrategie, zu der auch das Forschungsprojekt gehört, aus dem *Search of Excellence* hervorgeht: „a McKinsey-looking book. It has a black cover with a conservative white typeface. Our message was revolutionary, but our credentials and look were traditional" (Peters 2001). Die bei diesem Buch verwendete Taktik, den „revolutionären" Inhalt durch eine konservativ-traditionelle Verpackung zu tarnen, ist ein wichtiger Zug des diskursiven Habitus von Peters, der seinen Werdegang als Reise vom Rand ins Zentrum der diskursiven Praxis verstehbar macht.

Am Anfang steht keineswegs eine häretische Position, sondern vielmehr Peters' feines Gespür, welches ihn die ausgetretenen Pfade der McKinsey-Welt verlassen und zugleich deren Ressourcen gekonnt nutzen lässt: „We got away with it because Bob Waterman and I wore dark McKinsey suits with skinny McKinsey ties and spoke proper McKinsey consulting business-speak." (Peters 2001) Peters kommt 1974 zu McKinsey San Francisco, einem eher peripheren Ort auf der damaligen McKinsey-Landkarte, da dieses Büro keinen großen Umsatz macht und keine herausragende strategische Bedeutung besitzt. Es gilt jedoch als unkonventionelles und kreatives Labor des Unternehmens: „We were the closest thing McKinsey had to hippies – hippies in black suites." (ebd.) Eine ähnlich heterodoxe Stellung nimmt Peters im Diskurs des Unternehmens ein, indem er nicht die herrschende Dichotomie von *Strategy and Structure* betont, sondern auf *Organization and Culture* setzt (ebd.). Sein Augenmerk bei der Verbesserung der Unternehmensleistung liegt auf Mitarbeitern, Personalauswahl und Führungsfähigkeiten. Er betont die ‚weichen' Faktoren des Managements und dies in einem Kontext – McKinsey –, der von der Orthodoxie von *Structure and Strategy* durchtränkt ist (Micklethwait/Wooldridge 1998, S. 119). Ebenso wie Kanter positioniert er sich zudem gegen die anerkannte MBA-Ausbildung der Nachkriegszeit: „We of *In Search of Excellence* were the backlash to the MBA dogma of the 1960s and '70s." (Peters 1997) Anders als Kanter kombiniert Peters seine Position im Feld und seine Positionierung im Diskurs mit der Einstellung eines ‚maverick', also eines jungen, wilden und noch ungebrannten Rindes (Peters 1989), was inzwischen bis zu einem bestimmten Grad eine performative Notwendigkeit jedes Beratungsgurus zu sein scheint (Greatbatch und Clark 2005), auch wenn bis heute kaum einer Peters das Wasser reichen kann: „My agenda was this: I was genuily, deeply sincerely, and passionately pissed off! […] At Peter Drucker, for one. […] I was extremely pissed off at Robert McNamara. […] McNamara introduced the tyranny of the bean counters.

[...] But mostly I was pissed of at Xerox [...]: the bureaucracy, the great strategy that never got implemented, the slavish attention to numbers rather than to people, the reverence for MBAs." (Peters 2001) Peters weiß, wie man die Position des wohletablierten Häretikers einnimmt, und tut dies bis 1981 bei McKinsey, danach in Eigenregie (Micklethwait/Wooldridge 1998, S. 136).

Die Bedeutung von Peters und anderen Managementberatern zu Beginn der 1980er-Jahre darf nicht ausschließlich in ihrem Beitrag zu einem inhaltlichen Wandel des Diskurses des Unternehmens gesehen werden. Von ebenso großer Bedeutung sind die Objektivierungspraktiken für Wissen, die dem Alltag der Beratung entstammen. Die Erfahrungen, über die Partner des Beratungsunternehmens, Klienten und Akademiker zu einem bestimmten Thema verfügen, werden gesammelt und systematisiert. Das zusammengetragene Wissen wird dann zu allgemeinen Problemlösungsstrategien verdichtet, die sich in Fallstudien über ehemalige oder momentane Klienten explizieren lassen. Ihren Ursprung haben diese Objektivierungspraktiken in den „general" und „specialized management surveys" für Klienten, die Beratungsunternehmen seit den 1930er-Jahren anfertigen und die von McKinsey früh zur Vollendung gebracht wurden (McKenna 2006, S. 62/71), auch wenn der Fokus bisher mehr auf der routinierten Führung des Unternehmens als auf dessen Wandel lag. Die Legitimität der Aussagen, die mithilfe dieser diskursiven Praktik produziert wurden, geht dann auf den Erfolg von Beratungsprojekten und die Reputation des Klienten zurück. Die Aussagen stützen sich auf die Autorität der Praxiserfahrung, die auf der Authentizität des Zugangs zur Managementpraxis beruht, die im Fall von Beratungsunternehmen durch den Umgang mit Führungspersonal und die Beteiligung an Projekten des Unternehmenswandels gewährleistet ist. Die Güte der Erfahrung wird durch den wirtschaftlichen Erfolg der Unternehmen autorisiert, sodass hier das symbolische Kapital des Unternehmens seine Wirkung entfaltet. Die im Kontext der Managementberatung angesiedelten diskursiven Praktiken eröffnen aber zugleich neue Optionen, da sie sich nicht allein auf Führungserfahrung stützen, sondern die Bedeutung von Wandel und den Vergleich mehrerer Erfahrungen hervorheben. So wird Beratungserfahrung zur eigenen Sprecherressource, die aufgrund der zunehmenden Bedeutung des routinierten Wandels von Unternehmen selbst an Bedeutung gewinnt. Beratungserfahrung kann dann gerade auch negative Unternehmensbeispiele einbeziehen und den Vergleich systematisch ausbauen, was letztendlich zu Praktiken der Beratungsforschung führen wird. *In Search of Excellence* ist ein gutes Beispiel für diese Entwicklung, da Artikel und Buch zu den ersten gehören, die ohne akademische Ko-Autorschaft auskommen, auch wenn Anthony Athos von der Harvard Business School und Richard Pascale von der Stanford University am Forschungsprojekt beteiligt waren (Peters 1980; Peters/Waterman 1982; Waterman et al. 1980). Es scheint nun möglich, objektiviertes Managementwissen allein durch Beratungserfahrung zu legitimieren.

Beide Karrierewege nehmen ihren Ausgang in einer Feldkonstellation, die einigen Sprechern aufgrund ihrer habituellen Dispositionen strategische Optionen in der diskursiven Praxis eröffnet: Ihr diskursives Potential hat sich erhöht. Engagieren sie sich in der neuen Situation, so besteht die Möglichkeit, dass sie sich mit ihren Aussagen fest im Diskurs verankern. Den einzelnen Sprechern eröffnen sich Karriereoptionen, die sie ins Zentrum der symbolischen Ökonomie des Managementfeldes tragen. Wenn die symbolische Macht des Sprechers dabei weiterhin auf diskursiven Praktiken basiert, die zuvor nicht als Sprecherressourcen gedient haben, so lässt sich am individuellen Aufstieg ein Wandel der materiellen Strukturierung der diskursiven Praxis ablesen.

Die neuen Sprecher verändern jedoch nicht nur die diskursiven Praktiken des Managementfeldes, sondern setzen auch neue Akzente bei der inhaltlichen Gestaltung des Unternehmens, indem sie neue Problemkonstellationen ausmachen. Im Gegensatz zu *Structure and Strategy*, dem Kanon der MBA-Ausbildung der 1950er- und 1960er-Jahre, und den *Bean Counters* betonen sie ‚weiche' Faktoren des Unternehmens wie *Empowerment* oder *Organizational Culture*, was zur Auflösung der harten fordistischen Konzeption und zur Etablierung einer neoliberalen Gouvernementalität des Unternehmens führt (vgl. Schmidt-Wellenburg 2009). Zwar wird die grundlegende ontologische Haltung, dass alle Probleme des Unternehmens auf der defizitären Ausstattung von Individuen oder Unternehmenseinheiten beruhen, beibehalten, doch der Umgang mit diesen individuellen Schwächen verändert sich. Vor allem bei der Suche nach Problemlösungen im Bereich der Organisationsstruktur und der Mitarbeiterführung setzt man nun nicht mehr auf eine „Verbesserung" des Mitarbeiters durch Strafe und Normierung, sondern auf eine Verbesserung der Planung, die nun ihre eigenen Implementierungs- und Steuerungseffekte berücksichtigt und eine bessere Schulung der Mitarbeiter beinhaltet. Die dadurch aufkommenden nicht-diskursiven Praktiken im Feld sind Schulungen, die auf eine kontinuierliche Erziehungsarbeit unter Einbezug der Expertise von Mitarbeitern setzen, und deren bekannteste Form Qualitätszirkel sein dürften. Diese Veränderung führt einerseits zu einer Verlagerung von Verantwortung hin zum einzelnen Mitarbeiter. Anderseits wird auch der Verantwortungsbereich des Managements durch den Einbezug von Folgeeffekten und weichen Faktoren in die Planung ausgedehnt. Im Bereich der strategischen Ausrichtung des Unternehmens und seiner Finanzierung ist die Veränderung vor allem daran zu erkennen, dass das Management nicht mehr als stille Bank begriffen wird, die um eine effiziente und effektive Ressourcennutzung im Rahmen feststehender Geschäftsziele bemüht ist. Es tritt nun als aktiver Investor auf, dessen Aufgabe es ist, bei der Koordination der Investitionen des Unternehmenes in unterschiedliche Geschäftsbereiche und Tätigkeiten ein effizientes Gleichgewicht herzustellen. Eine solche Koordinationsarbeit benötigt Informationen über die Entwicklung der Geschäftsbereiche im Vergleich zu Branchenkonkurrenten und damit eine Vorstellung von der innerhalb einer Branche als erfolgreich geltenden Best Practice, die als Anspruch und Norm fungiert, die es zu erfüllen gilt. Neue nicht-diskursive Praktiken, die in diesem Zusammenhang auftreten, sind Beobachtungs- und Messtechniken sowie Managementtools wie *BCG-Matrix*, *7S*, *Qualitäts-* oder *Wettbewerbsmatrix*, die es erlauben, anhand normierter Faktoren die Situation des eigenen Unternehmens zu erfassen und zu bewerten.

Bezogen auf die Gouvernementalität der Unternehmens sind die zentralen Neuerungen die Betonung von Planung gegenüber dem direkt steuernden Eingriff als oberste Vernunft des Regierens, eine gestiegene Autonomie der Regierungssubjekte – seien es Mitarbeiter oder Geschäftseinheiten – und ein gestiegener Bedarf an Beobachtungen, Messungen und Vergleichen, die den inneren Zustand des Unternehmens und seine äußere Position in unterschiedlichsten Vergleichspopulationen vermitteln. Hier wird ein Bedarf an externer Expertise geschaffen, der der Managementberatung in den kommenden Jahren aufgrund ihrer unternehmensübergreifenden Erfahrung und den ihr zur Verfügung stehenden Mess- und Beurteilungstechniken eine Vielzahl von Betätigungsmöglichkeiten eröffnet, die sie taktisch zu nutzen wissen wird. Es fehlt jedoch noch eine Zutat, die die meisten Träume und Utopien der Unternehmensführung in einer Weise beflügeln wird wie zuletzt das Fließband zu Beginn der fordistischen Ära: die neuen Informationstechnologien.

5 Beratungsforschung und Executive Education als Basis symbolischer Macht

Der Import sozialwissenschaftlicher Methoden als Praktik des Theoretisierens und die Bedeutungszunahme von Beratungspraktiken und -erfahrung für die Produktion von Managementwissen haben den Weg bereitet, auf dem ab Mitte der 1980er-Jahre eine weitere Praktik aus dem Alltag der Beratung an Bedeutung für die symbolischen Auseinandersetzungen im Diskurs des Unternehmens gewinnt: Forschungsprojekte, die von Managementberatungen durchgeführt werden, wobei der Übergang von Rechercheprojekten wie jenem von Peters bei McKinsey zu solchen, die gezielter wissenschaftliche Methoden einsetzen und in expliziten Forschungsabteilungen angesiedelt sind, fließend ist. Eine Entwicklung jenseits des Managementfeldes, die als fundamentale Ursache neuer Probleme und Chancen gesehen wird, befördert die neue diskursive Praxis: der Strukturwandel von der Industrie- hin zur Wissensgesellschaft und der damit einhergehende Aufstieg der neuen Informationstechnologien. Die Entwicklung der Informationstechnologie ist nun so weit fortgeschritten, dass sie ihr Problemlösungspotential im Diskurs des Unternehmens eindrucksvoll entfalten kann, gleichzeitig aber Lücken reißt, die von neuen Sprechern besetzt werden. Bezogen auf die Phänomenstruktur des Unternehmens verspricht die neue Technologie die Versöhnung von Gegensätzen, die die Diskussion seit Jahren prägen und durch die Betonung von Autonomie und „weichen" Faktoren sogar noch verschärft wurden: Eigenverantwortung oder Führungsverantwortung, Dezentralisierung oder Zentralisierung, flache oder hierarchische Organisation, Prozess- oder Funktionsorientierung etc. Jetzt erscheinen Regierungstechniken umsetzbar, die Autonomie, Vergleich und Selbstoptimierung fördern und so dem Management Führungspotentiale erschließen. Zugleich verändern die im Management- und Beratungsalltag zur Anwendung kommenden IT-Lösungen die diskursive Praxis, da nun Beobachtungs-, Mess-, und Vergleichsdaten vorliegen, die nicht nur eine gute Basis für Recherchen, sondern auch für wissenschaftliche Auswertungsmethoden sind. Diese Entwicklung führt zum Aufstieg einer der prominentesten Managementideen der letzten Jahre – *Business Process Reengineering* – und eröffnet der Beratung einen neue Bereich der Expertise: IT-bezogene Dienste und Forschung. Im stetigen Auf- und Ausbau dieser Expertise verbessern sich die Fähigkeiten und Kapazitäten in Bezug auf das Messen, Vergleichen und Sammeln vielfältiger Daten und Informationen aus unterschiedlichen Unternehmen und Branchen weltweit. Unabhängig von den Institutionen des wissenschaftlichen Feldes entsteht Beratungsforschung, und das nicht nur als Dienstleistung, die an Kunden verkauft wird, sondern auch als Basis symbolischen Kapitals für Aussagen über Unternehmen und ihre Führung. Zudem wohnt dieser Praktik die Tendenz inne, die Datenbasis und Expertise nicht auf eine Industrie oder Region zu beschränken, sondern auszudehnen – jedenfalls dann, wenn eine Managementberatung Beratungsforschung zur Basis ihres symbolischen Kapitals macht.

Exemplarisch lässt sich diese Entwicklung an der Sprecherkarriere von Thomas Davenport zeigen. 1988 ist Davenport Director of Research der Index Group und schwimmt als solcher in jener „primal soup" (Davenport 1995), aus der *Reengineering* hervorgehen wird. In allernächster Nähe zum MIT und Michael Hammer, dem späteren Guru des *Reengineerings* „whose office was a couple of floors down from ours", forscht Davenport als Teil eines „multi client research program that was a joint venture of Index Group and Hammer" (Davenport et al. 2003, S. 162f.). Aus diesem Forschungszusammenhang gehen zwei Bücher hervor: *Reengineering the Corporation* (Hammer/Champy 1993) und *Process Innovation* (Davenport

1993). Auch wenn beide Bücher Ergebnis desselben Forschungsprojekts sind, sind sie doch grundverschieden. Hammer und Champy adaptieren für ihr Buch den Stil des Beratungs-Mavericks. Davenport hingegen orientiert sich an der akademischen Tradition des Lehrbuchs und fügt sogar einen Anhang mit dem Titel *The Origins of Process Innovation* (ebd., S. 311-326) an. Das Buch ist ein insgesamt recht wissenschaftliches Unterfangen, was Davenport zu Beginn der 1990er-Jahre sicher der Chance beraubt, richtig Kasse zu machen. Doch seine „relative moderate, academic rigorous, and popular-but-not-widely-so version of the subject" (Davenport et al. 2003, S. 156) eröffnet ihm die Chance auf eine Karriere als „public business intellectual", dessen symbolische Macht auf Forschungsprojekten aus dem Beratungskontext beruht. Hierfür qualifiziert er sich 1982 durch den Abschluss eines „business program for PhDs" der Universität Harvard, nachdem er dort 1979 einen MA und 1980 einen PhD in Soziologie erworben hat. Seine Karriere im Bereich der Beratungsforschung beginnt 1983 bei CSC Index und führt dann 1989 über McKinsey zu Ernst and Young, wo er bis 1994 tätig ist. Von 1998 bis 2003 ist Davenport Partner bei Andersen Consulting, später Accenture, und Direktor des dortigen Institute on Strategic Change. Zu allen Zeiten lehrt Davenport auch an Business Schools, anfangs in Harvard, später an der Universität von Texas und der Graduate School of Management der Universität Boston. 1999 wird er zum Professor am Babson College ernannt, wo er auch Direktor von drei der fünf Forschungsinstitute im Bereich *Executive Education* ist. Davenport selbst versteht seine Arbeit als fortlaufende „research initiatives", die ebenso in der Sphäre der Beratung als auch in der Wissenschaft anzusiedeln sind, was für einen „public business intellectual" typisch ist: „(We)'ve never really been anything but writers, researchers, consultants, and teachers, and we have only had ‚real jobs' for brief periods." (Davenport et al. 2003, S. vii)

Was sich im Zuge von Davenports Karriere verändert hat, sind weniger die Praktiken selbst als ihre Verortung im beratenden oder wissenschaftlichen Kontext. 1993 werden Forschungsergebnisse als aus einem „academic and consulting context" stammend charakterisiert (Davenport 1993, S. 18), 2007 in *Competing on Analytics* (Davenport/Harris 2007) hingegen wird der wissenschaftliche Kontext im Gegensatz zum Beratungskontext nur einmal kurz am Rande erwähnt: das Babson College firmiert als Ort, an dem das erste Treffen zwischen Davenport, dem SAS Institute (einer Softwarefirma), ihrem Kunden Intel und einigen Kollegen des Accenture Institutes for High Performance Business stattfindet (Davenport/Harris 2007, S. ix). Was ist passiert? Beratungsforschung ist nicht nur zu einer diskursiven Praktik geworden, die routiniert und professionell von Spezialisten als Hauptaufgabe durchgeführt wird, was vor allem bei einem Vergleich mit der Beratungsforschung der 1970er-Jahre (z.B. Peters/Waterman) auffällt, die mehr Recherche als Forschung war und im Alltag der Beratung als randständige Aufgabe galt. Beratungsforschung ist auch zum allgemeinen Modell der Managementforschung geworden, das auch in Business Schools wie bspw. dem Babson College Anklang findet, etwa, wenn *Executive Education* und Forschungstätigkeit eng gekoppelt werden: „I think it is a nice mixture to do these sponsored research programs at the School of *Executive Education*, because we get a lot of spillover of content into executive programs and the same kind of companies come through for research and education." (Davenport 2005)

Beratungsforschung ist als legitime Basis symbolischen Kapitals im Diskurs des Unternehmens etabliert worden. Wissen, das so produziert wird, ist valide, da Beratungsforschung einen Kontext zur Verfügung stellt, „in which we could try out ideas and frameworks on a broad variety of companies that were interested or active in the field. [...] Each has been ‚proven' to some degree by the experience of firms and their consultants." (Davenport 1993, S. ix) Zudem können Managementberatungsunternehmen nach 30 Jahren der Gouvernementalisierung des Unternehmens auf Unmengen von Daten zurückgreifen, da die internen und externen Beziehungen des Unternehmens durch IT-vermittelte Konzepte wie *Enterprise Resource Planning* oder *Point of Sale Sytems*, aber auch durch einfache Webseiten genau dokumentiert sind (Davenport/Harris 2007, S. 11). Managementberatungen verfügen nun im Managementfeld über besonderes und exklusives informationelles Kapital (Bourdieu 1994, S. 61), das sehr von Nutzen ist, wenn man Beratungsforschung betreibt: „In the research centres I try to produce managerial knowledge that's actually useful – and unfortunately most business schools are not terribly useful at producing knowledge that's useful to practitioners doing real work." (Davenport 2005) Die Beratungsforschung gewinnt ihre Autorität aus der Praxiserprobung, wird durch die wissenschaftliche Autorität der Methoden gestützt und unterscheidet sich deshalb von einfacher Beratungserfahrung. Die symbolische Macht, die die Praktik entfalten kann, wird durch den im Feld vorherrschenden Glauben an die selektive Kraft des Beratungsmarkts zusätzlich gestärkt, sodass Managementberatungen zur Konsekrationsinstanz für Sprecher und Aussagen werden. Sie fungieren als Prüfungs- und Beglaubigungsmechanismen, die „willkürliche in legitime Beziehungen, faktische Unterschiede in offiziell anerkannte Unterscheidungen [...] transformieren" (Bourdieu 1979, S. 150): Der Ruf des Sprechers ist gut und seine Aussagen sind valide, da sie das Ergebnis einer echten oder potentiellen Auslese durch eine Konkurrenz von Beratungsunternehmen sind, die wirkungslose Konzepte und Berater durch Misserfolg bei der Kundenakquise abstraft.

Davenport ist mit seinen Äußerungen zu *Business Process Reengineering* und später *Risikomanagement* auch an der inhaltlichen Neuausrichtung des Diskurses des Unternehmens beteiligt, die zur internen Vermarktlichung des Unternehmens führt. Höhere Rechen- und Speicherkapazitäten ermöglichen eine nahezu lückenlose Dokumentation, die Möglichkeit des sofortigen Zugriffs auf Daten und eine Datenaufarbeitung, die jedem Einzelnen seinen Einfluss auf das Gesamtergebnis vor Augen führt. Jetzt lassen sich Wertschöpfungsketten als interne Märkte simulieren, die durch Planung der Rahmenbedingungen eingerichtet werden und in denen sich autonome Subjekte selbst kontrollieren, da sie sich als Konkurrenten um Ressourcen, Projekte und Aufmerksamkeit begreifen. Auch das Management ist nun der durch Beobachtungstechniken für Branchen, Unternehmensprozesse und -werte ermöglichten Beurteilung auf einem Markt für Unternehmenskontrolle ausgesetzt. Hier bedeutet vernünftiges Regieren, möglichst viele Vergleichspopulationen einzubeziehen und sich mehr an Effizienz als an Effektivität, an unmittelbarer und zeitnah gemessener Leistung mehr als an mittelbarer Qualifikation zu orientieren. Management wird zur reflexiven Beobachtung, die der Selbstoptimierung aller als handlungsfähig erachteten Unternehmenseinheiten dient und sich der Optimierung des unternehmensinternen Wettbewerbs widmet. Dies kann aufgrund der Standortgebundenheit des Managements nur gelingen, wenn auch externe und neutrale Expertise hinzugezogen wird: Managementberatung. Sie hilft bei der Selbstoptimierung, bei der Optimierung interner Marktsituationen, beim Beschaffen von Informationen und bei ihrer Interpretation. Subjekte dieser Form des Regierens sind das auf seine Selbstoptimierung bedachte Management als Marktsubjekt, die autonomen Unternehmenseinheiten und die selbstverantwortlichen Mitarbeiter. Aus dem Aufbruch, den *Empowerment* und der Einbezug „weicherer" Faktoren versprachen, ist ein neues hartes Organisationsregime geworden, das auf die Idee der Freiheit und nicht auf äußere Kontrolle setzt (vgl. Boltanski/Chiapello 2003).

Diese inhaltliche Neuausrichtung, die immer wiederkehrenden Unternehmenswandel als alltagspraktische Gegebenheit und rationale Notwendigkeit sieht, eröffnet auch einer weiteren Praktik im Feld die Möglichkeit, sich als Teil der legitimen diskursiven Praxis der Produktion von Managementwissen zu etablieren: *Executive Education*. Die Aus- und Weiterbildung von Führungskräften wird zur Basis symbolischen Kapitals, da sie durch das Lehren des Ansatzes und die Imagination eines Publikums eine Resonanz für Managementkonzepte schafft und zugleich den Zugang zu und das Sammeln von primärer Führungserfahrung erlaubt. Grundlage dafür ist die in den 1980er-Jahren gestiegene Aufmerksamkeit für eine fortlaufende Weiterbildung und Optimierung der Belegschaften im Allgemeinen und des Führungspersonals im Besonderen. Die der Bedeutungszunahme von *Human Resource Management* führt so zu einer Zunahme der Bedeutung von *Executive Education* für Managementberatungen und Business Schools. Sie trägt nun einen nicht unbedeutenden Teil zu den finanziellen Ressourcen, dem sozialen

Kapital und dem Prestige beider Institutionen bei. Aufgrund der inhaltlichen Anforderungen an *Executive Education*, die für die Optimierung vorhandenen Humankapitals sorgen muss, und der Expertise der Managementberatung im Bereich des Unternehmenswandels liegt es nahe, dass Business Schools einerseits gerade im Bereich der Aus- und Weiterbildung eine enge Verzahnung mit Managementberatungen anstreben und bei diesen Anleihen nehmen. Andererseits nutzen Managementberatungen die ihnen zur Verfügung stehenden Ressourcen in Form von Beratungserfahrung und -forschung, dringen in den angestammten Tätigkeitsbereich der Business Schools ein und werden zur Konsekrationsinstanz für Karrieren im Managementfeld (Kipping/Amorim 2003).

6 Managementberatung als gouvernementale Technik, Konsekrationsinstanz und Dispositiv des Organisierens

Die dargestellten Veränderungen im Feld des Managements lassen sich, wenn man sich auf die Managementberatung konzentriert, unter drei Aspekten rubrizieren. Erstens ist Managementberatung zu einer Regierungstechnik des Unternehmens geworden, die im Alltag des Managements Verwendung findet und Bestandteil der materiellen Auseinandersetzungen im Feld ist. Da Unternehmensführung sich inhaltlich von einer Institution zur Problemlösung hin zu einem endlos optimierbaren Projekt gewandelt hat, das fortlaufend Informations-, Interpretations- und Beratungsbedarf besitzt, hat die Anzahl und Vielfalt der Probleme, für die Managementberatung eine mögliche Lösung darstellt, zugenommen. Hierbei tritt Managementberatung als Anbieter professioneller Expertise und Hilfe zur Selbstsubjektivierung mittels neuer Managementkonzepte sowie der Aus- und Weiterbildung von Führungspersonal auf (vgl. Meier 2004). Managementberatungen helfen mit Beobachtungs-, Mess- und Managementsystemen, die Anreize setzen, bei der Optimierung der simulierten internen und externen Marktsituationen. Auch für das Sammeln, Aufbereiten und Interpretieren von Informationen über die Umwelt des Unternehmens scheinen Managementberatungen durch ihr unternehmens- und branchenübergreifendes sowie globales Engagement prädestiniert. Abschließend können sich Managementberatungen durch den Verweis auf einen Beratungsmarkt als neutrale Experten positionieren, die über praxisrelevante und getestete Expertise verfügen, was ihre Position gegenüber Akademikern und Managern im Feld stärkt. Der Wandel der Gouvernementalität des Unternehmens hat Managementberatung somit von einer zeitlich begrenzten Aufgabe für außergewöhnliche Situationen zu einer basalen Technik im Alltag der Unternehmensführung gemacht.

Zweitens ist Managementberatung, da sie über die Fähigkeit verfügt, als neutraler Experte zu fungieren und neutrale Expertise zu produzieren, zu einer Instanz der Konsekration geworden, die über die Qualität von Managementideen und -konzepten entscheidet. Beratung kann als Verfahren des Testens von Managementwissen in unterschiedlichen Problemlösungssituationen, Branchen und Unternehmen weltweit begriffen werden. Managementkonzepten, die den Test im Vorfeld bestanden haben und angesichts der Erfahrungen, die bei ihrer Implementierung gesammelt worden sind, verbessert wurden, erwächst aus der Praxiserfahrung eine ganz eigene Autorität: Die Implementationserfahrung gilt als authentischer Zugang zum Feld, der vor allem Managementberatungen offen steht. Die Idee, dass Managementkonzepte im Alltag der Beratungsprojekte getestet werden, beruht auf der Annahme, dass ein Wettbewerb zwischen Managementberatungen besteht und Klienten die Möglichkeit besitzen, zwischen unterschiedlichen symbolischen Gütern zu wählen, was eine Selektion der Güter gemäß ihres Effekts auf die Klienten nach sich zieht. Der Glaube an einen solchen Markt ist die Voraussetzung dafür, dass Managementberatung als Konsekrationsinstanz fungieren kann. Die Idee eines funktionierenden Marktes sichert die Verbindung zwischen der Reputation einer Beratung und der Fähigkeit der Beratung ab, Konzepte zu kreieren, die selektiert werden. Beratungsreputation wird so zu einem validen Indikator in der symbolischen Ökonomie des Feldes; sie gilt als promissives Zeichen. Reputation und Wettbewerb zwischen Managementberatungen sind hoch geschätzte und sanktionsbewährte Werte im Feld, die dem kurzfristigen Eigeninteresse entgegenstehen: „Ask yourself how long McKinsey & Company could stay in business if clients suspected the at client data were being leaked to competitors. Because of such clear franchise risks, McKinsey and firms like it have explicit codes of conduct that forbid any behaviour that could be perceived as compromising the confidentiality of client data." (Simons 1999, S. 93) Auf diese Weise wird der Beratungsmarkt zum Ort der Verkündung objektiver Urteile, aus denen jedes subjektive Interesse „gelöscht" ist (Foucault 2004, S. 342). Managementberatungen entfalten ihre konsekrative Wirkung, indem sie einerseits durch die größere Rolle, die Beratungspraktiken für die Akkumulation symbolischen Kapitals spielen, zu Gatekeepern werden, die den Zugang zur diskursiven Praxis des Feldes kontrollieren und Sprecher selektieren, und andererseits Einfluss auf die Akkumulation von Managementkapital und damit auf Managerkarrieren nehmen. Mit der Bedeutungszunahme des Unternehmenswandels für die Führung von Unternehmen steigert sich auch die Bedeutung, die Erfahrung und Wissen, die in Beratungskontexten gesammelt werden, für die Akkumulation von Führungserfahrung haben. Managementberatungen entfalten so nicht nur als Orte der *Executive Education*, sondern auch als Durchgangsstation in den Karrieren des Führungspersonals eine selektive und konsekrierende Wirkung.

Drittens ist Managementberatung ein Dispositiv des Organisierens, das zunehmend bei der Lösung von Problemen kollektiven Handelns zum Einsatz kommt (Schmidt-Wellenburg 2013, S. 300f.). Es ist die Verknüpfung der unterschiedlichen, hier in ihrer historisch-genealogischen Entwicklung analysierten Praxisformen, die in ihrem alltäglichen Einsatz und bei immer neuen Notständen eine ganz spezielle strategische Wirkung entfalten (Foucault 2003). Um organisationalen Wandel herbeizuführen, wird heute in unterschiedlichsten Organisationskontexten auf bspw. Benchmarkingtechniken und Best Practices zurückgegriffen, die in Wettbewerbsarrangements bei vernünftigen und lernfähigen Subjekten ihre effizienzsteigernde und selbstkontrollierende Wirkung entfalten, und es werden Berater eingeschaltet, die aufgrund ihrer besonderen Erfahrung über „neutrale" Expertise verfügen und als legitime Autoritäten gelten. Indem einzelne Elemente dieses Dispositivs ausgewählt werden, entsteht ein Verweisungssog, der es nahelegt, auch andere Teile des Netzes zu aktivieren. Dessen sichtbares Ergebnis sind Organisationen, die sich von klassischen, durch Disziplinardispositive strukturierte Bürokratien unterscheiden, da sie Subjektpositionen hervorbringen, die auf Autonomie, Eigenverantwortlichkeit und Sichtbarkeit in einem marktförmigen Wettbewerb setzen, der durch einen erheblichen IT-Einsatz ermöglicht wird. Die hier geschaffenen objektiven Dispositionen haben ihre subjektive Entsprechung in den im Zuge der beruflichen Sozialisation in Managementberatungen erworbenen habituellen Eigenschaften, was zunehmend dazu führt, dort aus- und fortgebildetes Personal einzustellen (Link 2008, S. 238). Je nach Kontext kann das Dispositiv der Managementberatung so gegenüber anderen Dispositiven an Raum gewinnen und seine Wirkung als Strategie ohne Strategen entfalten (Foucault 2003, S. 401f.; vgl. Bourdieu 1993, S. 116). Dadurch haben Managementberatung als Praxis, Managementberatungsunternehmen und Managementberater nicht nur im Managementfeld an Gewicht gewonnen und sich zwischen Managern und Akademikern einen festen Platz gesichert, sondern sind zunehmend auch im bspw. bürokratischen, pädagogischen, akademischen oder militärischen Feld anzutreffen, wenn es darum geht, Probleme des Organisierens zu bearbeiten.

Literatur

Boltanski, Luc/Chiapello, Eve (2003): Der neue Geist des Kapitalismus. Konstanz: UVK.
Bourdieu, Pierre (1979): Entwurf einer Theorie der Praxis auf der ethnologischen Grundlage der kabylischen Gesellschaft. Frankfurt: Suhrkamp.
Bourdieu, Pierre (1988): Homo academicus. Frankfurt: Suhrkamp.
Bourdieu, Pierre (1993): Sozialer Sinn. Frankfurt: Suhrkamp.
Bourdieu, Pierre (1994): Rethinking the state. Genesis and structure of the bureaucratic field. In: Steinmetz, George (Hrsg.), State-formation after the cultural turn. Cornell: Cornell University Press, S. 53-75.
Bourdieu, Pierre (1998): Ist interessenfreies Handeln möglich? In: Bourdieu, Pierre: Praktische Vernunft. Frankfurt: Suhrkamp, S. 139-157.
Bourdieu, Pierre (1999): Die Regeln der Kunst. Frankfurt: Suhrkamp.
Bourdieu, Pierre/Wacquant, Loïc J. D. (1996): Reflexive Anthropologie. Frankfurt: Suhrkamp.
Collins, David (2007): Narrating the management guru. London: Routledge.
Crainer, Stuart (1998): Das Tom Peters Phänomen. Frankfurt: Campus.
Cruikshank, Jeffrey L./Doyle, Linda S./McGraw, Thomas K. (1999): The intellectual venture capitalist. In: McGraw, Thomas K./Cruikshank, Jeffrey L. (Hrsg.), The intellectual venture capitalist. Boston: Harvard Business School Press, S. 1-35.
Davenport, Thomas H. (1993): Process innovation. Boston: Harvard Business School Press.
Davenport, Thomas H. (1995): The fad that forgot people. Fast Company.com 1, S. 70. http://fastcompany.com/magazine/01/reengin.html. Zugegriffen: 20. November 2016.
Davenport, Thomas H. (2005): A ubiquity interview with Thomas H. Davenport. Ubiquity 6 (34). http://ubiquity.acm.org/article.cfm?id=1093482. Zugegriffen: 20. November 2016.
Davenport, Thomas H./Harris, Jeanne G. (2007): Competing on analytics. Boston: Harvard Business School Press.
Davenport, Thomas H./Prusak, Laurence/Wilson James H. (2003): What's the big idea? Boston: Harvard Business School Press.
Diaz-Bone, Rainer (2005): Die „interpretative Analytik" als rekonstruktiv-strukturalistische Methodologie. In: Keller, Reiner/Hirseland, Andreas/Schneider, Werner/Viehöver, Willy (Hrsg.), Die diskursive Konstruktion von Wirklichkeit. Zum Verhältnis von Wissenssoziologie und Diskursforschung. Konstanz: Universitätsverlag Konstanz, S. 179-197.
DiMaggio, Paul J./Powell, Walter W. (1983): The iron cage revisited. Institutional isomorphism and collective rationality in organizational fields. In: American Sociological Review 48(2), S. 147-160.
Foucault, Michel (2003): Das Spiel des Michel Foucault. In: Foucault, Michel: Schriften in vier Bänden: Dits et écrits. Bd. III. Frankfurt: Suhrkamp, S. 391-429.
Foucault, Michel (2004): Geschichte der Gouvernementalität II. Frankfurt: Suhrkamp.
Foucault, Michel (2005): Subjekt und Macht. In: Foucault, Michel: Analytik der Macht. Frankfurt: Suhrkamp, S. 240-263.
Greatbatch, David/Clark, Timothy (2005): Management speak. London: Routledge.
Hammer, Michael/Champy, James (1993): Reengeneering the corporation. New York: Harper Business.

Henderson, Bruce D. (1972a): Das Portfolio. In: von Oetinger, Bolko (Hrsg.), Das Boston Consulting Group Strategie-Buch. Düsseldorf: Econ, S. 346-351.
Henderson, Bruce D. (1972b): Die Erfahrungskurve. In: von Oetinger, Bolko (Hrsg.), Das Boston Consulting Group Strategie-Buch. Düsseldorf: Econ, S. 557-560.
Kanter, Rosabeth Moss (1977): Men and women of the corporation. New York: Basic Books.
Kanter, Rosabeth Moss (1983): The change masters. London: Unwin.
Kanter, Rosabeth Moss (2007a): Rosabeth M. Kanter, Ernest L. Arbuckle Professorship of Business Administration, Biography. http://drfd.hbs.edu/fit/public/facultyInfo.do?facInfo=bio&facEmId=rkanter. Zugegriffen: 20. November 2016.
Kanter, Rosabeth Moss (2007b): Rosabeth M. Kanter, Ernest L. Arbuckle Professorship of Business Administration, Publications and Course Materials. http://drfd.hbs.edu/fit/public/facultyInfo.do?facInfo=pub&facEmId=rkanter%40hbs.edu. Zugegriffen: 20. November 2016.
Kipping, Matthias/Amorim, Celeste (2003): Consultancies as managementschools. In: Amdam, Rolv Peter/Kvålshaugen, Ragnhild/Larsen, Eirinn (Hrsg.), Inside the business schools. Copenhagen: Copenhagen Business School Press, S. 133-154.
Link, Jürgen (2008): Dispositiv. In: Kammler, Clemens/Parr, Rolf/Schneider, Ulrich Johannes (Hrsg.), Foucault-Handbuch. Leben – Werk – Wirkung. Stuttgart: Metzler, S. 237-242.
McFarland, Dalton E. (1960): The emerging revolution in management education. In: Journal of the Academy of Management 3(1), S. 7-15.
McKenna, Christopher D. (2006): The world's newest profession. Cambridge: Cambridge University Press.
Meier, Frank (2004): Der Akteur, der Agent und der Andere – Elemente einer neo-institutionalistischen Theorie der Beratung. In: Schützeichel, Rainer/Brüsemeister, Thomas (Hrsg.), Die beratene Gesellschaft. Wiesbaden: VS Verlag, S. 221-238.
Micklethwait, John/Wooldridge, Adrian (1998): Die Gesundbeter. Hamburg: Hoffmann und Campe.
Peters, Thomas J. (1980): Putting excellence into management. In: Businessweek July 21, S. 196-205.
Peters, Thomas J. (1989): Doubting Thomas. Inc. Magazine April. http://inc.com/magazine/19890401/5599.html. Zugegriffen: 20. November 2016.
Peters, Thomas J. (1997): The Peters Principles. Reason.com October. http://reason.com/contrib/show/141.html. Zugegriffen: 20. November 2016.
Peters, Thomas J. 2001. Tom Peters's true confessions. Fast Company.com (53). http://fastcompany.com/magazine/53/peters.html. Zugegriffen: 20. November 2016.
Peters, Thomas J./Waterman, Robert H. (1982): In search of excellence. New York: Harper & Row.
Puffer, Sheila M. (2004): Changing organizational structures. In: Academy of Management Executive 18(2), S. 96-105.
Schmidt-Wellenburg, Christian (2009): Die neoliberale Gouvernementalität des Unternehmens. Zeitschrift für Soziologie 38(4), S. 320-341.
Schmidt-Wellenburg, Christian (2013a): Die Regierung des Unternehmens. Konstanz: UVK.
Schmidt-Wellenburg, Christian (2013b): Diskursiver Wandel im Fadenkreuz von Wissenssoziologischer Diskursanalyse und Feldanalyse. In: Keller, Reiner/Truschkat, Inga

(Hrsg.), Methodologie und Praxis der Wissenssoziologischen Diskursanalyse. Wiesbaden: Springer VS, S. 451-480.

Simons, Robert (1999): How risky is your company? In: Harvard Business Review 77(3), S. 85-94.

Taylor, Charles (1993): To follow a rule ... In: Calhoun, Graig/LiPuma, Edward/Postone, Moishe (Hrsg.), Bourdieu: Critical Perspectives. Cambridge: Polity Press, S. 45-60.

Waterman, Robert H./Peters, Thomas J./Phillips, Julien R. (1980): Structure is not organization. In: Business Horizons 23(3), S. 14-24.

Das Dispositiv der Exzellenz

Zur Gouvernementalität ökonomischer Arrangements an Hochschulen

Ulrich Bröckling und Tobias Peter

1 Das Versprechen

Kaum ein Schlagwort hat die Debatten um Hochschule und Wissenschaft im letzten Jahrzehnt so nachhaltig geprägt wie das der Exzellenz. Vor allem seit sich Bund und Länder in der Exzellenzinitiative das Ziel gesetzt haben, mit gezielter Forschungsförderung „den Wissenschaftsstandort Deutschland nachhaltig zu stärken, seine internationale Wettbewerbsfähigkeit zu verbessern und Spitzen im Universitäts- und Wissenschaftsbereich sichtbarer zu machen", erweist sich das Versprechen der Exzellenz als wirkmächtiges Konzept, um „eine Leistungsspirale in Gang [zu] setzen, die die Ausbildung von Spitzen und die Anhebung der Qualität des Hochschul- und Wissenschaftsstandortes Deutschland in der Breite zum Ziel hat" (Gemeinsame Wissenschaftskonferenz 2005, S. 1). Die Umsetzung dieser Vorgabe ist mit einem komplexen Arrangement von Ausschreibungen, Begutachtungen und Bewilligungen verbunden. An den Universitäten hat sie nicht nur zu einem – angesichts der ausgelobten Finanzmittel nachvollziehbaren – Antragsaktivismus, sondern auch zu tiefgreifenden strukturellen Veränderungen geführt. Die Exzellenzinitiative hat so jene vertikale Differenzierung der deutschen Hochschullandschaft erst produziert, welche die Förderlogik dieses Wettbewerbs bereits als gegeben unterstellte.

Die Breite des Exzellenzdiskurses verweist auf die Wirkmächtigkeit des „making excellence", die nicht von den politischen Programmen und institutionellen Manualen zu trennen ist, welche der Umsetzung von Exzellenzstrategien dienen. Längst ist das Postulat der Exzellenz nicht auf die Förderung der universitären

Forschung beschränkt. Programme wie die *Exzellenzinitiative für die Lehre* sollen dafür sorgen, dass die „Absolventen deutscher Hochschulen zu den weltweit gefragten high potentials zählen" (Schlüter 2009). Darüber hinaus ist das Konzept der Exzellenz längst Bestandteil unzähliger Leitbilder, Mission Statements und Entwicklungsstrategien von privaten und staatlichen Hochschulen. Die Orientierung auf Exzellenz belässt es nicht bei rhetorischen Beschwörungen, sondern zeitigt stratifizierende Effekte. Durch die finanziellen Ressourcen und das symbolische Kapital, das in den Wettbewerben erfolgreiche Hochschulen akkumulieren können, bildet sich zunehmend eine „akademische Elite" heraus (Münch 2007; Hartmann 2010; Kaube 2009).

Das Konstrukt wissenschaftlicher oder pädagogischer Exzellenz lässt sich somit als strategischer Baustein zeitgenössischer Regierungspraktiken im Bildungs- und Wissenschaftssystem auffassen (vgl. Peter 2015; Bröckling/Peter 2016). Während vorliegende Analysen des *Governing by Excellence* in gegenwartsdiagnostischer und genealogischer Perspektive (vgl. Peter 2014) vor allem die spezifische Rationalität dieses Modus der Stratifizierung herauspräpariert und dazu insbesondere wissenschaftssoziologische Studien, Managementliteratur sowie hochschul- und bildungspolitische Konzepte analysiert haben, fehlen bislang Arbeiten, die das Zusammenspiel von Rationalitäten, Technologien und Subjektivierungsweisen an Hochschulen als gouvernementales Arrangement in den Blick nehmen.

Der vorliegende Beitrag fasst in diesem Sinne Exzellenz als Dispositiv, das spezifische Problematisierungen, Zielsetzungen und Plausibilisierungsstrategien (Rationalitäten), Verfahren und Steuerungsmechanismen (Technologien) sowie Selbstbilder und Rollenmodelle (Subjektivierungsweisen) zu einem strategischen Gefüge verbindet. In den aufeinander verweisenden und miteinander verwobenen programmatischen Entwürfen und institutionellen Anrufungen zeigen sich zugleich die Resonanzen und Widerstände, auf die der Exzellenzdiskurs stößt. Dieser ist auf ein gesellschaftliches Kraftfeld angewiesen, in dem Rechtfertigungen plausibilisiert und praktische Umsetzungen zwingend erscheinen. Um die Rekonstruktion dieses Kraftfeldes, um das Aufspüren der sich überkreuzenden und bündelnden Linien, in denen der Ruf nach Exzellenz hörbar wird, geht es im vorliegenden Beitrag. In einem ersten Teil werden die theoretischen und methodologischen Grundlagen einer Analyse gouvernementaler Dispositive diskutiert. Im Anschluss daran wird das Dispositiv der Exzellenz herauspräpariert.

2 Dispositive der Gouvernementalität

Der mit Michel Foucault verbundene Terminus des Dispositivs hat in der sozialwissenschaftlichen Forschung mittlerweile eine ähnliche Prominenz erlangt wie die ebenfalls auf Foucault zurückgehenden Konzepte des Diskurses und der Gouvernementalität. Alle drei bezeichnen weniger ausgearbeitete Theorien, geschweige denn fixe Methodeninventare als vielmehr Forschungsperspektiven im wörtlichen Sinne: Blickrichtungen, Weisen des Hinschauens. Diese weisen selbst wiederum eine erhebliche Vielfalt auf. Angesichts der gemeinsamen Wurzeln im Werk Foucaults überrascht es, dass anders als Verbindungen und Differenzen von Diskursforschung und Gouvernementalitätsanalysen (vgl. Angermüller/van Dyk 2010) eine systematische Gegenüberstellung der Konzepte Dispositiv und Gouvernementalität bisher kaum versucht wurde (eine Ausnahme stellt Nowicka 2013 dar). Dispositivanalysen wie auch *Studies of Governmentality* widmen sich komplexen Macht-Wissens-Konfigurationen. Nehmen Dispositivanalysen die Verknüpfungen von Diskursen, Praktiken und Vergegenständlichungen in den Blick, so richtet sich das Augenmerk von Gouvernementalitätsstudien auf das Zusammenspiel von Rationalitäten, Technologien und Subjektivierungen.

Gemeinsame Bezugspunkte lassen sich bereits auf der semantischen Ebene finden: Das französische *dispositif* meint alltagssprachlich sowohl Werkzeug, Apparat oder Gerät wie auch Maßnahme, Vorrichtung, System oder Einrichtung, besitzt also zunächst eine technische Bedeutung. Eine Ampelanlage ist ein *dispositif*, ebenso ein Lehrplan oder eine Sozialversicherung. Der Duden (2013) versteht unter Dispositiv die „Gesamtheit aller Personen und Mittel, die für eine bestimmte Aufgabe eingesetzt werden können, zur Disposition stehen". Im militärischen Kontext bezeichnet der Begriff „ein Ensemble von Einsatzmitteln, die entsprechend einem Plan aufgestellt werden" (Breitenstein 2013, S. 199; vgl. Agamben 2008, S. 16). Wird auf dispositives Recht verwiesen, so ist damit die Möglichkeit der Abweichung von rechtlichen Regelungen durch Vertrag gemeint. Im engeren juristischen Sinn ist Dispositiv „der Teil eines Urteils, der den Entscheid, den Rechtspruch getrennt von den Motiven enthält" (Agamben 2008, S. 16). Dispositive beziehen sich demzufolge im technischen, militärischen oder juristischen Sinn auf bestimmte Anordnungen von Handlungen, Objekten und Aussagen, mit denen Möglichkeitsräume eröffnet werden, um ein Ziel zu erreichen.

Dieses regulative Moment ist entscheidend für ein umfassendes Verständnis des Dispositivbegriffs. Foucault beschreibt Dispositive nicht nur als heterogene Ensembles aus Texten, Institutionen und Architekturen. Er betont vor allem die „Positionswechsel und Veränderungen in den Funktionen": „So kann irgendein Diskurs mal als Programm einer Institution, mal im Gegenteil als ein Element erscheinen, das es erlaubt, eine Praktik zu rechtfertigen oder zu verschleiern, die selbst stumm bleibt, oder kann als Sekundärinterpretation dieser Praxis funktionieren und ihr Zugang zu einem neuen Rationalitätsfeld schaffen". Schließlich versteht er „unter Dispositiv eine Art von – sagen wir – Gebilde, das zu einem historisch gegebenen Zeitpunkt vor allem die Funktion hat, einer dringenden Anforderung nachzukommen" (Foucault 2003, S. 392f.).

Es ist diese „dominant strategische Funktion" (Foucault 2003, S. 393), die den Begriff des Dispositivs in die Nähe jenes Begriffs rückt, der für Foucaults Konzept der Gouvernementalität grundlegend ist: den des Regierens. Foucault (2004a, S. 145) definiert, einen frühneuzeitlichen Autor zitierend, in seiner Gouvernementalitäts-Vorlesung Regieren als „die richtige Anordnung der Dinge, deren man sich annimmt, um sie zu einem angemessenen Ziel zu führen". Es bezieht sich auf „die Gesamtheit von Prozeduren, Techniken, Methoden, welche die Lenkung der Menschen untereinander gewährleisten" (Foucault 2005, S. 116). Den Ordnungen des Regierens geht Foucault unter drei Aspekten nach: Zum einen untersucht er die Begründungen, Zielsetzungen und Plausibilisierungsstrategien, kurzum die *Rationalitäten des Regierens*. Zum anderen richtet sich sein Augenmerk auf die *Technologien der Menschenführung*, auf jene Verfahren also, mit denen planvoll auf das Handeln von Individuen oder Gruppen eingewirkt wird oder diese auf ihr eigenes Handeln einwirken. Drittens schließlich geht es um die *Subjektivierungsweisen*, die Art und Weise, wie die Programme des Regierens und Sich-selbst-Regierens die Individuen adressieren, um deren Selbstbilder und Selbstformungspraktiken. Bei all dem fragt Foucault nicht danach, wie in dieser oder jener Situation tatsächlich regiert wurde; ihn interessiert vielmehr die Regierungs*kunst*, „d.h. die reflektierte Weise, wie man am besten regiert, und zugleich auch das Nachdenken über die bestmögliche Regierungsweise" (Foucault 2004a, S. 14). Für diese Arrangements – oder eben: Dispositive – aus Regierungsrationalitäten und -technologien sowie Subjektivierungsweisen wählt Foucault den Neologismus „Gouvernementalität", der ihm in einem weiteren Sinn als Analyseraster für Führungsverhältnisse dient und für all jene Verfahren verwendet wird, mit denen Menschen regierbar gemacht und regiert werden und sich selbst regieren. Gouvernementale Strategien – bzw. abermals: Dispositive – regeln die Beziehungen zwischen den Menschen, aber auch die zwischen den Menschen und den sie umgebenden und von ihnen geschaffenen oder bearbeiteten Dingen. Sie zielen darauf ab, eine „faktische, allgemeine und rationale Einteilung zwischen dem herzustellen, was zu tun, und dem, was zu lassen ist" (Foucault 2004a, S. 28).

In diesem Sinne eines unhintergehbaren Eingebundenseins in gouvernementale Arrangements ist auch Gilles Deleuzes Bemerkung zu verstehen, dass wir Dispositiven angehören und in ihnen handeln (Deleuze 1991, S. 159). Stärker noch als Foucault betont Deleuze ihre transformatorische Seite: Was er als Linien beschreibt – „Linien des Aussagens, Kräftelinien, Subjektivierungslinien, Riß-, Spalt- und Bruchlinien, die sich alle überkreuzen und vermischen und von denen die einen die anderen wiedergeben oder durch Variationen oder sogar durch Mutationen in der Verkettung wieder andere erzeugen" (Deleuze 1991, S. 157) – verweist darauf, dass die gouvernementale „Anordnung der Dinge" keineswegs ihre definitive Sistierung impliziert, sondern Platz dafür schafft, sie immer wieder zu verrücken: „Jedes Dispositiv wird so durch seinen Gehalt und seine Neuartigkeit definiert, womit gleichzeitig seine Fähigkeit bezeichnet ist, sich selbst zu transformieren oder sich bereits zugunsten eines Dispositivs der Zukunft aufzuspalten, und wodurch es jedenfalls im Gegensatz steht zu einem Dispositiv, das die Kraft auf seine härtesten, rigidesten oder solidesten Linien gelegt hat" (Deleuze 1991, S. 159).

Auch Giorgio Agamben weist auf die engen Verbindungen zwischen dem Dispositivkonzept und dem Problem der Regierung hin: „Der Terminus Dispositiv bezeichnet also etwas, in dem und durch das ein reines Regierungshandeln ohne jegliche Begründung im Sein realisiert wird." Die Gemeinsamkeit der verschiedenen Verwendungen des Begriffs bestehe darin, „auf eine oikonomia zu verweisen, das heißt auf eine Gesamtheit von Praxen, Kenntnissen, Maßnahmen und Institutionen, deren Ziel es ist, das Verhalten, die Gesten und die Gedanken der Menschen zu verwalten, zu regieren, zu kontrollieren und in eine vorgeblich nützliche Richtung zu lenken" (Agamben 2008, S. 23f.). Mit anderen Worten: Dispositive sind dazu da, die Welt regierbar zu machen.

Roberto Nigro (2009) macht darauf aufmerksam, dass Foucaults Konzept des Dispositivs eine Umkehrung der klassischen Fragen nach der Macht, nach der Wahrheit und nach dem Subjekt impliziert: Statt danach zu fragen, was die Macht ist, erlaube er ihr Funktionieren „als Strategie und als Kraftbeziehung" zu erklären und das Augenmerk auf das Wie der Machtausübung zu richten. Auf dieselbe Weise ersetze der Begriff die „klassische Frage ‚Was ist Wahrheit?' durch die Frage der Produktion der Wahrheit (Veridiktion)", und schließlich heiße, vermittels des Dispositivs zu denken, „von einem Denken des gründenden Subjekts zu einer Theorie der Subjektivierungsprozesse zu gelangen" (Nigro 2009, S. 66). Das Dispositiv markiert mithin eine Wende hin zu den Praktiken – des Wahrsprechens, der Menschenführung und der Selbstkonstitution – und damit zu den Untersuchungsachsen, die Foucault in seinen Analysen zur Geschichte der Gouvernementalität anlegt.

Bei aller Nähe der Bedeutungsfelder betont der Begriff des Regierens stärker den Aspekt der disponierenden Tätigkeit, während der des Dispositivs vor allem auf die Elemente und deren Materialität sowie die Kopplungen gouvernementaler

Steuerungsarrangements abhebt. Dispositiv- und Gouvernmentalitätsanalysen lassen sich nicht strikt voneinander unterscheiden; die Differenz liegt eher in einem leicht verschobenen Fokus als beim Gegenstandsbereich und/oder der Forschungspraxis. Auch die disziplinäre Selbstverortung variiert: Gouvernementalitätsanalysen zielen vor allem auf eine Problematisierung von Machtkonfigurationen und politischen Kraftfeldern, die Nähe zu Fragen der politischen Philosophie ist unübersehbar. Dispositivanalysen, wo sie sich als eigenständiger Zugriff präsentieren (vgl. Bührmann/Schneider 2008) erweitern dagegen in erster Linie diskursanalytische Konzepte im Hinblick auf nichtsprachliche Artikulationen und situieren sich im Feld qualitativer Forschungsmethoden. Man sollte diese Differenzen freilich nicht überbetonen: Welche Aufschrift der Werkzeugkasten trägt, ist weniger wichtig. Entscheidend ist, was man damit machen kann.

Im Schnittfeld von Dispositiv und Gouvernementalität lässt sich eine Analysestrategie identifizieren, die sich auf das strategische Moment der zu untersuchenden Machtarrangements konzentriert und gleichermaßen ihre sozialen, technischen und wissensförmigen Aspekte einbezieht. Eine solche Forschungsperspektive setzt einen anderen Schwerpunkt und folgt einem anderen Forschungsstil als die vorliegenden Ansätze zur methodologischen Grundlegung und methodischen Operationalisierung der Dispositivanalyse (Bührmann/Schneider 2008; Caborn Wengler et al. 2013). Diese knüpfen an die von Foucault (1973) in der „Archäologie des Wissens" vorgeschlagene Trennung zwischen diskursiven und nicht-diskursiven Praktiken an, ergänzen sie um „materielle und symbolische Objektivationen" sowie „Subjektivationen/Subjektivierungen", um dann die unterschiedlichen Dimensionen und ihre Beziehungen zu rekonstruieren. Demgegenüber hält die hier vorgeschlagene Forschungsperspektive die – auch von Foucault schon bald nach Veröffentlichung der „Archäologie" nicht weiter verfolgte – Entgegensetzung von diskursiven und nicht-diskursiven Praktiken für wenig fruchtbar. Dispositive im Sinne von strategischen Konfigurationen der „Menschenregierungskünste" (Foucault 2010, S. 239f.) schließen gleichermaßen sprachlich verfasste (diskursive) wie auch „stumme" (nicht-diskursive) Elemente ein, die sich nicht einmal analytisch trennen lassen: Ein Wettbewerb wie die Exzellenzinitiative, der zweifellos ein Machtdispositiv bildet, hat er doch die Disposition von Forschungsmitteln und -anstrengungen im deutschen Hochschulsystem nachhaltig verändert, besteht aus Antragstexten und mündlichen Präsentationen, aus spezifischen Verfahren ihrer Bewertung, die wiederum in schriftlicher Form erstellt werden, aus Mittelzuweisungen, mit denen dann Forscherinnen und Forscher angestellt, Labore gebaut und Tagungen finanziert werden u.v.a.m. Was hier diskursive, was nicht-diskursive Praktiken sind, lässt sich schwerlich auseinanderhalten.

Der hier vorgeschlagene Zugang zur Untersuchung von Dispositiven orientiert sich demgegenüber an der Trias von Rationalitäten, Technologien und Subjektivierungsweisen. Gefragt wird *erstens* nach den Begründungen und Zielsetzungen, nach den Rechtfertigungsordnungen und Plausibilisierungsstrategien. *Zweitens* richtet sich das Augenmerk auf die Technologien des Regierens, auf jene Verfahren also, mit denen planvoll auf das Handeln von Individuen oder Gruppen eingewirkt wird oder diese auf ihr eigenes Handeln einwirken. *Drittens* geht es schließlich um die Subjektivierungsweisen, die Art und Weise, wie die Programme des Regierens und Sich-selbst-Regierens die Individuen adressieren, um die ihnen eingeschriebenen Selbstbilder und Selbstformungspraktiken. Weil es im Sinne des strategischen Verständnisses von Dispositiv um die Blaupausen der Machtausübung geht und nicht um ihre Effekte oder die Modi ihrer Aneignung, Verwerfung oder Umdeutung, stützt sich die Analyse auf – zumeist in schriftlicher Form vorliegende – Programmatiken.

Der weitere Teil des Beitrags erprobt das Konzept des gouvernementalen Dispositivs und die vorgeschlagene Perspektive zu ihrer Analyse am Beispiel des Exzellenz-Dispositivs im Bereich der Bildung.[1] Darunter verstehen wir das Zusammenspiel von Rationalitäten, Technologien und Subjektivierungsweisen, mithilfe derer exzellenzorientierte Bildungspolitiken plausibilisiert und implementiert werden. Im Fokus steht die Frage, welche Leitbilder von Bildungsinstitutionen und -subjekten die exzellenzorientierten Diskurse, Sozial- und Selbsttechnologien entwerfen und auf welche Weise sie ihnen Geltung zu verschaffen suchen. Dazu werden auf politischer und institutioneller Diskursebene programmatische Texte zu Exzellenz in Forschung und Lehre sowie Verfahrensdokumente wie Ausschreibungen und Rankings analysiert. Auf diese Weise soll herauspräpariert werden, wie die inhärente ökonomische Rationalität des Exzellenz-Gedankens diskursiv umgesetzt wird, wie Technologien der Sichtbarmachung und des inszenierten Wettbewerbs wissenschaftsförmig gemacht werden und welche spezifischen Anforderungen an exzellente Wissenschaftler als marktförmige Subjekte gesetzt werden.

---

1   Vgl. zum diskurstheoretischen Verständnis von Bildung als Dispositiv Maeße und Hamann (2016).

3 Rationalitäten: Die Ökonomie der Exzellenz

Dass wettbewerbliches Denken und ökonomische Effizienzorientierung weit über wirtschaftliche Unternehmungen hinaus auch in andere gesellschaftliche Bereiche der Gesellschaft diffundiert sind, ist mittlerweile ein Gemeinplatz. Die Einwanderung ökonomischer Rationalitäten in Verwaltung, Bildung oder Kultur erschöpft sich keineswegs in der bloßen Übernahme von Kosten-Nutzen-Kalkülen, sondern gewinnt Akzeptanz und entfaltet Wirksamkeit durch spezifische rhetorische Strategien und organisationale Arrangements. Dispositive der Vermarktlichung bzw. Verwettbewerblichung fungieren als ‚Sichtbarkeitsmaschinen' und gouvernementale Gefüge, in denen Hochschulen, Theater, Behörden und andere gesellschaftliche Institutionen auf je spezifische Weise ökonomisch adressiert und modelliert werden. Im Bereich der Wissenschaft entfalten sich Wettbewerbs- und Marktmechanismen in feldspezifischen Formen, mit denen Forschung und Lehre problematisiert und in denen sowohl Gemeinsamkeiten wie Unterschiede zu genuin ökonomischen Steuerungsformen deutlich werden. Über das Exzellenz-Dispositiv gelingt es, ökonomische Programmatiken, Verfahren oder Verhaltensweisen im wissenschaftlichen Feld zu verankern.

Die Rationalität der Exzellenz greift überall da Raum, wo unzureichende Leistungs- und Wettbewerbsfähigkeit diagnostiziert werden. Als Antwort auf Globalisierungszwänge, drohenden Brain-Drain und den Kampf um die besten Köpfe startet der Diskurs um exzellente Hochschulen in Deutschland als Qualitätsdebatte. „Wieviel Qualität muss sein, damit Exzellenz wirklich wird?" fragt Jürgen Mittelstraß 1996. Ähnlich wie Tom Peters und Robert H. Waterman (1981) in ihrem Management-Klassiker *In Search for Excellence* die großen, unüberschaubar diversifizierten und deshalb unbeweglich gewordenen Konzerne kritisieren, nimmt der Wissenschaftsphilosoph die universitären Tanker ins Visier, die längst einer „institutionellen Erosion" ausgesetzt sind, weil die einzelnen Teile keinen inneren Zusammenhang mehr generieren können. Ziel exzellenter Hochschulpolitiken sei es deshalb, eine „qualitätsreiche Ungleichheit anzusteuern über ein sich differenzierendes Hochschul- und spezieller Universitätssystem, über unterschiedliche Profil- und Schwerpunktbildungen" (Mittelstraß 1996, S. 15). Der *Stifterverband für die Wissenschaft* fordert entsprechende Rahmenbedingungen und finanzielle Anreize, um die institutionellen Barrieren einer verkrusteten und versäulten Wissenschaftslandschaft durch „mehr Kooperation und Clusterbildung" aufzubrechen, weniger institutionell zu denken, als „vielmehr in qualitativer Differenz und wissenschaftlicher Exzellenz" sowie Anreizsysteme und Sanktionsmöglichkeiten zu schaffen, um „Qualität, Leistungsfähigkeit und Wettbewerb" zu generieren. Weil nur Wettbewerb zu mehr Qualität und Exzellenz führe, müssten einzelne Universitäten und Forschungseinrichtungen als Cluster miteinander vernetzt werden, um wettbewerbsfähige Einheiten zu schaffen. „Herausragende Institute und Wissenschaftler" sollten international zusammengeführt, „Plattformen für eine europaweite Förderung der Exzellenzforschung" geschaffen und eine „Reallokation der Mittel auf Exzellenz" forciert werden (Erhardt 2003, S. 9f.). In der Problemdefinition, mit der das Dispositiv der Exzellenz entsteht, werden die Hochschulen nicht als Agenturen wissenschaftlicher Wahrheitsfindung, sondern als Wettbewerbsakteure angerufen.

Nicht nur die Problemdefinition, sondern auch die Begründung der Exzellenzförderung wird explizit in einem ökonomischen Kontext artikuliert: „Bund und Länder verpflichten sich, ihre gemeinsamen Anstrengungen in der Forschungsförderung fortzusetzen, um den Wissenschaftsstandort Deutschland nachhaltig zu stärken, seine internationale Wettbewerbsfähigkeit zu verbessern und Spitzen im Universitäts- und Wissenschaftsbereich sichtbarer zu machen. Damit wollen Bund und Länder eine Leistungsspirale in Gang setzen, die die Ausbildung von Spitzen und die Anhebung der Qualität des Hochschul- und Wissenschaftsstandortes Deutschland in der Breite zum Ziel hat" (Gemeinsame Wissenschaftskonferenz 2005). Die dergestalt ökonomisch begründete politische Entscheidung für die Exzellenzinitiative konstituiert einen Raum möglicher Handlungen, in dem bestimmte wettbewerbliche Verfahren wahrscheinlich gemacht und andere Verfahren ausgeschlossen werden. Die für den Wettbewerb zur Verfügung stehenden Finanzmittel wurden weder nach regionalem Proporz noch nach dem Gießkannenprinzip verteilt, sondern im Rahmen einer kompetitiven Ausschreibung, in dem alle Hochschulen um das knappe Gut der Exzellenzförderung konkurrierten.

Die projektbezogene Förderung griff zum einen die gängige Förderungslogik der *Deutschen Forschungsgemeinschaft (DFG)* auf, zum anderen entfaltete die wettbewerbliche Organisation der Exzellenzinitiative eine spezifische Mobilisierungs- und Optimierungslogik. Hochschulen waren aufgerufen, sich als konkurrierende Akteure in den Wettbewerb zu begeben. Permanente Verbesserung, so das zugrundliegende Axiom, lasse sich nicht mit Dauerfinanzierung von Spitzenunis, sondern nur mit temporär begrenzten Förderungen erreichen. Die Anordnung als Wettbewerb machte zum anderen bereits unterstellte Qualitätsunterschiede sichtbar: „Wissen wir jetzt auch in Deutschland, welches unsere besten Hochschulen sind? Die Exzellenzinitiative hat entschieden: Es sind die beiden Münchner Universitäten und die Universität Karlsruhe. Am Rang dieser drei Hochschulen besteht kein Zweifel: Sie gingen bereits als Favoriten in den Wettbewerb und wurden zu Recht ausgezeichnet" (Lepenies 2006, S. 9). Die positive Bewertung des Matthäus-Effekts, des ‚wer hat, dem wird gegeben', rechtfertigt die Ungleichverteilung mit der anreizgebenden Symbolwirkung exzellenter Hochschulen. „Das wichtigste

Ergebnis der Exzellenzinitiative ist die Wiederbelebung und Stärkung des Wettbewerbs" (Lepenies 2006, S. 10).

Die wettbewerbsorientierte Rationalität der Exzellenz zielt auf einen Zirkel wechselseitiger Verstärkung ab: Wettbewerb ist notwendig, um exzellente Hochschulen und Wissenschaftler hervorzubringen, umgekehrt stimulieren Spitzenleistungen wiederum den Wettbewerb. *Only competition makes competitive*, lautet das Mantra aller Exzellenzinitiativen. Die Hochschulen werden durch die Aufforderung zum Leistungsvergleich verunsichert, zur Profilierung angetrieben und zugleich einem internen Konkurrenzdruck ausgesetzt. Nach Auffassung des Wissenschaftsrats (2008) hat die Exzellenzinitiative denn auch „zu einer Aufbruchsstimmung geführt und eine Dynamik in Gang gesetzt, die alle Erwartungen übertrifft. Sie hat erhebliche Veränderungen in der deutschen Hochschullandschaft bewirkt: Differenzierung und Profilbildung der Hochschullandschaft wurden vorangebracht; Ideenreichtum und Leistungsfähigkeit der Hochschulen haben sich bewährt". Zeitlich befristete und gegeneinander in Konkurrenz tretende Projekte sollen ein Höchstmaß an Mobilisierung garantieren, permanente Verbesserung und Dauerfinanzierung sich dagegen wechselseitig ausschließen.

4 Technologien: Entdeckungsverfahren der Exzellenz

Das Dispositiv der Exzellenz operiert mit spezifischen Technologien des Messens und Vergleichens. Sie erzeugen Kraftfelder, welche die Programmatiken plausibilisieren, sie in den Hochschulen verankern und ihre Mitglieder auf Spitzenleistungen einschwören. Die folgende Skizze konzentriert sich auf zwei Schlüsseltechnologien des Exzellenzdispositivs, auf Wettbewerbe und Rankings. Exzellenzwettbewerbe inszenieren Quasi-Märkte, auf denen die Hochschulen um Exzellenz als knappes Gut konkurrieren. Dabei werden zunächst wesentliche Merkmale des ökonomischen Wettbewerbs adaptiert. Finanzielle Ressourcen werden nicht nach regionalem Proporz, Netzwerkzugehörigkeiten oder Kennziffern verteilt. Hochschulen werden vielmehr als Marktteilnehmer und Anbieter von Produkten exzellenter Forschung oder Lehre angerufen. Wie der Preisbildungsmechanismus des Marktes, setzen auch der Als-ob-Markt der Exzellenzwettbewerbe auf die Quantifizierung von Qualität. Dazu wird wissenschaftliche Qualität messbar gemacht, um dann anhand der Leistungsindikatoren die Hochschulen miteinander zu vergleichen und den besten von ihnen das Siegel der Exzellenz zu verleihen. Die quantifizierte Form der Technologien der Exzellenz ist damit zugleich mit den inhärenten Zielstellungen der Rationalität verschränkt, eine bestimmte Hierarchie zu identifizieren und hervorzubringen. Allerdings nehmen nicht die Auftraggeber und Abnehmer wissenschaftlicher Forschung und Lehre die Leistungsbewertung vor, sondern Vertreter des Wissenschaftssystems selbst. Nicht Kunden entscheiden über den Erfolg im Wettbewerb, sondern Peers.

Forschungs- und Lehrqualität zu messen, heißt sie sichtbar zu machen. Mit dem Dispositiv der Exzellenz zeigt sich zudem, auf welche Weise Technologien der Sichtbarmachung und des inszenierten Wettbewerbs wissenschaftsförmig gemacht werden. Exzellenzwettbewerbe fungieren daher immer auch als ‚Entdeckungsverfahren', durch die Wissenschaft wie Politik neues Wissen über Hochschulen erhalten. Das Wissen, dass der Wettbewerb demnach liefert, „besteht […] in hohem Maße in der Fähigkeit, besondere Umstände aufzufinden, eine Fähigkeit, die die einzelnen nur wirksam nutzen können, wenn ihnen der Markt sagt, welche Art von Gegenständen und Leistungen verlangt werden und wie dringlich" (von Hayek 1968, S. 119). Das wettbewerbsförmig organisierte Wissen soll demnach nicht nur dem Markt nützen, sondern vor allem den Marktteilnehmern selbst. Obwohl Wissensproduktion und -distribution nicht im strikten Sinne marktförmig erfolgen (können), werden sie mit Semantiken und organisationalen Arrangements überzogen, welche ihre Vermarktlichung zumindest simulieren (und auf diese Weise auch stimulieren) sollen. Plausibilität gewinnt sie nicht zuletzt durch die doppelte Bedeutung von Wettbewerb einerseits als Marktmechanismus, andererseits als kompetitiver Leistungsvergleich durch Auslobung von Preisgeldern. Wer in einem Exzellenzwettbewerb gewinnt, der soll sich auch im ökonomischen Wettbewerb behaupten können. Umgekehrt sollen geschickte Selbstvermarktung und Rhetoriken der ‚unternehmerischen Universität' auch die Aussichten steigern, bei der Verteilung der Exzellenzpreise erfolgreich zu sein. In beiden Bedeutungen soll vom Wettbewerb eine belebende Kraft für die Teilnehmer ausgehen. Der positionalagonale Wettbewerb (Wetzel 2013), den die Orientierung auf Exzellenz hervorruft, macht nicht nur Stärken und Schwächen sichtbar, sondern lässt Universitäten zugleich um Sichtbarkeitspositionen ringen. Wie im Markt-Wettbewerb auch ist die Aufteilung in Gewinner und Verlierer die Folge dieses Ringens.

Exzellenzwettbewerbe sind zugleich erzwungene, inszenierte und auf Steigerung orientierte Wettbewerbe (vgl. Wetzel 2013, S. 101f.). Während sich der ökonomische Wettbewerb auf Grundlage staatlicher Rahmenbedingungen nahezu selbstläufig im Markt entfaltet, müssen Exzellenzwettbewerbe institutionell gestartet, organisiert und wieder beendet werden. Seit dem *Baldridge Performance Excellence Program* in den 1980er Jahren werden die vielfältigen Wettbewerbe um Exzellenz von Organisationen wie dem *National Institute of Standards and Technology* institutionalisiert und standardisiert durchgeführt. Auch im Wissenschaftsbereich treten DFG, Wissenschaftsrat, Kultusministerkonferenz und Stifterverband oder Ministerien an die Stelle des ökonomischen Tribunals des Marktes (Foucault 2004b, S. 342). Wo der Markt durch Nachfrageströme und Kundenwünsche wie von unsichtbarer Hand den Erfolg im Markt-Wettbewerb herstellt, muss der Erfolg in Exzellenzwettbewerben durch Gutachtergremien festgestellt werden. Entsprechend formalisiert ist das Verfahren der Erfolgsmessung, das der bürokratischen Wissenschaftsförderung entlehnt ist. Auf der Grundlage von Ausschreibungen bewerben sich die Hochschulen in mehreren Antragsstufen, um schließlich gutachterlich bewertet zu werden. Dass die Ausschreibung der Exzellenzinitiative einen durch unabhängige Gutachter gewährleisteten unmittelbaren Leistungsvergleich, präziser: den unmittelbaren Vergleich der in den Anträgen avisierten *künftigen* Forschungsleistungen, suggerierte und damit den im Feld der Wissenschaft üblichen Kriterien der Qualitätssicherung entsprach, machte zugleich das Verfahren selbst unangreifbar. Die semantische Doppeldeutigkeit von Wettbewerb als Ausschreibung und Wettbewerb als Marktmechanismus stützte das Versprechen einer gerechten, weil strikt leistungsbezogenen Stratifizierung und ihrer positiven Effekte für das gesamte Feld. Ebenso wie die Anhäufung von Reichtum allen zugutekommen soll, weil die ungleiche, den Markterfolg honorierende Verteilung von Gütern vermeintlich zu mehr Produktivität führt und auf diese Weise „Wohlstand für alle" schafft, wird die Akkumulation von Reputation und Ressourcen durch die Exzellenzinitiative mit der damit ausgelösten Belebung des Wettbewerbs legitimiert.

Anders als im ökonomischen Markt-Wettbewerb entscheidet schließlich nicht die Abwägung von Qualität und Kosten über den Erfolg, sondern die Schlüssigkeit und Erfolgswahrscheinlichkeit des Konzepts.

Eng verbunden mit den Wettbewerben ist eine andere Exzellenztechnologie: Rankings. Sie zielen darauf ab, die Besten einer Vergleichsgruppe zu ermitteln und durch Sichtbarmachung der Vergleichsindikatoren eine Kultur des Wettbewerbs zu installieren (vgl. Espeland/Sauder 2007; Hornbostel 2010, 2011). Exzellenz bezieht sich dabei potentiell auf alle Bereiche der Hochschule: „Leistung darf nicht eindimensional in Bezug auf die Forschung anerkannt und gemessen werden, sondern muss unterschiedliche Profilierungsrichtungen abbilden. Das gilt auch für Rankings. Sie müssen die Vielfalt der Leistungsstärken deutlich transparent machen und aufzeigen. So kann dabei auch deutlich werden, ob es einer Hochschule gelingt, Forschungsexzellenz mit einer ebenso herausragenden Position in der Lehre zu verknüpfen oder nicht" (Hachmeister 2013, A3). Durch die zunehmend differenzierte Form der Rankings wird der Wettbewerb diversifiziert und der Adressatenkreis erweitert. Rankings liefern einerseits Informationen über den jeweils untersuchten Markt und machen Hochschulen damit zu Marktteilnehmern. Sie fungieren andererseits als Marktersatz, indem sie anstelle der Kunden die Stärken und Schwächen der Marktteilnehmer identifizieren und ihnen daraus abgeleitet Positionen zuweisen.

Das Ziel der Rankings, über Marktinformationen den Wettbewerb zu stimulieren, gilt insbesondere für die wichtigsten Kunden der Hochschulen – den potentiellen Studierenden. „Das Excellenceranking soll der Unterstützung bei der Suche nach einer passenden Hochschule für Masterstudien oder Promotion dienen", so das CHE (Centrum für Hochschulentwicklung 2017). Auf diese Weise werden Studierende und Hochschulen in ein Verhältnis von potenziellen Kunden und Anbietern gebracht. Nicht nur die Hochschulen werben die besten Studierenden, sondern auch die Studierenden suchen nach den besten Hochschulen. So sollen Rankings nicht nur Stärken sichtbar machen, sondern „Hochschulen, die im Ranking abgebildet werden, für die weitere Verbesserung ihrer ohnehin schon exzellenten Programme Hinweise liefern" (Centrum für Hochschulentwicklung 2017). Ähnlich wie die Exzellenzwettbewerbe müssen Rankings organisiert und formalisiert durchgeführt werden. Sind die Kriterien der Exzellenz bei Wettbewerben weitgehend vage, so stehen sie bei Rankings von vornherein fest: Forschungs- und Lehrindikatoren in Bezug auf Publikation, Drittmittel oder Betreuungsverhältnis und Studierendenzufriedenheit werden quantitativ gewichtet. Die Quantifizierung verleiht der Technologie den Charakter eines neutralen, objektiven und transparenten Verfahrens, aus dem seine Wirkmächtigkeit resultiert. Die Regelmäßigkeit, mit der die Rankings erhoben werden, schafft zudem einen permanenten Leistungsanreiz, im nächsten Ranking noch besser abzuschneiden, jedenfalls nicht abzurutschen.

Rankings konstruieren Exzellenzhierarchien und verschaffen ihnen Legitimation durch explizite oder verborgene Leistungsvergleiche. Die Unterschiedslosigkeit, mit der das Raster auf Institute und Hochschulen mit höchst divergierenden Voraussetzungen angewandt wird, ruft jedoch lautstarke Kritik auf den Plan (vgl. Deutsche Gesellschaft für Soziologie 2012). Aufgrund ungenügender Daten und zweifelhafter Erhebungsmethoden wird ihnen zugleich mangelnde Objektivität und Validität vorgeworfen (Lenzen 2012; Deutsche Gesellschaft für Soziologie 2012). Stellen konkrete methodische Zweifel die Technologie des Rankings noch nicht infrage, so wiegt die Kritik an der Fortschreibung bestehender Ungleichgewichte schwerer (Teichler 2012, S. 30). Die hohe Sichtbarkeit löst einen Verstärkungseffekt aus, mit dem die besten Institute verstärkt gefördert und die besten Professoren und Studierenden angezogen werden. „Im schlimmsten Fall wirkt das Ranking damit langfristig im Sinne einer *self-fulfilling prophecy*: Was auf vermeintlich gesicherter empirischer Basis als ‚guter' oder ‚schlechter' Standort ausgewiesen wird, entwickelt sich womöglich auf lange Sicht aufgrund von dadurch veranlassten strukturpolitischen Entscheidungen und irgendwann dann doch entsprechend sich verändernden Studierendenströmen auch real zu einem solchen" (Deutsche Gesellschaft für Soziologie 2012, S. 5). Obwohl die ständigen Veränderungen im Markt die Geschäftsgrundlage der stetig wiederkehrenden Rankings bilden, drohen sie mit der Produktion von Differenz den Markt zu zementieren. Auch hier zeigt das Matthäus-Prinzip seine Wirkung. Die Alternative zu dieser Entwicklung erscheint als ein ebenso paradoxer Effekt: wollen Hochschulen den dauerhaften Abstieg vermeiden, müssen sie versuchen im nächsten Ranking nach oben zu rutschen, indem sie versuchen, ebenso wie die erfolgreichen Hochschulen die erhobenen Indikatoren zu erfüllen. Das Ergebnis ist nicht Vielfalt, sondern Angleichung.

So vielfältig die Kritik an den Technologien des Wettbewerbs und des Rankings ist, so einhellig stimmen Befürworter und Kritiker darin überein, dass sich Hochschulen in einer Konkurrenz befinden und Studierende die notwendigen Informationen benötigen, um sich im Markt zu orientieren. „Wir müssen Studienanfängern also qualitative Informationen geben, nicht arithmetisierte. Self Assessments, wie sie einige Unis anbieten, sind da ein Schritt in die richtige Richtung (Lenzen 2012, S. 3). Im Dispositiv der Exzellenz werden Studierende auf diese Weise als Marktsubjekte formiert. Um auf Resonanz zu stoßen, sind sie auf Subjektivierungsweisen angewiesen, mit denen Studierende und Wissenschaftler als exzellent adressiert werden.

5 Subjektbilder

In den bildungspolitischen Programmatiken und institutionellen Prozessen des Dispositivs der Exzellenz werden Hochschulen wie Hochschulangehörige zu ökonomischen Subjekten gemacht, die sich auf spezifisch wissenschaftliche Weise als Produkt definieren und schließlich profilieren müssen, um exzellent zu werden. Dabei wird deutlich, mit welchen expliziten und impliziten Anforderungen Exzellenz in individuelle Leistungsprofile übersetzt wird, um ‚Hochbegabte' oder ‚High Potentials' zu identifizieren und welche Ansprüche an exzellente Wissenschaftler als marktförmige Subjekte gestellt werden. Rationalität, Technologien und Subjektivierungsweisen verbinden sich dabei zu einem Dispositiv, in dem Studierende, wissenschaftlicher Nachwuchs und Professoren in die Lage versetzt werden, sich selbst zur Exzellenz zu führen.

Exzellenzorientierte Bildungsangebote adressieren ihre Bewerber als Talente, d.h. als Subjekte-im-Werden, die individualisierter Mobilisierungs- und Optimierungsanstrengungen bedürfen (vgl. Bröckling/Peter 2014). Exzellenzstrategien orientieren auf potentielle Führungskräfte und unterstellen eine vertikal differenzierte Verteilung von Talenten. Das für Exzellenzdiskurse zentrale Konzept des Talents baut auf einer zunächst egalitären Adressierung des pädagogischen Subjekts als in jeder Hinsicht offenes Potential auf. Jeder kann und soll seine Fähigkeiten entfalten, und jeder kann es vermeintlich ganz nach oben schaffen. ‚High Potentials', die Talentiertesten unter den Talenten, lassen sich demnach nur erkennen, wenn zunächst das gesamte Feld gefördert, d.h. dem Wettbewerb ausgesetzt wird. Je breiter die Konkurrenz, desto leistungsstärker die Spitzen. Studienprogramme von exzellenz- bzw. eliteorientierten Hochschulen rufen ihre Studierenden weniger als potentielle Wissenschaftler, sondern vielmehr als potentielle Führungskräfte an (Peter 2014). Dabei wird ein Subjektmodell wissensgesellschaftlicher Innovatoren geformt (Ellrich 2004), die sich als wissensbasierte Führungskräfte in der Weltgesellschaft bewegen und funktionssystemübergreifende Entscheidungen treffen können (Nassehi 2004). Studierende in exzellenten Studienprogrammen erscheinen als interkulturelle und funktionssystemübergreifende Übersetzer im Kontext einer wissensbasierten und globalisierten Wissensgesellschaft. So steht für exzellenzorientierte Studienprogramme des *Elitenetzwerks Bayern* wie „Experimental and Clinical Neurosciences" an der Universität Regensburg neben der fachlichen Kompetenz „die Entwicklung von Persönlichkeiten im Vordergrund, die ihre wissenschaftlichen Ergebnisse, mündlich und schriftlich, in englischer Sprache überzeugend präsentieren können, die für aktuelle ethische Probleme der Biomedizin sensibilisiert sind und mit Führungsaufgaben betraut werden können" (Bayerisches Staatsministerium für Wissenschaft, Forschung und Kunst 2006, S. 54). Entscheidendes Exzellenzkriterium für Studierende und Promovierende ist nicht allein fachliche Bestleistung, sondern mehr noch die gelungene Anschlussfähigkeit auf dem Markt. Um herauszuragen, müssen Elitestudierende nicht nur fachlich glänzen, sondern frühzeitig ein eigenes Profil entwickeln. Eliteorientierte Hochschulen und Studienprogramme bieten entsprechende Kurse an, in denen die erforderlichen Kompetenzen angeeignet werden können.

Die Subjektivierungsmodi der Exzellenz orientieren sich am Arbeitsmarkt für Wissensarbeiter. Angesichts eines sich stetig wandelnden Anforderungsprofils sind nicht die Orientierung an Idealnormen oder die kontinuierliche Verbesserung ausschlaggebend, sondern Alleinstellungsmerkmale. Gefordert sind kreative Abweichung, Nonkonformismus und vor allem Kundenorientierung: „Du bist ein Nerd? Werde deswegen Stipendiat!" (Zeppelin Universität 2013a) – nach diesem Motto sucht die private *Zeppelin University* ihre Studierenden und verleiht „Anti-Streber-Stipendien für Anderssein". In Friedrichshafen will man keine „stromlinienförmigen Spezialisten", sondern „mutige Entscheider und kreative Gestalter" heranbilden, pionierhafte „Anfänger und Kundschafter in schwierigen und häufig unzugänglichen Geländen" (Zeppelin Universität 2013b). Subjekte der Exzellenz sehen sich so dem Zwang ausgesetzt, fortwährend Neues zu produzieren und anders zu sein als die Konkurrenz.

Die besondere Persönlichkeit herausragender Studierender zeigt sich den exzellenzorientierten Programmen zufolge nicht zuletzt auch in ihrer Belastbarkeit. Die Studiengänge im *Elitenetzwerk Bayern* sehen vor, dass „herausragende Studierende durch frühzeitige Identifikation, gezielte Förderung und Integration" in sechs statt neun Jahren nach Studienbeginn promovieren (Technische Universität München 2004, S. 6). Die Strategien der Individualisierung und Temporalisierung adressieren die Elite-Studierenden als Stress-Virtuosen, die selbstverantwortlich an sich arbeiten, indem sie bereits im Studium den Umgang mit permanenter Selbstüberforderung trainieren, dem sie als künftige Führungskräfte ausgesetzt sein werden (vgl. Stock 2011). Intensivierungsprogramme versprechen einerseits schnellere Abschlüsse und stellen andererseits mit international sichtbarer Forschung in der ersten Phase und einer anschließenden Unternehmenstätigkeit in der zweiten Phase eine doppelte Dividende für Wissenschaft und Wirtschaft in Aussicht. „Turbostart in die Karriere" heißt nichts anderes als beschleunigtes *return on investment* für das Humankapital.

Nicht nur in eliteorientierten Studienprogrammen schlägt Persönlichkeit Fachlichkeit. Auch auf dem Weg zur Professur setzen Programme der Exzellenz auf das Potential innovativer Charismatiker. Auf der Suche nach Exzellenz machen sich exzellente Universitäten wie die TU Dresden mit der Ausschreibung von Open-Topic Professuren „unabhängig von fachlichen Bindungen, Denominationen oder Funktionsbeschreibungen. Ausschlaggebende Faktoren sind einzig und allein fachliche Exzellenz sowie die Innovationskraft der zu gewinnenden Person für die wissenschaftliche Arbeit der TU Dresden. Besonderes Augenmerk liegt dabei auf hervorragenden Nachwuchstalenten, die bereits in einem frühen Stadium ihrer akademischen Laufbahn ein außerordentlich hohes wissenschaftliches Potential erkennen lassen" (Technische Universität Dresden 2013). Bei der Auswahl exzellenter ‚High Potentials' zählen letztlich vor allem unternehmerische Qualitäten. Um ihre Innovationsfähigkeit und Ausstrahlung auf die Gesamtuniversität unter Beweis zu stellen, müssen exzellente Nachwuchswissenschaftler Flexibilität, Mobilität, Risikobereitschaft und individuelle Verantwortungsübernahme mitbringen. Neben dem Management wissenschaftlicher Projekte werden Netzwerkkompetenzen ebenso wie die Qualifikationen zur Wissenschaftskommunikation verlangt (Maasen 2008, S. 28). Vermittelt über den Exzellenzbegriff wird so ein neues Leitbild des *Homo academicus* produziert. Erst mit der Selbstführung als exzellente Studierende und Wissenschaftler kann das Dispositiv der Exzellenz planvoll auf das Handeln an Hochschulen einwirken und seine Programmatiken realisieren.

6 Ausblick

Das Dispositiv der Exzellenz orientiert auf eine unablässige Optimierung von Hochschulen und Wissenschaftlern innerhalb des Wettbewerbs. Dabei verschränken sich ökonomische Rationalität, wettbewerbliche und stratifizierende Technologien und die Subjektbilder von *High Potentials* und Talenten zu einem dichten Gefüge aufeinander verweisender Elemente. Aus der vorgelegten Skizze lassen sich drei Forschungsperspektiven für die weitere Analyse von Exzellenzdispositiven (wie von Dispositiven überhaupt) ableiten:

Zum ersten die Analyse der *Universalität* von Dispositiven: Der Erfolg dieses Dispositivs zeigt sich daran, dass es immer wieder neu in Anschlag gebracht wird, um Hochschulen und Wissenschaftler zu mobilisieren und zu optimieren. Insbesondere unterhalb der Ebene von Exzellenzinitiativen mit hoher medialer Aufmerksamkeit wirkt das Dispositiv der Exzellenz in Leitbildern von Universitäten, Nachwuchsförderprogrammen bis hin zu Argumentationen in Berufungsverhandlungen. Es bleibt weiteren Forschungen vorbehalten zu untersuchen, wie das Dispositiv der Exzellenz einerseits in anderen Praxisformen, andererseits in gesellschaftlichen Bereichen wie Wirtschaft und Sport zum Tragen kommt.

Zweitens, auch wenn das Exzellenzdispositiv wirkmächtig scheint, so gibt es Widersprüche und Widerstände. Eine Analyse der *Brüche* von Dispositiven kann aufzeigen, auf welche Weise offene Kritik und Widerstände der Orientierung an Exzellenz entgegenschlagen. Dabei gilt es insbesondere die Anpassungsbewegungen herauszuarbeiten, mit denen sich das Dispositiv stabilisiert. Mit der Orientierung auf die Brüche können jedoch vor allem die inneren Spannungen und nichtintendierten Effekte des Exzellenzdispositivs aufgezeigt werden.

Die Spannung zwischen den Universalitätsansprüchen und den Brüchen zeitgenössischer Dispositive verweist drittens darauf, dass diese keineswegs unumstritten sind. Eine Analyse der *Kämpfe* könnte die konflikthafte Etablierung und Verteidigung eines Dispositivs wie der Exzellenz in den Blick nehmen. Den Fokus auf die strategische Dimension zu legen, bedeutet zugleich, das agonale Moment, den umkämpften Charakter von Machtdispositiven in den Blick zu nehmen. Die Ordnung des Dispositivs oder, dem weiteren Diskursbegriff von Laclau und Mouffe (1991) folgend, die Ordnung des Diskurses ist niemals unangefochten. Immer gibt es dagegen strebende Kräfte, die anderen Rationalitäten folgen, sich auf andere Technologien stützen und die ihnen ausgesetzten Subjekte in anderer Weise adressieren und formen. Insbesondere hegemonieanalytische Ansätze (Laclau/Mouffe 1991; Nonhoff 2006) könnten die Dispositivforschung dafür sensibilisieren, dass die Dominanz bestimmter Programmatiken, Technologien und Subjektbilder auf gesellschaftlichen Kämpfen beruht.

Mit der hier vorgeschlagenen Analyse von Dispositiven der Gouvernementalität können deutlicher als bisher die zeitgenössischen Regierungskünste in den Blick geraten. Das Beispiel des Exzellenzdispositivs zeigt zum einen, dass Dispositive als Sichtbarkeitsmaschinen selbst sichtbar gemacht werden können. Diese analytische Strategie der Sichtbarmachung birgt zugleich ein kritisches Moment. Indem die Universalität ebenso wie die Brüche und Kämpfe von Dispositiven wie der Exzellenz aufgezeigt werden, werden nicht nur die Reichweite, sondern auch die Grenzen, nicht nur das Funktionieren, sondern auch die potentielle Dysfunktionalität aufgezeigt. Dispositivanalysen könnten so womöglich dazu beitragen, sich den Anrufungen der Exzellenz ebenso wie den Anordnungen anderer Dispositive zu entziehen, nicht dermaßen regiert zu werden.

Literatur

Agamben, Giorgio (2008): Was ist ein Dispositiv? Zürich: Diaphanes.
Angermüller, Johannes/Dyk, Silke van (Hrsg.)(2010): Diskursanalyse meets Gouvernementalitätsforschung: Perspektiven auf das Verhältnis von Subjekt, Sprache, Macht und Wissen. Frankfurt: Campus.
Bayerisches Staatsministerium für Wissenschaft, Bildung und Kunst (Hrsg.)(2006): Elitenetzwerk auf einen Blick. München: STMWBK. https://www.elitenetzwerk.bayern.de/uploads/media/ElitenetzwerkaufeinenBlick.pdf. Zugegriffen: 20. November 2016.
Breitenstein, Peggy H. (2013): Die Befreiung der Geschichte. Geschichtsphilosophie als Gesellschaftskritik nach Adorno und Foucault. Frankfurt: Campus.
Bröckling, Ulrich/Peter, Tobias (2014): Mobilisieren und Optimieren: Egalität und Exzellenz als hegemoniale Diskurse im Erziehungssystem. In: Krüger, Heinz-Hermann/Helsper, Werner (Hrsg.), Elite und Exzellenz im Bildungssystem: Nationale und internationale Perspektiven. Nationale und internationale Perspektiven. In: Zeitschrift für Erziehungswissenschaft 17(3), S. 129-147.
Bröckling, Ulrich/Peter, Tobias (2016): Equality and excellence. Hegemonic discourses of economisation within the German educational system. In: International Studies in Sociology of Education, S. 1-17.
Bührmann, Andrea/Schneider, Werner (2008): Vom Diskurs zum Dispositiv: Eine Einführung in die Dispositivanalyse. Bielefeld: Transcript.
Caborn Wengler, Joannah/Hoffarth, Britta/Kumiega, Lukasz (Hrsg.)(2013): Verortungen des Dispositiv-Begriffs: Analytische Einsätze zu Raum, Bildung, Politik. Theorie und Praxis der Diskursforschung. Wiesbaden: Springer VS.
Centrum für Hochschulentwicklung (2010): Excellence Ranking. http://www.che-ranking.de/cms/?getObject=485&getLang=de&printO. Zugegriffen: 20.November 2016.
Centrum für Hochschulentwicklung (2017): CHE Excellenceranking. Selbstdarstellung. http://www.che-ranking.de/cms/?getObject=485. Zugegriffen: 10. Februar 2017.
Deleuze, Gilles (1991): Was ist ein Dispositiv? In: Ewald, François/Waldenfels, Bernhard (Hrsg.), Spiele der Wahrheit. Michel Foucaults Denken. Frankfurt: Suhrkamp, S. 153-162.
Deutsche Forschungsgemeinschaft und Wissenschaftsrat (2008): Bericht der Gemeinsamen Kommission zur Exzellenzinitiative an die Gemeinsame Wissenschaftskonferenz.
Deutsche Gesellschaft für Soziologie (2012): Wissenschaftliche Evaluation Ja – CHE-Ranking Nein. Methodische Probleme und politische Implikationen des CHE-Hochschulrankings. Stellungnahme der DGS zum CHE-Ranking. http://www.soziologie.de/uploads/media/Stellungnahme_DGS_zum_CHE-Ranking_Langfassung.pdf. Zugegriffen: 20. November 2016.
Ellrich, Lutz (2004): Die unsichtbaren Dritten: Notizen zur „digitalen Elite". In: Hitzler, Ronald/ Hornbostel, Stefan/Mohr, Cornelia (Hrsg.), Elitenmacht. Wiesbaden: VS Verlag, S. 79-90.
Erhardt, Manfred (2003): Zur Spitze gehört auch immer die Breite. In: Wirtschaft & Wissenschaft 11(1), S. 9-10.
Espeland, Wendy N./Sauder, Michael (2007): Rankings and reactivity. How public measures recreate social worlds. In: American Journal of Sociology 113(1), S. 1-40.
Foucault, Michel (1973): Archäologie des Wissens. Frankfurt: Suhrkamp.

Foucault, Michel (2003): Das Spiel des Michel Foucault. In: Foucault, Michel, Dits et Ecrits: Schriften in vier Bänden. Bd. III. Frankfurt: Suhrkamp, S. 391-429.
Foucault, Michel (2004a): Geschichte der Gouvenementalität I. Sicherheit, Territorium, Bevölkerung: Vorlesung am Collège de France 1977-1978. Frankfurt: Suhrkamp.
Foucault, Michel (2004b): Geschichte der Gouvenementalität II. Die Geburt der Biopolitik: Vorlesung am Collège de France 1978-1979. Frankfurt: Suhrkamp.
Foucault, Michel (2005): Gespräch mit Ducio Trombadori. In: Foucault, Michel, Dits et Ecrits: Schriften in vier Bänden. Bd. IV. Frankfurt: Suhrkamp. S. 51-119.
Foucault, Michel (2010): Was ist Kritik? In: Foucault, Michel, Kritik des Regierens: Schriften zur Politik. Frankfurt: Suhrkamp 237-257.
Gemeinsame Wissenschaftskonferenz (2005): Bund-Länder-Vereinbarung gemäß Artikel 91 b des Grundgesetzes (Forschungsförderung) über die Exzellenzinitiative des Bundes und der Länder zur Förderung von Wissenschaft und Forschung an deutschen Hochschulen. http://www.gwk-bonn.de/fileadmin/Papers/exzellenzvereinbarung.pdf. Zugegriffen: 20. November 2016.
Hachmeister, Cort-Denis (2013): Vielfältige Exzellenz 2012: Forschung – Anwendungsbezug – Internationalität – Studierendenorientierung: CHE-Arbeitspapier Nr. 164. Gütersloh: Centrum für Hochschulentwicklung.
Hartmann, Michael (2010): Die Exzellenzinitiative und ihre Folgen. In: Leviathan 38(3), S. 369-387.
Hayek, Friedrich A. v. (1968): Der Wettbewerb als Entdeckungsverfahren. Kiel: Institut für Weltwirtschaft.
Hornbostel, Stefan (2010): Quo vadis Elite? Eine kritische Analyse der Exzellenzinitiative. In: DSW-Journal 5(4), S. 38-39.
Hornbostel, Stefan (2011): Zur Problematik der Forschungsevaluation. In: Diedrich, Ralf/ Heilemann, Ulrich (Hrsg.), Ökonomisierung der Wissensgesellschaft. Berlin: Duncker & Humblot, S. 63-83
Kaube, Jürgen (Hrsg.)(2009): Die Illusion der Exzellenz: Lebenslügen der Wissenschaftspolitik. Berlin: Wagenbach.
Laclau, Ernesto/Mouffe, Chantal (1991): Hegemonie und radikale Demokratie. Zur Dekonstruktion des Marxismus. Wien: Passagen.
Lenzen, Dieter (2012): Ranking, Rating – Steuerung und Motivation: Erfahrungen und Befunde zum Forschungsrating. Vortrag auf Tagung zur Bedeutung des Forschungsratings als Instrument der strategischen Steuerung und Kommunikation von Hochschulen und Forschungseinrichtungen, veranstaltet vom Wissenschaftsrat und dem Stifterverband für die Deutsche Wissenschaft, 2012. http://www.wissenschaftsrat.de/download/Vortrag_Lenzen.pdf. Zugegriffen: 20. November 2016.
Lepenies, Wolf (2006): Konkurrenz schafft Exzellenz. DIE WELT, 25. Oktober. https://www.welt.de/print-welt/article89609/Konkurrenz-schafft-Exzellenz.html. Zugegriffen: 10. Februar 2017.
Maasen, Sabine (2008): Exzellenz oder Transdisziplinarität: Zur Gleichzeitigkeit zweier Qualitätsdiskurse. In: Hornbostel, Stefan/Simon, Dagmar/Heise, Saskia (Hrsg.), Exzellente Wissenschaft. Das Problem, der Diskurs, das Programm und die Folgen. iFQ-Working Paper 4. Bonn: Institut für Forschungsinformation und Qualitätssicherung, S. 23-32.

Maeße, Jens/Hamann, Julian (2016): Die Universität als Dispositiv. Die gesellschaftliche Einbettung von Bildung und Wissenschaft aus diskurstheoretischer Perspektive. In: Zeitschrift für Diskursforschung 4(1), S. 29-50.

Mittelstraß, Jürgen (1996): Abschied von der vollständigen Universität: Müssen alle noch alles machen? In: Deutsche Universitäts-Zeitung 52(23), S. 13.

Münch, Richard (2007): Die akademische Elite: Zur sozialen Konstruktion wissenschaftlicher Exzellenz. Frankfurt: Suhrkamp.

Nassehi, Armin (2004): Eliten als Differenzierungsparasiten. In: Hitzler, Ronald/Hornbostel, Stefan/Mohr, Cornelia (Hrsg.), Elitenmacht. Wiesbaden: VS Verlag, S. 25-41.

Nigro, Robert (2009): Dispositiv. In: Bippus, Elke (Hrsg.), Wege und ästhetische Dispositive. 31. Das Magazin des Instituts für Theorie. Zürich: ITS. 16/17 Dezember, S. 65-67.

Nonhoff, Martin (2006): Politischer Diskurs und Hegemonie: Das Projekt „Soziale Marktwirtschaft". Bielefeld: Transcript.

Nowicka, Magdalena (2013): Ist Dispositiv nur ein Modebegriff? Zur Poetik des „dispositif turns". In: Caborn Wengler, Joannah/Hoffarth, Britta/Kumiega, Lukasz (Hrsg.), Verortungen des Dispositiv-Begriffs: Analytische Einsätze zu Raum, Bildung, Politik. Theorie und Praxis der Diskursforschung. Wiesbaden: Springer VS, S. 37-54.

Peter, Tobias (2014): Genealogie der Exzellenz. Weinheim: Beltz Juventa.

Peter, Tobias (2015): Umkämpfte Systematizität. Zur diskursiven Konstruktion des Erziehungssystems. In: Soziale Systeme 19(1), S. 53-84.

Peters, Thomas J./Watermann, Robert H. (1981): In search of excellence. Lessons from America's best-run companies. New York: Harper & Row.

Schlüter, Andreas (2009): Statement anlässlich der Pressekonferenz zum Wettbewerb „Exzellente Lehre" am 19. Oktober 2009 in Berlin. Essen: Stifterverband für die deutsche Wissenschaft.

Stock, Manfred (2011): Akademische Bildung und die Unterscheidung von Breiten- und Elitenbildung: Elitebildungsprogramme deutscher Hochschulen. In: Soziale Welt 62(2), S. 129-142.

Technische Universität Dresden (2013): TUD People – Open Topic Tenure Track Professuren. http://tu-dresden.de/exzellenz/zukunftskonzept/tud_people/ottp/open_topic_tenure_track_professuren. Zugegriffen: 11. September 2013.

Technische Universität München (2004): Spitzenlehre für die Besten. TUM Mitteilungen 2. http://portal.mytum.de/pressestelle/tum_mit/2004nr2/06.pdf/view. Zugegriffen: 20. November 2016.

Teichler, Ulrich (2012): Excellence and internationality in higher education. In: Wächter, Bernd/Lam, Queenie K./Ferencz, Irina (Hrsg.), Excellence, mobility, funding and social dimension in higher education. Bonn: Lemmens, S. 24-56.

Wetzel, Dietmar J. (2013): Soziologie des Wettbewerbs: Eine kultur- und wirtschaftssoziologische Analyse der Marktgesellschaft. Wiesbaden: Springer VS.

Zeppelin Universität (2013a): „Bachelor." http://www.zu.de/deutsch/bewerberportal/bacheor/2010/bachelorprogramme.php?navanchor=2110009&navid=19. Zugegriffen: 25. September 2013.

Zeppelin Universität (2013b): Bewerber. http://www.zu.de/deutsch/bewerbung/index.php. Zugegriffen: 17. Juni 2013.

Die wissensbasierte Wirtschaft und die Entrepreneurialisierung der Gesellschaft

Wie schwedische Schulen Schüler zu Unternehmern formen

Tomas Marttila

1 Einleitung

Manche Kritiker haben darauf hingewiesen, dass es der bisherigen Forschung über Unternehmertum kaum gelungen ist, ihren wichtigsten Analysegegenstand – den Unternehmer – eindeutig zu definieren (vgl. Austin et al. 2006; Cohen/Musson 2000; Jones/Spicer 2005, 2009; Marttila 2013a). Kenny und Scriver (2012, S. 617) beispielsweise meinen, dass der Unternehmer inzwischen fast alles Mögliche bedeuten und bezeichnen könne. Ein möglicher Grund für die konzeptuelle Offenheit des Begriffes mag darin liegen, dass sich die gesellschaftliche Konzeptualisierung des Unternehmers in jüngster Vergangenheit in Folge einer allgemeinen und bislang nie gekannten „Entrepreneurialisierung der Gesellschaft" grundsätzlich gewandelt hat (vgl. Pongratz 2008). Diese Entrepreneurialisierung besteht darin, dass Kompetenzen, Eigenschaften und Praktiken – wie z.B. „Kreativität", „Eigenverantwortlichkeit", „Bereitschaft Risiken einzugehen" und „Innovativität" (Frick 1999, S. 13f.) – die zuvor mit in der Privatwirtschaft tätigen Unternehmern assoziiert wurden – nunmehr als gesamtgesellschaftlich gültige Subjektideale gelten (Bührmann 2006, §1).

Dieser Beitrag basiert auf der Hypothese, dass die Entrepreneurialisierung der Gesellschaft nicht aufgrund einer objektiven Notwendigkeit stattfindet, sondern dass die beobachtete Idealisierung des Unternehmers einem Diskurs über Unternehmertum und dessen gesellschaftliche Relevanz und Bedeutsamkeit entspringt. Um die der Entrepreneurialisierung der Gesellschaft zugrundeliegende Rationalität zu entschlüsseln, muss analysiert werden „wie und warum bestimmte ideelle

Systeme, Institutionen und Glaubenssysteme das Unternehmertum in der Gegenwartsgesellschaft gestalten und bestimmen" (Ogbor 2000, S. 630; eigene Übersetzung). Es ist dabei keineswegs selbstverständlich, dass Subjekte sich mit dem Ideal des Unternehmers identifizieren und sich die mit Unternehmern assoziierten Kompetenzen, Eigenschaften und Praktiken zu eigen machen. Um nachvollziehen zu können wie Diskurse über Unternehmertum in dem Sinne wirksam werden, dass sie Subjekte zu Unternehmern formen, ist es notwendig, den Blick auf Subjektivierungspraktiken und -prozesse zu richten, in denen Subjekte zur Übernahme unternehmerischer Denk- und Handlungsweisen aufgerufen werden. Das Ziel dieses Beitrages ist *zum einen* den seit etwa Mitte der 1990er Jahre in Schweden beginnenden diskursiven Wandel darzustellen, der die Dringlichkeit einer allgemeinen Entrepreneurialisierung der Gesellschaft begründet hat. Wie bereits anderswo (Marttila 2015b, 2017) verdeutlicht wurde, gilt Schweden als ein Musterbeispiel für die gezielte Entrepreneurialisierung der Gesellschaft. *Zum anderen* wird dieser Beitrag erklären, warum gerade Schulen als adäquate Orte für die Subjektivierung von Subjekten zu Unternehmern angesehen wurden und mit welchen Mitteln bzw. Regierungspraktiken versucht wurde, aus Schülern Unternehmer zu formen.

Der Beitrag beginnt im *ersten Schritt* (2.) mit einer allgemeinen Konzeptualisierung der Entrepreneurialisierung der Gesellschaft. Es wird erklärt, warum den Unternehmern eine über die Wirtschaft hinausgehende gesellschaftliche Bedeutsamkeit nur dann zugemessen werden kann, wenn der Unternehmer innerhalb eines „Raumes von Interdiskusivität" verortet wird, welcher bisher separierte Diskurse verbindet. Im *zweiten Schritt* (3.) wird der theoretische und heuristische Rahmen der vorliegenden Fallstudie entwickelt. Sowohl die theoretische Konzeptualisierung der diskursiven Konstruktion des Unternehmers, als auch die praktische Umsetzung einer empirischen Diskursanalyse variiert je nach (diskurs-) theoretischem und methodologischem Ausgangspunkt (Diaz-Bone/Krell 2015; Keller et al. 2011). Dieser Beitrag beruht auf der These, dass die der Entrepreneurialisierung der Gesellschaft zugrundeliegende Generierung eines „Raumes von Interdiskusivität" im Anschluss an die postmarxistische Diskurstheorie als Hegemonialisierung konzeptualisiert werden kann. Im abschließenden *dritten Schritt* (4.) wird die Ordnung des Diskursregimes dargestellt, innerhalb dessen Schulen es versucht haben Schüler zu Unternehmern zu subjektivieren.

2 Die diskursive Konstruktion des Unternehmers

Klassische Ansätze der Wirtschaftssoziologie – darunter Werke von Schumpeter (1950) und Sombart (1913) – haben das Unternehmertum zum kulturellen Fundament der kapitalistischen Wirtschaft erhoben. Für Sombart (1913, S. 7f.) stellte der allgemeine „Geist des Unternehmertums" die für den Kapitalismus erforderliche kulturelle „Gesinnung" dar, die Akteure zur Teilnahme an wirtschaftlichen Interaktionen motivierte. Schumpeter (1961, S. 93) und Sombart (1913, S. 7f.) betrachteten den „Geist des Unternehmertums" als einen nicht wegzudenkenden Bestandteil der modernen Gesellschaft. Die bisherige Forschung hat die Entrepreneurialisierung der Gesellschaft v.a. als Reaktion auf die Annahme einer Kausalbeziehung zwischen dem Umfang der gesellschaftlichen Verbreitung eines Geistes von Unternehmertum – bzw. einer „Kultur des Unternehmertums" – und dem Wirtschaftswachstum in einer wissensbasierten Wirtschaft interpretiert (vgl. Da Costa/Saraiva 2012; Kenny/Scriver 2012). Mehrere wirtschaftssoziologische Studien von Jessop (z.B. Jessop 2002; Jessop/Oosterlynck 2008) haben herausgestellt, dass die wissensbasierte Wirtschaft als eine Art „Meta-Narration" funktioniert, die uns über den Funktionszusammenhang zwischen der postfordistischen wissensbasierten Wirtschaft und der Verbreitung einer Kultur des Unternehmertums und dem wirtschaftlichen Wachstum in Kenntnis setzt. Die Konzeptualisierung des Unternehmers in der wissensbasierten Wirtschaft unterscheidet sich insofern von Schumpeters und Sombarts Vorstellungen, als dass die für die Unternehmer charakteristischen Praktiken – darunter die „schöpferische Zerstörung" und das Durchbrechen des wirtschaftlichen Gleichgewichts – nun mehr als gesamtgesellschaftlich relevante Praktiken des kreativen Handelns metaphorisiert werden. Als Ergebnis seiner Metaphorisierung kann der Unternehmer als Subjektideal dienen, das als Beispiel für das kreative Subjekt herangezogen werden kann (vgl. Bröckling 2007; Jessop 2002, S. 121; Steyaert/Katz 2004, S. 182). Als gesamtgesellschaftlich gültiges Subjektideal verkörpert der Unternehmer Kompetenzen, Aufgaben und Tugenden, die für alle kreativ tätigen Subjekte gelten. Diese Allgemeingültigkeit des Subjektideals des Unternehmers erklärt wiederum die Entstehung von neuen Regierungstechniken (darunter Beratungs- und Bildungsangebote, Informationskampagnen, Gründerzuschüsse, Mentoringprogramme u.v.m.) die nicht mehr auf die Subjektivierung einzelner Subjekte, sondern auf die Subjektivierung ganzer Gesellschaften zu Unternehmern zielen (Marttila 2013a, S. 23f.).

Die bisherige diskurstheoretisch informierte Forschung über Unternehmertum hat verdeutlicht, dass weder der Unternehmer noch das unternehmerische Handeln naturgegebene und objektive Tatsachen darstellen (z.B. Bröckling 2007; Bührmann 2006; Marttila 2013a, 2013b). Sie sind vielmehr Ergebnisse ihrer diskursiven Hervorbringung, durch die sie erst bestimmte gesellschaftlich akzeptierte Bedeutungen, Funktionen und Zielsetzungen erhalten. Die diskursive Konstruktion des Unternehmers wurde im deutschsprachigen Raum vor allem mit Hilfe der Foucaultschen Diskurs- und Dispositivanalyse analysiert (z.B. Bührmann 2006; Marttila 2013b). Diese Ansätze machen die an der Entrepreneurialisierung der Gesellschaft beteiligten und sie hervorbringenden Ordnungen von Diskursen und Dispositiven empirisch sichtbar, ohne jedoch erklären zu können, wie eine bis dato partikuläre und auf den Wirtschaftsbereich beschränkte Subjektrolle zu einem gesamtgesellschaftlichen Subjektideal werden konnte. Nehmen wir das Beispiel der Dispositivanalyse: Das Dispositivkonzept bezeichnet relationale bzw. netzwerkförmige Ordnungen zwischen Diskursen als Wissensstrukturen, Bedeutung generierenden (diskursiven) Praktiken und diskursiv begründeten „Institutionen, Gegenstände[n] und Subjekte[n]" (Bührmann/Schneider 2008, S. 68; vgl. Foucault 2004, Vorl. 1; Keller 2011, S. 258). Während die Dispositivforschung die Ordnungen von Dispositiven empirisch sichtbar machen kann, bietet Sie kaum Hinweise dafür wie die Geltungsbereiche von Dispositiven gesellschaftlich erweitert werden (vgl. Jäger 2001; Marttila 2013a). Bührmann und Schneider (2010, S. 272) meinen zwar, dass z.B. „Praktiken [die] noch keinem Diskurs zugehören […] diskursiv eingeholt und symbolisch geordnet werden können", präzisieren jedoch nicht weiter, wie das diskursive „Einholen" stattfindet und welche Mechanismen diesem zugrunde liegen. Ähnlich argumentiert Keller (2011, S. 259), dass Dispositive „ihren Ursprung im Zusammentreffen zwischen spezifischen Diskursen..." haben, ohne jedoch die Logik des „Zusammentreffens" näher zu erläutern. Zudem bemängeln sowohl Jonas (2009, S. 3) als auch Åkerstrøm Andersen (2003, S. 27), dass die Dispositivforschung ihren Fokus auf die *synchrone* Analyse der strukturellen Ordnungen von Dispositiven gerichtet hat, während sie die *diachrone* Analyse von ihrer historischen Genese und Mechanismen des Wandels vernachlässigen. Zudem meint Åkerstrøm Andersen, dass Dispositivforschung nicht von empirischer Diskursanalyse abgekoppelt werden kann, denn Dispositive als relationale Konfigurationen von „Institutionen, Praktiken, Technologien der Selbst, Taktiken, und so weiter" (ebd., eigene Übersetzung) können erst vor dem Hintergrund der sie rationalisierenden Diskurse analysiert werden. Empirische Diskursanalyse ist unentbehrlich, wenn wir nicht nur die strukturellen Ordnungen und gesellschaftlichen Auswirkungen von Dispositiven beschreiben, sondern nach ihren historischen Entstehungsbedingungen und Mechanismen ihres Wandels suchen. Um erklären zu können, warum gerade Schulen als Institutionen identifiziert wurden, die mittels bildungsbezogener Regierungspraktiken – darunter bestimmter Unterrichtspraktiken – die Subjektivierung von allen Subjekten zu Unternehmern vorantreiben sollten, müssen wir zuerst herausfinden, wie den Unternehmern überhaupt eine bisher nicht gekannte „Bedeutsamkeit" für die Schulausbildung zugeschrieben werden konnte (Jäger 2001, S. 307).

Wie bereits an anderer Stelle gezeigt wurde (Marttila 2013a, S. 4), geht die Entrepreneurialisierung der Gesellschaft mit der Ausweitung der Gesellschaftsbereiche, in denen der Unternehmer als relevanter Bezugspunkt erkannt wird, einher. Letztlich kann der Unternehmer – dem traditionell nur Wirtschaftsinstitutionen und -akteure eine Bedeutung eingeräumt haben – nur dann eine Bedeutsamkeit von Bildungsinstitutionen und -akteuren beigemessen werden, wenn bestehende Wirtschafts- und Bildungsdiskurse miteinander neuartig verknüpft werden. Eine zentrale Aufgabe der Dispositivforschung muss daher sein, den „Raum der Interdiskursivität" (Diaz-Bone 2010, S. 201f.) zu rekonstruieren, in dem zuvor separate und unvereinbare Praktiken, Subjektrollen und Institutionen – Dispositive eben – nunmehr als eine selbstverständliche Konfiguration natürlich zusammengehöriger Elemente wahrgenommen werden kann. Die sog. postmarxistische Diskurstheorie bietet einen heuristischen Rahmen, um über die synchrone Rekonstruktion von Dispositiven hinauszugehen und auch die Prozesse und Mechanismen ihres Wandels und ihrer gesellschaftlichen Verbreitung – bzw. „Hegemonialisierung" – zu untersuchen.

3 Postmarxistische Diskurstheorie

3.1 Diskurse und Diskursregime

Die auf den Arbeiten von Ernesto Laclau und Chantal Mouffe (z.B. Laclau/Mouffe 1991) basierende postmarxistische Diskurstheorie bezeichnet als Diskurs ein relationales Arrangement von sowohl sprachlichen als auch nichtsprachlichen Elementen, innerhalb dessen diese Elemente eine bestimmte Bedeutung erhalten. Die postmarxistische Diskurstheorie beruht auf einer aus den strukturalistischen Theorien stammenden relationalen Ontologie der Bedeutung, nach der die Bedeutung eines Elementes je nach seinen aktuellen Relationen zu anderen Elementen variiert. Stäheli bezeichnet damit Diskurse als „Differenzsysteme, weil die einzelnen Elemente nicht von sich aus eine bestimmte Bedeutung tragen, sondern erst durch ihre Beziehung zu anderen Elementen des Diskurses bedeutsam werden" (Stäheli 2001, S. 199). Die relationale Ontologie von Bedeutung impliziert zugleich die Unmöglichkeit jeglicher endgültiger und objektiver Bedeutung (Bowman 2007, S. 17). Das Fehlen einer naturgegebenen Begründung von Bedeutung impliziert, dass „eine Pluralität kontingenter" Begründungen existieren muss (Marchart 2010, S. 64). Solche kontingenten Begründungen werden in der postmarxistischen

Diskurstheorie mit dem Diskurskonzept erfasst. Das Fehlen von objektiven diskursexternen Bestimmungen von Diskursen bedeutet zugleich, dass ein Diskurs nur „aus einer Position innerhalb dieses Diskurses begründet [wird]" (Marttila 2017, o.S.). Diese (tautologische) Selbstkonstitution eines Diskurses erfolgt dadurch, dass das für einen Diskurs konstitutive „Ensemble von Differenzen als *Totalität* im Hinblick auf etwas, das *jenseits* von ihnen ist, herausgeschnitten" wird (Laclau/Mouffe 1991, S. 204). Die raumzeitliche Differenzierung von Diskursen wird durch sogenannte Knotenpunkte ermöglicht. Knotenpunkte funktionieren „vergleichbar mit der rhetorischen Figur des *pars pro toto*" als Elemente, die die übergeordnete Identität einzelner diskursiver Elemente symbolisieren (Marttila 2017, o.S.). Knotenpunkte symbolisieren die „imaginäre Einheit" eines Diskurses und verleihen einem Diskurs zugleich „den Schein einer [objektiven] Fundierung" (Reckwitz 2006a, S. 344; vgl. Laclau 2007, S. 69). Die Auswahl von Knotenpunkten wird darauf zurückgeführt, dass die diskursiv konstruierte soziale Ordnung als besonders verheißungsvoll, „erstrebenswert und attraktiv" wahrgenommen wird (Reckwitz 2006a, S. 343).

Ein Diskurs ist desto hegemonialer, je mehr es ihm gelingt, sich als „zumindest vorübergehend [...] universal und alternativlos" zu präsentieren (Reckwitz 2006a, S. 343). Die Hegemonialität eines Diskurses ergibt sich nicht unmittelbar und ausschließlich aus Artikulationen, in denen ein Diskurs begründet und gerechtfertigt wird. Glynos und Howarth (2008, S. 15) meinen, dass die gesellschaftliche Wirksamkeit und die zeitliche Stabilität von Diskursen durch die Etablierung von Diskursregimen erfolgen (vgl. auch Marttila 2015a). Diskursregime bezeichnen relationale und scheinbar selbstverständliche Konfigurationen von diskursivem Wissen, Subjektrollen und Institutionen. Subjektrollen sind vor dem Hintergrund eines diskursspezifischen Wissens begründete und „institutionell stabilisierte Positionen [...], die spezifische Zugangskriterien haben, und die bestimmte Möglichkeiten, Tabus und Erwartungen des Sprechens" regulieren (Glasze 2007, §38). Subjektrollen werden im Anschluss an Keller (2011, S. 258) mit bestimmten „Modellpraktiken" verknüpft (vgl. Stäheli 2001, S. 208). Als Institutionen werden wiederum diskursiv begründete und rationalisierte Autoritätsinstanzen bezeichnet, die über die Macht verfügen, die Grenzen zwischen gültigen und nichtgültigen Praktiken des Tuns und Sagens aufzuzeigen und aufrechtzuerhalten (vgl. Marttila 2015b, §11-13; Torfing 1999, S. 153). Institutionen erhalten diskursspezifische Distinktionen zwischen den wahren und unwahren Vorstellungen von der Welt aufrecht, indem sie einerseits bestimmte Vorstellungen von der Welt als legitim und gerecht bezeichnen und andererseits den Zugang zu machtvollen und einflussreichen Subjektrollen regulieren. Die Wirksamkeit eines Diskurses wird von den institutionell verankerten Regierungspraktiken sichergestellt, die Subjekte zu Akzeptanz und

Aufrechterhaltung von diskursspezifischen Vorstellungen der Welt mit den entsprechenden Denk- und Handlungsweisen mobilisieren.

Aus der Sicht der postmarxistischen Diskurstheorie findet die Subjektivierung von Schülern zu Unternehmern anhand eines „Diskursregimes" statt, das Subjekte zur Übernahme von diskursspezifischen Subjektivierungsangeboten bewegt (vgl. Marttila 2015a, b). Ein Diskursregime füllt in der postmarxistischen Diskurstheorie dieselbe Funktion aus, die in der Foucaultschen Dispositivforschung dem Dispositiv zugeschrieben wird (vgl. Bührmann 2006, §34f.; Foucault 2004, Vorl. 1, 2; Glynos/Howarth 2007, S. 103-110). Eine Gemeinsamkeit zwischen den Diskursregimen und Dispositiven liegt darin, dass sie beide Ergebnisse einer Sedimentierung von diskursiven Bedeutungsstrukturen in objektivierte Herrschaftsstrukturen darstellen (vgl. Bührmann und Schneider 2010, S. 272; Marttila 2015a, Kap. 3.3). Eine zweite Gemeinsamkeit besteht darin, dass sowohl Diskursregime als auch Dispositive relationale soziale Ordnungen bezeichnen, die als Konfigurationen von Bedeutungsstrukturen und von diesen autorisierten und rationalisierten Institutionen, Subjektrollen und Artefakten den Bereich von sinnvollen sozialen Praktiken einschränken (Åkerstrøm Andersen 2003, S. 27; Bührmann/Schneider 2008, S. 6). Damit regulieren sowohl Diskursregime als auch Dispositive die möglichen und zulässigen sprachlichen wie nichtsprachlichen sozialen Praktiken und bedingen Subjekte zu Anerkennung der Gültigkeit und Aufrechterhaltung von bestimmten Subjektrollen und mit diesen einhergehenden Vorstellungen von der Welt (vgl. Glynos/Howarth 2008, S. 15).

Es gibt einen entscheidenden Unterschied zwischen dem Diskursregime und dem Dispositiv. Während die postmarxistische Diskurstheorie ausschließt, dass zwischen diskursiven und nicht-diskursiven Bereichen unterschieden werden kann, ist diese Unterscheidung charakteristisch für die Foucaultsche Diskurs- und Dispositivtheorie. Diese geht von der Möglichkeit aus, dass zwischen diskursiven, Bedeutung generierenden Konfigurationen zeichenförmiger Elemente und nicht-diskursiven, also diskursiv bezeichneten jedoch an und für sich bedeutungslosen, materiellen Elementen unterschieden werden kann. Während Dispositive immer erst durch den Verweis auf Diskurse gesellschaftliche Bedeutungen annehmen können, bezeichnen Diskursregime materialisierte Diskurse. Anders als Dispositive sind Diskursregime keine nachträglichen Ergebnisse von Diskursen, sondern bestehen selbst aus verschiedenen objektivierten Diskursen (vgl. Bührmann/Schneider 2008, S. 50; Marttila 2015a, S. 61f.). Ein Diskursregime kann als ein räumlich unterscheidbares und zeitlich relativ stabiles System von reziproken Relationen zwischen Diskursen, Subjektrollen und Institutionen konzeptualisiert werden, die zusammen Subjekte zur Ausübung von bestimmten sprachlichen wie nichtsprachlichen Praktiken mobilisieren (Marttila 2015a, S. 36-40). Das übergeordnete Ziel der postmarxistischen Diskursanalyse ist daher sowohl die relationalen Ordnungen von Diskursregimen als auch die Prozesse ihrer historischen Genese herauszufinden, um damit erklären zu können, warum Subjekte bestimmte Subjektrollen und mit diesen einhergehende sprachliche und nicht-sprachliche Praktiken als selbstverständlich erachten und routinemäßig ausführen.

3.2 Diskursive Hegemonialisierung

Das Diskursregime deutet auf die Herrschaftsordnung hin, innerhalb der Diskurse ihre Subjektivierungsmacht entfalten können. Um jedoch nicht nur zu erklären wie Subjekte zu Unternehmern subjektiviert werden, sondern auch die Erweiterung der Gruppe der subjektivierten Subjekte nachvollziehen zu können, ist es unverzichtbar, den diachronen Prozess von diskursiver Hegemonialisierung näher zu erläutern. Diskursive Hegemonialisierung bezeichnet einen Prozess, in dem der Geltungsbereich eines bereits bestehenden Diskurses ausgeweitet wird (vgl. Glynos/Howarth 2007, S. 115f.; Reckwitz 2006b, S. 27). Diese diskursive Hegemonialisierung wird von der Bedeutungsoffenheit der sogenannten Knotenpunkte ermöglicht. Genauer genommen besteht eine diskursive Hegemonialisierung darin, dass der „Raum von Repräsentation" – die Gesamtheit von einem (oder mehreren) Knotenpunkte(n) als gegenseitig kommensurabel repräsentierten diskursiven Elementen – auf weitere Elemente erweitert wird, die nun als Bestandteile eines neuen Diskurses subsumiert werden. Von zentraler Bedeutung ist dabei, dass die Relation zwischen dem Repräsentierenden – den Knotenpunkten – und dem Repräsentierten – von diesen als gegenseitig kommensurabel und zu ein und demselben Diskurs gehörenden Elementen – konstitutiv offen und unbestimmt bleibt. Während die zu einem Diskurs gehörenden Elemente wegen der Bedeutungsoffenheit der Knotenpunkte nicht aus der objektiven Essenz von Knotenpunkten abgeleitet werden, gilt umgekehrt, dass einzelne Elemente nicht objektiv, d.h. unabhängig von ihrer diskursiven Bestimmung, von einem Diskurs ein- oder ausgeschlossen werden können (Bowman 2007, S. 18).

Eine diskursive Hegemonialisierung findet statt, wenn z.B. die Bedeutungen von neuen, innerhalb eines Diskurses bisher unberücksichtigten Gegenständen, sozialen Praktiken, Subjektrollen und Institutionen nunmehr anhand des sich ausweitenden Diskurses festgelegt werden (Glynos/Howarth 2007, S. 115f.; Laclau 1990, S. 63). Die mittels diskursiver Hegemonialisierung „eingeholten" Elemente werden damit als Bestandteile eines neuen Diskurses subsumiert. Die Bedeutungsoffenheit der Knotenpunkte ermöglicht es, dass das Außen eines Diskurses – also das, was aus der Position innerhalb eines Diskurses heraus bisher unberücksichtigt blieb – nun „als ein zu inkludierendes Außen" konzipiert werden kann (Stäheli 2007, S. 313). Die wachsende Universalität der Knotenpunkte bildet die Voraussetzung dafür, dass z.b. bisher als gegenseitig inkommensurabel geltende soziale Praktiken, wie unternehmerisches Handeln und schulisches Lernen, als Bestandteile eines gemeinsamen Diskurses konzipiert werden können (vgl. Laclau 2005, S. 109). Der Prozess der Subsumption führt gleichzeitig dazu, dass wir die Gemeinsamkeit der innerhalb eines Diskurses subsumierten Elemente wahrnehmen können. Genauer betrachtet hat ein Knotenpunkt die semiotische Funktion einer Metapher, indem sie die von zwei oder mehreren diskursiven Elementen geteilte Ähnlichkeit zum Ausdruck bringt (Wilden 1987, S. 198). Mit der diskursiven Subsumption geht damit ein Prozess der Metaphorisierung einher, denn die von einem Knotenpunkt – z.B. „wissensbasierte Wirtschaft" – repräsentierte gemeinsame Zugehörigkeit von zwei diskursiven Elementen – z.B. von „Schulbildung" und „Unternehmertum" – stellt eine bisher unvorhergesehene Gemeinsamkeit beider Elemente in Bezug auf „wissensbasierte Wirtschaft" her. Damit wird verdeutlicht, dass diskursive Hegemonialisierung die Möglichkeit zur „Kopplung und Kombination unterschiedlicher Codes verschiedener kultureller Herkunft" innerhalb eines neuen Raumes von Interdiskursivität öffnet (Reckwitz 2006b, S. 19).

Für diskursive Hegemonialisierung charakteristische Prozesse von Metaphorisierung und Subsumption erklären zwar, wie der Interdiskursraum zwischen zwei oder mehreren bisher getrennten Diskursen hergestellt werden kann, nicht aber, warum Subjekte bereit sind sich mit den im Interdiskursraum angebotenen Subjektrollen zu identifizieren. Die postmarxistische Diskurstheorie erklärt die Bereitschaft der Subjekte sich mit unvorhergesehenen Subjektrollen zu identifizieren durch das Wechselspiel zwischen der negativen Ontologie des Subjektes als Mangel an prädiskursiver Bestimmung und der ebenso prädiskursiven Bereitschaft – bzw. affektiver Neigung – der Subjekte sich mit einem Diskurs als mögliche Quelle der Wahrheit über sie selbst zu identifizieren Es ist diese grundsätzliche Bereitschaft die diskursiv bereitgestellten Subjektrollen als wahrhaft und objektiv vorausgesetzt anzuerkennen, die die mangelnde objektive Gültigkeit von Diskursen zumindest zeitweilig verdrängen kann (Cederström/Spicer 2014, S. 179/190). Die subjektive Bereitschaft, diskursiv bereitgestellte Subjektrollen zu akzeptieren, basiere dabei nicht auf einer bewussten und reflektierten Entscheidung, sondern auf dem affektiven Empfinden, dass Diskurse einen verheißungsvollen und nahezu idealen Zustand des subjektiven Daseins ermöglichen (Glasze 2007, §22; Laclau 2005, S. 111; Žižek 1989, S. 229). Die diskursive Konstruktion der gesellschaftlichen Attraktivität des Unternehmertums zusammen mit der affektiven Unterstützung der Subjektrolle des Unternehmers erzeugen eine „Mythifizierung" des Unternehmers (vgl. Barthes 1964, S. 97; Marttila 2015a, Kap. 3.2). Die Mythifizierung des Unternehmers bedingt, dass die mit Unternehmern assoziierten Tugenden, Eigenschaften, Praktiken und Zielsetzungen den Anschein wecken, als ob sie objektiv und natürlich „vorausgesetzt" wären, und als ob Sie „implizit vorhanden" wären und etwas „Unausweichliches" darstellen (Görner/Nicholls 2010, S. 7).

4   Von Schülern zu Unternehmern

Diesem Beitrag vorausgehende empirische Analysen (Marttila 2013a, b) haben dargelegt, wie die Entrepreneurialisierung der Gesellschaft in Schweden seit Mitte der 90er Jahre im offiziellen politischen Diskurs vorangetrieben wurde. Die folgende empirische Studie wird die Konturen des Raumes von Interdiskursivität nachzeichnen, in dem den Schulen die Zuständigkeit für die Bildung von unternehmerischen Subjekten zugeordnet wurde. Die empirische Studie umfasst etwa 20 Schlüsseltexte des schwedischen politischen Diskurses zwischen 1990 und 2009, die mittels eines qualitativen Kodierverfahrens im Anschluss an Glaze (2007) und Marttila (2013a, 2015a, 2015b) auf die in diesen Texten enthaltene Diskursstruktur hin untersucht wurden.[1] Das Ziel der postmarxistischen Diskursanalyse ist aber nicht nur die Ordnung des Diskurses zu identifizieren, in dem die Entrepreneurialisierung der Gesellschaft begründet wurde, sondern auch die Ordnung des Diskursregimes zu beschreiben, mit dessen Hilfe versucht wurde, aus Schülern Unternehmer zu formen. Daher wird die Aufmerksamkeit auch auf die Institutionen und institutionell verankerten Regierungspraktiken gerichtet, die verantwortlich für die Subjektivierung von Schülern zu Unternehmern sind.

4.1   Der Diskurs von einer wissensbasierten Wirtschaft

Die Dringlichkeit der allgemeinen Entrepreneurialisierung der Gesellschaft entsprang einem um die Mitte der 90er Jahre entstandenen und bis heute die schwedische Wirtschaft und Wirtschaftspolitik dominierenden Diskurs über eine wissensbasierte Wirtschaft. Der Übergang in eine international wettbewerbsfähige wissensbasierte Wirtschaft wurde als der einzige Weg gesehen, um die von Voll-

---

[1]   Siehe Marttila (2015b, 2015c) für eine ausführliche Darstellung der methodologisch-methodischen Forschungsprogrammatik der postmarxistischen Diskursanalyse. Die hier angegebene Primärliteratur wird aus Platzgründen nicht im Literaturverzeichnis aufgelistet. Siehe Marttila (2013a) für ein komplettes Verzeichnis der verwendeten Primärliteratur.

beschäftigung und hohem Lohnniveau abhängige Wohlstandsgesellschaft aufrechterhalten zu können (Gesetzesvorlage 2001/01, Nr. 1; Ministeriumsbericht 2004, Nr. 36, S. 1). Die wissensbasierte Wirtschaft übernahm die Funktion eines Knotenpunktes, indem sie einen neuen gesamtgesellschaftlichen „Vorstellungshorizont" (eng. *Imaginary*) bildete, vor dessen Hintergrund die jeweiligen Aufgaben, Zuständigkeiten und Wechselwirkungen zwischen verschiedenen Akteuren, Institutionen und Gesellschaftsbereichen neu konzipiert werden mussten (Jessop 2004, S. 168; Jessop/Oosterlynck 2008, S. 1157f.). Im schwedischen politischen Diskurs wurde der Übergang in eine wissensbasierte Wirtschaft als eine objektive Tatsache akzeptiert, die den übergeordneten Handlungsimperativ für die politische Regierung der Wirtschaft darstellte. In ihrer Funktion als Knotenpunkt symbolisierte die wissensbasierte Wirtschaft die Identität eines neuen Raumes von Interdiskursivität, in dem z.B. die Relationen und Wirkungszusammenhänge zwischen politischen, ökonomischen und bildungsbezogenen Institutionen neu konzipiert und arrangiert werden konnten.

Als primäre Funktionsvoraussetzung der wissensbasierten Wirtschaft wurde die allgemeine Reformierung der Gesellschaft zu einer „wissensbasierten Gesellschaft" betrachtet. Dieser Imperativ entsprang dem von einflussreichen schwedischen Wirtschaftswissenschaftlern und Innovationstheoretikern wie Charles Edquist und Gunnar Eliasson aufgestellten Argument, dass das Wirtschaftswachstum in der wissensbasierten Wirtschaft von einer von technologischen und organisationalen Innovationen bedingten Produktivitätssteigerung abhängen würde. Der Einschätzung der OECD zufolge würden um das Jahr 2010 mehr als die Hälfte der Beschäftigten in einer wissensintensiven und flexiblen Wirtschaftsproduktion tätig sein (Gesetzesvorlage 1997/98, Nr. 62, S. 150; vgl. Marttila 2014, S. 272). Bereits im Jahr 1989 hatte die OECD in ihrem Bericht *Towards an „Enterprising" Culture* darauf hingewiesen, dass die Beschäftigten in der wissensbasierten Wirtschaft wegen der allgemeinen Logik der wissensbasierten und wissensintensiven Produktion über unternehmerähnliche Kompetenzen und Einstellungen verfügen müssten. Eine allgemeine Schulung in Unternehmertum würde es ermöglichen, dass jüngere Personen die Gelegenheit bekommen, Kenntnisse über die Gründung und Führung von Unternehmen zu sammeln. Gleichzeitig erhalten sie allgemeine Kompetenzen von Bedeutung für kreatives Handeln (OECD 1989, S. 5f.; vgl. Smyth 2004, S. 36f.). Diese verschiedenen Annahmen, nämlich dass die Wohlfahrtsgesellschaft nur mittels der Etablierung der wissensbasierten Wirtschaft erhalten werden kann, dass der Übergang in die wissensbasierte Wirtschaft unaufhaltsam sei, und dass alle in der wissensbasierten Wirtschaft beschäftigten Subjekte unternehmerähnliche Tätigkeiten nachgehen und daher unternehmerische Kompetenzen und Einstellungen brauchen würden, bildete den Handlungsimperativ für die Einführung einer obligatorischen – in den Schulen verorteten – Ausbildung in Unternehmertum. Die Ausbildung in Unternehmertum war Teil einer umfangreicheren Bildungsoffensive, um Schweden zu einer weltweit führenden „Wissensnation" zu machen, was wiederum als die Voraussetzung für eine international wettbewerbsfähige wissensbasierte Wirtschaft galt (Gesetzesvorlage 1995/96, Nr. 207; 2000/01, Nr. 1; 2003/04, Nr. 1D19). Das Ziel dieser Bildungsoffensive war, sowohl allgemeine Kompetenzen als auch individuelle Lernprozesse an die Anforderungen der wissensbasierten Wirtschaft anzupassen. Sie wurde in Form einer allgemeinen „Projektifizierung" der Humankapitalbildung in Schulen umgesetzt (Marttila 2014, S. 272). Im Anschluss an Boltanski und Chiapello (1999, S. 176) und Kalff (2014, S. 193f.) stellt die Projektifizierung in Schweden eine allgemeine Logik der wirtschaftspolitischen Steuerung der Gesellschaft dar, mit deren Hilfe politische Akteure und Institutionen alle Subjekte zur Übernahme von Verantwortung für die Entwicklung der wissensbasierten Wirtschaft mobilisieren. In Übereinstimmung mit Foucaults (z.b. 2002) bekannter Darstellung von Regierung als diskursiv begründeter Kopplung zwischen der Regierung des Selbst durch andere und Regierung des Selbst durch das Selbst kann auch in Bezug auf eine Projektifizierung zwischen einer gesellschaftlichen und einer individuellen Seite der Regierung von Humankapitalbildung unterschieden werden. Projektifizierung bedeutet *zum einen*, dass die Verantwortung für Humankapitalbildung von einer allgemeinen gesellschaftlichen Zuständigkeit entkoppelt und einzelnen Projekt-Subjekten übertragen wird. Damit impliziert Projektifizierung *zum anderen*, dass die Projekt-Subjekte eigenverantwortliches Projekt-Management betreiben müssen, zu dem u.a. die selbständige Konzipierung von Projektzielen und Projektplänen sowie die Kontrolle und Evaluation ihrer Erreichung und Umsetzung gehören (Kalff, 2014, S. 200). Damit wird der Erfolg eines Projektes eng mit dem Grad des persönlichen Engagements an dem Projekt verknüpft. Im Kontext der Schule bedeutete Projektifizierung, dass Schüler ihre eigenen Lernprozesse zunehmend selbständig in Form von individuellen Lernprojekten durchführen sollten.

Die Projektifizierung spiegelte auch die Annahme wider, dass die erwartete Flexibilisierung der Wirtschaftsproduktion in der wissensbasierten Wirtschaft eine entsprechende Projektifizierung der Humankapitalbildung erforderlich machen würde. Die Projektifizierung der Humankapitalbildung bedeutete zum einen, dass der Schulunterricht in mehrere projektförmige Arbeits- und Themenblöcke eingeteilt wurde und zum anderen, dass Schüler ihre Lernprozesse in Form von „individuellen Projekten" vorantreiben sollten (Dahlstedt/Hertzberg 2012, S. 247; Marttila 2014, S. 272f.; SKL 2004, S. 5). Gleichzeitig sollte die Lehrerrolle auf die Funktion eines „professionellen Leiters [...]" reduziert werden, „der die Wissensentwicklung der Schüler unterstützt" (LFB et al 1999, S. 7; eigene Übersetzung). Die Projektifizierung der Humankapitalbildung setzte zugleich voraus, dass Schüler in einer bisher unvorhergesehenen Art und Weise individuelle Verantwortung für ihre Lernprozesse übernahmen und sich nach dem Rollenvorbild eines Unternehmers aktiv an der Maximierung und fortlaufenden Erneuerung ihres Humankapitals beteiligten (Beach/Dovemark 2007, S. 9; SOU 1999, Nr. 63). Hier diente der Unternehmer und die mit ihm assoziierten Kompetenzen, Einstellungen und Tätigkeiten als Richtlinie dafür, wie die einzelnen Schüler ihre Lernprozesse und Lernprojekte gestalten und durchführen sollten. Die Erhebung des Unternehmers zum Subjektideal des lernenden Subjekts beruhte auf der Annahme, dass die erwartete zukünftige Teilnahme an der wissensbasierten Wirtschaft den Besitz von unternehmerähnlichen Eigenschaften, Denk- und Handlungsweisen erfordern würde. Hierzu gehörten u.a. die allgemeine Bereitschaft innovativ zu handeln und aktiv Probleme zu lösen sowie der Wille Neues zu probieren (Ministeriumsbericht 2004, Nr. 36, S. 13). Um sich an die Funktionsvoraussetzungen der wissensbasierten Wirtschaft anzupassen, muss die Gesellschaft

„[...] viel mehr als heute von positiven Einstellungen zum Unternehmertum in allen seinen Formen geprägt sein. Mehr unternehmerische Individuen, die die Möglichkeit sehen zur Gesellschaftsentwicklung beizutragen, werden für die regionale [wirtschaftliche] Entwicklung erforderlich sein. Es [Unternehmertum] beinhaltet...unter anderem, die Mobilisierung der bereitgestellten Möglichkeiten zu Innovationen, Entwicklung und Vermarktung von neuen Produkten und Dienstleistungen, Prozessen und gemeinschaftlichen Lösungen." (Gesetzesvorlage 2001/02, Nr. 4, S. 187)

Die Dringlichkeit, unternehmerische Kompetenzen, Denk- und Handlungsweisen zu übernehmen, wurde aus mehreren Gründen verstärkt. Das schwedische Wirtschaftsmodell der Nachkriegszeit wird oft als ein „Kapitalismus ohne Kapitalisten" (Johansson/Magnussen 1998) oder als Kapitalismus eines „dritten Weges" zwischen Markt- und staatszentrierter Wirtschaft bezeichnet (Blyth 2001). Die traditionelle keynesianische Wirtschaftspolitik war vorrangig auf die Bedürfnisse von großen, international tätigen Schlüsselindustrien ausgerichtet und sollte diese durch einen wirtschaftsexternen und politisch gesteuerten Entwicklungsdruck zur fortlaufenden Steigerung ihrer Produktivität motivieren (Stephens 1996, S. 39). Zusammen mit der erkannten Unvermeidbarkeit eines rapiden Überganges in eine wissensbasierte Wirtschaft wuchs auch die Einsicht, dass die für die Funktionalität der wissensbasierten Wirtschaft erforderlichen unternehmerischen Kompetenzen, Einstellungen und Tätigkeiten nicht von vorherein vorhanden waren. Stattdessen mussten die für Unternehmer charakteristischen Eigenschaften mit Hilfe adäquater gesellschaftlicher Institutionen und Regierungspraktiken generiert werden. Die traditionellen Regierungspraktiken zur Förderung von Neugründungen von Unternehmen – darunter Gründerzuschüsse (z.b. Starta ditt eget bidrag) und staatliche Investitionsdarlehen – waren unzureichend, um einen umfassenden kulturellen Wandel der Gesellschaft herbeizuführen (Gesetzesvorlage 1995/96, Nr. 206, Kap. 4; 2001/02, Nr. 4). Letztlich würden in der wissensbasierten Wirtschaft nicht nur Unternehmensgründer, sondern weitgehend alle Subjekte nach dem Vorbild des Unternehmers denken und handeln müssen, denn unternehmerische Kompetenzen waren „nicht nur Qualitäten, die Unternehmensgründer benötigen, sondern Kompetenzen, die alle Subjekte brauchen, die eine Aktivität in einem Unternehmen oder in einer anderen Organisation entwickeln wollen" (Departementsbericht 1997, Nr. 78, S. 16; eigene Übersetzung).

4.2 Institutionen und Regierungspraktiken

Die Metaphorisierung von unternehmerischen Eigenschaften zu bedeutsamen Kompetenzen für alle kreativ tätigen Subjekte legte nahe, dass der Schule gerade wegen ihrer Möglichkeit auf die Subjektivierung von allen Subjekten einzuwirken eine Vorrangstellung für die Entrepreneurialisierung der Gesellschaft zugesprochen wurde (Gesetzesvorlage 2003/04, Nr. 1; Johannisson et al. 2000; Ministeriumsbericht 2004, Nr. 36; 1999, Nr. 32). Auch die Annahme, dass kreatives kulturelles Kapital in allen Subjekten bereits latent vorhanden war und lediglich einer externen „Reaktivierung" bedurfte, deutete darauf hin, dass die Zuständigkeit für die Entrepreneurialisierung solchen Institutionen übertragen werden sollte, die einen direkten Zugriff auf die Sozialisierung bzw. Subjektivierung aller Subjekte besitzen (Departementsbericht 1996/97, Nr. 112, S. 31; Gesetzesvorlage 2001/02, Nr. 4, S. 119; NUTEK 2007, S. 24f.). Zu den einzelnen Regierungspraktiken, mit deren Hilfe die Projektifizierung angestrebt und umgesetzt wurde, gehörten u.a. die Dezentralisierung des bisher einheitlichen und staatlich diktierten nationalen Lehrplans, um den notwendigen Freiraum für Kooperationen mit lokalen Wirtschaftsakteuren zu öffnen und die Bildung in Unternehmertum flexibel an den Wandel der lokalen und regionalen Wirtschaft anpassen zu können (vgl. Dahlstedt/ Hertzberg 2012, S. 247). Eine weitere Regierungspraktik war, die traditionellen Unterrichtsformen und das Rollenverständnis der Lehrer soweit zu verändern, dass der Unterricht in Projektform unter zunehmender Beteiligung und Verantwortung der einzelnen Schüler stattfinden konnte. Sowohl traditionelle Unterrichtsformen, wie z.B. Frontalunterricht und klassenbasierter Unterricht, als auch das traditionelle Rollenverständnis des Lehrers als Vermittler von standardisierten Wissensinhalten wurden kritisiert, weil sie nur standardisiertes und statistisch messbares

Wissen von geringer praktischer Bedeutung für die zukünftige Beschäftigung in den für die wissensbasierte Wirtschaft charakteristischen „lernenden Organisationen" und „enthierarchisierten Arbeitsstrukturen" generieren würden (LFB et al. 1999, S. 7; Regierungsbericht 1996/97, Nr. 112).

Eine zentrale Prämisse für die Subjektivierung von Schülern zu Unternehmern lag in der Annahme, dass Jugendliche eine natürliche Affinität zu unternehmerischen Aktivitäten besitzen (vgl. Gesetzesvorlage 1998/99, Nr. 115, S. 8f.; NUTEK 2003, S. 9). Es wurde angenommen, dass Jugendliche im Vergleich zu anderen Gesellschaftsgruppen besonderes aufgeschlossen gegenüber unternehmerischen Tätigkeiten sind, da sie im Vergleich zu den früheren Generationen besonderes problemorientiert und situativ flexibel handeln und damit eine natürliche Neigung zu kreativen Tätigkeiten besitzen (Gesetzesvorlage 1998/99, Nr. 115, S. 59). Hier begegnen wir einer interessanten wenn nicht sogar einer perfiden Subjektivierungsrationalität, denn Schüler wurden zu Unternehmern unter dem Vorwand subjektiviert, dass sie bereits unternehmerähnliche Vorstellungen und Präferenzen besitzen. Damit müssen Schulen lediglich das unternehmerische Potential in Schülern reaktivieren. Diese allgemeine Subjektivierungsrationalität zeigte sich u.a. dadurch, dass Schüler ihr innewohnendes „Unternehmer-Ich" durch die Sammlung von praktischen Erfahrungen in Unternehmertum (wieder-)entdecken sollten. Daher zielte einer der zentralen Regierungspraktiken darauf, dass in allen Schulfächern pädagogische Strategien und Methoden verwendet wurden, die das aktive Praktizieren von unternehmerischen Denk- und Handlungsweisen ermöglichten (Gesetzesvorlage 1998/99, Nr. 195, S. 84). So sollten z.B. die Planung und Gründung von Schulunternehmen und von sog. Schulkooperativen zentrale Elemente der Schulbildung werden. Diese verschiedenen Regierungspraktiken wurden in dem im Jahr 1997 eingeführten und im Jahr 2002 landesweit standardisierten Lehrplan für „Ausbildung im Unternehmertum" umgesetzt (Gesetzesvorlage 2001/02, Nr. 100, S. 31; 2005/06, Nr. 1, S. 29; NUTEK 2007, S. 2; vgl. Mahieu 2006, S. 140f.).

Die treibende Institution hinter der Etablierung von Bildung in Unternehmertum war NUTEK: eine wirtschaftsnahe und staatlich finanzierte Technologie- und Wirtschaftsentwicklungsagentur. NUTEK prangerte in seinen wirtschaftspolitischen Stellungnahmen seit Mitte der 1990er Jahre an, dass Schweden in Vergleich zu anderen Ländern eine unterentwickelte Unternehmerkultur besäße, die u.a. durch die begrenzte Verbreitung eines unternehmerischen Geistes in der Bevölkerung und in der geringen Bereitschaft Unternehmen zu gründen zum Ausdruck käme. Das Ziel der Bildung in Unternehmertum sei die noch „formbaren" Schüler auf ein Leben als Unternehmer – als Unternehmensgründer und selbständig Beschäftigte – vorzubereiten (NUTEK 2005, S. 10). NUTEK wurde u.a. beauftragt die Einstellungen unter den Schülern zu Unternehmertum kontinuierlich auszuwerten und mögliche kulturelle und strukturelle Hindernisse für die Gründung von neuen Unternehmen zu identifizieren (NUTEK 2003a, S. 7). NUTEK verwendete eine Vielzahl von Regierungspraktiken, um die Entwicklung von unternehmerischen Denkweisen und Einstellungen unter den Schülern zu messen. Eine solche Regierungspraktik war das im Jahr 2000 eingerichtete „Unternehmertumsbarometer" [Entreprenörskapsbarometer], dessen Ziel es war die Verbreitung von unternehmerischen Denkweisen und Einstellungen in der Gesellschaft zu untersuchen, und die Übereinstimmung zwischen den Einstellungen in der Bevölkerung zum Unternehmertum mit den unternehmerischen Aktivitäten – vorrangig Unternehmensgründungen – zu messen. Diskrepanzen zwischen den unternehmerischen Einstellungen und Aktivitäten dienten als Anhaltspukte dafür, dass der Einsatz von adäquaten Regierungspraktiken – darunter die (Schul-)Bildung in Unternehmertum – intensiviert werden müsse (Ministeriumsbericht 2004, Nr. 36, S. 40; NUTEK 2003a). Erkenntnisse über den aktuellen Zustand der Entrepreneurialisierung der Gesellschaft würden gleichzeitig ein Bild über die internationale Wettbewerbsfähigkeit der schwedischen Wirtschaft geben. Die Grundhypothese der offiziellen schwedischen Wirtschaftspolitik seit Mitte der 1990er Jahren war, dass die Ausbreitung einer Kultur des Unternehmertums in einer unmittelbaren Kausalbeziehung zu der Innovationsfähigkeit von Unternehmen stand. Die Ergebnisse des Unternehmertumbarometers wurden mit den Ergebnissen ähnlicher amerikanischer (vgl. Mahieu 2006, S. 147f.) und weltweiter Surveys, wie z.B. dem Global Entrepreneurship Monitor (Leffler 2006, S. 98), verglichen, um die mit der Etablierung und Verbreitung der Kultur des Unternehmertums einhergehende internationale Wettbewerbsfähigkeit der schwedischen Gesellschaft mit Umfang und Geist des Unternehmertums in anderen wirtschaftlich konkurrierenden Ländern zu vergleichen (NUTEK 2009).

4.3   Die Sublimität des Unternehmers

Wie bereits oben (siehe 3.2) angeführt, wird die gesellschaftliche Wirksamkeit von Diskursen von der Akzeptanz ihrer jeweiligen Subjektrollen durch die zu subjektivierenden Subjekte bedingt. Die Attraktivität von unternehmerischen Denk- und Handlungsweisen wurde in Schweden u.a. durch die gezielte Verknüpfung von unternehmerischen Kompetenzen und Tätigkeiten mit einem attraktiven Lebensstil und durch die allgemeine Heroisierung des Unternehmers gesteigert (Leffler 2006, S. 93). Die Assoziation des Unternehmers mit einem attraktiven Lebensstil bezog sich auf zwei Aspekte. *Erstens*, indem in der wissensbasierten Wirtschaft bestehende Wahrheiten, Konventionen, Routinen und Kompetenzen aufgrund der Beschleunigung des technologischen Wandels immer schneller obsolet wurden, wurde es als erforderlich betrachtet, dass alle Subjekte – unabhängig von ihrem Beruf und gesellschaftlichen Kontext – über kreatives kulturelles Kapital verfügten, das es ihnen ermöglichte sich selbstständig „zu entwickeln und Grenzen zu überschreiten" (Parlamentsprotokoll 2003/04, Nr. 2; vgl. Gesetzesvorlage 2001/02, Nr. 4; eigene Übersetzung). Die Zusammensetzung des kulturellen Kapitals wurde *zweitens* unter dem Einbezug des Unternehmers als „Rollenvorbild" aufgeschlüsselt, wobei die unternehmerischen Kompetenzen gleichzeitig metaphorisiert wurden, da sie nicht mehr wirtschaftsbezogene, sondern gesamtgesellschaftlich relevante Eigenschaften bezeichneten. Letztlich waren unternehmerische Eigenschaften

> „ [...] nicht [nur] Qualitäten von Bedeutung für Individuen, die Unternehmen gründen wollen. Sie sind auch erforderliche Kompetenzen für die Entwicklung einer Aktivität innerhalb eines Unternehmens oder einer Organisation, wie z.B. die Kompetenz ‚Dinge anzupacken' und ‚das Vermögen, Initiative zu ergreifen, um Probleme zu lösen'." (Ministeriumsbericht 1997, Nr. 78, S. 16; eigene Übersetzung)

Zu den Kompetenzen eines Unternehmers gehörten u.a. die Bereitschaft, sich „aktiv mit Problemen auseinanderzusetzen", „die Fähigkeit, Probleme zu lösen", die Kompetenz, „Ideen in Praxis umzuwandeln" (NUTEK 2003, S. 6) sowie „Neugier, Kreativität, Selbstvertrauen und die Fähigkeit, Entscheidungen zu treffen" (Regierungskanzlei 2009, S. 9; eigene Übersetzung).

Mehrere offiziellen Dokumente des Wirtschaftsministeriums und wirtschaftsnaher Behörden (z.B. Gesetzesvorlage 1998/99, Nr. 115; NUTEK 2001, 2009), die direkt an Schüler adressiert waren, vermarkteten das Unternehmertum als idealen Lebensstil, indem sie den Unternehmer als Verkörperung eines freien und unabhängigen Subjektes darstellten. Die Gleichsetzung des Unternehmers mit einem freien und selbstbestimmten Lebensstil wurde auch von Wirtschaftsverbänden wie *Svenskt Näringsliv* (z.B. 2015) öffentlich vorangetrieben. Die Attraktivität des unternehmerischen Handelns wurde auch durch das Argument gesteigert, dass unternehmerische Kompetenzen und Einstellungen „unabhängig davon vom Vorteil sein [würden], ob sie sich für eine Karriere als Angestellte oder als Unternehmer [d.h. Unternehmensgründer] entscheiden", denn sie würden ihren Besitzern eine allgemeine Handlungskraft sicherstellen (Gesetzesvorlage 2001/02, Nr. 100, S. 31). Regierungsberichte wiesen außerdem darauf hin, dass vor allem in sog. Creative Industries ein besonderer Bedarf an Unternehmensgründungen bestand, das zugleich für Jugendliche die Chance eröffnete ihre bereits vorhandenen Interessen für Computerspiele mit einer Berufstätigkeit zu verbinden. Die Attraktivität des Unternehmers wurde damit darin begründet, dass die Tätigkeit als Unternehmer eine natürliche Möglichkeit zur freien Selbstentfaltung von persönlichen Interessen darstellte (vgl. Peterson/Westlund 2007, S. 12f.). Eine weitere Quelle der Erzeugung der Attraktivität des Unternehmers befand sich in der allgemeinen Mythifizierung des Unternehmers als heldenhafter Akteur, für den kein Problem zu groß ist. In den an die Öffentlichkeit gerichteten politischen Debatten wurde der Unternehmer zur Universallösung gesellschaftlicher Probleme erhoben:

„Schweden braucht mehr Unternehmen und Unternehmer. Der Unternehmer ist die Hoffnung für uns alle, die Entwicklung und Veränderung in verschiedenen [Gesellschafts-]Bereichen fordern. Es ist der Unternehmer, der Neues kreiert und Probleme löst...Es ist der Unternehmer, der die Welt zu einem besseren Platz zu leben macht" (Parlamentsprotokoll 2003/2004, Nr. 121, Anführung 59; eigene Übersetzung; vgl. Johannisson et al. 2000).

5 Fazit

Das Ziel dieses Beitrages war, die Ordnung des Diskursregimes herauszustellen, mit dessen Hilfe Schüler in Schweden zu Unternehmern subjektiviert wurden. In dem observierten Diskursregime wurden vor allem Schulen als die primären Institutionen erkannt, die die idealisierte gesellschaftliche Ordnung einer „wissensbasierten Wirtschaft" und einer mit dieser einhergehenden „Wissensgesellschaft" mit Hilfe der Subjektivierung von Schülern zu Unternehmern hervorbringen sollten. Der für das observierte Diskursregime charakteristische und historisch beispiellose Wirkungszusammenhang zwischen Schulen, Unternehmern, Wissensgesellschaft und wissensbasierter Wirtschaft wurde vor dem Hintergrund eines sie miteinander verbindenden Raumes der Interdiskursivität begründet. Die wissensbasierte Wirtschaft übte die Funktion eines Knotenpunktes aus, der den Vorstellungshorizont bzw. den Raum der Repräsentation konstituierte, innerhalb dessen Schulen eine bisher unvorhergesehene Zuständigkeit für die Hervorbringung von unternehmerischen Subjekten attestiert werden konnte. Vor allem die im Rahmen des „nationalen Programmes für Unternehmertum" organisierte „Bildung in Unternehmertum" sowie die Projektifizierung der Humankapitalbildung waren zentrale Regierungspraktiken, mit deren Hilfe die Entrepreneurialisierung der Gesellschaft vorangetrieben werden konnte. Insbesondere die Darstellung des Unternehmers als die Verkörperung eines freien und selbständigen Subjektes kann zumindest zum Teil die subjektive Akzeptanz der Subjektrolle des Unternehmers erklären. Wie die Subjektivierung der Subjekte zu Unternehmern im schulischen Alltag organisiert und vollzogen wird, muss im Rahmen einer weiteren empirischen Studie untersucht werden.

Literatur

Åkerstrøm Andersen, Niels (2003): Discursive analytical strategies: Understanding Foucault, Koselleck, Laclau, Luhmann. Bristol: Policy Press.

Austin, James/Stevenson, Howard/Wei-Skillern, Jane (2006): Social and commercial entrepreneurship: Same, different or both? In: Entrepreneurship Theory and Practice 30 (1), S. 1-22.

Barthes, Roland (1964): Mythen des Alltags. Frankfurt: Suhrkamp.

Beach, Dennis/Dovemark, Marianne (2007): Education and the commodity problem. Ethnographic investigations of creativity and performativity in Swedish schools. London: Tufnell Press.

Blyth, Mark (2001): The transformation of the Swedish model: Economic ideas, distributional conflict and institutional change. In: World Politics 54, S. 1-26.

Boltanski, Luc/Chiapello, Eve (1999): Der neue Geist des Kapitalismus. Konstanz: UVK.

Bowman, Paul (2007): Post-marxism versus cultural studies: Theory, politics and intervention. Edinburgh: Edinburgh University Press.

Bröckling, Ulrich (2007): Das unternehmerische Selbst: Soziologie einer Subjektivierungsform. Frankfurt: Suhrkamp.

Bührmann, Andrea D. (2006): The emerging of the entrepreneurial self and its current hegemony: Some basic reflections on how to analyze the formation and transformation of modern forms of subjectivity. In: Forum Qualitative Sozialforschung/Forum: Qualitative Social Research 6 (1): Art. 16. http://nbnresolving.de/urn:nbn:de:0114-fqs0501165. Zugegriffen: 20. November 2016.

Bührmann, Andrea D./Schneider, Werner (2010): Die Dispositivanalyse als Forschungsperspektive: Begrifflich-konzeptionelle Überlegungen zur Analyse gouvernementaler Taktiken und Technologien. In: Angermüller, Johannes/van Dyk, Silke (Hrsg.), Diskursanalyse meets Gouvernementalitätsforschung: Perspektiven auf das Verhältnis von Subjekt, Sprache, Macht und Wissen. Frankfurt: Campus, S. 261-288.

Bührmann, Andrea D./Schneider, Werner (2008): Vom Diskurs zum Dispositiv: Eine Einführung in die Dispositivanalyse. Bielefeld: Transcript.

Cederström, Carl/Spicer, André (2014): Discourse of the real kind: A post-foundational approach to organizational discourse analysis. In: Organization 21(2), S. 178-205.

Cohen, Laurie/Musson, Gill (2000): Entrepreneurial identities. Reflections from two case studies. In: Organization 7(1), S. 31-48.

Da Costa, Alessandra de Sá Mello/Saraiva, Luiz Alex Silva (2012): Hegemonic discourses on entrepreneurship as an ideological mechanism for the reproduction of capital. In: Organization 19(5), S. 587-614.

Dahlstedt, Magnus/Hertzberg, Fredrik (2012): Schooling entrepreneurs: Entrepreneurship, governmentality and rducation policy in Sweden at the turn of the millennium. In: Journal of Pedagogy 3(2), S. 242-262.

Diaz-Bone, Rainer (2010): Kulturwelt, Diskurs und Lebensstil. Eine diskurstheoretische Erweiterung der Bourdieuschen Distinktionstheorie. 2. Aufl. Wiesbaden: VS Verlag.

Diaz-Bone, Rainer/Krell, Gertraude (2015): Diskurs und Ökonomie: Diskursanalytische Perspektiven auf Märkte und Organisationen. 2. Aufl. Wiesbaden: Springer VS.

Foucault, Michel (2002): The subject of power. In Faubion, James D. (Hrsg.), Power. London: Penguin Books, S. 326-348.

Foucault, Michel (2004): Geschichte der Gouvernementalität II. Die Geburt der Biopolitik. Vorlesung am Collège de France 1978-1979. Frankfurt: Suhrkamp.

Frick, Siegfried (1999): Kulturen der Selbständigkeit in Deutschland? Zur theoretischen und empirischen Fundierung eines aktuellen Begriffs der Wirtschaftspolitik. In: Bögenhold, Dieter/Schmidt, Dorothea (Hrsg.), Eine neue Gründerzeit? Die Wiederentdeckung kleiner Unternehmen in Theorie und Praxis. Amsterdam: GtB Verlag Fakultas, S. 7-41.

Glasze, Georg (2007): Vorschläge zur Operationalisierung der Diskurstheorie von Laclau und Mouffe in einer Triangulation von lexikometrischen und interpretativen Methoden. In: Forum Qualitative Sozialforschung / Forum: Qualitative Social Research, 8(2): Art. 14, http://nbn-resolving.de/urn:nbn:de:0168-ssoar-191129. Zugegriffen: 20. November 2016.

Glynos, Jason/Howarth, David (2008): Critical explanation in social science: A logics approach. In: Swiss Journal of Sociology 54(1), S. 5-35.

Glynos, Jason/Howarth, David (2007): Logics of critical explanation in social and political theory. London & New York: Routledge.

Görner, Rüdiger/Nicholls, Angus (2010): Zur Einführung. In: Görner Rüdiger/Nicholls, Angus (Hrsg.), The embrace of the swan. Anglo-German mythologies in literature, the visual arts and cultural theory. Berlin: De Gruyter, S. 1-11.

Jäger, Siegfried (2001): Diskurs und Wissen: Methodologische Aspekte einer kritischen Diskurs- und Dispositivanalyse. In: Hug, Theo (Hrsg.), Wie kommt die Wissenschaft zu Wissen? Baltmansweiler: Hohengehren, S. 297-313.

Jessop, Bob (2004): Critical semiotic analysis and cultural political economy. In: Critical Discourse Analysis 1(1), S. 159-176.

Jessop, Bob (2002): The future of the capitalist state. Cambridge: Polity Press.

Jessop, Bob/Oeesterlynck, Stijn (2008): Cultural political economy: On making the cultural turn without falling into soft economic sociology. In: Geoforum 39, S. 1155-1169.

Johannisson, Bengt/Madsén, Torsten/Wallentin, Christer (2000): Aha! Företagsamt lärande: en skola för förnyelse. Stockholm: Utbildningsradion.

Johansson, Anders L./Magnusson, Lars (1998): LO – Det andra halvseklet: Fackföreningsrörelsen och samhället. Stockholm: Atlas.

Jonas, Michael (2009): The social site approach versus the approach of discourse/practice formations. Working Paper. Institut für höhere Studien, Wien. http://irihs.ihs.ac.at/1931/. Zugegriffen: 20. November 2016.

Jones, Campbell/Spicer, André (2005): The sublime object of entrepreneurship. In: Organization 12(2), S. 223-246.

Jones, Campbell/Spicer, André (2009): Unmasking the entrepreneur. Cheltenham: Edward Elgar.

Kalff, Yannick (2014): Projekt als Nordwest-Passage: Zeit und Zeitlichkeit als Regierungsrationalität. In: Hartz, Ronald/Rätzer, Matthias (Hrsg.), Organisationsforschung nach Foucault: Macht – Diskurs – Widerstand. Bielefeld: Transcript, S. 191-211.

Keller, Reiner (2011):. Wissenssoziologische Diskursanalyse: Grundlegung eines Forschungsprogramms. 3. Aufl. Wiesbaden: VS Verlag.

Keller, Reiner/Hirseland, Andreas/Schneider, Werner/Viehöver, Willy (Hrsg.)(2011): Handbuch sozialwissenschaftliche Diskursanalyse. Bd. 1: Theorien und Methoden. 2. Aufl. Wiesbaden: VS Verlag.

Kenny, Kate/Scriver, Stacey (2012): Dangerously empty? Hegemony and the construction of the Irish entrepreneur. In: Organization 19(5), S. 615-633.
Laclau, Ernesto (2007): Emanzipation und Differenz. Wien: Turia + Kant.
Laclau, Ernesto (2005): On populist reason. London: Verso.
Laclau, Ernesto (1990): New reflections of the revolution of our time. London: Verso.
Laclau, Ernesto/Mouffe, Chantal (1991): Hegemonie und radikale Demokratie: Zur Dekonstruktion des Marxismus. Wien: Passagen.
Leffler, Eva (2006): Företagsamma elever: Diskursen kring entrepreneurskap och företagsamhet i skolan. Umeå: Umeå Universitet.
Mahieu, Ron (2006): Agents of change and policies of scale: A policy study of entrepreneurship and Eenterprise in education. Umeå: Print och Media.
Marchart, Oliver (2010): Die Politische Differenz: Zum Denken des Politischen bei Nancy, Lefort, Badiou, Laclau und Agamben. Frankfurt: Suhrkamp.
Marttila, Tomas (2017): Die kritische Epistemologie der poststrukturalistischen Hegemonietheorie. In: Langer, Antje/Nonhoff Martin/Reisigl, Martin (Hrsg.), Diskursanalyse und Kritik. Wiesbaden: Springer VS, im Erscheinen.
Marttila, Tomas (2015a): Post-foundational discourse Analysis: From political difference to empirical research. Basingstoke: Palgrave Macmillan.
Marttila, Tomas (2015b): Post-foundational discourse analysis: A suggestion for a research program. In: Forum Qualitative Sozialforschung/Forum: Qualitative Social Research 16 (3): Art. 1. http://nbn-resolving.de/urn:nbn:de:0114-fqs150319. Zugegriffen: 20. November 2016.
Marttila, Tomas (2014): Die wissensbasierte Regierung der Bildung: Die Genese einer transnationalen Gouvernementalität in England und Schweden. In: Berliner Journal für Soziologie 24(2), S. 257-287.
Marttila, Tomas (2013a): Culture of enterprise in neoliberalism: Specters of entrepreneurship. London: Routledge.
Marttila, Tomas (2013b): Whither governmentality research? A case study of the governmentalization of the entrepreneur in the French epistemological tradition. In: Historical Social Research 38(4), S. 293-331.
OECD (1989): Towards an „enterprising" culture: A challenge for education and training. Paris: OECD.
Ogbor, John O. (2000): Mythicizing and reification in entrepreneurial discourse: Ideology-critique of entrepreneurial studies. In: Journal of Management Studies 37(5), S. 606-635.
Peterson, Marielle/Westlund, Christer (2007): Så tänds eldsjälar: En introduktion till entreprenöriellt lärande. Stockholm: NUTEK.
Pongratz, Hans J. (2008): Eine Gesellschaft von Unternehmern: Expansion und Profanierung „Schöpferischer Zerstörung" in kapitalistischen Ökonomien. In: Berliner Journal für Soziologie 18(3), S. 457-475.
Reckwitz, Andreas (2006a): Ernesto Laclau: Diskurse, Hegemonien, Antagonismen. In: Moebius, Stephan/Quadflieg, Dirk (Hrsg.), Kultur: Theorien der Gegenwart. Wiesbaden: VS Verlag, S. 339-349.
Reckwitz, Andreas (2006b): Das hybride Subjekt: Eine Theorie der Subjektkulturen von den bürgerlichen Moderne zur Postmoderne. Wiesbaden: Velbrück Wissenschaft.

Schumpeter, Joseph A. (1961): The theory of economic development. London: Oxford University Press.
Schumpeter, Joseph A. (1950): Kapitalismus, Sozialismus und Demokratie. 3. Aufl. Bern: Francke.
Smyth, John (2004): Schooling and enterprise culture: Pause for a critical policy analysis. In: Journal of Education Policy 14(4), S. 435-444.
Sombart, Werner (1913): Der Bourgeois: Zur Geistesgeschichte des modernen Wirtschaftsmenschen. Berlin: Duncker & Humblot.
Stäheli, Urs (2007): Bestimmungen des Populären. In: Huck, Christian/Zorn, Carsten (Hrsg.), Das Populäre der Gesellschaft: Systemtheorie und Populärkultur. Wiesbaden: VS-Verlag, S. 306-321.
Stäheli, Urs (2001): Die politische Theorie der Hegemonie: Ernesto Laclau und Chantal Mouffe. In: Brodocz, André/Schaal, Gary S. (Hrsg.), Politische Theorien der Gegenwart II: Eine Einführung: Opladen: Leske + Budrich, S. 194-223.
Stephens, John D. (1996): The Scandinavian welfare states: Achievements, crises and prospects. In: Esping-Andersen, Gösta (Hrsg.), Welfare states in transition: National adaptions in global economies. London: Sage, S. 32-65.
Steyert, Chris/Katz, Jerome (2004): Reclaiming the space of entrepreneurship in society: Geographical, discursive and social Dimensions. In: Entrepreneurship & Regional Development 16, S. 179-196.
Svenskt Näringsliv (2015): Egen företagare är en livsstil. http://www.svensktnaringsliv.se/regioner/linkoping/egen-foretagare-ar-en-livsstil_558285.html. Zugegriffen: 20. November 2016.
Torfing, Jacob (1999): New theories of discourse: Laclau, Mouffe and Žižek. Oxford: Blackwell.
Wilden, Anthony (1987): The rules are no game: The strategy of communication. London: Routledge & Kegan Paul.
Žižek, Slavoj (1989): The sublime object of ideology. London: Verso.

Das Wettbewerbsdispositiv im flexibilisierten Kapitalismus

Eine vergleichende Analyse

Dietmar J. Wetzel

1 Einleitung – Zur „Verwettbewerblichung" der Gegenwartsgesellschaft

Zeitdiagnostisch betrachtet lässt sich in der kapitalistisch-flexibilisiert organisierten Gegenwartsgesellschaft eine „Verwettbewerblichung" sozialer, ökonomischer und politischer Felder feststellen, die an Dominanz und Vehemenz in den letzten Jahren stärker zu- als abgenommen hat (Stürner 2007). Längere Zeit hat sich die Soziologie nicht explizit mit dem vielfältigen Thema Wettbewerb/Konkurrenz in der Gesellschaft auseinandergesetzt. Wettbewerb und Konkurrenz wurden innerhalb der Wissenschaft weitgehend der Ökonomie überlassen und der politisch aufgeladenen Rhetorik der Medien. Zwar gab es immer wieder Sozialwissenschaftler, die sich mit Wettbewerb und Konkurrenz im Kontext anderer Analysen beschäftigt haben, hier sind vor allem die neueren Arbeiten von Pierre Bourdieu (2002), Frank Nullmeier (2000, 2002), Hartmut Rosa (2006), Pascal Duret (2009), Raimund Hasse und Georg Krücken (2012), Thomas Kirchhoff (2015) sowie das Special Issue: a sociology of competition der Zeitschrift „Distinktion: Journal of Social Theory" (2015) zu nennen. Eine allfällige „Soziologie des Wettbewerbs/der Konkurrenz" hat aber bis vor kurzem auf sich warten lassen (Wetzel 2013a). Das wiederum ist umso erstaunlicher, als moderne Gesellschaften mit guten Gründen als „Konkurrenzgesellschaften" (Lessenich/Nullmeier 2006, S. 20) eingeschätzt werden können. Um einer begrifflichen Verwirrung entgegen zu wirken, möchte ich zu Beginn meiner Ausführungen die folgende Differenzierung vorschlagen. Während sich *Wettbewerb* in meiner Lesart auf institutionelle (Märkte-)Ordnungen bezieht (vgl. dazu Fligstein 2011), begreife ich *Konkurrenz* als eine sozial-komparative Handlungsorientierung, bei der es in Anlehnung an die Arbeit von Simmel um die Gunst von etwas Drittem oder eines Dritten geht (Simmel 1995, vgl. dazu Kirchhoff 2015, S. 14).

Nach diesen einleitenden Bemerkungen zu einer Zeitdiagnose einer „Verwettbewerblichung" der Gegenwartsgesellschaft und den Begriffen/Konzepten Konkurrenz und Wettbewerb (Abschnitt 1), gehe ich in einem nächsten Teil auf methodische Überlegungen ein, die sich mit der Definition und Funktion von Dispositiven und Diskursen beschäftigen (Abschnitt 2). Gezeigt wird in diesem Zusammenhang, dass sich die Rede vom Wettbewerb entlang der Felder der „Verwettbewerblichung" ausdifferenziert, und zwar unter Berücksichtigung unterschiedlicher Modi der Subjektivierung, Modi der Anerkennung/Leistung/Erfolg und schließlich Modi (Effekte) der (De-)Stabilisierung. Dabei handelt es sich jeweils um Dimensionen der Analyse einer je unterschiedlichen Wettbewerbskultur. So gefasst lässt sich dann von unterschiedlichen Wettbewerbskulturen sprechen, die sich in einem *Wettbewerbsdispositiv* (Tauschek 2013, S. 27) verdichten. Im nächsten Abschnitt werden vier Wettbewerbskulturen in der Gegenwartsgesellschaft in einer Tabelle dargestellt und zwei von diesen (Finanzmärkte und Bildung) in einer ausführlicheren Beschreibung charakterisiert (Abschnitt 4). In einem Fazit wird nochmals die dargelegte Argumentation aufgegriffen, der zufolge Wettbewerbskulturen sich insgesamt in ein Wettbewerbsdispositiv einfügen, das in unterschiedlichen Dimensionen und Intensitäten in Erscheinung tritt. Zudem werden abschließend Anschlussmöglichkeiten an neuere wirtschaftssoziologische Ansätze thematisiert (Abschnitt 5).

2 Methodische Herangehensweise: Dispositive und Diskurse

Während die Diskursforschung in der Soziologie als seit vielen Jahren etabliert gelten darf (Diaz-Bone/Krell 2015; Diaz-Bone 2015a; Jäger 2008; Keller 2004, 2008),[1] ist die neuere Dispositivforschung noch nicht ganz so weit in die Soziologie vorgedrungen, aber auf dem besten Weg dazu. Dispositiv- und Diskursana-

---

1 Wie Rainer Diaz-Bone zeigt, hängen Diskurs- und Dispositivanalyse wie folgt zusammen: „Im Unterschied zu einer ethnographischen ‚Beobachtung' erfasst die Diskursanalyse, wie die materiellen Dispositive (devices) in der diskursiven Praxis ‚angerufen' und reflektiert werden. Aus Sicht der ANT wäre das nur die diskursive Seite der Analyse. Aus der diskurstheoretischen Position, dass die diskursive Praxis durch die materiellen Dispositive gestützt wird, folgt, dass diese eine Diskursivierung und

lysen hängen in meiner Lesart eng miteinander zusammen und werden insofern als in einem produktiven Ergänzungsverhältnis zueinander stehend begriffen. Damit folge ich einem Vorschlag von Andrea Bührmann und Werner Schneider (2008).[2] Mit Blick auf die gewählte Thematik des Wettbewerbs geht es in meinen Analysen um das Erfassen von (historischen) Diskursformationen, die sich in drei Aspekte aufteilen lassen.[3] (1) In einem ersten Zugriff verfolge ich eine *wissenssoziologisch orientierte Diskurstheorie*, der es um eine „systematische Ausarbeitung des Stellenwerts von Diskursen [des Wettbewerbs, DJW] im Prozess der gesellschaftlichen Konstruktion von Wirklichkeit" geht (Landwehr 2008, S. 14). (2) Zweitens beziehe ich mich auf die *Diskursgeschichte/n des Wettbewerbs*, die sich mir als Frage nach möglichen Abfolgen von Wettbewerbskulturen gestellt hat und dabei „die empirische Untersuchung von Diskursen in ihrem geschichtlichen Wandel zum Gegenstand hat" (ebd.). Dazu zählen auch die gesellschaftlichen Handlungsfelder/Alltage und die Akteurinnen und Akteure. (3) Drittens geht es um die Ebene der *Dispositive (Wettbewerbsdispositiv)*, die sowohl für die materiellen als auch die ideellen Infrastrukturen von Diskursen und gesellschaftlichen Handlungsfelder stehen. Ergänzt werden diese Analysen von Diskursformationen mit interpretativen Verfahren, die nicht so sehr die Einheit und Stringenz, sondern vielmehr Brüche sowie Verschiebungen innerhalb von Diskursen verdeutlichen. Der Beitrag einer pragmatisch gefassten *Dekonstruktion von Diskursen* besteht in Anlehnung an Urs Stäheli darin, „dass immer weitere Felder von zur Normalität geronnenen ‚sedimentierten' Praktiken in ihrer Unentscheidbarkeit sichtbar werden." (Stäheli 1999, S. 156) Dies beruht wiederum auf der Einschätzung von Ernesto Laclau, der zufolge Diskurse immer Unentscheidbarkeiten erzeugen, was seinerseits auf die Idee des „leeren Signifikanten" verweist: „[D]ieser schreibt selbst nicht vor, mit welchem ‚partikularen' Signifikanten er besetzt werden soll. Vielmehr ist es

---

    diskursive ‚Reflexion' durchlaufen und daher ‚in den Diskurs eintreten müssen'." (Diaz-Bone 2015a, S. 328)

2   Siegfried Jäger betreibt eine „kritische Diskurs- und Dispositivanalyse": „Ein Dispositiv stellt [...] einen prozessierenden Zusammenhang von Wissen dar, der in Sprechen/Denken – Tun – Vergegenständlichung eingeschlossen ist. Es geht also um ein Zusammenspiel sprachlich performierter Diskurse (= Sprechen und Denken auf der Grundlage von *Wissen*), nicht-sprachlich performierter Diskurse (= Handeln auf der Grundlage von *Wissen* und Sichtbarkeiten bzw. Vergegenständlichungen (als Resultate von Handeln auf der Grundlage von Wissen)." (Jäger 2012, S. 113)

3   Für die Analyse dienten mir als Material (Korpus) wissenschaftliche Diskurse, Medienberichte aus ausgewählten und überregionalen Tageszeitungen, Kommissionsberichte, Dokumente sowie rechtliche Verordnungen auf der Bundes- und der EU-Ebene. Dabei beziehe ich mich schwerpunktmäßig auf den Zeitraum von 1990 bis 2012.

gerade die Kontingenz zwischen partikularem Signifikant und der universellen Repräsentationsfunktion, die wiederum Unentscheidbarkeit erzeugt und seine Bedeutung ins Oszillieren treibt." (Stäheli 1999, S. 156)

Was im Unterschied zu einem Diskurs ein *Dispositiv* ausmacht, hat Michel Foucault in einem Gespräch mit Robert Badinter und Jean Laplanche ausführlicher erläutert:

> „Das, was ich mit diesem Begriff zu bestimmen versuche, ist erstens eine entschieden heterogene Gesamtheit, bestehend aus Diskursen, Institutionen, architektonischen Einrichtungen, reglementierenden Entscheidungen, Gesetzen, administrativen Maßnahmen, wissenschaftlichen Aussagen, philosophischen, moralischen und philanthropischen Lehrsätzen, kurz, Gesagtes ebenso wie Ungesagtes, das sind die Elemente des Dispositivs. Das Dispositiv selbst ist das Netz, das man zwischen diesen Elementen herstellen kann. Zweitens ist das, was ich im Dispositiv festhalten möchte, gerade die Natur der Verbindung, die zwischen diesen heterogenen Elementen bestehen kann. [...] Drittens verstehe ich unter Dispositiv eine Art – sagen wir – Gebilde, das zu einem historisch gegebenen Zeitpunkt vor allem die Funktion hat, einer dringenden Anforderung nachzukommen. Das Dispositiv hat also eine dominante strategische Funktion." (Foucault 2003, S. 392f.)[4]

Allerdings halte ich für die spezifische Analyse der gesellschaftlichen (Handlungs-)Felder die Ergänzung mit einer *kulturalistischen Perspektive* für sinnvoll. Hier sind neben den Handlungsfeldern die Alltagsroutinen und vor allem die Perspektiven der Akteure von zentraler Bedeutung. Zum Gegenstand der Dispositivanalyse gehören herkömmlich die Beschäftigung mit den über Diskurse und Praktiken organisierten Wissensfeldern sowie ein Erfassen von deren materiellen und ideellen Infrastrukturen. In Ergänzung dazu kann sich eine kulturalistische Perspektive mit den qualitativ-evaluativen Unterschieden in diesen jeweiligen Feldern auseinandersetzen. Konkret bezieht sich eine solche Analyse auf das gesamte handlungsrelevante Wissen der beteiligten Akteure und rekonstruiert somit die, wie es Nullmeier nennt „'Kalkulation' der Marktakteure als Ergebnis der Geltungsdominanz bestimmter interpretativer Schemata, Skripts oder Deutungsmuster." (Nullmeier 2000, S. 164f.) Das von mir ins Spiel gebrachte *Wettbewerbs-*

---

4   Jürgen Link betont in seinen elaborierten Ausführungen zum Dispositivbegriff bei Foucault erstens die „disponierende Funktion des Dispositivs [...]. Eine zweite wichtige Eigenschaft ist die Kombination mehrerer verschiedener Diskurse (die interdiskursive Funktion), eine dritte die Kombination zwischen diskursiven und nicht-diskursiven Elementen sowie viertens die Kombination von Elementen des Wissens mit solchen der Macht." (Link 2008, S. 239)

dispositiv lässt sich – und eben das soll detailliert gezeigt werden – historisch, systematisch und feldspezifisch entfalten.

3 Drei Dimensionen zur Analyse von Wettbewerbskulturen

Die drei Dimensionen der Analyse, Modi der Subjektivierung (Subjektivierungsimperative), Modi der Anerkennung, Leistung und Erfolg sowie Modi der (De-)Stabilisierung bilden ein Raster, um „Wettbewerbskulturen" aufschlüsseln zu können. Diese schlagen sich in der diskursiven Praxis nieder und sind mittels Diskursanalysen zu eruieren.[5] Nachfolgend stelle ich diese verschiedenen Modi näher vor.

3.1 Modi der Subjektivierung

Der Vorgang der Subjektivierung besteht aus dem fortlaufenden (und prinzipiell unabschließbaren) Prozess einer sozialen, kulturellen und politischen Identitätsbildung.[6] Dabei erzielen normativ begründete Appelle an Subjekte über *Subjektivierungsimperative* Einfluss auf diese – im vorliegenden Fall vor allem über die Verbesserung der eigenen Wettbewerbsfähigkeit und die Bereitschaft zur Konkurrenzorientierung, um an den Märkten respektive den sozialen Feldern erfolgreich(er) agieren zu können. Subjektivierung impliziert die Frage nach den Voraussetzungen, die Subjekte mitbringen müssen, um als erfolgreiche Wettbewerberinnen und Wettbewerber bestehen zu können. Zudem stellt sich aber auch die Frage nach den Effekten, also welche Ich-Effekte[7] erzeugen die Teilnahme

---

5 In diesem Sinn schreiben Diaz-Bone und Krell (2015, S. 25): „Diskursanalysen, die an Foucault orientiert sind, siedeln die diskursive Praxis als erklärendes Prinzip nicht auf der Mikroebene an, d.h., als wirkmächtig gelten Diskurse nicht als Praktiken von Individuen, sondern als kollektive und historische Formationen auf der Meso- oder Makroebene der Gesellschaft (bzw. in der Wirtschaft). Durch ihre subjektivierenden Effekte wirken sie aber auch in die Mikroebene hinein, indem sie Identitäten und Körperlichkeiten formieren."

6 Dass dieser Prozess der Subjektivierung auch als Subjektivation verstanden werden kann, zeigen die Arbeiten von Judith Butler. Subjektivation bedeutet demzufolge zweierlei, „sich diesen Regeln unterworfen zu haben und in der Gesellschaft kraft dieser Unterwerfung konstituiert zu werden." (Butler 2001, S. 110)

7 Vgl. dazu die instruktive Arbeit von Fritz Breithaupt, der sich mit den „Ich-Effekten des Geldes" (2008) auseinandergesetzt hat.

an Wettbewerben und die Handlungsorientierung der Konkurrenz. Dass dabei der Machtaspekt von besonderer Bedeutung ist, wird klar, wenn wir davon ausgehen, dass in der gegenwärtigen Konkurrenzgesellschaft die darin vorkommenden Machtkonflikte nicht nur einer institutionellen Regelung unterliegen, sondern sehr leicht zu einer individuellen Dauererfahrung im Leben werden können (vgl. Popitz 1992). Das beschriebene Wettbewerbsdispositiv respektive die darin enthaltenen Wettbewerbskulturen sorgen für Prozesse der *Subjektivierung* und der *Desubjektivierung*. Desubjektivierung bedeutet einerseits eine Form der aktiven Widerständigkeit gegen unterwerfungs- und fremdbestimmte Subjektformen, andererseits kann es aber auch eine passive Form im Sinne eines „Auflösen des Subjekts" implizieren (Agamben 2008).

3.2 Modi der Leistung, des Erfolgs und der Anerkennung

Die Leistungsbereiten und im Wettbewerb Erfolgreichen dürfen auf gesellschaftliche Anerkennung (ökonomischer, sozialer, kultureller und politischer Art) hoffen. Meritokratisch organisierte Gesellschaften bevorzugen den *Typus eines erfolgsorientierten Handelns* (vgl. Hänzi/Matthies/Simon 2014). Dabei ist in der jüngsten Zeit das Verhältnis zwischen Leistung und Erfolg in den sozialwissenschaftlichen Fokus geraten. Autoren wie Sighard Neckel und Kai Dröge (2002, S. 103) konstatieren eine „Ausweitung und Aushöhlung des Leistungsprinzips". Wichtiger wird demzufolge das „Sichdurchsetzen", wie es insbesondere Neckel beschreibt: Dabei kann ein ‚objektiver Erfolg' auf eine Leistung zurückgeführt werden, deren Qualitätskriterium die nicht zu bestreitende sachliche „Richtigkeit" ist, die einen unmittelbaren Einfluss auf das Leben und Handeln von Individuen hat (vgl. Neckel 2001). Davon unterscheiden lässt sich der „subjektive Erfolg", der aus der Innenperspektive eines Handelnden aufgrund eines persönlichen Durchsetzens verbucht werden kann.

Eben diese subjektive (gefühlte) Selbsteinschätzung und auch die Dimension der Selbstdarstellung spielen bei dem Begriff der Leistung eine zentrale Rolle. Allerdings können in puncto Leistung die Eigen- von der Fremdeinschätzung des Erbrachten stark voneinander abweichen. Beurteilungen sind immer werthaltig und dementsprechend variabel. Immerhin kann Leistung in einem „objektiven Sinn" als der Ausdruck für das Ergebnis einer bewussten Aktivität begriffen werden (vgl. dazu Dubet 2008, S. 103). Erfolg wiederum lässt sich meistens nicht alleine auf eine erbrachte Leistung zurückführen, sondern auf das Zusammenspiel zwischen Leistung und Talent/Begabung. Hinzu kommt, dass nicht nur Erfolg eine auf sozialer Zuschreibung basierende Kategorie ist, auch Leistung bzw. das Leistungsprinzip sind letztlich gesellschaftliche Konstrukte, wenn auch mit einer wichtigen Funktion, denn das Leistungsprinzip „dient in der Praxis dazu, Selektionen als normativ richtig *darzustellen*" (Nollmann 2004, S. 24).

Mit sozialer Anerkennung darf rechnen, wer Erfolg zugeschrieben bekommt und insofern als erfolgreich gilt. Dabei sind jeweils unterschiedliche Dimensionen von Anerkennung im Spiel, wobei jegliche Form der Anerkennung in Machtbeziehungen eingebettet ist und auch einen „ideologischen" (Honneth 2004) oder „instrumentellen" Charakter (Wetzel 2004) erhalten kann. In der sozialen Beziehung ist nicht nur das mit Anerkennung bedachte Individuum von Bedeutung, sondern interessant ist auch die (Macht-)Position des Anerkennung Gebenden. Im Akt der Anerkennung eines anderen nehme ich diesem anderen gegenüber eine überlegene Position ein, die im günstigen Fall durch auf Reziprozität basierender Gegenseitigkeit potenziell wieder aufgehoben werden kann. Jedoch kann es auch zu Verkrustungen kommen, die das Anerkennungsverhältnis zu einem asymmetrischen und einseitigen verkommen lassen.[8] Damit bin ich schließlich auf der gesellschaftlichen Ebene angelangt.

3.3 Modi der (De-)Stabilisierung

Aus einer makrosoziologischen Perspektive lassen sich Wettbewerbseffekte beschreiben, die durch den Einfluss politischer, moralischer und auch affektiver (Rahmen-)Bedingungen zustande kommen. Hier liegt ein Vorteil eines an Dispositiven orientierten Zugriffs, der das Zusammenspiel aus Individuen, diskursiven Strukturen und Ereignissen sowie infrastruktureller-technischer Einrichtungen ermöglicht.[9] Außer-ökonomische (Rahmen-)Bedingungen „kontaminieren" oder „verunreinigen" die rationale Ordnung der Gesellschaft und tragen so zu Desta-

---

8   Vgl. zu dieser Form der Anerkennung vor allem die Arbeit von Judith Butler (2007), siehe auch den Überblick und die Kritik verschiedener Positionen zur Anerkennung bei Nicole Balzer (2014).

9   Instruktiv dazu auch die Ausführungen zu den *market devices* von Michel Callon, Yuval Millo und Fabian Muniesa (2007, S. 2): „We believe that the notion of ‚market device' – a simple way of referring to the material and discursive assemblages that intervene in the construction of markets – can be useful [...] With this notion, objects can be brought inside sociological analysis [...]. Moreover, these objects can be considered as objects with agency; whether they might just help (in a minimalist, instrumental version) or force (in a maximalist, determinist version), devices do things. They articulate actions; they act or they make act others act. But the notion of ‚device' can also suggest a bifurcation of agency: the person on one side and the machine on the other, the trader on one side and the trading screen on the other."

bilisierung, möglicherweise aber auch zur (Re-)Stabilisierung bei. Simmel hatte bereits in seiner Arbeit zur „Soziologie der Konkurrenz" (1995 [1903]) auf den sozialintegrativen Aspekt von Konkurrenz hingewiesen, genauer, indem Individuen um etwas „Drittes" konkurrieren. Wie die Wirtschaftssoziologie im Anschluss daran zeigen konnte, führt die Koordination von Märkten – über Wettbewerb, Kooperation und Wert – (Beckert 2007) immer wieder dazu, die Wettbewerbsteilnehmenden aneinander zu binden und zu integrieren. Analog zu den stabilisierenden Momenten gilt es jedoch die destabilisierenden Effekte bei den durchgeführten Feldanalysen im Blick zu behalten. Solche Effekte lassen sich beispielsweise bei den Finanzmärkten im Zuge der 2008 ihren Ausgang genommenen Finanzkrise konstatieren. Für kurze Zeit drohte das Finanzsystem insgesamt zu kollabieren, so dass von Seiten der Politik Rettungspakete für die Banken verabschiedet werden „mussten", um mutmaßlich für Re-Stabilisierung zu sorgen. Hinter den zu eruierenden Mechanismen einer erfolgreichen respektive einer misslingenden Stabilisierung steckt nichts anderes als die klassische soziologische Frage nach der sozialen Ordnung der Gesellschaft, die über soziale Praktiken/Diskurse gesteuert wird.

4 Wettbewerbskulturen in vier Feldern der Gegenwartsgesellschaft

Den Feldern der Bildung, der Ökonomie, des Sports und der Liebe kommt in der Gegenwartsgesellschaft ein paradigmatischer Charakter zu, was in der vorgestellten Analyse anhand von zwei Feldern genauer in den Fokus gerückt wird.[10] Eine vergleichende Analyse kann die unterschiedlichen Felder miteinander in Beziehung setzen und eine Zuweisung zu in sich noch einmal spezifizierten Wettbewerbskulturen ermöglichen. Damit können positional-agonale von hyperagonalen, und diese wiederum von komparativ-differenzbetonenden und relationsfixierenden/differenzminimierenden Wettbewerben analytisch und nach Feldern unterschieden werden.

---

10 Selbstverständlich sind auch andere Felder für eine Wettbewerbsanalyse von Interesse, etwa die Bereiche der Kunst oder der Medizin, vgl. zur Vielfalt der Empirie der Band „Kulturen des Wettbewerbs" von Tauschek (2013).

4.1 Bildung/Universitäten

Aussagen über die im Feld der Bildung vorherrschenden Subjektivierungsformen wurden dadurch möglich, dass (diskursive) Ich-Effekte des Wettbewerbs als Ergebnis von *Subjektivierungsimperativen* konzipiert und feldspezifisch detailliert beschrieben worden sind (Wetzel 2013a). Für das Feld der Bildung wurde so eine Internalisierung sowie Ausdehnung des Leistungswettbewerbs auf verschiedenen Ebenen/Positionen herausgearbeitet (Professoren/Mittelbau/Studierende). Zwischen den hegemonial gewordenen exzellenten Universitäten – mit normalisierender Ausstrahlung auf die (noch) nicht exzellenten Universitäten – finden verstärkt auf Dauer gestellte *Positionierungs- und Reputationskämpfe* statt.[11] Aus der Perspektive der im Feld agierenden Wissenschaftler/innen sind diese zu an Konkurrenz orientierten Dauerbeobachtungen des Marktes ebenso gezwungen wie zu einem strategischen Kooperationsverhalten. Seit der Bologna-Reform und der (neoliberalen) Ökonomisierung des Bildungsbereichs ist es für die im Wissenschaftsfeld Handelnden von größerer Bedeutung, sich und ihre wissenschaftlichen Erzeugnisse geschickt zu vermarkten. Mit anderen Worten: Es ist lediglich die notwendige Bedingung für den Erfolg, sehr gute wissenschaftliche Arbeit in Forschung und Lehre zu leisten. Hinreichend wird dieser erst, wenn die erzeugten Produkte im Kampf um Aufmerksamkeit auch vermarktet werden können, d. h. an sichtbaren und an möglichst prominenten (internationalen) Stellen platziert werden. Eine möglichst effektive Performance wird dadurch zum Leitbild einer neuen Generation von Akademikerinnen und Akademikern. Positiv gewendet hat diese Situation dazu geführt, dass Wissenschaftler/innen von den sichtbaren Erfolgen der anderen angestachelt werden können und insofern ihre eigene Leistung immer schon mit diesen vergleichen, was potenziell zu einer Qualitätsverbesserung und -Kontrolle der eigenen Arbeit führen kann.

Unter den wettbewerbsanalytischen Gesichtspunkten von *Leistung, Erfolg und Anerkennung* fällt das notwendige Streben nach Dominanz ins Gewicht. Eine damit verbundene Machtstrategie besteht darin, sich gezielt vor allem mit Publikationen in hochrangigen Zeitschriften und dem Einwerben von Drittmitteln im Feld erfolgreich zu positionieren. Ein hoher Output ist ein entscheidendes Kriterium für Anerkennung und Erfolg in der wissenschaftlichen Community, was wiederum nicht ohne Folgen für die Produzenten dieser wissenschaftlichen Produkte bleibt. Englische Publikationen zählen mehr als beispielsweise deutsche oder französi-

---

11 Ulrich Bröckling und Tobias Peter zeigen, inwiefern „Mobilisieren und Optimieren" (2014) eine zentrale Rolle bei der Herstellung eines hegemonialen Diskurses auf dem Feld der Bildung spielen.

sche. Das Veröffentlichen in englischsprachigen Zeitschriften bringt mehr Punkte als in spanischen oder japanischen. Dies wiederum erzeugt spezielle Effekte: Ganze Wissenschafts- und Sprachtraditionen drohen verloren zu gehen, beziehungsweise die Besonderheit ihrer eigenen Kultur zu verlieren. Umgekehrt besteht aber durch die etablierte Wissenschaftssprache Englisch auch eine Chance, mit Forscher/innen aus ganz unterschiedlichen Ländern ins Gespräch zu kommen.[12] Deutlicher als je zuvor zeichnen sich Konturen und *Formen des Steigerungswettbewerbs* ab, die den quantitativen Output über die Qualität setzen. Das Einwerben von Drittmitteln gehört zu den wichtigsten Kriterien für Lehrstühle (respektive für die die Anträge schreibenden wissenschaftlichen Mitarbeiter/innen). Zur ungleichen Verteilung von Macht trägt auch die durch die Verallgemeinerung des Wettbewerbsprinzips forcierte und dementsprechend stärker betriebene Aufteilung in Forschungs- und Lehruniversitäten bei. Im Ergebnis ist es kaum überraschend, dass die an Hochschulen zu konstatierende differenzierte und moderate Wettbewerbskultur der 1970-1990er Jahre (vgl. Nullmeier 2000b) weitgehend durch eine *positional-agonale Wettbewerbskultur* ersetzt worden ist. Aus dem Einsatz von Managementtechniken, New Public Management und Kennziffernsteuerung resultieren *erzwungene und verordnete Wettbewerbe* insofern, als sich gar nicht länger die Frage stellt, ob man an solchen Wettbewerben teilnehmen will oder nicht.[13] Ein (Teilnahme-)Zwang im Sinne eines erzwungenen Wettbewerbs kann dann entstehen, wenn es zu einer Entwicklung und Adaptation leistungsorientierter Kennzahlensysteme kommt, und wenn diese, wie Michael Huber schreibt, eine „fachbereichsüberschreitende Koordination der Abteilungen ermöglichen, [dann] etablieren sie über alle Fakultätsgrenzen hinweg einen operativen Zusammenhang von Lehre und Forschung, von Leistung und Leistungsverweigerung und organisieren die finanzielle und symbolische Ressourcenzuweisung durch die die ehemals unabhängigen Bereiche in ein Wettbewerbsverhältnis gezwungen werden" (Huber 2008, S. 287). Wer nicht dabei ist, hat schon verloren.

Universitäten, aber auch Studiengänge, geraten zudem in *Verdrängungswettbewerbe*, die insofern als inszeniert oder „künstlich" (Binswanger 2010) beschrieben werden müssen, insofern ungleiche Startbedingungen in puncto Ausstattung beziehungsweise Humankapital, aber auch unterschiedliche Traditionen vorherrschen. Durch die Exzellenzinitiative geschürt, geraten prinzipiell alle Universitäten in einen solchen Verdrängungswettbewerb, der insofern als inszeniert charakterisiert

---

12 Hier steht die westliche, englischsprachige Welt in einem Konkurrenzkampf mit der asiatischen, genauer gesagt vor allem mit der chinesischen Sprachwelt.

13 Vgl. dazu die Überlegungen zur Universität Bern im Kontext von Ökonomisierung und Wettbewerb (Wetzel 2015).

werden kann, als ungleiche Ausgangsbedingungen die viel bemühte Chancengleichheit eher als Farce denn als real praktiziert erscheinen lassen. Mitspielen müssen jedoch alle, denn wer sich nicht an den Ausschreibungen von Fördergeldern beteiligt, sich dementsprechend dem Wettbewerb entzieht, hat keine Chance und immer schon verloren. Von einem Wettbewerb auf Augenhöhe kann daher kaum die Rede sein, wie auch die beiden Auflagen der Exzellenzinitiative verdeutlicht haben (Hartmann 2012). Eine mögliche Lösung könnte darin bestehen, Wettbewerbe dort stattfinden zu lassen, wo diese ihren sinnvollen Ort haben. Ansonsten gerät der Wettbewerb zu dem, was Mathias Binswanger (2010) eindrucksvoll als „sinnlose Wettbewerbe" beschrieben hat. Entwickelt sich beispielsweise der Wettbewerb um ein möglichst positives Image zu einem Wettbewerb um Status, dann entsteht ein tatsächlicher Wettbewerb. Es geht dabei zum einen um die Stellung der Hochschule im Wettbewerb mit anderen in der gesamten Hochschullandschaft, zum anderen um den bestmöglichen Zugriff auf Finanzen. Dies führt allerdings zum bereits angeführten agonalen (d. h. kämpferischen) Charakter, dessen deutlichstes Merkmal darin besteht, eindeutige Gewinner und Verlierer zu produzieren. Was wäre also zu tun? Es bedarf Instanzen, die den – tendenziell auf Ausschluss und Exklusivität setzenden – Wettbewerb offenhalten. Anders gesagt: Wettbewerb funktioniert ohne die adäquaten Strukturen und Institutionen der Regulierung nur unter Inkaufnahme der angeführten „Kollateralschäden". Insofern sind wir bis auf weiteres von einer angemessenen Form des Wettbewerbs im Feld der Bildung, insbesondere bei den Universitäten noch ein gutes Stück entfernt (vgl. dazu Münch 2011).

4.2 Ökonomie/Finanzmärkte

Wenn auch kein Automatismus damit verbunden ist, so hat sich doch ausgehend von den normativen Vorgaben von Finanzmärkten ein steigender Wettbewerbsdruck in der Form von Psychomacht (Stiegler 2009),[14] die die (Konkurrenz-) Praktiken der Individuen affiziert, als handlungsleitende Orientierung etabliert. Aus der Perspektive der hier anvisierten Subjektivierungsformen wurde für dieses Feld plausibilisiert, inwiefern eine eindeutige *Gewinner-Verlierer-Logik* auf

---

14 An die Stelle der von Foucault beschriebenen Biopolitik treten für Bernard Stiegler „die Psychotechnologien der Psychomacht, die nicht nur die geistige und körperliche Gesundheit der Bevölkerungen (insbesondere der Kinder) zugrunde richten, sondern die auch die Zukunft der globalen Ökonomie gefährden, da die Psychotechnologien sich mit einer ruinösen Form der Bankenfinanzierung zu einem System zusammengeschlossen haben." (Stiegler 2009, S. 53).

den Finanzmärkten Platz greift. Diese ist ihrerseits ein Ergebnis von verschärften Wettbewerbsbedingungen, die auch bei den Subjekten in spezifischer Weise für anhaltende Effekte sorgt. Profiteure der jüngsten, 2007 ihren Ausgang nehmenden Finanz- und Wirtschaftskrise sind vor allem die Investmentbanken, aber auch institutionelle Anleger wie beispielsweise Pensionsfonds, Rating-Agenturen und – last but not least – Großbanken (Wetzel 2012).[15] Diesen (handlungs-)mächtigen Akteuren gelang es, nicht zuletzt aufgrund ihrer besonderen Stellung („too big to fail") im Gesamtsystem der Ökonomie, Risiken auf andere Akteure abzuwälzen, beispielsweise auf private Anleger/innen oder eben auch auf den Staat. Eine wichtige Vermittlerrolle spiel(t)en dabei die Anlageberater/innen, die in einem harten Konkurrenzkampf um Provisionen wetteifern und dabei – zumindest teilweise – gegen die Regeln eines „fair-bankings" (und den gesunden Menschenverstand) verstoßen haben: „Der interne Wettbewerb führte zu den seltsamsten Spielchen: Hatte man keine Informationen, dachte man sich eben etwas über ein Unternehmen aus, sogenannte Non-Events, nichtssagende Fakten" (Anne T. 2009, S. 24). Solche falschen und defizitären Beratungen haben viele private Anleger/innen mittels eines auch medial geschürten riskanten Anlageverhaltens ihrerseits mit hohen Verlusten bezahlt.[16] Was nicht weiter überraschen kann, zumal diese nicht über die (eigentlich notwendigen) Insiderinformationen verfügten und insofern den Marktveränderungen immer einen Schritt hinterher hinkten. Da sich zusätzlich der Staat durch die Bankenkrise – nicht zuletzt durch den Druck von Großbanken – veranlasst sah, Rettungspakete zu schnüren, werden die Anleger/innen in ihrer Rolle als Staats- und Steuerbürger noch in einem anderen Zusammenhang zur Übernahme der Kosten verpflichtet. Sie sollen diese übernehmen, beziehungsweise über (Hyper-)Inflation oder eine Nullzinspolitik für einen Ausgleich der Defizite sorgen. Finanzmärkte prozessieren zwar nicht immer im Sinne der „Hypothese effizienter Märkte" und sind dabei auch nicht durchwegs stabil, diese sorgen aber doch immer wieder für eine (Re-)Stabilisierung im eigenen Interesse.

Mit Blick auf Leistung, Erfolg und Anerkennung wurde problematisiert, inwiefern eine Schwierigkeit in der Finanzbranche durch das Umstellen von *Entlohnungs- auf Belohnungssysteme* entstanden ist: Wurden die „klassischer" Banker/innen noch für ihre gute Betreuung und ihre Tätigkeiten entlohnt, so sind die

---

15 Über die Praktiken der Banken und ihrer Mitarbeiter in Zeiten der Finanz- und Wirtschaftskrise informiert der Band von Claudia Honegger, Sighard Neckel und Chantal Magnin (2010).

16 Vgl. zum Einfluss der Medien und der Öffentlichkeit auf das Prozessieren der Finanzmärkte und das damit verbundene Anlageverhalten der Anlegerinnen und Anleger den von Langenohl und Wetzel herausgegebenen Sammelband (2014).

gegenwärtig tätigen Bank- und Investmentberater/innen ganz auf das Boni-System ausgerichtet (Kornwachs 2009). Dadurch ist ein – wie die Banken teilweise mittlerweile selber einräumen – falsches Anreizsystem entstanden, was nicht zur Entschuldigung individueller Praktiken dient, vielmehr aber die systemische Logik in den Vordergrund der soziologischen Erklärung stellt. Unter dem Gesichtspunkt einer von Hartmut Rosa (2006, 2009) behaupteten Umstellung von einer vormals positionalen auf einen *performativen Wettbewerb* wurden die Anerkennungsverhältnisse in der Finanzbranche genauer analysiert. Den dabei erzielten Ergebnissen zufolge wäre es jedoch übertrieben, von einer bereits vollkommenen Umstellung auf Performanz auszugehen, jedoch stehen die Zeichen auf Veränderung: die Reversibilität und Vorläufigkeit verschiedener Zuweisungen von Anerkennung ist ein aktuelles Phänomen. Zu unterscheiden ist dabei zwischen den Investmentbanker/innen und den Bankberater/innen. Während Investmentbanker/innen durch die Bonikultur viel stärker in den Strudel *performativer Anerkennungsverhältnisse* geraten, sehen sich die Bankberater/innen einer Mischform in puncto Anerkennung ausgesetzt. Ohne eine minimale positionale Verankerung, verkörpert durch das allmähliche Anhäufen von Prestige und Wertschätzung, würden die Anerkennungszuweisungen bei Bankberater/innen in die Leere laufen. Mit Blick auf die auf den Finanzmärkten vorherrschende Wettbewerbskultur muss diese als eindeutig *hyperagonal* qualifiziert werden. Genauer verfährt diese *aggressiv-positional*, was in der Metapher des häufig gebrauchten, ruinösen Wettbewerb' seinen adäquaten Ausdruck findet. Ein differenzierter Blick identifiziert auf der Ebene der sozialen Praktiken in Finanzmärkten eine Verschärfung der Konkurrenz in mindestens dreierlei Hinsicht:

1. *Zunahme der Konkurrenz zwischen den Akteur/innen*:
Durch die im Neoliberalismus betriebene sukzessive Aufhebung der Marktzutrittsschranken treten so unterschiedliche Finanzakteure wie Investmentbanken, Pensions- und Investmentfonds, Versicherungen und auch Geschäftsbanken miteinander in Wettbewerb, mittlerweile „ohne Beschränkung des Marktzutritts untereinander" (Beckmann 2007, S. 45). Wie mittlerweile aus der Forschung bekannt ist, erziel(t)en Banken eine Sicherung ihrer Wettbewerbsfähigkeit oftmals durch ein Vernachlässigen der Eigenkapitalbildung, „zumal Konkurrenten oft mit geringem Eigenkapital den Markt betreten" (Baecker 2008, S. 149). Andererseits kann jedoch gerade eine hohe Eigenkapitalquote die Wettbewerbschancen erhöhen, da dadurch Sicherheit in den Geschäftspraktiken gewährleistet und Vertrauen bei Kunden und Kund/innen erzeugt werden kann. Eine mangelnde Ausstattung mit Eigenkapital wurde in der Vergangenheit mit den politisch-rechtlich motivierten Steuerungsmaßnahmen Basel I und

II, und wird seit 2013 mit Basel III von der politischen Seite zu unterbinden versucht.

2. *Zunahme der Konkurrenz durch die über den Finanzmarkt getriebene Globalisierung*
Die finanzielle Globalisierung hat die „grenzüberschreitende Konkurrenz verstärkt" (Beckmann 2007, S. 45). Dieser Wettbewerbsdruck, den die Akteure aufzufangen hatten, beschleunigte die Zusammenlegungen und die Konzentrationsbemühungen auf den Finanzmärkten. Hierbei handelte es sich vornehmlich um einen *erzwungenen Wettbewerb*, dem die Marktakteure (Investmentbanker/innen und Banker/innen) unterliegen, indem sie als Profitmaximierer/innen die Besten und Erfolgreichsten am Markt zu sein trachten (Stiglitz 2010).

3. *Zunahme der internen Konkurrenz und der strategischen Kooperation*
In der umfangreicheren Arbeit (Wetzel 2013a) wurde vor allem auf die Großbanken und die Investmentbanken als zentrale Akteure im Finanzmarktdispositiv fokussiert. Nicht zuletzt der Hang zu Fusionen (aber beispielsweise ebenso die feindliche Übernahme der Dresdner Bank durch die Commerzbank) legt Zeugnis von einer Konzentration und von hegemonialen Bestrebungen ab. Überzogene Renditeerwartungen werden ausgesprochen (Beispiel: die 25 % der Deutschen Bank) und vom Markt mit einer Zunahme der Gewinne belohnt. Andererseits besteht die „wahre Kunst" der Wettbewerber oftmals darin, sich dem Wettbewerb zu entziehen, um möglichst schadlos agieren zu können. Durch eine Mischung aus Konkurrenz und Kooperation könnte dann auch – im Gegensatz zu einer hyperagonalen Wettbewerbskultur – vielleicht das Ziel erreicht werden, wenn, was der BIZ (2009, S. 141) zufolge anstrebenswert erscheint, wieder ein „System mit funktionierendem Wettbewerb gewährleistet ist".

Ein nachfolgend angeführter schematischer Überblick (Tab. 1) im Sinne einer synoptischen Darstellung enthält nicht nur die beiden soeben etwas ausführlicher beschriebenen Felder Bildung und Ökonomie, sondern zudem die Felder Liebe und Sport. Damit kann der in der umfangreicheren Arbeit erhobene systematisch-vergleichende Anspruch der Herangehensweise unterstrichen werden.

Tabelle 1 Schematischer Überblick/synoptische Darstellung[17]

Felder	Bildung/ Universitäten	Ökonomie/ Finanzmärkte	Sport/ Hochleistungssport	Liebe/ Onlineplattformen
Subjektivierungsimperative	Internalisierung des Leistungswettbewerbs („Exzellenz") Selbstvermarktung/ Inszenierung	Selbstunternehmertum Kalkül und Affektregulation	Bio-Politisierung des Selbst Optimierung als (körperlich-psychische) Perfektionierung	Entdeckung des Selbstinteresses Sich-Ausdrücken als „kreatives Subjekt" „Impression Management"
Leistung/Anerkennung/ Erfolg	Publikationen in hochrangigen Zeitschriften Hoher Output Drittmittel	Verkaufen von Produkten Belohnungssystem: Boni	Vertuschungspraktiken Leistungssteigerung	Sich und andere affizieren „erotisches Kapital"[a] Selbstdarstellung (in Bild und Schrift)
(De-)Stabilisierung	Exzellenz oder Exklusion durch Abweichen vom Standard Aufteilung in Forschungs- und Lehruniversitäten	Selbstbehauptung am Markt Krisen, Konkurse, feindliche Übernahmen	Doping als zwischen De- und Restabilisierung zu situierende Praktik	Paarbildung oder Mehrfach-Beziehungen Spannungsfeld: Online/Offline-Beziehungen
Wettbewerbskulturen	Positionalagonale Wettbewerbe	Hyperagonale Wettbewerbe	Komparativdifferenzbetonende Wettbewerbe	Relationsfixierende/ differenzminimierende Wettbewerbe

a Siehe dazu den Artikel „Erotic Capital" von Catherine Hakim, in dem sie überzeugend vorschlägt, die von Bourdieu vorgelegten Kapitalanalysen um das erotische Kapital zu ergänzen: „The expanding importance of self-service mating and marriage markets, speed dating, and Internet dating contributes to the increasing value of erotic capital in the 21st century." (Hakim 2010, S. 499)

17 Leicht überarbeitete Tabelle aus Wetzel (2013a). Dieses 4. Kapitel stellt eine überarbeitete und verdichtete Version meiner Darstellung in Wetzel (2013b) dar. Im Unterschied zu dieser früheren Version gehe ich hier nicht mehr von verschiedenen Dispositiven

5 Fazit und Ausblick: vom Nutzen einer dispositivanalytischen Betrachtung

Mit der präsentierten vergleichenden Darstellung der Wettbewerbskulturen und Felder konnte – trotz der damit einhergehenden notwendigen Verdichtung – aufgezeigt werden, inwiefern sich *erstens* das proklamierte Wettbewerbsdispositiv aus unterschiedlichen Wettbewerbskulturen speist und *zweitens*, dass ein solch dispositivanalytischer Zugriff innovativ sein kann, nicht zuletzt, weil es mit diesem gelingt, Wettbewerb und Konkurrenz einer differenzierteren Betrachtung zu unterziehen (Wetzel 2013a, 2013b). In diesem Sinne haben die vorgelegten Re- und Dekonstruktionen ergeben, dass im Hinblick auf eine *(Zeit-)Diagnose der Gegenwartsgesellschaft* nicht so sehr eine – häufig pauschal und wenig differenziert diagnostizierte – „Ökonomisierung des Sozialen" oder die „Ausbreitung der Geldgesellschaft" auf verschiedene gesellschaftliche Sphären im Zentrum des Interesses stehen sollte. Vielmehr wurde dem entgegen eine fortschreitende – qualitativ je nach Feld zu unterscheidende – *Verwettbewerblichung der Gesellschaft* in unterschiedlichen Facetten diagnostiziert, wie dies anhand der analytisch-beschreibenden Durchdringung der ausgewählten zwei Felder exemplarisch aufgezeigt werden konnte. Von zentraler Bedeutung ist in diesem Zusammenhang, dass diese Verwettbewerblichung die herkömmlichen, ökonomisch eingeschliffenen Bahnen gerade dann verlässt, wenn kein marktförmig organisierter (unternehmerischer) Wettbewerb stattfindet, sondern Wettbewerbe – künstlich und/oder politisch motiviert – installiert werden, denen ein definiertes Ziel fehlt und die nicht-ökonomische Bereiche kontaminieren. Hinzu kommt: Immer dann, wenn der Wettbewerb vom Mittel – und auf der Ebene der sozialen Praktiken von einer Orientierungs- und Koordinationsfunktionen – zu einer finalen Zielstrategie wird, entwickelt er in den zwei näher beschriebenen Feldern eine problematische, kontraproduktive (Eigen-)Dynamik. Darüber hinaus fungieren Wettbewerbe (und die damit einhergehende Wettbewerbsrhetorik) häufig im Sinne einer – nicht selten von Seiten der politisch-ökonomischen Eliten propagierten – Legitimationsstrategie.[18] Wo gesellschaftlich etwas nicht optimal und effizient läuft, ist der Ruf nach „Mehr Wettbewerb" nicht fern. Daraus entstehen allerdings Wirkungen und Effekte, die – einmal

---

des Wettbewerbs aus, sondern von unterschiedlichen „Wettbewerbskulturen", die insgesamt das *Wettbewerbsdispositiv* der Gegenwartsgesellschaft darstellen.

18 Dies steht durchaus im Einklang mit der Rechtfertigungsordnung des Marktes, wie sie Boltanski und Thévenot (2007) in ihrer Analyse der verschiedenen Polis-Ordnungen beschrieben haben.

installiert – nur schwer zu kontrollieren sind.[19] Bestes Beispiel dafür ist das Feld der Bildung/Universitäten, welches sich Wettbewerben, Kennzahlensteuerung, „Governance by numbers" (Heintz 2008) etc. unterwirft, ohne dafür – wenn es darauf ankommt – wirklich verantwortlich zeichnen zu wollen. Von verschiedener Seite wird die Verfestigung einer (neoliberalen) Wettbewerbsideologie bereits als ein zumindest teilweise „perverse Anreize" generierendes System beschrieben (Binswanger 2010, S. 77). Dass diese Zuschreibung im Sinne einer Verfestigung im Diskus überhaupt gelingen konnte, verdeutlicht die *performative Dimension der Wettbewerbsrhetorik*: Je mehr von Wettbewerb auf unterschiedlichen Ebenen gesprochen und geschrieben wird, desto mehr setzen sich die damit verbundenen Dinge (und politischen Ansichten) innerhalb des skizzierten Wettbewerbsdispositivs durch. Um einer solchen als problematisch eingeschätzten Entwicklung Einhalt gebieten zu können, plädieren Autoren wie Thielemann aus einer dezidiert wirtschaftsethischen Perspektive für eine Begrenzung des Wettbewerbs, um u.a. eine „wachsende Ökonomisierung der Lebensverhältnisse" (Thielemann 2010, S. 438) zu vermeiden respektive kritisch beleuchten zu können.[20]

Die Dispositivforschung muss – um den meines Erachtens von ihr zu Recht proklamierten umfassenden Anspruch einlösen zu können – nicht nur auf Diskursanalysen zurückgreifen, sondern zudem verschiedene Konstellationen, Akteursgeflechte und (materiale) infrastrukturelle Gegebenheiten (devices) berücksichtigen. Nahe liegend sind für zukünftige Forschungsarbeiten Verbindungen mit der „*Économie des conventions*" (EC), die als sozialwissenschaftlicher übergreifender Ansatz versucht, die historisch entstandene Kluft zwischen Sozialwissenschaften (Wirtschaftssoziologie) und Ökonomie zu überwinden (Diaz-Bone/Krell 2015, S. 11; Diaz-Bone 2015b). Konventionen werden dabei nicht eng, sondern weit im Sinne von „situationsübergreifende[n] Strukturierungsprinzipien" (Diaz-Bone 2011, S. 31) aufgefasst: „Akteure koordinieren demnach in Situationen mit Bezug auf Konventionen ihre Handlungen um ein gemeinsames Ziel zu erreichen" (Diaz-Bone 2011, S. 9). Gerade im Hinblick auf die Dynamik von Wettbewerb und Konkurrenz stellen Vertreter der EC folgendes fest: „Die tatsächliche Konkurrenz in jedem Markttyp hängt vom Prüfungs- und Evaluationstyp ab, der sich auf diesem Markt durchsetzt. Die Evaluationsverfahren unterscheiden sich je nach Markt; sie

---

19 Dieses Schicksal teilt der Wettbewerbsbegriff mit dem des Wachstums (Wetzel 2016). Auch diesem werden fast schon magische Kräfte im Sinne eines Allheilmittels unterstellt; doch auch damit scheint es nun vorbei zu sein (Paech 2011; Welzer 2011).

20 Damit sind auch Fragen einer gelingenden Lebensführung aufgeworfen, die sich jenseits einer Wettbewerbsgesellschaft situieren lassen (vgl. dazu Rosa 1999; Wetzel 2013a).

sind je nach Art der Transaktionsobjekte verschieden: Produkte und Dienstleistungen vielfältiger Art und Bestimmung, Arbeit, Finanztitel." (Eymard-Duvernay et al. 2011, S. 215) Mit anderen Worten: In den jeweiligen zu differenzierenden Märkten finden ganz unterschiedliche Wettbewerbe statt, die sich der Problematik der „Werte, Koordination und Rationalität" (ebd.) stellen müssen. Insofern wird es ausgestattet mit dem Instrumentarium der Dispositivanalyse auch darum gehen, neben Fragen des Wettbewerbs und der Konkurrenz neue Formen der Kooperation, des Teilens und des Gemeinschaftlichen in die (interdisziplinären) Analysen einzubeziehen.

Literatur

Agamben, Giorgio (2008): Was ist ein Dispositiv? Zürich: Diaphanes.
Baecker, Dirk (2008): Womit handeln Banken? Eine Untersuchung zur Risikoverarbeitung in der Wirtschaft. Neuaufl. Frankfurt: Suhrkamp.
Balzer, Nicole (2014): Spuren der Anerkennung. Studien zu einer sozial- und erziehungswissenschaftlichen Kategorie. Wiesbaden: Springer VS.
Bank für Internationalen Zahlungsausgleich (BIZ) (2009): 79. Jahresbericht. Basel.
Beckert, Jens (2007): Die soziale Ordnung von Märkten. In: Beckert, Jens/Diaz-Bone, Rainer/Ganßmann, Heiner (Hrsg.), Märkte als soziale Strukturen. Frankfurt: Campus, S. 43-62.
Beckmann, Martin (2007): Das Finanzkapital in der Transformation der europäischen Ökonomie. Münster: Westfälisches Dampfboot.
Binswanger, Mathias (2010): Sinnlose Wettbewerbe. Warum wir immer mehr Unsinn produzieren. Freiburg: Herder.
Boltanski, Luc/Thévenot, Laurent (2007): Über die Rechtfertigung. Eine Soziologie der kritischen Urteilskraft. Hamburg: Hamburger Edition.
Bourdieu, Pierre (2002): Der Einzige und sein Eigenheim. Erweiterte Neuausgabe. Hamburg: VSA.
Breithaupt, Fritz (2008): Der Ich-Effekt des Geldes. Zur Geschichte einer Legitimationsfigur. Frankfurt: Fischer.
Bröckling, Ulrich (2007): Das unternehmerische Selbst. Soziologie einer Subjektivierungsform. Frankfurt: Suhrkamp.
Bröckling, Ulrich/Peter, Tobias (2014): Mobilisieren und Optimieren. Exzellenz und Egalität als hegemoniale Diskurse im Erziehungssystem. In: Zeitschrift für Erziehungswissenschaft 17(3), S. 129-147.
Bührmann, Andrea D./Schneider, Werner (2008): Vom Diskurs zum Dispositiv. Eine Einführung in die Dispositivanalyse. Bielefeld: Transcript.
Butler, Judith (2001): Psyche der Macht. Frankfurt: Suhrkamp.
Butler, Judith (2007): Kritik der ethischen Gewalt. Erweiterte Ausgabe. Frankfurt: Suhrkamp.
Callon, Michel (Hrsg.) (2008): Market devices. Malden: Blackwell.
Diaz, Bone, Rainer (2015a): Qualitätskonventionen als Diskursordnungen in Märkten. In: Diaz-Bone, Rainer/Krell, Gertraude (Hrsg.): Diskurs und Ökonomie. Diskursanalytische Perspektiven auf Märkte und Organisationen. 2. Aufl. Wiesbaden: Springer VS, S. 309-337.
Diaz-Bone, Rainer (2015b): Die „Economie des conventions". Grundlagen und Entwicklungen der neuen französischen Wirtschaftssoziologie. Wiesbaden: Springer VS.
Diaz-Bone, Rainer/Krell, Gertraude (Hrsg.)(2015): Diskurs und Ökonomie. Diskursanalytische Perspektiven auf Märkte und Organisationen. 2. Aufl. Wiesbaden: Springer VS.
Diaz-Bone, Rainer/Krell, Gertraude (2015): Einleitung: Diskursforschung und Ökonomie. In: Diaz-Bone, Rainer/Krell, Gertraude (Hrsg.), Diskurs und Ökonomie. Diskursanalytische Perspektiven auf Märkte und Organisationen. 2. Aufl. Wiesbaden: Springer VS, S. 11-40.
Diaz-Bone, Rainer (Hrsg.)(2011): Soziologie der Konventionen. Grundlagen einer pragmatischen Anthropologie. Frankfurt: Campus.

Distinktion. Journal of Social Theory (2015): Special Issue: A sociology of competition 16.
Dubet, François (2008): Ungerechtigkeiten. Zum subjektiven Ungerechtigkeitsempfinden am Arbeitsplatz. Hamburg: Hamburger Edition.
Duret, Pascal (2009): Sociologie de la compétition. Paris: Armand Colin.
Eymard-Duvernay, François/Favereau, Olivier/Orléan, André/Salais, Robert/Thévenot, Laurent (2011): Werte, Koordination und Rationalität: Die Verbindung dreier Themen durch die „Économie des conventions". In: Diaz-Bone, Rainer (Hrsg.), Soziologie der Konventionen. Grundlagen einer pragmatischen Anthropologie. Frankfurt: Campus, S. 203-230.
Fligstein, Neil (2011): Die Architektur der Märkte. Wiesbaden: VS Verlag.
Foucault, Michel (1978): Dispositive der Macht. Über Sexualität, Wissen und Wahrheit. Berlin: Merve.
Foucault, Michel (1994): Die Ordnung des Diskurses. Frankfurt: Fischer.
Foucault, Michel (2003): Das Spiel des Michel Foucault. In: Foucault, Michel. Dits et Écrits. Schriften in vier Bänden. Bd. III: 1976-1979. Frankfurt: Suhrkamp, S. 391-429.
Hänzi, Denis/Matthies, Hildegard/Simon, Dagmar (Hrsg.)(2014): Erfolg. Konstellationen und Paradoxien einer gesellschaftlichen Leitorientierung. Leviathan Sonderband 29. Baden-Baden: Nomos.
Hakim, Catherine (2010): Erotic capital. In: European Sociological Review 26, S. 499-518.
Hartmann, Michael (2006): Die Exzellenzinitiative. Ein Paradigmenwechsel in der deutschen Hochschulpolitik. In: Leviathan 34(4), S. 447-465.
Hasse, Raimund/Georg Krücken (2012): Ökonomische Rationalität, Wettbewerb und Organisation. Eine wirtschaftssoziologische Perspektive. In: Engels, Anita/Knoll, Lisa (Hrsg.), Wirtschaftliche Rationalität. Wiesbaden: VS Verlag, S. 25-45.
Heintz, Bettina (2008): Governance by Numbers. Zum Zusammenhang von Quantifizierung und Globalisierung am Beispiel der Hochschulpolitik. In: Schuppert, Gunnar/Voßkuhle, Andreas (Hrsg.), Governance von und durch Wissen. Baden-Baden: Nomos, S. 110-128.
Honegger, Claudia/Neckel, Sighard/Magnin, Chantal (Hrsg.)(2010): Strukturierte Verantwortungslosigkeit. Berichte aus der Bankenwelt. Berlin: Suhrkamp.
Honneth, Axel (2004) Anerkennung als Ideologie. In: Westend. Neue Zeitschrift für Sozialforschung 1, S. 51-70.
Huber, Michael (2008): Die Zukunft der Universität. In: Soziologie 37(3), S. 275-291.
Jäger, Siegfried (2012): Kritische Diskursanalyse. Eine Einführung. 6. Aufl. Münster: Unrast.
Jagd, Søren (2011): Die Économie des conventions und die Neue Wirtschaftssoziologie: Wechselseitige Inspirationen und Dialoge. In: Diaz-Bone, Rainer (Hrsg.), Soziologie der Konventionen. Grundlagen einer pragmatischen Anthropologie. Frankfurt: Campus, S. 275-317.
Keller, Reiner (2004): Diskursforschung. Eine Einführung für SozialwissenschaftlerInnen. 2. Aufl. Wiesbaden: VS Verlag.
Keller, Reiner (2008): Wissenssoziologische Diskursanalyse. Grundlegung eines Forschungsprogramms. 2. Aufl. Wiesbaden: VS Verlag.
Kirchhoff, Thomas (Hrsg.)(2015): Konkurrenz. Historische, strukturelle und normative Perspektiven. Bielefeld: Transcript.
Landwehr, Achim (2008): Historische Diskursanalyse. Frankfurt: Campus.

Langenohl, Andreas/Wetzel, Dietmar J. (Hrsg.)(2014): Finanzmarktpublika. Moralität, Krisen und Teilhabe in der ökonomischen Moderne. Wiesbaden: Springer VS.

Lessenich, Stephan/Nullmeier, Frank (Hrsg.)(2006): Deutschland – eine gespaltene Gesellschaft. Frankfurt: Campus.

Link, Jürgen (2008): Dispositiv. In: Kammler, Clemens/Parr, Rolf/Schneider, Ulrich Johannes(Hrsg.) (2008): Foucault-Handbuch. Leben – Werk – Wirkung. Stuttgart: Metzler, S. 237-242.

Markell, Patchen (2003): Bound by Recognition. Princeton, Princeton University Press.

Münch, Richard (2011): Akademischer Kapitalismus, Über die politische Ökonomie der Hochschulreform. Berlin: Suhrkamp.

Neckel, Sighard (2001): „Leistung" und „Erfolg". Die symbolische Ordnung der Marktgesellschaft. In: Barlösius, Eva/Müller, Hans-Peter/Sigmund, Steffen (Hrsg.), Gesellschaftsbilder im Umbruch. Opladen: Westdeutscher Verlag S. 245-265.

Neckel, Sighard/Dröge, Kai (2002): Die Verdienste und ihr Preis. Leistung in der Marktgesellschaft. In: Honneth, Axel (Hrsg.), Befreiung aus der Mündigkeit. Paradoxien des gegenwärtigen Kapitalismus. Frankfurt: Campus, S. 93-116.

Nollmann, Gerd (2004): Leben wir in einer Leistungsgesellschaft? Neue Forschungsergebnisse zu einem scheinbar vertrauten Thema. In: Österreichische Zeitschrift für Soziologie 29(3), S. 24-48.

Nullmeier, Frank (2000a): Politische Theorie des Wohlfahrtsstaats. Frankfurt: Campus.

Nullmeier, Frank (2000b): "Mehr Wettbewerb!" Zur Marktkonstitution in der Hochschulpolitik. In: Czada, Roland/Lütz, Susanne (Hrsg.), Die politische Konstitution von Märkten. Opladen: Westdeutscher Verlag, S. 209-227.

Nullmeier, Frank (2002): Wettbewerbskulturen. In: Müller, Michael/Raufer, Thilo/Zifonun, Darius (Hrsg.), Der Sinn der Politik. Kulturwissenschaftliche Politikanalysen. Konstanz: UVK, S. 157-175.

Paech, Niko (2011): Vom grünen Wachstumsmythos zur Postwachstumsökonomie. In: Welzer, Harald/Wiegandt, Klaus (Hrsg.), Perspektiven einer nachhaltigen Entwicklung. Frankfurt: Fischer, S. 131-151.

Popitz, Heinrich (1992): Phänomene der Macht. 2. Aufl. Tübingen: Mohr.

Rosa, Hartmut (1999): Kapitalismus und Lebensführung. Perspektiven einer ethischen Kritik der liberalen Marktwirtschaft. In: Deutsche Zeitschrift für Philosophie 47(5), S. 735-758.

Rosa, Hartmut (2006): Wettbewerb als Interaktionsmodus. Kulturelle und sozialstrukturelle Konsequenzen der Konkurrenzgesellschaft. In: Leviathan 34(1), S. 82-104.

Rosa, Hartmut (2009): Kritik der Zeitverhältnisse. Beschleunigung und Entfremdung als Schlüsselbegriffe einer erneuerten Sozialkritik. In: Jaeggi, Rahel/Wesche, Tobias (Hrsg.), Was ist Kritik? Frankfurt: Suhrkamp, S. 23-54.

Simmel, Georg (1995 [1903]): Soziologie der Konkurrenz. In: Simmel, Georg (1995), Aufsätze und Abhandlungen 1901-1908. Bd 1. Frankfurt: Suhrkamp, S. 221-246.

Stäheli, Urs (1999): Die politische Theorie der Hegemonie. Ernesto Laclau und Chantal Mouffe. In: Brodocz, André/Schaal, Gary S. (Hrsg.), Politische Theorien der Gegenwart. Eine Einführung. Opladen: Westdeutscher Verlag, S. 143-166.

Stiegler, Bernard (2009): Von der Biopolitik zur Psychomacht. Frankfurt: Suhrkamp.

Stiglitz, Joseph (2010): Freefall. Free markets and the sinking of the global economy. London: Allen Laine.

Stürner, Rolf (2007): Markt und Wettbewerb über alles? Gesellschaft und Recht im Fokus neoliberaler Marktideologie. München: Beck.
T., Anne (2009): Die Gier war grenzenlos. Eine deutsche Börsenhändlerin packt aus. Berlin: Econ.
Tauschek, Markus (Hrsg.)(2013): Kulturen des Wettbewerbs. Formationen kompetitiver Logiken. Münster: Waxmann.
Thielemann, Ulrich (2010): Wettbewerb als Gerechtigkeitskonzept. Kritik des Neoliberalismus. Marburg: Metropolis.
Welzer, Harald (2011): Mentale Infrastrukturen. Wie das Wachstum in die Welt und in die Seelen kam. Berlin: Heinrich-Böll-Stiftung.
Wetzel, Dietmar J. (2004): Hat Anerkennung (k)einen Preis? Macht und Subjektivierung in modernen Beschäftigungsverhältnissen Angestellter. In: Gander, Hans-Helmuth (Hrsg.), Anerkennung. Zu einer Kategorie gesellschaftlicher Praxis. Würzburg: Ergon, S. 209-230.
Wetzel, Dietmar J. (2012): Macht und (Groß-)Banken – soziologische Analysen zum Finanzmarktdispositiv. In: Knoblach, Bianka/Oltmanns, Torsten/Hajnal, Ivo/Fink, Dietmar (Hrsg.), Macht in Unternehmen – der vergessene Faktor. Wiesbaden: Gabler, S. 185-200.
Wetzel, Dietmar J. (2013a): Soziologie des Wettbewerbs: Eine kultur- und wirtschaftssoziologische Analyse der Marktgesellschaft. Wiesbaden: Springer VS.
Wetzel, Dietmar J. (2013b): Soziologie des Wettbewerbs. Ergebnisse einer wirtschafts- und kultursoziologischen Analyse der Marktgesellschaft. In: Tauschek, Markus (Hrsg.), Kulturen des Wettbewerbs. Formationen kompetitiver Logiken. Münster: Waxmann, S. 55-74.
Wetzel, Dietmar J. (2015): Verordnete Wettbewerbe und Ökonomisierung – die (Neu-)Geburt der Universität Bern. In: Freiburger Universitätsblätter 207, S. 67-85.
Wetzel, Dietmar J. (2016): „Wachstum" und „Décroissance" – Bruchstücke einer Genealogie zweier Begriffe seit den 1970er Jahren. In: Leendertz, Ariane/Meteling, Wencke (Hrsg.), Die neue Wirklichkeit: Semantische Neuvermessungen und Politik seit den 1970er-Jahren. Frankfurt: 2016, S. 185-202.

Märkte in Entwicklung

Zur Ökonomisierung des Globalen Südens

Christian Berndt und Marc Boeckler

1 Einleitung

Märkte sind zarte, gebrechliche Geschöpfe. Sie bedürfen der ständigen Pflege. Sie sind auch nie einfach nur da. Märkte müssen hervorgebracht und ausgeführt werden. Märkte werden entwickelt. Erst im voraussetzungsvollen praktischen Vollzug erfahren sie ihre temporäre Stabilisierung. Und weil in kapitalistischen Ökonomien Märkte als Orte und Mechanismen des Tauschs nicht nur die vorherrschenden, sondern auch die normativ bevorzugten Koordinationsfiguren darstellen, verdoppelt sich mit Blick auf den Globalen Süden[1] der Entwicklungsaufwand: *Entwicklung vollzieht sich durch die Entwicklung von Märkten.* So zumindest lautet das geltende Paradigma neoliberaler politischer Rationalität. Wir möchten mit „Märkten in Entwicklung" beide Dimensionen diskutieren und am empirischen Beispiel ostafrikanischer Agrarmärkte ein theoretisches Argument exemplifizieren: Wissenschaftliche Modelle der Ökonomik erlangen nicht deswegen Gültigkeit, weil sie eine objektive äußere Realität beschreiben, sondern weil es der Ökonomik

---

[1] „Globaler Süden" beschreibt eine geographisch paradoxe Problematisierung gesellschaftlicher Benachteiligung und zielt als Begriff darauf ab, dass sich die Welt nicht länger in einen wohlhabenden Norden entwickelter Gesellschaften und einen verarmten Süden der zu entwickelnden „Dritten Welt" differenzieren lässt. Ungleichheit ist ein globales Phänomen, der „Globale Süden" lässt sich daher auch im Norden wiederfinden. Im engeren Verständnis unseres Beitrags beziehen wir den Begriff jedoch auf jene Regionen, die als legitimes Interventionsfeld internationaler Entwicklungszusammenarbeit gelten.

gelingt, jene Wirklichkeit hervorzubringen, die sie zu beschreiben vorgibt. Ökonomik wird performativ und die Ökonomie der Gesellschaft ist eingebettet in die Praxis der Ökonomik (Callon 1998). Das sind die Ansatzpunkte für ein Vorhaben, das wir „Geographies of Marketization" getauft haben (Berndt/Boeckler 2012). Mit diesem empirischen Projekt beabsichtigen wir der Möblierung der Welt mit Märkten empirisch nachzuspüren. Die „Geographien" in diesem Programm fokussieren insbesondere auf die für Entwicklungsinterventionen erforderlichen Grenzziehungen. Diskursiv wird ein konstitutives Außen des Marktes geschaffen, das als territorialisierter Raum der marktintegrierenden Intervention als Legitimation und Anwendungsfeld dient. Märkte werden in diesem Prozess subtil normalisiert und das Nicht-marktförmige als deviant und hilfsbedürftig konstruiert (Mitchell 2007). Gleichzeitig sind unsere „Geographies of Marketization" auch sensibel für Widerständigkeiten, die in differenten Kombinationen von Vermarktungsprozessen mit anderen Handlungslogiken münden (vgl. Berndt und Boeckler 2011).

Die jüngere Wirtschaftssoziologie hat eine bemerkenswerte Fülle an empirischen und theoretischen Zugängen zur Beschäftigung mit Märkten vorgelegt (z.B. Aspers 2011; Beckert 2007; Fligstein 2011; Fligstein and Dauter 2007; Mützel 2015; Slater und Tonkiss 2001; Swedberg 1994; White 1981, 2002). Allerdings tendieren diese Arbeiten dazu, Märkte im Gewand präfigurierter Sozialtheorien zu fassen. Man erfährt weniger über konkrete Märkte als über jene Kategorien, die auch am Anfang der jeweiligen Analysen gestanden hatten (vgl. Fourcade 2007). Märkte werden zu Strukturen, Netzwerken oder Institutionen.

Geographies of Marketization bleiben an diesem Punkt zunächst unentschieden und schreiten empirisch die weit verzweigten Agencements als sozio-technische Arrangements heterogener Materialien ab, die konkrete Märkte als verteilte Handlungen hervorbringen und temporär stabilisieren. Im Zentrum der spezifischen Agencements des Marktes steht die Zirkulation von Gütern und Diensten. Was jedoch im Detail zu diesem Handlungen hervorbringenden Gefüge zählt, kann nur im Ereignis des Marktes entschieden und erforscht werden. Als erste Annäherung an die empirische Beforschung konkreter Märkte schlagen wir im Sinne einer Heuristik in Anlehnung an Michel Callon die Untersuchung von drei interdependenten Rahmungsprozessen vor (Callon 1998; Çalişkan/Callon 2010). Es sind diese „Rahmungen", die über die Formatierung einzelner Märkte entscheiden (vgl. Berndt/Boeckler 2012): Konkrete Märkte werden demnach durch Rahmungsprozesse etabliert, bei denen – stark vereinfacht – erstens Güter objektiviert werden müssen, damit diese, von allen sozialen Bindungen befreit, eindeutig aus einem spezifischen Kontext herausgelöst (z.B. dem eines Verkäufers) und durch den Austausch von Eigentumsrechten gegen Geld an einen anderen Kontext (den einer Käuferin) angeschlossen werden können. Zweitens müssen kalkulierende Akteure geschaffen werden, die im Prozess der qualitativen und quantitativen Bewertung durch Präferenz bestimmter Merkmale auch zur Qualifizierung der Güter beitragen (vgl. Callon/Muniesa 2005; Callon/Law 2005). Und drittens muss ein kalkulativer Raum aufgespannt werden, der die Begegnung unterschiedlicher Akteure und Materialien sowie unterschiedliche Bewertungen von Produkten möglich macht und durch Preisbildungsprozesse die Transaktion vorbereitet.

Unser Beitrag beginnt mit einigen konzeptionellen Ausführungen. Im nächsten Abschnitt erläutern wir mit der „Laboratisierung von Gesellschaft" die Begründungslogik der Geographies of Marketization. Anschließend gehen wir auf ein empirisch produktives Verweisungsverhältnis von Agencement und Dispositiv ein (Abschnitt 3), bevor wir uns im vierten Abschnitt der Darstellung von Marktentwicklungsprozessen im Globalen Süden widmen. Hier fokussieren wir vor allem auf den zweiten Rahmungsprozess: die Herstellung kalkulativer Akteure als distribuierte Handlungskonstellation. Abschließend stellen wir die Räumlichkeiten dieser Prozesse in einen Zusammenhang mit unserem Projekt der Geographies of Marketization (Abschnitt 5).

2 Märkte in Entwicklung, Ökonomik und Laboratisierung

Afrikas Zukunft entscheidet sich für die äthiopische Ökonomin Eleni Zaude Gabre-Madhin (2012, S. 101) in der Landwirtschaft. Eine neue „grüne Revolution" ist notwendig, die stärker als je zuvor von privatwirtschaftlichen Akteuren und von einer Marktlogik getrieben werden soll. Dabei spielen Technologien eine zentrale Rolle, die Mensch, Ware und Wissen auf eine neue Weise miteinander verbinden und selbst Afrikas Kleinbauern in globale Märkte und Wertschöpfungsketten integrieren. An der Umsetzung ihrer Forderungen wirkte Gabre-Madhin selbst aktiv mit. Sie war eine der Schlüsselpersonen bei der Gründung der äthiopischen Warenbörse. Die ehemalige Mitarbeiterin der Weltbank und anderer internationaler Organisationen ist Teil einer Allianz aus Politik, Wirtschaft und Wissenschaft, die seit einiger Zeit ein alternatives Entwicklungsmodell propagiert. Auf den ersten Blick lässt sich dieses als Mittelweg zwischen der interventionistischen staatlichen Entwicklungspolitik früherer Epochen und den radikalen markt-orientierten Strukturanpassungsmaßnahmen der 1980er Jahre lesen. Als Bestandteil des so genannten Post-Washington Consensus entstand in den letzten Jahren eine Fülle von Handlungsprogrammen und politischen Blaupausen marktbasierter Entwicklung.

Das besondere Augenmerk dieser Programme gilt den Agrarmärkten des ländlichen Raums. Es sind vor allem Kleinbauern, die mit Hilfe von marktbasierten

Entwicklungsprogrammen zu produktivem und gewinnorientiertem Wirtschaften angehalten und in globale agrarische Warenketten eingebunden werden (Swiss Agency for Development and Cooperation 2008, S. 35). Im Netz der verschiedenen Protagonisten marktbasierter Entwicklung spielen neben staatlichen Entwicklungsagenturen, internationalen Organisationen und NGOs auch privatwirtschaftliche Akteure eine wichtige Rolle. Als „economists in the wild" (z.B. Callon et al. 2009, hier auch in Anspielung auf Edwin Hutchins (1995) „Cognition in the wild") übersetzen sie wissenschaftliche Modelle und Theorien in die Entwicklungspraxis und machen die Arbeits- und Lebenswirklichkeiten afrikanischer Kleinbauern laborförmig.

Diese Annahme ist jüngeren Strömungen der Science and Technology Studies entnommen, die in den 70er Jahren als eine erste blasphemische Wende im Feld der Wissenschaftsforschung entstanden sind. Das ketzerische Moment bestand darin, sich nicht länger für wissenschaftliches Wissen, sondern für die Entstehung von Wissen in wissenschaftlichen Praktiken zu interessieren. Mit dem Interesse für wissenschaftliche Praktiken war eine zweite weitreichende Wende verbunden. Wie geht man mit den Materialien um, den Modellen, Maschinen, Instrumenten, experimentellen Anordnungen, die wissenschaftliche Praktiken im Labor kennzeichnen? Eine neue, post-humanistische Schule der Wissenschaftsforschung (heute bisweilen unter dem Label Akteur-Netzwerk-Theorie bekannt) etablierte sich und plädierte dafür, nicht länger nach sozialen Erklärungsfaktoren unter der beobachtbaren Oberfläche sozialer Praktiken zu suchen, sondern die Welt – so wie sie ist – ernst zu nehmen und der Welt – so wie sie ist – Sinn zu verleihen. Zu dieser sichtbaren Welt gehören zahlreiche nicht-menschliche Dinge, die in den Verlauf von Praktiken eingreifen. Übertragen auf ökonomische Prozesse verlangt diese post-humanistische „Theorie des Sichtbaren" (vgl. Pickering 2008) Ökonomik als intervenierende Variable in der Hervorbringung von Märkten als „kollektiv kalkulierende Apparaturen" zu interpretieren (Callon/Muniesa 2005).

Kleinbauern werden im Rahmen der angedeuteten Programme zu kalkulierenden Akteuren, wie man sie als Laborbedingung ökonomischer Modelle findet. Diese Laboratisierung von Gesellschaft ist für die Entwicklung von Märkten ein zentrales Moment. Michel Callon hat als einer der ersten die Annahmen und Methoden der praxistheoretischen Wissenschaftsforschung auf die Ökonomik übertragen (Callon 1998). Die Öffnung der Ökonomik für wissenschaftssoziologische Forschung – und damit verbunden die Denaturalisierung von Ökonomie und Ökonomik – war längst überfällig. Schließlich hat sich die Ökonomik seit der zweiten Hälfte des 19. Jh. durch Anleihen aus der Physik als Naturwissenschaft neu entworfen. Vokabular, Visualisierungen, mathematischer Stil und Erklärungsweise wurden ungefiltert aus dem naturwissenschaftlichen Sprachgebrauch entlehnt (Mirowski 1989).

Der Markt wurde in diesem Zusammenhang gereinigt. Nicht länger ging es um den sozialen Marktort in seinem Verhältnis zur Stadt, zur Arbeit, zur Fabrik, zur landwirtschaftlichen Produktion. Vielmehr dient die abstrakte Auktion als Folie für die Geometrisierung des Marktgleichgewichts von Angebot und Nachfrage als Punkt auf einer zweidimensionalen diagrammatischen Oberfläche.

Im Zusammenspiel aus Vernaturwissenschaftlichung und Grenznutzenschule versuchte die Ökonomik sich als eine konstative Wissenschaft zu platzieren, die eine Naturgesetzen folgende Welt außerhalb des Labors beschreibt und erklärt. Kritiker neoklassischer Ökonomik, die auf die Unhaltbarkeit der vereinfachenden Annahmen abstellen und realitätsgetreuere Repräsentationen ökonomischer Wirklichkeit verlangen, verfehlen ihr Ziel genau aus diesem Grund. Sie spielen das gleiche Spiel wie die Neoklassik selbst und ziehen eine ontologische Grenze zwischen ökonomischer Wirklichkeit und Repräsentation der Ökonomik. Eine Kritik der Ökonomik muss jedoch am performativen Charakter der Ökonomik selbst ansetzen und die zeitlosen Wahrheitsansprüche der Ökonomik rekontextualisieren (vgl. Mitchell 1998, 2008).

Zwei Aussagen Michel Callons (1998, S. 22/30) fassen dieses Vorhaben paradigmatisch zusammen: „die Ökonomie ist nicht in die Gesellschaft eingebettet, sondern in die Disziplin der Ökonomik" und „ja, der homo oeconomicus existiert tatsächlich". Damit wird auch für die Ökonomik die Frage gestellt: Wie wird wissenschaftliches Wissen eigentlich wirklich? Latour und Callon haben eine konzeptionelle Antwort geliefert und auch empirisch gezeigt, dass die Realisierung wissenschaftlichen Wissens auf eine Transformation von Gesellschaft in der Weise angewiesen ist, dass auch in freier Wildbahn der Gesellschaft die gleichen Modellbedingungen gelten wie im wissenschaftlichen Labor (u.a. Latour 1983, 1988; Callon 1986; Callon et al. 2009, S. 65). Mit Blick auf Ökonomik heißt das: Damit Märkte als effektive Koordinationsinstrumente funktionieren, müssen durch Interventionen der Ökonomik in die Ökonomie und durch den Einsatz so genannter „Markt-Apparaturen" auch in der freien Wildbahn der Gesellschaft an zahlreichen strategischen Punkten „homines oeconomici" platziert werden. Ökonomik wird aus dieser Perspektive performativ, da ihre Modelle jene Wirklichkeit erst hervorbringen, die sie zu beschreiben und erklären vorgeben. Um die Rekursivität und Materialität dieses Verhältnisses zu betonen, hat Callon (2007) den Begriff „Performation" in Abgrenzung zur stärker sprachlich verstandenen Performativität vorgeschlagen. Der Begriff hebt hervor, dass beispielsweise ökonomische Modelle ohne Interventionen in Gesellschaft keinerlei Effekt haben – und dass es ohne Interventionen auch keinerlei effektive Modelle gibt.

Dabei ist das Verhältnis von homo economicus als Laborbedingung neoklassischen Modellierens und dem verteilten homo economicus in der freien Wildbahn des „Feldes" zunehmend verwickelter geworden. Zwar glauben viele Wissenschaftler, dass sie es sind, die über ihre Modelle und Versuche herrschen. Doch die Wirklichkeit zeigt sich widerständig und liefert nicht die gewünschten Ergebnisse. Sie verfügt über ihre eigene widerständige Handlungskapazität. Wissenschaftler müssen abwarten und sich auf die unerwarteten Ergebnisse neu einstellen (Pickering 1995). Dabei gibt es zwei Möglichkeiten. Entweder, man verändert Hypothesen und Modell oder man verändert die Versuchsanordnung respektive „Wirklichkeit". Wie wir noch zeigen werden, dominieren mit Blick auf die Entwicklungsökonomik gegenwärtig zwei Trends: Verhaltensökonomik als theoretische Grundlage sowie kontrollierte Feldexperimente als methodische Hegemonie. Beide zusammen haben für die Problematik der Widerständigkeit der Wirklichkeit, die sich nicht den Modellen fügen will, eine besondere Lösung erfunden: So genannte „Nudges", leichte Stupser, kleine materiale und diskursive Interventionen in das Verhalten von Akteuren, um dieses den Laborbedingungen von Individualität und Rationalität anzupassen.[2]

3 Agencement, Dispositiv und Märkte

Michel Callon verwendet in französischen Originalarbeiten zur Hervorhebung der Handlungsfähigkeit von kalkulativen Dingen und ökonomischen Modellen bisweilen die Begriffe Agencement und Dispositiv synonym. Die Beschäftigung mit Märkten und der Performativität ökonomischer Wissenschaften wird dann zur „l'étude des dispositifs ou agencements socio-techniques" (z.B. Muniesa und Callon 2008, S. 5). Für werktreue Interpreten der Arbeiten von Foucault und Deleuze ist diese begriffliche Unschärfe problematisch. Wir sind jedoch weniger an fundamentalistischer Exegese als an einer produktiven Aneignung jenes populär gewordenen Vokabulars anglisierter französischer Philosophien interessiert, das Heterogenität, Vielfalt und Hervorbringung betont und der Beforschung einer neu verstandenen, post-humanistischen symmetrischen Gesellschaft ein neues Instru-

---

2 An diesem Punkt ergeben sich Berührungspunkte und Überschneidungen mit Foucaultianischen Interpretationen neoliberaler Regierungskunst, die auf das sublime Wirken von Selbsttechnologien abstellen. Auch „Geographies of Marketization" sehen die Ausbreitung von Märkten mit der Hervorbringung von Selbsttechnologien verbunden, verorten aber das kalkulierende Selbst in den Zwischenraum aus Körpern und technischen Apparaturen.

mentarium bereitstellt: Agencement, Dispositiv, Apparatur, Assemblage, Arrangement und Assoziation.

Wir verwenden im Folgenden die beiden Begriffe Agencement und Dispositiv, die jeweils unterschiedliche Momente in Arrangements heterogener Elemente betonen. Für Foucault zählen zu diesem Ensemble „Diskurse, Institutionen, architekturale Einrichtungen, reglementierende Entscheidungen, Gesetze, administrative Maßnahmen, wissenschaftliche Aussagen, philosophische, moralische oder philanthropische Lehrsätze, kurz: Gesagtes ebensowohl wie Ungesagtes" (Foucault 1978, S. 119). Das Dispositiv selbst ist das Netz, das zwischen den Elementen geknüpft werden kann, ein Netz, das sich für Deleuze zusammensetzt aus „Sichtbarkeitslinien, Aussagelinien, Subjektivierungslinien, Linien eines Sprungs, eines Risses, eines Bruchs, die sich alle durchkreuzen und verwickeln" (Deleuze 2005, S. 326). Konzeptualisiert man Märkte als sozio-technische Agencements, dann sind auch Aussagen, die sich auf Märkte beziehen, Bestandteil dieser Agencements. Mit Blick auf die Entwicklung von Märkten im Globalen Süden sind die politisch bedeutsamsten ökonomischen Rechtfertigungen von Märkten die theoretisch anspruchslosesten. Es sind die einfachen und eingängigen Bilder von der unsichtbaren Hand des Marktes, die koordiniert und Unternehmergeist weckt, es sind physikalische Gleichgewichtsmetaphern, die Angebot und Nachfrage in ein harmonisches Verhältnis setzen und es ist der Preismechanismus, der für eine dezentrale effiziente Allokation von Ressourcen und gesellschaftlichen Wohlstand sorgt. Die Ökonomik kennt auch komplexere Zugriffe auf Marktbeziehungen. Doch es sind insbesondere diese eindimensionalen Narrative, die zahlreiche politische Programme der Marktintegration legitimieren.

Der Begriff Agencement macht ein weiteres wichtiges konnotatives Angebot. Darin ist nicht nur das (räumliche) Arrangement heterogener Elemente enthalten, sondern Agencement drückt mit der sprachlichen Nähe von agence und agency aus, dass dieses hybride Arrangement eine in sozio-technischen Konstellationen verteilte Handlungsfähigkeit hervorbringt. „Distribuierte Handlungen" entstehen nicht in der Begegnung handelnder Körper und Dinge, sondern sind das Resultat von agencements: „Der Ort der Handlungsfähigkeit ist stets eine Arbeitsgruppe aus Menschen und nicht-menschlichen Elementen" (Bennett 2010, S. xvii). Im Sinne Deleuzes ist das Agencement immer mit Werden und Ereignis verbunden. Wenn ein Messer durch lebendes Fleisch schneidet, dann ist die resultierende Wunde ein hybrides Ereignis, das weder auf Fleisch noch auf Messer reduziert werden kann (vgl. Phillips 2006). Der Markt ist in diesem Sinn ein Ereignis, ein „Ereignis-Raum" (Bennett 2010), das weder auf Angebot noch auf Nachfrage allein reduziert werden kann. Erst in der praktischen Ausführung distribuierter Handlungen entsteht der Markt, der seinerseits als agencement eine spezifische

Handlungsfähigkeit hervorbringt. In etwas abgewandelter Form lässt sich diese Kapazität auch dem Dispositiv entnehmen: „Als Dispositiv bezeichne ich alles, was irgendwie dazu imstande ist, die Gesten, das Betragen, die Meinungen und die Reden der Lebewesen zu ergreifen, zu lenken, zu bestimmen, zu hemmen, zu formen, zu kontrollieren und zu sichern" (Agamben 2008, S. 26).

Zwischen Dispositiv und Agencement wurden verschiedene Verweisungsverhältnisse vorgeschlagen: Dispositiv als machtvoller Mechanismus zur Stabilisierung von Ordnung und Agencement als kreatives Gefüge von Unordnung und Widerstand (Legg 2011). Rabinow (2003, S. 55f.) erkennt eine evolutorische Beziehung, wobei er das Dispositiv (apparatus) auf stabile und dauerhafte Arrangements heterogener Elemente bezieht und agencements (assemblages) für die fluiden, experimentellen und ephemeren Momente gesellschaftlicher Ordnung reserviert. Agencements stehen zwei Entwicklungspfade offen: Sie können zu Dispositiven verhärten, oder sie brechen auseinander und verschwinden. Übertragen auf die empirische Untersuchung von Märkten lässt sich eine Beziehung zwischen dem Markt als Agencement und dem Dispositiv der Marktwirtschaft formulieren. Einzelne Märkte sind flüchtig arrangierte Events und kapitalistische (neoliberale) Marktordnungen stellen relativ stabile, auf individualisierten Wettbewerb und dezentrale Planung abgestellte Formen gesellschaftlicher Organisation dar. Abgesehen davon, dass bei solchen Auslegungen die Unterschiede zu Struktur und System verschwimmen, bringt diese dynamische Beziehung neue Probleme mit sich. Zu welchem Markt-Dispositiv setzen sich beispielsweise die Agencements lokaler Mikro-Versicherungsmärkte in Äthiopien oder Ghana ins Verhältnis? Äthiopische oder ghanaische Marktwirtschaften? Gibt es so etwas? Viel eher wäre das stabilisierte Dispositiv in global zirkulierenden Arrangements neoliberaler Politik zu suchen, wie es Stephen Collier und Aihwa Ong mit ihrer Differenzierung von „globaler Form" und „globaler Assemblage" vorschlagen. Die globale Assemblage ist als Agencement die spezifische Artikulation einer globalen Form aus sozio-technischen Arrangements, ökonomischer Rationalität und anderen Expertensystemen (Collier/Ong 2005; Collier 2006). Globale Formationen ähneln Latours (1987) „immutable mobiles". Sie sind keinesfalls ubiquitär, weltumspannend und überall anzutreffen. Sie sind aber in der Weise mobil und unveränderlich gestaltet, dass sie über das Vermögen verfügen, grundsätzlich immer und überall, unabhängig von den jeweiligen sozialen, kulturellen und politischen Arenen de- und rekontextualisiert zu werden. Märkte werden dann zu einer globalen Form (Dispositiv), die über mobile Politikformationen, Expertensysteme, kalkulative Vorrichtungen, diskursive Legitimationen, Ökonomik und Praxisökonomen in Bewegung gerät und in Verbindung mit lokalisierten Akteuren (z.B. Kleinbauern) und neu geschaffenen Kalkulationsapparaturen (z.B. digitale Marktpreissticker, Versicherungspolicen, Wetterindizes) als kreatives, experimentelles Agencement lokal kontextualisiert werden – wobei die lokalisierte Artikulation von der globalen Formation nie zu trennen ist.

Zusammenfassend verstehen wir im Anschluss an Foucault, Deleuze und insbesondere Michel Callon Märkte als Agencements, als sozio-technische Arrangements heterogener Materialien, die verteilte Handlungen hervorbringen. Als sozio-technische Agencements organisieren Märkte die Transaktion von Rechten an Gütern. Die Elemente, die in die konkrete Ausgestaltung von Märkten einfließen, sind vielfältig. Sie reichen von Rechtssystemen über Mess- und Bewertungsapparaturen bis hin zu diskursiven Rechtfertigungen. Sie umfassen evaluierende Akteure ebenso wie Preise, Modelle und Ökonomik. Die Ausgestaltung konkreter Märkte selbst hängt schließlich von spezifischen Formatierungen dieser Agencements ab, davon wie Güter objektiviert werden, wie qualitativ und quantitativ evaluierende Subjekte geschaffen werden und davon, wie Räume der Begegnung den konkreten Tausch von Eigentumsrechten über Preise organisieren.

4 Markets for the poor: Entwicklung durch die Integration afrikanischer Kleinbauern in globale Märkte

Die verschiedenen Programme marktbasierter Entwicklung lassen sich als Teil politischer Bemühungen verstehen, die ärmsten Bevölkerungsgruppen im Globalen Süden für die Logik des Marktes zu öffnen. Als „Bottom of the Pyramid" (Prahalad 2006) werden diese Akteure in dreifacher Weise dem Marktmechanismus zugänglich gemacht: als brachliegendes Marktsegment und demzufolge zu aktivierende Konsumenten und Konsumentinnen von Waren und Dienstleistungen; als zu motivierende und nach modernsten Standards arbeitende Arbeitskräfte, die durch Zugehörigkeit zu sozial verantwortungsbewussten Unternehmen ein individuelles Upgrading erfahren; und eben als unternehmerische Produzentinnen und Produzenten marktgängiger Waren und Dienstleistungen, v.a. in Bezug auf die Agrarwirtschaft.

Das Politikfeld marktbasierter Entwicklung gründet auf der Diagnose, dass neben dem interventionistischen Staat auch der Markt bei der Bekämpfung von Armut und Unterentwicklung versagt hat. Nur auf der Folie eines „market failure" lassen sich die programmatischen Interventionen zur besseren Marktintegration legitimieren. Mit dieser Verschiebung steht das hier skizzierte Politikfeld stellvertretend für die gegenwärtige Form neoliberaler Wirtschaftspolitik. Die jüngere sozialwissenschaftliche Forschung konzeptualisiert Neoliberalismus nicht als eine konsistente hegemoniale Ideologie, sondern vielmehr als ein flexibles Konglomerat von Diskursen, Regulierungen und Praktiken, die sich den jeweiligen geographischen und historischen Kontexten anpassen, sich aber ihrerseits in diese Kontexte einschreiben und neue Realitäten schaffen (Peck/Theodore 2012; Ong 2007). Inbesondere kommen dabei immer wieder neue Konstellationen zum Vorschein, die auch scheinbar widersprüchliche Elemente zusammenfügen. „Neoliberalisierung" lässt sich deshalb nicht auf einen linearen Prozess der Ausdehnung von Marktbeziehungen reduzieren, bei dem der Staat als Regulierungsinstanz zurücktritt und spiegelbildlich eine marktförmige Steuerung der Wirtschaft an Bedeutung gewinnt. Es handelt sich vielmehr um Prozesse, welche beide gesellschaftlichen Institutionen in den vergangenen Jahrzehnten umgestaltet haben. Während der Staat auf der Basis betriebswirtschaftlicher Rationalitäten und unter einem Wettbewerbsprimat neu definiert wird, werden alltägliche Produktions- und Konsumprozesse zunehmend von theoretischen Blaupausen gesteuert, die von der orthodoxen neoklassischen Ökonomik abweichen.

Diese Verschiebungen haben, vermittelt über entsprechende betriebswirtschaftliche Praxisdisziplinen (Management, Marketing, Controlling, Logistik), die Herstellung materieller Güter ebenso erfasst wie die Dienstleistungsproduktion. Immer wieder wird in diesem Zusammenhang darauf verwiesen, dass in der heutigen Wirtschaft die lange Zeit prägende Differenz zwischen ökonomischem Wert (Preis einer Ware) und gesellschaftlichen Werten (soziale oder kulturelle Normen der Bewertung von Produktqualitäten) keinen unauflöslichen Gegensatz mehr darzustellen scheint. In den Wirtschaftswissenschaften und in ökonomischen Praxisdisziplinen wird das zunehmend mit Begriffen wie „moralischen Märkten" auf den Punkt gebracht und überwiegend positiv bewertet (vgl. Gintis et al. 2005; Rose 2011; Zak 2008). Aus unserer Sicht ist jedoch davon auszugehen, dass die zweifellos zu beobachtenden Grenzüberschreitungen notwendigerweise mit gegenläufigen Bewegungen verbunden sind. Die auf der Utopie eines atomisierten, vollkommen rationalen ökonomischen Menschen gründende Marktlogik wird als rahmendes Skript immer wieder neu eingeschrieben. Es ist gerade diese ambivalente Spannung, die dem neoliberalen Kapitalismus seine Dynamik gibt.

Das Politikfeld "Märkte in Entwicklung" eignet sich in exemplarischer Weise dazu, den verschiedenen Rahmungsprozessen empirisch nachzuspüren, mit denen die Welt Laborform erhält. Und es sind vor allem ausgewählte afrikanische Länder, die in diesem Zusammenhang als paradigmatische Laboratorien gelten können. Damit sich der Traum vom „neuen Afrika" realisieren lässt, bedarf es eines Zusammenspiels heterogener Elemente: Experimentelle Settings bringen (4.1) kalkulierende Subjekte als Akteure hervor, deren Verhalten sich der utopischen Figur des homo oeconomicus angleicht und deren Handlungsfähigkeit (4.2) im Netz unterschiedlicher menschlicher und nicht-menschlicher Elemente verteilt ist.

4.1 Kalkulierende Subjekte

Zwei Beispiele: Seit den späten 1990er Jahren wird in der äthiopischen Provinz Humera an der Grenze zu Eritrea und Sudan Sesam als Cash Crop angebaut. Aus Sicht von experimentell arbeitenden Entwicklungsökonomen der Universität Wageningen profitieren die Kleinbauern jedoch kaum von der neuen Cash Crop: ineffiziente Handelspraktiken, umständliche Vertriebswege, Dorfkooperative, Zwischenhändler, mangelhafte Verkehrsinfrastruktur. Mit einer konventionellen funktionierenden Marktumgebung hat das wenig zu tun. Preiswettbewerb spielt eine untergeordnete Rolle. Was zählt sind langfristige Beziehungen zwischen Bauer und Händler, die auf Vertrauen und Reputation gründen. Man bietet Bier und andere Gefälligkeiten an, geht auf Hochzeiten, manchmal werden Geldscheine in Taschen gesteckt. Der Marktmechanismus kann in dieser Umgebung nur eingeschränkt wirken, „Rationalitätsverletzungen" sind die Regel, es fehlen Anreize produktiver und effizienter zu wirtschaften. Die Sesambauern stecken aus Sicht der Entwicklungsökonomen deshalb in einer Armutsfalle (vgl. Cecchi/Bulte 2013).

Im westlichen Kenia bauen viele Bauern auf kargen Böden Mais an. Mais ist das Hauptnahrungsmittel. Er wird überwiegend für den Eigenverbrauch kultiviert, nur ein kleiner Teil wird auf lokalen Märkten gehandelt. Die kenianische Regierung blickt mit Sorge auf die geringe landwirtschaftliche Produktivität und die prekäre Versorgungslage. Wissenschaftliche Studien stellen allgemein die geringe Dynamik der Landwirtschaft in Afrika den hohen Ertragssteigerungen in Asien gegenüber und führen die wachsende Produktivitätslücke auf den unterschiedlichen Einsatz moderner Inputs zurück. Eine Schlüsselrolle spielt dabei der Einsatz von Kunstdünger. In Asien weit verbreitet, wird dieses Hilfsmittel in Afrika kaum verwendet. In Kenia hat die Regierung das Problem erkannt und fördert den Düngemitteleinsatz. Studien in der westkenianischen Region Busia zeigen aber, dass die Bauern ihr Verhalten nicht ändern, obwohl der Erwerb von künstlichem Dünger angesichts der geringen notwendigen Mengen und der relativ niedrigen Kosten auch für ärmere Familien möglich sein sollte. Die Erklärung wird von der Verhaltensökonomik geliefert: Die Kleinbauern ziehen es vor zur Verfügung stehendes Geld (v.a. unmittelbar nach der Ernte) zu verkonsumieren, anstatt es für den Kauf von Dünger für die nächste Anbauperiode zurückzulegen. Sie tun das, obwohl ihnen bewusst ist, dass sie durch Sparen ihre Produktivität erheblich steigern könnten. Auch die Maisfarmer im westlichen Kenia sind so in einer negativen Spirale gefangen (vgl. Duflo et al. 2011).

Beide Beispiele machen deutlich, welche Hindernisse aus Sicht der Befürworter marktbasierter Entwicklung überwunden werden müssen. Man ist davon überzeugt, dass Märkte eine wichtige Rolle bei der Armutsbekämpfung spielen könnten, erkennt aber an, dass die subsistenzorientierten Kleinbauern in der Regel von gut gemeinten Massnahmen nicht erreicht werden. Als Kern des Problems machen akademische und Praxisökonomen das individuelle Subjekt und ein Verhalten aus, das vom neoklassischen Rationalitätsparadigma abweicht. Es geht aus dieser Perspektive nicht länger vordergründig darum, die institutionellen Rahmenbedingungen zu verbessern. Stattdessen richtet sich das Augenmerk auf „problems within a person" (Mullainathan 2005, S. 67). Diagnostiziert werden „Verhaltensanomalien" wie „hyperbolische Zeitdiskontierung" (= „übertriebenes" zeitinkonsistentes Verhalten, d.h. dass (1) gegenwärtiger Konsum dem zukünftigen Konsum vorgezogen wird und (2) dass diese Zeitinkonsistenz anders als im Modell der Standardökonomik nicht-linear ist, die unmittelbare Zukunft also stärker „abdiskontiert" wird als die fernere), Prokrastination (= Aufschieben von anstehenden Aufgaben) oder „Verlustaversion" (= der Verlust einer Summe oder eines Gegenstandes wird stärker empfunden als der Gewinn der gleichen Summe oder des gleichen Gegenstandes).

Mit diesen Abweichungen vom Rationalitätsparadigma wird erklärt, warum Kleinbauern und Kleinbäuerinnen nicht bereit sind, ihr Verhalten stärker marktorientiert auszurichten und lieber an tradierten Gewohnheiten festhalten. In den Blick der Entwicklungsindustrie rückt das individuelle Subjekt: Nicht „Marktversagen" ist das Problem, sondern „Verhaltensversagen" (World Bank 2014, S. 16, 79f.).

Diese Haltung erlaubt es den Protagonisten der „Märkte in Entwicklung"-Programmatik den Glauben an die segensreiche Wirkung marktbasierter Koordination aufrecht zu halten. Aus dieser Perspektive kann rationales Verhalten durch Konfrontation mit dem Marktmechanismus eingeübt werden. „Verhaltensschwächen" werden geheilt und somit Entwicklungshindernisse beseitigt. Allerdings genügt es nicht, nur die Rahmenbedingungen zu verbessern und dann auf das positive Wirken des Marktes zu vertrauen. Die Menschen, so eine zentrale Erkenntnis der Verhaltensökonomik, weichen systematisch von den Vorgaben des Rationalitätsparadigmas ab. „Verhaltensanomalien" sind Teil unserer Natur und nur mit entsprechenden Interventionen zu ändern. Wenn man so will, verwandeln sich Entwicklungsökonomen in Ärzte, die ihren Patienten die verhaltensverändernde Medizin in fein dosierten Mengen verabreichen. In den marktbasierten Entwicklungsprojekten werden zu diesem Zweck „Verhaltensänderungs-Interventionen" entworfen und umgesetzt. Experimente spielen dabei eine zentrale Rolle, auch im äthiopischen Humara und im westlichen Kenia:

Im April 2008 gründete die äthiopische Regierung die Ethiopia Commodity Exchange (ECX), eine moderne Warenbörse, von der man sich einen Effizienz- und Modernisierungsschub für die äthiopische Landwirtschaft verspricht. ECX bietet ein kompetitives Marktsetting, das Nachfrage und Angebot auf effiziente Weise zusammenbringt. Für die wichtigsten agrarischen Exportprodukte des Landes erwartet man niedrigere Transaktionskosten in den Wertschöpfungsketten, den Abbau von Informationsasymmetrien und Entwicklungsimpulse für den ländlichen Raum.

Auch Sesam aus Humera wird über die ECX gehandelt. Auch die dortigen Kleinbauern sollen direkt mit globalen Märkten verbunden werden und ihre Entscheidungen stärker an Preissignalen ausrichten. Die eingangs zitierte Studie formuliert die These, dass „Verhaltensanomalien" durch längerfristigen Kontakt mit dem Marktmechanismus beseitigt werden können (Cecchi/Bulte 2013). Diese Annahme wird am Beispiel der Sesambauern in Humara mit der Hilfe eines Feldexperiments getestet, das die Bedingungen der ECX nachbildet. Im Mittelpunkt steht die Frage, wie willkürlich ausgewählte Bauern unter diesen Marktlaborbedingungen Entscheidungen fällen und inwieweit diese Entscheidungen im Sinne des Rationalitätsparadigmas konsistent sind. Die Autoren der Studie kommen zu dem Schluss, dass die Konfrontation mit dem neoklassischen Marktmechanismus in der Tat zu rationaleren Entscheidungen der Akteure führt. Der Markt ist hier nicht länger nur neutrale Instanz zur Verbesserung der Allokationseffizienz, sondern wird zu einer Maschine, die ökonomischem Verhalten eine bestimmte Richtung gibt. Daran ist auch das Experiment selbst beteiligt. Als Evaluationstool konzipiert (erreicht die ECX ihre Ziele?), mutiert es zu einem Skript, das an der Veränderung der Entscheidungen mitwirkt. Die beteiligten „Probanden" simulieren das ECX Marktmodell, sie kalkulieren und lernen dadurch im Sinne dieses Settings zu agieren.

Auch im Falle der kenianischen Maisbauern wird experimentiert. Entwicklungsökonominnen und -ökonomen entwerfen ein randomisiertes Feldexperiment, das aufzeigen soll, wie man Bauern dazu bewegen kann, rational zu handeln, also ihren eigentlichen Interessen gemäss mehr Kunstdünger einzusetzen. In Zusammenarbeit mit einer niederländischen Nichtregierungsorganisation werden unterschiedliche Varianten getestet. Die Ergebnisse der Experimente bestätigen die Annahmen der Verhaltensökonomik. Intelligente Lösungen im kleinen Maßstab bringen die besten Ergebnisse und schneiden besser ab als staatliche Subventionen und Massnahmen, die nur auf die Verringerung von Informationsasymmetrien abzielen. „Intelligent" bedeutet in diesem Zusammenhang, die Anreize so zu setzen, dass möglichst nur diejenigen Akteure erreicht werden, die unter Verhaltensabweichungen leiden und so die Entscheidungen „rationaler" Akteure nicht unnötig beeinflusst werden. Im Feldlabor der experimentellen und der Verhaltensökonomik werden die Maisbauern in Busia zu risikobewussteren, ökonomischen Akteuren, die ihre Produktivität steigern und die überschüssige Produktion auf dem Markt verkaufen.

In Kenia und Äthiopien gewinnt eine weitere Form experimenteller Intervention zunehmend an Gewicht, die das Problem ineffizienter und wenig produktiver Agrarproduktion mit finanzwirtschaftlichen Mitteln zu beheben versucht. Man führt Mikroversicherungspolicen ein, bei denen die Entschädigung über entsprechende Indices (verbunden mit Regenmenge, Dürretagen, Bodenfeuchte etc.) vom individuellen Schadensfall entkoppelt wird und dadurch eine Versicherungspolice auch für Kleinbauern erschwinglich werden soll. Ein Beispiel ist „Kilimo Salama" (Swahili für „sichere Landwirtschaft"). Teilweise finanziert durch die Weltbank (International Finance Corporation) entwickelte der Schweizer Agrokonzern Syngenta über seine Stiftung ein wetterbezogenes Index-Versicherungsprodukt. Versichert wird das hybride Saatgut, das beim Eintreten des Versicherungsfalles ersetzt wird und es den Bauern im folgenden Anbaujahr erlaubt, trotz der Ernteausfälle neu zu pflanzen. Für einen Betrag von 10 US Cents kann Saatgut im Wert von 2 US-Dollars versichert werden. Der Versicherungsfall tritt ein, wenn am Ende der Anbauperiode die durchschnittliche Regenmenge in der Region um 15 % nach oben oder unten abweicht. Auf diese Weise verringert sich das Risiko der Bauern, die so besser planen und ihre Erträge erhöhen können. Bis Oktober 2013 waren in Kenia und Ruanda mehr als 150 000 Bauern bei Kilimo Salama versichert. Syngenta bezeichnet Kenia als "innovation center and testing lab for our agricultural index insurance portfolio" (Quellen: International Finance Corporation and Syngenta Homepages 2013; Johnson 2013).

Man verspricht sich von solchen Versicherungslösungen eine geringere Verwundbarkeit armer Haushalte im ländlichen Raum sowie besseren Zugang zu Krediten und erwartet auch hier ein risikofreudigeres Handeln der Bauern, insbesondere den Einsatz moderner agrarischer Inputs (Galarza et al. 2011, S. 4). Mithilfe von Feldexperimenten und Behavioral Games werden die Adressaten dieser Interventionen mit Versicherungen vertraut gemacht und somit dazu angehalten als „Finanzsubjekte" zu agieren.

In den verschiedenen Varianten marktbasierter Entwicklungsinterventionen verwandeln sich kenianische oder äthiopische Kleinbauern in kalkulierende, rationale Subjekte, finanzwirtschaftlich alphabetisiert, unternehmerisch denkend, in die Geheimnisse der modernen, intensiven Agrarindustrie eingeführt. Die normierende Folie dieser realen rationalen Wirtschaftssubjekte wird weiterhin vom homo oeconomicus geliefert, so sehr sich die beteiligten Ökonominnen und Ökonomen in ihrem Selbstverständnis auch vom neoklassischen Mainstream distanzieren mögen. Gleichzeitig wird auf Seiten der Kleinbauern „behavioral failure" als gegeben vorausgesetzt und moralisch negativ konnotiert.

Wie wird die Verwandlung afrikanischer Kleinbauern in kalkulierende Marktsubjekte konkret vollzogen? Im ländlichen Kenia und Äthiopien wird wie auch in anderen Regionen des Globalen Südens die widerständige gesellschaftliche Wirklichkeit zunehmend mit der Hilfe von materiellen Vorrichtungen laborförmig gemacht, die der Verhaltens- und experimentellen Ökonomik entlehnt sind. Diese „Vorrichtungen" werden in der englischsprachigen Diskussion als „devices" bezeichnet. Wir sprechen im Folgenden von „Apparaturen" und verstehen darunter „verrichtende Vorrichtungen" im oben vorgestellten Sinne des Agencements.

4.2 Kalkulative Apparaturen und verteilte Handlungsfähigkeit

Im äthiopischen Humara verwandeln sich lokal operierende Kleinbauern und Zwischenhändler nicht einfach über Nacht in unternehmerisch denkende Akteure, nur weil die äthiopische Regierung auf Initiative einer ehemals für die Weltbank arbeitenden charismatischen Ökonomin eine Warenbörse eingerichtet hat. Umfangreiche Marktdaten (Preise, Mengen) erreichen die Bauern und Händler in den Dörfern in Echtzeit über die ECX Webseite, über ein Netz aus etwa 60 öffentlichen Electronic Ticker Boards (Stand 2012), mit Hilfe von SMS-Nachrichten, Radiostationen, Fernsehen und Printmedien. Als „Push-Services" greifen diese Apparaturen aktiv in das Leben der Bauern ein und halten diese dazu an zu vergleichen und zu kalkulieren. Darüber hinaus lassen sich Informationen jederzeit als „Pull data" telefonisch über eine gebührenfreie Nummer abrufen (Cecchi/Bulte 2013; Gabre-Mahdin 2012).

Auch in Kenia wird modellgerecht kalkulierendes Handeln als Bestandteil eines Markt-Agencements distribuiert hervorgebracht, verteilt zwischen soziotechnischen Apparaturen und Kleinbauern. Ein erster Erfolg wurde mit dem erwähnten Feldexperiment erzielt, bei dem die Bauern lernten, wie man Dünger einsetzt und welche Ertragsteigerungen damit verbunden sind. Als sich herausstellte, dass dieses Experiment nur vorübergehend zu Verhaltensänderungen führte, entwarf man ein Programm, das mit einfachen Nudges in der Form sogenannter Commitment Apparaturen (Mittel zur Selbstverpflichtung) arbeitete. Den Bauern wurden direkt nach der Maisernte (wenn sie über finanzielle Mittel verfügen) Vouchers angeboten, für die man über einen festgelegten Zeitraum 15 % Rabatt auf bis zu 25 kg Dünger bekam. Die Vouchers konnten nur in ausgewählten Geschäften eingelöst werden. Diese Maßnahme hatte großen Erfolg, sie brachte die Bauern dazu, Geld für produktive Investionen auf die Seite zu legen. Der Erfolg wurde zusätzlich dadurch erhöht, dass die Bauern „an Ort und Stelle" zu entscheiden hatten, ob sie auf das Angebot eingehen (vgl. Duflo et al. 2011).

Die indirekte Verwandlung kenianischer Kleinbauern in moderne Agrarunternehmer über ihre Formatierung als Versicherungskonsumenten ist ebenfalls soziotechnisch verteilt. Kalkulierende Kleinbauern sind eingelassen in ein Netzwerk aus solarbetriebenen Wetterstationen, einer Datenbank mit historischen Wetterdaten, dem kenianischen Mobilfunkbetreiber Safaricom, dem mobilfunkgestützten Zahlungssystem M-PESA, der Mikrokredit-Infrastruktur und dem kooperativen Agro-Vet-System. Wenn ein Bauer eine Versicherungspolice von einem Mikrokredit-Officer oder einem lokalen „Agro-Vet" (verkauft Inputs wie Saatgut, Düngemittel, Pflanzenschutz etc.) erwirbt, wird mit einer Mobiltelefon App ein Code gescannt und an einen Cloud-basierten Server gesendet, über den die Policen verwaltet werden. Von dort wird dem Bauern eine automatisierte SMS mit der Nummer der Police übermittelt. Solarbetriebene Wetterstationen registrieren relevante Wetterdaten alle 15 Minuten. Am Ende der Anbauperiode werden dann die Daten mit den historischen Informationen abgeglichen und bei Eintritt des Schadensfalles eine Zahlung berechnet, die den Bauern wiederum über das Mobilfunknetz übermittelt wird (International Finance Corporation and Syngenta Homepages 2013; Johnson 2013).

Die Beispiele machen deutlich, wie entwicklungspolitische Interventionen an der Herstellung von Marktsubjekten arbeiten. Ihre neuen Identitäten und Handlungsmöglichkeiten als unternehmerische Agrarproduzenten und Konsumenten von Finanzdienstleistungen erhalten die „ländlichen Armen" in einem Zusammenspiel menschlicher und nicht-menschlicher Elemente. Der modellförmige Homo Oeconomicus wird als distribuierte Handlungsfiguration hervorgebracht. Als aktive Bestandteile soziotechnischer Marktarrangements versprechen die verschiedenen Apparaturen Stabilität und Sicherheit. Die Herausforderungen einer immer unberechenbareren Natur lassen sich mit innovativen Versicherungsprodukten besser kalkulieren, institutionalisierte Finanzmärkte machen den Handel mit agrarischen Produkten transparenter und berechenbarer, Anreize normalisieren die Verwendung moderner Düngemittel, erhöhen das Vertrauen in die neuen Inputs und machen überkommene Handlungsweisen zunehmend überflüssig. Aber gleichzeitig werden neue Unsicherheiten generiert. Die Preis- und Mengendaten der Börsenticker drängen die Bauern immer wieder und immer schneller zu neuen Entscheidungen. Diese neuen Unsicherheiten sind keine bedauerlichen Begleiterscheinungen, sondern notwendige Bestandteile der Markt-Agencements. Sie bringen Subjekte hervor, die wachsam und auf der Hut sind, und für die rationales Kalkulieren und Abwägen zum Alltag wird. Gleichzeitig legitimieren Unruhe und Unbehagen auf Seiten der Adressaten marktbasierter Entwicklungspolitik den fortwährenden und wiederkehrenden Einsatz der soziotechnischen Apparaturen (vgl. Law/Ruppert 2013, S. 237).

Die zugrundeliegenden Normen und Regeln sind in hohem Maße wirkmächtig und die Autorität der Entwicklungsökonomen darüber zu bestimmen, was als "normal", "effizient" und "gute Praxis" anerkannt wird, wird nicht angezweifelt. Verbunden sind damit Erwartungen, die Adressaten der Interventionen in anpassungsfähige und mobile Subjekte zu verwandeln, die als verantwortungsbewusste Akteure in ihr Humankapital investieren.

Es genügt jedoch nicht, nur auf die individuellen Subjektivierungsprozesse zu blicken. Die Perspektive lässt sich auf zweierlei Weise erweitern. Das bezieht sich einerseits auf die Erkenntnis, dass die technologischen Apparaturen und Infrastrukturen marktbasierter Entwicklung zwar sozial konstruiert sind, ihrerseits aber gleichzeitig soziale Beziehungen neu figurieren; und andererseits mögen sie mächtigen Akteuren als Hilfsmittel zur opportunistischen Durchsetzung politischer, ökonomischer und kultureller Interessen dienen, bleiben aber notwendigerweise immer unvollständig und schließen deshalb die Möglichkeit des Scheiterns ein (Law/Ruppert 2013, S. 238f.).

5 Geographies of marketization: Frames und Patterns marktbasierter Entwicklung

Law und Ruppert (2013, S. 230) bezeichnen Apparaturen (devices) als absichtsvolle teleologische Arrangements, die über die Fähigkeit verfügen, die Welt in spezifischen sozio-materiellen Mustern hervorzubringen. Apparaturen übersetzen die Skripte, Modelle und Handbücher marktbasierter Entwicklung und lassen sie durch wiederholtes Anwenden Wirklichkeit werden. Sie schreiben sich als experimentelle Designs, Game Sheets und Nudges in den Lebensalltag afrikanischer Kleinbauern und Kleinbäuerinnen ein und tragen entscheidend dazu bei, dass die Welt den Vorgaben experimenteller und behavioristischer Ökonomen entsprechend umgestaltet und laborförmig gemacht wird.

Im Zusammenspiel mit menschlichen Akteuren werden auf diese Weise neue Märkte geschaffen und bisher nur randlich einbezogene Elemente in bestehende Märkte integriert. Marktschaffende Interventionen gehen mit dem Prozess der Grenzziehung einher:

Es muss diskursiv ein konstitutives Außen des Marktes geschaffen werden, ein Raum muss identifiziert und territorialisiert werden, der sich außerhalb der Marktsteuerung befindet. Märkte erhalten in diesem Prozess ihre Form erst im Spiegel des devianten und hilfsbedürftigen Markt-Äusseren (Mitchell 2007). In den Drehbüchern marktbasierter Entwicklung wird "irrationales" und abweichendes Verhalten in der Regel mit einem traditionellen Lebensstil gleichgesetzt und als Beleg für Rückständigkeit und Entwicklungshemmnis dargestellt. Ob es die traditionelle Handelspraxis äthiopischer Sesambauern oder der auf moderne Agrarinputs verzichtende kenianische Maisfarmer ist, solches Verhalten wird als ineffizient und unproduktiv kritisiert und für die Armut der ländlichen Bevölkerung verantwortlich gemacht.

Die Repräsentationen rekurrieren dabei auf Imaginationen wie sie mit klassischen Entwicklungstheorien verbunden sind. Auf der einen Seite stehen "die Armen", die auf indigenes, lokales und traditionelles Wissen reduziert werden und die in einer Welt leben, die von subsistenzorientierter Landwirtschaft geprägt ist. Auf der anderen Seite finden sich "die Nicht-Armen", besser ausgebildet, unternehmerisch denkend und moderne Landwirtschaft betreibend. In diesen Repräsentationen markieren solche Akteure, die von den Apparaturen marktorientierter Entwicklung addressiert werden, die Grenze zwischen Markt-Innen und Markt-Aussen. Was auf den ersten Blick als eindeutig abgegrenztes Aussen globaler agrarischer Wertschöpfungsketten und Märkte erscheint, bringt bei näherer Betrachtung das Markt-Innen erst hervor. Timothy Mitchell (2007) beschreibt dieses zerklüftete Terrain als „Zone inklusiver Exklusion", in der sich Menschen und Dinge in einem Zustand des permanenten Dazwischen befinden und die eine strikte Trennung der beiden Bereiche immer nur vortäuscht.

Diese sozialen Grenzziehungen erhalten auch räumliche Form. Die Architekten marktbasierter Entwicklungsprojekte zielen mit ihren Behavioral Change-Apparaturen fast ausschliesslich auf augenscheinliche Probleme "in place". Immer sind es Bedingungen in einer Region, in einem Dorf und in einer Person, die als Ursachen für Armut und Entwicklungshemmnisse bezeichnet werden. Und es sind regelmässig Verbindungen mit globalen Märkten und globalen Wertschöpfungsketten, durch die man diese Probleme lösen möchte, ohne dabei auf die Risiken und Gefahren einseitiger Integration in den Weltmarkt einzugehen (Sheppard/ Leitner 2010, S. 190). Die randomisierten Experimente der Entwicklungsökonomen vervielfältigen darüber hinaus die Grenzen zwischen Markt und Nicht-Markt in den Zielregionen marktbasierter Entwicklungspolitik. Die experimentellen Settings stecken abgegrenzte Spielfelder ab, auf denen unterschiedliche Formen der Marktmedizin ceteris paribus verabreicht werden. So erhält ein Dorf das gesamte Massnahmenbündel, einem anderen Dorf wiederum wird nur ein Teil des Pakets verschrieben, während die Medizin einem dritten Dorf zu Kontrollzwecken gänzlich vorenthalten wird. Auf diese Weise territorialisieren marktbasierte Entwicklungsinterventionen nicht-staatliche Formen des Regierens.

Hier zeigt sich, dass Apparaturen Märkte und Marktsubjekte auf eine Weise hervorbringen, zu der Differenz und Exklusion notwendigerweise dazugehören: Die Protagonisten marktbasierter Entwicklung diagnostizieren „Verhaltensversagen" als Ursache für versagende Märkte, verordnen Marktexperimente als Therapie und verabreichen ein Medikamentencocktail aus Nudges, Börsenarchitekturen,

Spielplänen und Handbüchern. Die Apparaturen formatieren individualisierte rationale Subjekte aus einer homogenen Gemeinschaft von Menschen, deren Eigenschaften mit kollektivem Versagen verbunden werden. In unserem Fall bezieht sich diese Zuschreibung auf den „armen Kleinbauern", in anderen politischen Kontexten wird diese Rolle von anderen Gruppen gespielt, etwa von den „welfare moms" oder „poverty pimps" bei der Restrukturierung des US-amerikanischen Wohlfahrtsstaates (vgl. auch Newman 2011, S. 309). Als „absichtsvolle teleologische Arrangements" machen die Medikamente marktbasierter Entwicklung attraktive Versprechen. Sie verkünden den alten Traum von linearer Entwicklung und Modernisierung und vermitteln gleichzeitig einen ungebrochenen Glauben an den Erfolg technokratischen Engineerings. Blickt man allerdings in einschlägige Projektdokumentationen und Ergebnisberichte zeigt sich schnell, dass sich einzelne Elemente der planvollen Einbindung in das Dispositiv des Marktes bewusst und unbewusst widersetzen. Deshalb stellt sich die konkrete Wirklichkeit der Marktexperimente als ein Wechselspiel aus Trial and Error, bei dem ständige Korrekturen und Nachjustierungen immer mit der Gefahr des Scheiterns verbunden sind. Gleichzeitig sind es genau diese Widerständigkeiten, die den Interventionen, Stabilisierungs- und Standardisierungsversuchen der Entwicklungsökonominnen und -ökonomen immer wieder neue Legitimität verleihen.

Literatur

Agamben, Giorgio (2008): Was ist ein Dispositiv? Zürich: Diaphanes.
Aspers, Patrik (2011): Markets. Cambridge: Polity Press.
Beckert, Jens (2007): Die soziale Ordnung von Märkten. In MPIfG Discussion Paper, 07/6. Köln: MPIfG.
Bennett, Jane (2010): Vibrant matter. A political ecology of things. Durham: Duke University Press.
Berndt, Christian/Boeckler, Marc (2011): Performative regional (dis)integration. Transnational markets, mobile commodities, and bordered north-south differences. Environment and Planning A 43 (5), S. 1057-1078.
Berndt, Christian/Boeckler, Marc (2012): Geographies of marketization. In: Barnes, Trevor J./Peck, Jamie/Sheppard, Eric (Hrsg.), The Wiley-Blackwell Companion to Economic Geography. Oxford: Wiley, S. 199-212.
Çalişkan, Koray/Callon, Michel (2010): Economization, part 2. A research programme for the study of markets. In: Economy and Society 39(1), S. 1-32.
Callon, Michel (1986): Some elements of a sociology of translation. Domestication of the scallops and the fishermen of St Brieuc Bay. In: Law, John (Hrsg.), Power, action and belief. A new sociology of knowledge? London: Routledge & Kegan Paul, S. 196-233.
Callon, Michel (1998): Introduction: The embeddedness of economic markets in economics. In: Callon, Michel (Hrsg.), The laws of the markets. Oxford: Blackwell, S. 1-57.
Callon, Michel (Hrsg.)(1998): The laws of the markets. Oxford: Blackwell.
Callon, Michel (2007): What does it mean to say that economics is performative? In: MacKenzie, Donald/Muniesa, Fabian/Siu, Lucia (Hrsg.), Do economists make markets? On the performativity of economics. Princeton: Princeton University Press, S. 311-357.
Callon, Michel/Muniesa, Fabian (2005): Peripheral vision: Economic markets as calculative collective devices. In: Organization Studies 26(8), S. 1229-1250.
Callon, Michel/Law, John (2005): On qualculation, agency, and otherness. In: Environment and Planning D: Society and Space 23(5), S. 717-733.
Callon, Michel/Lascoumes, Pierre/Barthe, Yannick (2009): Acting in an uncertain world. An essay on technical democracy. Cambridge: MIT Press.
Cecchi, Francesco/Bulte, Erwin H. (2013): Does market experience promote rational choice? Experimental evidence from rural Ethiopia. In: Economic Development and Cultural Change 61(2), S. 407-429.
Collier, Stephen J. (2006): Global assemblages. In: Theory Culture & Society 23(2-3), S. 398-401.
Collier, Stephen J./Ong, Aihwa (2005): Global assemblages, anthropological problems. In: Ong, Aihwa/Collier, Stephen J. (Hrsg.), Global assemblages: Technology, politics, and ethics as anthropological problems. Malden: Blackwell, S. 3-21.
Deleuze, Gilles (2005): Was ist ein Dispositiv? In: Deleuze, Gilles (Hrsg.), Schizophrenie und Gesellschaft: Texte und Gespräche 1975-1995. Frankfurt: Suhrkamp, S. 322-331.
Duflo, Esther/Kremer, Michael/Robinson, Johnathan (2011): Nudging farmers to use fertilizer: Theory and experimental evidence from Kenya. In: American Economic Review 101(6), S. 2350-2390.
Fligstein, Neil (2011): Die Architektur der Märkte. Wiesbaden: VS Verlag.

Fligstein, Neil/Dauter, Luke (2007): The sociology of markets. In: Annual Review of Sociology 33, S. 105-128.
Foucault, Michel (1978): Dispositive der Macht. Über Sexualität, Wissen und Wahrheit. Berlin: Merve.
Fourcade, Marion (2007): Theories of markets and theories of society. In: American Behavioral Scientist 50(8), S. 1015-1034.
Gabre-Madhin, Eleni Zaude (2012): A new agriculture for the new Africa. In: Shah, Rajiv/Radelet, Steven (Hrsg.), Frontiers in development. Washington: US Agency for International Development, S. 98-105.
Galarza, Francisco B./Carter, Michael R. (2010): Risk preference and demand for insurance in Peru. A field experiment. Paper prepared for the Agricultural and Applied Economics Association 2010 AAEA, CAES, & WAEA Joint Annual Meeting, Denver, Colorado, July 25-27, 2010. Retrieved from https://arefiles.ucdavis.edu/uploads/filer_public/2014/06/19/dynamic_field_experiments_1.pdf. Zugegriffen: 19 November 2016.
Gintis, Herbert/Bowles, Samuel/Boyd, Robert T./Fehr, Ernst (Hrsg.)(2005): Moral sentiments and material interests. The foundations of cooperation in economic life. Cambridge: MIT Press.
Hutchins, Edwin (1995): Cognition in the wild. Cambridge: MIT Press.
Johnson, Leigh (2013): Index insurance and the articulation of risk-bearing subjects. In: Environment and Planning A 45(11), S. 2663-2681.
Latour, Bruno (1983): Give me a laboratory and I will raise the world. In: Knorr-Cetina, Karin (Hrsg.), Science observed. London: Sage, S. 141-170.
Latour, Bruno (1987): Science in action. How to follow scientists and engineers through society. Cambridge: Harvard University Press.
Latour, Bruno (1988): The pasteurisation of France. Cambridge: Harvard University Press.
Law, John/Ruppert, Evelyn (2013): The social life of methods: Devices. In: Journal of Cultural Economy 6(3), S. 229-240.
Legg, Stephen (2011): Assemblage/apparatus. Using Deleuze and Foucault. In: Area 43(2), S. 128-133.
Mirowski, Philip (1989): More heat than light: Economics as social physics, physics as nature's economics. Cambridge: Cambridge University Press.
Mitchell, Timothy (1998): Fixing the economy. In: Cultural Studies 12(1), S. 82-101.
Mitchell, Timothy (2007): The properties of markets. In: MacKenzie, Donald/Muniesa, Fabian/Siu, Lucia (Hrsg.), Do economists make markets? On the performativity of economics. Princeton: Princeton University Press, S. 244-275.
Mitchell, Timothy (2008): Culture and economy. In: Bennet, Tony/Frow, John (Hrsg.), The SAGE handbook of cultural analysis. Los Angeles: Sage, S. 447-466.
Mullainathan, Sendhil (2005): Development economics through the lens of psychology. In: Bourguignon, Francois/Pleskovic, Boris (Hrsg.), Annual World Bank conference in development economics 2005. Lessons of experience. New York: The World Bank/Oxford University Press, S. 45-70.
Muniesa, Fabian/Callon, Michel (2008): La performativité des sciences économiques. CSI Working Paper series 10. Paris: ParisTech. Verfügbar über: https://halshs.archives-ouvertes.fr/halshs-00258130/document
Mützel, Sophie (2015): Geschichten als Signale: Zur diskursiven Konstruktion von Märkten. In: Diaz-Bone, Rainer/Krell, Gertraude (Hrsg.), Diskurs und Ökonomie: Diskurs-

analytische Perspektiven auf Märkte und Organisationen. 2. Aufl. Wiesbaden: Springer VS, S. 263-284.
Newman, Janet (2011): The politics of publicness. In: Political Geography 30(6), S. 308-309.
Ong, Aihwa (2007): Neoliberalism as a mobile technology. In: Transactions of the Institute of British Geographers 32(1), S. 3-8.
Peck, Jamie/Theodore, Nik (2012): Reanimating neoliberalism: Process geographies of neoliberalisation. In: Social Anthropology 20(2), S. 177-185.
Phillips, John (2006): Agencement/assemblage. In: Theory, Culture & Society 23(2-3), S. 108-109.
Pickering, Andrew (1995): The mangle of practice. Time, agency, and science. Chicago: University of Chicago Press.
Pickering, Andrew (2008): Culture. Science studies and technoscience. In: Bennet, Tony/Frow, John (Hrsg.), The SAGE handbook of cultural analysis. Los Angeles: Sage, S. 291-310.
Prahalad, Coimbatore Krishnarao (2006): The fortune at the bottom of the pyramid. Eradicating poverty through profits. Upper Saddle River: Wharton School Publishing.
Rabinow, Paul (2003): Anthropos today. Reflections on modern equipment. Princeton: Princeton University Press.
Rose, David C. (2011): The moral foundation of economic behavior. Oxford: Oxford University Press.
Sheppard, Eric/Leitner, Helga (2010): Quo vadis neoliberalism? The remaking of global capitalist governance after the Washington Consensus. In: Geoforum 41(2), S. 185-194.
Slater, Don/Tonkiss, Fran (2001): Market society. Markets and modern social theory. Cambridge: Polity Press.
Swedberg, Richard (1994): Markets as social structures. In: Smelser, Neil/Swedberg, Richard (Hrsg.), The SAGE handbook of economic sociology. Princeton: Princeton University Press, S. 255-282.
Swiss Agency for Development and Cooperation (2008): Perspectives on the making markets work for the poor (M4P) approach. Bern.
White, Harrison C. (1981): Where do markets come from? In: American Journal of Sociology 87(3), S. 517-547.
White, Harrison C. (2002): Markets from networks. Socioeconomic models of production. Princeton: Princeton University Press.
World Bank (2014): World development report 2014. Risk and opportunity – managing risk for development. Washington DC.
Zak, Paul J. (2011): Moral markets. In: Journal of Economic Behavior and Organization 77(2), S. 212-233.

Ökonomie, das Bewegungsproblem und der Wandel von Mobilitätsdispositiven

Eine Integration von regulations- und dispositivtheoretischen Annahmen

Katharina Manderscheid

1 Einleitung

„Man kann sich die Gesellschaft auch wie einen ‚Streckenplan' vorstellen, auf dem eine unentwirrbare, aber gleichwohl nicht kontingente Fülle von Verbindungen räumlich miteinander verflochten ist. Verkehrswege – Straßen – und Fahrzeuge – Automobile – besitzen darin nicht allein Ermöglichungs-, sondern auch Aufforderungscharakter für die vergesellschafteten Individuen, die im Verkehrssystem vergegenständlichten Verbindungen zu nutzen." (Kuhm 1997, S. 10)

Soziologisch wird die Gegenwart häufig mit Begriffen wie „Beschleunigung", „Mobilisierung", „Verflüssigung des Sozialen", „Auflösung des Raumes" etc. beschrieben. Mit den Worten von John Urry und Anthony Elliott (2010, S. ix): „People today are ‚on the move', and arguably as never before." Diese gesellschaftsdiagnostischen Formulierungen verweisen auf die Notwendigkeit, Mobilitäten und Bewegungen nicht länger als außer-gesellschaftliche Phänomene zu betrachten, sondern als eingebettet in und konstitutiv für gesellschaftliche Relationen. Mobilität resultiert dann aus „[…] sozialen Macht- und Herrschaftsbeziehungen, weshalb die sozialen Strukturierungen von Mobilitäten auch als *Mobilitätsregime* bezeichnet werden" (Kesselring 2012, S. 85; Herv. KM).

In den aktuellen Thematisierungen von Mobilität, Beschleunigung und Verkehr werden immer auch deren Grenzen aufgezeigt durch materielle und ökologische Bedingungen – Verkehrsflächen, Ressourcenendlichkeit und klimaschädliche Emissionen – ebenso wie durch die psycho-soziale Verfasstheit der Individuen und

Kollektive, die eine unbegrenzte Steigerung der Geschwindigkeiten und Distanzen nicht zuzulassen scheinen (vgl. Dörre et al. 2009). Mobilitäten von Menschen und Gütern stehen damit in einem Spannungsverhältnis von gesellschaftlicher Produktivität – der Herstellung und Aufrechterhaltung von sozialen Beziehungen – und Destruktivität. Entsprechend rückt das angelsächsisch geprägte „mobilities paradigm" (Sheller/Urry 2006; Hannam et al. 2006) Mobilität als zentrales Element materiell-sozialer Formationen in den Blick. Dies ist besonders augenfällig im Regime der Automobilität, das konstitutiv ist für die gesellschaftliche und wirtschaftliche Dynamik ebenso wie die räumliche Organisation von Gesellschaft der zweiten Hälfte des 20. Jahrhunderts (vgl. Kuhm 1997; Paterson 2007) und gleichzeitig als Hauptproblem städtischer, ökologischer und sozialer Entwicklungen gilt.

Angesichts dieser mehrdimensionalen gesellschaftspolitischen Problematisierung, stellt sich die Frage nach den offenbar wirkungsmächtigen Stabilisierungsmechanismen dieses Mobilitätsregimes. Um die Automobilität aus einer soziologischen Perspektive verstehen zu können, reicht es nicht, Autoverkehr und seine Zunahme auf eine einzelne ursächliche Dimension wie die Globalisierung, eine Überlegenheit der Technik oder die Bedürfnisse der Individuen zurückzuführen. Entsprechend besteht das Ziel dieses Beitrages im Entwurf eines mehrdimensionalen konzeptionellen Fundamentes, auf dem empirisch die historische Herausbildung und Stabilisierung von Mobilitätsregimen ebenso wie deren Destabilisierung und mögliches Verschwinden angemessen untersucht und verstanden werden kann. Zu diesem Zweck greife ich auf den Dispositivbegriff von Michel Foucault zurück, der das Zusammenspiel von Objektivierungen, Praktiken, Wissen und verschiedenen Mikrotechniken der Macht in Bezug auf die räumliche Mobilisierung der Subjekte zueinander in Beziehung setzt. Darüber hinaus findet sich in Foucaults Gouvernementalitätsvorlesungen (Foucault 2006) die Idee eines Bewegungsproblems der Moderne und damit verbunden die einer Ko-Emergenz gouvernementaler Techniken und der politischen Ökonomie bzw. einer historisch spezifischen Gesellschaftsordnung. Daran anknüpfend sehe ich Mobilitätsdispositive aus einem regulationstheoretischen Blickwinkel eingebettet in eine politische Ökonomie. Denn obwohl Foucault die Trennung zwischen Markt und Ökonomie – ähnlich wie schon Marx – mit dem Begriff der politischen Ökonomie dekonstruiert (Lemke 2002, S. 57), verzichtet er in seinen Studien weitgehend auf die Einbeziehung der materiellen „ökonomischen Zwänge", die als Effekte dieses Diskurses entstehen. Über eine regulationstheoretische Erweiterung kann jedoch die sozio-ökonomische und räumlich differenzierte Ordnung gleichzeitig als konstitutive und stabilisierende Kraft für und als Effekt von Mobilitätsregimen in den Blick genommen werden. Auf diese Weise können also makrostrukturelle ökonomische Konstellationen mit Formationen historisch spezifischer sozial-räumlicher

Sozialitäten und Mikrotechniken der Macht und die Regierung mobiler Subjekte in Verbindung gebracht werden.

2   Mobilität als Dispositiv

In Foucaults Werk taucht das Dispositivkonzept Mitte der 1970er in „Der Wille zum Wissen" (Foucault 1983) auf und beschreibt eine geschichtliche Struktur, innerhalb und als Teil derer in diesem Fall Sexualität „produziert" wird (Foucault 1983, S. 105). In seiner bekanntesten Definition beschreibt Michel Foucault Dispositive als Ensembles von

> „Diskursen, Institutionen, architektonischen Einrichtungen, reglementierenden Entscheidungen, Gesetzen, administrativen Maßnahmen, wissenschaftlichen Aussagen, philosophischen, moralischen und philantrophischen Lehrsätzen, kurz Gesagtes ebenso wie Ungesagtes [...]. Das Dispositiv selbst ist das Netz, das man zwischen diesen Elementen herstellen kann." (Foucault 2003a, S. 392f.)

Mit seinem Interesse an der „Natur der Verbindungen, die zwischen diesen heterogenen Elementen bestehen" (Foucault 2003a, S. 393) lenkt der Dispositivbegriff den Blick explizit auf die wechselseitige Durchdringung von sprachlich-diskursiven und nicht-sprachlich materiellen Dimensionen des Sozialen, die gerade für raum- und materialitätssensitive Problemstellungen von Interesse ist, die die geographisch-räumliche Organisation des Sozialen analysieren und damit über die Ebene des Sprachlichen hinausweisen. Mobilitätsdispositive im weiteren Sinne können dann verstanden werden als das komplexe Zusammenwirken von räumlichen Siedlungs- und Verkehrsstrukturen, technologischen Artefakten, gesellschaftlichen Institutionalisierungen und Reglementierungen, Diskursen, Wissensproduktionen und Kollektivsymboliken und den daraus hervorgehenden Subjektformationen und empirischen Praktiken der Fortbewegung, des Verweilens, der Verwurzelung und der Immobilität. Jedes dieser Einzelelemente muss dabei selbst als Effekt gesellschaftlicher Macht- und Aushandlungsprozesse gesehen werden, das dann, in Verbindung und Wechselwirkung mit den anderen Elementen selbst spezifische und stratifizierte sozio-materielle Effekte hervorrufen kann. Damit verweist das Konzept der Mobilitätsdispositive auch auf die prinzipiellen Macht- und Ungleichheitsrelationen.

Auf der materiellen objektivierten Ebene umfassen Mobilitätsdispositive im weiteren Sinn neben den technischen Artefakten (z.B. Fahrzeugen) verschiedene staatlich bereitgestellte oder strukturierte Infrastrukturen, Siedlungsmuster, Institutionalisierungen, Grenzkontrollen, Gesetze, Regelungen und Politiken und damit zusammenhängende Dokumente wie Führerscheine, Fahrkarten und Pässe. Diese Objektivierungen legen dabei immer auch Sortierungen und Hierarchisierungen mobiler Subjekte nahe, die beispielsweise bei Grenzübertritten oder im Straßenverkehr sichtbar werden, wo zwischen erlaubter und verbotener, zu sanktionierender Mobilität sortiert wird. Hier wird deutlich, dass die Regierung von Mobilität einen zentralen Gegenstand staatlichen Handelns darstellt (Urry 2007, S. 205). Mehr noch, die Konstitution von (modernen) Staaten als territorial verfasste soziale und politische Einheiten basiert fundamental auf einem Grenz- und damit Mobilitätsregime:

> „Because these states are not self-contained, their existence as discrete political unities depends both on the maintenance of boundaries between them and on the continuing movement of people, ideas, goods and services across those boundaries." (Hindess 2000, S. 1488)

Jedoch sind Mobilitätsdispositive nicht auf das Feld staatlicher Politik und das Regierungshandeln zu reduzieren, noch als zentral gesteuert zu verstehen. Vielmehr schließt das Konzept mit dem Fokus auf mobile Subjektformierungen (vgl. Manderscheid 2014) an die von Foucault entwickelte Vorstellung von Gouvernementalität an, womit er die „Kunst des Regierens" bzw. die Mechanismen der „Menschenführung" bezeichnet und damit Regieren auf die Herrschaft über das Selbst, über Andere, den Körper und die Art des Handelns bezieht (Foucault 2004, 2006). Diese Machtform kann gerade nicht auf staatliche Autorität als steuerndem Zentrum zurückgeführt werden. Vielmehr sind Mobilitätsordnungen und -vorstellungen auch in gesellschaftlichen Wissensbeständen und Diskursen verankert. So ist beispielsweise die Assoziation von Automobilität und Freiheit ein Topos, der in die Tiefenstrukturen gesellschaftlicher und kultureller Wissensvorräte, Lebenskonzepte und Identitäten eingelagert ist (Paterson 2007, S. 142f.; Manderscheid 2012a, S. 156f.). Dabei werden Mobilität und Bewegung keineswegs durchgängig positiv konnotiert, vielmehr geht es hier auch um die Hierarchisierung zwischen „guten" und „schlechten Mobilitäten", die sich beispielsweise im Autoverkehr in der Figur des „Rasers" ausdrückt. Mobile Subjekte im Sinne von „Realfiktionen" (Graefe 2010) entstehen an den Schnittstellen von Mobilitätswissen (Jensen/Richardson 2007) und Materialisierungen, und verweisen dabei auch auf den durch Macht form- und bewegbaren Körper. Quasi als Kehrseite der Freiheitsassoziation zeigt sich das autofahrende Subjekt aus der Nähe in der Unterwerfung unter eine ausgeprägte Körperdisziplinierung, die Urry folgendermaßen beschreibt:

„Once in the car, there is almost no kinaesthetic movement from the driver. So although automobility is a system of mobility, it necessitates minimal movement once one is strapped into the driving seat. Eyes have to be constantly on the look-out for danger, hands and feet are ready for the next manoeuvre, the body is gripped into a fixed position, lights and noises may indicate that the car-driver needs to make instantaneous adjustments, and so on. [...] The driver's body is itself fragmented and disciplined to the machine, with eyes, ears, hands and feet, all trained to respond instantaneously and consistently, while desires even to stretch, to change position, to doze or to look around are being suppressed. The car becomes an extension of the driver's body, creating new subjectivities organized around the extraordinarily disciplined 'driving body'." (Urry 2004, S. 31)

Neben der programmatischen Ebene der Subjektformierung (dazu kritisch Ott/Wrana 2010, S. 84), erlaubt eine dispositivanalytische Perspektive auch den Einbezug empirischer Praktiken. Mobilitätspraktiken werden dann verstanden als geformt durch soziale und räumliche Strukturen. Dabei sind Praktiken untrennbar mit Deuten und Interpretieren und damit mit der Ebene des inkorporierten Wissens und einem verinnerlichten Mobilitätshabitus verwoben. In Bezug auf Automobilität hat Canzler (2000) dieses verinnerlichte Wissen als „das Auto im Kopf" bezeichnet, das den Möglichkeitsraum von Wohnen, Arbeiten und Freizeit maßgeblich strukturiert. Die Praktiken der Autonutzung reifizieren dann wiederum die automobile Raumordnung im Sinne eines Doing Space (vgl. West/Zimmerman 1987). Allerdings bestehen neben den automobilen Räumen noch weitere Räume, die über andere Mobilitätspraktiken konstituiert werden, so dass zwischen hegemonialen, untergeordneten und gegenkulturellen Mobilitätspraktiken und Raumkonstitutionen unterschieden werden muss (vgl. Massey 2005). Beispiele hierfür sind Demonstrationen, die den Straßenraum als Repräsentationsbühne artikulieren, die jedoch mit dem Ende dieser Mobilitätspraktiken wieder verschwinden. Damit sind gerade gegenkulturelle Raumkonstitutionen durch eine fehlende dauerhafte Verankerung in Objektivierungen und entsprechende Flüchtigkeiten gekennzeichnet.

Mit dieser kurzen Skizze habe ich die Fruchtbarkeit des Dispositivbegriffs für eine soziologische Analyse sozio-materieller mobiler Formationen und ihrer Artikulation auf verschiedenen Ebenen erläutert. Automobilität ist in dieser Perspektive also eine spezifische Dispositivformation, die sich im Laufe des 20. Jahrhunderts verfestigt hat und die ein großes Beharrungsvermögen aufweist. Um die Stabilität dieses Dispositivs besser verstehen zu können, werde ich auf die grundlegende Verflechtung von Mobilität mit gesellschaftlichen Ordnungsstrukturen, insbesondere dem politischen und dem ökonomischen Gefüge eingehen. Zunächst werde ich auf das „Bewegungsproblem der Moderne" eingehen als einer fundamentalen Herausforderung der Stabilisierung sozialer Entitäten, wie es Foucault in seinen Gouvernementalitätsvorlesungen herausgearbeitet hat. Diese Sichtweise, die primär auf politische Rationalitäten zugespitzt ist, werde ich daran anschließend um eine regulationstheoretische Perspektive erweitern, um ökonomische Dynamiken ebenfalls mit einbeziehen zu können.

3 Das Bewegungsproblem der Moderne

Grundsätzlich scheinen Mobilität, politische Staatsformation und Ökonomie in einem Spannungsverhältnis zueinander zu stehen, aus dem sich wiederum die Wandlungsdynamiken der drei Seiten speisen. Foucault konzipiert Dispositive nicht einfach als gegeben, sondern sieht in ihnen eine strategische Antwort auf eine „Urgence", ein gesellschaftliches Problem (Foucault 2003a; Jäger 2012). Den oben zitierten zwei Aspekten seiner Definition fügt er hinzu:

> „Drittens verstehe ich unter Dispositiv eine Art von [...] Formation, deren Hauptfunktion zu einem gegebenen historischen Zeitpunkt darin bestanden hat, auf einen Notstand (urgence) zu antworten. Das Dispositiv hat also eine vorwiegend strategische Funktion." (Foucault 2003a, S. 393)

Dabei ist dieser Notstand jedoch nicht im Sinne einer funktionalen Notwendigkeit für ein spezifisches Regime zu verstehen: Gerade Michel Foucault betont in seinen Arbeiten die grundsätzliche Kontingenz historischer Entwicklungen und gibt entsprechend die Frage nach dem Ursprung und überhistorischen Kausalitätsbeziehungen auf – zugunsten der Auseinandersetzung mit Einzelheiten und Zufällen, die in gesellschaftliche Kräfteverhältnisse eingebettet sind: dem genealogischen Vorgehen (Foucault 2003b, S. 170; vgl. Gertenbach 2008). Die erfolgreiche Etablierung eines Dispositivs als Antwort auf einen Notstand stellt dann eine immer nur vorübergehende Stabilisierung bzw. Fixierung gesellschaftlicher Kräfteverhältnisse angesichts grundlegender Bruchlinien dar. Die Stärke und Beständigkeit eines Dispositivs basiert maßgeblich auf dessen Fähigkeit, sich fortwährend an verändernde Bedingungen anzupassen:

> „Erst anschließend konstituiert sich das Dispositiv eigentlich als solches und bleibt in dem Maße Dispositiv, in dem es Ort eines doppelten Prozesses ist: Prozess einerseits einer funktionellen Überdeterminierung, sofern nämlich jede positive oder negative, gewollte oder ungewollte Wirkung in Einklang oder Widerspruch mit den anderen treten muss und eine Wiederaufnahme, eine Readjustierung der heterogenen Elemente, die hier und da auftauchen, verlangt. Prozess einer ständigen strategischen Ausfüllung andererseits." (Foucault 2003a, S. 393)

Im Sinne einer „Urgence", die sich mit der Entstehung moderner Nationalstaaten herausbildet, skizziert Foucault in seinen Vorlesungen zur Gouvernementalität (Foucault 2004, 2006) ein allgemeines Bewegungsproblem. Im Kontext der Beschäftigung „mit der Entstehung eines politischen Wissens, das den Begriff der Bevölkerung und die Mechanismen zur Lenkung der Bevölkerung in den Mittelpunkt" (Foucault 2006, S 520) stellt, verortet Foucault die Entstehung des Objektes Bevölkerung im Zusammenhang von spezifischen politischen und ökonomischen Rationalitäten – der Polizei und der politischen Ökonomie in Gestalt des Merkantilismus – ab dem 17. Jahrhundert (Foucault 2006, S. 103f.), d.h. der Herausbildung einer bürgerlichen Gesellschaft, die sich unter den spezifischen ökonomischen Bedingungen der Warenproduktion und des Handels formiert (Foucault 2004). Mit dem Begriff der Gouvernementalität bezeichnet Foucault dann eine komplexe Form der Macht, „die als Hauptzielscheibe die Bevölkerung, als wichtigste Wissensform die politische Ökonomie und als wesentliches technisches Instrument die Sicherheitsdispositive hat" (Foucault 2006, S. 162). Zusammen mit der politischen Ökonomie und dem Regierungsobjekt der Bevölkerung taucht hier das erwähnte Bewegungsproblem auf, das Foucault in den Vorlesungen am Collège de France auf verschiedene Art und Weise in den Blick nimmt: Im Zusammenhang mit der Stadtentwicklung bzw. dem „Problem der Stadt", das er an den Phänomenen der Straße, des Getreides/Nahrungsmangel und der Ansteckung/Epidemie verdeutlicht (Foucault 2006, S. 98f.), beschreibt er es als Zirkulation, die neue Machtmechanismen in Gang setzt:

> „Nun, mir scheint, daß man durch diese offensichtlich sehr partiellen Phänomene etwas auftauchen sieht, was ich zu orten versucht habe, und das ist ein ganz anderes Problem: Das *Territorium* nicht mehr befestigen und markieren, sondern die Zirkulation gewähren lassen, die *Zirkulation* kontrollieren, die guten und die schlechten aussortieren, bewirken, daß all dies stets in Bewegung bleibt, sich ohne Unterlass umstellt, fortwährend von einem Punkt zum nächsten gelangt, doch auf eine solche Weise, dass dieser Zirkulation inhärenten Gefahren aufgehoben werden. Nicht mehr Sicherung des Fürsten und seines Territoriums, sondern Sicherheit der *Bevölkerung* und infolgedessen derer, die es regieren." (Foucault 2006, S. 101; Herv. KM)

Ein wesentliches Element dieser Sicherheit besteht Foucault zufolge offenbar in der Regierung der räumlichen Bewegungen. Die historisch älteren Machttypen, die Souveränität und die Disziplinarmacht, zeichnen sich ebenfalls durch jeweils spezifische Regierungsformen des Raums aus:

„[…] während die Souveränität ein Territorium kapitalisiert und das Hauptproblem des Regierungssitzes aufwirft, während die Disziplin einen Raum architektonisch gestaltet und sich das wesentliche Problem einer hierarchischen und funktionellen Aufteilung der Elemente stellt, wird die Sicherheit versuchen, ein Milieu im Zusammenhang mit Ereignissen oder Serien von Ereignissen oder möglichen Elementen zu gestalten, Serien, die in einem multivalenten und transformierbaren Rahmen reguliert werden müssen. Der Sicherheitsraum verweist also auf eine Serie möglicher Ereignisse, er verweist auf das Zeitliche und das Aleatorische, […] die in einem gegebenen Raum eingeschrieben werden müssen." (Foucault 2006, S. 39f.)

Die Regierung der Bewegungen bezieht sich also auf die Grenzen des staatlichen Territoriums sowie der darin befindlichen Bevölkerung, die nun als (national) zusammengehörig betrachtet werden. Konzepte wie Migration, Exil, Wohnort, Adresse, Reise, Wege, Nationalstaat, Regionen etc. ergeben überhaupt erst vor dem Hintergrund territorial-sozialer Grenzziehungen und damit einer Koppelung von Territorium und Bevölkerung einen Sinn. Auf dieser containerisierten Kongruenz fußen historisch die spezifischen kalkulativen und regulierenden Praktiken der politischen Ökonomie, was sich in den Kategorien wie Volkswirtschaft, Bruttosozialprodukt, Import und Export, Binnen- und Außenhandelsbilanz etc. ausdrückt:

„Die Bevölkerung derart zur Basis sowohl des Reichtums als auch der Macht des Staates zu machen, ist gewiss nur unter der Bedingung möglich, dass sie von einem ganzen Verordnungsapparat eingerahmt ist, der die Emigration verhindert, Immigranten lockt, und die Natalität fördert, einem Verordnungsapparat zudem, der definiert, was die nützlichen und exportfähigen Erzeugnisse sind, der außerdem die zu produzierenden Gegenstände, die Mittel zu deren Produktion und ebenso die Löhne festlegt, der überdies den Müßiggang und die Landstreicherei untersagt. Kurz, ein ganzer Apparat, der aus dieser derart als Elementargrund betrachteten Bevölkerung gewissermaßen die Wurzel der Macht und des Reichtums des Staates macht und sicherstellt, dass diese Bevölkerung arbeitet, wie, wo und an was es sich gehört." (Foucault 2006, S. 106)

Diesem historisch spezifischen, politisch und ökonomisch definierten Raumregime entsprechen dann Mobilitätsdispositive, die Zugehörigkeiten und Grenzziehungen, legitime und illegitime Formen von räumlicher Bewegung und damit verbundenen nützliche und unproduktive Praktiken innerhalb einer politischen Ökonomie vorgeben. Dabei bedeuten Bewegungen und ihre Regierung jedoch in verschiedenen Bereichen jeweils Verschiedenes: Die wirtschaftliche Produktion basiert auf den organisierten Strömen von Dingen, Gütern und Arbeitskräften; Staaten und territorial verfasste Gesellschaften werden vor allem durch Grenzregime konstituiert. Daraus entstehende Spannungsverhältnisse finden sich beispielsweise in den Diskursen um Zuwanderungs- und Integrationspolitiken. Damit wird deutlich, dass Mobilitätsregime nicht einfach aus einer bestimmten ökonomischen Ordnung resultieren, vielmehr stehen sie in komplexen Spannungsverhältnissen mit politischen Rationalitäten und den Objekten Raum und Bevölkerung.

Für ein konzeptionelles Verständnis der Emergenz und Stabilisierung von Mobilitätsdispositiven wie der Automobilität erscheint es notwendig zu sein, diesen Prozess der Ko-Konstitution von politischer Ökonomie und Mobilitätsdispositiven genauer zu untersuchen. Hierbei greife ich auf die Regulationstheorie zurück, um allgemein das Verhältnis von Akkumulation, Regulation und Raumformation zu beleuchten und daran anschließend potentielle Destabilisierungen des gegenwärtig hegemonialen Automobilitätsdispositivs zu konzeptionalisieren.

4 Regulationstheorie, Raum und Bewegung

Die Arbeiten der Mitte der 1970er Jahren in Frankreich entstandenen „École de la régulation" nehmen das Zusammenspiel von ökonomischen und sozialen Formationen in den Blick und unterscheiden sich damit fundamental von den wirtschaftswissenschaftlich hegemonialen neoklassischen Ansätzen, die die Ökonomie als eine von Gesellschaft, Politik und Kultur getrennte Sphäre begreifen. Nicht nur in dieser Hinsicht weisen die Ansätze der Regulationstheorie Parallelen zu Foucaults Arbeiten auf: beide knüpfen an Arbeiten von Louis Althusser (1977) an und das Grundproblem, auf das beide ökonomische, politische und kulturelle Prozesse hin untersuchen, kann in der Frage nach der Möglichkeit des Kapitalismus und dessen fortwährender Reproduktion ausgemacht werden. In beiden Denkrichtungen stehen dabei Herrschafts- und Vergesellschaftungsformen, Institutionen, Regeln, Ideologien bzw. Diskurse, Normen und Machtverhältnisse im Zentrum des Interesses. Beiden geht es nicht um abstrakte Bewegungsgesetze und daraus ableitbaren Determinismen, sondern um historisch konkrete Ausprägungen und deren Genealogien. Während Foucault jedoch vor allem die politischen Rationalitäten untersucht, mit denen Bevölkerungen reguliert und Individuen regiert werden, stellen sich RegulationstheoretikerInnen die Frage, wie Gesellschaften angesichts ökonomisch produzierter Krisen zusammengehalten und koordiniert werden (Donzelot et al. 1994; Paulus 2012, S. 17). In diesem Sinne scheinen Anschlussmöglichkeiten zwischen den beiden Perspektiven quasi auf der Hand zu liegen, die ich im Weiteren im Hinblick auf die Mobilitätsfrage zuspitzen werde.

Regulationstheoretische Arbeiten verwenden den Kapitalismusbegriff als analytisches Konzept, das gerade nicht auf das ökonomische System reduziert werden kann:

„[…] capitalism is a legal regime, an economic system and a social formation that unfolds in history and that is built upon two basic social relations: the market competition and the capital/labor nexus." (Boyer 2007, S. 9)

Die grundlegende These der Regulationstheorie besteht darin, dass Märkte ihre eigenen Voraussetzungen nicht herstellen können und entsprechend auf zusätzliche Regulationen angewiesen sind. Die kapitalistische Entwicklung wird als grundsätzlich krisenhafte Dynamik verstanden, die die Gesellschaftsformationen in ihrer ökonomischen, politischen, sozial-kulturellen und räumlichen Gestalt über soziale Auseinandersetzungen und Kämpfe auf verschiedenen Ebenen immer wieder quantitativ und qualitativ verändert (Hirsch 2005, S. 90).

In der Regulationstheorie wird die Sphäre der Ökonomie und die der gesellschafts-institutionellen Formation mit den Begriffen des Akkumulationsregimes und des Regulationsmodus beschrieben: Das Akkumulationsregime umfasst die materielle Produktion und Reproduktion und wird entsprechend durch die spezifische Form der Produktion, den technologischen Entwicklungsstand, Muster der Arbeitsteilung und der Organisation von Arbeit und Beschäftigung geprägt sowie durch das Verhältnis zwischen Produktions- und Konsumtionsnormen, der Reproduktion der Arbeitskraft sowie dem Modus der gesellschaftlichen Verteilung des produzierten Wertes (Boyer/Saillard 2002, S. 38; Kohlmorgen 2004, S. 22; vgl. Jessop/Sum 2006, S. 41f.).

Das fordistische Akkumulationsregime, das die westliche Moderne des 20. Jahrhunderts maßgeblich prägte, ist gekennzeichnet durch eine Produktionsnorm der fortschreitenden Mechanisierung, Standardisierung, Fließbandproduktion und Aufteilung des Arbeitsprozesses – der tayloristisch-wissenschaftlichen Zerlegung des Arbeitsprozesses in Einzeltätigkeiten (Aglietta 1979, S. 116f.; Harvey 1990, S. 125-140; Kohlmorgen 2004, S. 114f.). Dies stellt die Grundlage für die Massenproduktion standardisierter, relativ preiswerter Güter dar, was, zusammen mit steigenden Löhnen und Gehältern vor allem in der Nachkriegsära den sogenannten „Fahrstuhleffekt" (Beck 1986) und Massenkonsum als zentralen Bestandteil und Grundlage dieses Regimes ermöglicht. Voraussetzung für diesen Zusammenhang war jedoch, wie David Harvey konstatiert, „that the workers knew how to spend their money properly" (Harvey 1990, S. 126), d.h. ein „rationales", auf die kapitalistische Warenwelt ausgerichtetes Ausgabeverhalten. Zentral für die fordistische Konsumnorm sind Michel Aglietta (1979, S. 159) zufolge zwei Hauptobjekte: „[…] the standardized housing that is the privileged site of individual consumption; and the automobile as the means to transport compatible with the separation of home and workplace." Nicht zufällig trägt diese Ära den Namen eines Automobilherstellers. Gleichzeitig stellt die Automobilbranche und ihre Verbindung mit den Industrien im Bereich Maschinenbau, Öl und Stahl quasi den industriellen Kern der fordistischen Akkumulation dar. Allerdings können fordistische Konsumtionsnormen nicht einfach naturwüchsig als rationale Befriedigung von Bedürfnissen erklärt werden, die durch Massenproduktion möglich wurde. Vielmehr zeigen historische Arbeiten, dass dieser Zusammenhang das Ergebnis politischer Entscheidungen, institutioneller Entwicklungen und spezifischer Planungsprozesse darstellt. Dies verweist auf die zweite Seite der sozio-ökonomischen Formation, die Sicherung der gesellschaftlichen Bedingungen des Akkumulationsprozesses, die in der Regulationstheorie als Regulationsweise bezeichnet wird. Diese meint zunächst ökonomische Interventionen im engeren Sinne zur Sicherung des allgemeinen Rahmens des Kapitalkreislaufes, der allgemeinen Bedingungen für kapitalistische Produktion (z.B. Reproduktion der Arbeitskräfte und Bereitstellung von Infrastrukturen) sowie Wirtschaftspolitiken. Darüber hinaus beinhaltet die Regulationsweise aber auch die breiter verstandene Organisation und Sicherung des Lohnverhältnisses in all seiner Komplexität, die Sicherung der sozialen Kohäsion in klassengeteilten Gesellschaften und damit den politischen Umgang mit sozialen Ungleichheiten und krisenträchtigen Entwicklungen kapitalistischer Expansion (u.a. Boyer/Saillard 2002, S. 41f.). Innerhalb der fordistischen Regulation können die wohlfahrtstaatliche Unterfütterung des Lohnverhältnisses sowie die Etablierung des sog. „Normalarbeitsverhältnisses" mit seinem als „Familienlohn" legitimierten relativ hohen Einkommensniveau als staatlich geförderte Stützpfeiler des Akkumulationsregimes verstanden werden (Kohlmorgen 2004, S. 117f.).

Bevor also beispielsweise die breite Bevölkerung bereitwillig die enormen Kosten eines privaten Automobils akzeptierte, musste der anfänglich massive Widerstand vor allem in der städtischen Bevölkerung überwunden werden. Dies wäre ohne eine entsprechende offizielle politische Unterstützung bzw. explizite Förderung von Automobilität jedoch keineswegs möglich gewesen (konkrete Beispiele finden sich in Paterson 2007, S. 114f.; Kuhm 1997, S. 15f.). Entsprechend fand Automobilität historisch in der raumpolitischen und vor allem verkehrstechnischen und infrastrukturellen Entwicklung und damit in nationalterritorialen Innenerschliessung signifikante Stabilisierungsfaktoren (vgl. Aglietta 1979, S. 158f.; Harvey 1990, S. 126f.; Kuhm 1997).

Der Erwerb eines Autos, das das mehrfache eines Lohns in der Arbeiterklasse kostete, findet dabei idealerweise in stabilen Haushaltsformationen, der modernen Kleinfamilie statt (Aglietta 1979, S. 159), einem Gefüge, dass sich vor allem im Bürgertum als Leitbild des Zusammenlebens herausgebildet hatte. Weiterhin wurden damit eine Reihe sozialer Normen und Vorstellungen des „guten Lebens" verknüpft – die Herauslösung der Arbeitskräfte aus traditionellen Subsistenzzusammenhängen, die Idealwohnvorstellung vom Haus im Grünen, entsprechendes Spar- und Mobilitätsverhalten der Haushalte, die wiederum in verschiedenen Formen auch staatlich gefördert und institutionalisiert wurden und werden. Die Art dieser Verknüpfungen und die konkreten Inhalte dieser kodifizierten Werte sind dabei nicht funktional aus dem Akkumulationsregime abzuleiten, sondern prinzipiell kontingent, was sich auch in den Variationen zwischen verschiedenen fordistischen Gesellschaften zeigt (Aglietta 1979, S. 159/171; Kohlmorgen 2004, S. 118f.).

Die Durchsetzung dieser Konsumtionsnorm, die sich in zentraler Weise um Wohnen und Mobilität drehen, zeitigte in der Folge einen „Lock In"-Effekt und eine daraus folgende Selbststabilisierung: Ab einem bestimmten Verbreitungs- und Nutzungsgrad privater Autos setzte gesellschaftliche Teilhabe und individualisierte Integration quasi automobile Subjekte voraus. Die empirische Verbreitung und Nutzung des privaten Autos nahm in Deutschland ab der Mitte des 20. Jahrhunderts bis Anfang des 21. Jahrhunderts kontinuierlich zu, wobei sich markante Differenzen zwischen urbanen und ländlichen Gebieten und entlang sozialstruktureller Merkmale feststellen lassen.

Die spezifischen Raumkonstitutionen werden explizit in der geographisch-regulationstheoretischen Diskussion in die Analyse einbezogen. Der zentrale Terminus, den David Harvey in die Diskussion einführt, ist der des „spatial fix" (Harvey 2001b), den er und andere später weiterentwickeln zum „spatio-temporal fix" (Harvey 2003, S. 103; vgl. Jessop/Sum 2006, S. 235/316f.). Damit wird einerseits die räumliche Fixierung der Produktionsweise in Form von Infrastrukturen, Gebäuden, Zentren- und Peripheriebildungen etc. bezeichnet, die das räumlich fixierte Kapital bilden. Andererseits meint der Begriff aber auch die Krisenbearbeitung im Sinne einer kriseninduzierten Schaffung neuer Raumkonfigurationen (Harvey 2001a, S. 23; Wiegand 2013, S. 157f.). Das heißt, Regulationsmodi beinhalten immer auch ein spezifisches „Territorialverhältnis" (vgl. Du Pasquier/Marco 1991) und damit ein spezifisches Wechselverhältnis von Mobilitäten – von Geldkapital, Waren und Arbeitskräften – einerseits und (temporäre) Immobilitäten – Produktionsstandorten, Wohnorten, Transport- und Kommunikationsinfrastrukturen sowie sozialen Infrastrukturen – andererseits.

Das, was ex post als Charakteristikum der fordistischen Gesellschaft erscheint, vor allem auch das räumliche Zusammenfallen von politisch-staatlichem Raum, Produktionsweise und sozial-kultureller ebenso wie geographischer Integration (Taylor 2003), ist also in der regulationstheoretischen Perspektive als ko-emergenter Effekt eines nicht-geplanten und nicht-gesteuerten Zusammenspiels ökonomischer, politischer, räumlicher und gesellschaftlicher Kräfteverhältnisse zu verstehen. Gerade die fordistischen Raum- und Verkehrsplanung ist – je nach Land mehr oder weniger deutlich – durch das sogenannte „infrastructural ideal"

(Graham/Marvin 2001) als räumliches Pendant zum ausgleichenden Sozialstaat gekennzeichnet. Mit diesem Begriff meinen Stephen Graham und Simon Marvin das Leitbild der universalen Zugänglichkeit und Verfügbarkeit von grundlegenden Gütern, Versorgungsinfrastrukturen, Dienstleistungen und Möglichkeiten, das sich bereits Mitte des 19. Jahrhunderts abzuzeichnen beginnt und die räumliche Struktur der fordistisch-westlichen Staaten intern entscheidend geprägt hat (vgl. Graham/Marvin 2001; Wissen/Naumann 2006). Die Auto-Mobilisierung der Individuen und Haushalte bzw. deren Anrufung als automobile BürgerInnen stellt dabei ein zentrales Element der Nivellierung geographischer Disparitäten dar (vgl. Manderscheid/Richardson 2011). Beispielsweise haben verschiedene Arbeiten gezeigt, wie Automobilität grundsätzlich mit modernen Subjektkonstitutionen verwoben ist, so dass das fordistische oder moderne Subjekt als automobiles Subjekt beschrieben werden kann (vgl. Paterson 2007; Manderscheid 2014).

5 Regulation und Dispositive

Die geographisch erweiterten regulationstheoretischen Überlegungen machen also deutlich, dass sinnvollerweise von einer Ko-Emergenz von gesellschaftlich-politischer Regulationsform, dem damit verbundenen Territorialverhältnis bzw. „spatiotemporal fix" und ökonomischem Akkumulationsregime auszugehen ist. Dieser historisch spezifischen Konfiguration entspricht also eine spezifische Ausprägung des Bewegungsproblems als gesellschaftliche Notwendigkeit, die Zirkulation von Gütern und Menschen zu regieren. Eine den Fordismus maßgeblich prägende Antwort besteht, so meine These, im Automobilitätsdispositiv.

Mit der Verbindung von Regulationstheorie und Dispositivkonzept kann an dieser Stelle eine grundlegende Schwäche der Regulationstheorie bearbeitet werden, die der Vermittlung zwischen Strukturen und Praktiken. Ungeklärt bleibt beispielsweise, wie genau sich die skizzierten Politiken, Reglemente, Normen und räumliche Strukturen in individuelles und kollektives Handeln und Orientierungen übersetzen. Ausgespart aus der Diskussion um die Reorganisation des Territorialverhältnisses bleibt also die Frage, wie Individuen mobilisiert oder immobilisiert werden. Weiterhin fehlen Analysen dazu, wie Handlungsmuster und mögliche eigendynamische Wandlungsprozesse auf diese Strukturen zurückwirken. Stattdessen gehen regulationstheoretisch argumentierende AutorInnen in großen Teilen einfach davon aus, dass die Veränderungen im Bereich der Arbeitsmärkte, der Sozial- und Infrastrukturpolitik auf der Ebene der Individuen ein entsprechend verändertes Handeln erzeugen. Diese Blindstelle schwächt jedoch die Grundthese der Regulationstheorie, dass das Politische, Soziale und die Subjektivierungen gerade nicht eindimensional aus dem Akkumulationsregime bzw. der Sphäre der Ökonomie abgeleitet werden können, sondern vielmehr als Ergebnis von gesellschaftlichen Aushandlungsprozessen auf verschiedenen Ebenen zu verstehen sind (Mahnkopf 1988, S. 111; Kohlmorgen 2004, S. 81f.; Lessenich 2009, S. 227f.). Praxen und Handlungen der Individuen besitzen ebenso wie die institutionellen Formen der Regulationsmechanismen eine relative Autonomie und Eigenständigkeit, die gerade nicht von einer Totalität einer spezifischen Kapitalakkumulation bestimmt werden, wie beispielsweise Alex Demirović (1992, S. 143f.) argumentiert. Mehr noch, widerständige und kontraproduktive Orientierungen, Mentalitäten und Handlungsmuster, die empirisch durchaus beobachtbar sind (Aglietta 2000, S. 106), lassen sich ohne eine entsprechende handlungs- und subjekttheoretische Erweiterung nicht in den Blick nehmen. Soziologisch zu erklären ist entsprechend, wie die Eigenlogik und der Eigensinn individuellen Handelns mit der Emergenz sozialer Tatsachen, der Reproduktion gesellschaftlicher Ordnungen und der Existenz des Kapitalismus zusammen zu denken sind.

Lars Kohlmorgen schlägt zu diesem Zweck vor, Regulation als Effekt bewussten Handelns der Individuen zu verstehen, das jedoch „‚formbestimmt' [ist] und [...] quasi in strukturierten Bahnen und beeinflusst durch Institutionen und Zwänge ‚hinter dem Rücken' der Individuen [erfolgt]" (Kohlmorgen 2004, S. 84). Im Sinne einer Verwendung der Regulationstheorie als Sozialstruktur-Theorie mit einer Reichweite über die Makroebene hinaus auf die Meso- und Mikroebene schlägt er weiterhin eine Erweiterung um Bourdieus Habitus-Konzept und Gramscis Hegemonietheorie vor (Kohlmorgen 2004, S. 85-109). Doch auch die Bourdieusche Konzeption beinhaltet eine gewisse Schwäche, die Übersetzung und Vermittlung von differenzierten objektiven sozialen Strukturen in habituelles Erkennen und lebensstilspezifische Handlungsmuster zu fassen (vgl. Diaz-Bone 2010). Während Rainer Diaz-Bone diese Schwäche für das Feld der kulturellen Praktiken durch die explizite Einbeziehung eines Diskursraums bearbeitet, schlage ich eine Kopplung von regulationstheoretischen und dispositivanalytischen Überlegungen vor. Mit anderen Worten sehe ich in Bezug auf die Regierung der Mobilität Dispositive, im oben skizzierten Verständnis als Intermediäre, die gerade nicht deterministisch die Strukturlogik in Handeln übersetzen. Vielmehr ist das Wechselspiel dieser Mobilitätsdispositive, analog zu ihrer internen unkoordinierten und prinzipiell widersprüchlichen Organisation, auch im Zusammenspiel mit anderen Regulationsdispositiven (Becker 2002, S. 165), den Akkumulationsprozessen und dem im weiteren Sinn verstandenen politischen Handeln als prinzipiell nicht zentral gesteuertes heterogenes Verhältnis zu denken. Die Einbettung der Perspektive auf Mobilitätsdispositive in diese breite Gesellschaftstheorie eröffnet dann einen fundierten Zugang zu Wandlungsprozessen, der Stabilisierungen ebenso wie

Diskontinuitäten gerade aus dieser Verflechtung mit anderen gesellschaftlichen Bereichen ebenso wie mit relativ dauerhaften Materialitäten analysieren und erklären kann. Entsprechend sind Dispositive gerade auf keine der beiden Seiten zu reduzieren, die Form der Mobilitätsdispositive ist nicht aus einem spezifischen Akkumulationsregime, einer spezifischen kapitalistischen Entwicklungsstufe abzuleiten. Mobilitätsdispositive stehen jedoch in einem spezifischen Zusammenhang mit dem jeweiligen materiellen „spatio-temporal fix" bzw. dem Territorialverhältnis als Element der Regulationsweise, der Herstellung gesellschaftlicher Kohärenz und Ordnung. Doch auch hier ist der Zusammenhang nicht ableitbar, sondern prinzipiell kontingent und muss entsprechend genealogisch rekonstruiert werden.

6 Automobile und vernetzte Mobilität – Wandlungsprozesse

Eine Perspektive auf Automobilität als einem zentralen Dispositiv der fordistischen Sozialformation bettet diesen Verkehrsmodus also in den Kontext politischer Rationalitäten, ökonomischer Dynamiken, raumstruktureller Fixierungen, gesellschaftlicher Wissensvorräte, Identitäten und konkreter Praktiken ein. Die Stabilität dieses Dispositivs hängt dabei, so die Foucaultsche These, davon ab, inwieweit es sich als anpassungsfähig angesichts von Wandlungsprozessen in seinen Kontexten erweist. Zudem handelt es sich auch bei der automobilen Bearbeitung des Bewegungsproblems im Fordismus um eine temporäre Stabilisierung, die auf Externalisierungen materieller, ökologischer und sozialer Kosten in Raum und Zeit basiert. Damit komme ich zum Ausgangspunkt meines Beitrags zurück, den Grenzen von Mobilitätsformen und dem darin enthaltenen Spannungsverhältnis zwischen gesellschaftlicher Produktivität und Destruktivität. Daher möchte ich die vorgeschlagene Theoriesynthese mit einer entsprechend strukturierten – hier notwendigerweise skizzenhaften – Suche nach Brüchen im Automobilitätsdispositiv und nach Zeichen neuer Mobilitätsregime weiterführen.

Das fordistisch-nationalstaatlich Akkumulationsregime mit seinen Regulationsmodi wird seit mehreren Dekaden durch vielfältige Krisen in Frage gestellt. Dabei sind sich die RegulationstheoretikerInnen nicht darüber einig, ob die gegenwärtige Situation bereits ein neues Regime oder eine noch andauernde Krise darstellt (vgl. Harvey 1990; Aglietta 2000; Jessop 2002). In der geographisch-regulationstheoretischen Debatte wird die Krise der räumlichen Konfiguration vor allem unter dem Begriff der „politics of scale" diskutiert (vgl. Swyngedouw 1997; Brenner 1998). Im Zentrum dieser Debatte steht die räumliche Redimensionierung des Staates als wesentliches und umkämpftes Moment politischer Herrschaft. Die beobachtete Internationalisierung der Kapitalakkumulation hat gerade nicht zu einem global vereinheitlichten, gleichförmigen sozio-ökonomischen Raum geführt, sondern geht mit einer Neuausrichtung und Polarisierung räumlich-geographischer Relationen einher. In diesem Zusammenhang sprechen GeographInnen einerseits von einer „time-space distantiation", der Ausdehnung sozialer Beziehungen in Zeit und Raum, und andererseits von einer „time-space compression", der Beschleunigung materieller und informationeller Ströme als Kennzeichen von Globalisierungsprozessen (Jessop/Sum 2006, S. 278). Auf der Seite der Regulation findet eine Unterordnung nationaler Sozial- und Wirtschaftspolitiken unter die „Zwänge des globalen Kapitals" statt, eine grundlegende Umorientierung staatlichen Handelns auf deregulierte Marktmechanismen und Wettbewerb in bis dato dekommodifizierten Gesellschaftsbereichen (vgl. u.a. Dörre 2009). Auf der Ebene der Infrastrukturpolitiken und damit im Bereich der Verkehrs- und Raumplanungen lassen sich Prozesse einer „creative destruction" des fordistischen staatlich geförderten Systems zugunsten einer mehr oder weniger ausgeprägten Liberalisierung, Privatisierung und Wettbewerbsorientierung beobachten (Jessop/Sum 2006, S. 134f./171f.). Diesen Paradigmenwechsel fassen Graham und Marvin (2001) mit einem Wandel vom „infrastructural ideal" hin zu einem „splintering urbanism", von territorial integrierten zu fragmentierten, räumlich differenzierten und marktregulierten Infrastruktursystemen. Gerade der Bereich des öffentlichen Verkehrs scheint in vielen Ländern als Daseinsfürsorge, und nicht mehr als notwendige, staatlich-öffentlich bereitzustellende Daseinsvorsorge gesehen zu werden (vgl. Manderscheid/ Richardson 2011). Diese Entwicklung stabilisiert vor allem eine privatisierte Form von Verkehr, wie sie in der Automobilität bereits besteht. Gleichzeitig zeichnen sich jedoch auch deutliche Brüche in deren Hegemonialität ab, beispielsweise durch eine mittelfristige Endlichkeit der Ölreserven (Peak Oil) und der Suche nach neuen regenerativen Energiequellen, die zu einer entsprechenden Neuorientierung innerhalb des Akkumulationsregimes führen wird. Offen scheint derzeit die Frage zu sein, ob alternative Antriebstechnologien rechtzeitig zur Serienreife gebracht werden können, um das private Automobil als Massenverkehrsmittel zu erhalten. Die bereits vorhandenen Modi, Erdgas- und Elektromobilität, weisen bislang noch deutlich geringere Reichweiten auf, zudem sind die dazu gehörenden Infrastrukturen noch nicht so weit ausgebaut, als dass ein Wechsel friktionslos möglich wäre.

Aber auch auf der Ebene der Konsumtion finden sich deutliche Brüche innerhalb der automobilen Verknüpfungen, beispielsweise eine nachlassende Attraktivität suburbaner Wohnformen als dem zweiten Hauptobjekt der fordistischen Lebensweise. Die Re-Urbanisierung und Gentrifizierung, die wiederum mit dem Wandel von Demographie und Wertorientierungen in Verbindung gebracht werden (vgl. Häußermann/Siebel 1987), verschärfen das Verkehrs- und Platzproblem innerhalb der Zentren. Gleichzeitig erweist sich gerade im städtischen Kontext das Auto am ehesten als entbehrlich, da einerseits der öffentliche Verkehr dichter, andererseits Alltagswege häufig kürzer sind.

An anderer Stelle (Manderscheid 2012a) habe ich argumentiert, dass sich möglicherweise ein neues Mobilitätsdispositiv mit dem Potential zur symbolischen Hegemonialität abzeichnet, das ich mit dem Begriff der InterCityExpress- und EasyJet-Mobilität bezeichnet habe. Dabei werden neue Kommunikationstechnologien mit Netzwerken von Individualfahrzeugen und Leihfahrrädern sowie Hochgeschwindigkeitszügen und Flugverbindungen miteinander gekoppelt. Diese vernetzten Mobilitätspraktiken lassen sich bislang vor allem in den prosperierenden urbanen Zentren und den sogenannten Wissensmilieus bzw. der „Creative Class" (vgl. Florida 2002) beobachten und drücken sich in der Figur des postmodernen Nomaden als mobilem, über Informationsnetze mit allen Orten verbundenem Freelancer aus, der seine Arbeit prinzipiell überall und jederzeit erledigen kann (Manderscheid 2012a, S. 166f). In diesen dispositiven Transformationsprozessen scheinen entscheidende Impulse für die seit einiger Zeit zu beobachtende rückläufige Nutzung und abnehmende symbolische Bedeutung des privaten Automobils, die unter dem Stichwort des „Peak Car" (Kuhnimhof et al. 2013) diskutiert wird, verortet zu sein.

Die zukünftigen Entwicklungen im motorisierten Verkehrsbereich können jedoch auch über den vorgeschlagenen Ansatz schlicht nicht vorhergesagt werden. Jedoch ist dessen genealogische und dispositivtheoretische Analyse vor dem Hintergrund einer größeren Gesellschaftstheorie wie der Regulationstheorie die Voraussetzung dafür, um Wandlungsprozesse überhaupt in ihrem Kontext untersuchen zu können. Die skizzierten Bruchstellen sind dabei noch genauer zu analysieren, wobei ihre Entwicklungsrichtung und mögliche verstärkende oder abschwächende Effekte letztendlich nur empirisch beobachtet werden können. Der Fokus auf die prinzipiell immer vorhandenen Brüche und Widersprüche weicht zudem die Annahme von prinzipiell stabilen Phasen zwischen den Krisen des Akkumulationsregimes auf zugunsten einer permanenten Instabilität. Dies entspricht zudem eher einem Foucaultschen Verständnis von Wandel und Geschichte, das das Denken in sinnhaften Epochen und Entwicklungslogiken ablehnt und stattdessen nach Diskontinuitäten und Ereignissen sucht (Foucault 2002, S. 344).

Literatur

Aglietta, Michel (1979): A theory of capitalist regulation. The US experience. London: Verso Classics.

Aglietta, Michel (2000): Ein neues Akkumulationsregime: Die Regulationstheorie auf dem Prüfstand. Hamburg: VSA.

Althusser, Louis (1977): Ideologie und ideologische Staatsapparate. Anmerkungen für eine Untersuchung. In: Althusser, Louis: Ideologie und ideologische Staatsapparate. Hamburg: VSA.

Beck, Ulrich (1986): Risikogesellschaft. Auf dem Weg in eine andere Moderne. Frankfurt: Suhrkamp.

Becker, Joachim (2002): Akkumulation, Regulation, Territorium. Zur kritischen Rekonstruktion der Französischen Regulationstheorie. Marburg: Metropolis.

Boyer, Robert (2007): Capitalism strikes back: Why and what consequences for social sciences? In: Revue de la régulation (Juin/June), URL: http://regulation.revues.org/2142.

Boyer, Robert/Saillard, Yves (2002): A summary of régulation theory. In: Boyer, Robert/Saillard, Yves (Hrsg.), Régulation theory. The state of the art. London: Routledge, S. 36-44.

Brenner, Neil (1998): Between fixity and motion: Accumulation, territorial organization and the historical geography of spatial scales. In: Environment and Planning D: Society and Space 16(4), S. 459-481.

Bröckling, Ulrich (2007): Das unternehmerische Selbst. Soziologie einer Subjektivierungsform. Frankfurt: Suhrkamp.

Canzler, Weert (2000): Das Auto im Kopf und vor der Haustür. Zur Wechselbeziehung von Individualisierung und Autonutzung. In: Soziale Welt 51(2), S. 191-208.

Christaller, Walter (1968): Die zentralen Orte in Süddeutschland. Eine ökonomisch-geographische Untersuchung über die Gesetzmäßigkeit der Verbreitung und Entwicklung der Siedlungen mit städtischer Funktion. Darmstadt: Wissenschaftliche Buchgesellschaft.

Demirović, Alex (1992): Regulation und Hegemonie. Intellektuelle, Wissenspraktiken und Akkumulation. In: Demirović, Alex/Krebs, Hans-Peter/Sablowski, Thomas (Hrsg.), Hegemonie und Staat. Kapitalistische Regulation als Projekt und Prozess. Münster: Westfälisches Dampfboot, S. 128-158.

Diaz-Bone, Rainer (2010): Kulturwelt, Diskurs und Lebensstil. Eine diskurstheoretische Erweiterung der Bourdieuschen Distinktionstheorie. 2. Aufl. Wiesbaden: VS Verlag.

Donzelot, Jacques/Meuret, Denis/Miller, Peter/Rose, Nikolas (1994): Zur Genealogie der Regulation. Anschlüsse an Michel Foucault. Decaton Verlag.

Dörre, Klaus (2009): Die neue Landnahme. Dynamiken und Grenzen des Finanzmarktkapitalismus. In: Dörre, Klaus/Lessenich, Stephan/Rosa, Hartmut (Hrsg.), Soziologie, Kapitalismus, Kritik. Eine Debatte. Frankfurt: Suhrkamp, S. 21-86.

Dörre, Klaus/Lessenich, Stephan/Rosa, Hartmut (Hrsg.)(2009): Soziologie, Kapitalismus, Kritik. Eine Debatte. Frankfurt: Suhrkamp.

Du Pasquier, Jean-Noël/Marco, Daniel (1991): Régulations fordiste et post-fordiste en Suisse depuis 1937: matériaux pour une approche. Genf: Unité pour l'étude de la régulation.

Florida, Richard L. (2002): The rise of the creative class: and how it's transforming work, leisure, community and everyday life. New York: Basic Books.

Foucault, Michel (1983): Der Wille zum Wissen. Sexualität und Wahrheit 1. Frankfurt: Suhrkamp.
Foucault, Michel (2002): Zur Geschichte zurückkehren. In: Foucault, Michel: Dits et Ecrits. Schriften Bd. II: 1970-1975, 331-347. Frankfurt: Suhrkamp.
Foucault, Michel (2003a): Das Spiel des Michel Foucault. In: Foucault, Michel: Dits et Ecrits. Schriften Bd. III: 1976-1979, 391-429. Frankfurt: Suhrkamp.
Foucault, Michel (2003b): Nietzsche, die Genealogie, die Historie. In: Foucault, Michel: Dits et Ecrits. Schriften Bd. II: 1970-1975, 166-190. Frankfurt: Suhrkamp.
Foucault, Michel (2004): Geschichte der Gouvernementalität II: Die Geburt der Biopolitik. Frankfurt: Suhrkamp.
Foucault, Michel (2006): Sicherheit, Territorium, Bevölkerung. Vorlesung am Collège de France 1977/1978. Geschichte der Gouvernementalität I. Frankfurt: Suhrkamp.
Gerhard, Ute (2000): Nomaden. Zur Geschichte eines rassistischen Stereotyps und seiner Applikation. In: Grewenig, Adi/Jäger, Margret (Hrsg.), Medien in Konflikten. Holocaust – Krieg – Ausgrenzung. Duisburg: DISS, S. 223-235.
Gertenbach, Lars (2008): Geschichte, Zeit und sozialer Wandel. Konturen eines poststrukturalistischen Geschichtsdenkens. In: Moebius, Stephan/Reckwitz, Andreas (Hrsg.), Poststrukturalistische Sozialwissenschaften. Frankfurt: Suhrkamp, S. 208-225.
Graefe, Stefanie (2010): Effekt, Stützpunkt, Überzähliges? Subjektivität zwischen hegemonialer Rationalität und Eigensinn. In: Angermüller, Johannes/van Dyk, Silke (Hrsg.), Diskursanalyse meets Gouvernementalitätsforschung. Perspektiven auf das Verhältnis von Subjekt, Sprache, Macht und Wissen. Frankfurt: Campus, S. 289-313.
Graham, Stephen/Marvin, Simon (2001): Splintering urbanism. Networked infrastructures, technological mobilities and the urban condition. London: Routledge.
Hannam, Kevin/Sheller, Mimi/Urry, John (2006): Editorial: Mobilities, immobilities and moorings. Mobilities 1(1), S. 1-22.
Harvey, David (1982): The limits to capital. Oxford: Blackwell.
Harvey, David (1990): The condition of postmodernity. An enquiry into the origins of cultural change. London: Blackwell.
Harvey, David (2001a): Spaces of capital. Edinburgh: Edinburgh University Press.
Harvey, David (2001b): Globalization and the „spatial fix". In: Geographische Revue 3(2), S. 23-30.
Harvey, David (2003): The new imperialism. New York: Oxford University Press.
Häußermann, Hartmut/Siebel, Walter (1987): Neue Urbanität. Frankfurt: Suhrkamp.
Hindess, Barry (2000): Citizenship in the international management of populations. In: American Behavioral Scientist 43(9), S. 1486-1497.
Hirsch, Joachim (2005): Materialistische Staatstheorie. Transformationsprozesse des kapitalistischen Staatensystems. Hamburg: VSA.
Jäger, Siegfried (2012): Kritische Diskursanalyse. Eine Einführung. 6. Aufl. Münster: Unrast.
Jensen, Anne/Richardson, Tim (2007): New region, new story: Imagining mobile subjects in transnational space. In: Space and Polity 11(2), S. 137-150.
Jessop, Bob (2000): The crisis of the national spatio-temporal fix and the tendential ecological dominance of globalizing capitalism. In: International Journal of Urban and Regional Research 24(2), S. 323-360.

Jessop, Bob (2002): Nach dem Fordismus. Das Zusammenspiel von Struktur und Strategie. In: Das Argument 43(1), S. 9-22.

Jessop, Bob/Sum, Ngai-Ling (2006): Beyond the regulation approach. Putting capitalist economies in their place. Cheltenham: Edward Elgar.

Jetzkowitz, Jens/Schneider, Jörg/Brunzel, Stefan (2007): Suburbanisation, mobility and the "good life in the country": A lifestyle approach to the sociology of urban sprawl in Germany. In: Sociologia Ruralis 47(2), S. 148-171.

Kesselring, Sven (2012): Betriebliche Mobilitätsregime. Zur sozio-geografischen Strukturierung mobiler Arbeit. In: Zeitschrift für Soziologie 41(2); S. 83-100.

Kohlmorgen, Lars (2004): Regulation, Klasse, Geschlecht. Die Konstituierung der Sozialstruktur im Fordismus und Postfordismus. Münster: Westfälisches Dampfboot.

Kuhm, Klaus (1997): Moderne und Asphalt. Die Automobilisierung als Prozeß technologischer Integration und sozialer Vernetzung. Pfaffenweiler: Centaurus.

Kuhnimhof, Tobias/Zumkeller, Dirk/Chlond, Bastian (2013): Who made peak car, and how? A breakdown of trends over four decades in four countries. In: Transport Reviews 33(3), S. 325-342.

Lemke, Thomas (2002): Foucault, governmentality and critique. Rethinking Marxism. In: Journal of Economics, Culture & Society 14(3), S. 49-64.

Lessenich, Stephan (2009): Künstler- oder Sozialkritik? Zur Problematisierung einer falschen Alternative. In Dörre, Klaus/Lessenich, Stephan/Rosa, Hartmut (Hrsg.), Soziologie, Kapitalismus, Kritik. Eine Debatte. Frankfurt: Suhrkamp, S. 224-242.

Mahnkopf, Birgit (1988): Soziale Grenzen „Fordistischer Regulation". In: Mahnkopf, Birgit (Hrsg.), Der gewendete Kapitalismus. Kritische Beiträge zur Theorie der Regulation. Münster: Westfälisches Dampfboot, S. 99-143.

Manderscheid, Katharina (2012a): Automobilität als raumkonstituierendes Dispositiv der Moderne. In: Füller, Henning/Michel, Boris (Hrsg.), Die Ordnung der Räume. Münster: Westfälisches Dampfboot, S. 145-178.

Manderscheid, Katharina (2012b): Planning sustainability. Inter- and intragenerational justice in spatial planning strategies. In: Antipode 44(1), S. 197-216.

Manderscheid, Katharina (2014): Automobile Subjekte und urbane Nomaden: Formierung und Wandel hegemonialer Mobilitätsdispositive. In: Zeitschrift für Diskursforschung 2(1), S. 1-18.

Manderscheid, Katharina/Richardson, Tim (2011): Planning inequality. Social and economic spaces in national spatial planning. In: European Planning Studies 19(10), S. 1797-1815.

Massey, Doreen (2005): For space. London: SAGE Publications.

Mattissek, Annika/Wiertz, Thilo (2014): Materialität und Macht im Spiegel der Assemblage-Theorie. Erkundungen am Beispiel der Waldpolitik in Thailand. In: Geographica Helvetica 69(3), S. 157-169.

Norton, Peter D. (2008): Fighting traffic. The dawn of the motor age in the American city. Cambridge: MIT Press.

Ott, Marion/Wrana, Daniel (2010): Gouvernementalität diskursiver Praktiken. Zur Methodologie der Analyse von Machtverhältnissen am Beispiel einer Maßnahme zur Aktivierung von Erwerbslosen. In: Angermüller, Johannes/van Dyk, Silke (Hrsg.), Diskursanalyse meets Gouvernementalitätsforschung. Perspektiven auf das Verhältnis von Subjekt, Sprache, Macht und Wissen. Frankfurt: Campus, S. 155-181.

Paterson, Matthew (2007): Automobile politics. Ecology and cultural political economy. Cambridge: Cambridge University Press.
Paulus, Stefan (2012): Das Geschlechterregime. Eine intersektionale Dispositivanalyse von Work-Life-Balance-Maßnahmen. Bielefeld: Transcript.
Saar, Martin (2008): Klasse/Ungleichheit. Von den Schichten der Einheit zu den Achsen der Differenz. In: Moebius Stephan/Reckwitz, Andreas (Hrsg.), Poststrukturalistische Sozialwissenschaften. Frankfurt: Suhrkamp, S. 194-207.
Sheller, Mimi/Urry, John (2006): The new mobilities paradigm. In: Environment and Planning A 38(2), S. 207-226.
Strubelt, Wendelin (2004): Gleichwertigkeit der Lebensverhältnisse als Element der sozialen Integration. In: Kecskes, Robert/Wagner, Michael/Wolf, Christof (Hrsg.), Angewandte Soziologie. Wiesbaden: VS Verlag, S. 247-285.
Swyngedouw, Erik (1997): Neither global nor local: "Glocalization" and the politics of scale. In: Cox, Kevin R. (Hrsg.), Spaces of globalization. Reasserting the power of the local. New York: Guilford Press, S. 140-142.
Taylor, Peter J. (2003): The state as container: Territoriality in the modern world-system. In: Brenner, Neil/Jessop, Bob/Jones, Martin/MacLeod, Gordon (Hrsg.), State/space. A reader. Malden, Oxford: Blackwell, S. 101-113.
Urry, John (2004): The "system" of automobility. In: Theory, Culture & Society 21(4/5), S. 25-39.
Urry, John (2007): Mobilities. Cambridge: Polity.
West, Candace/Zimmerman, Don H. (1987): "Doing gender". In: Gender & Society 1(2), S. 125-151.
Wiegand, Felix (2013): David Harveys urbane politische Ökonomie. Ausgrabungen der Zukunft marxistischer Stadtforschung. Münster: Westfälisches Dampfboot.
Wrana, Daniel/Langer, Antje (2007): An den Rändern der Diskurse. Jenseits der Unterscheidung diskursiver und nicht-diskursiver Praktiken. In: Forum Qualitative Sozialforschung 8(2), Art. 20.

Verzeichnis der Autorinnen und Autoren

Christian Berndt ist Professor für Wirtschaftsgeographie an der Universität Zürich.
Aktuelle Arbeitsschwerpunkte: Geographies of Marketization, kritische Warenkettenforschung, Geographien der Arbeit, post/neoliberales Lateinamerika
Korrespondenzadresse: christian.berndt@geo.uzh.ch

Christian Bessy ist Forschungsleiter und Dozent an der Ecole Normale Supérieure de Cachan (Paris).
Aktuelle Arbeitsschwerpunkte: Economie des conventions, Institutionenökonomik, law and economics, Einstellungspraktiken und Intermediäre des Arbeitsmarktes, Wissenstransfer und intellektuelle Eigentumsrechte.
Korrespondenzadresse: bessy@idhe.ens-cachan.fr

Marc Boeckler ist Professor für Wirtschaftsgeographie und Globalisierungsforschung an der Goethe-Universität Frankfurt.
Aktuelle Arbeitsschwerpunkte: Geographies of Marketization, Geographische Technikforschung, Digitale Geographien und Globales Afrika.
Korrespondenzadresse: boeckler@uni-frankfurt.de

Ulrich Bröckling ist Professor für Kultursoziologie an der Albert-Ludwigs-Universität Freiburg im Breisgau.
Aktuelle Arbeitsschwerpunkte: Soziologie der Selbst- und Sozialtechnologien, Theorien des Exzeptionellen, soziologische Zeitdiagnosen.
Korrespondenzadresse: ulrich.broeckling@soziologie.uni-freiburg.de

William Davies ist Dozent für Politische Ökonomie am Goldsmiths College an der University of London.
Aktuelle Arbeitsschwerpunkte: Geschichte des Neoliberalismus, cultural economy, valuation studies, Elitensoziologie.
Korrespondenzadresse: w.davies@gold.ac.uk

Rainer Diaz-Bone ist Professor für Soziologie mit dem Schwerpunkt qualitative und quantitative Methoden an der Universität Luzern.
Aktuelle Arbeitsschwerpunkte: Sozialwissenschaftliche Methodologien, Wirtschaftssoziologie (insbesondere Economie des conventions), Netzwerkanalyse und statistische Verfahren für die Analyse kategorialer Daten.
Korrespondenzadresse: rainer.diazbone@unilu.ch

Marie-France Garcia-Parpet ist Wirtschaftssoziologin am Nationalen Institut für Agrarforschung (Institut national de la recherche agronomique, INRA) und am Europäischen Zentrum für Soziologie (Centre de sociologie européenne, CSE/EHESS) in Paris.
Aktuelle Arbeitsschwerpunkte: Soziologie der symbolischen Güter, die Transformation von Nahrungsmittels zum Kulturerbe sowie die Entstehung einer neuen Landbevölkerung.
Korrepondenzadresse: garciaparpet@gmail.com

Ronald Hartz ist Privatdozent an der Technischen Universität Chemnitz und war dort bis 2016 Juniorprofessor für Europäisches Management.
Aktuelle Arbeitsschwerpunkte: Kritische Management- und Organisationsforschung, Diskurs- und Dispositivanalyse, alternative Arbeits- und Organisationsformen.
Korrespondenzadresse: ronald.hartz@wirtschaft.tu-chemnitz.de

Herbert Kalthoff ist Professor für Soziologie mit dem Schwerpunkt Wissens- und Bildungssoziologie an der Johannes Gutenberg-Universität Mainz.
Aktuelle Arbeitsschwerpunkte: Praxistheorien und Materialität, Finanz- und Bildungssoziologie, qualitative Sozialforschung.
Korrespondenzadresse: herbert.kalthoff@uni-mainz.de

Verzeichnis der Autorinnen und Autoren

Donald MacKenzie ist Professor für Soziologie an der University of Edinburgh.
Aktuelle Arbeitsschwerpunkte: Soziologie der Finanzmärkte – insbesondere Entwicklung des automatischen Hochfrequenzhandels (HFT), seiner Technologien sowie des Zusammenhangs zwischen HFT, seiner Regulation und dem politischen System.
Korrespondenzadresse: donaldmackenziepa@ed.ac.uk

Katharina Manderscheid ist Oberassistentin am Soziologischen Seminar der Universität Luzern.
Aktuelle Arbeitsschwerpunkte: Soziologie der räumlichen Mobilität, Dispositivanalyse, Methoden der qualitativen und der quantitativen Sozialforschung.
Korrespondenzadresse: katharina.manderscheid@unilu.ch

Tomas Marttila ist Privatdozent am Institut für Soziologie an der Ludwig-Maximilians-Universität in München.
Aktuelle Arbeitsschwerpunkte: Methoden und Theorien der Diskursforschung, Bildungssoziologie, neoliberale Wirtschafts- und Arbeitsorganisation, evidenzbasierte Regierung.
Korrespondenzadresse: tomas.marttila@soziologie.uni-muenchen.de

Tobias Peter ist wissenschaftlicher Mitarbeiter am Institut für Soziologie der Albert-Ludwigs-Universität Freiburg.
Aktuelle Arbeitsschwerpunkte: Bildungs- und Wissenschaftssoziologie, Soziologie der Inklusion und Exklusion, Theorie und Empirie individueller und kollektiver Subjektivierung.
Korrespondenzadresse: tobias.peter@soziologie.uni-freiburg.de

Christian Schmidt-Wellenburg ist Mitarbeiter am Lehrstuhl Allgemeine Soziologie der Universität Potsdam.
Aktuelle Arbeitsschwerpunkte: Phänomene der Transnationalisierung, Wirtschafts- und Wissenssoziologie, Methodologie und Methoden der Diskurs- und Feldanalyse.
Korrespondenzadresse: cschmidtw@uni-potsdam.de

Taylor Spears ist Honorary Fellow an der School of Social & Political Science der University of Edinburgh.
Aktuelle Arbeitsschwerpunkte: Social studies of finance, Wirtschaftssoziologie und interdisciplinary accounting studies.
Korrespondenzadresse: tcs@tcspears.net

Inga Truschkat ist Professorin für Sozial- und Organisationspädagogik an der Universität Hildesheim.
Aktuelle Arbeitsschwerpunkte: Pädagogische Organisationsforschung, Übergangsforschung, Qualitative Sozialforschung.
Korrespondenzadresse: truschka@uni-hildesheim.de

Dietmar J. Wetzel ist Projektleiter am Seminar für Soziologie an der Universität Basel und Privatdozent an der Friedrich-Schiller-Universität Jena.
Aktuelle Arbeitsschwerpunkte: Wirtschafts- und Kultursoziologie, insbesondere Transformation, Innovation und Resonanz, Dispositivforschung.
Korrespondenzadresse: dietmarjuergen.wetzel@unibas.ch

Printed by Printforce, the Netherlands